西沙群岛（中国）

半岛南部
见116~131页

半岛东部与中部
见132~149页

沙巴
见174~195页

南海

南沙群岛（中国）

菲律宾

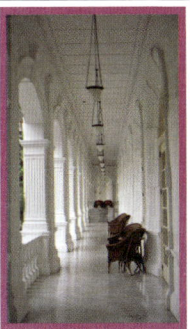

新加坡
见196~267页

沙捞越
见150~173页

哥打基纳巴卢

沙巴

斯里巴加湾市

米里　文 莱

曾母暗沙（中国）

民都鲁

沙捞越

古晋

印度尼西亚
（加里曼丹）

U0660486

马来西亚和
新加坡

目击者旅游指南

马来西亚和
新加坡

DK
中国旅游出版社

www.cttp.net.cn

DK

www.dk.com
www.dkchina.com

项目策划：高　瑞
责任编辑：朱轶佳 neverland1220@hotmail.com
责任印制：冯冬青

图书在版编目(CIP)数据

马来西亚和新加坡 / 英国DK公司编；郭承萱等译. --北京：
中国旅游出版社，2013.7
（目击者旅游指南）
书名原文：Eyewitness Travel Malaysia & Singapore
ISBN　978-7-5032-4759-0

Ⅰ.①马… Ⅱ.①英…②郭… Ⅲ.①旅游指南－马来西亚
②旅游指南－新加坡 Ⅳ.①K933.89②K933.99

中国版本图书馆CIP数据核字（2013）第130028号

北京市版权局著作权合同登记号：图字：01-2012-6971
审图号：GS（2013）701号，本书插图系原文原图

书　　名：马来西亚和新加坡

作　者：英国DK公司
译　者：郭承萱等
出版发行：中国旅游出版社
　　　　　（北京建国门内大街甲9号　邮编：100005）
　　　　　http://www.cttp.net.cn　E-mail:cttp@cnta.gov.cn
　　　　　营销中心电话：010-85166503
排　版：北京中文天地文化艺术有限公司
经　销：全国各地新华书店
印　刷：北京华联印刷有限公司
版　次：2013年7月第1版第1次印刷
开　本：889毫米×1194毫米　1/32
印　张：11.25
印　数：10000册
字　数：536千
定　价：66.00元
Ⅰ S B N　978-7-5032-4759-0

Original title: Eyewitness Travel Guide: Malaysia & Singapore
Compilation Copyright © 2011, 2012 Dorling Kindersley Limited, London,
A penguin Company.

《目击者旅游指南》责任说明

　　我们将尽可能地确保本书在其出版时中内容的时效性。然而，
一些细节性资料，如电话号码、开放时间、价格、艺术馆的安排以及
旅行信息等均有可能发生变化。对于任何因为利用本书或第三方网站
上所获资料产生的后果，出版商概不负责。出版商也不能保证书中所
列网址上的旅行资料一定有效。

　　我们热烈欢迎来自读者的建议和意见。来信请寄：Publisher, DK Eyewitness
Travel Guides, Dorling Kindersley, 80 Strand, London WC2R 0RL, UK.

◁ 马来西亚最大的洞穴庙宇黑风洞的入口

目录

收藏于吉隆坡伊斯兰
艺术博物馆的项链吊坠

马来西亚和新加坡
概览

一名马来西亚原住民男孩在大汉山
国家公园爬树玩耍

游客漫步在兰卡威珍南海滩

槟城州首府乔治市的一尊坐佛像

新加坡莱佛士酒店

马来西亚和
新加坡概览

走进马来西亚和新加坡

马来西亚和新加坡拥有丰富而出色的旅游资源，能够为各类型的旅行者提供精彩的体验与经历。凭借一流的天然景致与珍稀可爱的动物，马来西亚的国家公园成为自然爱好者们真正的乐园，而众多美丽迷人的海岛则吸引着无数潜水爱好者来此探秘。本地区最大的城市是新加坡和吉隆坡，游客有机会在参观历史古迹和体验民俗文化的同时，购买精美的当地手工艺品，或尝遍马来、中式及印度等不同风味的地道美食。接下来的4页内容概括介绍了东南亚部分最具魅力的目的地和景点，以方便查阅。

吉隆坡

- 殖民时代建筑
- 摩天大楼
- 购物天堂
- 活力夜生活

作为东南亚地区最年轻的首都，吉隆坡在过去几十年中经历了日新月异的发展，但仍然完好保存了众多殖民时代的遗迹与风情。最具代表性的要数**独立广场**（见60～61页）周边地区，**雪兰莪俱乐部**（见62页）和**苏丹阿都沙末大厦**（见62页）充分展现了英式和伊斯兰风格对吉隆坡早期城市建筑的影响。想更深入地了解马来西亚的历史与多元文化，**国家博物馆**（见66页）和**伊斯兰艺术博物馆**（见68～69页）不可错过。在大力保护历史遗迹和风貌的同时，吉隆坡也是一座现代化大都市，登上**国油双峰塔**（见72页）或**吉隆坡塔**（见74页）俯瞰全城，可将整个吉隆坡的美景尽收眼底。

吉隆坡堪称购物天堂，最大型的购物中心和商场多聚集在**金三角**（见74页）商圈，这里还有大量时髦餐馆、酒吧和夜店。喜爱夜生活的人可以在酒吧欣赏乐队现场演奏，或选择一家设备一流的夜店，伴随着DJ播放的流行乐曲起舞。

另外值得推荐的去处还有**中国城**（见64页）、**小印度**（见70页）和**新村**（见72页），在体验当地热闹非凡的市集文化的同时，深切感受马来西亚多元种族相互融合的独特魅力。

半岛西北部金马伦高原上连绵起伏的山峦

半岛西北部

- 绚烂海滩
- 山林中的避暑胜地
- 古韵乔治市

除首都吉隆坡外，马来西亚最热门的旅游地便是半岛西北部：无与伦比的近海岛屿、清风拂面的山中避暑胜地、历史悠久的堡垒与教堂、老城区中星罗棋布的传统店铺……有趣的景点不胜枚举。在考古学上具有重大意义的**布秧谷**（见110页）也坐落于此，布秧谷最为人熟知的便是一处拥有古老历史的印度教庙宇。

马来西亚与泰国边境交界之南的**兰卡威**（见112～115页）则是马来西亚首屈一指的度假休闲海岛。

位于吉隆坡独立广场上的苏丹阿都沙末大厦

◁ 马来西亚半岛西北部亚罗士打尼阔达哈泰国庙的细部

岛上拥有众多奢华度假酒店，可为游客提供丰富的休闲活动，如浮潜、水上运动或乘船前往其他岛屿游览等。此处，游客还可以深入探索兰卡威岛上迷人的山峦瀑布。

马来西亚西海岸最受游客青睐的海滨度假地是位于槟城的**巴都丁宜**（见108页）和位于**邦咯岛**（见94～95页）的**珊瑚湾**。

享受过海滩的烈日骄阳后，山中的凉爽气候令人无法抗拒。在**金马伦高原**（见92～93页）和**福隆港**（见91页），殖民时代英国人为躲避吉隆坡的酷暑而修建的周末度假疗养地，如今依然深受游客喜爱。在山中健行、参观茶叶种植园、打高尔夫球，或在仿都铎式风格的酒店中围着炉火度过美好的夜晚……都是这里大受欢迎的休闲活动。

尽管这一地区景点很多，槟城的首府**乔治市**（见100～105页）仍被认为是马来西亚甚至整个亚洲最令人神往的城镇。这里拥有众多珍贵历史遗产，包括殖民风情浓郁的**康华利斯堡**（见100页）、古老的中式店铺、庙宇和博物馆等。完善且丰富的购物和餐饮设施让这里成为最热门的旅游目的地之一。

马六甲荷兰基督教堂的红色外观格外引人注目

半岛南部

- 马六甲的丰厚文化遗产
- 传统米南加保建筑
- 在雕门岛潜水

半岛南部拥有许多历史文化重镇，还有风光旖旎的近海度假岛屿。文化爱好者不妨直接前往位于西南海岸的**马六甲**（见122～127页），走访葡萄牙、荷兰及英国等国的殖民历史文化遗址。其中最值得一提的是**红屋**（见122页），这里曾经是荷兰殖民时期的市政厅，如今作为**马六甲历史与人种博物馆**向公众开放。与红屋距离相近的**荷兰基督教堂**（见123页）和**峇峇娘惹遗产博物馆**（见126～127页）让人有机会近距离领略传统娘惹建筑的风情。娘惹文化根源于早期来到马六甲的中国人与当地

马来人的通婚。半岛南部的其他移民还有来自苏门答腊岛的米南加保人，他们主要生活聚集在**芙蓉**（见120页）和**神安池**（见120页）两个城镇附近。这些小城值得你花时间细细游览，因**米南加保式建筑**（见121页）的独特图案装饰风格而闻名，住宅及王宫的屋顶均形似马鞍，令人难忘，其中最具代表性的建筑物是**古王宫**（见120页）。

靠近东南海岸，**柔佛沿岸群岛**之中的**雕门岛**（见130～131页）被誉为世上最美的岛屿之一。在雕门岛，白云缭绕之间山峦起伏有致，柔软细密的沙滩令人倍感愉悦，这里还有多个马来西亚最佳的浮潜和潜水地点。

兰卡威岛上郁郁葱葱的群山环抱着白色沙滩

半岛东部与中部

• 漫步大汉山国家公园
• 风景如画的停泊岛
• 搭乘丛林铁路列车

这一地区的最大魅力在于令人赞叹的自然之美，也是最具马来西亚风情的地区，其中吉兰丹及丁加奴两州极好地保存了马来亚的文化艺术精粹。

自然爱好者们一定不能错过**大汉山国家公园**（见138～139页），这里是马来西亚历史最悠久也是面积最大的国家公园，游客可以在此探索种类繁多的野生动植物、攀登大汉山或泛舟淡美岭河。相比其他国家公园，**兴楼云冰国家公园**（见137页）较少被游客踏足，它拥有整片保护完好的热带雨林，在这里可以欣赏到犀鸟、鼠鹿、野猪、树蛙等可爱动物。

近来，一些小型的近海岛屿，例如**停泊岛**（见142页）和**利浪岛**（见142页），

船夫驾驶轻舟穿过大汉山国家公园的水面

受到越来越多潜水及浮潜爱好者的欢迎，这些被五彩斑斓的珊瑚礁和成群结队的热带鱼围绕的美丽岛屿仿佛世外桃源。**珍尼湖**（见136页）由12个湖泊互相连接而成，泛舟湖面的体验十分浪漫。

哥打巴鲁（见146～147页）和**瓜拉丁加奴**（见141页）是当地的手工艺中心，拥有马来西亚最好的街市，可品尝各种本地美食。

探索这一带的最佳方式是搭乘往返于金马士和哥打巴鲁的丛林铁路（见149页）

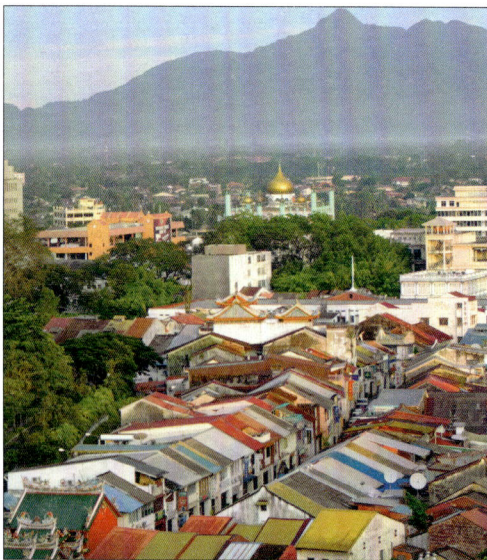
位于沙捞越首府古晋亚答街上的店铺

列车，经停众多小城镇，乘客以当地村民居多。这趟火车之旅，是深入了解马来西亚民风的绝佳选择。

沙捞越

• 历史名城古晋
• 邂逅红毛猩猩
• 走访传统长屋
• 壮丽的国家公园

沙捞越是马来西亚最大的州，也是热爱大自然的人们心中的顶级度假胜地。同样吸引着对该地区历史传统以及原住民文化感兴趣的人。沙捞越州的首府**古晋**（见154～157页）是亚洲最迷人的城市之一，市中心有众多保存完好的殖民时期建筑和古老遗迹，包括**沙捞越博物馆**（见154页）、**旧法庭**（见155页）和**艾斯坦那王宫**（见157页）。

古晋的地理位置十分理想，从这里出发前往马来西亚各地都很方便。**实蒙谷野生动物中心**（见161页）和**巴哥国家公园**（见162～163页）距古晋只有一天行程，拥有丰富的野生动物资源和宜人的步道小径。另一旅游景点是沙捞越传统长屋住宅，无论当天来回还是选择过夜的行程，在古晋都很方便安排。乘坐长艇沿着气势

磅礴的**拉让河**（见 164 页）游览，是抵达长屋居住地的唯一方式。

沙捞越东北部散落着一些本州最壮观的景点，**米里**（见 168 页）是前往这些地方的最佳通路。具有代表性的是**尼亚国家公园**（见 168 页）和**姆鲁国家公园**（见 170 ~ 171 页），拥有许多世界上最巨大的自然洞穴，在考古学上具有重大意义。在姆鲁国家公园，可一睹全球罕见的石灰刀石林，或登上姆鲁山山巅。距离较远的**可拉必高原**（见 169 页）拥有沙捞越最原始的自然美景。

富有好奇心的游客会有兴趣前往袖珍的苏丹王国**文莱**（见 172 ~ 173 页），阳光下清真寺闪闪发光，海滩温柔静谧，这里的一切都未受破坏，犹如香格里拉净土。

沙巴

• 攀登基纳巴卢山
• 美妙的潜水点
• 观赏野生动植物

沙巴被称为"风下之乡"，尽管不像沙捞越一样拥有众多历史古迹，但多元的种族构成为其增色不少，还可以在这里体验充满刺激的户外探险。其首府**哥打基纳巴卢**（见 178 页）是一座精致优雅的城市。沙巴最著名的景点是**基纳巴卢国家公园**（见 184 ~ 187 页），将马来西亚最高峰基纳巴卢山环抱其中。有很多人尝试来此征服高山，也有很多人喜欢沿着山坡观赏各种珍稀植物，享受怡人微风。

从哥打基纳巴卢出发还可前往**东姑阿都拉曼国家公园**（见 179 页），由五个美丽海岛组成，周围的珊瑚礁中生活着各种海洋生物。白浪漂流是这里最受欢迎的水

从Ritz-Carlton酒店欣赏到的新加坡海滨风光

上运动，特别是在**巴打斯河**（见 181 页）上激流泛舟。

沙巴东海岸是观赏野生动植物的天堂，游客可以在**海龟岛国家公园**（见 190 ~ 191 页）观察绿海龟和玳瑁海龟登陆产卵，或在**西必洛人猿保护中心**（见 190 页）与红毛猩猩亲密接触；**京那巴丹野生动物保护区**是珍稀野生动植物的集中处，**丹侬谷**（见 192 页）同样适合观赏动植物和徒步健行。距沙巴东海岸不远的**诗巴丹岛**（见 194 ~ 195 页）和**兰卡央岛**（见 191 页）均被认为是世界上最好的潜水地之一。

实蒙谷野生动物中心的红毛猩猩

新加坡

• 参观历史建筑
• 乌节路购物
• 圣淘沙岛
• 在驳船码头享用美食

与马来西亚不同，新加坡最吸引人的地方是其散发出的现代摩登的都会气质。市中心的殖民区记录了这个国度的历史沉浮，其中最著名的建筑便是**莱佛士酒店**（见 214 ~ 215 页）。附近还有更富时尚气息的景点，如**滨海艺术中心**（见 210 页）和**滨海湾金沙**（见 211 页）。位于中国城的**天福宫**（见 222 ~ 223 页）、小印度的**斯里尼瓦沙柏鲁马兴都庙**（见 230 ~ 231 页）以及伊斯兰街区**甘榜格南**（见 226 ~ 227 页）都是热门景点。计划短途旅行，新加坡周边有众多近海岛屿可供选择，其中最人气的是**圣淘沙**主题公园及其配套的顶级一站式综合娱乐城（见 244 ~ 245 页）。

来到新加坡，逛街购物是必不可少的行程，尤其是**乌节路**商圈（见 232 ~ 235 页）。不能错过新加坡美食，从露天摊贩到时髦餐馆，可为你带来美妙的味觉之旅。

地图上的西马来西亚

　　西马来西亚（Peninsular Malaysia）占据东南亚大陆最南端，位于赤道以北 2°~7° 之间。北部与泰国接壤，南有长堤陆桥与新加坡相连。半岛西临马六甲海峡，东部与南海相望。马来西亚的 2900 万常住人口中，绝大部分都居住在西马来西亚，多数聚集在首都吉隆坡所在的西海岸地区。中央山脉纵贯半岛，将热带雨林密布且人口稀少的东海岸地区与西部分割开来。

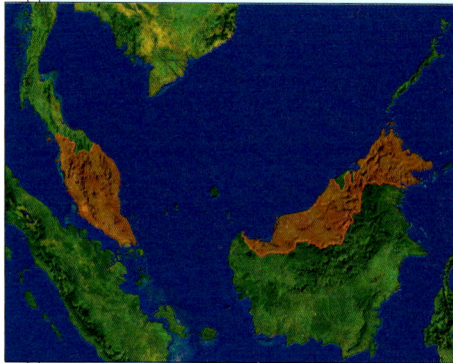

西马来西亚与东马来西亚卫星图

地图标注（从北到南）：

Pulau Langkawi

玻璃市州 PERLIS — Bukit Kayu Hitam — 泰国 THAILA

Kuala Perlis — Jitra — 也拉 YA

Kuala Kedah — 亚罗士打 Alor Star — 吉打州 KEDAH — Betong

Sungai Petani — Banding

Butterworth — Grik — Lawin

乔治市 Georgetown — 槟城州 PENANG — Lake Kenering

Selama — Padang Geru — 霹雳州 PERAK

Bagan Serai

Taiping — Kuala Kangsar

怡保 Ipoh — Bring

Batu Gajah

Pulau Pangkor — Kampa — Tap

Bidor

Teluk Intan — Sabak

Sekinca

雪兰莪州 SELANG — Kuala Selangor

Kapar — Pulau Klang — Kla — Ba

西马来西亚与东马来西亚

缅甸 MYANMAR — 柬埔寨 CAMBODIA — 越南 VIET NATM — 南海 South China Sea — 菲律宾 PHILIPPINES

泰国 THAILAND — 泰国湾 Gulf of Thailand

马六甲海峡 Strait of Malacca

马来西亚 MALAYSIA

吉隆坡 Kuala Lumpur

新加坡 SINGAPORE

南沙群岛（中国）

沙巴 SABAH — 文莱 BRUNEI — 斯里巴加湾市 Bandar Seri Begawan

马来西亚 MALAYSIA — 沙捞越 SARAWAK

（见14~15页）

印 度 尼 西 亚 INDONESIA

苏门答腊 SUMATRA — 加里曼丹 KALIMANTAN

Dum — 印 IN — Du — Str

0 千米　300

0 英里　300

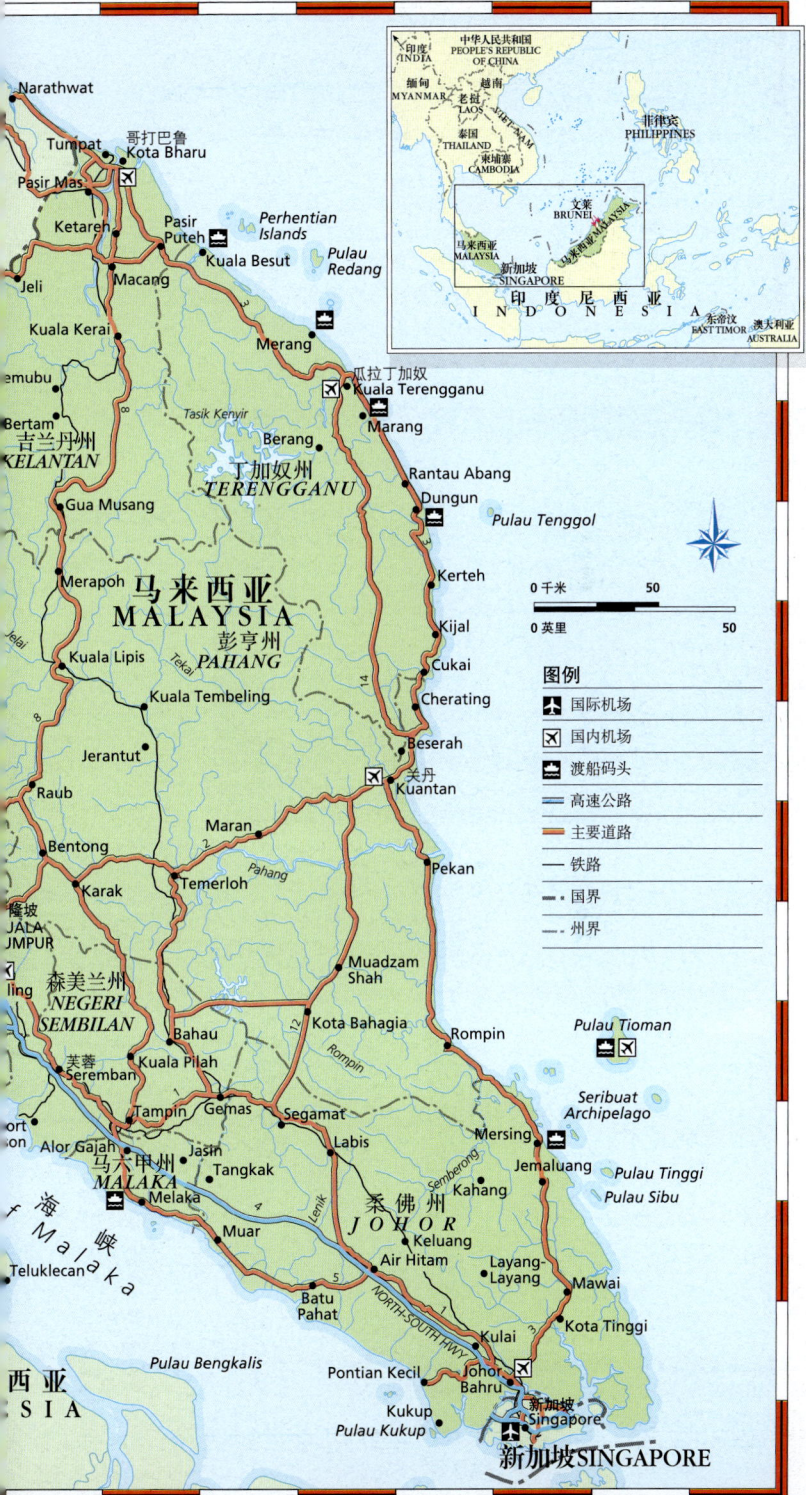

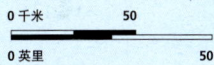

Narathwat
Tumpat　哥打巴鲁
　　　　 Kota Bharu
Pasir Mas
Ketareh　　Pasir
　　　　　 Puteh　　Kuala Besut
Jeli　　Macang　　　　Perhentian
　　　　　　　　　　　　Islands
Kuala Kerai　　　　　　Pulau
emubu　　　　　　　　 Redang
Bertam　　　　　　 Merang
吉兰丹州
KELANTAN　　 Tasik Kenyir
　　　　　丁加奴州　　　　瓜拉丁加奴
Gua Musang　 TERENGGANU　 Kuala Terengganu
　　　　 Berang　　　 Marang
Merapoh　　　　　　　Rantau Abang
　　　马来西亚　　　 Dungun
　　　MALAYSIA　　　　Pulau Tenggol
Kuala Lipis　彭亨州
　　　　　　 PAHANG　　 Kerteh
　　Kuala Tembeling　　 Kijal
Jerantut　　　　　　　 Cukai
Raub　　　　　　　　 Cherating
　　　　　　　　　　Beserah
Maran　　　　　关丹
Bentong　　　Pahang　 Kuantan
Karak　　Temerloh　　 Pekan
隆坡
JALA　　　　　　 Muadzam
JMPUR　　　　　 Shah
森美兰州
NEGERI　　　 Kota Bahagia　 Rompin
SEMBILAN　Bahau　　　　　　 Pulau Tioman
ling　　　　Kuala Pilah
芙蓉　　　　　　　　　 Seribuat
Seremban　Tampin　Gemas　 Archipelago
　　　　　　　 Segamat
Alor Gajah　　　Jasin　Labis　 Mersing
马六甲州　Tangkak　　　 Jemaluang　 Pulau Tinggi
MALAKA　 Melaka　　 Kahang　　 Pulau Sibu
　　　　　　　　 柔佛州
　　　　Muar　　 JOHOR
Teluklecan　　　　　Keluang
　　　　　　　 Air Hitam　Layang-
　　　　　　　　　　　　Layang　 Mawai
　　　　Batu　　　　　　　　Kota Tinggi
西亚　　 Pahat　　　 Kulai
SIA　　 Pontian Kecil　 Johor
　　　 Pulau Bengkalis　　 Bahru　新加坡
　　　　　 Kukup　　　 Singapore
　　　　 Pulau Kukup　新加坡SINGAPORE

海
峡
f
Malaka

图例
✈ 国际机场
🛬 国内机场
⛴ 渡船码头
━━ 高速公路
━━ 主要道路
── 铁路
─ ─ 国界
── 州界

0 千米　　　50
0 英里　　　50

（插图地图）
印度 INDIA
中华人民共和国 PEOPLE'S REPUBLIC OF CHINA
缅甸 MYANMAR
老挝 LAOS
越南 VIET NAM
泰国 THAILAND
柬埔寨 CAMBODIA
菲律宾 PHILIPPINES
文莱 BRUNEI
马来西亚 MALAYSIA
新加坡 SINGAPORE
印度尼西亚 INDONESIA
东帝汶 EAST TIMOR
澳大利亚 AUSTRALIA

地图上的东马来西亚

　　东马来西亚（Malaysian Borneo）通常被称为"东马"，主要由马来西亚最大的州沙捞越和沙巴组成，占据了马来西亚 33 万平方公里国土总面积的一半以上。东马地处婆罗洲北部，婆罗洲为世界第三大岛，分属于马来西亚、文莱、加里曼丹及印度尼西亚。婆罗洲位于西马来西亚以东 600 公里处，隔南海与之相望。东马地区自然资源丰富，尤其盛产石油与天然气，地表被茂密的热带雨林所覆盖，人烟稀少。当地人口为 600 万，大多聚居在沙捞越州首府古晋和沙巴州首府哥打基纳巴卢，同时亦有部分原住民群体生活在相对较为偏远的内陆地区。

南沙群岛（中国）
Nansha Qundao(P.R.C)

宇航员所拍摄的哥打基纳巴卢嘉亚湾

曾母暗沙（中国）
Zengmu Ansha(P.R.C)

南海
South China Sea

Miri

Beluru
Long T

Suai

Bintulu　　Labang　　Kemena

Ku
Be

Mukah
Rumah
Melap

Daro　Matu　　Nanga　　Rumah
　　　　　　　Tamin　　China　　Anap　　Belaga
Long Geng

Igan

Sibu

Binatang　　Kanowit　　Rumah Kam

Sarikei　　Julau　　Son　　Kapit　　Rumah

Kabong

Sematan　　Santubong　　Saratok　　Rumah　　Rumah Besi　　Gaat　　Baleh
Lundu　　　　　　　　　　　Layang

Sebangan　　　　　　　　　　Rumah Mau

Bau　Kuching　　　Lupar

Gedong　　Bandar
　　　　　　Sri Aman　　Batang Ai

Engkilili

沙 捞 越 州
S A R A W A K

马 来 西 亚
M A L A Y S

印度尼西亚 INDONESIA

Danau Luar

Nahabuan

Mukah　Rajang　Layar　Sibu

图例
- 🛫 国际机场
- 🛩 国内机场
- ⛴ 渡船码头
- ▬ 主要道路
- ═ 支路
- ── 铁路
- ─·─ 国界
- ─ · ─ 州界

0 千米　　25
0 英里　　25

Pulau Banggi

苏 禄 海
Sulu Sea

Kudat
Telaga
Kanibongan
Pulau Jambongan
Golong
Sumangat
Kota Belud
Terusan
Pulau Langkayan

哥打基纳巴卢 Kota Kinabalu
Klagan
Beluran
Sandakan
Papar
Abai
Pulau Labuan
Keningau
Telupid
Sukau
Lamag
Tomanggong
Beaufort
Lanas
Nabawan
Kinabatangan
Kuamut
沙 巴 州
SABAH
Tenom
Padas
Lahad Datu
Pendawang
Luasong
Kalabakan
Sapulut
Trusan
Long Tengoa
Kunak
Nanga
Medamit
Pensiangan
Sapang
莱
UNEI
Trusan
Semporna
Mulu
Long Seridan
Tawau
Pulau Sipadan
Bario
Ulu Ulu
Miri
Sembakung
Benuang
Siduman
Long Seniai
Baram
Lio Matoh
ng
alai
Danum
Long Tikan
ng Tingen
Longkihan

文莱
Berakas
Muara
文莱–麻拉区
BRUNEI MUARA
斯里巴加湾市
Bandar Seri Begawan
都东
Tutong
Pantai Kenangan
Limbang
Labu
Lawas
Trusan
白拉奕
Kuala Belait
Seria
Lamunin
邦阿
Bangar
Longhouse
Sungei Liang
TEMBURONG
白拉奕区
BELAIT
都东区
TUTONG
Nanga
Medamit
Kuala Balai
Baram
Labi
Belait
S.Limbang
Rampayoh
Tutong
Teraja
Keduan
马 来 西 亚
MALAYSIA
Penipir
Limbang
ongisun
Longboh

0 千米　　20
0 英里　　20

风景与野生动植物

　　隔南海相望，西马来西亚和东马来西亚构成了巽他陆架板块的一部分，该地壳构造板块使之成为单一的陆块。因此，西马来西亚与东马来西亚分享共同的地质特征，山脉、河道网络、原始离岛以及一些地球上最古老的热带雨林。连绵不绝的热带雨林成为丰富的动植物种群的理想栖息地，这里生活着超过 1.5 万种开花植物和将近 20 万种动物，其中包括众多著名的地方物种，例如红毛猩猩、长鼻猴和大王花等。新加坡北部地区完好地保留了热带雨林，文莱 3/4 的面积被天然的原始森林覆盖。

大甘巴豆树是马来西亚最高的植物之一

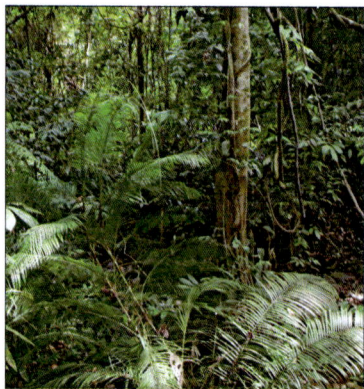

热带雨林

　　马来西亚拥有树龄上亿年的热带雨林，养育着令人惊叹的丰富植物，从 80 米高的大甘巴豆树到成群的蕨类、苔藓类、菌类和兰花类。同时，热带雨林为红毛猩猩、长鼻猴、貘、熊狸、马来麝香猫、蜜熊等珍稀动物提供了绝佳的庇护所，这里还生活着成百上千种鸟类和蝴蝶。

石灰岩

　　马来西亚的很多山脉都由石灰岩组成，经常从周边平原上高高隆起，拥有大量由于水土流失而造成的岩洞网系。其中最具代表性的石灰岩景观位于姆鲁国家公园（见 170~171 页）和沙捞越尼亚国家公园（见 168 页）。

马来貘身上有着黑白相间的颜色和猪嘴，是其独特的体貌特征，这种素食的哺乳类动物多在夜间活动。

蝙蝠，尤其是犬吻蝠大多栖身在石灰岩洞中，每到晚间数百万的蝙蝠翱翔夜空，形成令人叹为观止的景象。

红毛猩猩是非洲以外唯一被发现的类人猿，这种长有红色毛发的灵长类动物目前面临灭绝危机，很少在野生环境中看到。

金丝燕这种特殊的鸟类能够利用回声定位能力在漆黑的洞穴中导航飞行。因其燕窝可以食用，白巢金丝燕在马来西亚具有很高价值。

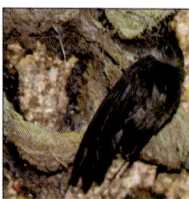

马来西亚的濒危物种

自 20 世纪 70 年代以来，马来西亚的人口数量增长了一倍以上，人类对于生存空间的扩张需求在日渐摧毁许多野生动物的栖息环境。苏门答腊犀牛是目前处境最为危险的动物之一，据估算总体数量已少于 100 只。同时，包括云豹、亚洲象以及堪称马来西亚国宝的马来虎在内的其他物种的数量亦迅速下降。在海洋动物群中，棱皮龟和儒艮也面临着相似的生存威胁。

苏门答腊犀牛属于濒临灭绝的物种，处境极为危险，目前其仅有的栖息地为沙巴和兴楼云冰国家公园（见 137 页）。

云豹是一种黄褐色或银色的猫科动物，因其珍贵的毛皮、牙齿和骨头而遭到猎杀，虎骨在传统亚洲医学中被用来入药。

沿海平原

西马来西亚西部的蜿蜒海岸形成了狭长平原，为人类创造了理想的生活栖居环境。这些沿海平原地区在历史上曾被英国殖民统治，马来西亚全国最重要的城市几乎全部聚集在这个区域，例如首都吉隆坡。

红树林是由乔木和灌木组成的沼泽森林，位于盐水沿海水域，为包括长鼻猴在内的许多野生动物提供了至关重要的栖息地。

招潮蟹对于湿地生态环境起到关键性的作用，通过其取食行为翻动土壤带来空气。公蟹的蟹钳大小不对称且颜色较浅。

近海岛屿

西马来西亚和东马来西亚的周边海域镶嵌着无数风光旖旎的美丽岛屿，这些岛屿被珊瑚礁围绕，孕育着种类极为丰富的海洋生物。世界各地的潜水爱好者慕名而来，在雕门岛和诗巴丹岛等近海岛屿度假，潜入奇妙的海底世界一探究竟。

儒艮在马来语中的意思是"美人鱼"，长期以来的捕杀导致这种大型海洋哺乳动物濒临灭绝。

珊瑚礁由微型的海洋生物珊瑚虫和其他有机物组成，是一种极为优美的生物，对于海洋生物及环境的保护至关重要。

海洋生物

海兔

在西马来西亚和东马来西亚周边的广阔海域中，生活着极其多样化的海洋生物，吸引了来自世界各地的浮潜及潜水爱好者，欣赏那些色彩斑斓的鹦嘴鱼、狮子鱼、小丑鱼在珊瑚礁间穿梭嬉戏。一年中的大部分时间里，海水极度清澈透明，连身形最迷你的小鱼都清晰可见。马来西亚政府已将38座珊瑚岛屿列入保护范畴，希望通过这种方式来完好维护该区域独特而敏感的生态系统。

浮潜者在观察水下的珊瑚礁和海洋生物

海葵以一种花园中的花卉命名，颜色鲜艳，以捕食鱼类、蚌类及浮游动物为生。

珊瑚生态

在马来西亚的海域中，经鉴定确认的珊瑚品种已超过350种，使得这里成为地球上珊瑚礁最为多样化的地区之一。然而不幸的是，测井、爆破、氰化物捕鱼、锚泊等人为活动导致了沉积物的不断形成，为珊瑚生态系统带来了巨大生存威胁。

柳珊瑚生活在热带水域中，长度可达5米，以过滤海水中的浮游生物和黄藻为食。

脑珊瑚多以群居形态出现，外观呈圆形，表面有深深的凹槽，因外形酷似人类大脑而得名。

星珊瑚拥有形状像骨头一样的钙质骨架，珊瑚虫呈星形。

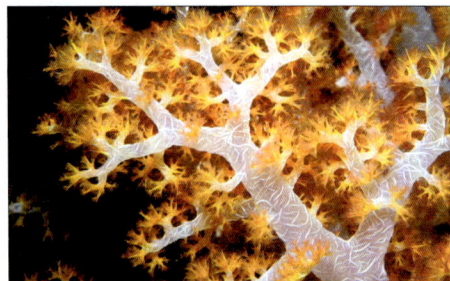
黄色软珊瑚因其缺少外骨骼而得名，珊瑚虫拥有八只触角，万花筒似的颜色与形态令人称奇。

向日葵珊瑚形似向日葵花，长长的珊瑚虫长有带刺触角，用来捕食浮游生物。

科尔曼虾总是成双成对出现，隐藏在火海胆的毒刺之中生活和休息，躲避外敌的攻击和捕食。

鳚鱼生活在破碎的珊瑚根部作为伪装，捕食小型甲壳类动物。雄性鳚鱼体积大于雌性，长有带刺的背鳍，用来恐吓逼退其他同类雄鱼。

石帆柳，珊瑚的一种，形状和颜色丰富多变。

小丑鱼与海葵结成共生关系，以此来抵御海中肉食鱼类对其的捕杀。

狮子鱼是一种外形夸张独特的珊瑚礁居民，堪称致命杀手，浑身长满毒刺，会攻击小鱼使其昏倒。

海马的生殖习惯极为罕见，由雄性海马负责繁衍后代。许多种类的海马身体颜色都接近透明，很难被发现。因为海马是传统中药的药引，目前面临灭绝危险。

莴苣珊瑚因其绿色的外表以及螺旋的形状而得名，外形酷似一棵生长中的莴苣。

海龟保育

　　在不久的过去，海龟还是马来西亚海域最为常见的海洋动物之一。生活在这片水域中，为人们所熟知的海龟共有四类，分别是绿毛龟、玳瑁海龟、橄榄海龟和棱皮龟。目前仅有绿毛龟经常出现在人们的视线之中，而棱皮龟已经成为濒危物种。有足够的证据显示，人类的介入和干预正在摧毁破坏这些海龟的生存环境，严重威胁它们的生命周期。在海龟的一生中，成年海龟很可能被渔网和钓鱼线等捕获，同时海滩度假业的不断发展，对雌海龟产卵和孵化都带来了极大的不良影响与副作用。

绿毛龟畅游在马来西亚温暖的水域中

成群结队的**魔鬼鱼**自在地穿行在南海

马来西亚和新加坡的种族

马来西亚的原住民群体在这个地区生活繁衍的历史已经长达 4 万多年。基于其在 2500 年以前航海贸易路线上的关键性位置，这个地区陆续拥有了大量的移民人口。目前，在马来西亚整个国家的 2900 万人口中，马来人的数量达到 68%，华人数量约占 23.7%，印度人的数量占 7%，其余部分为原住民人口。对比之下，新加坡的人口构成很不相同，华人占据了总人口数量的绝大部分，马来人和印度人的数量较少。

马来西亚土生土长的原住民群体

马来人

马来人是马来西亚最大的种族，根据定义普遍认为，这一穆斯林群体最早从苏门答腊岛来到马来半岛。在 15 世纪，由于马来苏丹王国的崛起，马来人开始信仰伊斯兰教。时至今日，在西马来西亚的东部海岸，马来人占据了绝对的主流地位，同时在新加坡，马来人数量达到总人口的 14%。

马来人在庆祝一年一度的开斋节（见 52 页），图片为在正式的接待场合中，男性穿戴着传统的马来民族华服。

马来传统文化以村落为中心，人们聚居在一起，耕作、捕鱼、制作手工艺品，今天，越来越多的马来人已经移居到城市中心区域生活。

华人

大多数的华人移民在 19 世纪时从中国南部地区抵达马来西亚，成为劳工，投身生机勃勃的锡矿开采业中。从那时起，他们逐渐占据了各个经济领域的主导地位。现在，马来西亚境内有多个中国城，那里的中国商业贸易极为繁荣。在新加坡，3/4 以上的人口为华人。

土生华人又被称为海峡华人或峇峇娘惹，是指自 16 世纪以来华人移民与本地马来人通婚所产生的后代。

华商在吉隆坡各处都能见到，主要指售卖工艺品的华人商贩。一直以来，华人在马来西亚的经济中都扮演着极为重要的角色。

南亚人

印度人与马来西亚人从事贸易的历史已达 2000 年以上，然而，与中国移民相似，马来西亚国内大多数的印度移民都是在 19 世纪时落户于此的。他们之中多数来自印度南部，也有部分来自印度北部，例如著名的锡克人。

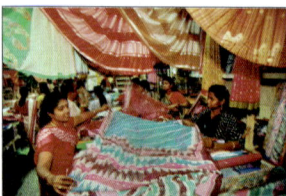

印度女性在吉隆坡的市集上售卖手工丝绸。在小印度（见 70 页）和布里克菲尔德等印度人聚居区，遍布着很多这样的特色市集。

割胶工人正在从一棵橡胶树上采集乳胶，印度人往往还会被雇用在茶园中工作。

马来西亚原住民

半岛上的原住民只占整个半岛人口的一小部分，通常居住在交通不便的偏远地区。与此不同的是，沙捞越和沙巴地区一半以上的人口为原住民，在沙巴更可达到66%。其中的大多数，包括沙捞越的伊班族和比达友族，都生活在长屋之中，信仰着万物有灵的原始宗教观念。他们当中的一部分人，例如可拉必人（Kelabit）和巴曹人，已转为信仰基督教或伊斯兰教。沙巴的个别部落，如卡达山杜顺人，是传统的农耕劳动者，然而大部分部落原住民是半游牧式的狩猎社会族群。目前政府正在鼓励原住民进入城镇和乡村生活。

巴曹人（Bajau）绝大多数信奉伊斯兰教，是沙巴地区人口数量第二多的族群，著名的"马背上的民族"，在古打毛律一年一度举行的大斗磨（见53页）露天市集上，巴曹人都会穿上精美的华服亮相。

本南族（Penan）是马来西亚唯一真正的游牧原住民族群，技巧熟练的采猎者。但现存人口中的1万人居住在沙捞越的拉让和林梦地区，目前仅有大约200人仍保持游牧生活。

卡达山杜顺人（Kadazan Dusun）是沙巴人数最多的少数民族，占沙巴人口的25%，由若干次群体组成。他们的民族传统服饰为黑色丝质服装，在杜顺丰收舞等传统节庆上，卡达山杜顺人都会以这样的装扮出现。

龙古斯族（Rungus）是沙巴北部地区的一个原住民部族，他们擅长制作精细的串珠饰品和手工编织品，龙古斯族人多数聚居在古达（见183页）周边的长屋之内。

比达友族（Bidayuh）亦称陆地达雅克人，与沙捞越的其他族群不同，他们将长屋搭建在山坡腹地，作为沙捞越人口数量第三多的原住民群体，比达友族绝大多数居住在古晋（见159页）地区。

乌鲁族（Orang Ulu）又被称为"上游的人"，这个非官方统称包括了27个小型却极为多元化的族群，例如加央族和肯雅族，乌鲁族人多居住在沙捞越内地。

马来西亚土著

马来西亚当局对于外来移民和被称为"土地之子"的当地马来西亚土著（bumiputras）进行了重要的区别对待，土著群体包括了马来人和其他所有原住民族群。这种认知来源于1969年种族暴动之后诞生的新经济政策，旨在提高马来西亚土著群体的经济地位。这一政策受到华人和印度人移民的批评，认为此举带有种族歧视的意味；却在很大程度上保证了整个社会的稳定性，并成就了马来人之中的富裕阶层——该阶层的经济利益仰仗于整个国家政治与经济的和谐发展。

伊班族（Iban）亦称沿海达雅克人，是沙捞越最大的族群，"勇猛的武士"和"出色的猎人"是他们长久以来享有的盛名，伊班族男性身体上通常有大面积文身图案。

伊斯兰教

马来西亚是一个多种宗教并存融合的国度，其中伊斯兰教为国教。伊斯兰教与马来文化的身份认同紧密结合，在马来西亚语中，"伊斯兰教"一词的意思为"成为一个马来人"。阿拉伯和印度穆斯林商人，同时作为传教者，自11世纪起开始影响当地人使其转变信仰。绝大多数的马来穆斯林是沙斐仪学派的正统逊尼派，同时仍然存在有小部分的什叶派穆斯林和苏菲神秘派。超过60%的马来西亚人信奉伊斯兰教，而在新加坡，这一人口仅占总人口数的14%。

穹顶是所有清真寺都具有的建筑特征，通常为洋葱形结构且在顶端有新月形装饰，新月是全世界伊斯兰教的统一象征。

清真寺的庭院被设计用来容纳数量庞大的礼拜者，位于新山的苏丹阿布巴卡清真寺的庭院可容纳约2000人。

尖塔通常为位于清真寺角落上的高塔，报告祷告时刻的人每天会从这里向信众发出五次祷告的召唤。

伊斯兰教建筑除了艳丽耀目的外表，它真正的魅力在于庭院和房间等内部空间的巧妙设计，因而在步入清真寺时，会让人有犹如掀开一层层面纱般的感受。因金灿灿的穹顶和令人瞩目的尖塔而闻名，位于瓜拉江沙的乌布地亚清真寺（见右图）是马来西亚最美丽的清真寺之一。

锯齿拱门呈摩尔式建筑风格，借鉴了西班牙伊斯兰和北非马里布的建筑传统。左图为位于槟城乔治市的吉宁甲必丹清真寺（见102页）。

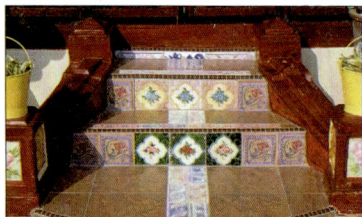

七彩的伊斯兰瓦作以错综的几何图形和优雅的植物图案为特色，传统的马来穆斯林房屋和清真寺中，常常以这种风格的瓦片或瓷砖进行装饰。

伊斯兰教信仰

"伊斯兰"，在阿拉伯语中意为"顺从于神的旨意"，公元 622 年由先知穆罕默德在阿拉伯半岛上的麦加创立。在伊斯兰教的基本教义中，安拉是世间唯一的神与主宰，对于安拉的信仰是不可动摇的，穆罕默德作为安拉的使者，通过《古兰经》向信仰者传递启示。伊斯兰教义中的五大功课为：念，确信安拉是唯一真主；礼，穆斯林每日要礼拜五次；斋，在斋戒月内从拂晓至日落严格禁食；课，又称施天课，尽其所能地救济穷人、给予、施舍；朝，前往麦加朝圣是一生至少一次的必尽义务。

礼拜指穆斯林每日必须进行的五次祈祷仪式，信仰者总是向麦加的方向朝拜。穆斯林相信通过礼拜可以与真主安拉建立直接的联系。

《古兰经》作为伊斯兰教唯一的根本经典，被认为是不可更改的神的启示，共分为114章，由阿拉伯文写成，信奉者能够逐字逐句背诵。

净身，穆斯林在开始礼拜之前需要首先进行沐浴净身（wuzu），从外表形式到内心精神达到统一，这种彻底洁净身心的行为是每个穆斯林必须完成的，否则不可以开始礼拜。

伊斯兰艺术

建筑和书法是伊斯兰世界最为独特优雅的两大艺术形式，这与伊斯兰教义中对艺术表现形式的某些禁忌有关。《圣训》，即穆罕默德言行录，宣示"天使不会进入有画像的房间"，因此在清真寺大殿内不会出现人像和动物图形，大多以书法艺术或植物几何图案为装饰。几何学在伊斯兰建筑与书法艺术中扮演了极为重要的角色。

爪夷文是一种使用阿拉伯字母来书写马来语的文字，它是文莱两种官方文字之一，同时在马来西亚和新加坡也得到了一定程度的应用，特别是在宗教文书方面。

扎频（Zapin）是一种传统的马来民间舞蹈，伴随着虔诚的伊斯兰圣歌，舞者以双数形式起舞，相传扎频舞在14世纪由中东的穆斯林传教士带到这个地区，在新山（见128页）是一种常见的舞蹈。

蜡染是一种古老的手工纺织蜡染工艺（见30页），通常用来以图案装饰服装，例如设计风格鲜艳明快的纱笼，最受欢迎的蜡染设计是花朵图腾。

印度教与佛教

印度教是马来西亚的宗教之一，同时，佛教盛行在新加坡的南亚人和华人群体中。尽管在至少 1500 年前，印度教便已出现在这两个国家，然而直到 19 世纪晚期至 20 世纪，随着印度劳工来到马来西亚的橡胶园和咖啡园工作，印度教才得以真正扎根。19 世纪，华人移民大量涌入，将佛教传播至马来西亚和新加坡的每一个地区。

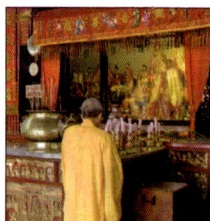

克里希纳神庙的塑像

僧人在供奉观世音菩萨的神龛前祷告

印度教

马来西亚和新加坡的印度教，连同其宗教仪式和神明，直接来源于印度正统的印度教传统，特别是移民数量最多的南印度地区。

神明塑像：供奉在中心圣坛之上的神明塑像。

鲜花环：以新鲜花朵制成的花环向神明表示敬仰。

信徒：信徒会个人前往庙宇，亦可集体参加法会或礼拜（puja）仪式，献上供品以示对神明的崇敬。

供品：包括鲜花、焚香、椰子等水果等，在祈祷过程中会洒上圣水。

祈祷仪式用品：包括乳香和没药等多种芳香性可燃物。

印度教祭司：由印度世袭社会中等级最高的阶层婆罗门担任，他们负责照看庙宇并住持仪式。

山门为进入印度教庙宇的入口通道，拥有多层次外观，以五颜六色的塑像作为装饰，极为优雅，这些塑像均取材于印度教中的众神。

湿婆派

湿婆派是印度教中重要的支派之一，信奉湿婆（Shiva）为世界上最高位的神，是宇宙世界的创造者。他的配偶雪山女神帕尔瓦蒂（Parvati），以及两个儿子穆卢干（Murugan）和伽那婆提（Ganapati）同样受到湿婆派信徒的膜拜。在 19 世纪，印度移民逐渐涌入，这些移民主要来自湿婆派最为盛行的南印度地区，湿婆派因而扎根马来西亚和新加坡并发展显著，香火鼎盛。

湿婆神的生动肖像

佛教

　　在马来西亚和新加坡盛行的佛教，遵循了在中国、日本、韩国及越南等国实践的大乘佛教流派。新加坡的泰人和马来西亚的土生泰人（Orang Syam）则信奉在泰国、老挝、柬埔寨、缅甸和斯里兰卡实践的小乘佛教。佛教在各个国家都融合了不同信仰，在新加坡，佛教与儒家思想、道教及祖先崇拜进行了融合。同时，佛教在一些地区还被民间化，以观世音菩萨为中心进行崇拜。对于好运及孝心的信仰同样是佛教的一大中心特点。

佛教僧侣剃光头，穿着橙黄色僧袍，通常打赤脚，以此来象征朴素的修行。

佛光：亦称光环，经常在佛教艺术中加以描绘，象征着智慧和灵性的启迪。

慧眼或是佛陀双目之间的突起，"第三只眼"代表了神的洞察力，也是圣人的标记。

佛陀：艺术描绘中佛陀通常拥有平静的表情和淡然的微笑。

转法轮印：佛陀在印度鹿野苑初次布道说法的手势，表现了正法之轮。

赤脚：佛陀的坐姿为双足交叉，脚心向上，所谓双盘，象征着冥想的境界。

佛陀头发：犹如蜗牛壳的卷发向上梳拢，盘旋束成发髻。

长耳垂：佛陀的耳垂近乎垂肩，被认为是由于身为王子佩戴沉甸甸的耳环首饰而造成。

僧袍：简单的僧袍代表了佛陀清心寡欲的修行生活。

盘膝：佛陀最常被描绘为盘膝而坐的形象。

虔诚的佛教徒在敬香，在马来西亚和新加坡，佛教徒通过焚香献供的方式来表达对于佛陀、僧伽、僧侣、达摩和大藏经教义的尊崇，供品通常包括水果和鲜花等。信徒往往会向神明祈求全家人的健康与富足。

佛教基本教义

　　尽管佛教分为两大流派，而且在历史长河中拥有众多不同派别，但是当中的绝大多数都共享相同的基本教义。佛教最重要的基本教义主要包括四圣谛、八正道、以法轮为象征的因果业报、涅槃等。大乘佛教派强调菩萨的角色与能力，菩萨自愿放弃涅槃，坚持在尘世普度众生。小乘佛教中，罗汉的角色得到了强调，罗汉是修行所能达到的最高果位，最终证入涅槃。

佛教法轮

当地建筑

传统的马来西亚和新加坡本土建筑主要为马来人和土生华人风格，同时，英国、葡萄牙和荷兰殖民文化的巨大影响在殖民统治时期修建的许多建筑物中得到了明显体现。而且，马来西亚和新加坡两个国家拥有令人惊叹的现代建筑，最具代表性的是众多高耸入云的摩天大楼，这一景象在吉隆坡和新加坡最为突出。

新加坡的天际线上密密麻麻地排列着壮观的摩天大楼

土生华人房屋

土生华人，又被称为海峡华人或峇峇娘惹，他们的建筑和房屋大多集中在无处不在的商铺周边，遍布马来西亚和新加坡各处。这一风格的建筑由来自中国南部的广东省移民引进至此。

"五脚基"为房屋形成了庇护通道（见105页）

典型的人字形屋顶

花卉图案装饰在娘惹商铺的砖面上。

经典的商铺建筑由以下几部分组成：底层、用来经营商业的临街部分、作为居住者生活区的上层楼面。

传统马来住宅

传统的马来住宅倾向于将房屋抬高建于桩柱之上，在有需要时可不断扩建延伸建筑。整幢建筑物以最重要的起居室为中心修建。

山墙与斜屋顶

高悬的游廊

向上架起的桩柱可以保护房屋免遭洪水灾难

住宅内部游廊和窗户等诸多开放空间使得空气得到充分流通，根据传统，这类住宅的墙壁为实木材质，屋顶用茅草搭建。

长屋

传统上，沙巴和沙捞越的原住民居住在长屋住宅群落（见167页），在一整片长长的屋顶之下，每个家庭占有其中一间犹如公寓屋的单独房间。建筑物整体被修建在高高的桩柱上。

长屋（Longhouses）通常都有一条有屋顶遮盖的游廊，或者叫作路艾（ruai），与整幢长屋的长度相当，室内划分为不同的居住区，或称比莱克（bileks）。同时长屋还配有唐吉（tanju），也就是露天的阳台。

以家庭为单位分享生活居住区

传统屋顶由竹子和藤条制成

露天阳台，或称唐吉

屋下的阴影区域用来作为家畜的栖居场所

米南加保建筑

　　米南加保人的住宅建筑十分壮观，集中分布在森美兰地区，上翘的倾斜屋顶和檐口是其主要特色，用来向"胜利的水牛"（见121页）这个名字在当地语言中的含义。传统上来说，米南加保建筑的茅草屋顶以聂帕桐树叶铺就，现在通常改为木质板材，或者直接使用镀锌铁皮。

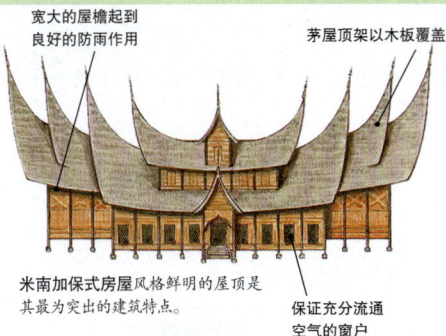

宽大的屋檐起到良好的防雨作用

茅屋顶架以木板覆盖

米南加保式房屋风格鲜明的屋顶是其最为突出的建筑特点。

保证充分流通空气的窗户

殖民建筑

　　马来西亚和新加坡的殖民时期建筑集合了不列颠印度、荷兰东印度及葡萄牙风格，通常还融合了马来原住民元素、伊斯兰文化主题与欧洲华美绚烂的艺术成果。同时，精致的装饰和木质花式窗格赋予这些建筑物独特的艺术个性与风格。

古典的立面

仿都铎式木屋别墅在马来西亚半岛的山中避暑地屡见不鲜，这种建筑通常由殖民时期的英国庄园主修建。

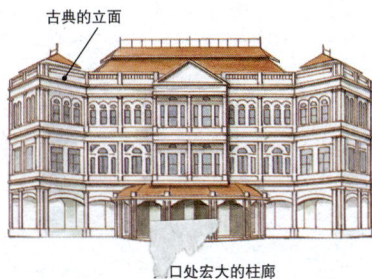

新加坡莱佛士酒店（见214～215页）兴建于1887年，以首任新加坡总督斯坦福·莱佛士爵士的名字命名，它代表了殖民时期建筑高度浓缩的精华与艺术水平。

口处宏大的柱廊

现代建筑

　　马来西亚和新加坡拥有众多现代建筑，城市中林立着大量由钢筋混凝土建成的摩天大厦，建筑立面通常安装有大面积的热反射反光镜面玻璃。马来西亚的现代建筑吸收了传统的伊斯兰文化元素，而新加坡现代建筑则充分体现了摩登感十足的现代派设计风格。

国油双峰塔高达452米

高塔中有10部扶梯和76部电梯

衔接两座塔身的空中连廊距地面的高度为170米

国油双峰塔是马来西亚最著名的现代建筑地标，常被人们称为"双子塔"，整幢大楼共有88个楼层，是全世界最高的双塔建筑物（见72页）。

滨海艺术中心拥有双穹顶，外形极富现代感（见210页），与传统的印度、华人和殖民建筑大相径庭，是新加坡超现代的都市风景线中最具代表性的地标之一。

马来西亚和新加坡节庆

　　生活在马来西亚与新加坡，一年中总是充满着各式各样的节庆，频繁而且盛大。以公历为准，每年会有一些节庆在固定日期举行；与此同时，按照马来穆斯林、印度人及华人的传统，他们的民族节日依照阴历（见333页）设置，因此每年的庆祝日期并不相同。不过，马来西亚和新加坡的旅游局会定期出版每年的节庆日历，包括全国性节日和地方节日。

多种多样的横幅和春联，预示着春节的到来

年夜饭，全家人团聚在一起共进晚餐，应该是中国人过春节最看重的一件事，也是一年当中辞旧迎新的重要时刻。

龙：一种东方民间传说中虚构的古老神兽，象征着正义、财富和幸运。

颜色：通常以红色和金色来表现龙，分别代表了兴旺和长寿。

七根龙柱：龙身通常由七根柱子支撑，每位舞龙者手持一根，如果龙身加长，就需要增加柱子数量。

春节

　　对于全世界的华人来说，最重要的节日便是春节。在新加坡全国和马来西亚的部分地区，例如吉隆坡、怡保、太平、新山等城市，这个长达15天的节庆以装艺大游行为最大亮点，狂欢节上热闹无比，舞狮、踩高跷、巨型横幅、乐队表演、缤纷多彩的花车，令人目不暇接。人们在节日期间所有的仪式活动，都是为了祈求来年红运当头、兴旺发达。

领舞者：表演者中技术最佳且最有经验的人，负责带领其他舞龙者。

烟火表演，璀璨的烟火点亮国油双峰塔上方的夜空，绚烂夺目，这是吉隆坡盛大的除夕庆祝活动中最精彩的时刻。

舞狮，这种传统舞蹈表演的历史已经超过1000年，两名擅长武术的舞者分别担任狮子的前后两腿，在锣鼓的伴奏下，模仿狮子的各种形态和动作。

开斋节

对于马来穆斯林来说，一年中最重要的节日非开斋节莫属，这天的到来，象征着为期一个月的斋戒圆满结束。在伊斯兰教历每年的9月，每天从拂晓至日落，所有的信徒严格禁止饮食。9月的第30天，伴随着新月的出现，斋月宣告结束，人们通过品尝马来粽、米糕、竹筒饭、糯米饭等传统食品的方式来迎接10月的到来。

细长的龙身：这种设计有利于龙身蜿蜒摇摆的曲线运动。

舞龙者：身体强健是对表演者的基本要求，还要保持不间断的规律训练，才能保证出色的演出质量。

穆斯林男性穿戴着最讲究的传统服饰，聚集在清真寺做祈祷，开始了崭新的一天。在节庆开始之前，墓穴被打扫得一尘不染，所有的纷争纠葛都要得到宽恕和原谅。

穆斯林儿童在开斋节会燃放鞭炮，还将得到用绿色信封包裹的压岁钱，在为期三天的节庆中，家人、亲戚、朋友和邻居相互之间都会登门拜访。

大宝森节

大宝森节是生活在马来西亚和新加坡的印度人群体的重要节日，是为了庆祝印度教神明穆卢干的生日而设立的，穆卢干是湿婆与雪山女神帕尔瓦蒂所生的儿子。大宝森节在泰米尔历的"泰月"举行，即公历的1月~2月之间。最盛大的大宝森节庆祝活动在黑风洞举办，每年有超过100万名的印度教信徒和1万多名游客来此朝圣。信徒会完成剃头仪式，然后沿着固定的线路朝拜而来，一路上以各种祭祀仪式和行为表达虔诚。

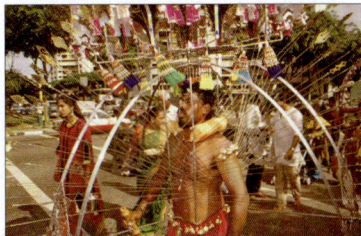

赎罪架是指信徒肩负着的弓形金属架，又被称为卡瓦第（Kavadi），表达忏悔和虔诚。信徒会在全身刺满银针用来固定赎罪架，以孔雀羽毛作为装饰，犹如一座行进中的祭坛。

黑风洞（见90页）位于吉隆坡北郊，为供奉印度教神明穆卢干而修建，是马来西亚的印度教信徒最重要的朝拜圣地，每逢大宝森节来临，这里的景象蔚为大观，信徒们依次沿着队爬上272级台阶，登上山顶的神庙进行参拜。

马来西亚的艺术与手工艺

马来西亚拥有宝贵的原住民艺术传统，其历史可追溯到若干世纪之前，同时受到了华人、印度人等不同移民的文化影响，呈现出兼容并蓄的丰厚底蕴。西马擅长金属加工，东马则出产最令人惊叹的木刻艺术品。除了陶艺、瓷器、黄铜制品、银器，马来西亚还盛产各式各样的地方手工艺品，例如哥打巴鲁著名的风筝艺术品。马来西亚的艺术界发展蓬勃，大量汲取了印度教、佛教、伊斯兰教的艺术精粹，中国文化亦发挥着重要作用，近代西方艺术对其的影响日益加深。

临近瓜拉江沙的拉布沙用出产的水壶

马来西亚的纺织业

蜡染在马来西亚极为流行，亦是马来西亚最具代表性的民族服饰。马来西亚各地都可以找到蜡染商品，沙捞越的古晋是购买传统蜡染工艺品的最佳去处。马来西亚的纺织工艺传统优良，出产品质极高的丝绸和棉布，早期时仅定制供皇家宫廷专用，包括彩锦绸、扎染绸、色织真丝、织锦、重缎真丝等各种面料。

扎染工艺（Ikat）分为扎结和染色两部分，通过线绳等工具，对织物进行扎、缝、缚、缀、夹等多种形式组合后进行染色，形成精巧的图案。目前，马来西亚出产世界上最高水平的扎染品，图中的这块伊班族装饰毯来自沙捞越。

蜡染图案主题多为花草或几何图案。

熔蜡：将蜡熔化后依图案花纹涂于织物表面，防止有蜡的地方被染料浸染。

伊班编织布（Pua kumbu）主要用于庆典活动和日常家居装饰，纺织活动主要依靠女性完成。历史上，织物上的不同图案可以反映出穿着者的社会地位，如今图案的种类更多样，从动植物主题到抽象几何图形，各具特色。

织锦缎

"织锦"一词在马来语中的意思为"以金丝、银丝创作刺绣"，用真丝作为缎地，用金银丝做作线起花，金属光泽的丝线穿梭在绸缎之间，以提花织出精美的图案，花纹五彩斑斓，营造出夺目的视觉效果。

丝质织锦（Kain sutera）通常用来制作传统服装纱笼，在庆典活动或其他正式场合穿着。

金线织物（Kain mastuli）是以金丝织就的重缎织锦，多用来制作传统服装或是作为装饰用的布料。

木刻

马来西亚的婆罗洲出产品质最优且种类丰富的木刻工艺品，这个地区的原住民因擅长木刻技艺而闻名，神明塑像、图腾崇拜物、面具、护身符等，造型各异，独具匠心。

马来木雕艺人技艺精湛且熟练，雕刻速度极快，古晋和哥打巴鲁地区拥有马来西亚手艺最好的木雕艺人。

精巧的木质面具是马来西亚婆罗洲的原住民擅长雕刻的传统手工艺品，用来驱邪避凶。

蝙蝠金木雕装饰在马六甲传统住宅窗框上，在娘惹文化中是吉祥福瑞的象征。

部落墓穴桩柱上端雕刻着图腾崇拜塑像，现收藏于古晋的沙捞越博物馆。

花纹纷乱的盾牌是古时伊班族战士在战场上使用的，这种木质盾牌分量极重，通常雕刻有狰狞的面孔，用来震慑敌人，令其士气低落。

金属加工

传统的马来西亚银器和珠宝饰品深受娘惹文化的影响。槟城、马六甲和古晋等地的传统市集上制作和销售的金属制品，体现了南印度工艺风格特色。其中具代表性的有苏芒甲村（见182页）出产的铜锣、一系列的黄铜工艺品，以及华丽的马来剑等。

黄铜通常用来制作家用器具、家居装饰及庆典仪式用品等，吉隆坡的甘萨瓦米印度庙宇中陈列的这件黄铜屏风，细节处精巧繁杂，巧夺天工，展现了马来西亚手工艺技巧的典型特色。

马来剑（Keris）是马来人依传统佩带的独特短剑，他们认为短剑拥有神奇的力量，保护佩带者的同时，能克敌制胜。

马来西亚银器以繁复精巧的花丝工艺和设计闻名，品质最佳的主要出产于吉兰丹和丁加奴。

马来西亚和新加坡历史

关于马来半岛的史前历史，目前依然笼罩在神秘的面纱之下。然而，在接下来的几个世纪，有明确的史料记载表明，本地区成为重要的贸易强国，地处印度和中国之间海上贸易的关键中心，因其战略性的地理位置和富饶的自然资源，这个地区成为众多外来侵略者的必争之地。随着主权获得独立，马来西亚和新加坡快速成长为经济发展与现代化建设的成功样板，以全新的形象登上国际舞台。

人类在这一地区栖息的最古老证据可以追溯到距今4万年前。1958年，在位于沙捞越的尼亚国家公园发现的人类头盖骨，以及霹雳州出土的石质工具，均为确凿证明本地区存在人类活动的考古发现。西马来西亚和东马来西亚挖掘出土的陶器和石器，为公元前2800年～前500年期间制造的，则是这个地区在新石器时代便已存在人类文明的最佳证明。

霹雳人的复原品，现存于玲珑博物馆

尽管在马来西亚出土的青铜器和铁器数量极少，制作于公元前500年～前300年的青铜时代的巨型铜鼓，仍然有力地证实了西马来西亚与越南北部地区之间的文化交流。除铜鼓之外，来自印度和中国的珠饰、陶器等同一年代的工艺品在这个地区亦有出土，表明当时这一地区的国际经贸网络已经完全确立，商贸活动十分发达且活跃，众多国家的商人们纷至沓来，以不同商品交换这里盛产的锡、黄金、芳香木材和香料等珍贵资源。正因如此，印度人早在公元前200年便把这里称为"随处遍布黄金的大地"。随着与印度之间经贸关系的迅速发展，生活在马六甲海峡沿岸的当地人逐渐了解和接受佛教、印度教文化，并接触到印度人的王权观念。例如，马来语中的"统治者"一词正是梵文中的舶来词。重大考古发现证实，马来西亚西北部吉打州现存的印度教、佛教塑像和梵语铭文，均说明了自5世纪起，半岛西海岸的村落居民日益受到印度文化的深远影响。

与中国之间的通商往来，同样对这个地区的经济发展意义重大。自2世纪以来，柬埔寨历史上的扶南王国（Funan）成为有力的经贸桥梁，对于半岛北部地区的影响力日渐增大。通过这片海域，大量货物从亚洲西部地区源源不断地运往中国，为本地区通商口岸的成功崛起提供了持续动力。

时间表

陈列于玲珑博物馆的石器时代工具

前4万~前2800年：史前时代	前500~前300年：青铜时代越南北部的铜鼓文化	1~99年：扶南王国于湄公河三角洲下游地区建立		400~500年：东南亚与中国间的经贸往来发展迅速
2000BC	1000BC	0	AD200	400
公元前2800~前500年：新石器时代		公元前200年：印度与东南亚之间的商贸关系确立；印度文化的影响在本地区得以传播		

铜鼓

◁ 威廉·丹尼尔于1821年创作的威尔士王子岛全景图

三佛齐王国

7世纪中叶发源于苏门答腊岛东南部的三佛齐（Srivijaya），在巨港附近建都，通过海上贸易成为该地区首个建立泛马来联邦的海港王国，亦是东南亚地区重要的印度佛教文明古国之一。

三佛齐逐步发展为富足而强盛的马来王国，穿行马六甲海峡的船只都必须向其纳税，位于苏门答腊岛和爪哇岛之间的巽他海峡，贯通马来西亚半岛、北至今日泰国的陆路运输通道同样在三佛齐王国的掌控之内。凭借优越的战略性地理位置，三佛齐吸引和垄断了印度与中国之间的进出口贸易，担任起东南亚地区海运贸易的转口港，也成为众多珍稀物资的源头，包括芳香木材和黄金等。

三佛齐王国的治国之道得到了马六甲王朝等后续王国的推崇和继承。其中最至高无上的一点便是对君主的完全忠诚，君主拥有神圣的力量和权力，任何形式的不忠不敬都将受到严厉惩罚。在三佛齐统治期内，印度教、佛教和原住民神灵信仰等不同宗教相互融合，其中佛教的地位最为突出，一度成为佛教学习的文化中心。

三佛齐王国的兴盛一直延续至11世纪，之后随着与爪哇和南印度朱罗王朝（Chola）之间的连年征战，三佛齐的国力趋向衰退。在印度佛教背景下的王公统治阶层权力被瓦解，取而代之的是伊斯兰教对这个地区的影响。与此同时，中国商船的大量涌现，使得

阿拉伯商人和传教士抵达东南亚

三佛齐的各路诸侯受到极大鼓励，纷纷摆脱了巨港政权的控制。13世纪后期，泰国的素可泰（Sukhothai）王国和大城（Ayutthaya）王国崛起，开始对半岛发挥极大的影响力，而满者伯夷（Majapahit）爪哇王国亦统治了苏门答腊岛的东南部地区。

伊斯兰教的传播

伊斯兰教在东南亚地区的传播，并非依靠武力征服，而是通过经贸往来活动实现的。11世纪前后，伊斯兰教由阿拉伯商人和传教士带到东南亚，随后印度穆斯林商人将其迅速传播扩散至整个马来西亚半岛。1899年在半岛东北部发现的丁加奴铭文石，以马来阿拉伯文字撰写，表明早在1303年伊斯兰法便已在这块土地上建立起来。然而直到15世纪，随着马六甲苏丹王朝将其确立为国家宗教，伊斯兰教终于获得了前所未有的有力提升，其触角延伸至马六甲王国每一个最偏远的角落，伊斯兰教逐渐融入马来文

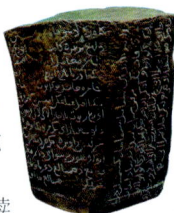

丁加奴铭文石

时间表

8世纪：三佛齐王国的黄金年代

描绘了中世纪阿拉伯商人的插画

11世纪：随着阿拉伯商人的抵达，伊斯兰教在本地区广泛传播

700	850	1000

三佛齐风格的菩萨塑像

992~1016年：三佛齐国与爪哇国之间展开战争

1025年：遭到朱罗王朝的突袭

化的血液，发展成马来人民族认同感中最重要的组成部分之一。

马六甲的崛起

1400年前后，三佛齐王国巨港的王子拜里米苏拉（Parameswara）试图摆脱爪哇人的统治，逃往淡马锡，即现在的新加坡，建立新的王国，成为马六甲王朝的开国君主。马六甲王朝地理位置优越，扼守马六甲海峡，临近印度尼西亚的香料群岛，很快成为当时亚洲的国际贸易中心。1405年，中国明代航海家郑和率领舰队出海，展开对东南亚及印度洋的探索之旅，而马六甲成为其舰队最重要的前哨。由此，马六甲和中国确立了稳定的贸易协定，同时，这一伙伴关系有效保护了马六甲免受暹罗人的骚扰。马六甲市逐步发展为一个真正国际化的大都会，受到季风的影响，来自中国、日本、印度和波斯的商船需要在马六甲港口停留至少一年的时间。

1425～1445年间，伊斯兰教在马六甲得以广泛传播，拜里米苏拉的继位者将伊斯兰教确立为国教，并使用了苏丹头衔，从而正式建立了马六甲苏丹王朝。伊斯兰教的引进使得马六甲与广阔的穆斯林贸易市场紧密连接起来。15世纪末，马六甲已经跃身为本地区最发达的转口港，几乎支配了整个马来世界重要的经贸往来。尽管与当时中国的明朝当局保持着密切联系，马六甲苏丹王朝拥有独立的中央集权政权，苏丹是整个国家绝对的独裁统治者。政府内极其复杂的法律及行政管理机制由苏丹全权监管，以确保整个王国的安定稳固。王朝政府的高级官员包括总理、掌管指挥陆军与海军的上将、司法与防御大臣和港务局长等。整个政府的运作由成文法典来定义和规范，被称为《马六甲法典》，历任统治者不断对法典进行演变和完善。马六甲苏丹王朝的法律主要由以下三部分作为支撑：印度佛教传统、伊斯兰教传统和原住民本土传统。时至今日，在马来西亚、印度尼西亚和文莱等地区，马六甲已然成为伊斯兰教文化传播的中心。马六甲苏丹王朝对周边地区的影响颇为深远，通过本地区以马来语作为商贸交流语言这一点便可见一斑。

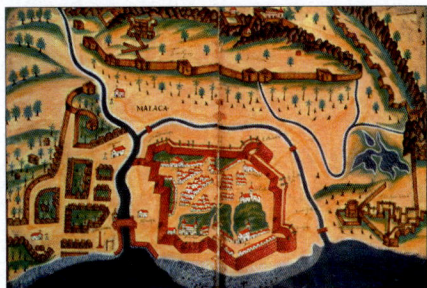

佩德罗·巴雷托·德·雷罗德大约绘制于1511年的马六甲城平面图

爪哇岛三宝垄的中国庙宇内的郑和浮雕

素可泰风格的带盖器皿

1400年：拜里米苏拉立马六甲王朝

1425～1445年：马六甲王国的统治者采纳伊斯兰教作为国教并使用了苏丹头衔

1150	1300	1450

1238年：素可泰王国成立

1303年：丁加奴铭文石记录下了伊斯兰法的确立

马六甲锡质钱币是马来各州中目前已知的最早出现的原住民钱币

葡萄牙人的征服

15 世纪时，葡萄牙人渴望挑战威尼斯作为欧洲唯一香料供应商的地位，同时打破阿拉伯和印度穆斯林商人对于利润高昂的香料贸易的垄断。1509 年，由舰队司令薛魁拉（Lopez de Sequeira）率领的首支葡萄牙远征军抵达马六甲，但被苏丹的军队击退。之后，一支规模更大、装备更精良的舰队在 1511 年起航，在阿方索·德·亚伯奎

阿方索·德·亚伯奎

（Afonso de Albuquerque）舰队司令的领导下，历经 40 天的围攻后成功占领了马六甲，从而开启了欧洲殖民势力在本地区的统治时代。苏丹马末·沙（Mahmud Shah）被迫逃往半岛内陆地区，最终其长子穆札法尔·沙（Muzaffar Shah）在北方地区建立了霹雳苏丹国，而其幼子阿拉伯丁·利亚特·沙（Alauddin Riyat Shah）则在南方建立了柔佛苏丹国。这个时期还见证了苏门答腊岛国亚齐（Ache）作为强大地区力量的崛起。

在马六甲作为葡萄牙殖民地的一个世纪里，针对马六甲的控制权，亚齐、柔佛和霹雳苏丹国以及葡萄牙殖民者多方势力展开了激烈的斗争，并且持续跨越了整个 16 世纪。

荷兰时代

自成立以来，柔佛苏丹王国同时面对着多重攻击和威胁，葡萄牙人和亚齐王国对其进行两面夹击，直到 16 世纪末荷兰人抵达这里，这种局面才被打破，柔佛苏丹王国的地位终于得以稳固。

为了保护自己免受敌人侵犯，柔佛苏丹王国与荷兰达成同盟。1602 年，位于亚洲的所有荷兰经贸企业联合起来，组成了荷兰东印度公司（VOC），达成了取得马六甲控制权的共同需求，以实现对香料贸易的垄断。1641 年，在柔佛苏丹王国的帮助下，荷兰舰队经过长达一年的围攻，夺取马六甲。作为回报，荷兰人授予柔佛苏丹王国多项贸易特权，17 世纪末，柔佛发展成为本地区实力极其雄厚的王国。在其最鼎盛时期，控制了整个马来半岛的南部，以及苏门答腊岛东部的部分地区。

由于 1640 ~ 1641 年间的围攻，在荷兰人接手时，马六甲的大面积地区已成为废墟。荷兰人统治期间对城市进行了重建，不少历史遗迹如今依然完好。众多著名建筑物中，红屋（见 122 页）是东南亚地区现存最古老的荷兰建筑。然而在之后的 180 年内，荷兰人将更多精力投入新殖民基地巴达维亚（Batavia），即现在印度尼西亚的首都雅加达的发展

荷兰舰队在印度洋攻打葡萄牙战船

斯里兰卡加勒古堡大门上的荷兰东印度公司徽章

17世纪的荷兰商人与雅加达的荷兰东印度公司商船

上，马六甲逐步走向衰败。

婆罗洲

在英国人抵达之前，这片包含沙捞越、沙巴和富有的产油小国文莱在内的土地与马来半岛关系甚微。婆罗洲的大部分地区，以及与之相邻的苏禄群岛（Sulu Archipelago）的部分地区，即现在的菲律宾，均在实力雄厚的文莱苏丹国统治之下。1704年，由于内乱，文莱割让部分沙巴的领土给苏禄苏丹王，以回馈后者给予文莱的军事援助。这片土地的主权，最终由英国人交到马来西亚人手中。1963年马来西亚联邦成立后，菲律宾曾宣称并试图收回对沙巴的主权。

英国人的到来

18世纪随着英国人的登陆，马来西亚发生了巨大变化。英国东印度公司（EIC）在往返于印度和中国的海上商贸运输之中，需要一个中途基地作为辅助。1786年，弗朗西斯·莱特（Francis Light，见103页）爵士代表英国东印度公司签署协议，取得了原属吉打苏丹王朝的槟城，将其设立为商业与海军基

地。他还宣布槟城成为自由贸易港，槟城很快繁荣起来。欧洲的拿破仑战争（1800～1815）之后，英国成为整个亚洲的领导力量。1819年，和莱特爵士一样，斯坦福·莱佛士爵士在新加坡采取了相同的政策，取得极大成功，新加坡迅速发展为繁荣的贸易港口。1824年，英国和荷兰签署了《英荷条约》，重新划分马来世界的殖民地，依据条约，马来半岛归英国所有，印尼群岛的大部分归荷兰所有。于是，荷兰将马六甲转手交付英国，用来交换苏门答腊岛的明古鲁（Bengkulu）。

英国针对马来西亚的早期殖民政策，坚持了"重在贸易，绝非领土"的原则。同时，与荷兰类似，英国对于在马来西亚传播基督教的兴趣不大，自由贸易和经济利润才是其关注点。形成于1826年的海峡殖民地，是英国对其马来世界各殖民地的管理建制，英国并不对它们进行过多的直接干预。基于此，马来半岛尽管在英国的势力影响范围之内，依然很大程度保持了自治与独立。

1824年英国船队抵达马六甲，开始对其进行统治

斯坦福·莱佛士爵士

1704年：文莱割让婆罗洲部分领土给苏禄王朝

1819年：斯坦福·莱佛士爵士成为新加坡的首任总督

1826年：海峡殖民地正式成立

| 1680 | 1740 | 1800 |

1595年由彼得·普兰修绘制的婆罗洲海图细节

1786年：弗朗西斯·莱特爵士为英国东印度公司取得槟城的管辖权

1824年：依据《英荷条约》，马六甲被划归英国所有

海峡殖民地

1826～1946 年间，英国君主将一群地理区域上相互独立分离的领土整合起来，以海峡殖民地作为它们通用的名称，涉及的地区包括槟城、马六甲、新加坡、威斯利省及周围海岛等。本地区的殖民影响，其实早在 1786 年便已开始，当时吉打苏丹王朝将槟城割让给英国东印度公司，以此换取保护以抗衡暹罗和缅甸。随着越来越多的地区被纳入殖民统治，它们逐步促进和推动着本地区的贸易水平。这一地区各个国家不同种群之间难以分割的联系，直到今天依然能从混合族裔社区和各国地标及建筑风格中清晰看出。

19世纪早期英国东印度公司的商船从马六甲离港

英国人在槟城聘用来自中国和印度的移民以及当地马来原住民担任劳工，在岛上完成道路建设工程。

殖民地化

英国并未从本土派遣太多人来到海峡殖民地进行统治和管理，反之，始终确立自身作为统治精英的角色，聘用来自印度、中国及大英帝国其他领地的移民来管理这片新殖民地，同时充当士兵、劳工和商人。

中国舢板在殖民地贸易中被广泛使用。

斯坦福·莱佛士

斯坦福·莱佛士爵士

大英帝国最具声望的政治家之一，斯坦福·莱佛士爵士（1781～1826）14岁时开始自己的职业生涯，在伦敦的英国东印度公司从事职员工作。他一路升迁，直至 1811 年担任爪哇的副总督，在 1817 年被授予爵位。1819 年，莱佛士爵士与当地苏丹签署条约，为现代新加坡的成功奠定了基础。莱佛士爵士还是伦敦动物学会的创始人和第一任主席。为了表示对莱佛士爵士的纪念，人们将世界上最大的花朵大王花以他的名字命名。

吉打苏丹王阿都·哈米德·哈利姆沙（Sultan Abdul Hamid Halim Shah of Kedah）及其随从。这张照片拍摄于1900年，与1786年英国控制槟城之后的所有苏丹王一样，事实上他对这座岛国的政府并不拥有真正的统治权。

贸易

英国对于海峡殖民地的统治，并非出于扩张领土的野心，而是志在将其打造为真正的自由贸易港。一旦这些海港发挥功能，英国便可完全垄断欧洲与亚洲之间的通商贸易线路。

香料种植， 槟城主要种植有肉豆蔻、肉桂和胡椒等香料，在18世纪的欧洲，这些香料都是价值连城的稀有商品。

槟城最早的钱币上面的图案是英国东印度公司的徽章，1787年在加尔各答铸造完成，据说，弗朗西斯·莱特爵士曾点燃装载钱币的大炮向丛林发射，吸引劳工们把钱币捡拾干净。

1/4分钱币上面雕刻着君主的头像，在1826年海峡殖民地被纳入英国政府统治后停止使用。

新加坡新港 在新加坡建立新港，成为横跨欧洲与远东之间海上运输线的自由港，最早由莱佛士爵士提出设想，目前它已成为世界上最繁忙的港口之一。

文化

海峡殖民地逐渐发展为多元文化相互交融的大熔炉，展现出令人着迷的独特魅力。来自欧洲、葡萄牙、荷兰、英国等地的移民，与当地马来原住民和谐共处，并肩生活在这片土地上。

煤气灯是英国为殖民地带来的众多革新举措之一。

娘惹文化随着殖民地的不断扩大得到了不断发展，华人与马来人通婚后，将两种不同文化进行融合，从而孕育出了全新的文化风俗。在娘惹婚礼上，新娘通常会穿戴传统的中式服装。

早期华人移民与娘惹男性一样，都梳着长辫子，这种传统一直保持到了19世纪末期，通过发型表达了他们对家乡的忠诚情意。

克林（Kling）是对发源于南印度地区的早期泰米尔移民的旧称，他们是海峡移民地最主要的南亚移民群体。

这幅平版印刷画描绘了詹姆士·布鲁克统治期间与海盗大战的景象

白人拉者的崛起

依据《英荷条约》，英国并未取得婆罗洲的控制权，而是将主要精力集中在马来半岛的发展之上。18世纪末期，文莱的国力走向衰败，原住民群体的骚乱使得国内政局动荡不安，苏禄王朝又不断对其领土扰乱侵占。1838年，曾经就职于东印度公司的探险家詹姆士·布鲁克（James Brooke）开始前往东印度地区寻求发展。途经新加坡，受英国总督的委托，带信给沙捞越古晋的统治者穆达·哈辛（Muda Hashim）。布鲁克在1839年抵达沙捞越，时值当地发生叛乱，达雅克族原住民起义反抗文莱苏丹。布鲁克携船员入伍协助文莱苏丹，一年内成功平定叛乱。

于是作为答谢，1841年文莱苏丹王册封布鲁克为沙捞越拉者（Rajah），即当地统治者，就此布鲁克成为沙捞越首位白人拉者（见157页），而白人拉者

沙捞越首位白人拉者
詹姆士·布鲁克

在沙捞越历史上仅有三位。依靠英国强大的制海权，布鲁克巩固了其对原住民群体的统治，同时有力抵御了大肆破坏沙捞越海岸线的马来海盗。布鲁克采取的改革政策卓有成效，使得该国发展进步显著，他在建立法律法规的同时，为当地人提供了良好的社会福利。布鲁克逐渐赢得当地原住民群体的拥护与信任，并于1857年镇压了一次华人移民的起义。1868年布鲁克逝世，由其外甥查尔斯·布鲁克（Charles Brooke，1829～1917）继承拉者之位。查尔斯继位之后，为了扩展沙捞越的领土，打击文莱苏丹国的实力使其缩小。在他的统治期内，1888年沙捞越成为英国的保护区，布鲁克家族依然掌控着整个国家的内部管理。

英国统治的扩张

19世纪中期，文莱苏丹国对于沙

时间表

	1846年签署条约割让婆罗洲的纳闽岛给英国	1874年：《邦各岛条约》缔结，英国在霹雳州委任首位公使
1847年：《纳闽岛条约》缔结	1865年：文莱将沙巴主权出租给美国领事克劳德·李·摩西	
1840	**1850**	**1860**	**1870**
1841年：詹姆士·布鲁克成为首位白人拉者	1857年：华人起义被布鲁克镇压	沙捞越第二位白人拉者查尔斯·布鲁克	1868年：詹姆士·布鲁克逝世，查尔斯·布鲁克继位

巴的统治极为松散，实际上苏禄人的首领真正在当地行使着管理权。由于内部争端其国力不断衰弱，文莱试图出租此部分领土。1865 年，最早将沙巴主权出租给美国驻文莱领事克劳德·李·摩西（Claude Lee Moses），1875 年再次向奥地利驻香港领事冯·奥维贝克（Baron von Overbeck）男爵抛出橄榄枝，最终与 1881 年成立英国北婆罗洲公司的商人阿尔弗雷德·邓脱(Alfred Dent)达成租约。1888年，沙巴与沙捞越一并受到英国政府的保护。与白人拉者统治的沙捞越类似，英国北婆罗洲公司保有对沙巴进行国内管理的权力。1895 年，一场由马特·沙里（Mat Salleh）领导的针对北婆罗洲公司统治的反抗运动兴起，直至沙里逝世 5 年后的 1905 年，该反抗正式宣告失败。此后，沙巴的发展停滞，成为殖民统治下的一潭死水。

英国官员与马来联邦各国苏丹合影

　　几乎与此同时，英国政府开始修正其殖民政策，放弃了不干涉马来半岛各国内政的初衷。蓬勃发展的锡矿业吸引了大量中国移民，尤其集中在霹雳州和雪兰莪州。这导致了华人与马来人之间的种族冲突；这样的暗斗与混战同样在马来世界的苏丹王国肆虐。英国惧怕新欧洲势力，尤其是德国，会利用此契机乘虚而入，在马来西亚大陆夺得立足点。于是 1874 年，凭借《邦各岛条约》的签署，英国在霹雳州任命了首任公使，除伊斯兰教和马来习俗之外的一切内政要务，苏丹王均需与其商讨决定。然而，随着英国对当地司法和金融事务持续进行干涉，霹雳州的马来人动乱不断，最终导致首任公使伯奇（J.W.J.Birch）于 1875 年被杀身亡。叛乱很快得到镇压，英国政府继续向霹雳州委任公使。1896 年，彭亨州、雪兰莪州、森美兰州与霹雳州被合并组成英属马来联邦，首府办公地设在吉隆坡的苏丹阿都沙末大厦。1909 年，依据《英暹条约》，暹罗的附属国吉兰丹、丁加奴、吉打和玻璃市被纳入英国公使的统治范畴，组成马来属邦，1914 年柔佛加入其中。至此，连同海峡殖民地、沙巴、沙捞越和文莱，"一战"之前英国已完成了其在马来亚地区的扩张进程，政治权力得以巩固。

位于吉隆坡的苏丹阿都沙末大厦

1877年：文莱将沙巴重新出租给奥地利领事奥维贝克

由北婆罗洲公司发行的邮票

1895年：马特·沙里领导的起义运动在沙巴兴起

1888年：英国在彭亨州委任公使

1896年：英属马来联邦建立

1909年：马来属邦成形

1880	1890	1900	1910

1881年：阿尔弗里德·邓脱成立英国北婆罗洲公司

1888年：沙捞越和沙巴成为英国的受保护国

1914年：柔佛加入马来属邦

1877年：橡胶树经由巴西、英国皇家植物园和斯里兰卡等地引进至新加坡植物园

马来联邦的首任总督
弗兰克·瑞天咸爵士

在马来西亚的英国橡胶种植主正在监督印度劳工的工作

殖民地生活

完全掌握整个半岛之后，英国将精力倾注在经济建设之上，使之发展成为富有活力和生产力的经济体。20世纪时，作为世界领先的橡胶与锡器制造国，马来西亚半岛在国际经济舞台崛起。在婆罗洲，1917年沙捞越的第三位白人拉者查尔斯·瓦伊那·布鲁克（Charles Vyner Brooke）即位时，沙捞越社会安定，经济发展相对繁荣；此时的沙巴州依靠木材、橡胶和烟草等产业亦获益良多。从印度和中国涌入的大量移民，为当地的移民地经济提供了充足的劳动力。马来人被认为是原住民族群，多被鼓励在乡村地带生活。20世纪30年代末期，普通马来人的经济状况远不如富裕的华人移民，反而面临着在自己家乡的土地上成为少数派的危险境地。这一情形导致了当地各种族间长达数十年的紧张局面。基于种族问题引发的政

1941年12月，日本军队列队穿过新加坡市中心

治化趋势和精英情绪也在整个社会中滋生。第二次世界大战的到来，宣告着殖民地的社会生活将不再一成不变。

第二次世界大战

1941年12月，日本帝国派遣军队在半岛东岸登陆，两个月之内，日本军队便已征服半岛以及新加坡和婆罗洲等地区。在这之后的3年内，日本人在此掀起了血雨腥风的残暴统治。在日本统治之初几个月内实行的肃清大屠杀中，仅新加坡一地便有4万～7万名华人被残忍杀害。约有7.5万名马来西亚人被迫充当劳工，修建缅甸和泰国之间的"死亡铁路"，其中绝大部分为印度泰米尔人。由于长期营养不良和恶劣的工作环境，加之日本监工的残暴虐待，这些劳工中40%的人相继死亡。

一些马来西亚人奋起反抗，其中最著名的是马来亚共产党领导的游击队，游击队与英军136特种部队合作，由英国提供武装支持。与此同时，为了巩固自己的统治，日本还鼓励激进的马来亚民族主义分子组建半军事化部队和政治团体。但由于其在亚洲和太平洋地区的过度扩张，截至1944年，日本统治已经造成马来半岛和婆罗洲经济的一片混乱，直到1945年8月日本宣布投降。

时间表

查尔斯·瓦伊那·布鲁克

20世纪30年代：华人开始加入马来亚共产党

1941年：日本入侵马来亚地区和新加坡

1918	1923	1928	1933	1938

1917年：沙捞越第三位也是最后一位拉者查尔斯·瓦伊那·布鲁克（1917~1946年在位）

1926年：新加坡马来人联合会成立

1941年英国皇家海军舰艇威尔士亲王号在丁加奴海岸被日本炸弹击沉

1957 年 8 月，东姑阿都拉曼宣布马来西亚脱离英国统治正式独立

紧急状态

1946 年再次获得英属马来亚的统治权后，英国第一时间成立了马来亚联邦。将所有半岛州属整合起来，由英国政府统一管理，各个人种族群都被赋予平等的公民权。新加坡、沙巴和沙捞越地区则作为英国的直辖殖民地。

马来亚联邦遭到马来群体的强烈反对，直接影响和促成了首个马来政党的成立，即马来民族统一机构（简称UMNO）。马来亚联邦后被马来亚联合邦所取代，联邦不包括新加坡在内，强调马来族的利益，马来人享有部分特权。华人移民对马来亚联合邦的发展表示出强烈不满，在 1948 年 6 月，作为马来亚共产党的一个武装派别，马来亚人民解放军（简称 MRLA）在领导人陈平的带领下回到丛林，发动了一场针对英国殖民统治者的斗争，在旷日持久的激战之下，英国政府宣布马来亚地区进入紧急状态。

陈平领导的游击队战争最终以失败告终。20 世纪 50 年代末期，马来亚共产党领导人逃亡泰国，1960 年独立后的马来亚政府宣布紧急状态结束。

独立

在与马来亚人民解放军交战的同时，英国持续与反共的马来民族分子进行接触，向其保证了马来亚的独立。1955 年，举行了为决定马来亚新政府而进行的首次选举。最终，由马来民族统一机构组成的联盟党、马来西亚华人公会和马来西亚印度国民大会党赢得选举。1957 年 8 月 31 日，马来西亚正式宣布获得独立，东姑阿都拉曼（Tunku Abdul Rahman）成为首任总理。

尽管新加坡在 1959 年取得自治，沙捞越、沙巴和新加坡依然是英国的直辖殖民地。1961 年，半岛各州属、新加坡、沙捞越、沙巴和文莱拟定成立一个全新的联盟。除印度尼西亚和菲律宾投反对票之外，该计划顺利进行，之后文莱决定退出，最终 1963 年 9 月 16 日由马来西亚宣布联盟成立。

1957 年东姑阿都拉曼签署独立协议

1946年：马来亚联邦成立；马来民族统一机构创立

1948年：进入紧急状态时期，持续至1960年；马来亚联合邦代替马来亚联邦

1961年：东姑阿都拉曼拟办新的马来西亚联邦

1943	1948	1953	1958	1963

1945年：日本投降；英国重新占领婆罗洲、马来西亚和新加坡

1953年：联盟党成立

1957年：马来西亚获得独立；东姑阿都拉曼担任首任总理

1959年：新加坡成为自治政府；李光耀成为首任总理

1963年：马来西亚联邦成立；文莱退出联邦

1969 年 5 月 13 日暴乱之后马来皇家军团在吉隆坡街道巡逻

马印对抗

在马来西亚宣布独立后，印度尼西亚和菲律宾立即与这个新国家断绝了外交关系。当时的印度尼西亚总统苏加诺（Sukarno）实施了抵抗马来西亚的马印对抗政策，从事军事渗透及蓄意挠破坏活动。印尼武装部队越境进入沙巴和沙捞越，甚至登陆了马来西亚半岛及新加坡。之后的 4 年，马来西亚军队在英国、新西兰和澳大利亚的兵力支持下，击溃了印度尼西亚颠覆马来西亚新政权的企图。由此，马来西亚政权得以稳固，得到国际社会的广泛承认。然而，1965 年，

1967 年 8 月东盟成员国举办成立大会

由于长期以来的政治分歧，新加坡不得已决定退出马来西亚联邦，并成为一个独立国家。尽管如此，这两个近邻国家依然维持着紧密联系。1967 年，马来西亚和新加坡分别加入了东南亚国家联盟，简称东盟（ASEAN），成为东盟的五个创始成员国之一。

种族与经济紧张局势

20 世纪 60 年代，马来西亚和新加坡依然处在战后萧条的经济状态之中，并面临着种族矛盾激化的紧张局势。新加坡脱离马来西亚联邦后，马来西亚的马来穆斯林群体成为国内绝对的多数派，但华人掌握着经济权，对国家政局、政府官员和马来族群均具有极大影响力。1967 年通过的《国家语言法案》，致力于确保马来语作为国家母语的官方地位，这受到当地华人的反对。在 1969 年的大选中，联盟党尽管维持了议会中的多数党地位，却仅获得不到 50% 的投票。随后，1969 年 5 月 13 日在吉隆坡举行的一

时间表

1963年：苏加诺施行马印对抗政策

1967年：马来西亚和新加坡加入东盟

1969年：吉隆坡爆发种族动乱

1981年：马哈蒂尔·穆罕默德成为马来西亚第四任总理

1964

1974

1984

1965年：新加坡脱离马来西亚联邦，成为独立国家

1970年：敦阿都拉萨成为马来西亚总理；新经济政策出台使得马来西亚土著人群受惠

沙捞越近海的油井设备

场反对党选举庆祝游行导致种族冲突爆发，暴乱中数百名华人不幸遇害。

1970 年由东姑阿都拉曼手中夺取政权的敦阿都拉萨（Tun Abdul Razak）政府受到严重动摇。为缓和局面，新政府立即做出反应，在 1970 年推出了新经济政策，旨在让马来西亚原住民群体受惠并提高他们在社会中的经济地位。与此同时，当局明确表示，今后绝不容忍以任何形式针对当地华人进行种族攻击。联盟党还积极扩大合作，联合部分反对党成员成立了国民阵线，这一联盟自成立以来在马来西亚执政至今。

今日的马来西亚与新加坡

在之后的 20 年内，马来西亚和新加坡保持了和平状态。马来西亚出产的橡胶、棕榈油、茶叶、锡等资源，在世界市场上需求极大，当地经济得到发展。20 世纪 70 年代末期，随着轻工业的发展以及石油和天然气在南海被发现，为马来西亚的经济带来了更大的腾飞。特别是马哈蒂尔·穆罕默德（Mahathir Mohamad）1981 年出任总理之后，在 20 世纪 80 年代～90 年代这 10 年间，当地的经济和社会发展成绩格外显著。

1965 年宣布独立之后，新加坡似乎面临着惨淡的经济发展未来。然而在总理李光耀 1959～1990 年的任期内，新加坡日益繁荣起来，成长为轻工业与高科技的经济强国，同时发展成世界上最重要的港口之一。

吉隆坡高耸的摩天大楼，地标国油双峰塔象征着国家的经济繁荣

2003 年，阿卜杜拉·艾哈迈德·巴达维（Abdullah Ahmad Badawi）接替马哈蒂尔·穆罕默德成为马来西亚总理，在他 2009 年卸任后，穆罕默德·纳吉布·阿卜杜勒·拉扎克（Mohammad Najib Abdul Razak）担任马来西亚总理。在新加坡，李光耀的继任者是吴作栋，2004 年李光耀之子李显龙接替吴作栋成为总理。2011 年，在吉隆坡举行千人集会后，拉扎克表示他会关注选举改革问题。在经济、生活水平、高等教育、医疗和社会福利保障等方面，马来西亚和新加坡正在不断获得完善和提升。

来西亚总
阿卜杜
·艾哈迈
·巴达维

2006年：马来西亚与新加坡未就连接两国的新桥建设项目达成一致

2007年：马来西亚庆祝独立50周年

2013年：5月6日，纳吉布总理宣誓就职，开始他的第二个任期

| 1994 | 2004 | 2014 | 2024 |

2003年：阿卜杜拉·巴达维登上成为马来西亚第五任总理

2004年：李显龙成为新加坡第三任总理

2011年：陈庆炎博士当选新加坡第七任总统

2009年：穆罕默德·纳吉布·阿卜杜勒·拉扎克成为马来西亚第六任总理

马来西亚

马来西亚风情

凭借着得天独厚的自然美景和独具风格的文化遗产，迷人的马来西亚一直以来都是东南亚地区首屈一指的旅游胜地。马来西亚在 2007 年举行了庆祝独立 50 周年的纪念活动，这个年轻的国家自独立以来在各个方面均发展迅速，已经成功跻身于亚洲经济强国之列。

因其位于古老海上贸易线路的十字路口的独特地理位置，马来西亚自古便是汇聚了各色文化的大熔炉。全国的大多数人口居住在西马来西亚（Peninsular Malaysia）地区。尽管2833万总人口中的一半均为马来人，数量相对较少的华人、印度人和原住民群体同样占有重要地位。马来西亚的多元文化特性体现在社会生活的方方面面，最显著的包括其风格各异的社会习俗、节庆活动、美食以及语言。

槟城义艺演出上的表演者

社会与政治

与其曾经的殖民统治者英国采取的政治体制相同，马来西亚是君主立宪制国家。

然而在具体实践中，马来西亚政府的行政部门享有比司法机构更大的权力。整个国家名义上由一位最高元首领导，这个轮替职位每届任期为5年，由9位马来世袭苏丹之中的一位担任。现任马来西亚最高元首为阿卜杜勒·哈利姆·慕阿扎姆·沙阿（Abudla Halim Muadzam Shah）。政府由选举产生的总理领导，作为马来西亚行政机关的领袖，全体内阁大臣给予其辅助和支持，现任总理为拿督斯里纳吉布·敦·拉扎克（Najib Tun Razak）。下议院议员共222名，由全国各选区选民选举产生，每届任期5年；上议院院议员共70名，其中由13个州立法议员各选举产生2名，另44名由最高元首根据内阁推荐委任，上议院议员任期3年。选举每5年举行一次。自独立以来，马来西亚由一个多民族的执政党联盟所统治，即国民阵线，联盟中最大的政党为马来民族统一机构。

经济

20世纪70年代～90年代期间，马来西亚完成了经济转型，从一个以采矿业和农业为经济支柱的国家，转化为以制造业和出口贸易为主导的经济体，尤其是在电子元配件领域。棕榈油依然是马来西亚最重要的出口商品之一；对经济发展做出显著贡献的其他产业有石油天然气开采、木材和旅

彭亨州关丹县美丽的海港和国立清真寺

◁ 沙巴丹侬谷昔加末河穿过低地雨林

栖息在茂盛的热带雨林中的犀鸟是沙捞越州的州鸟

游业。在过去的几十年中，马来西亚一直保持着稳固的经济增长速度，有力支持了国内各大主要城市的迅猛发展。马来西亚的主要贸易伙伴包括美国、中国和日本，这些国家是其海外投资的重要来源。

环境

与许多发展中国家一样，马来西亚面临着一连串的环境问题，包括空气与水资源的污染、森林资源乱砍滥伐和野生动植物种类的锐减等。尽管马来西亚已采取了相关措施，设立国家公园来保护连绵成片的古老热带雨林以及栖息在其中的野生动物，然而持续密集的木材砍伐正改变着这个国家的面貌，曾经的茂密丛林已成为贫瘠荒芜的山丘。幸好，包括世界自然基金会（WWF）在内的众多国际环保组织在马来西亚发挥着积极作用，经过他们长期不懈的工作与活动，目前至少已减缓了马来西亚环境恶化的速度。如果没有他们的努力，苏门答腊犀牛和棱皮龟等珍稀动物将面临灭绝危险。

文化与艺术

马来西亚丰富的种族构成赋予了这个国家独特的文化特性，多样化与国际性兼备。马来人、华人、印度人及当地原住民等不同群体之间，习俗、传统和信仰都相互融合同化。种族的多样性同样体现在马来西亚的宗教方面，尽管伊斯兰教是其国家宗教，佛教、印度教和基督教等其他宗教都自由和谐地在这里共处。传统的马来表演艺术，例如哇扬戏（Wayang Kulit）——一种独具魅力的古老皮影戏，依然在这片土地上不断繁荣发展，在许多节庆活动或文化表演中都有机会看到。当地传统的休闲消遣方式也得到了很好的传承，例如放风筝和转陀螺等活动，在半岛东部地区格外受到人们喜爱。马来西亚还拥有活力无穷的手工艺传统，精湛的纺织技术、制陶工艺和木雕艺术等都享誉世界。马来西亚当代艺术的发展也十分健康蓬勃，国内许多顶级艺术家的作品都在美术馆和画廊中陈列展出。

皮影戏艺人操纵人偶进行表演

马来西亚的季节与节庆

融汇了多样的种族与文化，马来西亚一年中的节庆盛事不胜枚举。宗教节日包括了伊斯兰教的开斋节和印度教的屠妖节等。体育盛事中最具代表性的是一级方程式赛车，传统舞蹈和武术等休闲活动也深受欢迎。除了规模盛大的全国性节庆，各州属还会举办一系列地方节庆活动。在重要的节庆期间，人们大多都会外出走亲访友，并因此造成交通拥堵。由于许多宗教节日依据农历进行计算，每年的时间有所不同。以伊斯兰教节庆为例，每年的举办时间在公历上会向前推进十天左右。想了解各节日的确切日期，可以查询马来西亚旅游局网站发布的官方信息。

伊班族勇士表演传统舞蹈

1月～3月

马来西亚一年无明显的四季之分，仅在年初几个月内西马来西亚的东部海岸会有大量降雨。不过大雨丝毫不浇灭当地人的激情，中国春节等节日来临时，人们会举办活动庆祝狂欢。

中国春节（1月/2月），全国。街头巷尾热闹非凡，人们欣赏舞龙表演和京剧演出，欢天喜地辞旧迎新。依据习俗春节前需还清一年的所有债务，给孩子们准备压岁钱，还要吃蜜橘——取其谐音"吉"来讨个好彩头。许多商店会停业一周。

丰收节（Ponggal，1月/2月），全国。泰米尔人的丰收节庆，人们在锅中熬煮大米、糖和牛奶直至其满溢出来，象征着富饶兴旺。通常在印度教寺庙中向神明敬献上供。

大宝森节（Thaipusam，1月/2月），全国。纪念穆卢卡丁工的印度教节日。上千名印度教信徒用钩子穿过皮肤肩负着卡瓦第金属架，从马里安曼兴都庙（见64页）一路列队前往马来西亚最大的寺庙洞穴黑风洞（见90页）。

花卉节（1月/2月），巴生河流域及仲城。花车由鲜艳花朵装饰，沿街游行展示，同时还有众多精彩的演出。

联邦直辖区日（2月1日），吉隆坡、纳闽岛、布城。马来西亚的三个联邦领土区将举办游行庆祝、烟火表演和文艺演出等活动。

环兰卡威自行车赛（3月），兰卡威至吉隆坡独立广场。世界顶级自行车手齐聚，堪称亚洲版的"环法自行车赛"。

宰牲节（Hari Raya Haji，公历日期不固定），全国。庆祝伊斯兰教信徒结束麦加朝圣之旅返回，宰杀牲畜献礼祭奠。在吉打、吉兰丹、玻璃市和丁加奴等州是公共假期。

元宵节（Chap Goh Mei，通常在2月），全国。人们会享用传统美食并进行祷告祈福。

马来西亚高尔夫球公开赛（3月），全国。这项国际赛事在马来西亚各地的顶级高尔夫球场举行，包括著名的皇家雪兰莪高尔夫球俱乐部和吉隆坡高尔夫球俱乐部等。

马来西亚大奖赛（通常在3月），雪兰莪州。世界一级方程式赛车的顶尖车手会聚雪邦国际赛道，挑战速度的极限。

复活节（3月/4月），全国。耶稣复活日，将举办最大规模的庆祝活动，在马六甲的教堂内点燃烛火，秉烛游行。在沙巴州和沙捞越州是公共假期。

复活节时教众在教堂里点燃烛光

马来西亚大奖赛上，F1赛车在跑道上飞驰

4月~6月

这是马来西亚一年中节日最密集的时期,沙捞越州达雅克族的嘉华节庆祝活动将节庆气氛推向了高潮。另一大亮点是佛教的卫塞节。

祭海节(Pesta Kaul,4月),木胶。马兰诺族的捕鱼人会在捕鱼季节开始之际举办祭海节,挥打巨大的藤条来举行驱除邪灵的仪式。

先知穆罕默德诞辰(公历日期不定),全国。信众通过游行和背诵《古兰经》等方式来纪念这位伟大先知的诞辰。

世界收获节(5月),古晋沙捞越文化村。嘉华节到来之前的一场文化盛会,舞蹈、音乐表演异彩纷呈。

纳闽国际海上运动挑战赛(5月),纳闽岛。堪称水上运动的嘉年华,包括钓鱼、游泳、皮划艇等各项竞技活动。

柔佛国际兰花展会(5月),柔佛州。展览汇聚了各种罕见珍稀的兰花品种。

柔佛国际兰花展会上的娇艳花朵

多彩多姿缤纷大马(5月),全国。为期一个月的马来西亚文化盛事,街头游行、音乐演出、舞蹈和美食节等都是节庆上的亮点。

米里国际爵士音乐节(5月),米里。为听众带来放克、爵士、拉丁和布鲁斯等精彩演出。

丰收节(5月底),沙巴州。卡达山杜顺人和毛律人庆祝稻米丰收的节日,人们唱歌、跳舞,还会选出一位"丰收女皇"。

卫塞节(Vesak,5月/6月),全国。佛教徒一年中最重要的节日,人们向佛陀的诞生、教化和涅槃表达敬意。

国王官方诞辰(6月的第一个周六),全国。吉隆坡会举行隆重的游行活动,庆贺国王苏丹的生日。

嘉华节(6月初),沙捞越州。将欢庆稻米丰收的活动推向了高潮,沙捞越州的达雅克人视此为一年中最精彩的盛事,是尽情享受美食和舞蹈的狂欢。达雅克族中的不同分支,庆祝嘉华节的方式亦会有所不同。嘉华节期间也是去长屋游玩的理想时间。

圣佩德罗节(6月),马六甲。16世纪葡萄牙统治期间,欧亚混血族群来到这里,在圣佩德罗节上,他们精心装点自己的船只,向圣彼得致敬。

世界热带雨林音乐节(6月),古晋沙捞越文化村。一年一度的音乐节上,世界各地的著名音乐家会聚一堂,本地原住民音乐家的表演同样令人惊艳(见159页)。

槟城国际龙舟节(6月/7月),槟城。狭长的划艇造型犹如一条蛟龙,通过龙舟竞速来纪念中国古代诗人屈原。

吉隆坡国际艺术节(6月/7月),吉隆坡。马来西亚艺术的展示窗口,多姿多彩的街头艺术表演同样夺人眼球。

身着华服的乌鲁族舞者在世界收获节上表演

多彩多姿缤纷大马的主题盛事引人入胜

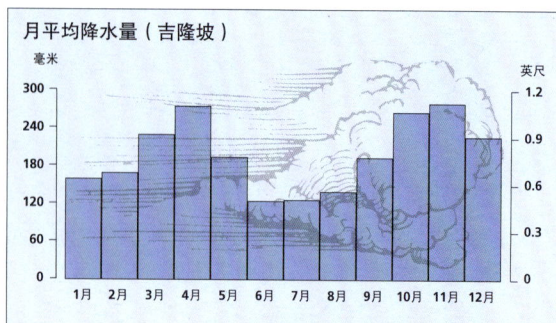

月平均降水量（吉隆坡）

毫米　　　　　　　　　　　　　　　　　　　　英尺

300												1.2
240												0.9
180												0.6
120												0.3
60												
0	1月	2月	3月	4月	5月	6月	7月	8月	9月	10月	11月	12月

降雨

马来西亚的降雨变化多、不规律，很难准确计算出全国的平均降雨量。在马来半岛东海岸和东马来西亚地区，全年最湿润的时间段为11月～次年3月；半岛西海岸的降雨多集中在4月～10月。

7月～9月

这段时间内最令人瞩目的节日，非8月底的国庆前夕庆典和国庆日莫属，接着是9月的马来西亚日。其他特色活动还包括沙捞越赛舟会和基纳巴卢山国际登山赛等。

沙巴国际民俗节（7月），哥打基纳巴卢。在沙巴文化中心举行，为期一周的庆祝活动上，来自全球各人种的演员们会为观众带来精彩的民俗舞蹈表演，还会举办研讨会。

婆罗洲文化节（7月），诗巫。为期一周的歌舞庆祝活动，参加者包括当地各族民众，以及来自中国和印度尼西亚等国的访问表演者。文化节还会吸引来自泰国、文莱等邻国的游客。

马来西亚购物嘉年华（7月～9

国庆日欢庆活动上的烟火秀表演

月），全国。购物中心和大小商店均开展大幅度优惠活动，价格极为诱人。

古晋节（8月），古晋。这场沙捞越文化的盛宴囊括了音乐会、艺术展、戏剧表演、美食博览会等各类文化活动，时间持续一个月之久。

国庆前夕庆典（8月30日），全国。精彩的烟火秀和文艺演出在各大主要城市上演，

为即将到来的国庆节预热。

国庆日（8月31日），全国。以盛装游行、音乐表演和竞技赛事等活动，庆祝马来西亚的独立纪念日。

中元节（8月/9月），全国。中元节是中国古代的传统节日，每逢阴历七月，人们会以在家门口焚香、燃烛、烧纸钱等方式怀念逝者，街头还会有现场京剧表演。

斋月（Ramadan，公历日期不定），全国。对穆斯林来说，斋月是全年最神圣的月份，这个月中穆斯林在日间进行斋戒，仅在日落后进食。清真寺外的露天商店会在夜间供应各类穆斯林美食。

开斋节（Hari Raya Puasa，公历日期不定），全国。开斋节象征着斋月的结束，各家各户精心准备宴席聚会，家人团聚在一起，尊敬和关爱老人，还要送给小孩子红包作为礼物。

沙捞越赛舟会（9月），古晋。一年一度的赛舟大会，沙捞越州各原住民族群驾驶着明轮船、机动船和独木舟在沙捞越河上一较高下。

马来西亚日（9月16日），全国。这个国家假日为纪念1963年沙捞越和沙巴加入马来西亚联邦而设。

吉隆坡SOGA百货举行的马来西亚购物嘉年华

月平均温度（吉隆坡）

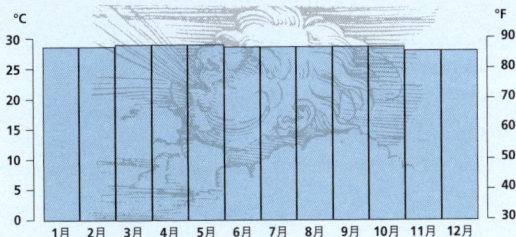

气温

马来西亚无明显四季之分，一年中的温差变化不大。终年炎热湿润，日间温度维持在30℃左右，夜间温度会稍有下降。山区避暑地十分凉爽，温度在15℃左右。

10 月 ~ 12 月

由于东海岸的暴雨天气，坐船前往小岛旅行并不容易，一些国家公园也会关闭。这个季节最重要的宗教节日是中秋节和屠妖节。尽管马来西亚信仰基督教的人口数量并不多，圣诞节仍是全国一年中最受欢迎的节日之一。

中秋节（公历日期不定），全国。在这个华人的传统佳节里，人们会互相赠送并一起品尝月饼，最常见的馅料是莲蓉和芝麻。在中秋节夜间，家家户户会点燃灯笼，齐聚在一起举办多彩的庆祝灯会。

基纳巴卢山国际登山赛（10月），沙巴州。对于普通人来说，攀登基纳巴卢山需要花费两整天时间，而参加比赛的熟练登山者只需不到3小时便可完成上下山全过程，堪称世界上最艰难的登山赛之一。

屠妖节（Deepavali，10月/11月），全国。又称为万灯节，为纪念天神成功击败魔王，正义战胜了邪恶，光明驱散了黑暗。全国各地的印度教信徒会在家中和庙宇里点燃油灯，期待丰收女神的降临，祈祷生活的欢乐与安宁。

大斗磨（Tamu Besar，11月），古打毛律。一年一度的大斗磨，是沙巴最大规模的露天市集，也是最引人入胜的旅游盛事。文艺演出和手工艺品展示随处可见。最大亮点当数巴瑶族骑士，身着五颜六色的传统服饰，将他们心爱的坐骑装扮漂亮，骑着高头大马穿街走巷，一展英姿（见182页）。

吉隆坡国际街头艺术节（12月），吉隆坡。为期一周，活动中会聚了来自世界各地的街头表演艺术家，包括乐手、舞者、喜剧演员、魔术师、杂耍艺人等。异彩纷呈的演出，让他们出色的才华淋漓尽致地表现出来。

圣诞节（12月25日），全国。在半岛东部海岸和沙巴部分地区，圣诞节并未受到人们的重视。然而在大都市中，圣诞节是一年中最重要的商业活动之一，大型酒店和购物中心都被精心装点，充满浓郁的节日氛围。全国的教堂会在午夜举行弥撒。

吉隆坡购物中心里耸立着的圣诞树

吉隆坡国际街头艺术节上活力四射的舞者

公共假日

新年（1月1日）
春节（1月/2月）
大宝森节（1月/2月）
耶稣受难日（3月/4月）
先知穆罕默德诞辰（公历日期不定）
劳动节（5月1日）
卫塞节（5月/6月）
国王官方诞辰（6月）
开斋节（公历日期不定）
国庆日（8月31日）
马来西亚日（9月16日）
屠妖节（10月/11月）
圣诞节（12月25日）

马来西亚掠影

　　从地理概念上说，马来西亚由两大区块组成，即西马来西亚和东马来西亚，简称为西马和东马，隔南海相望。连绵的山脉从半岛中间贯穿而过，将相对发达的西部平原和东部乡野的沿海地带分割开来。涵盖了沙捞越州和沙巴州的东马，密布着热带雨林和宽阔的河流。富饶的石油王国文莱便夹在这两个州属之间。

停泊岛（见142页）临近丁加奴州海岸，拥有原始淳朴的海滩，南海清澈的海水为游客提供了游泳和潜水的绝佳环境。

金马伦高原（见92~93页）是马来西亚最大型也是最受欢迎的山中避暑胜地，常年气候宜人，起伏的山峦之中点缀着苍翠繁茂的茶园，洋溢着浓浓的殖民文化风情。

大汉山国家公园（见138~139页），马来西亚最大的国家公园，半岛的最高峰便坐落于此，种类丰富的鸟类和野生动植物足以令人惊叹。

半岛西北部
（见86~115页）

半岛东部与中部
（见132~149页）

吉隆坡
（见56~85页）

半岛南部
（见116~131页）

新加坡
（见196~267页）

苏丹阿都沙末大厦（见62页）是吉隆坡最宏伟华丽的殖民地时代建筑之一。城中其他旅游景点还包括多个有趣的博物馆、风景宜人的公园和生机勃勃的当地市集等。

芙蓉（见120页）作为森美兰州的首府，是马来西亚米南加保文化的核心所在。米南加保建筑风格独特，以水牛角形状的屋顶为标志，在城中到处可见，其中最具代表性的建筑物是州立博物馆。

苏丹奥马尔·阿里·赛义夫丁清真寺堪称迷你王国文莱（见172～173页）的国家标志，位于其首都斯里巴加湾市中心的一座人工湖之上。

诗巴丹岛（见194～195页），临近沙巴东海岸，被迷人的珊瑚礁环绕，位列全世界顶级潜水胜地。

海龟岛国家公园（见190页）是观赏绿毛龟和玳瑁海龟上岸产卵的绝佳地点。

姆鲁国家公园（见170～171页）内拥有沿途风景如画的参观步道，让人置身于野生动植物极为丰富的森林景观之中。

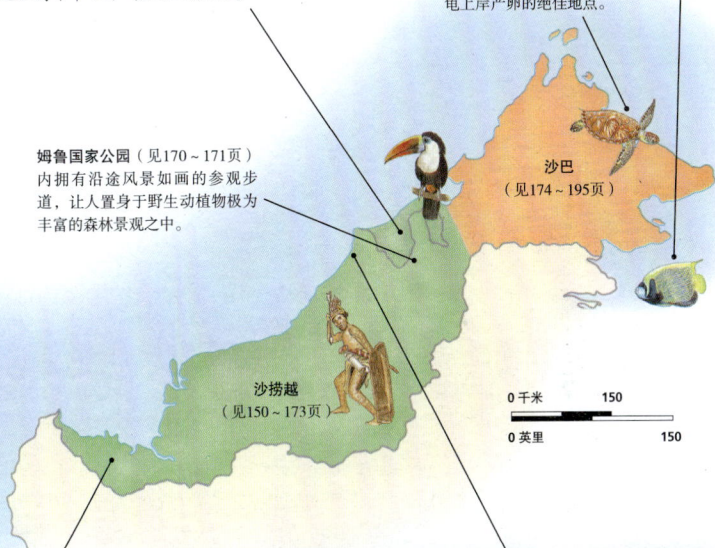

沙巴
（见174～195页）

沙捞越
（见150～173页）

0 千米　　　　　150
0 英里　　　　　150

古晋（见154～157页）是沙捞越州的首府，这座历史古城依沙捞越河的河堤而修建。

蓝比尔山国家公园（见169页）对蓝比尔山周围的雨林区域进行了完好保护，这里最著名的景点是风光优美的瀑布，国家公园充分展现了沙捞越州珍贵的自然遗产。沙捞越以景色壮观、物种丰富的森林资源闻名世界。

吉隆坡

马来西亚的首都吉隆坡，是全国最大的城市，全市人口达 160 万。这座年轻的城市，从 19 世纪 50 年代开始，由一座低调的小城逐步发展为马来西亚的金融商业中心，同时是前往这个国家的首要通道。吉隆坡是一座现代化国际都市，摩天大厦林立，城中遍布各式各样的餐馆酒吧，夜生活极为精彩。同时，吉隆坡拥有丰厚的文化底蕴和丰富的文化遗产，游客可以通过殖民地时期建筑、庙宇、清真寺等众多历史古迹充分了解这座城市。

在马来语中，吉隆坡（Kuala Lumpur）意为"泥泞的汇流点"，因处于巴生河（Klang）与鹅麦河（Gmbak）交汇处的地理位置而得名。1857 年，这里还是一座破败的贸易港口，主要服务于当时发展迅猛的锡矿工业，持续受到洪水、火灾和内战等因素困扰。华人矿工和商人是早期吉隆坡人口的主要组成部分，由政府任命的华人甲必丹（Kapitan China）进行领导和管理，其中最著名的甲必丹是叶亚来（见 65 页），被誉为吉隆坡的开埠功臣。

19 世纪 80 年代英国人开始统治之后，吉隆坡迎来了建设热潮，城市面貌迅速改变。1896 年，吉隆坡成为全新成立的马来联邦的首都。由此，多元种族人口开始陆续移民来此发展，形成了不同的种族聚居区，一直延续到今天。1995 年，布城成为马来西亚新的行政首都，但吉隆坡依然保留着国家金融商业中心的地位。

马来西亚拥有悠久丰厚的历史文化，从旧殖民区和中国城等区域保留的大量 19 世纪建筑可见一斑，香火旺盛的庙宇、人声鼎沸的茶室和咖啡馆，都可以成为游客了解马来西亚的窗口。小印度、新村和邱奇市场等地也是品尝印度、马来和中国美食的好去处。近距离了解吉隆坡后，你会发现这是一座将古老与现代完美融合的城市。两侧排列着精美商铺和时髦酒吧的金三角商业区是吉隆坡夜生活的大本营；国油双峰塔周边是吉隆坡的商业中心；还有湖滨公园，是享受身心的放松与平静的极佳地点。

吉隆坡陈氏书院的入口处

◁ 吉隆坡的地标建筑国油双峰塔与 Asy-Syakirin 清真寺相映生辉

探索吉隆坡

　　吉隆坡殖民地风格的老城区以独立广场为中心，遍布着优雅的殖民地时期建筑。西南方是恬静的湖滨公园，河东岸分布着中国城、小印度、邱奇市场、新村，拥有城中最好的街头集市和特色市场。太子世界贸易中心（Putra World Trade Center）位于西部，是吉隆坡最重要的会展中心之一。东北方是市中心，以国油双峰塔（KLCC）为地标。金三角商区是吉隆坡的商业和娱乐中心，与之相距不远的是吉隆坡塔，塔底是咖啡山森林公园，这是吉隆坡市中心仅存的热带雨林。

旅游景点分布示意图

历史街道、建筑与居民区
东姑阿都拉曼路 ㉑
古迹保护机构 ㉜
国油双峰塔 ㉖
吉隆坡塔与咖啡山森林公园 ㉛
吉隆坡火车站 ⑪
金三角 ㉚
喀考莎酒店 ⑯
马来西亚旅游咨询中心 ㉙
苏丹阿都沙末大厦 ①
小印度 ⑳
雪兰莪俱乐部 ③
中国城 ⑦

博物馆与画廊
国家艺术馆 ㉓
国家历史博物馆 ④
国家博物馆 ⑭
伊斯兰艺术博物馆
　（见68~69页）⑬

购物与市集
阿罗街 ⑱
唐人街市场 ⑧
邱奇市场 ㉒
新村与周日市场 ㉕
阳光广场与双峰塔公园 ㉗
中央市场 ⑤

宗教圣地
陈氏书院 ⑩
国家清真寺 ⑫
嘉美克清真寺 ②
马里安曼兴都庙 ⑨
天后宫 ⑰
仙四师爷庙 ⑥
印度清真寺 ⑲

岛屿
吉胆岛 ㉗

花园与主题旅游区
蒂蒂旺沙湖公园 ㉔
湖滨公园 ⑮
吉隆坡水族馆 ㉘
马来西亚森林研究所 ㉞
手工艺品中心 ㉝

城镇
巴生 ㊱
布城 ㉚
沙阿兰 ㉟

图标含义见封底勒口

吉隆坡周边

Kuala Selangor
Klang Dam
34
Gombak
Buloh
Kapar
Ampang
Sultan Abdul
Aziz Shah
Damansara
Bangsar
Petaling
Jaya
Seri Kembangan
Subang Jaya
LEMBAH KELANG
36
35
37
Port
Klang
38
Kajang
NORTH-SOUTH HIGHWAY
K.L International
Airport

0 千米　　　10
0 英里　　　10

另参见

- 城市地图　见78～85页
- 住宿信息　见272～275页
- 餐饮信息　见298～301页

周边交通

　　由于天气炎热、交通拥挤、空气污染和缺乏足够的人行道等因素，比起步行，游览吉隆坡的最佳方式是依靠高效的公共交通设施。吉隆坡中心车站（KL Stesen Sentral）是整个城市铁路网络的中心，汇聚了马来亚铁道公司（KTM）系统、轻轨交通（LRT）、单轨列车以及往来于国际机场的快速列车等。KTM的电动火车有效连接起了其他城市，如沙亚兰、巴生及南方的芙蓉市等。吉隆坡机场快轨（KLIA Express）直达国际机场，机场快线（KLIA Transit）会在布城和国际机场停靠。轻轨和单轨列车网络覆盖全城，快捷通（Rapid KL）的公交线路四通八达，还提供不限次搭乘的一日通票。富都车站（Puduraya）是吉隆坡的主要公交站，同时是长途客车枢纽。

黄昏时分华灯初上的天后宫显得分外美丽

图例

- 街区纵览　参见60～61页
- 国内航空港
- 火车站
- L　轻轨站
- 单轨列车站
- 公共汽车站
- 高速公路
- 主要公路
- 支路
- 铁路

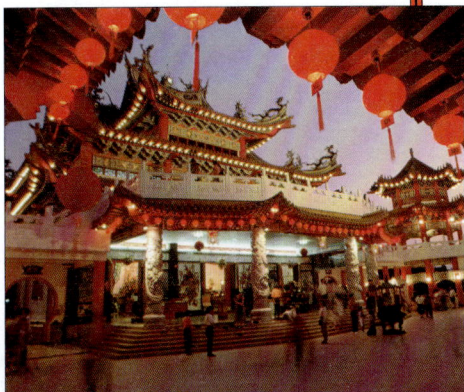

街区纵览：独立广场 Merdeka square

　　坐落在吉隆坡老殖民城区的中心，独立广场是一片广阔的矩形绿地，举办过板球比赛和检阅游行活动。广场四周围绕着后都铎风格的雪兰莪俱乐部、国家历史博物馆、圣玛丽教堂和苏丹阿都沙末大厦等著名建筑，让人有机会领略到吉隆坡这座城市的过往与风情。独立广场见证了马来西亚的许多关键历史时刻，例如 1957 年 8 月 31 日马来西亚取得独立，英国国旗便在这里缓缓落下。今天，马来西亚国旗迎风招展在广场的最南端。

猪笼草喷泉
（Pitcher Plant Fountain）
在独立广场北端的小巧花园中，有一座造型独特的喷泉，精心设计的喷泉看上去就像一连串的猪笼草。

圣玛丽教堂（St. Mary's Cathedral）
这座英式哥特风的建筑由英国建筑师诺曼设计，外墙被粉刷为白色，1895 时一架罕见的英式管风琴被安置在了这里，至今保存完好。

JALAN RAJA

猪笼草喷泉 ←

JALAN RAJA

0 米　　　　50
0 码　　　　50

图例
- - - 建议线路

★ 雪兰莪俱乐部
（Royal Selangor Club）
由于创始人之一喜欢在到访时将心爱的斑点狗留在俱乐部门口，因此这里被当地人昵称为"斑点狗"。这座曾是吉隆坡殖民地时代焦点的后都铎风格建筑是当地最具声望的私人俱乐部。❸

星级景点
★ 雪兰莪俱乐部
★ 苏丹阿都沙末大厦
★ 国家历史博物馆

★ 苏丹阿都沙末大厦（Sultan Abdul Samad Building）
这座外形华丽耀目的摩尔式建筑最初修建于 1897 年，巍峨矗立在独立广场的东部，目前是马来西亚高等法院的所在地。❶

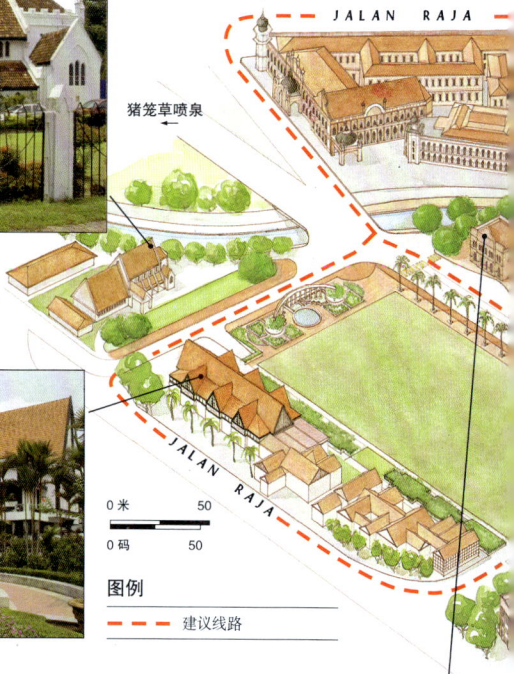

嘉美克清真寺（Masjid Jamek）
1909 年修建的嘉美克清真寺，呈现庄严的莫卧儿王朝风格，又被称为"星期五清真寺"。清真寺位于巴生河与鹅麦河的交汇处，这里也是 19 世纪 50 年代最早到达吉隆坡的人们的落脚处。❷

中央市场（Central Market）
这里曾经是吉隆坡最主要的生鲜果蔬市场，修建于 20 世纪 30 年代的装饰艺术风格建筑现在已经变身为购物中心，汇集了印度、土生华人和马来等不同种族的艺术品与工艺品商店。❺

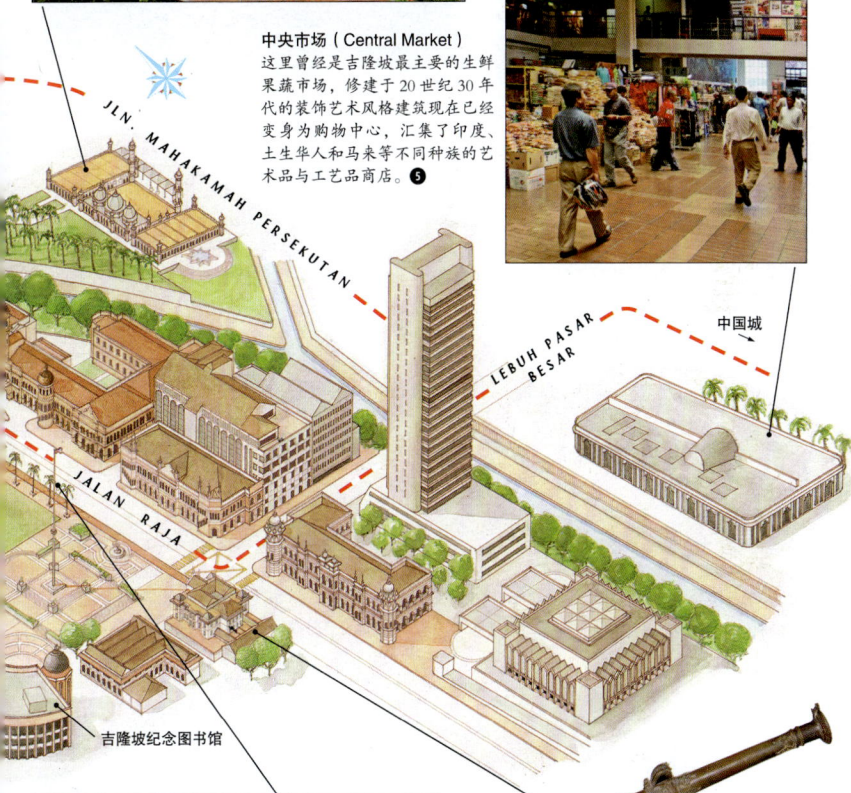

JLN. MAHAKAMAH PERSEKUTAN

LEBUH PASAR BESAR

中国城→

JALAN RAJA

吉隆坡纪念图书馆

旗杆
耸立在独立广场上高达 100 米的无支撑旗杆，被认为是世界上最高的旗杆，高高悬挂的马来西亚国旗总是在此迎风招展。

★ 国家历史博物馆
（National History Museum）
最初是渣打银行所在地，这座 19 世纪的建筑现在成了国家历史博物馆。博物馆中陈列着众多珍贵文物，其中最著名的展品有七臂佛陀像、珊瑚红瓷器和兽形钱币等。❹

雪兰莪俱乐部曾经是殖民地时代生活的焦点

苏丹阿都沙末大厦 ❶
Sultan Abdul Samad Building

Jalan Raja. 城市地图：4 E2 Ⓛ Masjid
Jamek 🚇 B101、B109

　　这座宏大壮丽的摩尔风格建筑，占据着独立广场的东侧翼，修建于 1897 年，曾经用作殖民统治政府的总部，为了纪念当时雪兰莪州的统治者而得名。苏丹阿都沙末大厦由英国建筑师诺曼（A.C.Norman）设计，他同时也是邻近的圣玛丽教堂的设计师。整座建筑由红砖和白色岩石搭建，借鉴了莫卧儿、埃及和传统伊斯兰等不同建筑风格。拱形窗、穹顶、壮观的门廊和高达 41 米

坐落于苏丹阿都沙末大厦的高大钟塔

的钟塔是这座建筑的显著特点，两侧两座体积较小的塔楼拥有闪闪发光的铜质穹顶。苏丹阿都沙末大厦是国庆日（见52 页）前夜和新年跨年时举行午夜狂欢活动的中心地带。目前，这里是马来西亚高等法院商业部门的所在地，尽管并不向公众开放，凭借其宏伟的建筑外观，依然备受游客青睐，是吉隆坡出镜率最高的地标之一。

嘉美克清真寺 ❷
Masjid Jamek

临近 Jalan Tun Perak. 城市地图：4 E2
Ⓛ Masjid Jamek 🚇 B111 🕐 每天：8:30~
12:20、14:30~16:00 🕐 周 五：11:00~
14:30 ♿

　　嘉美克清真寺是吉隆坡历史最悠久的清真寺，又被称为"星期五清真寺"，修建于 1909 年，由建筑师胡贝克（A.B. Hubbock）设计，他同时也负责了马来西亚其他众多殖民地时期城市景观的建筑设计工作。这座由红砖和大理石搭建的建筑物拥有三个大型穹顶、两座尖塔和拱形柱廊，受到了莫卧儿建筑风格的影响。被茂密的棕榈林环绕的嘉美克清真寺坐拥无敌美景，堪称吉隆坡

城中弥足珍贵的静谧天堂。主祷告厅仅向穆斯林开放。游客参观时必须严格遵守着装礼仪，不得将手臂和腿部裸露在外，女性还需包裹头部。长袍可免费租借使用，在开始参观清真寺前要将鞋子脱掉。

雪兰莪俱乐部 ❸
Royal Selangor Club

Merdeka Square. 城市地图：4 E2
电话：(03)2692~7166 Ⓛ Masjid Jamek
🚇 B101、B109 www.rscweb.org.my

　　成立于 1884 年的雪兰莪俱乐部，是殖民地时代社交生活的核心。驻外人员和政府官员喜欢在这里放松休闲，打台球或在草场观看板球比赛，运动场现已成为独立广场（见60 ~ 61 页）的一部分。现在俱乐部还会举办一些供游客欣赏的戏剧和音乐演出。1970 年，原建筑毁于火灾，之后又遭遇了洪水。现存的后都铎式建筑是 1980 年在原位置依原样重建的。这里依然维持了吉隆坡社会的精英气质，仅向会员开放。雪兰莪俱乐部被当地人习惯性地昵称为"斑点狗"，关于这个昵称的来历，最普遍的说法是与早期一位俱乐部创始人的宠物斑点狗有关。

国家历史博物馆 ❹
National History Museum

29 Jalan Raja. 城市地图：4 E2 电话：(03) 2694-4590 Ⓛ Masjid Jamek 🚌 B101、B109 每天：9:00~18:00 📷

国家历史博物馆的正立面壮观恢宏

这座宏大的摩尔风格建筑建于 1891 年，坐落在独立广场南端，曾是吉隆坡历史上第一家银行的所在地。二战期间曾被当时占领吉隆坡的日本军队征用为通讯基地。1991 年被改建为国家历史博物馆后，这里成了了解马来西亚历史的最佳场所，对重要事件进行了完善的梳理和记录，汇集了自石器时代至马来西亚取得独立之前的文物和手工艺品。

博物馆藏品包括旧石器时代的工具、新石器时代的陶器、远古巨石碑的复制品和精美绝伦的青铜佛像等，这些珍贵的藏品都是从全国各地收集而来的。步行来到楼上展厅，时间轴延展至中世纪和殖民地时期，主要集中在葡萄牙和荷兰对于马六甲的攻占与统治之上，相关展品有陶瓷品、钱币和武器等。二战日据时期的藏品主要为军队服装和日本武士刀等，目前陈列于博物馆顶层，同时还保存了大量独立运动以来的照片、文档和影像资料。博物馆中的其他明星藏品包括 1957 年 8 月 31 日在独立广场升起的马来联邦（见 43 页）的第一面国旗，以及 1874 年签署邦咯条约时使用的桌子。

中央市场 ❺
Central Market

Jalan Hang Kasturi. 城市地图：4 E2 电话：(03) 2031-0399 Ⓛ Pasar Seni 🚌 B101、B110、B112 每天：10:00~21:30 ♿ 仅限 1 楼 🍴 www.central-market.com.my

自 20 世纪 30 年代以来，中央市场便一直位于这座深蓝色的装饰艺术风格建筑内，这里曾是吉隆坡最主要的生鲜蔬果市场。20 世纪 80 年代，中央市场变身为一家现代化百货商场。这里又被称为文化大市集，汇集了众多艺术品和手工艺商店，销售当地特色的木雕制品、蜡染布、陶瓷品、绘画作品和传统风筝；还有从吉他等乐器到假发等各种商品。商家的报价普遍偏高，因此讨价还价是必不可少的。楼上有一条口碑不错的美食街，各个独立柜台销售着马来西亚不同州的特色美食。每个楼层还零星分布着一些餐馆。此外，中央市场还是免费欣赏马来西亚文化演出的好地方。

仙四师爷庙 ❻
Sze Ya Temple

Lebuh Pudu. 城市地图：4 F3 电话：(03) 2078-9052 Ⓛ Pasar Seni 🚌 B110、B111 每天：7:00~17:00

在 Pudu 街的一条窄巷中段，小巧的仙四师爷庙以一种与街道之间略显奇怪的角度被修建在这里，据说其位置是根据风水确定的。这是吉隆坡最古老的道教寺庙，1864 年由第三任华人甲必丹（见 65 页）叶亚来出资建立。

在仙四师爷庙内部，叶亚来的塑像被安置在主祭坛的左边，神灵仙师爷和四师爷则占据了庙宇的后壁。庙宇内点缀着众多精美绝伦的雕刻，四处弥漫着香火味道。庙门口矗立着雄狮雕像，这是在中国寺庙中常见的护卫神兽，通常还会伴以仙鹤的雕像。如果愿意支付额外的费用，游客还可以在庙内算命占卜。

古老的仙四师爷庙内部被装饰得五颜六色

中国城唐人街的入口处

中国城 ❼
Chinatown

城市地图：4 F3 ⓛ Pasar Seni 🚋 Ma-harajalela 🚌 B102、B110 🎎 农历春节（1月/2月）

　　吉隆坡的中国城规模不大，却极具人气。西起 Hang Kasturi 路，东至 Sultan 街，北边与南边的边界分别为嘉美克清真寺和陈氏书院。这片区域中密布着狭窄的街道与小巷，点缀着大小不一的寺庙，街道两旁是古老的店屋、药店、传统家庭式茶室和咖啡馆等，当地人很喜欢聚在这里喝茶聊天，是他们很重要的社交方式。**唐人街**（Jalan Petaling）位于整个中国城的中心，拥有喧闹的室内市场和咖啡馆。一系列的摩登商铺和连锁店为这处传统风情浓郁的地区增添了一股现代气质。中国城还是吉隆坡众多经济型旅馆的所在地，值得预算较少的旅行者关

唐人街上的传统茶馆

注和考虑。当然，这个地区并不只具有中国元素，位于 Tun HS Lee 路上的**马里安曼兴都庙**（Sri Maha Mariamman Temple）是吉隆坡最重要的印度教寺庙。

唐人街市场 ❽
Jalan Petaling Market

Jalan Petaling. **城市地图**：4 F3 ⓛ Pasar Seni 🚌 B110 🕙 10:00~23:00

　　作为吉隆坡最著名也最富活力的传统集市，唐人街市场位于室内，一连串的热闹摊位专卖仿制的时髦商品。手表、服装、皮带、手提袋以及大量的盗版唱片和影视碟片，各类货品在这里都能找到。商品价格都不固定，大多时候商家报出的价格都高得不太合理，需要讨价还价一番。在这里也可见到出售传统的风干肉和中药等的商家。唐人街的最北端是贩卖新鲜蔬菜水果的市场，还有许多价格低廉的咖啡馆。每天下午四五点钟后唐人街会封锁交通，从一条常规商业街变为仅供游人步行的夜市。商铺被食品摊位替代，贩卖各种诱人的美味，包括印度、马来和中华美食等。在这里，还能购买到当地特色的旅游纪念品。无论白天还是夜晚，唐人街的市场都

马里安曼兴都庙外五颜六色的山门

吸引着大量人群，游客要看好自己的随身物品。

马里安曼兴都庙 ❾
Sri Maha Mariamman Temple

163 Jalan Tun HS Lee. **城市地图**：4 F3 **电话**：(03) 2078-3467 ⓛ Pasar Seni 🚌 B110 🕙 每天：6:00~21:00 🎎 大宝森节（1月/2月）

　　建于1873年的马里安曼兴都庙，最初是一个来自南印度泰米尔家族的私人圣祠。1885年经过重建成为现在的马里安曼兴都庙，时至今日，这里依然是吉隆坡最重要的印度教庙宇。据说，这座建筑整体犹如一个斜倚着的人身形状铺展开来，"头"冲西，"脚"朝东。"脚"的位置正好是上下共分五层的山门，上面装饰着各位印度教神明的精美塑像。1960年经历了大规模整修后，黄金等贵金属以及西班牙和意大利产的瓷砖被镶嵌在山门之上。神庙内部供奉着印度教诸神。在一年一度的大宝森节（见29页）游行庆祝上使用的华丽银质战车也被收藏于神庙之内。每逢节庆，战车将被从神庙请出，多达100万名的印度教信众聚集在此，开始一路向印度教圣地黑风洞（见90页）的神殿行进。步

入神庙之前，参观者必须将鞋子脱掉，光脚进入开始朝拜。

陈氏书院 ⑩
Chan See Shu Yuen Temple

172 Jalan Petaling. **城市地图**：4 F4 **电话**：(03) 2078-1461 Ⓛ Pasar Seni 🚆 Maharajalela 🚌 B110 ◯ 每天：8:00~17:00

修建于 1897 ~ 1906 年之间，陈氏书院被誉为马来西亚最具中国岭南特色的优秀代表性建筑之一。以精细复杂的陶瓷砖制屋顶和波浪起伏的山墙为特征，书院正立面宏伟的绿蓝上釉琉璃檐壁生动描绘了传统神话故事中的场景。庙宇的边缘以蓝色陶瓷花瓶作为装饰。正门入口处两边的神龛，分别供奉着男性和女性门神，神龛前的香火持续燃烧不断。陈氏书院从本质上说，应该算作陈氏家族的宗亲会，致力于家族后代子孙的凝聚与传承。庙宇的中心祭坛供奉着的塑像为宗亲会创始人陈秀连、陈新禧和陈在田。祭坛上方的左右两边，摆放着已故宗族成员的黑白照片。构成中心神龛的镀金木板上描绘着战士勇斗雄狮等神兽的场景。在佛教节日时，通常会有大量信众齐聚在此。

陈氏书院建筑外立面上雕刻的塑像细部

吉隆坡火车站 ⑪
Kuala Lumpur Railway Station

Jalan Sultan Hishamuddin. **城市地图**：4 E4 🚌 B109

作为马来西亚殖民地时期建筑的杰出代表，建于 1911 年的吉隆坡火车站是一座华美的白色建筑，拥有摩尔式拱门、栏杆、尖塔和圆屋顶。在伊斯兰风格的外形之下，整座建筑是依照英格兰火车站的标准规范建造的，铁制屋顶经得起厚达 1 米的积雪的考验。自 1886 年第一条铁路线修建以来，一直是以一间茅草屋棚作为火车站使用，1911 年这座混凝土结构建筑物的出现终于替换掉了曾经的旧火车站。在之后的 90 年中，这里长期作为吉隆坡最主要的城际火车站运营，直到 2001 年才被顶尖现代化的中环车站代替，两个车站仅有几条街之隔。目前仅有一个班次的电动火车还会途经这座具有历史意义的老车站。现在，这里依然是吉隆坡最著名的地标之一。从基纳巴卢路望向火车站，可以找到最佳的观赏角度。这里还有一座小型的免费博物馆，以纪念马来西亚铁路的这段历史。馆内展示着当时的海报、制服，以及一些老设备。

华人甲必丹

华人甲必丹这个官职，作为吉隆坡华人族群的领导者，最初在 1858 年由雪兰莪州的领袖拉者阿卜杜拉设置，旨在对难以驾驭的华人移民进行管理统治。1869 年，叶亚来这位来自中国南方雄心壮志的移民，成为第三任华人甲必丹。之后他很快将自己置身于血腥内战的漩涡中心——华人与马来人之间的战争持续长达 4 年之久，直到 1873 年在叶亚来的领导下吉隆坡才得以光复。1874 年，伴随首任英国公使（见 41 页）的到来，这场旷日持久的战斗终于落下帷幕。叶亚来一直担任华人甲必丹，直至其 1885 年去世为止。叶亚来最重要的政绩便是确立了吉隆坡作为经济发动机的地位，因此也被公认为现代“吉隆坡之父”。

华人甲必丹
叶亚来

吉隆坡火车站的宏伟建筑

国家清真寺的屋顶共有 18 个尖角，造型引人注目

国家清真寺 ⑫
Masjid Negara

Jalan Perdana. 城市地图：4 D3 电话：
(03) 2693-7784 🚇 KL Railway Station ⓛ
Pasar Seni 🚌 B109 ⏰ 每天：9:00~中
午、15:00~16:00、17:30~18:30 周五：
14:45~18:30

修建于 1965 年，绿植丛
生的花园中点缀着水池与喷泉
的这座巨大的现代建筑内部最
多可容纳 1.5 万名信众进行礼
拜。主祷告厅仅向穆斯林开
放。国家清真寺的屋顶不同于
传统清真寺，共有 18 个尖顶，
分别代表马来西亚的 13 个州
和伊斯兰教的 5 个信条。耸立
在清真寺之上的是一座 73 米
高的尖塔。游客可以在整个建
筑群中自由探索，但参观过程
中要严格遵守着装礼仪和规
范，女性要佩戴头巾，所有人
都必须脱鞋进入。

国家博物馆的画廊

伊斯兰艺术博物馆 ⑬
Islamic Arts Museum

见 68~69 页。

国家博物馆 ⑭
National Museum

Jalan Damansara. 城市地图：3 C4 电
话：(03) 2282-6255 🚇 KL Sentral, 短
时间步行 ⓛ KL Sentral, 短时间步行
🚌 B109 ⏰ 每天：9:00~18:00 📷 📷
🌐 www.muziumnegara.gov.my 游客
咨询中心 电话：(03) 2287-1830

于 1963 年开幕的
国家博物馆是在曾经
的雪兰莪博物馆的遗
址上修建的，雪兰莪博
物馆在二战期间不幸被
盟军的轰炸摧毁。博
物馆仿照传统马来宫
殿修建，正立面装饰
有精美的壁画，描绘了马来西
亚历史故事中的场景。馆内的

国家博物馆收藏的
中国陶瓷花瓶

四大主题展厅详尽介绍了马来
西亚的民族志和自然历史。位
于 1 楼的一号展厅讲述了马来
西亚的早期历史，二号展厅则
描绘了马来王朝的历史和海上
贸易航路。楼上的三号展厅叙
述了这个国家的殖民地历史，
展示了许多引人入胜的照片和
实景模型。四号展厅叙述了马
来西亚的独立战争和其他近代
史上的重大事件；一些珍贵的
历史文物也陈列在此，例如签
订马来西亚独立协定时使用的
钢笔等。博物馆门外的交通工
具展同样值得一看，包括三
轮脚踏车、汽车甚至蒸汽火车
等。为了方便游客，馆内还设
有一家旅游咨询中心。

湖滨公园 ⑮
Lake Gardens

Jalan Perdana. 城市地图：3 B3 🚇 KL
Railway Station，之后短暂步行即抵
ⓛ KL Sentral 🚌 B115 ⓛ 飞禽
公园 电话：(03) 2272-1010 ⏰ 每
天：9:00~18:00 📷 喂鸟及其
他表演的具体时间请查询：
🌐 www.klbirdpark.com 蝴蝶园 电
话：(03) 2693-4799 ⏰ 每天：
9:00~18:00 📷 国家天文馆
电话：(03) 2273-4303 ⏰ 每
天：9:00~18:00 🌐 w.angkasa.
gov.m

湖滨公园坐落
在吉隆坡市中心的西
端，这片开阔而美丽的绿地建
于 19 世纪末，最初是供当时的
英国精英统治者居住的住宅区。
时至今日，湖滨公园是吉隆坡
规模最大也最受欢迎的公园，
中心有一片广阔的湖水，游人
可以租船在此荡舟。公园内众
多步道交错排列，方便游人行
走。园内有许多不容错过的景
点，其中最大的亮点是**吉隆坡
飞禽公园**（KL Bird Park），据
说这里拥有全世界最大的可供
雀鸟自由飞翔的鸟舍，共有约
3000 只热带鸟类生活于此，包
括火烈鸟、犀鸟和鹦鹉等。湖
滨公园内还设有一个规模不小

本地区住宿及餐饮信息，见272~275页和298~301页

的**蝴蝶园**（Butterfly Park），栖息着超过6000只、至少120个不同种类的美丽蝴蝶。离蝴蝶园不远处的**兰花园**（Orchid Garden）同样值得一看，展示了超过800种的马来兰花，周末还会进行特价销售。湖滨公园的最南端是**国家天文馆**（National Planetarium），每天会有演出和IMAX电影在这里上映。湖滨公园最北端耸立着高达15米的青铜制的国家纪念碑，为了纪念在暴动中牺牲的英烈，这座纪念碑于1966年修建，由著名设计师威尔顿（Felix de Weldon）设计，他同时亦是美国华盛顿硫磺岛海战纪念碑的设计人。湖滨公园内还坐落着众多精致华美的殖民地时代建筑，其中最著名的要数位于公园最西端的**喀考莎酒店**（见下文介绍）。公园周围一些规模较小的建筑现在供警察、行政部门、银行和卸任政治领袖使用。

喀考莎酒店 ⑯
Carcosa Seri Negara

Lake Gardens. **城市地图**：3 B3 **电话**：(03) 2295-0888 🚇 KL Railway Station Ⓛ KL Sentral，转乘出租车 🚗 🍴 🅿️ 🌐 www.Shr.my

这座高雅华美的殖民地风格宅邸位于湖滨公园之畔，修

喀考莎酒店的玄关奢华而宏大

建于1896～1904年间。喀考莎酒店整体建筑分为两座，其中一座以前被当地人称为"山顶上的豪宅"，曾作为马来联邦（见41页）第一任英国统治长官弗兰克·瑞天威的私人宅邸，之后还曾居住过几位继任的英国统治长官。另外一座楼早期被称为"国王之家"，曾是海峡殖民地总督的官邸。马来西亚独立之后直至1987年，两座楼分别作为英联邦高级专员的宅邸和供来访外国政要居住的国家迎宾馆。时至今日，这两座楼组合成了吉隆坡最好的精品酒店（见275页）之一，酒店内还设有两家屡获殊荣的餐厅，其中包括富于优雅殖民风情的Drawing Room（见301页）。

天后宫 ⑰
Thean Hou Temple

62 Persiaran Indah, 临近 Jalan Syed Putra. **电话**：(03) 2274-7088 🚇 在中环广场（KL Sentral）搭乘 🚌 🕐 8:00～22:00；农历春节期间 6:00 至午夜 🅿️ 🅰️ 🌐 农历春节（1月/2月）

坐落在吉隆坡市中心西南方的山区，天后宫是一座引人注目的三层式高台建筑。修建于20世纪80年代，是马来西亚全国最大的中国庙宇之一。这里供奉的是天后妈祖，受到了航海人和渔夫的世代信奉。妈祖的雕像被供奉在天后宫主殿之内，两边侧殿则分别供奉着水尾娘娘和观世音菩萨。这里还供奉着弥勒佛和其他佛教、道教的许多神明。

天后宫拥有联排的传统中式屋顶，看起来既恢宏又华丽，上面还装饰着金龙和凤凰，天棚上还高悬着一串串鲜艳的红灯笼。天后宫内共分4个楼层，餐饮设施和商铺均设在1楼，主殿则位于3楼。天后宫同时也是当地的社区活动中心，位于2楼的礼堂供社会集结和联谊使用，经常会有当地人在这里举办婚礼。天后宫外竖立着12尊动物雕像，它们是中国传统文化中代表生肖属相的神兽。

炫目豪华的天后宫拥有联排的中式屋顶

伊斯兰艺术博物馆 ⑬ Islamic Arts Museum

坐落在湖滨公园（见 66 页）东侧，收藏着穆斯林世界的顶级展品。自 1998 年开幕以来，伊斯兰艺术博物馆拥有的藏品总量在东南亚同类博物馆中是最多的，藏品主要集中在亚洲艺术领域，也有来自波斯和中东的艺术品；手工艺品数量超过 7000 件。博物馆本身也是一座优秀的现代建筑，穹顶的颜色犹如绿松石一般，正门入口处的柱子以伊朗瓷砖工艺镶嵌。博物馆内部则有由乌兹别克工匠打造的五个优雅穹顶装点着天花板。

收藏于马来世界展览馆的钱币树

倒圆顶展览厅里宏伟的圆屋顶

顶尖艺术礼堂
最多可同时容纳 250 人在此举办研讨会和讲座。

倒圆顶展览厅
这处高耸宽敞的展览厅藏有《古兰经》的摘要选段，白色与金色辉映的圆顶是其独一无二的建筑特色。

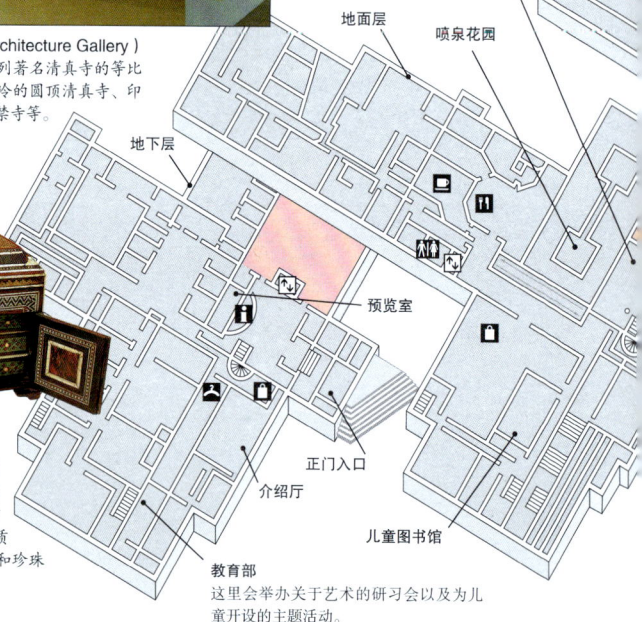

建筑展览馆（The Architecture Gallery）
这里集中展示了一系列著名清真寺的等比例模型，包括耶路撒冷的圆顶清真寺、印度的泰姬陵和麦加的禁寺等。

地面层　　　喷泉花园

地下层

木工展览馆
（Woodwork Gallery）
坐落在 2 楼的展馆陈列着精美绝伦的木质手工艺品，这些木质品上大多装饰有象牙和珍珠母等。

预览室

正门入口

介绍厅

儿童图书馆

教育部
这里会举办关于艺术的研习会以及为儿童开设的主题活动。

星级展品

★ 土耳其白瓷瓷砖

★ 珠宝展览馆

★ 渣打奥斯曼房间

博物馆导览

博物馆内的永久展品陈列区始于 1 楼的建筑博物馆内，馆内藏有众多精工细作的等比例清真寺模型。与之临近的还有手稿展览馆、复制的奥斯曼房间、中华展览馆、印度展览馆和马来世界展览馆。位于 2 楼的展览馆包括珠宝展览馆、武器装甲展览馆、钱币与印章展览馆、金属制品展览馆、木工展览馆、陶瓷展览馆和纺织品展览馆。地面层和地下层分别设有一个举办临时特展的展览馆。在博物馆的非展览区内，还有供教学与研究使用的场所设施。

《古兰经》手稿展览馆
（Qur'an and Manuscript Gallery）
展馆内收藏有手写版《古兰经》、苏丹颁布的法令、细密画以及植物学和天文学等领域的学术作品。

游客备忘

Jalan Lembah Perdana.
城市地图：4 D4 电话：(03) 2274-2020 🚇 Kuala Lumpur Railway Station
🕙 每天：10:00~18:00
🍴 🛗 www.iamm.org.my

★ 土耳其白瓷瓷砖
（Turkish Iznik Tiles）
琉璃瓦上点缀着风格化的树木、水果和叶子图案，呈现出生机勃勃的色调，这种白瓷瓷砖早在15~17世纪时在土耳其的伊兹尼克产生。

钱币与印章展览馆
展示了伊斯兰钱币和印章，这些展品以错综复杂的书法艺术闻名。

图书馆

2楼

1楼

主穹顶与景观阳台

★ 珠宝展览馆
（Jewelry Gallery）
阿拉伯世界的各类装饰品均收集于此，包括伊朗的金脚镯和19世纪莫卧儿帝国的黄金与红宝石镶嵌的项链。

建筑展览馆

中华展览馆
陈列着中文手稿、《古兰经》和绘有阿拉伯文的青花瓷器。

图例

- 珠宝展览馆
- 武器装甲展览馆
- 纺织品展览馆
- 木工展览馆
- 钱币与印章展览馆
- 金属制品展览馆
- 陶瓷与玻璃器皿展览馆
- 建筑展览馆
- 《古兰经》手稿展览馆
- 印度展览馆
- 中华展览馆
- 马来世界展览馆
- 临时特展
- 非展览区

★ 渣打奥斯曼房间
（Standard Chartered Ottoman Room）
奥斯曼房间最早于1820年在叙利亚建成，之后由渣打银行赞助，根据其原貌进行复原，现为吉隆坡的伊斯兰艺术博物馆内的一个展馆。房间内的装饰引人注目，彩绘木质墙板美不胜收。

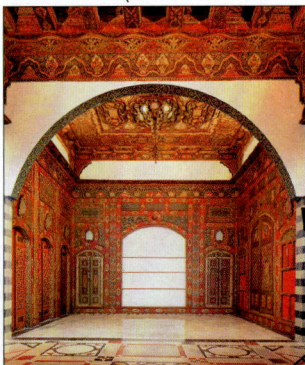

图标含义见封底勒口

阿罗街 ⑱
Jalan Alor

Jalan Alor. 城市地图：5 C2 Ⓛ Bukit Bintang ♿

　　阿罗街的夜市，临近武吉兔登霓虹灯闪烁的夜生活区，如今是一处深受美食家好评的热门美食地。饥饿的食客们坐在摇摇晃晃的小凳子上，品尝着烤猪肉（char siew）、冒着热气的辣鱿鱼等美食。推荐摊位包括位于这条街与 Changkat Bukit Bintag 交 会 处 的 Jalan Alor Nasi Lamak（以牛肉仁当为特色）和位于道路尽头的 Wong Ah Wah 鸡肉摊。

印度清真寺 ⑲
Masjid India

Jalan Masjid India. 城市地图：4 F1 Ⓛ Masjid Jamek、🚌 B109 ♿

　　建于 1863 年，最初为低调的木结构建筑，之后经历了数次翻修与改善。目前人们看到的印度清真寺修建于 1966 年，建筑设计呈现出南印度风格，拥有形似葱头的圆屋顶和优雅拱窗。上下共分三层，是印度穆斯林在吉隆坡最主要的礼拜场所，最多可同时容纳 3500 名信众，男性与女性需要被安置在不同的楼层。

小印度 ⑳
Little India

Jalan Masjid India and environs. 城市地图：1 B5 Ⓛ Masjid Jamek、Bandaraya 🚌 B101 至 Jalan Tuanku Abdul Rahman 🎏 屠妖节（10 月）

　　与新加坡和槟城乔治市的印度人聚居区相比，吉隆坡的小印度区规模很小，但同样生机勃勃，深厚的印度历史和文化传统散发出诱人魅力。
　　印度清真寺路（Jalan Masjid India）是小印度区的中心，得名于著名的印度清真寺。鳞

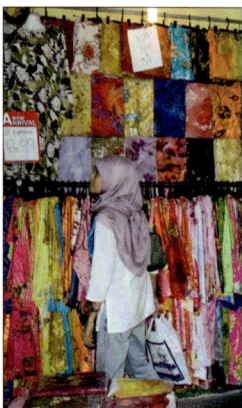
小印度货摊上售卖的颜色亮丽的服装与布料

次栉比的商铺排列于街道两侧，被各类独具风情的印度商品填满，如纱丽、丝绸、珠宝、鲜花和香料等。还有众多销售印度美食和传统小吃的摊贩，例如炸蔬菜（pakora）和咖喱角（samosa）。

　　印度清真寺路的尽头是布务斯巷（Lorong Bunus），这是小印度最北端的边界，通向东姑阿都拉曼巷。这条窄巷是吉隆坡另一热门景点，一到周六夜晚便化身热闹夜市，各色印度商品，从日用品到黄铜工艺品，应有尽有，同时这里也是品尝地道印度街头美味的最佳地点。白天还能看到各类工匠和手工艺人在街头忙碌工作。

东姑阿都拉曼路 ㉑
Jalan Tuanku Abdul Rahman

城市地图：1 B3 Ⓛ Bandaraya 🚌 B101、B109 竞技场电影院 96 Jalan Tuanku Abdul Rahman. 电话：(03)2692-5995

　　以马来西亚独立后首位国家领袖命名的这条街道，是吉隆坡最繁忙的街道之一，经常堵车。北起独立广场和小印度，这里是吉隆坡最受欢迎的购物目的地之一，尤其以环绕商店闻名，例如环球丝绸店（见 318 页），在道路最南端，聚集着许多小型集市风格的地毯商店，同样值得一逛。崇光百货（Sogo）也坐落在这条路上。

　　尽管近年来吉隆坡发展迅速，东姑阿都拉曼路依然完好保存了众多历史悠久的建筑，在各类扎眼的商店招牌之上，修建于 19 世纪~20 世纪早期的建筑格外耀目，彰显着浓郁的怀旧风情。这其中最重要也最令人关注的便是竞技场电影院（Coliseum Cinema）。除了"二战"中的几年外，这家影院自 1921 年开业至今一直在营业，是吉隆坡经营时间最久的电影院。目前这里主要上映印度语和南印度泰米尔语的影片，游客可以自由参观。其隔壁的竞技场咖啡馆（Coliseum

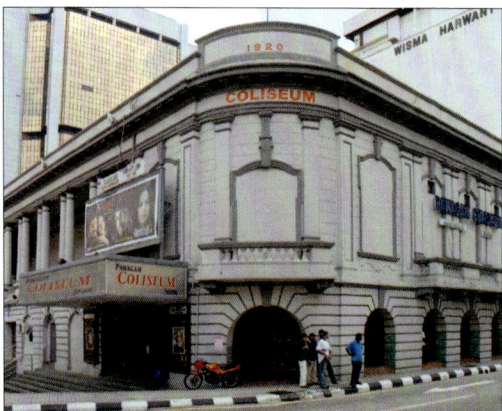
竞技场电影院的正立面充满了殖民地时代的怀旧风情

Cefé）与电影院是同期修建的，曾是殖民地时期种植园主和锡矿矿主最爱的地方，萨默塞特·毛姆是其顾客中最著名的一位。咖啡馆的饭菜价格实惠，铁板牛排十分有名。同时，浓郁的怀旧氛围弥漫其中，让人感觉时光似乎从未改变这里的任何事物。

邱奇市场 ㉒
Chow Kit Market

Jalan Haji Hussein. 城市地图：1 B3
Chow Kit ▣ B111 ☐ 每天：10:00~日 2:00

　　邱奇市场沿着狭窄的街道和小巷连绵排列，恰好处于东姑阿都拉曼路的东边，是吉隆坡最大且最受欢迎的街头集市之一。市场被划分为多个不同区域，尤其以生鲜蔬菜和农产品闻名，从热带水果蔬菜到鲜活海产、干凤尾鱼和肉类等，种类繁杂，货品丰富。货摊主们高声叫卖，极力吸引着来往游人的注意力，同时，搬运工人推着货车、手举托盘忙碌地穿梭在各个摊位之间。为保持货品新鲜而被大量使用的水使得这里的气味并不怡人，狭窄的木走道也十分湿滑，但邱奇市场提供了领略吉隆坡当地人真实日常生活的绝佳机会，会带给你一段有趣的体验。同时，市场内还销售家居用品、鞋履、手表等各类商品。

　　邱奇市场中的大部分商户都会在18:00之前关门，尤其是生鲜商品区域，之后便是属于夜市的时间段。大量摊位开始揽客营业，提供各类马来风味小吃及经济实惠的晚餐，多以传统方式烹饪。同时，还可以品尝到地道的印度美食和中国菜。部分商铺在白天和晚上均会营业。邱奇市场里永远熙熙攘攘、人头攒动，通常会营业至凌晨才结束。由于这里人

密布着街边摊贩的邱奇市场是吉隆坡最大的日间市场之一

多手杂，游客需要时刻警惕扒手，尤其是在入夜之后。

国家艺术馆 ㉓
National Art Gallery

Jalan Temerloh. 城市地图：2 D1 电话：
(03) 4025-4990 Ⓛ Titiwangsa，转乘出租车 ▣ B104 ☐ 每天：10:00~18:00
周二至周日：11:00~14:30，周五：10:30 至 15:00 ᕒ Ⓕ Ⓐ www.artgallery.gov.my 国家剧院 电话：(03) 4026-5000
Ⓢ 售票处：周一至周五：10:00~18:00
Ⓦ www.istanabudaya.gov.my

　　在国家艺术馆内，能够欣赏到吉隆坡最好的马来西亚当代艺术永久性展览，同时还会举办有关亚洲与国际艺术的临时特展。永久展品陈列在博物馆的2楼，还有一些不同主题的绘画作品，例如"灵性与工

作"。其中的亮点有吴家安创作的《大地之灵》和《天空与水》、桑吉斯沫冉的作品《约会》、伊斯梅尔·侯赛因描绘传统乡村生活的蜡染作品等，还有黄俊欣的作品《如此安静》，画里有一名女子被围绕在尸体中，正在尖叫。艺术馆内还有一些亚洲现代艺术的流动性展览，包括摄影、雕塑和装置艺术等各个领域。

　　隔壁的国家剧院（National Theater）十分引人注目，建筑外形依据马来风筝进行设计，这里上演着众多妙趣横生的文艺演出、国内和国际戏剧。另外，剧院内还设有一家传统马来戏剧服装展览馆，同样不容错过。

国家艺术馆内陈列的现代艺术品

蒂蒂旺沙湖公园 ㉔
Titiwangsa Lake Gardens

Jalan Temerloh. Ⓛ Titiwangsa 🚇 Titi-
wangsa 🚌 B120 ♿ 🍴 📷

　　蒂蒂旺沙湖公园位于吉隆坡的北部边缘，拥有宁静优美、修剪整齐的花园，是人们远离城市喧嚣的好去处。公园沿着一大片人工湖铺陈开来，郁郁葱葱的花园美不胜收，同时在这里还能欣赏到国油双峰塔。蒂蒂旺沙湖公园是进行休闲活动的完美场所，慢跑或划船都是不错的选择。这里还拥有草本植物园、荷花塘和儿童游乐场。公园内的Nelayan餐馆在夜间会举行文艺表演。

新村与周日市场 ㉕
Kampung Baru Pasar Minggu Market

Jalan Raja Muda Musa. 城市地图：2 D4
Ⓛ Kampung Baru 🚌 B102、B103 至
Jalan Raja Muda Abdul Aziz

　　建立于1899年的新村是吉隆坡历史最悠久的马来民族聚居区。传统的高脚木屋在这片小村落里随处可见。村落坐落于巴生河以北Raja Muda Musa路和Raja Muda Abdul Aziz路之间，Raja Abdullah路和热闹异常的邱奇市场就位于

摊贩在周日市场上烹制街头美食

新村的西边。除了旧式传统风格的村屋以外，位于Raja Abdullah路的20世纪20年代建筑嘉美克清真寺同样值得一看。游览新村的最大亮点，便是体会慢生活的乐趣，这里所代表的古老且悠闲的生活方式，在高速发展的吉隆坡都市中已变得弥足珍贵。

　　这片地区在周六晚上便会活跃起来，当地备受欢迎的周日市场即将拉开帷幕。周六从18:00起，摊位便会沿着Raja Muda Musa路和Raja Alang路的街道搭建起来，一直营业到凌晨甚至清晨才会结束。各种商品都能够在市集上找到，服装、珠宝、手工艺品、纺织品等应有尽有，包括价钱公道的蜡染布和本地编织的锦缎（song-ket）等。市场上还销售大量的生鲜果蔬，众多街边摊位上的地道马来美食格外诱人，还有一些小咖啡馆向游客提供价廉实惠的正餐选择。

周日市场上售卖的杨桃

国油双峰塔是世界上最高的双体建筑

国油双峰塔 ㉖
Petronas Towers

Jalan Ampang. 城市地图：2 E4 电话：(03)2331-8080 Ⓛ KLCC 🚌 B103、B109 空中廊桥：周二至周日：9:00~21:00 📷 周一、周五：13:00~14:30 ♿ 📷 www.petronastwin-towers.com.my

　　452米高、共有88层的国油双峰塔是世界闻名的马来西亚现代地标。竣工于1998年，阿根廷建筑师西萨·佩里（Cesar Pelli）设计，他同时也是伦敦金丝雀码头大厦的设计者。双峰塔由热反射不锈钢和夹层安全玻璃修建，顶部为钢制尖塔，外观形似一对清真寺尖塔。楼层平面为八角形，建筑整体设计反映出伊斯兰教义中的统一与和谐精神。其中一座大楼是石油公司的办公地。位于41层楼的空中廊桥将两座塔连接起来，在上面可以鸟瞰整座城市。空中廊桥每天仅发售800张免费参观票，早到早得。

阳光广场与双峰塔公园 ㉗
Suria KLCC and KLCC Park

Jalan Ampang. **城市地图**: 2 F5 **电话**: (03) 2382-3326 Ⓛ KLCC 🚌 B103、B105 🕐 每天：10:00~22:00 ♿ 阳光广场内免费租用 🍴 🖥 🖫 www.suriakl-cc.com.my 双峰塔公园 🕐 7:00~22:00 国油画廊 电话: (03) 2051-7770 🕐 周二至周日 ♿ www.galeripetronas.com.my 国油科学馆 电话: (03) 2331-8181 🕐 周二至周五：9:30~17:30，周六、周日 9:30~18:30 🖥 ♿ www.petrosains.com.my

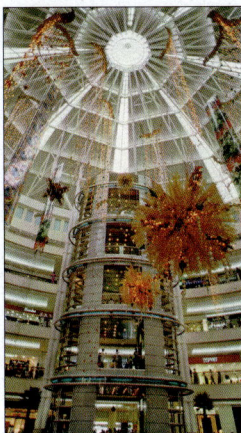

阳光广场的内部环境华美炫目

国油双峰塔楼下的阳光广场共占据了 6 个楼层，是吉隆坡最奢华的购物中心，有数不胜数的连锁商店、餐馆、咖啡馆、酒吧、电影院，还设有银行、自动取款机等，以及一家邮局。多家国际百货品牌在此设店，如伊势丹和百盛等。

位于 3 楼的**国油画廊**（Galeri Petronas）会举办不同的艺术展览，对亚洲及其他更远地区的传统艺术品与当代艺术品均有所涉猎。4 楼的**国油科学馆**（Petrosains）是一家先进的互动式科学探索中心，通过各种可亲自实践的展品，参观者能够在此学习石油科学与技术知识，还可以参观模拟的油井设备，

或体验直升机飞行模拟器，从地质时期透视画中了解史前历史。科学工作站的展示和互动性会话对于各年龄段的游客都很有吸引力。

苍翠繁茂的双峰塔公园在整座大厦前蔓延开来，与街道上的城市交通之间形成天然屏障，迎接来自四面八方的宾客。公园中有长凳与避雨亭，还设有戏水浅池和儿童游乐场。园内种植着超过 1900 棵树木，大多数都挂着树种的说明字牌。整个公园以喷泉人工湖为中心，是一个供人们夜间散步消闲的凉爽去处。

吉隆坡水族馆 ㉘
Aquaria KLCC

Jalan Pinang. **城市地图**: 2 F5 **电话**: (03) 2333-1888 Ⓛ KLCC 🚌 B105、B106 🕐 周一至周五：11:00~20:00，周六、周日:10:30~20:00 🖥 ♿ ♿ www.klaquaria.com

吉隆坡水族馆占据了吉隆坡国际会展中心（Kuala Lumpur Convention Center）的两层，距国油双峰塔仅几步之遥。这家规模大且水准高的水族馆里生活着来自世界不同区域的超过 5000 只生物，水生及陆生动物均有，仅鱼类就有 150 种。

水族馆内营造出了不同的生态系统。旅程由高地开始，接着来到沼泽森林，能够看到硕大的鲶鱼潜伏在树根处。其他生态环境还包括红树林、珊瑚礁和壮观的海洋等。整个旅程中的最大亮点当数一条全长 90 米的传送带式水下隧道，逼真模拟了自然栖息地景观，还有一艘遇难海船被大量繁殖的暗礁寄生生物覆盖。此外，可以近距离观赏黄貂鱼、鳗鱼和珍稀的虎头鲨。

喂食活动贯穿在一天的活动中，儿童可在触摸池，碰触水生动物。有潜水执照的人还可以与鲨鱼一起在水中畅游。

游客们在吉隆坡水族馆内观赏水族箱里的鱼群

马来西亚旅游咨询中心位于一座殖民地时期的宅邸内

马来西亚旅游咨询中心 ㉙
Malaysian Tourism Information Complex

109 Jalan Ampang. 城市地图：2 E5 电话：(03) 9235-4848 Ⓛ KLCC Ⓟ Bukit Nanas Ⓑ B106；每天：8:00~22:00；文艺演出：周二、周四、周六及周日：14:00~14:30，传统娱乐活动：周六、周日：16:00 Ⓑ Ⓣ Ⓘ www.matic.gov.my

　　马来西亚旅游咨询中心是吉隆坡最大的旅游咨询机构，坐落在一幢威严的殖民地时期宅邸内。1935 年修建于红毛丹果园的位置之上，最早是华人富商余东旋的宅邸，他主要经营锡矿开采和橡胶事业。竣工后不久，第二次世界大战爆发，宅邸曾作为英军的战时办事处使用。之后整个战事期间这里一直是日军在马来西亚的总部。马来西亚获得独立后，这座宅邸又先后成为众多政府机构的办公场所，并见证了四位马来西亚国王的加冕仪式。

　　现在，宅邸中的主楼是马来西亚旅游咨询中心的办公地，其他几座配楼里分别设有旅游警察办公室、餐馆和音乐厅，音乐厅会定期举办文艺演出（见 321 页）。在周末还可以看到一些传统的娱乐活动，例如抽陀螺表演。

金三角 ㉚
The Golden Triangle

城市地图：1 C5 Ⓟ Bukit Bintang. Imbi Ⓑ B107、B108

　　金三角北起 Ampang 路，南至 Imbi 路，是吉隆坡最主要的商业、百货和夜生活中心之一。这里高楼大厦林立，吉隆坡大部分顶级购物中心都汇集于此，还有众多酒吧、餐馆、咖啡馆和奢华酒店，**文华东方酒店**（Mandarin Oriental，见 275 页）就在国油双峰塔对面。

　　Bukit Bintang 路位于金三角的中心，除了时髦的酒吧和餐馆，也是购物中心最集中的地方，包括乐天广场（Lot 10）和吉隆坡柏威年广场（Pavilion KL）。还有极具地方风味的

文华东方是一家位于金三角商圈的奢侈酒店

街头足底按摩，以及独具特色的中东咖啡馆——当地人喜欢聚在一起吸水烟或抽烟斗。Changkat Bukit Bintang 路是另一条酒吧、餐厅聚集的街道。马来西亚最大的购物中心之——成功时代广场（Berjaya Times Square）位于 Imbi 街，众多奢侈酒店则坐落在 Sultan Ismail 街上。

吉隆坡塔与咖啡山森林公园 ㉛
Menara KL & Bukit Nanas Forest Reserve

2 Jalan Punchak. 临近 Jalan P Ramlee. 城市地图：5 A1 电话：(03) 2020-5444 Ⓟ Bukit Nanas Ⓞ 每天：9:00~21:00；文艺演出：周四至周日：11:00、16:00 Ⓑ Ⓣ Ⓘ Ⓘ www.menarakl.com.my 咖啡山森林公园 Ⓞ 每天：7:00~18:00 Ⓑ 由吉隆坡塔安排 Ⓑ

　　修建于 1991 ~ 1996 年间的吉隆坡塔最初被作为通信塔使用，塔高 421 米，是世界最高的五大通信塔之一。大堂内设有多间商铺，乘电梯来到观景台可欣赏吉隆坡全景，观景台处于 276 米高空，比国油双峰塔的空中廊桥还高 100 多米。在更高处还有一家名为 Seri AngKasa 的旋转餐厅，以下午茶和传统歌舞表演闻名。每年吉隆坡塔都会举行低空跳伞活动，吸引了上百人参加。

　　位于塔底的**咖啡山森林公园**是马来西亚历史最悠久的自然保护区，于 1906 年由政府建立。得益于其法律地位，这片面积达 11 公顷的热带雨林在修建吉隆坡塔时免遭破坏。甚至还为其重新修订了建筑方案，以免砍掉一棵 100 年树龄的明胶树。尽管面积不大，保护区完好维护了野生物种的多样性。在这里能看到猴子、松鼠及大量热带树种。游客可以沿着三条步道来探索整座森林公园。

本地区住宿及餐饮信息，见272~275页和298~301页

从吉隆坡塔瞭望台上欣赏到的城市全貌

古迹保护机构 ㉜
Badan Warisan

2 Jalan Stonor. 城市地图：6 E1 电话：
(03)2144-9273 🚇 Raja Chulan 🚍 R108
🕐 周一至周六：10:00~17:30 📷 周日
🕐 周一至周六：11:00、15:00 ♿
受限制 🌐 www.badanwarisan.org.my

旨在保护马来西亚的建筑遗产，成立于1983年的古迹保护机构是一家非政府组织，通过定期抗议活动和项目计划来呼吁社会，使历史古建摆脱被遗忘或拆除的命运。1995年，该组织将位于Stonor街的一幢殖民地时期别墅进行翻新改造，使其成为一家遗产中心，展览艺术品和工艺品，同时还设有资料中心，通过书籍、绘图、投影和摄影等方式让更多人了解其工作。作为其中最大的亮点，追溯至20世纪20年代的**阿布瑟曼酋长故居**（Rumuh Penghulu Abu Seman）是一座传统马来木屋，原本位于吉打州村落中，长年失修，后被拆卸搬迁至此，经过专家巧夺天工的重组和修复，成为展示现代古迹保护方法的样板作品。

手工艺品中心 ㉝
Kompleks Budaya Kraf

63 Jalan Conlay. 城市地图：6 E1 电话：(03)2162-7459 Ⓛ KLCC 🚇 Raja Chulan 🚍 R108 🕐 每天 💳♿🚻
🌐 www.kraftangan.gov.my

位于金三角东部边缘的手工艺品中心，展现了来自东、西马来西亚不同州属的传统工艺美术作品，范围广且种类多。手工艺品中心由四座独立的建筑组成，除了艺术作品展览区外，还设有商铺、摊位、博物馆和众多作坊。在博物馆内追溯那些古老工艺品的历史与发展，不仅有实景模型再现工匠们创作的

手工艺品中心
展出的陶器

情景，还可以了解它们所使用的不同工具，堪称一大亮点。

在艺术品展览区和作坊内，手工艺人生动地向参观者展示着民族艺术和工艺技巧，例如纺织、蜡染印花、银器和铜器制作等。有兴趣的游客可以亲自动手感受一下。

这里是在吉隆坡购买当地手工艺品和旅游纪念品的最佳场所之一，众多商店和摊位在此售卖锡蜡、银器、陶器、木刻制品、手工纺织品、蜡染和珠饰制品，此外还有许多不寻常的有趣物件，例如藤编的捕鱼栅、鸟笼和部落使用的吹箭筒等。

手工艺品中心销售的一系列传统手工艺纪念品

位于沙阿兰的苏丹沙拉胡汀阿都阿齐斯沙清真寺

马来西亚森林研究所 ㉞
Forest Research Institute of Malaysia (FRIM)

Kepong, 吉隆坡西北方向 16 千米。电话：(03) 6279-7575 ▣ 至 Kepong 后搭乘出租车 ▣ 公园：5:00~19:30；吊桥栈道：9:30~14:30，周一与周五除外；博物馆：8:00~16:30 ▣ 对于车辆；栈道观光 ▣ & 受限制 ▣ ▣ www. frim.gov.my

FRIM 占据了武吉拉贡森林保护区（Bukit Lagong Forest Reserve）内 5 平方千米面积的开阔绿地，成立于 1929 年，是一家从事热带雨林专业研究开发的科学中心，致力于森林资源的可持续经营管理。研究所设有一家遗址博物馆，还有多个用于科研教学的土生树木植物园，栽种着世界上种类最全的龙脑香科树种。另外这里还有一座丁加奴风格的传统马来屋。参观的最大亮点是一座悬浮于地面 30 米高、长达 200 米的森林吊桥栈道。此外，研究所内还铺设有多条森林步道、山地自行车道、露营地、观鸟和野餐活动区域。

马来西亚森林研究所的标识

沙阿兰 ㉟
Shah Alam

吉隆坡向西 18 千米。▣ 31.96 万 ▣ i Jalan Indah 14, (03) 5513-2000 盂兰盆节（7 月）▣ www.tourisme-langor.gov.my 苏丹阿兹兰沙博物馆波斯城 电话：(03) 5519-0050 ▣ 周二至周日：9:30~17:30 ▣ 周一、周五：正午 ~14:45 ▣ 沙阿兰画廊 Persiaran Tasik. 电话：(03) 5510-5344 ▣ 每天：8:30~17:30 ▣ 周五：12:15~14:45 湿世界主题公园 电话：(03) 5513-2020 ▣ 周四至周二：10:00~18:00 ▣ ▣ www.owg.com.my

沙阿兰在 1978 年被指定为雪兰莪州首府，是一座精心规划的大型现代化都市。作为雪兰莪的工业与行政中心，这里鲜有游客到来，但依然有一些名胜古迹值得一看，景点之间距离较近，大多可步行参观，因此不妨安排轻松的一日游行程。坐落在市中心的公园之内的**苏丹沙拉胡汀阿都阿齐斯清真寺**（Sultan Salahuddin Abdul Aziz Shah Mosque）是当地最主要的景点，因其蓝白相间的铝制圆屋顶，又被称为蓝色清真寺。清真寺内有四座尖塔，据说是全世界同类建筑中最高的，每座尖塔分别高达 142 米。清真寺内最多可容纳

2.4 万名信徒，是马来西亚最大的清真寺，也是东南亚规模最大的清真寺之一。

距离不远的**苏丹阿兹兰沙博物馆**（Museum Sultan Azlan Shah）内馆藏众多，全面展现了雪兰莪州自史前至当代不同时期的历史风貌。还设有画廊，介绍雪兰莪州的野动植物资源和体育成就。博物馆西面是风景优美的湖滨公园，**莎阿南画廊**（Galeri Shah Alam）便坐落于此处的一幢传统马来木造建筑之内，共设有三间独立画廊，展出现代艺术。湖对岸的**湿世界水上公园**（Wet World Water Park）以水上娱乐为主题，内设游泳池、水滑梯和水上摩托等设施（见 321 页）。

巴生 ㊱
Klang

吉隆坡西南方向 30 千米。▣ 563.2 万 ▣ ▣ www.mpklang.gov.my 巴生历史文物博物馆 Jalan Raja Abdullah. 电话：(03) 5519-0050 ▣ 周二至周日：10:00~18:00

作为雪兰莪州曾经的皇城，巴生崛起于 19 世纪风生水起的锡矿开采业。然而，1867 年爆发的内战打乱了一切。内战归咎于当地两大首领拉者马哈迪（Rajah Mahadi）和拉者阿卜杜拉（Raja Abdullah）之间的竞争。在英国当局的调停下，内战于 1874 年

位于巴生的苏丹苏莱曼清真寺内有一座篆刻铭文的皇家陵墓

终结，之后英国在这里首次设立了常驻代表。1880年，新的锡矿在吉隆坡被发现，再次削弱了巴生的地位。如今，巴生成了雪兰莪州的经济中心，绝大多数名胜古迹都坐落在巴生河南岸的老城区内。

建于1857年的**拉者阿卜杜拉大厦**（Gedung Raja Abdullah）曾是拉者阿卜拉拉的故居，如今是锡矿博物馆，通过大量照片和手工艺品展览追溯了当地采矿业的历史。与之相距不远是拉者马哈迪的堡垒遗址。同样坐落于老城区内的苏丹苏莱曼清真寺（Masjid Di Raja Sultan suleiman）曾是雪兰莪的州清真寺。在其背后的莎阿南王宫（Istana Alam Shah）是雪兰莪苏丹的王宫，拥有完美融合伊斯兰和现代建筑风格的外观，不向公众开放。由此向西8千米便是巴生港（Port Klang），又被称为北港，临近马来西亚的主要港口南岗，是通往吉胆岛的通道。

吉胆岛 ㊲
Pulau Ketam

吉隆坡西南方向55千米。👥8000 🚢 从巴生港出发 www.pulauketam.com

吉胆岛又被称为螃蟹岛，19世纪70年代时被海南渔民发现并最早定居于此，现在岛上的常住民依然以华人为主，大部分人以捕鱼为生。吉胆岛是一片由水上高脚屋组成的简单村落，拥有狭长的木质步道，银行和医院等基本设施完备。吉胆岛以绝佳的海鲜闻名，尤其擅长螃蟹料理，成为备受都市人欢迎的周末聚餐地点。岛上还有一些华美的中式寺庙，例如南天宫，当地人很喜欢在此举办婚宴。近海沿岸许多漂浮于水面上的养鱼场同样值得一游，从岛上的码头乘船，很快便可抵达。

布城 ㊳
Putrajaya

吉隆坡西南方向25千米。👥4.5万 🚆 自KL Sertral搭乘机场快线 ✉ Precinct 1, (03) 8888-7272 www.ppj.gov.my
植物园 Precinct 1 🕐 每天：7:00~19:00
♿🅿🍴 布城湿地公园 Precinct 13. 电话：(03) 8925-3817 🕐 周二至周五：10:00~18:00，周六、周日：7:00~19:00 🅿

布城在1995年被确立为马来西亚新的行政首都，位于"多媒体超级走廊"的核心区域，该项国家科技发展计划旨在吸引更多的信息技术公司来此落户，加上这里拥有大片开阔绿地，被马来西亚政府规划为智慧型花园城市。布城建设于砍伐后的林地之上，以一座巨大的人工湖为中心，为营造宏伟开阔和亲水灵秀的氛围，修建了大量桥梁。布特拉桥（Putra Bridge）便是其中的代表，灵感来自伊朗的赫久古桥，另外较为著名的还有全长240米的斯里辉煌大桥（Seri Gemilang Bridge）。

自1999年起，政府部门和行政机构陆续从吉隆坡迁至布城。包括总理办公室，又被称为**首相府**（Perdana Putra），

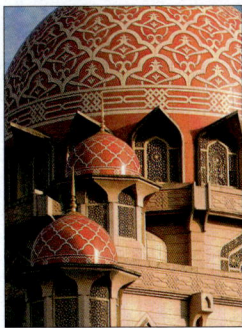

粉色花岗岩建筑布拉特清真寺的近景

位于华丽的马来帕拉第奥建筑内。同样宏伟的还有**司法宫**（Palace of Justice），拥有庞大的圆屋顶。**布拉特清真寺**（Putra Mosque）的尖塔高达116米，赫然耸立在湖边，是城中最醒目的建筑之一，将伊拉克、伊朗和摩洛哥等不同建筑风格融为一体。此外，这里还有热带植物生长茂盛的**植物园**（Botanic Garden），以及旨在净化河水的**布城湿地公园**（Putrajaya Wetlands），可以租赁明轮船游玩。位于布城郊区的**赛城**（Cyberjaya）则是布城的友好城市，以成为高科技公司的总部中心为目标，每个工作日都有5万人在此工作。

布城的司法宫是一幢与众不同的伊斯兰风格建筑

吉隆坡城市地图

吉隆坡街道查询索引所涵盖的区域，被标示在以下的地图之中。地图索引包括吉隆坡的景点、商店和娱乐场所，在本书后面的地图中可进行参考查阅。吉隆坡的部分酒店与餐馆也被纳入索引之内。对页的街道索引表中，囊括地图中显示的街道名称和景点名称。下图中地图分幅数字与后面地图所标注的分幅号相对应。街道索引表里每个名称的后面，第一个数字代表了应该去查找的地图的分幅号，通过紧跟其后的字母和数字则可以锁定该名称所处的网格。下面的图例中列出了各种图标释义，分别代表了地图中的景点与其他有用信息。普通的街道名称会以缩写形式在地图上出现——例如"Jalan"被缩写为"Jln"、"Lorong"被缩写为"Lrg"。

0 千米　　　　　　1
0 英里　　　　　　1

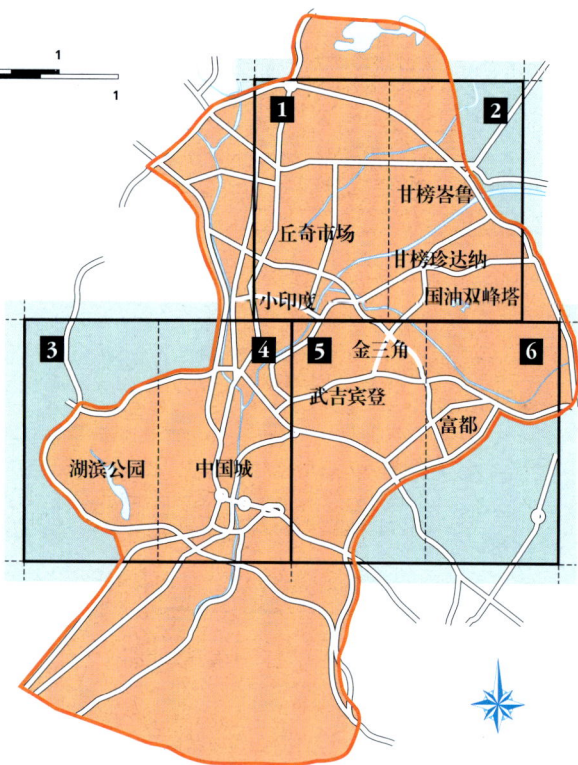

1　2

甘榜峇鲁
丘奇市场
甘榜珍达纳
小印度　　　国油双峰塔

3　4　5 金三角　6
武吉宾登
富都

湖滨公园　中国城

图例

主要景点	医院	铁路
名胜古迹	P 停车场	高速公路
其他建筑	警察局	
L 轻轨站	i 游客信息	
火车站	印度教庙宇	
公共汽车站	教堂	**地图页的比例尺**
单轨列车站	中国寺庙	0 米　　300
邮局	C 清真寺	0 码　　300

街道索引

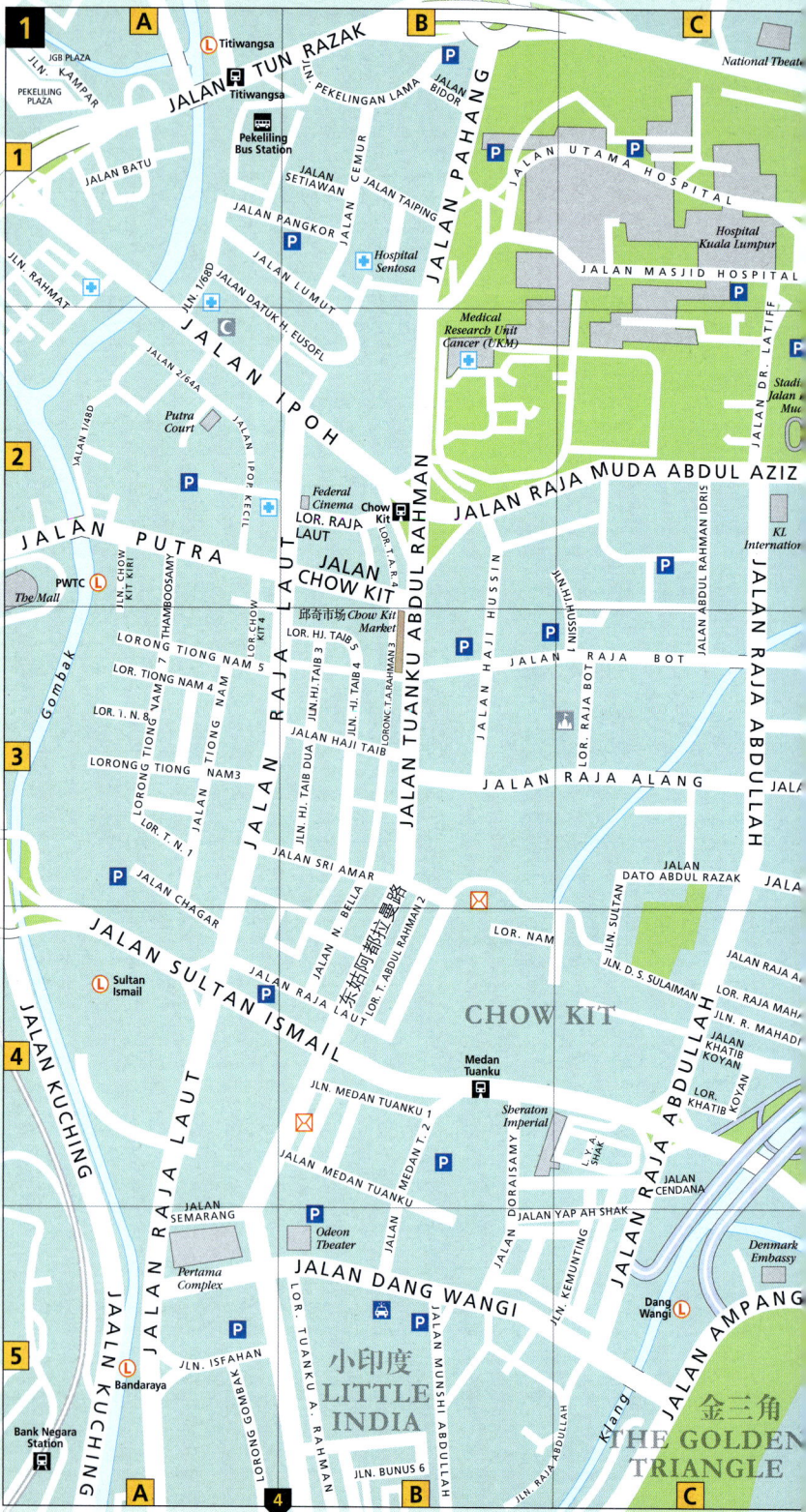

1　**A**　**B**　**C**

JGB PLAZA

JLN. KAMPAR

Ⓛ Titiwangsa

National Theatre

PEKELILING PLAZA

JALAN TUN RAZAK

🚇 Titiwangsa

JALAN PEKELINGAN LAMA

JALAN BIDOR

1

JALAN BATU

Pekeliling Bus Station

JALAN SETIAWAN

JALAN CEMUR

JALAN TAIPING

JALAN PAHANG

JALAN UTAMA HOSPITAL

JALAN PANGKOR

JLN. 1/66D

JLN. RAHMAT

JALAN LUMUT

JALAN DATUK H. EUSOFL

✚ Hospital Sentosa

Hospital Kuala Lumpur

JALAN MASJID HOSPITAL

Ⓒ

JALAN IPOH

JALAN 2/64A

Medical Research Unit Cancer (UKM) ✚

JALAN DR. LATIFF

JALAN 1/48D

JALAN 2/64A

Putra Court

JALAN IPOH KECIL

Stadi Jalan Muc

2

🅿

Federal Cinema

Chow Kit

JALAN RAJA MUDA ABDUL AZIZ

JALAN ABDUL RAHMAN IDRIS

JALAN RAJA ABDULLAH

JALAN PUTRA

LOR. RAJA LAUT

🚇 Chow Kit

JALAN CHOW KIT

JALAN HAJI HUSSIN

🅿

KL International

Gombak

PWTC Ⓛ

The Mall

JLN. CHOW KIT KIRI

JALAN THAMBOOSAMY

LOR CHOW KIT 4

LORONG TIONG NAM 5

邱奇市场 Chow Kit Market

LOR. HJ. TAIB

JLN. HJ. TAIB 3

JLN. HJ. TAIB 4

LORONG T.A RAHMAN 3

JALAN RAJA LAUT

JLN. HUSSIN

JALAN RAJA BOT

🅿

🅿

🅿

LORONG TIONG NAM 4

LOR. T. N. 8

LORONG TIONG NAM

JALAN TIONG NAM

JALAN HAJI TAIB

LOR. RAJA BOT

JALAN TUANKU ABDUL RAHMAN

3

LORONG TIONG NAM3

JLN. HJ. TAIB DUA

JALAN RAJA ALANG

LOR. T. N. 1

JALAN SRI AMAR

JALAN DATO ABDUL RAZAK

JALAN RAJA A

JAL

🅿 JALAN CHAGAR

JALAN N. BELLA

LOR. NAM

JLN. SULTAN

JLN. D. S. SULAIMAN

JALAN RAJA A

Ⓛ Sultan Ismail

JALAN SULTAN ISMAIL

JALAN RAJA LAUT

LOR. T. ABDUL RAHMAN 2

东木同都拉曼路

CHOW KIT

LOR. RAJA MAHA

JLN. R. MAHADI

4

JALAN KUCHING

🅿

🅿

Medan Tuanku

Sheraton Imperial

LOR. KHATIB KOYAN

LOR. KHATIB KOYAN

JLN. MEDAN TUANKU 1

MEDAN T. 2

🅿

L.Y.A. SHAK

JALAN MEDAN TUANKU

JALAN DORAISAMY

JALAN YAP AH SHAK

JALAN RAJA ABDULLAH

JALAN CENDANA

Denmark Embassy

🅿 Odeon Theater

JLN. KEMUNTING

JALAN SEMARANG

JALAN DANG WANGI

Pertama Complex

JLN. ISFAHAN

LOR. TUANKU A. RAHMAN

小印度 LITTLE INDIA

Ⓛ Dang Wangi

JALAN AMPANG

金三角 THE GOLDEN TRIANGLE

5

JAALN KUCHING

Ⓛ Bandaraya

LORONG GOMBAK

JALAN MUNSHI ABDULLAH

JLN. BUNUS 6

Klang

Bank Negara Station

A　**4**　**B**　**C**

国家艺术馆
National Art Gallery

Maternity Hospital

LORONG RAJA MUDA

JALAN TEMERLOH

Puteri Titiwangsa School

JALAN TEMERLOH

JALAN FLETCHER

Jalan Fletcher Tamil Primary School

JALAN ASRAMA

PULAPOL

JLN. GURNEY KIRI

LORONG GURNEY

JALAN 2/65A

JALAN 1/65A

National Heart Institute

National Library

JALAN TUN RAZAK

LORONG SAN AH WING

LORONG LAI TET LOKE

JALAN LAI TET LOKE

JALAN SAN AH WING

Bunus

JALAN RAJA MUDA ABDUL AZIZ

JALAN SEMARAK

JLN. GURNEY

JALAN HAJI

JALAN AHMAD

YAHYA SHEIKH AHMAD

JALAN DATUK ABDUL MALIK

JALAN HJ. HASHIM

JLN. ABD. MANAN

LORONG RAJA UDA

LORONG RAJA UDA 1

JALAN RAJA UDA

JALAN RAJA UDA

JALAN PUAN

JALAN HJ. YAAKOB

JALAN HAJI SIRAT

JALAN HAMZAH

JALAN HAMZAH

JALAN RAJA UDA

JALAN SYED MAHADI

JALAN SALLEH

KAMPUNG BARU

LOR. RAJA MAHMUD

JALAN RAJA MAHMUD

JALAN RAJA MUDA MUSA

MUDA MUSA

LOR. RAJA MUDA MUSA 4

RAJA MUDA MUSA 5

PINTASAN RMM 4

RAJA MUDA MUSA 3

JALAN DATUK ABDULLAH YASSIN

JALAN DATOK ABDUL MALIK

JALAN SUNGAI BAHARU

LEBUHRAYA BERTINGKAT AMPANG

LEBUHRAYA BERTINGKAT AMPANG

LORONG YAP KWAN SENG

JALAN LIEW WENG CHEE

JALAN YAP KWAN SENG

Sri Lanka Embassy

PERSIARAN HAMPSHIRE

RAJA ALANG

LORONG DAUD

RAJA

新村与周日市场
Kampung Baru and Pasar Minggu Market

Kampung Baru

JALAN HJ. HASSAN SALLEH

Australia Embassy

PERSIARAN LIDCOL

JALAN MAYANG

LOR. MAYANG

KLCC

KAMPUNG CENDANA

JALAN AMPANG

Pakistan Embassy

Renaissance

马来西亚旅游咨询中心
Malaysian Tourism Information Complex

JALAN LAW YEW SWEE

JALAN P. RAMLEE

国油双峰塔
Petronas Tower

阳光广场
Suria KLCC

JLN. LUMBA KUDA

Lake Gardens

Children's Pool

Asy-Syakirin Mosque

KLCC PUBLIC PARK

JALAN SULTAN ISMAIL

Bukit Nanas

New Zealand Embassy

LOR. PERAK

Crown Regency

Mandarin Oriental

JALAN PINANG

吉隆坡水族馆
Aquaria KLCC

KLCC

PERSIARAN KLCC

PERSIARAN KLCC

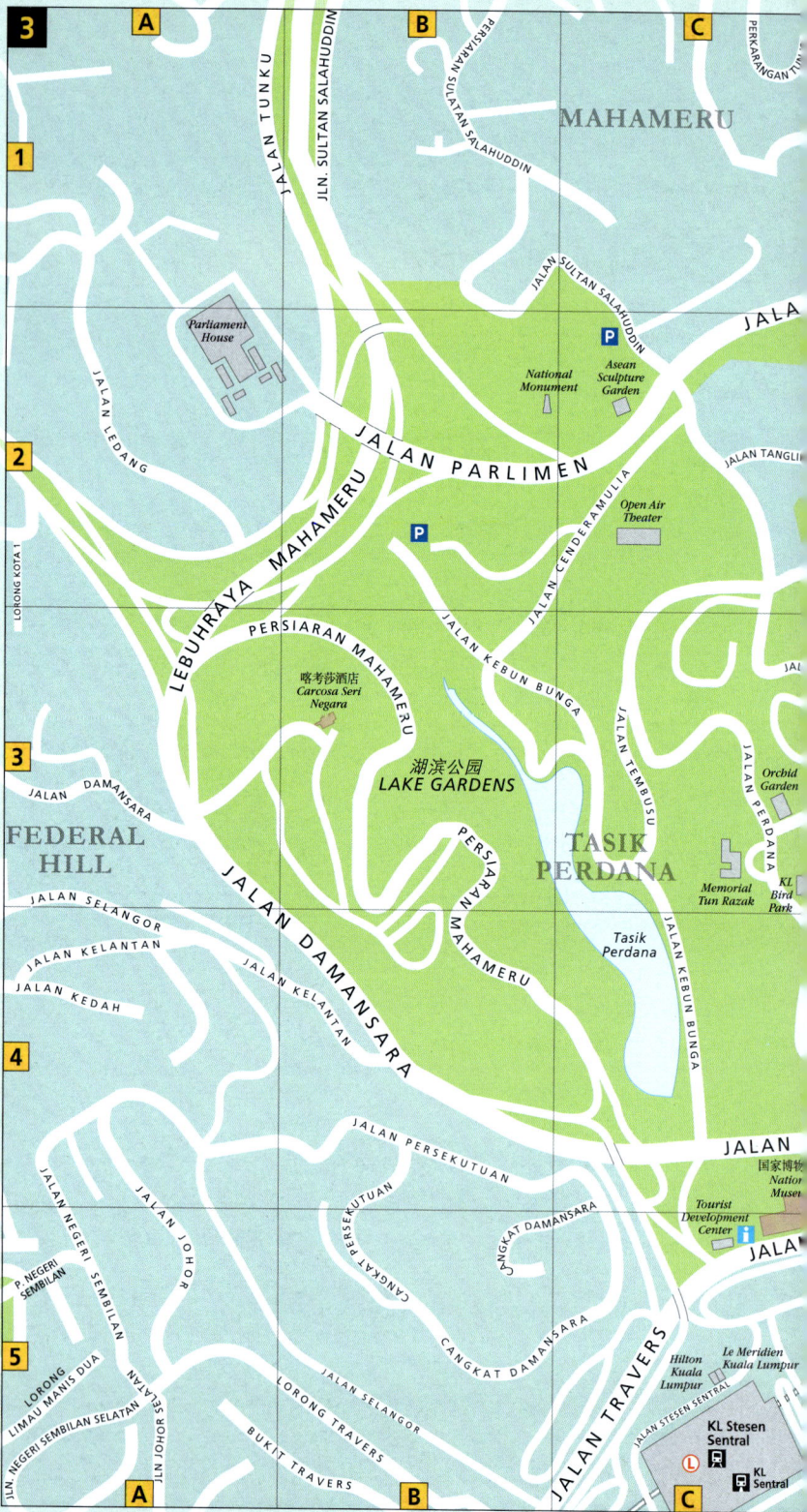

3

A B C

MAHAMERU

1

JALAN TUNKU

JLN. SULTAN SALAHUDDIN

PERSIARAN SULTAN SALAHUDDIN

PERKARANGAN T

JALAN SULTAN SALAHUDDIN

JALA

Parliament
House

P

National
Monument

Asean
Sculpture
Garden

JALAN LEDANG

2

JALAN PARLIMEN

JALAN TANGLI

LORONG KOTA 1

LEBUHRAYA MAHAMERU

P

JALAN CENDERAMULIA

Open Air
Theater

PERSIARAN MAHAMERU

JALAN KEBUN BUNGA

喀考苏酒店
Carcosa Seri
Negara

JAL

3

JALAN DAMANSARA

湖滨公园
LAKE GARDENS

JALAN TEMBUSU

JALAN PERDANA

Orchid
Garden

FEDERAL
HILL

TASIK
PERDANA

Memorial
Tun Razak

KL
Bird
Park

JALAN SELANGOR

JALAN KELANTAN

PERSIARAN MAHAMERU

Tasik
Perdana

JALAN KEBUN BUNGA

JALAN KEDAH

JALAN DAMANSARA

JALAN KELANTAN

4

JALAN PERSEKUTUAN

JALAN

JLN. NEGERI SEMBILAN

JALAN JOHOR

CANGKAT PERSEKUTUAN

CANGKAT DAMANSARA

国家博物
Natior
Muse

Tourist
Development
Center

JALA

P. NEGERI
SEMBILAN

JLN. NEGERI SEMBILAN SELATAN

LORONG
LIMAU MANIS DUA

JLN. JOHOR SELATAN

LORONG TRAVERS

JALAN SELANGOR

CANGKAT DAMANSARA

JALAN TRAVERS

JALAN

5

BUKIT TRAVERS

Hilton
Kuala
Lumpur

Le Meridien
Kuala Lumpur

JALAN STESEN SENTRAL

KL Stesen
Sentral

L

KL
Sentral

JALA

A B C

JLN. SULTAN SALAHUDDIN
JALAN DATO ONN
JALAN KUCHING
Gombak
LORONG GOMBAK
JALAN BUNUS
JALAN TUANKU A RAHMAN
JOR. TUANKU ABDUL RAHMAN
JALAN MASJID INDIA
Klang
GEREJA
JALAN

Experimental Theater
TUN ISMAIL

1

JALAN MELAYU
印度清真寺
Masjid India

St. John's Cathedral

ARLIMEN

St. Mary's Cathedral
JALAN RAJA

Supreme Court

JALAN TUN PERAK
JALAN BENTENG

5

LEBUH BUKIT NANAS

雪兰我俱乐部
Royal Selangor Club

苏丹阿都沙末大厦
Sultan Abdul Samad Building

嘉美克清真寺
Masjid Jamek

JALAN MELAKA
LEBUH AMPANG

Muzium Telekom

JALAN KINABALU

JALAN RAJA

Merdeka Square

L
Masjid Jamek

JALAN TUN HJ. S. LEE
JALAN HANG LEKIU
JALAN RAJA CHULAN

2

JALAN BUKIT AMAN
PLAZA PUTRA

JALAN RAJA LAUT

MEDAN PASAR
LEBUH PASAR
JALAN TUN TAN SIEW SIN

JALAN BUKIT AMAN

JALAN TUGU

LEBUH PASAR BESAR

国家历史博物馆
National History Museum

Textile Museum

中央市场
Central Market

仙四师爷庙
Sze Ya Temple
LORONG PUDU
LORONG PUDU

utterfly ark

Dayabumi Complex

JALAN MAHKAMAH PERSEKUTUAN
JALAN CHENG LOCK

Hospital Tanglin

JALAN SULTAN HISHAMUDDIN

JALAN HANG LEKIR

JALAN CENDERASARI

JALAN TUGU

General Post Office

JALAN HANG KASTURI
JALAN TUN H.J. S. LEE

马里安曼兴都庙
Sri Maha Mariamman Temple

JALAN SULTAN
中国城
CHINATOWN
唐人街市场
JALAN HANG JEBAT

3

L
Pasar Seni

JALAN S. MOH

JALAN PETALING

JDERASARI
LEMBAH PERDANA

国家清真寺
Masjid Negara

JALAN PERDANA
JALAN TUN SAMBANTHAN

Klang Bus Station

唐人街市场
Jalan Petaling Market

JLN. PANGGUNG

艺术博物馆
Islamic Arts Museum

Police Museum

JALAN PERDANA

JALAN PERDANA

Islamic Center

Traffic Police HQ

JALAN BALAI POLIS

陈氏书院
Chan See Shu Yuen Temple

JLN. KINABALU

BULATAN
MERDEKA

4

National Planetarium
JLN. RIA

吉隆城火车站
Kuala Lumpur Railway Station

i

DAMANSARA
DAMANSARA

JLN. SULTAN HISHAMUDDIN

JALAN SULAIMAN

JALAN SYED PUTRA

JALAN KAMPUNG ATTAP
JALAN TUBA
JALAN ROTAN
JALAN MANAH
JALAN MINAH
JALAN BELFIELD

5

Holy Rosary Church

JALAN BELFIELD

JALAN HOSE

JALAN TUN SAMBANTHAN

JALAN DAMANSARA

LORONG SCOTT
JLN. PADANG BELIA

JALAN ISTANA

JALAN SOCONY
JALAN BELFIELD

LORONG BELFIELD

Historic Society of Malaysia

5

5

A B C

1

JALAN PER

吉隆坡塔
Menara
Kuala Lumpur

JALAN SULTAN ISMAIL

Raja Chulan

1

JALAN BUKIT NANAS

LORONG

LORONG

LORONG RAJA CHULAN

LORONG

P. RAMLEE

JALAN PUNCAK

JALAN P. RAMLEE

JALAN TENGAH

咖啡山森林公园
BUKIT NANAS
FOREST RESERVE

JALAN BUKIT NANAS

RAJA CHULAN

CHANGKAT RAJA CHULAN

JALAN RAJA CHULAN

JALAN SULTAN ISMAIL

4

Plaza Raja
Chulan

JALAN RAJA CHULAN

St. Andrew's
Church

JALAN BUKIT CEYLON

BUKIT
BINTANG

JALAN   CEYLON

LORONG CEYLON

JALAN NAGASARI

Church Menara
Panosa

PERSIARAN MAYBANK

PERSIARAN RAJA CHULAN

JALAN BEDARA

JALAN BERANGAN

JALAN BEREMI

2

Menara Maybank
Numismatic Museum

JALAN PUDU LAMA

CHANGKAT BUKIT BINTANG

JALAN SAHABAT

Pudu Sentral
Bus Station

JALAN PUDU

JALAN TONG SHIN

TENGKAT TONG SHIN

JALAN ALOR

JALAN BUKIT BINTANG

Bukit
Bintang Plaza

JALAN SULAN

Plaza
Rakyat

Plaza
Rakyat

JALAN ROBERTSON

Catbay
Cinema

阿罗街

Plaza
Magnum

Sun Complex
Plaza

Imbi

3

JALAN WESLEY

St. Antbony's
Church

JALAN SIN CHEW KEE

JALAN SIN
CHEW KEE

JALAN GALLOWAY

JALAN TONG SHIN

JALAN PUDU 14

JALAN PUDU

JALAN IMBI

YWCA

KL Police
Headquarters

JALAN HANG JEBAT

JL. STADIUM

Stadium
Negara

Hang Tuah

JALAN STADIUM

JALAN KENANGA

JALAN HANG TUAH

Hang Tuah

JALAN LORON

JALAN BABA

4

Stadium
Merdeka

LOR. MERBAU

LORONG MERANTI

LORONG MERANTI TIGA

JALAN SARAWAK

JLN. BRUN
SELATAN

Maharajalela

Fire Station
Clinic

JALAN KENANGA

LORONG MERANTI DUA

LOR. MERANTI SATU

LORONG MERANTI SATU

JALAN
MEMPELAM

4

JALAN MAHARAJALELA

JALAN TALAKA

JALAN CHOO CHENG KHAY

JLN. LAPANGAN

JALAN LOKE YEW

JALAN MERLIMAU

JALAN GELUGOR

Pudu

5

JALAN HOSE

LENGKOK
BELFIELD
OFFICE

JALAN WISMA PUTRA

JALAN GAJUS

JALAN SAN PENG

KAMPUNG
ATTAP

A B C

6
D
E
F
1
2
3
4
5
Belgium Embassy
Vietnam Embassy
Japan Embassy
Philippine Embassy
Kuwait Embassy
Indonesia Embassy
JALAN KIA PENG
PERSIARAN STONOR
JALAN STONOR
JALAN EATON
JLN. TUN RAZAK
JALAN PERAK
JALAN CANGKAT KIA PENG
古迹保护机构
Badan Warisan
JALAN CONLAY
手工艺品中心
Kompleks Budaya Kraf
JALAN RAJA CHULAN
Pavilion Shopping Mall
JALAN BUKIT BINTANG
Starhill Gallery
KL Plaza
JALAN GADING
Lot 10 (Shopping Complex)
Bukit Bintang
LORONG IMBI
JALAN JATI
LORONG INAL
JALAN KAMPUNG
JALAN KEMUNING
JALAN WALTER GRENIER
JALAN PADANG
LORONG GRENIER
JALAN IMBI
JALAN UTARA
JALAN DELIMA
JALAN BARAT
JALAN PUNAI
JALAN MELATI
JALAN MELUR
MEDAN IMBI
JALAN KHOO TOIKE EE
JALAN BENJAMIN
JALAN HORLEY
JALAN RAWA
JALAN SELATAN
JALAN CHAN WING
LOR. SELATAN
JALAN CANGKAT TAMBI DOLLAH
PUDU
LORONG DAVIS
JALAN DAVIS
JALAN KAMPUNG PANDAN
JALAN B. UTARA
JALAN BRUNEI UTARA
BABA BARAT
JALAN KIJANG
JALAN PELANDUK
Pudu Plaza
JALAN BRUNEI
JALAN BUGIS
JALAN SELADANG
JALAN RUSA
JALAN JARRETT
JALAN COCHRANE
LORONG NAKHODA YUSUF
JALAN NAKHODA YUSUF
JALAN YOKE CHOY
JALAN MEMBERANG
JALAN TUN RAZAK
JALAN YEW
JALAN KANCHIL
JALAN LANDAK
JALAN YAPHING
JALAN BERUANG
LORONG COCHRANE
LORONG CHEONG YOKE CHOY
Masjid Shah Alam
JALAN C. YOKE CHOY
RAWAK
JALAN SAYUR
JALAN PASAR
JALAN PASAR BARU
JALAN NICHOLAS
JALAN COALES
JALAN MC. CONECHY
JALAN TEMENGGONG

半岛西北部

位于马来西亚西北部地区的州属，无论从地理多样性还是历史重要性的角度来说，对于整个国家都意义非凡。这个地区的地形地貌变化多样，从海岸平原到丛林密布的山地，从突起的石灰岩崖壁到质朴的原始岛屿，景色各异，多姿多态。深受这个地区战略性地理位置和富饶自然资源的吸引，自古便有络绎不绝的外来移民和统治者纷至沓来，这一悠久的移民传统，为这里遗留下来了丰富迷人、相互融合的多元文化。

在布秧谷沿海地区发现的考古文物，证实了早在公元4世纪时这里便曾经存在过一个印度佛教王国。公元7～8世纪时，这个地区由三佛齐王国统治，之后被暹罗（今泰国）占领，15世纪时马六甲苏丹王朝在此崛起。从17世纪初期开始，不同的殖民势力在此展开了激烈的权力争夺，直到英国政府最终掌握了这个地区的控制权。

19世纪中期开始，霹雳州（Perak）和雪兰莪州（Selangor）的锡矿开采业日益兴盛，为这个国家的经济、政治和社会等方面均带来了深远的影响。马来西亚的经济在20世纪时得到了前所未有的飞速崛起，吸引了大量中国移民的涌入。基于这些多变的早期影响和经济发展，与马来西亚其他地方相比，半岛西北部发展成为一个更加世界性的大都会，文化开放程度相对较高。同时，这里也是马来西亚经济最发达、人口最稠密的地区之一，除马来人、华人和印度人等种族以外，这里还生活着许多原住民群体，例如马来土著和土生泰人等，他们多数聚居在丛林深处和遥远的北部地区。充满生气、历史悠久、文化多元的槟榔屿州首府槟城，以及瓜拉江沙的老皇城，是所有游客在半岛西北部地区旅行时一定会参观的景点。喜爱慢生活的旅行者，不妨前往这个地区原始质朴的海滩度假，或在郊外怡人的茶园和凉爽的避暑山区享受慵懒悠闲的轻松时光。

兰卡威岛的珍南海滩拥有棕榈成荫的白沙滩

◁ 槟城乔治市精心修复的张弼士故居内陈列的老式黄包车

探索半岛西北部

在马来西亚，没有哪个地区能像半岛西北部一样拥有如此多样的风景名胜。内陆地区以凉爽的山区避暑胜地闻名，如著名的金马伦高原，还有位于石灰岩崖壁之上的黑风洞，以及以华人为主导的淘锡城市，例如怡保市。最受欢迎的热门目的地集中在沿海一带，槟城是游客在半岛西北部探索旅行的理想大本营，城市本身也是一处迷人的旅游地；兰卡威和邦各岛也是本地区的度假胜地。在考古学上意义重大的布秧谷位于吉打州，连同玻璃市一起，被广袤的稻田覆盖。

旅游景点分布示意图

城镇
巴都茅 24
瓜拉江沙 13
瓜拉吉打 28
瓜拉雪兰莪 4
乔治市（见100～105页）14
太平 11
亚罗士打 27
怡保 7

宗教圣地
黑风洞 1
极乐寺 18
缅佛寺 15
蛇庙 23
泰式释迦卧佛寺 16

花园与主题旅游区
槟城植物园 17
云顶高原 3

博物馆与画廊
马来西亚理科
　大学博物馆与画廊 22
原住民博物馆 2

自然风景区
槟城山 19
福隆港 5
近打河谷 10
金马伦高原（见92～93页）6
日莱峰 26

历史古迹与建筑
布秧谷 25
凯利古堡 8
玲珑谷 12

岛屿与海滩
巴都丁宜 20
邦各岛 9
兰卡威（见112～115页）29
直落巴巷 21

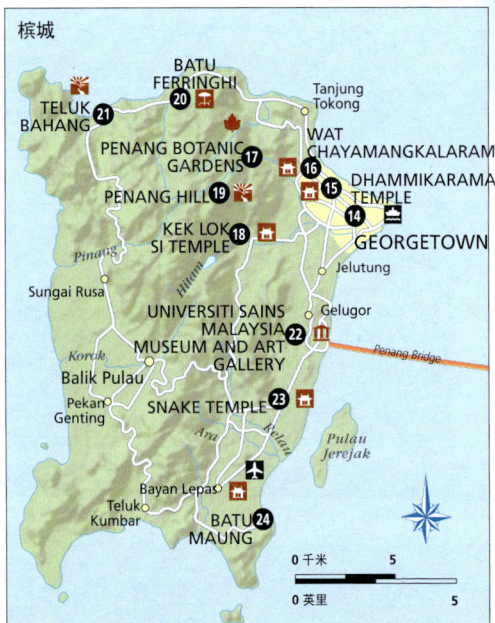

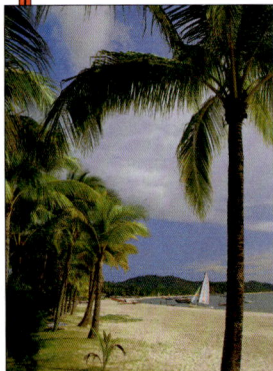

0 千米 ──────────── 50
0 英里 ──────────── 50

合艾（泰国）
PERLIS
Bukit Kayu Hitam
PULAU LANGKAWI　Kuala Perlis　Changlun
Pulau Tuba
Pulau Dayang Bunting
KUALA KEDAH
ALOR STAR
GUNUNG JERAI 26
LEMBAH BUJANG 25
Penang
Georgetown
Butterworth
See inset below
Kuala Kurau

槟城

BATU FERRINGHI
Tanjung Tokong
TELUK BAHANG 21
PENANG BOTANIC GARDENS 17
WAT CHAYAMANGKALARAM 16
DHAMMIKARAMA TEMPLE 15
PENANG HILL 19
KEK LOK SI TEMPLE 18
GEORGETOWN 14
Pinang
Hitam
Sungai Rusa
Jelutung
Korok
Gelugor
UNIVERSITI SAINS MALAYSIA MUSEUM AND ART GALLERY 22
Balik Pulau
Penang Bridge
Pekan Genting
Ara
SNAKE TEMPLE 23
Pulau Jerejak
Bayan Lepas
Teluk Kumbar
BATU MAUNG 24

0 千米 ──── 5
0 英里 ──── 5

兰卡威岛的彩虹海滩上树影婆娑

周边交通

　　完善的国内航班网络覆盖了怡保、邦各岛、兰卡威、乔治市和亚罗士打。南北公路（North–South Highway）和一号干线（Route 1）是本地区最主要的两条道路，与之几乎平行的国家铁路（KTM）沿着西海岸行驶，连接了各大主要城镇。自驾车在本地区旅行是一个不错的选择，路况良好且交通秩序井然。槟城大桥将槟城与北海（Butterworth）连接起来，使得汽车与渡轮在两地之间顺利往来。卢穆特是前往邦各岛的渡轮靠泊点，从瓜拉吉打、瓜拉玻璃和乔治市都可以搭乘前往兰卡威岛的渡轮。

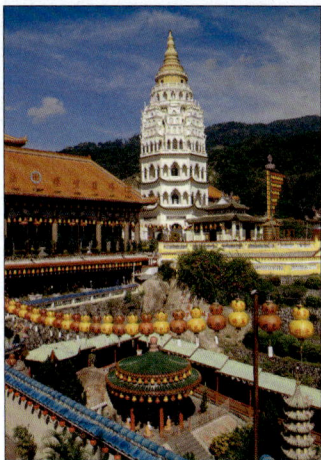

槟城的极乐寺是马来西亚最大的佛教寺庙

图例

▬	高速公路
▬	主要公路
▬	支路
▬	铁路
▬	国界
▬	州界
△	山峰

另参见

· 住宿信息　见276~277页

· 餐饮信息　见302~303页

黑风洞内墙壁上描绘着色彩鲜亮的印度教神明

黑风洞 ❶
Batu Caves

从吉隆坡出发，沿 2 号中环公路向北 13 千米。电话：(03)6189–6682 Ⓛ Batu Caves 🚉 📅 每天：7:00–18:00 🍴 📷 🎫 大宝森节（1 月 /2 月）

黑风洞高耸在一片崎岖而坚硬的石灰岩崖壁之上，是吉隆坡周边最受欢迎的景点之一。长期以来，黑风洞主要为当地人所熟知，直到 1878 年被美国自然主义者威廉·霍那代（William Hornaday）发现，才赢得了来自世界各地的广泛关注。这座巨大的洞穴给霍那代留下了深刻的印象，把它比喻为一座宏伟庄严的大教堂。19 世纪 90 年代，这里成为供奉印度教神明穆卢干王的圣地，是对于马来西亚的印度教信徒来说最重要的圣地。每年的 1 月底或 2 月初，在大宝森节期间，会有约 100 万名印度教信徒前来朝拜，十分壮观。

黑风洞的入口处耸立着一尊高达 43 米的穆卢干王金身塑像，从这里沿着 272 级陡峭的台阶拾级而上，会到达圣地的主洞。这里又被称为寺庙（Temple）或教堂洞（Cathedral Cave），洞穴高达 100 米，洞内局部空间被从洞顶的缝隙间洒下的一丛丛光束照亮。洞穴墙壁上供奉着众多穆卢干王的塑像，连同湿婆神、象神伽内什、战神、难近母等其他印度教神明一起依序排列。洞穴的圆屋顶上繁复描绘着印度教经文中的场景。中心神龛背后的房间内陈列着罗摩神的塑像。黑风洞还拥有若干其他洞穴，其中悬崖底部的一个小洞穴内林立着众多印度教神明的精美彩绘塑像。

原住民博物馆 ❷
Orang Asli Museum

Jalan Pahang, Gombak, 吉隆坡向北 30 千米。电话：(03) 6189–2113 📷 🎫 周六至周四：9:00–17:00 📷 🎫

这个貌似有些冷门的景点能够提供人们认识马来西亚原住民文化的绝佳机会，尤其是对已知最早在半岛上生活的 10 万原住民的风俗、传统和文化史等获得全面的了解。博物馆由原住民事务部运行管理，全面展现了原住民群体中 18 个不同族群的历史，通过区域分布、乐器、装饰品、药品、住所模型等角度进行阐释，还陈列了一系列传统狩猎武器和工具，如吹管枪和毒药勺等。在所有的展品中最让人印象深刻的当数传统手工艺品，包括面部表情凶猛的木雕头像。许多原住民生活细节在博物馆中也得到了体现，如婚礼仪式和宗教习俗等，均有详细描述。

云顶高原 ❸
Genting Highlands

吉隆坡东北方向 50 千米。🚉 从吉隆坡出发，可选择搭乘缆车前往 🍴 📷 🎫 www.rwgenting.com 缆车：每 20 分钟运行一班；午夜之后每小时一班

与常规的山间避暑疗养地不同，海拔 2 千米的云顶高原位于蒂蒂旺沙山脉，堪称一站式多元娱乐与博彩复合体，既是马来西亚最大的主题公园，也是全国唯一的赌场。云顶赌场（Casino de Genting）24 小时营业，是世界上规模最大的赌场之一，赌场内密布着一排排不同的中式和西式玩法的游戏桌，还有电子赛马机和吃角子老虎机。云顶主题公园（Genting Theme Park）拥有超过 40 种游乐设施，包括大奖赛卡丁车和螺旋状过山车，最

原住民博物馆的入口造型优雅

本地区住宿及餐饮信息，见 276~277 页和 302~303 页

云顶高原上的娱乐设施

刺激的是高达 56 米的跳楼机，从空中速降到地面只需不到 5 秒钟。云顶高原的度假酒店是世界上最大的，三处酒店共有超过 1 万间房间、一座高尔夫球场，以及多个音乐厅。室内休闲区则是雨天时的好去处。与乘坐大巴车相比，许多游客更喜欢选择坐缆车上山，经过 4 千米的路程最终到达山顶，沿途风光无限。

♣ 云顶主题公园
□ 每天 ▣ www.rwgenting.com

瓜拉雪兰莪 ❹
Kuala Selangor

从吉隆坡出发，沿 4 号和 5 号高速公路向西北方 67 千米。▣ 3.92 万 ❷

这座雪兰莪州小巧而宁静的首府坐落在雪兰莪河的河口位置，曾是雪兰莪苏丹国的皇城。在 1784 年荷兰入侵期间，荷兰人摧毁了苏丹王的城堡要塞后重新修建，并以他们总督的名字将其命名为**艾特灵思伯格要塞**（Fort Atlingsburg）。这座要塞坐落在俯瞰全城的美拉华蒂山（Bukit Melawati）山顶，经历数次战争，如今只剩残垣断壁。要塞的正下方便是**瓜拉雪兰莪自然公园**（Kuala Selangor Nature Park），这片茂盛的红树林里栖息着超过 150 种鸟类，是马来西亚唯一发现过勺嘴鹬的地区；还是各种鱼

类和蟹类的家园，它们多生活在海岸线旁的红树林里。园内有多个人造池塘，环绕着自然步道和隐秘观测点。

在位于瓜拉雪兰莪以东 10 千米处的**关丹村**（Kampung Kuantan），每到夜间会有大批萤火虫，能够看到萤火虫（kelip kelip）聚集在雪兰莪河两岸，可以通过夜晚游河船看到。

福隆港被绿色枝叶覆盖的钟塔

⛪ 艾特灵思伯格要塞
Bukit Melawati. □ 每天
⛰ 瓜拉雪兰莪自然公园
Jalan Klinik. 电话：(03) 3289-2294
□ 每天：9:00~17:00 **www.mns.my**

福隆港 ❺
Fraser's Hill

从吉隆坡向北 100 千米。▣ 至瓜拉新古毛，之后到达福隆港 ℹ 位于 Jalan Genting 的世界自然基金会教育中心，(09) 362-2517 ☑ 自然步道 ⏹

福隆港是马来西亚著名的避暑高原，海拔 1500 米，共跨越了 7 座被繁茂森林覆盖的山丘。福隆港以英国探险家路易斯·詹姆士·福隆（Louis James Fraser）的名字命名，这位运输骡队的领头人兼锡矿商人，在 19 世纪 90 年代末期抵达这里，却在 1910 年前后神秘失踪。不久之后，福隆港被开发成为英国移民和外派人员

的疗养地。

前往福隆港的旅途一路风景如画，穿过广袤浓密的竹林和蕨类植物，穿越狭缝大角度倾斜爬升，途经新古毛（Kubu Bharu）和劳勿（Raub），最终抵达福隆港。

在蒂蒂旺沙（Titiwangsa）山区的所有避暑高原中，福隆港保留了最纯正浓郁的殖民风情，都铎式建筑和优雅整齐的玫瑰园，让人仿佛置身英国乡间。在这片幽静的避暑胜地，无论漫步丛林还是品味悠闲下午茶，都堪称完美的享受。小镇的中心有一片集市广场和一座钟塔。这一小片区域被茂密的树林环绕，设有多条自然散步道。福隆港最大的魅力，是这里丰盛的动植物资源。根据记录，在此地区发现的鸟类已超过 265 种。每年 6 月，福隆港都会举办国际观鸟日大赛，各国鸟类学家齐聚，比赛谁在 24 小时之内能够观测到最多的鸟类品种。

在福隆港可以打高尔夫球，也可以骑马。**艾伦湖**（Allan's Waters）是一片位于小镇内的迷你湖泊，适合钓鱼。在距镇中心西北方向约 5 千米的地方，经过一座瞭望塔后，便可抵达**热僚瀑布**（Jeriau Waterfall），瀑布的水流最终汇入一条美丽的小溪。

郁郁葱葱的曲折路径通向福隆港山顶

金马伦高原 ❻ Cameron Highlands

作为马来西亚规模最大且最受欢迎的避暑胜地，金马伦高原坐落在彭亨州（Pahang）的西北角。以1885年为此地进行测绘工作的英国人的名字命名。高原上点缀着繁茂的茶园和农场，以盛产鲜花和新鲜果蔬著称。这里的气温很少达到22℃以上，且常伴有薄雾和小雨，是一处理想避暑地。同时，这里还是徒步爱好者的天堂。金马伦高原依然保有浓郁的殖民地风情，弥漫着慵懒氛围，主要看点集中在丹那拉打（Tanah Rata）。

图例

☐ 金马伦高原

★ 熏制房酒店（Smokehouse Hotel）
这座仿都铎式建筑坐落在丹那拉打的郊区，作为殖民地时期建筑的代表，为金马伦高原增添了更多的吸引力。这里提供的正宗英国德文郡奶油茶点备受欢迎。

佩打山（Gunung Perdah）海拔1576米，耸立在丹那拉打北部的原住民村落之上，俯瞰着西北方的地平线。

万灵教堂（All Souls' Church）建造于1958年，这里不仅供市民百姓进行礼拜，同时也是英国国教徒在金马伦高原的康复中心。

加沙山（Gunung Jasar）海拔1696米，从平坦裸露的山顶可以俯瞰整个金马伦高原的美景，从丹那拉打出发，沿着标记清晰的小路可以轻易登上山巅。

吉姆·汤普森失踪前不久的留影

吉姆·汤普森

1967年3月，于美国出生的泰国成功商人吉姆·汤普森（Jim Thompson）在金马伦高原度假时神秘失踪。他离开了自己居住的乡间度假别墅后，便再也没有回来。当时，关于他的失踪和遭遇，各家媒体展开了长达数月的猜测与报道。自吉姆·汤普森失踪之后，他便成为一个传奇式的人物，他留下了日益兴盛的泰丝生意，以及一座位于泰国曼谷的柚木宅邸。现在，吉姆·汤普森的故居已经成为一间精美雅致的东南亚艺术博物馆。

星级景点
★ 熏制房酒店
★ 双溪帕拉斯茶园
★ 郑和庙

本地区住宿及餐饮信息，见276～277页和302～303页

★ 双溪帕拉斯茶园（Sungai Palas Tea Plantation）

这片风景足以令人震撼的双溪帕拉斯茶园，每天都向游客免费开放。参观者能够在这里选购到自己喜欢的茶叶，饱览周边山区美景的同时，还可以在饮茶室内品尝不同口味的茶点。

游客备忘

怡保东90千米。🏠 ⛓ 1.2万 🚌
从槟城和吉隆坡出发 ℹ Jalan
Besar, 丹那拉打；(012) 657-
1084. www.cameronhighlands.
com

蝴蝶园（Butterfly Garden）

蝴蝶园展出多达300种风姿各异的美丽蝴蝶，同时还能看到蝎子、巨型独角仙和善于伪装的竹节虫等。

玫瑰园
（Rose Garden）

这座富于异域风情的玫瑰园吸引了众多当地人和络绎不绝的游客。这里的玫瑰品种仅适合在温带高地地区生长，例如金马伦高原。

Blue Valley
Tea Estate

Kuala Terla

Rose Valley

Uncle Sam's
Farm

Brinchang

Gunung
Bereman
6,037 ft

rdi Agricultural
tion

obinson
lls

son Falls
r Station

0 千米　　1

0 英里　　1

图例

— 主要公路

— 支路

--- 铁路

ℹ 游客信息

⊞ 佛教寺庙

✝ 教堂

▲ 山峰

★ 郑和庙（Sam Poh Temple）

这座华丽的中式佛教庙宇坐落在碧兰璋（Brinchang）的山丘之上，能够俯瞰整座城镇。庙门口由镀金狮子和护法神守卫，是当地华人进行祈福、祭拜的主要场所。

位于怡保市老城区的伯奇纪念钟楼

怡保 ❼
Ipoh

从吉隆坡出发，沿北南高速路向北 205 千米。🚇 62.5 万 ✈ 🚌 🚉 ℹ 7~9 Jalan Medan Istana 3. (05) 255-2772 🌐 国际兰花节（6月/8月）www.ipoh-online.com.my

坐落在近打河谷的石灰岩崖壁之间的怡保是霹雳州的州府，也是马来西亚第三大城市。怡保的崛起得益于近打河谷富饶的锡矿资源，华人移民的涌入，为怡保留下众多出色的娘惹建筑。

近打河谷将怡保分割为两部分。位于左岸的**老城区**（Old Town）拥有优雅的中式大宅和店屋，以及宏伟的殖民地风格建筑。建于 1917 年的怡保火车站融合了维多利亚时代晚期和摩尔式伊斯兰风格，其对面的市政厅则是一幢耀目的白色新古典主义建筑。火车站周围还有不少显著地标，如仿都铎式的皇家怡保俱乐部（Royal Ipoh Club），拥有砖木结构外墙及直棂窗；以及为纪念霹雳州首位英国公使詹姆·伯奇而建的伯奇纪念钟楼（Birch Memorial Clock Toner）。距老城区中心不远的**霹雳博物馆**（Darul Ridzuan Museum）坐落在一幢 20 世纪 20 年代的

宏伟宅邸中，详尽记录了怡保市的历史，以及霹雳州锡矿开采业的发展。

新城区（New Town）位于河右岸，许多美轮美奂的中式店屋坐落于此，同时这里也是怡保的居民区。

🏛 **霹雳博物馆**
Jalan Panglima. 电话：(05) 253-1437
🕐 每天：9:00~17:00

凯利古堡 ❽
Kellie's Castle

怡保南 30 千米。电话：(05) 366-8199 🚌 🕐 每天：8:30-19:00 🍴 🔲 📷 🎫

将苏格兰城堡与摩尔式建筑风格融合的凯利古堡是一幢尚未完工的殖民地时期建筑，由苏格兰橡胶商人威廉·凯利·史密斯（William Kellie-Smith）修建。古堡于 1915 年开工，原设想将其打造为一座配有电梯的大型建筑，然而史密斯在 1926 年不幸死于肺炎，留下了这幢未完工的宏大宅邸。二战期间，这座城堡被日本军队征用。时至今日，这个外表斑驳的景点坐落于一个公园内，被繁茂的无花果树和榕树簇拥。古堡的庭院内还有一座印度教庙宇，是史密斯为其手下因患流感逝去的泰米尔劳工们修建的。为了感谢他的善举，劳工们在修建庙宇屋顶时，特意在众多印度教神明之中加入了一座史密斯的小型塑像。

邦各岛 ❾
Pulau Pangkor

怡保西南方向 83 千米。🚇 2.5 万 🚌 自吉隆坡出发 🚌 自卢穆特出发 ℹ Jalan Sultan Idris Shah, Lumut, (05) 683-4057 www.pulau-pangkor.com

邦各岛弥漫着闲适的氛围，拥有半岛西海岸最好的海滩，是一处热门旅游地。岛上居住着渔民群体，绝大多数当地村落都集中在东海岸区域，包括主要的定居点邦各小镇；度假酒店、渔村和令人惊艳的白沙滩则分布在西海岸地区，临近直落尼巴（Teluk Nipah）周围。主要的海滩包括邦各后海滩（Pasir Bogak）、珊瑚湾（Coral Bay）和金沙滩（Pantai Puteri Dewi），均由私人拥有，需要支付入场费。直落吉打邦（Teluk Ketapang）又被称为海龟湾，位于邦各岛的最北端，因为每年夏季都会有日益稀有的海龟登陆产卵而得名。

与海滩风景迥然不同的历史古迹**荷兰碉堡**（Kota Belanda）位于邦各小镇南 3 千米处，这座堡垒的修建，主要是为了保护荷兰人在锡矿贸易中的利益免受马来海盗的侵袭。岛上还有一些印度教庙宇和中式寺庙，小巧紧凑的邦各岛面积不大，很适合步行或骑车游览，不过一些密林遍布的内陆地区无法抵达。

度假酒店会为住客安排前往附近小岛的海钓和浮潜

凯利古堡的遗址

太平市湖滨公园风景如画，临近太平山山脚下

行程。最著名的绿中海（Pangkor Laut）是马来西亚最美丽的海滩之一——翡翠湾（Emerald Bay）的所在地，不过海滩仅向居住在岛上度假村内的客人开放。

近打河谷 ❿
Kinta Valley

沿南北高速，向怡保北行15千米。🚌 自怡保出发 ⓫

　　近打河谷曾经盛产锡矿，这里的石灰岩崖壁壁分外壮观，被茂密的热带丛林覆盖。隐藏在崖壁下的洞穴逐渐变为佛教寺庙，香火鼎盛。其中最大且最古老的洞穴寺庙是**三宝洞**（Sam Poh Tong），由一位僧人在19世纪末期建立，以中式大乘佛教雕像为特点。沿着400级台阶而上，可来到**霹雳洞**（Perak Tong），建于1926年，是马来西亚最大的中式寺庙之一。洞内墙壁上装饰着由东南亚各国艺术家创作的壁画。主殿内供奉着超过40尊佛像，还有一口历史超过百年的大钟。从霹雳洞的天台可以鸟瞰整个河谷的美景。**极乐洞**（Kek Lok Tong）距今年代较近，拥有双层洞穴，供奉着一尊青铜制弥勒佛塑像。

极乐洞的青铜佛像

太平 ⓫
Taiping

怡保北70千米。🚗 22万 🚌 自怡保出发 🚉 355 Jalan Kota; (05) 806-9487 🎎 太平节庆月（9月）www.perak.gov.my/en

　　与其名字的含义相反，作为霹雳州的老州府，这座城市的起源可以追溯至一段动荡不安的过去。作为马来西亚首个锡矿开采中心，以及19世纪中期霹雳州最重要的城市，太平的光彩自19世纪90年代起逐渐被怡保和近打河谷夺走。如今，这是一座低调的小城，彰显着浓郁的中式风情，这里最著名的是广阔恬静的**湖滨公园**（Taman Tasik Taiping），又称太平湖。在城里随意闲逛，会遇到一些极富魅力的殖民地时代建筑，其中的代表是地区办公室大楼。**霹雳州博物馆**（Perak Museum）建造于1883年，是马来西亚最古老的博物馆。置身于一座宏伟的殖民地风格建筑内，以详尽的自然历史与民族学展览著称，同时，这里精心收藏的马来剑（keris）也很值得关注，这是一种传统马来匕首。位于霹雳州博物馆隔壁的**岭南古庙**（Ling Nam Temple）美轮美奂，是霹雳州最古老的中式寺庙。**万圣教堂**（All Saints' Church）则是马来西亚历史最悠久的教堂。此外，在太平市还能看到许多保存完好的中式店屋。

🏛 **霹雳州博物馆**
电话：(05) 242-6906 📅 每天 🕐 周五：12:15~14:45

玲珑谷 ⓬
Lenggong Valley

从怡保沿南北公路北行100千米。www.perak.gov.my/en

　　玲珑谷于2012年被联合国教科文组织列入《世界遗产名录》，是马来西亚最重要的考古发现之一。玲珑谷包括两个部分，共有四处古遗迹，时间跨度超过200万年，不但是马来西亚已知最古老的，也是非洲大陆外已发现的全球最古老的人类活动区域。

　　玲珑谷遗迹包括露天遗址和洞穴遗址，既有旧石器时代的石制工具作坊，也有从旧石器时代、新石器时代到金属器时代的早期科技和文化遗迹。最著名的发现要数古人类遗骸"霹雳人"，其历史可以追溯至1.1万年以前，如今展示在吉隆坡的国家博物馆（见66页）中。其余出土文物则陈列在玲珑考古博物馆（Lenggong Archaeological Museum）内。

玲珑考古博物馆中的展品

瓜拉江沙 ⑬
Kuala Kangsar

沿南北高速，自怡保市向西北方50千米。🚌4万 🚌自吉隆坡和乔治市出发 🚌自怡保市和太平市出发 ℹ️ (05) 529-0894 🎉 国王官方诞辰日（4月19日）www.perak.gov.my/en

瓜拉江沙在过去200年内一直是霹雳苏丹王国的皇都。19世纪70年代，这里成为英国人在马来西亚的第一个据点，同时也是马来西亚橡胶工业的诞生地，休罗爵士（Sir Hugh Low）首次在这片土地上播撒下了橡胶树种，之后他还成为英国驻霹雳州的公使。然而，到了19世纪90年代，瓜拉江沙作为行政与金融中心的地位逐渐被新兴的锡矿贸易城市替代，如怡保和太平。

如今，瓜拉江沙已经变为一座宁静的小城，马来传统风情浓郁，拥有马来西亚最富魅力的王室街区遗址，还有众多精美的殖民地时期建筑和怡人的花园。在瓜拉江沙，主要景点之间步行即可抵达，花上半天的时间便可游览一遍。

市中心被分为老城区和新城区两部分。老城区靠近霹雳河的堤岸，是购买传统马来手工艺品的好地方，例如以露兜树树叶为原料的织物、竹制品等，以及著名的陶器拉

陶器阿布的产地，沙用村

布（labu），这是一种呈葫芦形状的陶土容器，大多在沙用村（Sayong）制造，沙用村横跨在河流之上，坐船可以抵达。新城区内坐落着中式店屋与现代建筑，以及瓜拉江沙的大部分餐馆新城区。市中心的地标是两大殖民地时代建筑——醒目的钟楼和地区办公室大楼（District office），瓜拉江沙最早的几棵橡胶树还生长在这里的庭院中。市中心北边的马来学院（Malay College）成立于1905年，是马来西亚第一所教授英语课程的学校，主要面向渴望加入殖民行政管理部门的当地精英阶层。马路对面矗立着一座瞭望台（Pavilion Square Tower），建造于1930年，这幢三层高的小型木质建筑的设计融合了殖民风格和马来传统

瓜拉江沙市中心的钟楼格外醒目

元素，供王室成员及英国政府高官使用，在观看马球等体育赛事时能保有隐私。

C 乌布地亚清真寺
(Masjid Ubudiah)

Jalan Istana.

自瓜拉江沙向东，沿着宽阔的霹雳河，一条富有观赏性的路径通向乌布地亚清真寺，这座霹雳州的王室清真寺同时也是马来西亚伊斯兰建筑最杰出的代表之一。使得武吉赞旦山（Bukit Chandan）绿草如茵的斜坡更加优美。这座令人赞叹的清真寺依照摩尔式风格修建完成，巨大的洋葱形金色圆顶被四座高高耸起的白色尖塔紧紧环绕，每座尖塔顶端还冠以一个单独的小圆顶。乌布地亚清真寺的建造工程开始于苏丹依德利斯（Idris）统治期间，直到1917年他的继任苏丹阿卜杜·贾利勒（Abdul Jalil）开始执政时仍未完工。工期在一定程度上受到了一战的影响而延误，而且由于两头失去控制的王室御象横冲直撞，毁坏了意大利进口的大理石地板原料。清真寺隔壁是皇家陵墓（Royal Mausoleum），自18世纪起，霹雳州世世代代的统治者均埋葬于此。乌布地亚清真寺内部仅向穆斯林开放。不过，游客可以在清真寺外场地随意参观，而且允许拍照留念。

霹雳州的王室清真寺——乌布地亚清真寺

本地区住宿及餐饮信息，见276~277页和302~303页

⛪ 伊斯甘达里亚王宫
（ Istana Iskandariah ）

Jalan Istana.

雄踞于武吉赞旦山顶，俯瞰霹雳河与乌布地亚清真寺的这座现代风格的王宫建于1933年，是目前王室家族居住的官方宅邸，宏伟壮观。一连串的高塔被冠以黄金般灿烂的圆顶，建筑整体体现出了摩尔式与20世纪30年代的殖民地时期装饰艺术风格的融合。与王宫主体建筑相比，1984年在南面增建的配楼显得平淡了许多。不开放参观，但可以沿着王宫边界线以外的两条小路欣赏这座白色大理石建筑与庭园草坪，河岸边的角度最佳。

⛪ 旧王宫（ Istana Kenangan ）

Jalan Istana. □ 周六至周四 9：30～17：00 ○ 周五：12：15～14：45

在伊斯甘达里亚王宫的西南方，坐落着一座规模较小却更加迷人的旧王宫，又被人们称为记忆王宫。建于1931年，作为苏丹伊斯甘达沙（ Sultan Iskandar Shah，1876～1938）的临时王室宅邸，当时伊斯甘达里亚王宫正在建设之中。旧王宫可谓传统马来建筑的杰出经典代表，建筑整体为全木结构，没有建筑平面图，也不使用钉子或钢材，以几何图案的竹板和错综复杂的雕带进行装

州立博物馆苏丹阿兹兰沙画廊的外观极其宏伟

饰。房顶以五条屋脊为特色，顶上还装置着象征性的连串香蕉形象。王宫1楼拥有大量对流充分的游廊和阳台，使得凉爽的清风可以穿过整个内部空间。现在是霹雳州王室博物馆（ Muzium Di Raja ），通过珍贵的图片资料和手工艺品，详尽介绍了霹雳州及王室家族的历史。

⛪ 乌鲁王宫（ Istana Hulu ）

Jalan Istana. □ 每天 9：30～17：00

这幢美丽的维多利亚式建筑，是在1903年为第二十八任霹雳苏丹王依德利斯修建的。后来曾是声名赫赫的马齐文女子学院（ Sekolah Raja Perempuan Mazwin，又被称为马齐文女校）的所在地，长

达数十年之久。目前，王宫已转变为苏丹阿兹兰沙画廊（ Galeri Sultan Azlan Shah ），即苏丹阿兹兰沙博物馆，是霹雳州的州立博物馆。馆内藏品充分展现了霹雳州传统手工艺的精湛水准，包括传统马来剑的精品收藏系列，同时还能够看到多幅刺绣艺术精品。而博物馆中最重要的展品，当数大量珍贵的王室礼物、照片及苏丹阿兹兰沙（ Azlan Shah ）的众多私人物品，这位现任霹雳苏丹王，同时还担任了第九任马来西亚最高元首，即1984～1994年间的马来西亚国王，这一职位由马来西亚各州属的苏丹王轮替担任。

美丽的旧王宫是一座传统马来风格建筑，目前是霹雳州王室博物馆所在地

金马伦高原上蔓延生长的茶园 ▷

乔治市 ⑭ Georgetown

　　乔治市位于槟城东北部海岸，2007 年被列入《世界遗产名录》，是马来西亚最受欢迎的旅游目的地之一。这座城市作为英国东印度公司曾经在马来州的基地，于 1786 年由莱特爵士（见 103 页）创建。乔治市以威尔士亲王的名字命名，很快发展成为马来西亚的经济和文化中心。时至今日，乔治市以中国文化为核心，仍然保有浓厚的海峡殖民地气氛，拥有保护完好的殖民时代风格建筑、传统的木结构商铺店屋，以及印度、马来、土生华人、泰国和欧洲的多样化美食。

🏛 康华利斯堡（Fort Cornwallis）

Lebuh Light. 🚌 从 KOMTAR 乘坐 CAT 电话：(04) 261-0262 🕐 每天：9:00~17:00。

　　1786 年，莱特爵士由康华利斯堡登陆这片土地。康华利斯堡是在乔治市的殖民核心，也是游客步行、骑自行车或三轮车探索这座城市的绝佳起点。这里最初仅是一座用棕榈树做栅栏的简单围场，在 1805 年由一座星形的砖混结构建筑取代，还修筑了护城河和锯齿形状的外墙，以遮蔽守卫港口的大炮。作为英国东印度公司在槟城的第一座总部，康华利斯堡设有军营、信号站、行政办公室和基督教教堂。如今，除了外层的防御工事堡垒，曾经的设施所剩无几。堡内有一座公园，散落着几尊大炮，其中最为古老

维多利亚纪念钟楼

的是荷兰古炮斯里南眉（Seri Rambai），其历史可追溯到 1603 年。

　　城堡东南端的街道拐角处矗立着维多利亚纪念钟楼（Victoria Memorial Clock Tower）。这座典雅的殖民地时期建筑拥有摩尔风格的圆顶，是 1897 年为纪念女王登基钻石周年大典由乔治市的中国商人资助修建的。城堡西端是旧关仔角（Pedang Kota Lama），又称"老城绿地"。在典雅的殖民时期建筑中，位于南端和西端的分别为高等法院、州众议院大厦，及市政大厅（Dawan Bandaran）。城堡北端是一条散步道，名为旧关仔角面海路（Jalan Tun Syed Sheh Barakbah），面向马六甲海峡的北部水道。

康华利斯堡 18 世纪的英国帐篷和大炮复制品

本地区住宿及餐饮信息，见276~277页和302~303页

🏛 海墘路宗氏码头（Weld Quay Clan Piers）

Pengkalan Weld. 🚌 从 KOMTAR 乘车 🚗

　　小印度以南，沿着海墘路（Weld Quay），经过马六甲海峡的南部水道，可以见到一连串的小码头。码头之上建有低矮的房屋、宗祠以及商铺店屋。这就是乔治市的宗氏码头，始建于 19 世纪晚期。

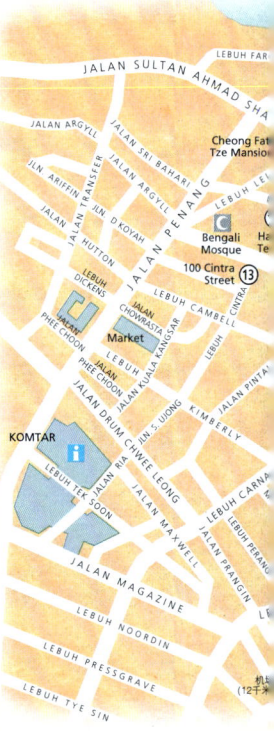

　　历史最悠久且规模最大的码头为周氏码头，始建于 19 世纪 70 年代，其次为李氏、谭氏、杨氏、郭氏码头；年代最近的是混合姓氏码头和彭欧码头，建于 20 世纪 60 年代。其中 6 座码头隶属华裔马来西亚佛教宗族，郭氏码头属于穆斯林宗族，包括约 30 个中国穆斯林家庭。除了郭氏码头，所有码头均在尽头建有小寺庙，其中最重要的周氏码头供奉着玉皇大帝。

海墘路宗氏码头的小码头之一

龙山堂（Khoo Kongsi Temple）

Medan Cannon. 从 KOMTAR 乘车
每天：9:00~17:00 www.khookong-si.com.my

作为槟城最重要的古迹，富丽堂皇的龙山堂由当地颇具影响力的福建富商邱姓家族建于 1835 年。全名为龙山堂邱氏宗祠（Leong San Tong Khoo Kongsi），以纪念邱姓富商位于中国南部的故乡龙山村。

这座宗祠不仅为邱氏家族而设，同时也由另外四个颇具影响力的闽南家族谢姓、林姓、谭姓、杨姓共同设立，这几大家族在当地极具影响力。

相对于邱姓家族的显赫与兴旺，原有的寺庙修建显得过于低调朴素，因此于1894 年拆毁。宏伟奢华的新庙在此后历时 8 年建成，但是不幸在完工的一个月之后遭大火烧毁。

邱姓家族认为此乃上天旨意，新庙的焚毁是因为家族宗祠过于奢华而遭到了天谴，于

游客备忘

槟城岛 22万 乘飞机或火车前往巴特沃斯，然后乘渡船 免费CAT巴士，从KOM-TAR至乔治市 KOMTAR 槟城国际龙舟节（6月）、槟榔屿节（11月~12月），妆艺游行（12月）www.vistpen-ang.gov.my

是寺庙再次重建时，又被恢复为比较朴素的形式。

重建的宗祠寺庙采用了清代建筑风格，配有美轮美奂的壁雕、巧夺天工的壁画和精致的屋顶装饰，整座建筑绘有龙和其他吉祥神兽的图案。

龙山堂寺庙带有精美雕刻的祭坛装饰

亚齐街清真寺
（Masjid Melayu）

Lebuh Aceh. 从 Lebuh Chulia 乘出租车

这座乔治市最古老的建筑之一由富有的苏门答腊胡椒商人建于 1808 年，最初是为了服务于打铁路（Lebuh Aceh）迅速扩张的穆斯林社区，该社区是槟城市区内最早的马来人聚居区。19 世纪时曾是麦加朝圣之旅的一处中心。比邻的**吉宁甲必丹清真寺**（见 102 页）由印度穆斯林移民修建于 1801 年。

亚齐街清真寺距牛干东路（Lebuh Chulia）仅 5 分钟的步行路程，建有埃及风格尖塔和亚齐式屋顶，尖塔中部的孔洞是槟城的宗族暴乱留下的痕迹。

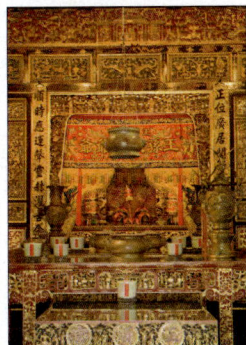

乔治市

19 世纪建造的赛义德·阿拉塔斯大厦、博物馆和信息中心

🏛 赛义德·阿拉塔斯大厦
(Syed Alatas Mansion)

128 Lebuh Armenian. 电话：(04) 262-0172 🚌 ▢ 周三至周一：9:30~18:00 🌐 www.penangislamicmuseum.net

　　赛义德·穆罕默德·阿拉塔斯（Syed Mohammed Alatas）是 19 世纪颇具影响力的亚齐人富商，也是槟城的马来社区领袖。在 19 世纪 60 年代，他在亚美尼亚街（Armenian Street）修建了这座宏伟的宅邸，并与家人在此一直生活到他 20 世纪初去世。这幢两层高的大厦深受马来、印度和欧洲建筑和文化影响，风格兼收并蓄，拥有一个陶土瓦殿式的屋顶，斜坡通向屋檐，并建有一条带山墙屋顶的通道走廊，还配有铸造飞檐和优雅的灰泥外墙。尽管被公认为是马来穆斯林上层阶级在槟城的最佳住宅典范之一，但在 20 世纪 30 年代被弃用后，大厦陷入失修状态，逐渐被世人遗忘。

　　1993 年，这座豪宅由槟城州政府接管并进行了修复，最终作为伊斯兰博物馆重新开放。博物馆内收藏有多种伊斯兰和马来手工艺品及文物，同时兼具信息中心的功能，这里会定期举办各种主题展览，展出包括阿拉伯书法、陶瓷、地毯、内饰以及宗教仪式中使用的物品等。展出中最特别的，是一把象征马来人行割礼的椅子。传统马来婚礼的相关仪式在此也有记载。人物展厅则介绍了马来历史上的重要人物。博物馆入口处还摆放着一架长木鼓，一天中会鸣鼓五次，用于提醒穆斯林进行祷告。

🕌 吉宁甲必丹清真寺
(Kapitan Keling Mosque)

Jalan Masjid Kapitan Kling. 电话：(04) 261-6663 🚌 ℹ️ 伊斯兰信息中心 ▢ 周五：15:00~17:00，周六至周四：13:00~17:00 ▢ 祷告时间

　　这座槟城历史最悠久、最负盛名的清真寺，由考迪尔·莫胡迪恩（Caudeer Mohudeen）始建于 1800 年左右。莫胡迪恩是岛上印度穆斯林群体的首领，拥有克林大尉（Kapitan Keling）头衔。"克林"一词用来形容当时的泰米尔穆斯林，也称为珠烈（Chulia）。在其领导下，逐步形成了槟城大部分的印度穆斯林社区。莫胡迪恩于 1801 年被正式任命为头人珠烈，于 1834 年去世。他的陵墓位于临近的甘榜哥南（Kampung Kolam）。

　　这座清真寺经历数次修复，在 1910 年形成了目前印度风格的铜穹顶、塔楼和尖塔外观。1916 年，这里建立了一所宗教学校。1935 年，中央祷告厅的高度增加了一倍，更多的自然光线和新鲜空气可以进入室内。最近一次整修是在 2003 年，主圆顶的内部和墙壁上添加了阿拉伯书法等装饰。需要注意的是，妇女进入清真寺必须佩戴头巾。

🛕 马里安曼兴都庙
(Sri Mariamman Temple)

Jalan Masjid Kapitan Kling. 🚌 ▢ 每天：6:00~21:00 🎉 大宝森节（1 月/2 月）、九夜节（10 月/11 月）

　　在吉宁甲必丹清真寺对面的街道上，坐落着著名的马里安曼兴都庙，是一座典型的南印度风格寺庙，山门上装饰着精美的雕刻和彩绘。作为槟城最古老的印度教寺庙，这里供奉着马里安曼神，又称强大的母亲之神。

　　这座寺庙最初由虔诚的当地泰米尔人修建，风格十分简朴。1833 年才最终被修葺完善。能工巧匠们从马德拉斯（Madras）带来了马里安曼女神各种样貌的肖像图画，随后建造了印度教寺庙特有的山门，高达 7 米。寺内共有约 38 位印度

吉宁甲必丹清真寺的华丽圆顶和优雅的建筑正面

本地区住宿及餐饮信息，见276~277页和302~303页

教神明的雕塑。还有一尊镶有黄金和钻石的力量之神穆卢干的雕像。

每年有几次，马里安曼神会被恭请出寺庙，并安置于一辆木质的战车之上，在小印度的大街小巷游行。其中最重要的节庆，是10月或11月的九夜节，这是女性教徒们朝拜女神的日子，被朝拜的印度教女神包括杜尔加、萨拉斯瓦蒂、拉克希米和马里安曼。槟城每年的大宝森节游行也从马里安曼兴都庙开始出发。

🏛 小印度（Little India）

Lebuh Pasar. 🚌 🍴 www.penang.gov.my

槟城的小印度街区多彩多姿、充满魅力，其历史可追溯到19世纪初叶，印度移民来到槟城，并开始逐渐在拉伯帕沙街区（Lebuh Pasar）定居。这条街后来也被称为Kadai Teru，即商店街。由于早期移民多是泰米尔人，所以这个地区也被称为小马德拉斯（Madras）。多年以后，其他族群陆续迁移至此，这一社区充满了独特的南亚风情，也因此得到了现在"小印度"的称谓。

乘坐三轮车的游客

小印度狭窄的街道两旁尽是售卖南亚特色产品的商铺，从纱丽、金首饰到花环和印度教神明的图像等，琳琅满目；还有占星摊、面粉铺、食品杂货店、水果店、草本香料商贩和货币兑换处等。香料、寺庙香火和咖喱的味道弥漫在空气中，三轮车的鸣笛声和喧嚣不断的人群使这里充满了浓郁的印度氛围。

虽然马来文和英文是槟城的主要语言，但小印度却以快节奏的南印度马拉雅拉姆语和泰米尔语方言为主。小印度的

旅游景点丰富多样，包括清真寺、印度教庙宇、中国氏族飞地以及一系列的特色餐馆，绝对是一处魅力无穷的热门旅游目的地。

🏛 观音寺（Kuan Yin Temple）

Jalan Masjid Kapitan Keling. 🚌 🅿 每天：9:00~18:00

观音寺内供奉着观音，又称大慈大悲观世音菩萨，这座寺庙建立之初，是作为一座福建人和广东人共享的寺庙，同时还是华人族群的社交中心。观音寺奠基于1800年，是槟城历史最悠久的中国寺庙之一。

观世音菩萨也许是最受全球华人尊崇的中国神明，受到世界各地的佛教徒和道教徒的供奉。作为和平、财富和繁荣子嗣的象征，观世音菩萨被描绘为拥有18只手臂的神明。观世音菩萨的诞生之日、成佛之日和得道涅槃之日均为信徒供奉参拜的纪念日。时至今日，尤其是在特定的上香日，即农历每个月的初一和十五，以及农历二月、六月、九月的第十九天，信徒们都会带来花束、香油和各色食品在寺庙中进行供奉。在这些特定日子中，寺庙还会举行木偶剧和中国戏曲等的演出，以此来向菩萨表达崇敬之意。

圣乔治教堂的多立克柱和八角尖顶

⛪ 圣乔治教堂（St. George's Church）

Lebuh Farquhar. 电话：(04)261-2739 🚌 🅿 周二至周六：8:30~12:30、13:30~16:30，周日8:30~16:30 ♿ 🅿

圣乔治教堂作为东南亚最古老的圣公会教堂，建于1818年，以满足槟城日益增多的基督教徒的需求。教堂由军事工程师和画家罗伯特·史密斯（Robert Smith）上尉设计，英国东印度公司安排囚犯建造。1886年，为了纪念槟城成立100周年，同时向莱特爵士致敬，教堂修建了一座小巧的希腊式圆顶顶。这座新古典主义教堂高大的八角形尖顶顶曾是城中最醒目的建筑，如今已在商业大厦的包围下黯然失色。在法卡路（Lebuh Farquhar）的最西端，坐落着一座基督教公墓（Protestant Cemetery），莱特爵士就长眠于此地一片鸡蛋花树掩映下的凉亭墓地里。

莱特爵士

弗朗西斯·莱特（Francis Light），1740年出生于英国的萨福克郡，于1765年加入英国东印度公司开始工作，受命在东南亚寻找一座适合商业活动的岛屿基地。他选择了槟城岛，并于1786年从吉打州苏丹王手中收购了这片土地。成功地建立了殖民地之后，他在此担任总督，直到1794年死于疟疾，被安葬在法卡路的基督教公墓。如同莱佛士爵士对于新加坡的贡献，莱特爵士与槟城的发展密切相关，至今仍然被认为是槟城的创建人。他的雕像目前屹立在乔治市的康华利斯堡。

莱特爵士雕像

圣母升天大教堂庄严的灰色外观

🏛 槟城博物馆和美术馆
（ Penang Museum and ）

Lebuh Farquhar. 电话: (04) 261-3144
📧 □ 每天：9:00~17:00 🏷 👟 www.
penangmuseum.gov.my

坐落于圣乔治教堂旁边的这座规模不大的博物馆，前身是槟城免费学校，馆内收藏有一系列的地图、记录和绘画等，展示了莱特爵士为槟城带来的发展和变化。1 楼是槟城各民族的文化展，展品包括岛上的土生原住民、马来人、华人和印度人族群的纺织品、照片、日用品和手工艺品。2 楼则详尽介绍了槟城的历史，尤其突出展示了殖民地时代、日本占领时期、华人和印度移民时代以及马来西亚获得独立几个重要时期。美术馆内的最大亮点是由罗伯特·史密斯创作的关于 19 世纪槟城风貌的绘画作品，他同时也是圣乔治教堂的建筑师。

槟城博物馆和美术馆陈列的英国东印度公司徽章

🕆 圣母升天大教堂
（ Cathedral of the ）

Lebuh Farquhar. 🏷 🚫 🕆

庄严的圣母升天大教堂是城中最大的天主教教堂。莱特爵士在此建立英国殖民地后，为了移民到槟城的欧亚天主教信徒而修建。欧亚天主教信徒最初来自普吉岛，为了逃避宗教迫害，跟随暹罗主教加诺特（ Garnault ）于 1781 年逃往瓜拉吉打。在瓜拉吉打，葡萄牙血统的天主教信徒也加入了他们的队伍。在加诺特主教的率领下，他们于 1786 年圣母升天日的前夜抵达乔治市。加诺特随后开始在槟城传教。尽管直到 1857 年这座古典风格的雄伟灰色建筑才建成，它仍然以最早的教区信众的到来之日命名。这座大教堂拥有槟城唯一的一架管风琴。1955 年，根据梵蒂冈法令，教堂的地位得到提升，成为槟城教区的主教堂。

🏛 辛特拉街 100 号
（ 100 Cintra Street ）

100 Cintra Street. 电话: (04) 261-3321
📧 □ 周二至周日：11:00~18:00
🏷 🚫

辛特拉街 100 号位于唐人街的中心地带，由一位泰国血统的当地女性建于 1897 年，深受当地娘惹建筑风格影响。1984 年，火灾使建筑部分毁损，但随后的重建尽可能多地保留了尚存的建筑结构，并于 1999 年作为专门从事古董和艺术品交易的购物中心重新开放。还设有一间小型茶叶店。

历经数次变迁后，今天，这座 3 层小楼的 1 楼是一家古董和古玩中心，售卖精美绝伦的 19 世纪家具、照片、瓷器、铜器、书法、绘画和地毯等。2 楼是一家经济型快捷酒店。3 楼已被改头换面成为一间民俗博物馆，专注于展示槟城的历史和文化，特别介绍了土生华人（海峡华人）族群，也陈列了众多与印度和马来人有关的精美藏品。

🏠 海南寺（ Hainan Temple ）

Lebuh Muntri. 电话: (04) 262-0202 📧

这座繁华的天后宫被当地人称为海南寺，这里供奉着海员的守护神——妈祖娘娘。妈祖在所有东南亚定居的华人族群中广受尊崇和敬仰。1866 年，由中国海南岛迁移至此的华侨家族在这里建起了宅院。目

信徒在五颜六色的海南寺神坛前祈祷

张弼士故居，目前是一家豪华酒店

前人们能够看到的这座寺庙可追溯至1895年。在1995年海南寺迎来100周年纪念庆祝活动之际，寺庙进行了精心的修复，新建了一座崭新的临街门面并配以华丽的雕刻和醒目的漩涡状巨龙柱。

张弼士故居
(Cheong Fatt Tze Mansion)

14 Lebuh Leith. **电话**：(04)262–0006
旅行团 ☑ 每天：11:00、13:30、15:00
www.cheongfatttzemansion.com

张弼士是一位客家华人企业家，最终成为整个东南亚地区最富有的商人之一。他修建过几处大宅，但这座建于1904年的豪宅最为壮观。张弼士和他的三位妻子曾居住于此，并一共养育了八个儿子。1916年张弼士去世后，这所房子一度荒废，之后又被精心修复，并于2000年获得联合国教科文组织关于建筑复原的亚太遗产奖。作为该地区最大的传统宅院式建筑，张弼士故居的布局符合风水原则，并完美融合了东西方的建筑理念。这座被漆成宝蓝色的宅邸内，清代风格的格子细工、西式百叶窗及彩色玻璃窗都是其亮点，配有铸铁栏杆和特伦特河畔斯托克式的地面贴砖及掐丝纹饰。如今，这座豪宅是一座华丽而独特的寄宿式酒店（见277页）。

槟城东方大酒店
(Eastern & Oriental Hotel)

10 Lebuh Farquhar. **电话**：(04) 222–2000
☑ ⓫ ☐ ☑ **www.e-o-hotel.com**

作为槟城酒店中的翘楚，槟城东方大酒店（见277页）不仅是槟城最豪华的酒店之一，也是东南亚最具传统特色的酒店之一。槟城东方大酒店俗称E & O 酒店，由亚美尼亚沙吉氏兄弟（Sarkies）于1884年建造，沙吉氏兄弟随后还修建了新加坡莱佛士酒店和仰光著名的东街。作为殖民时期建筑的一座里程碑，这座酒店拥有长253米的海滨草坪，是世界上最长的海滨草坪，从酒店套房的窗户可俯瞰整片修剪整齐的草坪和郁郁葱葱的花园，还可纵览马六甲海峡全景。

作为槟城社会生活的中心，酒店曾接待过众多知名宾客，包括尼尔·考沃德、拉迪亚德·吉卜林、赫尔曼·黑森和道格拉斯·费尔班克斯等，其中不得不提的便是英国作家萨默塞特·毛姆，毛姆在其著作中曾不止一次提到过东方大酒店。如今，这座酒店是槟城的一处优雅所在，不妨在这里享用一餐闲适的午饭，喝喝下午茶，或在夕阳时分在酒店的私人阳台上品味一杯美妙的鸡尾酒。

乔治市历史悠久的槟城东方大酒店

五脚基

五脚基最初由来自中国广东的移民修建，这种中国传统店屋风格，早已与新加坡、槟城、马六甲等海峡殖民地的住宅风格相融合。新加坡和马来西亚市区内广泛存在的五脚基建筑，主要归因于斯坦福·莱佛士爵士，他规定所有的店屋均应建有游廊，以便形成连续且开放的通路。

五脚基的建筑特色，主要在于承重的山墙和横跨建筑物的巨大屋顶横梁，这些商铺延伸到狭窄的人行道之外，形成了一种带屋顶的人行道，有利于躲避阳光直射，在雨季时更能挡风遮雨。在人行道上，店家还会采用低垂的竹帘进一步遮阳。

五脚基路上的店铺招牌

缅佛寺 ⑮
Dhammikarama Temple

Burma Lane，临近 Jalan Burma，Palau Tikus，乔治市西北方向 3 千米。 □ 每天 缅甸新年（4 月）

缅佛寺是一座壮观的小乘佛教寺院，坐落在老鼠岛（Pulau Tikus）这片具有 200 年历史的缅甸飞地之上。寺院修建于 1803 年，最初被称为南迪拉莫拉缅佛寺（Nandy Molah Burmese Temple），现在的名字是为了向达摩（dharrma）表达敬意，弘扬佛教教义。这座寺庙是槟城历史最悠久的佛教圣地之一。

寺庙入口处矗立着一对灰泥大象守卫，从入口处可通向菩提树掩映的建筑群，沿途点缀着众多神话人物和宗教圣像画，包括无数的佛像、飞天和神兽等。寺庙内华丽的红瓦屋顶的灵感源于缅甸建筑风格，采用了闪闪发光的掐金丝工艺，即使在远处也可清晰望见。寺院内建有僧舍，还有一座供游客抛硬币的许愿池，所得会用于寺庙的维修和养护。寺院中有一座安静的祈祷大厅，里面供奉着一尊巨大的缅甸风格佛像，大厅内端放着一排排缅甸工匠创作的精美罗汉雕像。寺中还供奉着

象征权力、在缅甸被广泛供奉的罗汉——优婆毱多罗汉尊者（Arahant Upagutta）的圣像。2011 年 5 月新建了一座金色钟楼塔。

暹庙 ⑯
Wat Chaya-mangkalaram

Burma Lane，临近 Jalan Burma，Palau Tikus，乔治市西北方向 3 千米。 □ 每天：6:00-17:30 泼水节（4 月）

暹庙俗称卧佛寺，是槟城最大的佛教寺庙。寺院名字的意思是"吉祥胜利的寺庙"。这座建筑的历史可追溯到 1845 年，泰国族群要求政府分拨土地用来建造寺院。土地由当时的槟城总督巴特沃斯（W.L.Butterworth）授予。

寺庙里供奉着一尊卧佛像，是 1958 年为了纪念释迦牟尼 2500 年诞辰而造的。卧佛像为亚柴蒙考佛（Phra Chaiya Mongkol），其长度相当可观，达到 33 米，据说是世界上长度排名第三的卧佛。

除了正殿大厅，寺院建筑还包括一座泰国风格的镀金佛塔和寺庙守护神像夜叉。整个建筑群以独特的泰国建筑风格为核心，建有一座黄金手绘宝塔，并由泰国僧侣照管，服务于当地泰国族群中的小规

暹庙的建筑细节

模信众，以及来自全岛各地的小乘佛教和大乘佛教信徒。有一个传说，寺庙的首任住持地赞·夸特（Phorthan Kuat），人称尊敬的夸特和尚，对当地的叻沙（laksa），即一种辛辣汤面情有独钟，即便到了今天，信众前往寺庙时仍会带来叻沙，作为夸特和尚的供品。

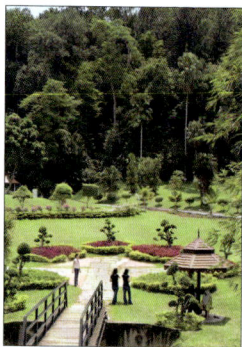
槟城植物园修剪整齐的园艺

槟城植物园 ⑰
Penang Botanic Gardens

乔治市郊区西 8 千米。 (04) 227-0428 □ 每天：5:00-20:00 提前预约 特殊人行道 植物节（7 月） www.penangbotanicgardens.gov.my

槟城植物园由殖民地政府于 1884 年在废弃的采石场上修建而成。风景优美，是马来西亚半岛上最好的植物园。它占地 29 公顷，园内设有瀑布、由繁茂的热带雨林所覆盖的小山，和一条欢快的小溪，植物园不仅为珍稀植物物种提供了栖息地，也是生活在这里的居民的"绿肺"。

植物园拥有令人赞叹的美丽，这应该归功于查尔斯·柯蒂斯（Charles Curtis）的不懈努力，作为创始人，正是他把这座曾经的花岗岩采石场转变为一座郁郁葱葱的热带花园苗圃的。1946 年第二次世界大战结束后，槟城植物园脱离了其成立于新加坡的母公司，开始

华丽多彩的佛教寺院暹庙正面

本地区住宿及餐饮信息，见276~277页和302~303页

作为一个独立的实体进行运营。

除了重要的教育和环保功能，植物园拥有未受污染的纯净空气以及怡人的环境，是当地居民晨练、慢跑或散步的理想去处。园内设有两条人工铺成的小径，分为较短的下环路和较长的上环路，周边是游人较少的森林地区。植物园的主要景点包括布满了蔓绿绒族植物的天南星走道、观赏植物园、蕨类植物园、仙人掌植物园和百合池。在这里能够看到众多珍稀热带树木品种，包括炮弹树、蜡烛树、猴面包树、乌木和大雄树等。此外，植物园内还种植了许多经济作物，例如胡椒、丁香和肉豆蔻。

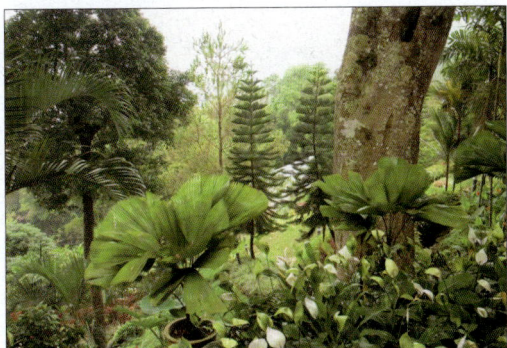
槟城山拥有丰富多样的植物群落

拉玛国王六世佛塔（Pagoda of King Rama VI）是极乐寺中最著名的景致，这座气势磅礴的佛塔于1930年建成，并以奠基的泰国君主的名字命名。这座佛塔又被称为万佛宝塔，高30米，佛塔的设计同时汇集了三种不同风格，底座为八角形的中式风格，中间层为泰国风格，塔冠为缅甸风格，以此象征着大乘佛教和小乘佛教的团结一体。寺庙内还设有可爱的花园和神圣的池塘，例如其中的神龟池，供信徒将捕获来的龟类在此放生，从而达到精神上的解脱和自由。极乐寺中还供奉着一座巨大的观世音菩萨铜像。

极乐寺 ⑱
Kek Lok Si Temple

Ayer Itam, 乔治市西8千米。📷 ℹ (04) 828-3317 ⏰ 每天；8:30–17:30 🎫 🅿 ♿ 水灯节（11月）

作为马来西亚规模最大、最负盛名的佛教寺庙，极乐寺的名字中的"极乐"二字意为"至高无上的幸福"。寺庙坐落于山顶，俯瞰整个亚依淡区（Ayer Itam）。亚依淡区的山丘被当地人认为风水极佳，是适合道教信徒修炼成仙的隐逸之所，岛上的华人居民长期到此朝圣参拜。建寺的最初设想，来源于位于吉宁甲必丹清真寺路上的观音寺（见103页）中的住持和尚，并受到槟城华人领袖的大力支持。之后，这个想法得到了清朝光绪皇帝的赞同和支持，钦赐了牌匾和7万册佛经。这座寺院于1893年开始修建，会集了来自缅甸、中国和泰国的能工巧匠，耗时20多年终于建成。

极乐寺的观世音菩萨铜像

槟城山 ⑲
Penang Hill

Ayer Itam. 🚃（登山铁路）周一至周五：6:30–22:00，周六、周日：6:30–23:00 🎫 至登山铁路终点 ♿

槟城山上坐落着马来西亚最古老的高山火车站，马来语中称槟城山为旗山（Bukit Bendera），最早开发于1897年。这座山海拔830米，虽然至今只有一间酒店对外开放营业，依然是逃离乔治市热带暑热的理想胜地。

据说，槟城的创始人莱特爵士在1788年下令修建供马匹行进的轨道通往山顶。如今，游客可沿着**槟城山铁路**（Penang Hill Railway）上山，这是一条建于1923年的陡峭缆车线路，在近年进行了一次维修。热衷于徒步远足的游客，不妨选择沿着柏油铺就的小径徒步3小时上山，徒步的起点就位于槟城植物园入口处的采石场。

槟城山呈现出极其丰富的生物多样性，拥有相当数量的珍稀特有物种。龙脑香和针叶树种以及树蕨等在此都十分常见。站在山顶可以俯瞰临近的马六甲海峡全景，包括槟城大桥、大陆地区以及巴特沃斯。山顶上还坐落着一座色彩斑斓的印度教寺庙和一座清真寺。

槟城山上的缆索铁路

巴都丁宜的海滩、水上船只和摩托艇

巴都丁宜 ⑳
Batu Ferringhi

乔治市西北方向 14 千米。从乔治市乘坐 93 路巴士 ⑪

巴都丁宜又被称为"外国人岩石",是槟城首屈一指的滨海度假胜地,也是马来西亚开发最完善的海滩之一。这里的海岸曾经是一片令人愉悦的椰树林荫沙滩,面向马六甲海峡的西北方向,20 世纪 70 年代时备受嬉皮士的青睐。

然而,在过去的 30 年中,这里发生了翻天覆地的变化,高耸的酒店拔地而起,四处林立着餐馆和商店,繁华又热闹。这里的海滩非常干净,但是海水有些灰暗并且密布海蜇,海浪的高度也不足以进行冲浪,不过这里仍不失为一个享受日光浴和休闲放松的好地方。

海滩于 2004 年遭受了海啸袭击,目前已经完全恢复。如今,从乔治市到巴都丁宜的交通十分便利,使得这里成为热门的一日游目的地,每逢周末都变得异常繁忙。此外,这里平日和淡季(3 月～10 月)的消费价格都会较低。

巴都丁宜往西仅 2 千米处,便是**热带香料园**(Tropical Spice Garden),生长着超过 500 种来自马来西亚、泰国和印度尼西亚的植物。三条专门设计的花园小径通向 11 个分隔的园区,这些园区里种植着一些特殊的植物种类,并设有标牌展示它们的名称,介绍各种植物的不同用途。

🌺 **热带香料园**
🕐 每天:9:00~18:00 4 岁以下儿童免费

直落巴巷 ㉑
Teluk Bahang

乔治市西北 19 千米。从乔治市乘坐 93 路巴士 Ⓐ

这个小渔村坐落在槟城北部海滩的西端,又被称为"晒伤海湾"。由于当地活跃的捕鱼业产生的抛沙和碎屑等,这里的海滩并不适合游泳,却是一个大饱口福的好地方,可以享用鲜美的海鲜大餐。几条小径从村头向西通向多岩石的**姆卡海角**(Muka Head),经过景色优美的爱玲海湾(Ailing Bay)和汉都亚海湾(Duyong Bay),向西南进入班底亚齐省森林自然保护区(Pantai Aceh Forest Reserve),继续往前则是格拉珠海滩(Kerachut Beach)。

直落巴巷的东侧是**槟城文化中心**(Penang Cultural Center),每天的传统音乐和舞蹈表演,可让游客一窥马来西亚的多元文化。南侧巴士站旁边是**蜡染工艺品店**(Craft Batik),游客能够在陈列室中观察蜡染的制作,并可购买纱笼和蜡染画作。临近的**直落巴巷兰花园**(Teluk Bahang Orchid Garden)

直落巴巷沿岸停泊的渔船

本地区住宿及餐饮信息,见 276~277 页和 302~303 页

内展示着多种东南亚兰花的优良品种。隔壁则是**槟城蝴蝶园**（Penang Butterfly Farm），有超过 100 种蝴蝶、蜘蛛以及其他昆虫生活在这里，还能看到丰富的植物、瀑布和池塘。直落巴巷以南坐落着维护良好的**森林游憩公园**（Forest Recreation Park），为游客进行徒步和露营等活动提供了更好的机会。

🏛 **槟城文化中心**
电话：(04) 653-3888
🕐 每天：9:30~22:00 ♿ ⏱

🦋 **槟城蝴蝶园**
电话：(04) 805-1253 📅 周一至周五：9:00~17:00，周六、周日 9:00~17:30
♿ 🌐 www.butterfly-insect.com

🌿 **直落巴巷兰花园**
🕐 每天：8:00~19:00

马来西亚理科大学博物馆和美术馆 ㉒
Universiti Sains Malaysia Museum and Art Gallery

乔治市南 6 千米。电话：(04)657-7888 🚌 从乔治市乘坐巴士 🕐 周日至周四：9:00~16:30 🕐 周五：12:15~14:45 ♿ 🌐 www.mgtf.usm.my

坐落在马来西亚理科大学校园内，临近槟城大桥的西端，马来西亚理科大学博物馆和美术馆的陈设展览安排合理有序。这里的展品突出了马来人、土生华人、沙捞越人和沙巴人等的文化，同时集中展出了纺织品、传统首饰、乐器和马来刀具等手工艺品。博物馆内设有专区进行民俗及文艺表演。美术馆同时展出当代马来西亚绘画，以及大学院校的艺术收藏品。

蛇庙 ㉓
Snake Temple

Bayan Lepas，乔治市南 12 千米。🚌 从乔治市 Komtar 站乘坐 66 路巴士 🕐 每天：7:00~19:00 🎎 佛教高僧清水祖师陈昭应诞辰，农历正月初六（1 月 / 2 月）

蛇庙又名"碧云寺"，这座极不寻常的寺庙由华人移民在 1850 年修建，以纪念备受尊重的中国佛教高僧清水祖师陈昭应，相传这位高僧拥有神奇的治愈能力。陈昭应出生于宋仁宗在位时的中国福建省，后来成为苦行僧，在禅师宋明的指导下寻求精神上的启迪。不久后他成为医生，开始为那些可怜的穷人治病疗伤。陈昭应归隐于蓬莱山的一座寺院，最终在那里去世后成圣并被奉为神明。

根据传说，成圣后的陈昭应的雕像于 1850 年被一名和尚从中国带到了槟城，供奉在峇六拜（Bayan Lepas）的寺庙中。寺庙完工后，这位好心的和尚允许四周丛林中的蛇在此栖身。这些有毒的瓦格勒蝮蛇（Ular kapak tokong）如今仍然栖息在寺中。这些毒蛇成年后身长约 1 米，深绿色带有黄色条带。信众们非但不驱逐这些蛇，还将它们视为无害的圣殿守护天使。尽管被这些毒蛇咬伤后很少出现致命的危险，但也是相当痛苦的。幸运的是，也许是受到寺庙香火的长期熏陶，白天时这些蛇会变得相当迟滞，只有到了夜阑人静时，才会从它们栖息的屋檐上爬下来，将寺庙中的供品一扫而空。

巴都茅三保足迹寺的供品

巴都茅 ㉔
Batu Maung

乔治市南 15 千米。🚌 ♿ 🍴 🅿 📷

巴都茅是槟城岛东南部的一个华人捕鱼村落，因拥有众多优良新鲜的海鲜餐馆而闻名。当地最重要的景点当数**三保足迹寺**（Sam Poh Footprint Temple），因一块奇怪的足迹压痕形岩石而得名。这一足迹据说属于 15 世纪下西洋的郑和，他被当地人称为三保。郑和曾经走访槟城岛，这一足迹说是为了标记他当时首次登陆的现场位置留下的，如今被当作圣物供奉在寺院里。槟城第二大桥计划于 2013 年晚期通车，这一举措可能会为这座宁静的小村庄带来天翻地覆的变化。

蛇庙中祷告的和尚

著名的武吉巴株巴辖寺庙考古遗迹

布秧谷 25
Lembah Bujang

Sungai Petani 西北方向 26 千米。
🌐 www.mykedah2.com

　　布秧谷作为珍贵的印度教佛教遗址，是马来西亚半岛最重要的考古遗址之一，向人们透露了主要前伊斯兰文明的重要信息。这座遗址最早由英国考古学家夸里奇·威尔士（H.G.Quaritch-Wales）于1936年发现，遗址面积辽阔，约225平方千米，从日莱峰（Gunung Jerai）一直延伸到瓜拉姆达（Kuala Muda）。

　　布秧这一称谓来自传说中的带翼飞龙，并以此来命名5世纪的一个著名王国和港口。这一王国与印度、三佛齐（苏门答腊）和柬埔寨均有贸易关系。672年，中国佛教高僧义净曾到访马来群岛讲经。7世纪，该王国被室利佛逝帝国吞并，并于9世纪和10世纪在伊斯兰教在马来半岛获得立足之地前达到了繁荣顶峰。

　　布秧谷中共有50多处发掘遗址，其中最令人印象深刻的是两座陵墓庙宇（candi）——已被运送至位于附近苗柏（Merbok）的**布秧谷考古博物馆**（Lembah Bujang Archaeological Museum），并进行了出土后的重组。这两座7世纪的陵墓庙宇内部设有内殿，绘有印度教神明的图像，拥有一座开放式大厅，以及由柱子支撑的石头屋顶。陵墓庙宇是举行印度教或佛教宗教活动的寺庙，还供奉着逝世的统治者和王室成员。博物馆保存了方志，对整个考古发掘过程进行了详细的解释说明，并展出了现场出土的多种珍贵文物，其中包括中国的瓷器、湿婆神像、印度教神明伽内什和女神杜尔迦的雕像、陶土雕像，以及1976年在此地发现的青铜佛像等。通过博物馆安排的私人导览，游客有机会前往挖掘开采场地进行参观。附近的瀑布也可作为一个相当不错的野餐地点。附近还有几处寺庙遗址，但大多是被重建过的。

布秧谷的石门楣

🏛 **布秧谷考古博物馆**
Jalan Tanjung Dawai, Merbok. 电话：(04) 457-2005 ⏰ 每天：9:00~17:00 ⊗ 周五：正午~14:45（供祷告者）🌐 www.jmm.gov.my

日莱峰 26
Gunung Jerai

Sungai Petani 以上 30 千米。电话：(04) 730-1957 🚗🚕 ⊘ 每天 ✦🚻🍴🅰

　　这座高耸在吉打州平原的山峰，高约1217米，原名吉打峰。作为蒂蒂旺沙山脉（Titi-wangsa Mountain Range）的一部分，这座山大部分被森林覆盖，偶有石灰岩露出，在海边遥望也清晰可见。日莱峰为这片风景秀丽的平原地区增加了别样风情。过去这座山曾作为水手们的导航点，并被印度教的布秧王国认作神山。它标志着连接印度洋和南海的跨半岛陆上运输线路的开始，避免了马六甲海峡附近的长航。如今，这座山峰因其原始的雄伟风情和森林景观吸引着无数游人。山顶上有一座已破败的6世纪印度教神龛，还有一座名为**德拉嘎森美兰寺庙**（Candi Telaga Sembilan）的印度教信徒沐浴圣地，又叫作九池神庙，于1884年被发现。

　　山上的另一处景点是**林业博物馆**（Forestry Museum），这里弥漫着各种不同类型针叶林和橡树的植物香氛。博物馆由马来西亚林业委员会运营，馆内陈列着关于树木的展览，这些树木能够在周边的**双溪泰罗伊森林游憩公园**（Sungai Teroi Forest Recreation Park）找到，公园内还生长着众多稀有兰花和野生植物。

🏛 **林业博物馆**
Gunung Jerai. 电话：(04) 731-2322 ⊘ 因翻新闭馆至2014年

🚶 **双溪泰罗伊森林游乐区**
Gunung Jerai. ✦🚗 强制性的

日莱峰林间的云雾

亚罗士打州典雅的查希尔清真寺，又称国家清真寺

亚罗士打 ㉗
Alor Star

乔治市北 95 千米。👥 20.5 万。✈ 🏢
179B Kompleks Alor Star,Lebuhraya
Darul Aman, (04)730-1322 www.tour-
ism.gov.my

亚罗士打（又被写作 Alor Setar）是吉打州的首府，与泰国交界，向西通往瓜拉吉打，同时也是兰卡威成岛的渡轮码头。城市广场巴东（padang）是一座可爱的老殖民地风格的广场，四周被王室建筑和宗教建筑包围。这些老建筑中最具代表性的是**巴莱勿刹**（Balai Besar），或称王室大殿，高大的梁柱上装饰着维多利亚式的铁花边。独特的**巴莱诺巴特**（Balai Nobat），或称新圣乐塔，是一座八角形塔，带有洋葱形圆顶。塔内收藏有吉打王室乐团的乐器。**查希尔清真寺**（Masjid Zahir）又称国家清真寺，其五个黑色圆顶和细长的尖塔结合了优雅的摩尔式设计。巴东旁边则是展现现代马来西亚艺术的**槟城州立美术馆**（Balai Seni Lukis Negeri）和展出王室用品的**王室博物馆**（Muzium Di Raja）。

槟城州立博物馆（Muzium Negeri）坐落于巴东以北 2 千米处。展品历史可追溯至19 世纪，当时吉打州曾为邻国暹罗（今泰国）的属地。另外一处证明吉打州与暹罗一脉相承的名胜景点为**尼克罗塔南佛**

寺（Wat Syam Nikrodharam），这是一座泰式风格的小乘佛教寺庙，位于甘榜直落塞纳（Kampung Telok Sena）。时至今日，全市相当数量的华人佛教徒都会来此参拜。

ℹ **查希尔清真寺**
Jalan Sultan Muhamad Jiwa. 🚪 每天
🕐 周五：正午~15:00（祈祷者）

🏛 **槟城州立博物馆**
Lebuhraya Darul Aman. 电话：(04)
733-1162 🚪 周六至周四 🕐 周五：正午~15:00（祈祷者）

🏛 **王室博物馆**
Balai Besar 隔壁。电话：(04) 732-7937
🚪 每天 🕐 周五：正午~15:00（祈祷者）

瓜拉吉打 ㉘
Kuala Kedah

亚罗士打西 12 千米。👥 22 万。🚌 ⛴

瓜拉在马来语中意为河口，瓜拉吉打正是一座据此命名的渔港，位于其同名河流的北岸。这个小镇作为南部渡轮点，方便游客由此航行至兰卡威岛。该镇至高无上的荣耀是**哥打瓜拉吉打**（Kota Kuala Kedah），一座可追溯至 18 世纪中叶的堡垒，坐落于吉打州双溪右岸。堡垒建立之初是用于抵御暹罗海军对王国的攻击。然而在 19 世纪初叶，泰国人入侵并攻占了这座堡垒。整座城镇被厚厚的围墙和护城河把守，形成了包括皇家大殿在内的一些宏伟建筑群落。如今，6 座 19 世纪的英国大炮静静地躺在已经剥落的墙壁上，面向河口。现在的瓜拉吉打因其丰富多样的美味海鲜而闻名，尤其是叻沙，在这座古老的历史城镇的众多餐馆中随处可见。

土生泰人

马来西亚的泰国少数民族在马来语中被称为土生泰人，几个世纪以来居住在马来西亚的北部地区。目前仍不清楚他们是何时因何来到这一主要讲马来语的地区。根据他们的方言，推断其历史可以追溯到至少 4 个世纪以前与泰国接壤的那拉提瓦府（Narathiwat）。土生泰人也被认为是马来西亚土著人（bumiputras），与马来穆斯林拥有相同的权利和地位。他们主要聚居在吉打州、吉兰丹州、霹雳州、槟城和玻璃市兴旺繁忙的暹罗村庄内，即甘榜暹村（kampung syams），与他们的穆斯林邻居和睦相处。一个确定甘榜暹村的简单方法是，他们的佛教寺庙均选址在村庄内最好的地点。这些寺庙有典型的泰国弧形屋顶、华丽的镀金佛塔、清脆的风铃和各种姿态的佛像。甘榜吉布卡（Kampung Jubakar）是一座拥有 5 个世纪历史的古庙，号称这里供奉着东南亚最大的坐佛像。

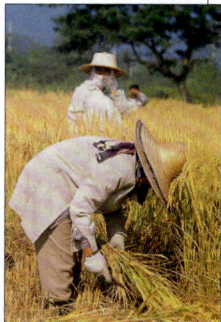
田间劳作的土生泰人

兰卡威 ❷❾ Pulau Langkawi

　　兰卡威坐落在安达曼海上，位于一片群岛的中心地带，是马来西亚最受欢迎的旅游目的地之一。岛上沙滩环绕，遍布着起伏的森林丘陵，是马来西亚最美丽的地方之一。度假村和水疗中心为游客提供了抚慰身心的休憩之所，此外这里还有一系列体育活动，如滑水、潜水和徒步旅行等，吸引着全世界热爱冒险的人。瓜埠是兰卡威的商业中心，相当于其首府，从这座喧嚣的小城出发，可去往兰卡威岛的各个景点。

兰卡威鳄鱼农场里喂养着超过 1000 条鳄鱼

易卜拉欣·侯赛因博物馆展出了众多马来西亚艺术家的作品。

七井瀑布
七井瀑布是一座层叠式的小瀑布，是理想的淡水浴场和野餐地点。

★ 珍南海滩
狭长的沙滩边拥有无数的海滨小屋，还有许多精致的餐馆和酒吧。

地图标注：
Pantai Datai / Tasik Datai / The Datai / Pasir Tengorak / Datai Bay Golf Club / Gunung Machincang 2,315 ft / Langkawi Crocodile Farm / Telaga Harbor Park / Kuala Teriang / Beras Terbakar / Pantai Kok / Padang Matsirat / Petar / Langkawi International Airport / Bon Ton / Kedawang / Pulau Rebak / Pantai Cenang / Underwater World / Temonyong / Pantai Tengah / Pulau Tepor / Star Cruise Jetty / 芭雅岛 (32千米)

0 千米　　　　5
0 英里　　　　5

孕妇湖的传奇

　　孕妇湖是一个淡水湖，位于兰卡威群岛中的第二大岛孕妇岛上，被石灰岩峭壁和茂密的森林簇拥着。当地有一个悲伤的传说，是关于玛苏丽公主（Princess Mahsuri）的惨痛境遇，相传她在饮用湖中之水后怀孕，随后被诬陷犯有通奸罪并被执行死刑。据传说，栖息在湖中的鳄鱼是玛苏丽的孩子。时至今日，当地妇女仍然会来此地祈祷求子。

在孕妇湖上泛舟

星级景点

★ 珍南海滩

★ 拉雅山

★ 玛苏丽公主墓

兰卡威鸟类天堂
位于破陶村，这座热带花园郁郁葱葱，生活着至少150种鸟类，包括犀鸟、巨嘴鸟、火烈鸟等。

榴莲谷瀑布是一座14级的层叠瀑布，也是一个广受欢迎的野餐地点。

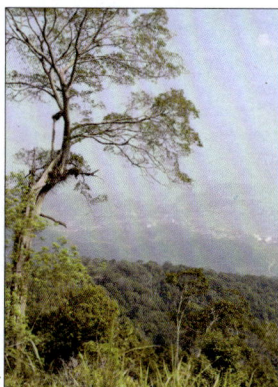

游客备忘

瓜拉玻璃市西30千米。🚌 12万
🛬🚢🚠🛈 Jalan Persian
Putra, Kuah; (04) 966-7186
www.lada.gov.my/tourism

Pulau Gasing

Gua Cerita

Tanjung Rhu

Pulau Pasir

Panta Pasir Hitam

Pulau Laggun

Galeria Perdana

kmpleks udaya Kraf

Air Hangat Village

Pulau Tanjung Dendang

Belanga Pecah

pung Buku Malaysia

Gunung Raya 2,890 ft

Kisap

Kisap

Melaka

Kuah

Kuah Jetty

Penerah

Pulau Timon

Pulau Dayang Bunting

Pulau Bumbun

瓜拉玻璃市
吉打港口

awi lub

Gua Langsir

Pulau Tuba

Pulau Tiloi

槟城

★ 拉雅山
名字的字面意思为大山，拉雅山是兰卡威群岛的最高峰，在顶峰可鸟瞰安达曼海。

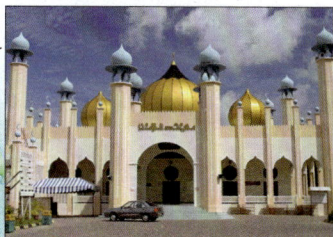

阿哈纳清真寺
兰卡威岛上最大的清真寺，阿哈纳清真寺的金色穹顶在州府瓜埠的晴空中闪耀着。

★ 玛苏丽公主墓
玛苏丽公主因被诬通奸罪在此地被处决，这座安静的墓穴是为了纪念她而修建的。

图例

▬▬	主要公路
━━	支路
┈┈	渡船线路
┝━┥	缆车线路
🛬	国际机场
🚢	渡船码头
🚠	缆车
🏖	沙滩
🛈	游客信息
▲	山峰

探索兰卡威

　　兰卡威是一片热带岛屿群中最大的一座海岛，岛上多山丘，并由茂盛的棕榈树环绕，散落着美丽的稻田和沙滩海湾。20世纪80年代，兰卡威岛成功地从一个孤立的马来农村地区跃身成为免税区，并发展成为著名度假地，吸引了世界各地无数背包客和高档消费者。乘坐飞机和渡轮上岛变得日益便捷，兰卡威发达的公路网络也使得岛上的探索之旅更为方便。一度沉睡的兰卡威首府瓜埠，现在拥有数不胜数的商场、超市、度假村和豪华酒店等旅游设施，以满足日益增长的餐饮和旅游需求。

瓜埠主要街道两旁林立着商店和咖啡馆

瓜埠（Kuah）

兰卡威岛东南部。👥 9.4万。✈🚢🚌 Jalan Persian Putra，(04) 966-7789 📅 周三和周六 塔曼莱珍达花园 Jalan Persian Purtra，瓜埠码头附近 电话：(04) 966-4223 🕐 每天：8:00-23:00 💻

　　瓜埠位于兰卡威岛东南端的大海湾处，是兰卡威的商业中心，在这里购物、换汇、租车观光都很方便。瓜埠最初只是一个僻静的小渔村，因旅游业的繁荣得到了迅猛发展。

　　城中最突出的建筑是坐落于旅游局旁的阿哈纳清真寺（Masjid al-Hana），建于1959年，将乌兹别克和摩尔式元素与传统马来风格完美结合。塔曼莱珍达花园（Taman Legenda）位于海滨，以一系列特色雕塑和藏品展现了这片群岛的历史与文化。花园俯瞰风景优美的巨鹰广场（Dataran Lang），广场上耸立着一座雄鹰雕像。巴刹马兰（pasar malam，即夜市）也是一处充满活力的特色景点。对于由海

路抵达兰卡威的游客，瓜埠是通向瓜拉玻璃市、瓜拉吉打、槟城亚罗士打以及泰国的沙敦（Satun）的绝佳中转站。

🪦 玛苏丽公主墓（Tomb of Mahsuri）

瓜埠西12千米。🚌 墓地：每天：7:30~18:00；演出：11:00 💻

　　玛苏丽公主墓是一座外形简约的白色建筑。根据传说，马来公主玛丽被诬陷犯有通奸罪而被处决，她被人用自己的马来剑刺死。然而，从她的身体里流淌出的白色血液表明她是清白的。她的临终遗言是诅咒岛上的七代人遭遇厄运。为了表达愧疚与纪念，当地人在她被杀害的现场修建了这座精美的大理石墓。如今，这里已成为岛上居民的神社。周边还有一间小型博物馆及几处传统马来民居值得一看。

🌲 兰卡威雨林树冠探险（LangKawi Rain Forest Canopy Adventure）

瓜埠西北方向15千米。🚌📞ℹ️ 12-466-8027 🚻 💻

　　兰卡威雨林树冠探险是一项充满刺激的精彩户外体验，让游客在拉雅山（Gunung Raya）中从远高于雨林地面的高度穿越雨林，沿着150米长的金属缆绳滑行，并进行高30米的垂直降落。虽然惊险，其实做足了安全保障，必须由技术熟练的专业人员操作，会先进行培训。

🏖 珍南海滩（Pantai Cenang）

瓜埠西16千米。🚌🚻🚌🚻 海底世界 电话：(04) 955-6100 🕐 每天：10:00~18:00 💻

　　珍南海滩以纯净的白色沙滩闻名于世，是兰卡威岛最受欢迎且开发最完善的海滩。虽然自2000年以来这里的很多景观都发生了变化，这片海滩并未受到太多损坏。海滩沿岸聚焦着小餐馆、酒吧和别墅等设施。海滩南端有不少游乐项目，其中海底世界（Underwater World）是马来西亚最大规模的水族馆之一，馆内展出了超

石碑讲述着玛苏丽公主在此遭处决的故事

本地区住宿及餐饮信息，见276~277页和302~303页

游客正在仔细观看海底世界中的海洋生物

过 5000 种海洋生物，还设有一条步道和一间 3D 影院。兰卡威的夜市每天在不同地点开设，周二的珍南海滩夜市值得一逛。17:30～22:00，Bon Ton 度假村对面的马路变得充满活力，你会看到叫卖美食的小贩、手工艺品摊位，以及出售当地土特产的农民。附近的**登加海滩**（Pantai Tengah）是珍南海滩一直向南的延续，拥有 1 处港口、几家酒店和 1 间夜店。

七井瀑布（Telaga Tujuh Falls）
瓜埠西 22 千米。兰卡威缆车 每天：10:00~19:00

世界地质公园七井瀑布是兰卡威西海岸的一处胜景，也是理想的淡水浴场和野餐地点。位于立咯海滩（Pantai Kok）西部，步行 30 分钟即可抵达，游客可以沿着光滑的石头平台滑下池塘。小心沿途的猴子，如果你的包没拉好，它们会试图从你的包中偷食物。

瀑布不远处是**兰卡威缆车站**（Langkawi Cable Car），乘缆车穿越热带雨林前往马西冈山（Gunung Matcincang）海拔 706 米的山顶，可鸟瞰兰卡威海岸线全景，远眺泰国。缆车倾斜 42 度，垂直上升 680 米，是世界上最陡峭的缆车线路之一，分为半山和山顶两站，你可选择任意一站下车。这里的

手工艺品中心的陶艺作品

岩石是马来西亚最古老的，约有 4.5 亿年历史，这片区域已成为一座世界地质公园。

直落达泰（Teluk Datai）
瓜埠西北方向 35 千米。 易卜拉欣·侯赛因博物馆 Pasir Tengkorak. 电话：(04) 959-4669 每天 手工艺品中心 Teluk Yu. 电话：(04) 959-1913 每天

位于兰卡威岛北部海岸的直落达泰游客较少，但同样拥有迷人的风光，几处风景如画的美丽海滩便散落在这里的海岸线上。这座可爱的海湾拥有不少私人假村和一座高尔夫球场，附近坐落着众多著名景点。**易卜拉欣·侯赛因博物馆**（Ibrahim Hussein Museum）修建在陡峭的悬崖之上，建筑风格极为现代，内部光线充足。作为一家非营利性文化机构的一部分，博物馆内展出了马来西亚最知名艺术家之一——易卜拉欣·侯赛因的创作，同时还收藏有其他艺术家的作品。海岸线的远端坐落着一家**手工艺品中心**（Kompleks Budaya Kraf），展出马来手工艺品，如蜡染、扎染、陶器、绘画和木雕等。

在前往直落达泰的必经之路上坐落着**兰卡威鳄鱼农场**（Langkawi Crocodile Farm）。每小时会进行喂食展示，每天还会有鳄鱼表演，游人可以近距离观察这种爬行动物。

芭雅岛海洋公园（Pulau Payar Marine Park）
兰卡威南 32 千米。

从瓜埠出发，乘船 1 小时便可抵达芭雅岛，这座热带岛屿是潜水和浮潜爱好者的天堂。芭雅岛（Payar）、伦布岛（Lembu）、实甘当岛（Segantung）、卡查群岛（Kaca）等小岛周围都布满了珊瑚礁，生活着种类繁多的海洋生物。

珊瑚花园（Coral Garden）位于芭雅岛外围隐逸、清澈的海水之中，受到游客们的长期青睐，据说这里拥有的珊瑚物种数量位列马来西亚第一。在专业人员的指导下，游客有机会在这里喂食幼鲨，与之亲密接触。如果想来珊瑚花园一游，建议咨询旅行团提前一天预约。

孕妇岛（Pulau Dayang Bunting）
瓜埠南 5 千米。

孕妇岛横跨瓜埠海峡两岸，是兰卡威群岛的第二大岛。岛上遍布着热带雨林和红树林，栖息着超过 90 种鸟类，包括犀鸟、翠鸟、啄木鸟等。岛上的最大亮点便是淡水湖孕妇湖（Tasik Dayang Bunting），传说湖水拥有赐予生命的神奇力量，因此许多当地妇女常来湖边祈求子嗣。游客可以在湖中游泳，也可乘脚踏船徜徉湖面，在湖边野餐也不失为一个理想的选择。

游船在孕妇岛水域停泊

半岛南部

西马来西亚的最南端，同时也是亚洲大陆的最南端，包括柔佛和常常被不小心忽略的森美兰州——这里是米南加保文化的堡垒。国际化多元都市马六甲市，作为与其同名的、极具历史意义的马六甲州的首府，是每位旅行者的马来西亚行程中不可或缺的一站。而在东海岸，雕门岛拥有美丽的沙滩和五颜六色的珊瑚礁，堪称潜水天堂，吸引着来自世界各地的游客。

狭窄的马六甲海峡将这一端的马来西亚与苏门答腊分隔开来，但是两种不同文化之间的密切关系一直存在着。15世纪，苏门答腊的米南加保人来到森美兰（Negeri Sembilan）定居，其独特的建筑风格——模仿水牛牛角的上翘屋顶，目前在全州各处依然可以见到。

马六甲王国由流亡的苏门答腊王子建立，他在15世纪将伊斯兰教传入马来半岛。这座城市的富庶得益于其位于中国和印度之间繁忙贸易航线上的战略位置，茶叶、丝绸、香料、黄金和鸦片等商品在这里都能找到，甚至奴隶买卖也在此进行。正因为拥有如此耀目的财富，马六甲（Melaka）受到了葡萄牙人的觊觎，这座城市于1511年被占领。随后荷兰和英国殖民者也蜂拥而至，与此同时，华人和印度等少数民族移民与马来人通婚，创造了独特的峇峇娘惹（Baba-Nyonya，即土生华人）和遮地（Chitty communities）族群。

时至今日，马六甲凭借殖民时期的优雅老建筑，以及受多元文化影响的改良美食闻名于世。

马六甲沦陷于葡萄牙之手后，柔佛州（Johor）成为半岛上势力最强大的州属。面对米南加保的威胁，柔佛州在1819年被迫将新加坡割让给莱佛士爵士。今天，繁忙的州府新山（Johor Bahru）成为马来西亚的第二大城市，而柔佛沿岸群岛（Seribuat Archipelago）的众多岛屿是马来西亚最好的潜水和浮潜地点，极具吸引力。

马六甲基督教教堂外用五颜六色的鲜花装饰的三轮车

◁ 雕门岛郁郁葱葱的森林景观和远处的火山

探索半岛南部

　　西面以马六甲海峡——世界上最繁忙的航运通道之一为界，东面是开放的南海，南面是城市岛国新加坡，马来西亚的半岛南部地区拥有丰富多样的地形地貌特征，从熙熙攘攘的繁华都市到连绵的茂密丛林，从慵懒的海滨度假胜地到荒凉的无人岛屿，在这里都能够找到。半岛南部拥有众多极富吸引力的景点，最著名的便是历史悠久的马六甲，这里坐落着马来西亚最好的博物馆、最多样的美食和历史最悠久的欧洲建筑。位于神安池的古王宫精美绝伦，是米南加保式工艺的最好范例。而森美兰州的首府芙蓉是展开该州探索之旅的最理想出发地。柔佛州的主要景点包括这里的海滩度假村，以及东部海岸附近柔佛沿岸群岛中的各个美丽岛屿。

神安池古王宫王冠展室的内部

旅游景点分布示意图

城市

迪沙鲁海滩 **8**
丰盛港 **9**
芙蓉 **1**
瓜拉庇劳 **3**
龟咯 **6**
麻坡 **5**
马六甲（见122~127页）**4**
柔佛 **7**
神安池 **2**

岛屿

雕门岛（见130~131页）**11**
柔佛沿岸群岛 **10**

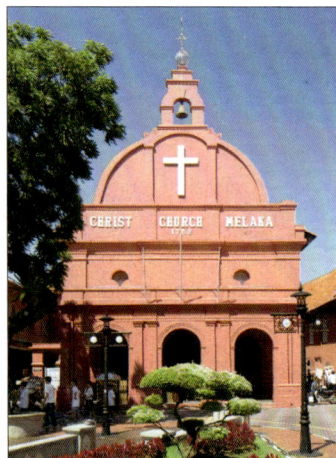

马六甲基督教教堂多彩的建筑外观

周边交通

　　吉隆坡和新山之间有火车线路运行，并可通往新加坡。芙蓉站是从吉隆坡发车的国家铁路（KTM）线路的终点。然而，在本地区及其周边游览，最快捷且简单的交通方式是乘坐巴士，所有主要城市的中心地带之间均有巴士运营服务。前往一些小城镇，例如龟咯，最好选择搭乘出租车。从雕门岛可乘坐飞机前往吉隆坡和新加坡。另外，还有渡轮与丰盛港相连接。

图标含义见封底勒口

图例

━━━ 高速公路
━━━ 主要公路
━━━ 支路
┅┅┅ 铁路
▬▬▬ 国界
▬▬▬ 州界
△ 山峰

另参见

· 住宿信息 见278～279页
· 餐饮信息 见303～304页

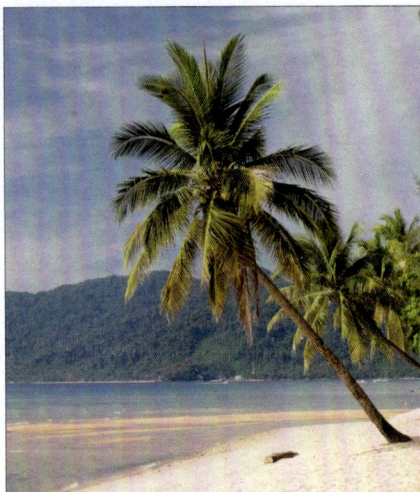

0 千米　　　　40
0 英里　　　　40

迪沙鲁海滩上摇曳的棕榈树和银白色的沙滩

关丹

Tekek

Juara

11 PULAU TIOMAN

Padang Endau

关丹

Pulau
Seribuat

SERIBUAT
ARCHIPELAGO **10**

Pianggu

Pulau
Pemangill

Gunung Tiong
3,327 ft

Kayu Papan

Pulau
Besar

Labis

MERSING **9**

South China Sea

JOHOR

Seri Pantai

Paloh

Kahang

Jemaluang

Pulau
Tinggi

Keluang

Gunung Belumut
3,314 ft

Tanjung
Leman

Pulau
Sibu

Air Hitam

Renggan

Layang-Layang

Sedili Besar

atu Pahat

Simpang Ranggarn

Lombong

Mawai

Sedili Kecil

Senggarang

Kelapa
Sawit

Senai

Laut

NORTH-SOUTH HIGHWAY

Kota Tinggi

Rengit

Benut

Kulai

Johor

Teluk
Sengat

8 DESARU
BEACH

Pontian Kecil

Selang
Patah

JOHOR
BAHRU **7**

Lintang

Pekan Panerok

Belungkor

Pulau
Kukup

6 KUKUP

Pengerang

宁静的芙蓉湖滨公园

芙蓉 ❶
Seremban

吉隆坡南 67 千米。🚏 70 万 🚉 KTM Seremban 🚌 从吉隆坡和马六甲出发 🎉 森美兰州文化狂欢节（6 月）www. tourism.gov.my

　　作为森美兰州的首府，芙蓉是座繁忙的大型现代城市，尽管景点不多，却堪称独特的米南加保文化的中心。这一核心地位突出表现在当地的建筑风格上，如**州立秘书处大楼**（State Secretariat Building）醒目的传统尖屋顶。一些米南加保式建筑物经过搬迁后，目前在**州立博物馆**（State Museum）内展出，包括 19 世纪 60 年代为苏丹王之女修建的安邦丁宜王宫（Istana Ampang Tinggi），以优美的雕刻著称，以及风格质朴的森美兰民居。博物馆还会举办一系列服饰、乐器、兵器和邮票等展览。

　　市中心东部是**湖滨公园**（Lake Gardens），以及圆形屋顶的州清真寺（State Mosque）。

周边地区

　　波德申（Port Dickson）是一个规模不大的港口，也被称为拉查多岬（Cape Rachado），位于芙蓉西南方 32 千米处。向南延伸 18 千米处的狭长海滩**带丹绒端**（Tanjung Tuan）坐落于此。作为距吉隆坡最近

的海滩度假地，备受当地人青睐，尤其是在周末，会相当拥挤。尽管马六甲海峡的水质不是很好，但是这里会举办各类节庆活动和体育赛事，几乎全年无休。

🏛 州立博物馆
手工艺品中心，Jalan Sungei Ujong. 电话：(06) 763–1149 🕐 每天：10:00 ~ 18:00 🚫 周五正午~ 14:45 ♿ 仅1楼提供 📷 📹

神安池 ❷
Sri Menanti

芙蓉东 30 千米。🚏 6000 🚌 从芙蓉出发 🎉 苏丹诞辰日庆典活动（7 月）

　　曾经是森美兰州的王室首府，今天的神安池却如同村落一般。直到 1931 年之前，**古王宫**（Istana Lama）一直是王室宅邸，这是一座典型的米南加保式建筑，于 1908 年完工，这座宏伟的木结构建筑没有使

用一根铁钉，共建有 99 根支柱，代表着王室卫士；正面装饰有枝叶和动物等图案的雕刻。视为博物馆，游客可以参观皇家卧室和宴会大厅，还设有服装和照片展览。站在楼上的阳台处，可以俯瞰宫殿花园的全景。

🏛 古王宫
电话：(06) 497–0242
🕐 每天：10:00 ~ 18:00
🚫 周五：12:15 ~ 14:30

瓜拉庇劳 ❸
Kuala Pilah

芙蓉东 40 千米。🚏 15.4 万 🚌 🚕 🚉

　　瓜拉庇劳规模较小，位于米南加保的中心地带。修建于 20 世纪 30 年代的店屋和一些小景点都值得一看。古典**楼马丁·李斯特牌坊**（Martin Lister Memorial Arch）位于公交站后，建于 1897 年，最上端为一座中式屋顶，为纪念马来西亚第一位英国居民马丁·李斯特而建。与之相距不远是圣约瑟天主教堂（St. Joseph's Catholic Church），是一座带有蓝色护墙板的教堂。

　　城市中心地带建有众多寺庙，**甘萨瓦米印度教寺庙**（Sri Kanthaswamy Hindu Temple）拥有大量细节生动的华丽雕塑。

🏛 甘萨瓦米印度教寺庙
Jln Melang. 🕐 每天：6:00 ~ 19:00 📷

位于瓜拉庇劳的甘萨瓦米印度教寺庙内部的中楣细节

米南加保建筑

森美兰州是米南加保人最大的聚居地，他们最初来自苏门答腊岛的西部高地，自 15 世纪起开始在这里定居。他们的名字在当地方言中是"胜利的水牛"的意思。据传说，这个名字来源于一场与爪哇国的战争，最后由两头水牛之间的争斗来一决胜负。最终，米南加保取得了胜利，并将水牛牛角作为他们国家的象征。这些富有象征意义的牛角造型不但被用于传统的女性头饰，也广泛应用在当地的建筑之中，极具建筑艺术特色。传统的米南加保民居被称为大屋（rumah gadang），整幢建筑由支柱支撑，精巧的屋顶以尖尖上翘的牛角形山墙为特色。由于米南加保人处于母系社会，这些房屋均由女性后代继承。

中央尖顶曾为王室标志，并作为瞭望岗哨，通过陡峭的木质楼梯可到达岗哨。

屋瓦是由如今稀缺的昂贵硬木建造的，木材专门从沙捞越进口。

神安池古王宫

神安池古王宫是马来西亚最令人印象深刻的米南加保建筑典范。这座建筑修建于 1902~1908 年间，直到 1931 年以前，这里一直是王室居住的宅邸，1992 年作为博物馆向公众开放。

宫殿建筑由99根支柱支撑，每一根均由龙脑树的树干切削而成，装饰着很多精心雕刻的图案。

引人注目的上翘山墙是州立博物馆最独特的建筑特色之一。这座典型的米南加保建筑于1984年在芙蓉修建。在其周边，还能够看到其他一些重建的旧式房屋。

安邦丁宜王宫（Istana Ampang Tinggi），拥有独特的亚答屋（attap，以茅草覆盖的）屋顶，19世纪时为当地的一位公主修建。这座建筑最初位于神安池附近，目前位于芙蓉的州立博物馆中。

宏伟入口矗立在前往神安池的通路之上，其门楼横跨主路，并带有特别的牛角状支柱。

马六甲 ❹ Melaka

马六甲（又称麻六甲）以丰富多彩的世界遗产闻名，是马来西亚最引人入胜的旅游地。据传说，马六甲始建于 1400 年，由苏门答腊王子拜里米苏拉（Parameswara）建市，他以当地的马六甲树命名了这座城市。城市发展极为迅速，到了 15 世纪，已成为东方最富有的贸易帝国之一。1511 年，马六甲被葡萄牙人占领，1641 年又落入荷兰人之手，1795 年由英国政府接手管理。历史上的所有统治者都为这座城市带来了深远的影响，如今仍然可以在圣保罗山周围的历史核心区看到。这座城市的最大魅力在于多元文化人口，不仅有葡萄牙欧亚裔，最著名的要数峇峇娘惹。

荷兰红屋，荷兰殖民地政府旧址

🏛 荷兰红屋
（ Stadthuys ）

Town Square. 电话：(06) 284-1934 □ 每天：9:00~17:00 ◐ 周 五：12:15-14:45 📷🚫 周六、周日：10:00~ 正午

坐落于马六甲城市广场上的这座宏伟坚固的老建筑由荷兰人始建于 17 世纪 50 年代，当时是殖民地政府的所在地，如今已成为**历史和民族志博物馆**（ Museum of History and Ethnography ），展品包括娘惹餐具、明代瓷器、荷兰家具、手枪、剑等，实景模型展示馆展现了当地各族婚礼的文化传统，还有一座传统木质马来民居的全尺寸复制品。

一张门票可同时参观荷兰红屋背后的几座小型博物馆，包括纪念马来作家，展示历史文稿的**文学博物馆**（ Museum of Literature ）和展示马来西亚独立后政治历史的**民主政府博物馆**（ Museum of Democratic Government ）。此外，还可参观殖民地建筑**斯里马六甲**（ Seri Melaka ），这里曾是荷兰和英国的殖民地州长的官邸，直到 1996 年一直作为当地州长的官邸使用。

⛰ 圣保罗山（ St. Paul's Hill ）

位于城市心脏地带，俯瞰整片大海的圣保罗山上坐落着葡萄牙**法莫沙堡垒**（ A'Famosa ）的遗址。如今，堡垒已经残缺不全，只剩圣地亚哥古城门如同哨兵守卫一般矗立在山脚。

山顶坐落着的**圣保罗教堂**（ St. Paul's Church ），始建于 1521 年，曾被称为恩宠圣母教堂，在荷兰统治时期改为现名，在那座著名的红色基督教堂建成后被弃用。遗憾的是，教堂如今已是一片废墟。但这里仍然坐落着一座 17 世纪的荷兰

墓地，以及为纪念 16 世纪耶稣会创始人圣弗朗西斯·泽维尔（ St. Francis Xavier ）而建的空墓。

主入口的外部有一座废弃的 19 世纪灯塔，以及建于 1952 年的圣弗朗西斯·泽维尔的大理石雕像。从一条小径可抵达山脚下的荷兰公墓。此处共有 38 座墓葬，大部分属于 17 世纪的荷兰人，其余是 19 世纪的英国居民。墓葬大都年久失修，只有入口处的信息板上列出了亡者的名字。

🏛 圣地亚哥古城门
（ Porta de Santiago ）

作为通往法莫沙堡垒的四条路径之一，圣地亚哥古城门是当年大规模防御工事中唯一幸存的遗迹，如今独自屹立在圣保罗山山脚。这座古城门由葡萄牙总督阿方索·阿尔布开克（ Alfonso de Albuquerque ）始建于 1512 年，于 17 世纪由荷兰人重建并作为要塞使用。城门两侧立面均刻有荷兰东印度公司的盾形纹章，前面陈列着几尊荷兰大炮。

法莫沙堡垒的墙壁厚约 3 米，于 1807 年被英国人拆除，以防这座城市落入法国人手中。在新加坡开国元勋莱佛士爵士（ 见 38 页 ）的干涉与保护下，这珍贵的一小部分遗址才得以保存。

葡萄牙法莫沙堡垒仅存的遗址——圣地亚哥古城门

马来宫殿的复制建筑马六甲苏丹王宫的外墙和花园

🏛 马六甲苏丹王宫 （ Muzium Budaya ）

Jalan Kota. 电话:(06) 282–6526 □ 每天：9:00–17:30 免费参观花园 www.perzim.gov.my

马六甲苏丹王宫坐落于圣保罗山下，是一座传统的马来宫殿，根据原本曾坐落于此的15世纪马六甲苏丹王宫的相关描述重建，是一件令人印象深刻的重建建筑艺术作品。王宫内设有**文化博物馆**（Cultural Museum），还展示了苏丹法院开庭和王室乐团（nobat）表演的实景模型，以及马来西亚境内其他王室宫殿的大型模型，并陈列了服装、武器等展品，包括令人望而生畏的黄铜长矛。

步入楼上展厅，可以参观苏丹王宫的卧室。再上一层，便可来到马来剑展室。

宫殿前方坐落着一座美丽怡人的王室花园，设有喷泉和水池，掩映在竹林、棕榈树和玉兰树之间。

游客备忘

马六甲西南方。🚌 72万 ✈ Tampin以北38千米。🚢 ⚓ Dumai，苏门答腊 ℹ Jalan Kota, (06) 281–4803 🎏 端午节（7月）www.melekatourism.gov.my

⛪ 基督教堂（ Christ Church ）

Town Square. 电话：(06)284–8804 🎫 17 □ 每天 ♿ ⏰ 8:30 英式圣餐 📷

这座醒目的红色教堂是马六甲的地标之一。由荷兰人于1753年为庆祝荷兰统治这座城市100周年而建，并于1838年被作为圣公会的圣地使用。教堂采用了当地的红土石材，整座建筑现在被涂成红色，邻近的荷兰红屋和钟楼也都延续了同样的红色系。教堂前有座三拱形门廊，安放着多座荷兰人和英国人的墓碑。外面可见巨大的天花板横梁，每条横梁均由一株树干建成。教堂中的座位均为手工雕刻，圣坛旁的中楣上雕刻着《最后的晚餐》。

马六甲

荷兰红屋 ①
圣保罗山 ②
圣地亚哥古城门 ③
马六甲苏丹王宫 ④
基督教堂 ⑤
博雅塔维那雅加摩尔提兴都教庙 ⑥
甘榜吉宁清真寺 ⑦
青云亭 ⑧
鸡场街 ⑨
敦陈祯禄街 ⑩
峇峇娘惹遗产博物馆 ⑪
海事博物馆 ⑫

0 米　　　　200
0 码　　　　200

图标含义见封底勒口

博雅塔维那雅加摩尔提兴都印度庙（Sri Poyyatha Vinayagar Moorthi Temple）

5–11 Jalan Tukang Emas.
电话：(06)288–3599

这座建筑外表不太起眼，却是马来西亚现存最古老的印度教寺庙。它始建于1781年，位于城市中最早的遮地人（Chitty）或称印度娘惹人（Indian Peranakan）的聚居区。

寺庙供奉着智慧之神象头神伽内什（Ganesh）。寺庙后面的主祭坛矗立着一座象头神的塑像，侧面供奉的是穆卢干神（Lord Murugan），他是伽内什的弟弟。大宝森节期间寺内会挤满了人。

博雅塔维那雅加摩尔提兴都印度庙

甘榜吉宁清真寺（Kampung Kling Mosque）

Jalan Tukang Emas.
电话：(06) 283–7416

甘榜吉宁清真寺始建于1748年，尽管在1872年原有的木质结构已被目前这座砖混结构建筑取代，这里仍是马来西亚现存最古老的清真寺之一。

这座清真寺同样受到了多元文化的深远影响，结合了苏门答腊、中国、马来和欧洲的多种建筑风格，且自成特色。不常见的金字塔形屋顶及绿色的墙砖体现出了印度教的强大影响，而醒目的宝塔形尖塔则明显具有鲜明的中国和摩尔文化痕迹。主祈祷大厅由爱奥尼亚式石柱、铸铁工艺和英式瓷砖装饰，仅向穆斯林开放。

青云亭（Cheng Hoon Teng Temple）

Jalan Tokong 25. 电话：(06) 282–9343 每天：7:00–19:00 www.chenghoonteng.org.my

青云亭又被称为观音亭，这座庄严的建筑是马来西亚现存历史最悠久的中式寺庙。始建于17世纪中叶，供奉观音菩萨，是中国南方建筑风格的极佳范例，至今仍对当地华人族群具有重要意义。道教、儒教和中国佛教在寺内享有平等地位。寺院于2005年完成了主要的修复工作。正殿配有大量精美的绘画和富有象征意义的雕饰，包括狮子、金凤凰和其他神兽等。也有来自中国传说和文献的关于描绘佛陀生活的祈祷画面，以及道教创始人老子的水彩画像。青云亭每天都会举行宗教仪式，欢迎各地的游客前来观看。

鸡场街的汉都亚之墓

鸡场街（Jonker Street）

Tami Methodist Church. 周日：9:30（英语服务） 鸡场街夜市 周五至周日夜间

鸡场街是这条街的旧名，是马六甲唐人街的干道，因种类繁多的古董古玩店、酒吧和餐馆而闻名，虽然这里的价格往往高于其他地方。这条街在周末晚上鸡场街夜市（Jonker Walk Night Market）开放时格外热闹。这里设有摊位售卖中国食品、服装和纪念品，也有露天的中国戏曲演出。遗憾的是，旅游业的快速发展已迫使许多传统企业退出，很多建筑已被拆除。这里还有一些景点，包括汉都亚之墓（Mausoleum of Hang Kasturi），供奉着这位15世纪的当地英雄，以及1908年建成的泰米尔卫理公会教堂（Tami Methodist Church）。

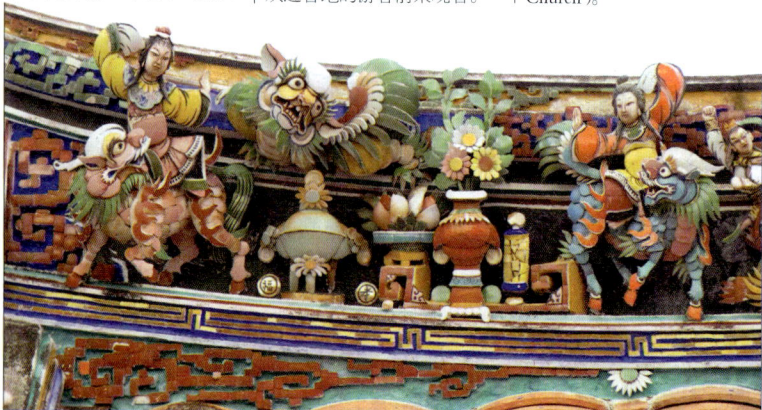
青云亭精心雕刻的中楣细节

本地区住宿及餐饮信息，见278–279页和303–304页

敦陈祯禄街 (Jalan Tun Tan Cheng Lock)

8 Heeren Street 8 Jalan Tun Tan Cheng Lock. 电话：(06)281-1507 周二至周六：11:00~16:00 周二和周四：10:30 www.badanwarisan.org.my 谭绍贤艺术画廊 49 Jalan Tun Tan Cheng Lock. 电话：(06) 281-2112 周二至周日 鹏志堂 70 Jalan Tun Tan Cheng Lock. 电话：(06) 281-4770 每天

街道名称原为麒麟街（Hereen Street），至今许多当地人都习惯使用这个叫法。比起相邻的鸡场街，敦陈祯禄街完好地保留了很多原有风貌。如今这条街道的两旁布满了商店、咖啡馆、酒店、餐馆和画廊。

这里的联排式住宅源于18世纪，当时荷兰殖民政府征收房屋宽度税，因此大多数房屋正面十分狭窄，但内部纵深较深。这些房屋有着多彩的瓷砖、精致的粉刷和手绘石膏装饰，一度是富裕的峇峇娘惹家庭的住宅，至今大部分仍属私人所有。

这条街上的一些历史建筑处于年久失修状态。不过位于**麒麟街8号**（8 Heeren Street）的联排式住宅被修复如新并作为旅游信息中心开放。几间展室内展出了旧日建筑的保护和修复过程，并记录了工匠所使用的传统技艺和材料等。当地工匠有时会为游客做导游。

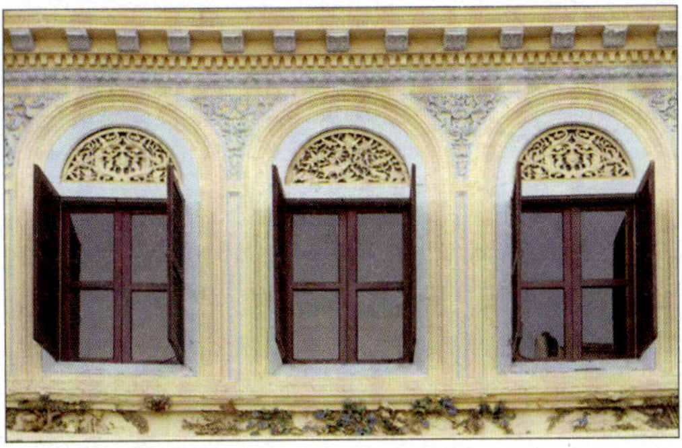

敦陈祯禄街联排住宅的建筑正面

沿敦陈祯禄街前行，则是峇峇娘惹遗产博物馆（见126～127页）。这是一座保存完好的联排式别墅，旧日马六甲富裕家庭的奢华生活在此可见一斑。**谭绍贤艺术画廊**（Tham Siem Inn Artist Gallery）是街上最好的画廊之一，展出了众多当地艺术家谭绍贤创作的美丽水彩画作品。另一座值得参观的画廊名为**鹏志堂**（Malaqa House），是座华丽宏伟的峇峇娘惹风格豪宅，陈列着一系列东方家具、雕塑、绘画、小古董和小摆设。

峇峇娘惹遗产博物馆

见126～127页。

海事博物馆 (Maritime Museum)

Jalan Quayside. 电话：(06) 283-0926 每天：9:00~17:30 仅现代建筑提供 马六甲河巡游码头遗产中心。电话：(06) 281-4322 每天：9:00~23:00

这是马六甲最具视觉效果的博物馆，博物馆建筑为一艘全尺寸的16世纪葡萄牙大帆船海洋花号（Flora de la Mar）的复制品。这艘大船在运送掠夺的马来西亚珍宝返航时在马六甲海峡因不堪重负沉没。博物馆介绍了马六甲自15世纪马六甲苏丹王国到葡萄牙、荷兰、英国的接连殖民统治时期的航海历史。展品包括描绘繁华码头场景的实景模型、等比例的舰艇和武器模型、地图及其他航海文物。

从博物馆出来，步行5分钟即可到达**码头遗产中心**（Quayside Heritage Centre），这座建筑前的码头是马六甲河巡游的乘船点。在这座城市的全盛期，因其位于东西交会点的重要位置，这条河曾是这里的交通主动脉。有两种导游方式可选，一种是随船导游，另一种是录音导览设备。乘客还可欣赏到传统歌曲。两种游览方式都是每半小时发船一次，每次游览历时45分钟。游程中你可以欣赏到甘榜历史建筑、美丽的河滨花园以及马来西亚摩天轮，推荐夜晚游程，景致更佳。

槟榔——"爱之果"

槟榔果，是槟榔或槟榔棕榈树的干种子，被视为有轻度麻醉和壮阳作用。在庆典仪式上咀嚼槟榔在马来西亚一度相当普遍，但是如今主要限于农村地区。在求爱仪式上往往备有槟榔果，并和香草、丁香、烟草和石灰混合在一起，然后包入槟榔叶中。槟榔经过咀嚼，会释放出一种黏性物质，据说可以清新口气，放松心情，并激发热情。在过去，新娘会嚼槟榔涂黑她们的牙齿，作为吸引力的标志。而今，槟榔礼包仍是传统婚礼和节日中的礼物。

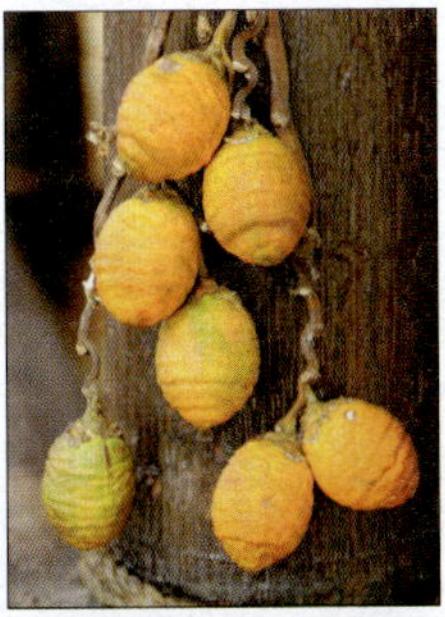

生长在野外的槟榔被认为是一种春药

马六甲：峇峇娘惹遗产博物馆

Malacca: Baba–Nyonya Heritage Museum

　　这座兼收并蓄的博物馆专门展出独特的马六甲峇峇娘惹文化。峇峇娘惹又称马六甲海峡华人或土生华人，是移民至此的中国商人和当地马来妇女通婚所生。这座建筑建于 1896 年，由三座老房子合并而成，曾经是一个富裕的峇峇娘惹家庭的华丽宅邸。华贵的金箔装饰、珍珠母和充满异国情调的硬木等珍贵材料被用于整座住宅。设计不拘一格，既采用了中式的传统墙帷和木雕，也有英式瓷砖、厚重的荷兰家具、意大利大理石以及丰富多彩的峇峇娘惹瓷器作为装饰。

手绘灯笼，中式家庭的典型装饰

二楼

卧室
主卧室的四柱床装饰有精致的镀金叶饰雕刻和神话场景。隐藏在地板下的窥视孔可查看访客大厅。

中庭允许自然光线和冷空气进入屋内。

1楼

第52号房间

第50号房间
（入口）

第48号房间

★ **玻璃屏风**
屏风可允许年轻的未婚女性躲在暗室中透过蚀刻板窥视访客大厅中的男性访客而避免自己被看到。

星级展品

★ 玻璃屏风

★ 木质楼梯

★ 祭祖祠堂

★ **木质楼梯**
这个极尽华丽的木质楼梯在建造时未使用一根钉子，并饰有镀金雕刻，是马六甲唯一一座这样的楼梯。

本地区住宿及餐饮信息，见278~279页和303~304页

峇峇娘惹风格窗户
这些典雅的百叶窗由可移动的木板条重叠而成，采用了欧洲式设计，是19世纪峇峇娘惹建筑的共同特点。

峇峇娘惹瓷器
这种独特的粉红色和绿色相间的瓷器，装饰有花卉图案和佛教符号，是专门在中国为富裕的峇峇娘惹客户定制的。

博物馆导览（museum Guide）
经过颇为吸引人的访客大厅，穿过玻璃屏风进入起居区。通过楼梯进入主卧室，纪念室位于1楼。从建筑物后部下楼进入厨房，途中路过祭祖祠堂，然后返回正门处。

图例

■	卧室
■	厨房
■	祭祖祠堂
■	访客大厅
■	暗室
■	纪念室
■	浴室
■	展室
■	非展室

厨房保存完好，备有传统的厨房物品，包括压面器等。

★ 祭祖祠堂
作为中国家庭的共同特点，这个祭祖祠堂饰有明代风格的龙和蝙蝠雕刻。天使造型的青铜灯则深受欧洲风格影响。

建筑正面
建筑正面华丽且不拘一格，是典型的19世纪峇峇娘惹风格。它采用了众多欧洲设计元素，如粉刷壁柱、洛可可灰泥装饰和百叶窗，显得十分气派。

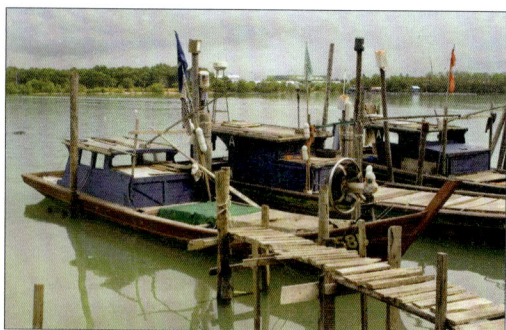
港口老镇麻坡的码头停泊着渡船

麻坡 ❺
Muar

马六甲东南方向45千米。🚗 32.9万 🚌 从马六甲和吉隆坡出发 🚌 从杜迈和苏门答腊出发 🎊 水上运动节（9月）www.johortourism.com.my

繁华的河边小镇麻坡，又名马哈拉尼市（Bandar Maharani）或皇都镇，多数游客对此地不甚留意，但其丰富的历史和优雅的殖民建筑，绝对可以成就一次愉快而难忘的旅程。

麻坡曾是一个重要贸易港口，从 Jalan Maharani 路上临海的那些殖民地时期建筑就不难窥见其昔日的繁华。这些精美的建筑包括 1909 年建成的**皇家海关大厦**（Royal Customs and Excise Building）。小镇上还坐落着不少 20 世纪早期的店屋，近旁则是**苏丹易卜拉欣清真寺**（Sultan Ibrahim Mosque），及一座 1930 年建成的四层高的尖塔。

麻坡被誉为马来文化的中心，当地方言被认为是马来西亚全国最纯粹的。麻坡还因当地的女声合唱团演唱的加萨（ghazal）音乐而闻名。然而，麻坡最著名的是它的美食，特别是广受欢迎的麻坡万隆面，它是一种配有鸡蛋、虾、辣椒牛肉汤的可口面条，此外还有酸辣鱼等。这里还遍布着咖啡馆（kedai kopis），各种美味应有尽有。麻坡也是马来西亚少数几个供应沙爹早餐的地方之一。

龟咯 ❻
Kukup

新山西南方向40千米。🚗 3000 🚌 从柔佛州新山至 Pontian Kecil，然后搭乘出租车 (07) 223-4935

龟咯位于柔佛州的西南角，靠近亚洲大陆最南端，是一座典型的传统渔村，海滨布满了旧日甘榜式的木质高脚屋。

龟咯的海鲜很有名，辣椒螃蟹是当地的特色美食，许多海滨餐馆一到周末生意异常火爆，食客大多来自新加坡。小镇仅有一条主要街道，并没有太多景点，但坐落在近海的**龟咯岛**（Pulau Kukup）是世界上最大的无人

居住的红树林岛屿之一。这里一度海盗猖獗，后来成为国家公园和享有重要国际地位的湿地。岛上的定期渡轮服务可让游客一窥这里迷人的生态系统，看到野猪、螃蟹和各种鸟类等野生动物。

🍴 **龟咯岛**
🚢 从龟咯码头出发 🏞 龟咯岛柔佛国家公园, 1319 Mukim Air Masin, (07) 696-9355 www.johorparks.com.my

新山 ❼
Johor Bahru

新加坡北3千米；马六甲东南方向200千米。🚗 106.5万 🚌 从 Senai 出发 ✈ 🚌 🚢 🛈 2 Jalan Air Molek, (07) 223 4935 🎊 柔佛文化节（7月）www.johortourism.com.my

柔佛州的首府新山，绵延于半岛南端，横跨狭窄的海峡，与新加坡隔海相望。虽是个交通阻塞的边陲小镇，但仍有些景点值得一看。其中最重要的名胜包括**皇家苏丹阿布巴卡博物馆**（Royal Sultan Abu Bakar Museum），以及坐落在市中心以西的白色维多利亚式建筑**柔佛大王宫**（Istana Besar）。这座王宫始建于1866年，是新山最古老的建筑之一，掩

位于新山的皇家苏丹阿布巴卡清真寺的喷泉

本地区住宿及餐饮信息，见278~279页和303~304页

映于美景之间，俯瞰新加坡海峡。王宫目前虽然已不开放为一家专门展示王室文化的博物馆，但偶尔仍在官方庆典活动中被使用。王宫内部富丽堂皇，有装饰着毛绒老虎和大象脚雨伞架的狩猎主题房间等，还陈列着众多照片、服装、武器和其他纪念品。

马来西亚乐高乐园（Legoland® Malaysia）是全亚洲第一座乐高主题乐园，拥有多达 40 项娱乐设施，位于中心的"小小世界"主题区内的众多亚洲地标建筑共使用了超过 3000 万块乐高积木。

苏丹阿布巴卡清真寺（Sultan Abu Bakar Mosque）是一座混合盎格鲁和马来风格建筑，始建于 1893 年，可容纳约 2000 名朝拜者。**苏丹易卜拉欣大厦**（Sultan Ibrahim Building）的莫卧儿风格高塔高约 64 米，二战期间曾被日本人占领，如今是州政府办公地。

🏛 **皇家苏丹阿布巴卡博物馆**
Jalan Ibrahim. 电话：(07) 223-0555
⏰ 周六至周四：8:00～17:00 📷🚭 限制

🎟 **马来西亚乐高乐园**
7 Jalan Legoland, Iskandar Malaysia,JB. 从柔佛巴鲁、新加坡前往 电话：(07) 597-8888 📷 每天：10:00～20:00 🚭 **www. legoland.com.my**

迪沙鲁海滩 ⑧
Desaru Beach

新山东 88 千米。🚌 从新山出发至哥打打定，然后乘坐出租车 🚌 从新加坡出发至 Tanjung Belungkor，然后乘坐巴士 **www.desaru.com.my**

迪沙鲁拥有超过 25 千米的优质白沙滩，海滩上种着木麻黄树，每年吸引了 100 余万名游客前来。政府正在投入资金将其打造成热门旅游目的地，昔日的宁静已被豪华度假村、高尔夫球场和主题公园取代。

迪沙鲁一家海滩度假村里的豪华游泳池

丰盛港 ⑨
Mersing

新山北 200 千米。✈ 6.8 万 🚌 从吉隆坡和新加坡出发 🚢 至雕门岛 Jalan Abu Bakar, (07) 799-5212. **www. mersing.com**

这座渔村是前往雕门岛（见 130～131 页）和柔佛沿岸群岛的必经之路。因此，许多游客都会选择在此逗留一晚，不过，在这座发展缓慢的小镇上，除了欣赏未被破坏的自然景致和渔船起航，并没什么事情可做。

柔佛沿岸群岛 ⑩
Seribuat Archipelago

关丹门北 95 千米。🚢 从丰盛港出发；私人度假村均为游客提供渡轮服务

柔佛沿岸群岛是马来西亚最美丽的岛屿，坐落于柔佛东海岸，由 64 个火山岛组成，其中最大的是雕门岛。大部分岛屿面积较小且无人居住，只能租赁私人船只前往。

柔佛沿岸群岛只有极少数岛屿的面积可以容纳小村庄以及一些从简单的沙滩小屋到设有餐厅和游泳池的小型酒店。较大且较为发达的岛屿包括五屿岛（Pulau Besar）、诗巫岛（Sibu）和丁宜岛（Tinggi），均以优质的沙滩和大量的珊瑚礁闻名，适合潜水和浮潜。较小的岛屿显得更为宁静，如拉哇岛（Pulau Rawa），岛上只有两处住宿地点可供选择。较偏远的岛屿，如船明嘉岛（Pulau Pemanggil）、大洋岛（Dayang）、阿鸟岛（Aur），虽然岛上的基础设施有限，但拥有丰富的海洋生物群，因此备受探险潜水爱好者青睐。

丰盛港的各家旅行社组织的环岛游项目，可以让游客在不同岛屿停留，但是私人度假地不对外开放。前往诗巫岛的渡轮从位于丰盛港以南 60 千米的丹绒乐曼（Tanjung Leman）出发，约 1 小时可抵。

雕门岛 ⑪ Pulau Tioman

作为马来西亚东海岸最大的岛屿，雕门岛因其柔软的沙滩、温暖的海水和美丽的珊瑚礁而出名。雕门岛的过去笼罩在神话之中，传说龙王公主在漫长的旅途中在此地停留，因为太喜欢这座岛屿而留了下来，她的身体便形成了雕门岛。绝大多数的度假村和酒店沿着西海岸的各个孤立海湾修建起来。海洋保护公园的潜水和浮潜是一流的，丛林徒步旅行和日光浴也备受欢迎。雕门岛堪称野生动物的庇护所——超过 140 种的不同鸟类自由地生活在这里。由于岛上少有大型食肉动物，丛林中生活着巨蜥、蛇、猴子和豪猪等动物，海中有数不胜数的缤纷热带鱼。

★ 浮潜
可单独浮潜或加入旅行社活动，浮潜是一项令人着迷的活动，能够近距离观察珊瑚礁生物。

双峰
奶奶塞姆库山（Bukit Nenek Semukut）的双峰总是笼罩在薄雾之中。据传说，这里是龙王公主的诞生之地。

★ 阿沙瀑布（Asah Waterfall）
距甘榜阿沙仅几步之遥，便是风景如画的阿沙瀑布。这座瀑布曾被选为1958年的电影《南太平洋》的拍摄地。

爪拉（Juara）
作为东海岸唯一大型度假村的所在地，隐秘的爪拉被环抱于一个美丽的孤形海湾之中。爪拉拥有雕门岛最好的白色沙滩，但是海浪较大。

本地区住宿及餐饮信息，见278~279页和303~304页

★ 德克—爪拉徒步线路
这条8000米长的线路颇具挑战性，要穿越丛林横跨海岛。丛林中遍布野生动物、溪流和瀑布。需要3小时左右从德克（Tekek）到达爪拉（Juara）。

游客备忘

丰盛岛东北方向30千米。
✈ 从吉隆坡或新加坡前往 🚢
从丰盛岛出发。ℹ 丰盛岛游客
信息中心，Jalan Abu Bakar，
(07) 799–5212 🚻 🚾 🅿 备注：
提供水上出租车和环岛游船的
旅游服务
www.tioman.com.my

逐浪岛（Pulau Tulai）
遍布珊瑚礁，备受浮潜和潜水爱好者欢迎。

猴子海滩（Monkey Beach）
是一处僻静的清水深海湾，是理想的潜水胜地。

莎兰海滩（Salang Beach）
作为雕门岛最北端的度假胜地，莎兰海滩位于浅水海域，沙滩较短。这里坐落着大量的经济型酒店和海滨酒吧，游客可在此享受低调的夜生活。

国内机场

✈	国内机场
🚢	码头
🏖	海滩
🤿	潜水
——	支路
- ▪ -	铁路
- -	渡船线路
▲	山峰

艾巴东（Air Batang）
通常被称为"ABC"，这座热闹的度假村是一处备受背包客欢迎的住所，尽管别处还有更优良的海滩，但这里的人气丝毫不减。

星级景点

★ 浮潜

★ 阿沙瀑布

★ 德克—爪拉徒步线路

珊瑚礁
雕门岛水域有180多种珊瑚礁，为你提供马来西亚最有价值的潜水体验。

半岛东部与中部

半岛东部与中部拥有部分马来西亚最美丽的自然景致与风光。西起郁郁葱葱的蒂蒂旺沙山脉，东至吉兰丹、彭亨州和丁加奴等度假胜地。热带雨林占据了这里大面积的区域，再加上延绵不断的海岸线、宜人的沙滩和岛屿，无疑使其成为备受欢迎的热门旅游目的地。同时，这里也是马来西亚穆斯林文化的中心。

吉兰丹（Kelantan）、彭亨州（Pahang）和丁加奴（Terengganu）这三个州在早期有着相同的历史，它们都曾经隶属于遢罗，也就是现在的泰国。14、15世纪的时候，由马六甲苏丹国统治。此后，彭亨州被柔佛州苏丹管制，直到整个半岛被英国控制后，才被纳入马来联邦之中。而吉兰丹和丁加奴整个19世纪都处于遢罗人的控制之下，直到1909年才成为还没有结成联盟的马来国的一部分。1963年，这三个州正式被纳入马来西亚联邦。

由于在地理位置上被西海岸的丛林分离出来，19世纪之前又不在英国人的统治之下，所以半岛东部与中部地区都有着自己不同的发展速度、商业特点，以及文化传统。除了19世纪锡矿和橡胶开采业的繁荣吸引了大量的亚洲移民之外，这里至今依然保留着传统的马来文字，也使得其成为整个国家保守的穆斯林文化的中心区。这里居住着大量的土著居民。

东海岸有着宁静的乡村景色和壮丽的自然风光。彭亨州有马来西亚全国风景首屈一指的大汉山国家公园，许多近海岛屿和漂亮的海滩都盘绕在周围；丁加奴州的城镇和村庄大部分以手工艺品闻名；吉兰丹是一个可以感受马来传统活动的好地方，这里的垂钓非常有名。另外需要提醒你的是，在雨季，沿东海岸的旅行会变得非常困难。所以最好避开11月～次年3月间出行。

吉兰丹沙白海滩上停泊的五彩渔船

◁ 大停泊岛延绵无际的海岸线

探索半岛东部与中部

　　这个地区拥有马来西亚最迷人的自然风光。除了坐落在雨林中的著名的大汉山国家公园和兴楼云冰国家公园之外，还有无穷无尽的白沙滩和令人向往的近海岛屿。利浪岛、登莪岛和停泊岛都以迷人的水下世界闻名于世，是马来西亚顶尖的潜水和浮潜胜地。此外，彭亨州的首府关丹是这个地区的交通要道，特别是对于附近的海滩、美丽的珍尼湖以及其他两州的首府——瓜拉丁加奴和哥打巴鲁而言。同时，这里还蕴藏着丰富的马来历史传统与文化。

旅游景点分布示意图

城市
道北 **15**
哥打巴鲁（见146~147页）**14**
瓜拉丁加奴 **11**
关丹 **1**
彭亨 **4**
珍拉丁 **5**

公园与景观
大汉山国家公园
　　（见138~139页）**7**
兴楼云冰国家公园 **6**

宗教场所
卧佛寺 **17**
坐佛寺 **18**

自然风光
查惹洞 **2**
肯逸湖 **10**
珍尼湖 **3**

岛屿与海滩
登莪岛 **8**
迪沙沙白沙滩 **16**
利浪岛 **12**
棉花岛 **9**
停泊岛 **13**

交通
丛林铁路
　　（见149页）**19**

| 0 千米 | 25 |
| 0 英里 | 25 |

关丹的渔民正在晾晒他们捕捞的海产品

PAN
DA
SA
TUMPAT **15**
KOTA BHARI
WAT MACHIMMAR
WAT **17**
PHOTIHIVIHAN
Ketar
Jeli　　　Macang
Banding岛　Batu　　Kuala
Melintang　Kera

Jerimbong

Kemubu

Gunung Camah
7,099 ft　　Bertam

KELANTAN

THE JUNGLE RAILWAY **19**

Sungai
Kemudu

Gua Musang

Gunung Tahan
Merapoh　　7,085 ft

Cegar Perah

Titiwangsa Mountain

Jelai

Kuala Lipis

Beluan　　K
Tembe
Sega **8**

Jera

Raub

Bentong

Karak

吉隆坡

马口

周边交通

关丹、瓜拉丁加奴和哥打巴鲁都有独立的机场，3 号公路作为境内最重要的交通要道贯穿了三个州。这里有便利的公共交通网络。虽然在主路上的交通环境畅通、安全，但延伸出来的小路和岔道的情况却趋于恶化，需要四驱车才能够顺利通过。如果想要探索国家公园，跟随旅游团队是最简单的方式。当然，乘坐火车也是一种不错的选择。在陆地和岛屿之间，还有定时渡轮为旅客提供出行的便利。

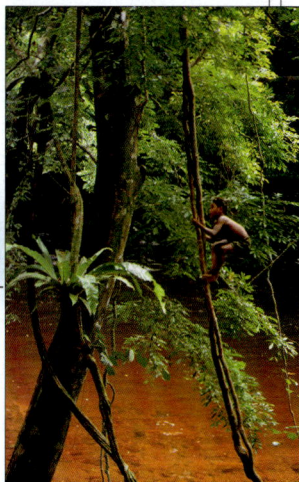

Jelawat

PERHENTIAN
ISLANDS ⑬

Pasir
Puteh

Kuala Besut

Raja

PULAU
REDANG ⑫

Jerteh

Pulau Bidung
Laut

Pasir Akar

3

Penarek

South
China
Sea

Gunung Lawit
4,967 ft

Merang

Keruak

Seberang Takir
Pulau Duyung

⊠

KUALA
TERENGGANU ⑪

PULAU
KAPAS ⑨

Marang

TASIK KENYIR ⑩

Berang

Jerangau

Rantau Abang

Dungun

T E R E N G G A N U

⑦

Cenereh

Paka

PULAU
TENGGOL ⑧

A M A N   N E G A R A

3

Kerteh

Rangun

P A H A N G

Air Jereh

Kijal

Air Putih

Ceneh

Cukai

14

⑤ **CHERATING**

② **GUA CHARAS**

Sungai Lembing

Beserah

⊠ ① **KUANTAN**

Teluk
Chempedak

a Kerau

Paya Bungur

Kuantan

Maran

2

④ **PEKAN**

Lubuk
Paku

Kuala Lepar

Temai
Hilir

emerloh

Pahang

Kerayong

③ **TASIK CHINI**

12

iang

Tanjung Batu

Tasik Bera

Aur

Muadzam
Shah

Kajang

金马士

Petoh

Kota Bahagia

Rompin

昔加末

Kuala Rompin

3

ENDAU-ROMPIN
NATIONAL PARK ⑥

Tanjung Gemok

丰盛港

一个原住民男孩在大汉山国家公园里爬树

图例

▬▬	主要公路
════	支路
────	铁路
▬▬	国界
▬▬	州界
△	山峰

另参见

· 住宿信息　见280～281页

· 餐饮信息　见304～305页

渡轮停靠在彭亨州的首府关丹

关丹 ❶
Kuantan

吉隆坡东 259 千米。📠 31.5 万 ⊠
📧 🛈 Jalan Makhota, (09) 517-7111
www.pahangtourism.com.my

彭亨州的首府关丹坐落在关丹河口附近，不仅是商业重镇，还是这个地区最重要的交通枢纽。关丹有很多吸引游客的景致，其中最受欢迎的便是迷人的海滩和沿海村落。

坐落在市中心的是摩尔风格的**州立清真寺**（Masjid Negeri），它冠有蓝色和白色的拱顶，四个奥斯曼风格的尖塔将之围绕在中间。整座寺庙以钢筋玻璃铸成，在马来西亚的伊斯兰建筑里很是少见。更值得一提的是，寺院整晚都灯火通明。在关丹城的街道上还有一些传统中式店屋。重新发展起来的河畔坐落着各色商店，出售本地产精致手工艺品。从码头坐船还可以到达临近的渔村**丹绒隆坡**（Tanjung Lumpur）和红树林沼泽。

周边地区
在离首都 5 千米的东边，就是关丹最著名的景点**直落尖不叻海滩**（Teluk Chempedak），或者叫作菠萝蜜湾。它标志着东海岸海滩辉煌的历史，并以沙滩和海浪闻名于当地。除了各色水上运动之外，还有几条可供游人散步的小路。
布吉甘邦度假城（Bukit Gambang Resort City）位于关丹东南 35 千米处。度假城内有众多吸引人的景点，包括一处巨大的人工湖水上乐园，深受家庭游客的欢迎。城内还有多处酒店设施。

🏛 布吉甘邦度假城
Jalan Bukit Gambang Utama. 电话：(09) 548-8000 🕐 周一、周三、周四：10:30~18:30，周五~周日：9:30~18:30 🅿 🌐 www.bgrc.com.my

查惹洞 ❷
Gua Charas

关丹西北方向 25 千米。
📠 从关丹坐汽车

临近小镇班珍（Panching）的查惹洞是由一系列石洞组成的奇观。在 1954 年，彭亨的苏丹人曾授权一位泰国的僧人把其中最主要的洞穴改造成一个佛教寺庙。沿着一条长达 200 级的阶梯向上，游客可以在一些洞

莲花在珍尼湖绽放

穴里欣赏到雕刻在石头上的美丽宗教图案。在这些佛教精品中，最令人赞叹的当数一尊 9 米长的睡佛，睡佛的旁边供奉的是观世音菩萨。

珍尼湖 ❸
Tasik Chini

自关丹沿 Federal Hwy 82 向西南 138 千米。🚌 至 Felda Chini——珍尼湖向南 5 千米，然后乘坐出租车至 Maran，再乘坐出租车至 Kampung Belimbing，然后乘船 🚤 至

坐落在马来西亚雨林中的山间，珍尼湖是一个由水道连接而成的湖泊群落，游鱼、飞鸟、参天大树，令人心旷神怡。每年 6 月和 9 月，湖里都开满了红白相间的荷花，甚是美丽，因此这两个月也是来此地旅游的最佳时间。查空人（Jakun）住在湖的周围，他们属于马来原住民中的一个族群。**甘榜古曼**（Kampung Gumun）是坐落在湖泊最北边的一个土著小村落。热情的当地人会带着游客体验他们的家庭生活并展示传统的手工艺品。当然，如果想在这里留宿也是可以的，但一定要安排好出行的线路。曾经，运载当地村民的船只是通往珍尼湖的唯一途径，如今也开通了几条小路。从关丹和珍拉丁前往珍尼湖的短途一日游安排起来也很方便。

查惹洞里金光灿灿的卧佛

本地区住宿及餐饮信息，见280~281页和304~305页

船只停泊在珍尼湖中一个小岛的码头上

北根 ❹
Pekan

沿 Federal Hwy 3 自关丹向南 2744 千米。
🚹 3 万 🚌 从关丹出发 www.pekan.my

北根是彭亨州曾经的皇城，坐落于马来西亚最长的河流彭亨河（Sungai Pahang）南岸。

在北根北部，散布在繁忙河岸街道上的是一些游客喜欢的景点，包括漂亮的中式店屋和**苏丹阿布巴卡博物馆**（Sultan Abu Bakar Museum）。这座交互式博物馆位于一处曾属于莱佛王室住宅的维多利亚风格建筑中，展品包括王族徽章、武器、中国瓷器等——有些还是从沉船（亚洲航运船）打捞上来的珍品。工作人员会向参观者提供平板电脑来提高参观者的交互体验。游客可随意在花园闲逛，不需要门票。临近坐落着两座白色大理石打造的清真寺，蓝色屋顶的是**阿卜杜拉清真寺**（Masjid Abdullah），其历史可追溯到 20 世纪 20 年代。比较新的是**阿布巴卡清真寺**（Masjid Abu Bakar），常见的金色圆顶。离河道再远一点，便是阿布巴卡的**皇家宫殿**（Istana Abu Bakar），不对游客开放。

🏛 **苏丹阿布巴卡美术馆**
Jalan Sultan Ahmad。电话：(09) 422-1371 🕐 周二至周日：9:00~17:00（周五：9:00~中午，14:00~17:00）🅿

珍拉丁 ❺
Cherating

沿 Federal Hwy 3 自关丹向北 47 千米。🚹 2,000 🚌 从关丹哥达巴鲁、瓜拉丁加奴出发 🚏

珍拉丁是一座占据风口的小渔村，面朝南海，生长着高大的棕榈树，简单、安静而美好，是马来西亚东海岸最难得的度假胜地。这里的住宿条件多种多样，你既可以体验廉价的家庭旅社，也可以选择昂贵的豪华别墅。珍拉丁海滩非常适宜冲浪，每年都有人慕名前来，特别是在 11、12 月。另外一处有趣景点是距珍拉丁 10 千米的**森多海滩**（Cendor Beach），游客在这里可以看见绿毛龟，偶尔还有巨大的棱皮龟，每到繁殖季节它们会大量上岸产卵。附近还有几处隐秘的游泳地。

兴楼云冰国家公园 ❻
Endau–Rompin National Park

关丹南 57 千米。🚌 加亨，乘四驱车到达 Peta 入口；或至彼略，乘四驱车到达 Selai 入口 📞 (07) 223-7471 🕐 季风季节关闭（11 月～次年 3 月）🅿 必须有导游 ♿ 🅰

兴楼云冰国家公园以其南北边界处的两条河流命名。这个 870 平方千米的公园属于马来西亚仅存的低地雨林的一部分延伸，动植物种类丰富，也是苏门答腊犀牛的有限栖息地之一。公园拥有丰富的地理景观，你可以登山、漂流、攀岩甚至沿着绳索下滑，体验极限运动的刺激。公园有 2 个入口，一处在 Peta，邻近丰盛港，一处在 Selai，但比较不易到达。

兴楼河与云冰河的交汇处是最好的宿营地。**瓜拉贾森**（Kuala Jasin）距公园中心 15 千米，那里有铁路通往**佳宁巴拉高地**（Janing Barat Plateau），还有另两条线路沿着云冰河直达公园最深处有名的"鳄鱼被困瀑布"（Buaya Sangkut），当地原住民会热情欢迎你的到来。

来国家公园游玩需持准入许可证，在瓜拉云冰（Kuala Rompin）或公园管理处可免费取得，也可在新山付费获取。参加旅行团比较简便，可省去做攻略的麻烦。想要游遍整个公园，需要花费约 3 天时间。

北根拥有蓝色拱顶的阿卜杜拉清真寺

大汉山国家公园 ⑦ Taman Negara

大汉山国家公园建立于 1938 年，是马来西亚最早最大的国家公园。绵延 4300 平方千米的原始雨林，在彭亨州、吉兰丹和丁加奴三个州各有一部分。这里能看到丰富的鸟类，还有一些稀有动物，如印度虎、苏门答腊犀牛、马来亚野马和亚洲象。进入公园的通道很特别，包括一条长达 60 千米的水路，沿着令人愉快的淡美岭河一路而来，途中还会经过原住民村落。

图例

☐ 大汉山国家公园

★ 大汉山（Gunung Tahan）
2187 米高的大汉山是马来半岛的最高峰。登顶的长途跋涉很有必要，在最后到达顶峰之前，沿途会经过河流和绵延的山脊。

乘船游览
在大汉山国家公园度假区的总部办公区，游客可以租船进行拉塔毕阔（Lata Berkoh）急流之旅，还可以前往大汉河和肯雅河钓鱼。

图例

- – - 旅游线路
- – – 公园界线
- ⊠ 国内机场
- 🛈 游客信息
- ⚠ 宿营地
- ▲ 山峰

星级景点

★ 大汉山

★ 特里色山

★ 吊桥

古灵根当山（Bukit Guling Gendang） 568 米高，提供从顶峰俯瞰处女雨林的绝佳景致。

犀鸟
大汉山国家公园的很大一部分魅力在于丰富的野生动物资源。这个公园是稀有犀鸟的家园，包括花环犀鸟、大犀鸟、印度冠斑犀鸟和犀牛犀鸟。

亚洲象

大汉山国家公园是濒危物种的天堂，比如亚洲象。经常有野象从周围地区迁徙到这里。

游客备忘

关丹西 170 千米。

至瓜拉淡美岭（Kuala Tembeling），然后坐船至瓜拉大汉（Kuala Tahan）

瓜拉大汉, (09) 266-1122

许可证：在野生动物和国家公园局获取

www.taman-negara.com

★ 特里色山（Bukit Teresek）

沿着泥泞的道路爬上顶峰需要 1 个多小时，但是越过大汉山山谷和玻璃市的沿途风景非常值得你去欣赏。

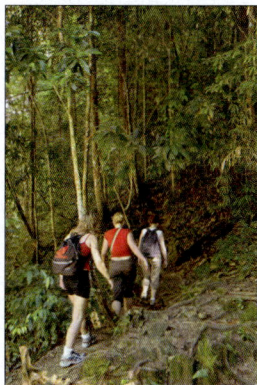

耳朵洞（Gua Teling），一个石灰石岩洞，是公园里最易通过的地方之一。沿着一条绳索，游客可以顺着溪流通过洞穴。

探索公园

　　所有的线路都以公园总部或其周边地区为起点，沿途均有清晰的标识和路标。共有两条主要线路，一条是 9 天、55 千米，至大汉山的长途跋涉；另一条是 4 天、16 千米，至楞提斯特纳（Rentis Tenor）的环形线路。不过游客最常选择的，是一条前往特里色山的 2 千米的短线，这条线路也可以通往武吉英达（Bukit Indah）。如果选择漫长且艰难的线路进行游览，公园会要求游客必须聘请向导。

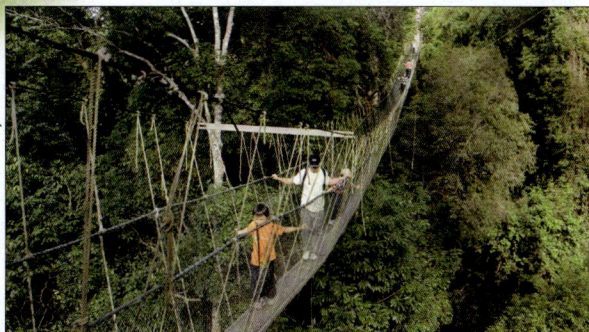

★ 雨林树冠天桥步道

这条长达 510 米的空中天桥步道，横跨在瓜拉大汉的树冠之间，是世界上最长的吊桥之一。距地面高度为 45 米，为游客提供了一个新奇独特的视角来观察和探索雨林。

纯净的海水冲刷着登莪岛的海岸

登莪岛 ❽
Pulau Tenggol

Kuala Dungun 东 13 千米。🚌 从 Kuala Dungun 出发 🚤

登莪岛位于一片由 12 座小岛组成的群岛之中，是马来西亚东海岸有名的潜水胜地（见 326 页），20 世纪 70 年代之前，这里一直没人居住。现在属于丁加奴海洋公园的一部分。

在这座密林覆盖的小岛周围，蔚蓝的海水中孕育着多彩的海洋景观，如峭壁、巨石以及珊瑚礁等，生活着多种水下生物。这里禁止捕鱼、垂钓，以确保给游人提供完美的潜水体验。在群岛周围的水域中，至少有 10 处非常出色的潜水点，但大多位于深水域，更适合有经验的潜水者。

棉花岛 ❾
Pulau Kapas

马朗东 6 千米。🚌 从马朗出发 ⑪ 🛏️ 🍴 🛒 🚤

棉花岛是一座小巧而美丽的岛屿，拥有白色的沙滩和清澈的海水，并一直因适宜潜水和浮潜而为人称道。在棉花岛的北边有一座更小的岛屿，属于**宝石岛**（Pulau Gemia）的一部分，仅供居住在岛上度假村内的客人参观游览。

棉花岛的北部海岸是最好的浮潜地点，宝石岛周边同样适合潜水。另外，宝石岛北部也深受游客喜爱，因为这里隐藏着一艘二战期间的沉船。棉花岛上的所有景区都可以潜

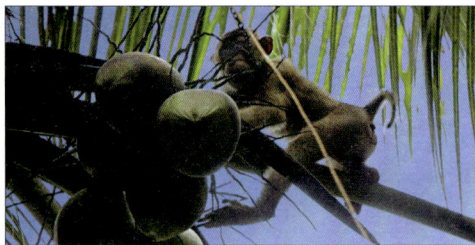
一只训练有素的猴子在采摘椰子

采摘椰子的猴子

在马来西亚，猴子摘椰子是很常见的景象，人们训练猴子爬树，拧下椰子再丢到地上，然后椰子树的主人会将这些椰子集合起来。据估计，在经过了 3 个月的培训后，猴子每天至少可以进行 5 次采摘，它们速度快、反应敏捷、不怕高的特点让摘椰子这项难题迎刃而解，采摘的数量也远远多于人工。在离马朗（Marang）很近的甘榜节南（Kampung Jenang），一位名叫穆达·马梅特（Muda Mamat）的本地村民就抓住了这个商机，在当地开设了一所训练猴子技巧的学校，现在即使是临近村子的农场主都需要花昂贵的费用让猴子来这里上学。

水，岛上还有专业潜水中心提供培训项目。来小岛旅行，除了潜水，还可以冲浪、玩划皮艇，累了可以在茂密的棕榈树下小憩。喜欢行走的游客可以穿越一条小径前往东部海岸观赏全岛的景致。

肯逸湖 ❿
Tasik Kenyir

瓜拉丁家奴西南方向 55 千米。🚌 从吉隆坡出发 🚌 从丁家奴出发 🚤 乘船观光 🌐 www.kenyirlake.com

肯逸湖占地 260 平方千米，拥有 350 座小岛，是东南亚地区最大的人工湖。虽然它是 1985 年修建肯逸大坝时留下的，却少见人工痕迹。湖周围茂密的热带丛林使这里成了野生动物的家园，栖息着上千只犀鸟，并被发展成为生态游景区，也是一处免税购物区。如今，湖的周围共有 15 处景点，其中最引人入胜的是由 14 条瀑布组成的瀑布群，它们交汇后流向天然池塘。游客可以从湖岸的中心码头乘船到达。此外，在这里体验一下水上船屋生活也是不错的选择。船只是肯逸湖最主要的交通工具，坐船可以到达湖的最南边，这里有石灰岩洞供游人参观。湖里生活着各种淡水鱼，2 月～6 月季风期水位升高时是来此钓鱼的最佳时间。

肯逸湖边 14 条瀑布中的一条

坐落在州立博物馆里的传统马来房屋

瓜拉丁加奴 ⑪
Kuala Terengganu

关丹北 220 千米。 ⏚ 27.5 万。
⊠ ⏹ PlazaPadangNegara, (09) 623-
1553 www.tourism.terengganu.gov.my

　　作为丁加奴州的首府及丁
加奴苏丹的所在地，瓜拉丁加
奴曾是一座渔村，得益于南海
油田带来的巨大收益，如今已
变成富饶的现代城市。

　　今天的丁加奴仍体现着浓
郁的马来文化。到处都是多彩
的图案和充满活力的手工作
坊。在这里，游客可以买到
马来特色的蜡染、锦缎、织
锦、瓷器及编制品等。最热
闹的地方当数**中央市场**（Pasar
Payang），新鲜的鱼类、蔬菜、
水果等应有尽有，当然也少不
了手工商店。紧邻市场南侧
便是**中国城**（Chiantown），
月牙形的街道旁排满了整修
过的店屋和餐馆，以及佛教
寺庙。

　　从中央市场沿与唐人街相
反的方向走不了多远，就会
看到殖民建筑风格，有着杏
色外观的**玛姿雅王宫**（Istana
Maziah）。除了纪念性活动外，
并不对游客开放。附近还坐落
着漂亮的**再纳阿比丁清真寺**

（Masjid Zainal Abidin），拥有
金黄的圆顶和高高的尖塔，令
人难忘。此外，丁加奴还有很
多值得一看的名胜，例如**丁加
奴州立博物馆**、**水上清真寺**和
都容岛（见 143 页）等，著名
的季风杯帆船赛就在这座小岛
上举办。

🏛 丁加奴州立博物馆
（Terengganu State Museum Complex）

丁加奴西南方向 3 千米。 **电话：**(09)
622-1444 ⏰ 周六至周四：9:00~17:00
◉ 周五

　　丁加奴州立博物馆被誉为
东南亚地区最大的博物馆，由
几栋带有园林景观的建筑组
成。其中主建筑由马来传统棚
屋重修而成，内部展示着纺织
品、手工艺品、伊斯兰介绍文

物，还有一个专门介绍马来油
田工业的展厅。在户外，传统
的马来船只和房屋，以及航海
时代博物馆均颇具特色。此
外，参观的最大亮点，要数一
座可追溯到 1880 年的木质
王室宫殿——**登姑龙王宫**（Is-
tana Tengku Long），里面陈列
着丰富多样的王室展品。

🕌 水上清真寺（Masjid Teng-ku Tengah Zaharah）

丁加奴东南方向 5 千米。

　　建筑坐落于水边，因此得
名水上清真寺。整座清真寺呈
耀眼的白色，建造在花园之
中，将现代和传统的摩尔式建
筑风格完美融合，相得益彰。
可惜的是，此教堂并不对非穆
斯林开放。

中央集市摆满了新鲜的水果和蔬菜

度假的人们在大停泊岛宁静、美丽的沙滩上休息

利浪岛 ⑫
Pulau Redang

瓜拉丁加奴北 62 千米。🛪 从吉隆坡出发 从墨浪和瓜拉丁加奴出发 🍴 🖪 🖂 www.redang.org

作为东海岸面积最大、风景最美的岛屿，利浪岛发展迅速。它位于利浪群岛的中央，这片由 9 座岛屿组成的群岛，也是一座旨在保护当地水生环境的天然公园。这里生活着多种水生动植物，以及马来西亚品质最好的珊瑚礁，十分适合潜水和浮潜。近年来淤泥和工业垃圾影响了珊瑚礁的生长，所幸政府已采取措施来保护珊瑚礁不受损坏，甚至连浮潜都被划到了规定的区域。利浪岛可为游客带来独一无二的水下体验，在二战时期，两艘英国皇家海军舰艇——击退号（Repulse）和威尔士王子号（Prince of Wales）被日本人击沉，如今依然长眠水底。

岛上的海滩倚靠着丛林密布的丘陵，最著名的两片海滩：**巴西班让**（Pasir Panjang）和**直落达兰小岛**（Teluk Dalam Kecil）位于东海岸，大部分海滩度假村也坐落于此。主要村落甘榜阿逸（Kampung Air）坐落在岛中央。

多数游客来利浪岛都是参加的旅行团，不过潜水可以在停泊岛预订。

停泊岛 ⑬
Perhentian Islands

瓜拉丁加奴西北方向 20 千米。🚤 从瓜拉勿述出发 🍴 🖪 🖂

停泊岛，顾名思义，是一座可以停靠的港湾。它紧靠丁加奴海岸，由**大停泊岛**（Pulau Perhentian Besar）和**小停泊岛**（Pulau Perhentian Kecil）组成。由于拥有令人窒息的美景，近年来发展很快，但仍然完好保持了自身的特色：两座岛上都铺满了洁白的粉状沙滩，湛蓝的海水是美丽的珊瑚礁和各类水生动物的家。除了潜水和浮潜，还可以玩帆船、冲浪，或在丛林里散步。

大停泊岛的海滩中，最优美的当数**三凹湾**（Three Coves Bay），三片美丽的海滩被坚硬的岩石层隔开。每年 5 月～9 月，都会有大量绿毛龟和玳瑁海龟登陆此地产卵。为

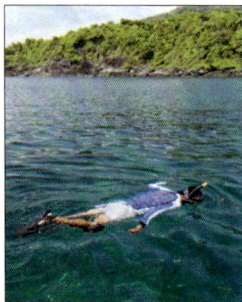

在东海岸晶莹剔透的海水中浮潜

了更好地保护海龟，这几个月内海滩是不对游人开放的。

小停泊岛的面积比大停泊岛小很多，却如同大停泊岛的翻版。迷人的沙滩、高大的棕榈树和湛蓝的海水无一不缺。岛的东南方有个小村庄，这里的居民们最早是从印度尼西亚的苏拉威西岛（Sulawesi）迁移而来的。岛上的主要景点就是东向的巴西班让（Pasir Panjang），或者长滩。

如果想在岛上留宿，大停泊岛的酒店会贵一些，当然，这也意味着你会拥有舒适安静的环境。西南海岸也有大量度假村和宾馆可供选择。如果你是背包客，小停泊岛更适合你，这里有更便宜且种类繁多的酒店和餐馆，很方便。

每年的 5 月底～9 月，是旅游高峰期，岛上游客众多，想找家合适的酒店非常困难。如果可以避开高峰期再好不过，避不开的话，建议坐船往返于两岛之间寻找住处。在两岛间穿行其实很简单，岛上也有一些小路可以穿梭，但船只仍然是最便捷的交通工具，而且很多度假村和当地的居民都很乐意帮助游客安排行程。

在停泊岛的西北方向，隐匿着一座面积更小的无人岛屿——**素素岛**（Pulau Susu），被茂盛的原始森林覆盖，提供了这个区域最理想的潜水点。

本地区住宿及餐饮信息，见280～281页和304～305页

都容岛的造船人

紧邻丁加奴的西海岸，有一座名为都容（Duyung）的迷人小岛，至今传承着古老的造船技术，世世代代兴盛不衰。这里以盛产装饰精美的船舶闻名，这种船被称为班高船（Bangau），在整个东部沿海地区曾经被广泛制造。这种木质手工艺品最早用于捕鱼，而且均出自最有名的造船师之手。

精心雕刻和描绘的船头

当地人相信，造船的技巧是一代又一代传承的，完全凭借记忆。这些船都被绘上了五彩斑斓的图案，而且被赋予了造船师独具匠心的设计，因此每条船都是独一无二的。如果想到岛上游览，可以从丁加奴经水路抵达，从位于 Seri Malaysia 酒店（见 279 页）附近的码头乘坐渡轮。

本地船厂和工作室遍布整个小岛，而且这里的主人很喜欢游客来参观工人工作的场景。虽然这里制造的大部分船只都被本地的渔民用来捕鱼，但这些精湛的手工艺品还是受到了国际上的赞誉。

船舶设计

从传统上来说，大部分船舶的设计都具有一定象征意味，通常它们都取材于经典的印度神话。但现在情况发生了变化，设计者已经很少这样做了，他们更倾向于采用不具象征意义的伊斯兰艺术元素，例如雕饰几何形的蔓藤花纹等。

风格化的船头采用雕刻和绘画结合的方式，表现主题有皮影戏、鸟类和伽楼罗——印度神话里的金翅神鸟。

成排的鲜艳渔船停靠在都容岛的沙滩上。这些船最早是靠桨或者帆来推动的，但如今很多渔船都装上了自动引擎，为的是更加方便和现代化。

神话创造物，例如龙和恶魔等，大部分似乎都源于印度史诗，例如《罗摩衍那》。

船舶每天都会被拖到岸上来，远离湿滑的海浪，并尽量靠近树林。因此，它们的设计集功能性与美学于一体：既坚固，强壮到足以抵御海浪的击打；又轻便，很容易就能被拖出水面。

哥打巴鲁传统的风筝工艺 ▷

哥打巴鲁 ⑭ Kota Bharu

马来西亚吉兰丹州首府哥打巴鲁，坐落于半岛的西北角，靠近吉兰丹河河口。哥打巴鲁在马来语里是"新城"的意思，是最具传统马来风情且最伊斯兰化的城市。表面上看它是一个极其现代的城市，却保留了传统马来西亚文化、艺术和宗教，有着丰富的文化底蕴。它拥有众多宫殿、博物馆和清真寺，可为游客提供原汁原味的地方美食。传统工艺繁荣，如马来风筝、银器和金丝织锦布等都能在这里找到。当地居民遵守着严格的朝圣时间，特别是在周五和穆斯林圣日时，所有活动都会停止。大部分热门景点位于城市西北部，其中大巴扎（Pasar Besar）是整个马来西亚最有人气的特色市场。哥打巴鲁也是游人探索周边地区的理想出发点。

巴都王宫装修豪华的餐厅，现已改为皇家博物馆

🏛 巴都王宫（ Istana Batu ）
Jalan Hilir Kota 电话: (09) 748–2266 □ 周六至周四：8:30~16:45 📷

巴都王宫，又称石头宫殿，是一座天蓝色的耀目建筑，在苏丹依斯迈（Sultan Ismail）的主持下于1939年竣工，是他赠予侄子苏丹叶海亚（Sultan Yahya）的新婚礼物。曾是王室举行婚礼和会见宾客的地方，如今被改造为王室博物馆。内部的房间至今都保持着原有的样貌与陈设，用于展示王室用品，如王室老照片和精美的玻璃器皿等。

🏛 大义场王宫（ Istana Balai Besar ）
Jalan Hilir Kota ⬛ 不向公众开放

坐落于市中心，被一座木质城堡环绕的大义场王宫是传统吉兰丹宫殿，由苏丹穆罕默德二世（Sultan Muhammad II）于1884年下令兴建，目前是苏丹王室的居住地。王宫的设计受到泰国建筑风格的影响。现在正殿和大会堂用来举办王室重要活动以及接见官员。

🏛 佳哈王宫（ Istana Jahar ）
Jalan Hilir Kota. 电话: (09) 744–4666 □ 周六至周四：8:30~17:45 📷

佳哈王宫是苏丹艾哈迈德（Sultan Ahmad）为其子郎昆德（Long Kundur）所建，是吉兰丹传统木质建筑的典范，拥有雕梁画栋的横柱、嵌板和铁格栅。如今这里是**王室传统与风俗博物馆**（Museum of Royal Traditions and Custom），收藏着众多纺织品、铜制品、黄铜器和银器，以及与王室仪式典礼，如婚礼、诞辰仪式等相关的工艺品。武器展览室里陈列着矛、老式马来剑和其他各式

高耸入云的穆哈马迪清真寺，位于市中心西北侧

武器。最引人注目的展品是新加科蒂（singakerti），一辆神兽造型的王室马车。

🏛 穆哈马迪清真寺（ Mahammadi Mosque ）
Jalan Sultanah Zainab。

靠近聚集于独立广场（Padang Merdeka）的宫殿群落，这座雄伟壮观的清真寺于1926年苏丹依斯迈四世（Sultan Ismail IV）在位期间兴建，当地人称之为砖墙清真寺，它是吉兰丹州穆斯林的达瓦（dawah）中心，也就是宣教活动的中心。参观需注意穿着，不要露出胳膊及腿部。非穆斯林在祈祷时间不得进入。

🏛 伊斯兰博物馆（ Islamic Museum ）
Jalan Sultan 电话: (09)744–0102 □ 周六至周四：10:30~17:45 📷

穆哈马迪清真寺旁坐落着一幢漂亮的老式木质建筑，便

绿白相间的伊斯兰博物馆正面外观

本地区住宿及餐饮信息，见280~281页和304~305页

是伊斯兰博物馆，以精美的雕刻作为装饰。博物馆曾被称为"麦加走廊"（Serambi Mekah），被作为一所宗教学院使用，也是吉兰丹州同类学校中的第一所，标志着伊斯兰教在吉兰丹州的崇高地位。如今博物馆内陈列着一系列记载本州伊斯兰历史的照片及手工艺品。

🏛 第二次世界大战纪念馆
（ World War II Memorial ）

Jalan Sultan ⬜ 周六至周四：8:30-16:45 📷

坐落在银行旧址内的第二次世界大战纪念馆内保存着超过1000种展品，包括照片和枪械等，见证了第二次世界大战时日军占领吉兰丹州的情景。1941年12月8日，日军在哥打巴鲁登陆，这座银行也是日本秘密警察，也就是宪兵队的总部。楼上的展览室内则详细记述了吉兰丹州的战前历史。

🏛 吉兰丹文化中心
（ World War II Memorial ）

Jalan Mahmud. 电话: (09) 744-3124 ⬜ 时间不固定，需电话确认；3月~10月每周一、周三、周五下午和晚上有免费演出，斋月除外

作为哥打巴鲁位居首列的文化中心，许多文化演出与展览都在这里举行，展示了丰富多样的传统吉兰丹艺术与体育形式，其中许多都面临着失传的险境。这里会举行免费的演出，例如马来拳（silat）表演，以及使用甘美兰（gamelan）伴奏的玛蓉舞（mak yong）和曼诺拉（manohra）等传统舞剧。鼓手敲击着由空心圆木制成的巨型单面鼓（rebana），以及由椰壳制成的小型鼓卡脱（kertok）伴奏。游人还可在文化中心观赏到各种有趣的马来传统民间艺术，例如打陀螺（gasing）表演，以及放风筝的展示活动，其中最著名的巨型风筝被称为月亮风筝（wau bulan）。还可观赏到异彩纷呈的皮影戏演出，当地人称哇扬戏（wayang kulit），角色和故事题材一般都取材自印度史诗《罗摩衍那》和《摩诃婆罗多》。

哥打巴鲁的一位传统马来风筝制作者被五颜六色的风筝围绕

哥打巴鲁市中心

巴都王宫 ①
大义场王宫 ②
佳哈王宫 ③
穆哈马迪清真寺 ④
伊斯兰博物馆 ⑤
第二次世界大战纪念馆 ⑥
文化中心 ⑦

0 米　　　500
0 码　　　500

图标含义见封底勒口

道北卧佛寺精美的屋顶

道北 ⑮
Tumpat

哥打巴鲁西方向北 15 千米。🚆 🚌 从哥打巴鲁出发

坐落于农业地区的道北镇是马来西亚土生泰人（Organ Syam）的聚集中心。同时，这里也是一个非常重要的交通枢纽，向南的游客可以搭乘丛林铁路，向北前进的游客则可以去往临近的泰国。

值得一提的是，吉兰丹州的其他地方基本都处于浓厚的伊斯兰教氛围之中，但在道北，你却会发现诸多泰国佛教寺庙的踪影。

迪沙沙白沙滩 ⑯
Pantai Dasar Sabak

哥打巴鲁东北方向 13 千米。🚌 从哥打巴鲁出发

从哥打巴鲁出发向北或向东行进，便可发现一连串可眺望南海的美丽沙滩，吸引着世界各地的游客。迪沙沙白沙滩便是其中最容易到达的一个，靠近马来西亚渔村，生长着一字排开的棕榈树。这片海滩曾见证了一个重大历史事件的发生：1941 年 12 月 8 日，日本海军在此登陆，也是第二次世界大战时日本较早的侵略行动之一。

在此不仅能观赏到海滩美景，还有机会在下午看到满载而归的渔船，买些新鲜的海鲜，当场烹制品尝，也是不错的选择。但游客仍需谨记，吉兰丹州西海岸是马来西亚穆斯林区，注意着装要保守谨慎。

道北卧佛寺 ⑰
Wat Phothivihan

Chabang Empat 南 3 千米，道北附近。🚌 从哥打巴鲁或通北出发 🕐 每天：7:00~17:00 🎫 卫塞节（4 月 /5 月）

在吉兰丹州，泰国佛教徒的活动主要集中在 20 多座寺庙之中。其中最有意思的莫过于道北卧佛寺了，精美的佛教寺庙屋顶，以及身着僧袍的和尚都与周围的穆斯林文化氛围形成了鲜明对比。

1973 年，道北卧佛寺在方丈福哈克鲁拉萨皮亚查空（Phra Krurasapia Chakorn）的主持下修建，每年吸引众多泰国佛教徒朝圣。同其他泰国寺庙一样，道北卧佛寺占地面积大，建筑风格壮观。寺庙的最大亮点，是一尊建于 1975 年的 40 米长的卧佛。

道北卧佛寺是泰国人、华人和印度人共同的社会与文化中心，被视为精神圣地。寺庙里的僧人都乐于引领游人四处参观，寺庙也引起了周围地区穆斯林的关注，当然他们只是将其视为一个旅游景点而已。

玛晶玛浪坐佛寺 ⑱
Wat Machimmaram

甘榜朱巴卡，道北附近。🚌 从哥打巴鲁或通北出发 🕐 每天：7:00~17:00 🎫 卫塞节（4 月 /5 月）

玛晶玛浪坐佛寺位于哥打巴鲁与泰国边境主干道上的甘榜朱巴卡（Kampung Jubakar），是吉兰丹州的一座著名泰国佛教寺庙。由于临近泰国，这座寺庙拥有泰国常见的莲花状墙角石，镀金尖顶的庄严佛塔——传说中的舍利塔，以及喷漆大门和百叶窗。寺庙最引人注目的亮点，便是一尊由当地教徒修建的坐佛，据传为东南亚最大的坐佛像。佛像约 32 米高，俯瞰整个吉兰丹平原，也标志着小乘佛教在这片伊斯兰教统治地区扎根生长，绵延不绝。

玛晶玛浪坐佛寺内的一尊金身坐佛和雕刻精美的梁柱

本地区住宿及餐饮信息，见280~281页和304~305页

丛林铁路 [19] The Jungle Railway

　　乘坐丛林铁路无疑是探索西马来西亚最令人兴奋的方式之一。其正式名称为东海岸线（East Coast Line），1931 年竣工时堪称工程建筑史上的一大壮举。丛林铁路连接着位于东海岸的吉兰丹州和西海岸的吉打州、霹雳州和槟城等地区，南段从吉兰丹州出发，一路穿越瓜拉立卑令人惊叹的丛林峡谷，直至抵达金马士，与连接新加坡和吉隆坡的主干线会合。

道北（Tumpat）①
丛林铁路北站起点，吉兰丹州一个以农业为主的小镇，镇中有不少泰国佛教寺庙。

瓜拉吉赖（Kuala Krai）②
丛林铁路沿着瓜拉吉赖附近的吉兰丹河行驶，瓜拉吉赖拥有大片橡胶树和茂密的热带雨林。

瓜拉立卑（Kuala Lipis）④
瓜拉立卑位于泽来河和立卑河交汇处，曾经的金矿小镇，现在以宁静而美丽的殖民地时期建筑闻名。

话望生（Gua Musang）③
话望生是一座孤立的小镇，因为洞穴和探险机会而闻名，但当地的经济主要依赖于木材贸易。

而连突（Jerantut）⑤
而连突镇是通往大汉山国家公园（见 138～139 页）的必经之地，镇上有许多餐馆和旅馆可供游客选择。

金马士（Gemas）⑥
丛林铁路的终点便在这里，这里是与吉隆坡和哥打巴鲁公路、铁路繁忙的连接点。

图例

～～～　支路
━━━　铁路
━ ━ ━　国界
━ ･ ━　州界
✕　国内机场
▲　山峰

地图标注：
THAILAND
Wakaf Bharu　Kota Bharu ①
Pasir Mas
Tanah Merah　Pasir Putih
Jeli　Machang　Raja
Dabong ②
Tembeling
KELANTAN
Merapoh ③
Gunung Tahan 7,175 ft ▲
Kenong Rimba State Park
Kuala Tahan
Batu Sembilan ④
Benta　Kerambit　Kuala Tembeling ⑤
Raub
PAHANG
Maran　关丹
Mentakab　Temerloh
吉隆坡
Triang　Kerayong
Ayer Hitam　Pos Iskandar
Bahau
NEGERI SEMBILAN
⑥　Segamat
Tampin　JOHOR BAHRU

0 千米　　50
0 英里　　50

沙捞越

沙捞越遍布着众多令人惊叹的自然奇迹，包括险峻的山脉、茂密的雨林，以及大量的野生动物，地球上最大的一些洞穴也坐落于此，沙捞越又被昵称为"犀鸟之地"。凭借丰富多样的动物与植物、颇具声势的炫目历史以及当地原住民的深厚文化遗产，沙捞越吸引了越来越多来自世界各地的游客前来游览。

沙捞越最早的居民是住在山洞中的猎人聚集者，他们大约 4000 年前就开始生活在这里。1958 年在沙捞越东北部的尼亚洞（Niah Caves）发现了有早期人类居住存在的证据，证明了沙捞越悠久绵延的人类居住历史——尽管大部分均没有文字记录。

19 世纪中期以前，这个地区一直受到文莱苏丹的严酷统治，强迫征收重税导致当地原住民群体经常起义造反。在爆发于 1839 年的一场叛乱中，英国探险家詹姆士·布鲁克（James Brooke）服务于苏丹政府，协助苏丹成功镇压了判乱。由此，他被册封授予拉者（Rajah）的称号，成为马来西亚历史上首位白人拉者（见 157 页），统治着这片与其祖国不列颠面积大小一样的土地，长达 1 个多世纪。沙捞越于 1963 年加入马来西亚联邦。这个州拥有大量的自然资源、石油和森林，这些在 20 世纪成为沙捞越的经济支柱。沙捞越的人口为 240 万，大部分原住民群体为达雅克族，还有一部分少数民族是乌鲁族。大多数人都居住在该州西南部的历史名城古晋，或者在其周边地区，古晋是沙捞越州的首府。对于游客来说，是一个很棒的游览观光地，可以走访传统的达雅克族长屋、野生动物保护区，以及遍布全州的各个国家公园。姆鲁国家公园内拥有令人窒息的古老石灰岩尖峰，气势恢宏，非常适合进行徒步健行和攀岩等活动。此外，还有尼亚国家公园和巴哥国家公园这两座沙捞越历史最悠久的国家公园，都是在本州旅行时不可错过的亮点。

母猩猩和小猩猩在实蒙谷野生动物中心寻找食物

◁ 尼亚洞是沙捞越最具吸引力的地方之一，是蝙蝠和金丝燕的栖息地

探索沙捞越

　　位于婆罗洲西北角的沙捞越是马来西亚最大的州，以动植物的多样性著称。首府古晋很容易到达，这里有美丽的国家公园和景色迷人的沙滩。两岸是达雅克族居住的长屋，拉让河（Batang Rajang）蜿蜒流过这个州的中心，也是其与诗巫、加帛、布拉甲等几座城镇交流的主要渠道。东北部的尼亚洞是一处具有重要考古意义的著名景点，而姆鲁国家公园内的石灰岩岩层被众多攀岩爱好者视为梦想之地。文莱，世界上最小的国家之一位于北部海岸。

位于文莱的奢华的嘉美克清真寺，又被称为星期五清真寺

旅游景点分布示意图

乡镇、城市与地区
布拉甲 ❶⑥
古晋
　（见154～157页）❶
加帛 ❶⑤
米里 ❷⓿
民都鲁 ❶⑧
木胶 ❶⑦
司马丹 ❼
山都望 ❸
诗巫 ❶④
文莱（见172～173页）❷⑥

公园和保护区
巴哥国家公园
　（见162～163页）❶②
丹绒达都国家公园 ❽

加丁山国家公园 ❾
库巴国家公园与马当野生动
　物中心 ❻
蓝比尔山国家公园 ❷②
布奴国家公园 ❷③
姆鲁国家公园
　（见170～171页）❷⑤
尼亚国家公园 ❷①
实蒙谷野生动物中心 ⓫
西米拉遥国家公园 ❶⑨

河流
拉让河 ❶③
山都望河 ❷

自然美景地区
风洞与仙人洞 ⓾

可拉必高原 ❷④

主题景点
沙捞越文化村 ❺

岛屿与沙滩
达迈沙滩 ❹

另参见

· 住宿信息　见282～283页

· 餐饮信息　见306页

图标含义见封底勒口

图例

— 主要公路
═ 支路
— 国界
— 州界
△ 山峰

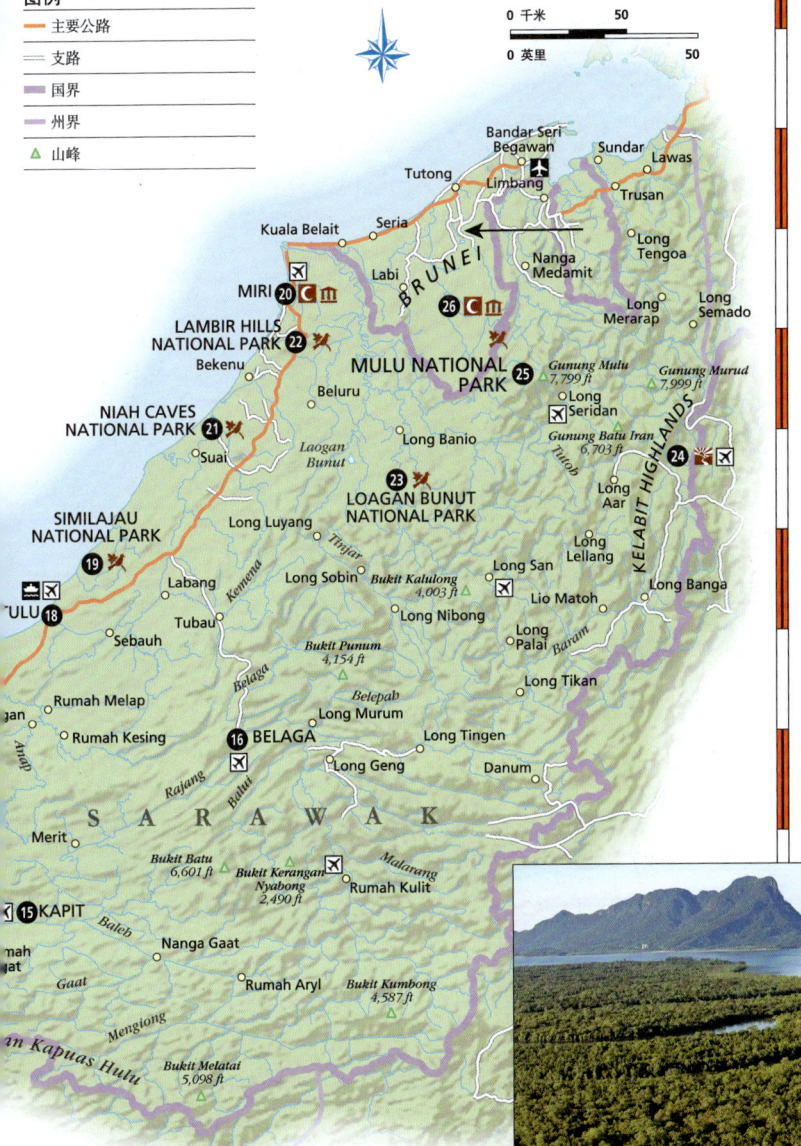

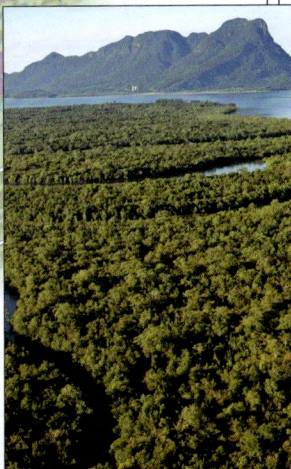

0 千米　　50
0 英里　　50

Bandar Seri Begawan
Sundar
Lawas
Tutong
Limbang
Trusan
Kuala Belait
Seria
Labi
BRUNEI
Long Tengoa
Nanga Medamit
Long Semado
MIRI 20
Long Merarap
26
LAMBIR HILLS NATIONAL PARK 22
Bekenu
MULU NATIONAL PARK
Gunung Mulu 7,799 ft
Gunung Murud 7,999 ft
Beluru
25
Long Seridan
NIAH CAVES NATIONAL PARK 21
Suai
Laogan Bunut
Long Banio
Gunung Batu Iran 6,703 ft
24
SIMILAJAU NATIONAL PARK
LOAGAN BUNUT NATIONAL PARK 23
Long Luyang
Tinjar
Long Aar
KELABIT HIGHLANDS
19
ULU 18
Labang
Long Sobin
Bukit Kalulong 4,003 ft
Long San
Lio Matoh
Long Lellang
Long Banga
Tubau
Long Nibong
Long Palai
Kemena
Sebauh
Bukit Punum 4,154 ft
Long Tikan
Rumah Melap
Belaga
Belepah
Long Murum
Rumah Kesing
16 BELAGA
Long Tingen
Danum
Long Geng
Merit
S A R A W A K
Rajang
Batu
Anap
Bukit Batu 6,601 ft
Bukit Kerangan Nyabong 2,490 ft
Rumah Kulit
Malarang
15 KAPIT
Baleh
Nanga Gaat
Rumah Aryl
Bukit Kumbong 4,587 ft
Gaat
Mengiong
an Kapuas Hulu
Bukit Melatai 5,098 ft

周边交通

　　国内航班连接着沙捞越的大多数城镇，也是游客在有限的时间里的理想选择。对于那些有着更多闲行程的游客来说，坐船是令人兴奋的旅游方式，可以抵达偏远的山村和国家公园，也是当地最常见的交通方式。赶时间的游客可以搭乘快船（ekspres）渡轮，或者选择兼具长短途行程的长船。由于当地的地形崎岖不平，沙捞越的公路网络受到很多限制，仅有从古晋至文莱边境的一条高速公路在运营，另外，还开放着古晋到巴哥（Bako）和士曼丹（Semantan）的几条短线公路。

从空中俯瞰沙捞越河周围的红树林

古晋 ❶ Kuching

作为沙捞越州的首府，古晋是马来西亚最具吸引力的城市之一，历史建筑与现代高楼并存，还散落着众多风格各异的餐馆。19 世纪中期，这里成为拉者詹姆士·布鲁克所统治的王国的首都，当时被叫作沙捞越，直到 1872 年才官方正式更名为古晋。马来人、中国人、印度人，以及包括伊班族和比达友族在内的当地原住民，长期以来不同种族相互交融，使得古晋呈现出参差多态的多元文化风格。尽管城市跨越沙捞越河的南北两岸，但真正的文化精髓和最有趣的旅游景点，例如江滨、殖民地时代建筑和特色纪念品商店等，几乎全部集中在古晋江滨的南岸地区。

沙捞越河蜿蜒穿过古晋城

🏛 沙捞越博物馆（ Sarawak Museum ）

Jalan Tun Haji Openg. 电话: (082) 244-232 🕐 周一至周五：9:00~16:45；周六、周日及公共假日：10:00~16:00 🖥 www.museum.sarawak.gov.my

作为马来西亚最好的博物馆之一，沙捞越博物馆向公众介绍了这个州的历史和民族概览。展品被分别陈列在两座建筑里，主楼的老展厅是一幢殖民地时代宅邸，1891 年在自然学家阿尔弗莱德·沃利斯（Alfred Wallace）的倡导下设立，他发现了许多沙捞越特有的珍稀动植物品种。位于 1 楼的自然科学展区展示了众多沙捞越最著名物种的标本，如犀牛、犀鸟、玳瑁海龟和嚓猴等。2 楼则主要介绍了沙捞越居民的传统生活方式，展示多姿多彩的手工艺品、传统服装、节庆用品、乐器和各类工具，例

如伊班族用来制造文身的三叉针。展品中最受瞩目的是伊班族长屋复制品、伊班族战争图腾，以及来自中国的 20 世纪早期釉罐。现代艺术展通常在新楼的敦阿都拉萨展厅展出，两馆间由一座人行天桥连通。

🏛 伊斯兰文化遗产博物馆（ Islamic Heritage Museum ）

alan P. Ramlee. 电话: (082) 244 232 🕐 周一至周五：9:00~16:45；周六、周日及公共假日：10:00~16:00 www.museum.sarawak.gov.my

博物馆坐落于一间修复完好的 20 世纪 30 年代殖民地时代建筑里，曾作为教师学校使用。博物馆展示了伊斯兰教的历史，以及伊斯兰教在沙捞越和马来—印尼群岛其余地区的传播。博物馆内共设七个展厅，每个都有不同的主题，展示了伊斯兰传统设

计、建筑、风俗、工艺、珠宝装饰艺术、武器、陶器、家用器皿和度量衡等。展品保存良好，展览品质在马来西亚堪称优秀。

🏛 纺织博物馆（ Textile Museum ）

Jalan Tun Haji Openg. 🕐 每天：9:00~16:30 www.museum.sarawak.bov.my

坐落于城市中心的这座装饰着华丽铁艺的博物馆很难被错过。建于 1907 年，起初作为医院使用，在第二次世界大战中曾被作为日本侵略军的宣传中心。如今，这里是纺织博物馆所在地。两个楼层分别陈列着各式各样的展品，包括沙捞越不同原住民族群日常所穿着的服装，以及婚礼和其他庆典时的民俗着装。同时，这里还摆设了女性从事纺纱、织布和染色工作的模型。传统的织锦和扎染在此也有展示。

⬡ 圆塔（ Round Tower ）

Jalan Tun Haji Openg. 电话: (082) 245-652 🕐 周一至周五：8:30~12:30，14:00~17:00；周六、周日8:30~正午

圆塔建于 19 世纪 80 年代，原本打算建一座城堡以抵御海盗，早期曾被作为医务室使用。目前，这里是沙捞越手工艺理事会（Sarawak Crafts Council）所在地，展室内陈列着一些该州品质最好的手工艺精品。常规的织布和编篮技术展示在这里也能找到。

⬡ 印度路（ Jalan India ）

靠近江滨。水上清真寺 🕐 周六至周四：9:00~15:00 🕐 周五

印度路步行街位于城市中心的西边，靠近河边以及 Gambier 街上这座城市最主要的生鲜市场，是古晋最受欢迎的购物街。这里的大多数商店前面都有着殖民地风格的拱门，以销售各式纺织品、鞋、黄铜制品和家用品为主，但是同时这里也有不少纪念品商店和美食摊档。在这条街的最

沙捞越博物馆葬礼柱上的细节

旧法庭综合区内覆盖着铁木屋顶的殖民地时代建筑

西端，坐落着巨大的、令人过目难忘的**水上清真寺**（Masjid Bandaraya），又被称为市立清真寺，拥有镀金的圆顶。这座清真寺建于 1968 年，用来替代原来的木质清真寺。很快，它就成为这座城市最醒目的地标建筑之一。除了祷告时间，只要穿着得当，非穆斯林也被允许进入清真寺。现在，在规模上，这座清真寺已被坐落在河对岸柏特拉再也（Petra Jaya）的州立清真寺超越，该

清真寺内最多可以同时容纳 1.4 万名信徒。

🏛 旧法庭综合区
（Courthouse Complex）

Junction Main Bazaar与Jalan Tun Haji Openg的交会处。□周日

旧法庭综合区是古晋殖民地时代文化遗产中一个重要而辉煌的案例，这是一片拥有铁木屋顶并以罗曼式和宫廷柱式为支撑的建筑群。修建于 1871 年，作为政府办公地，并一直使用至 1973 年。

时至今日，州法院依然在这里办公。主审判庭非常值得参观，墙壁和天花板上都装饰着精美的壁画，描述了沙捞越当地的农家生活。旧法庭综合区前面，于 1883 年增建了一座钟楼，而一座由花岗石打造的查尔斯·布鲁克纪念碑（Charles Brooke Memorial）则是在 1925 年增建的。纪念碑四角上的石像代表了沙捞越的主要族群——伊班人、马来人、华人和乌鲁族人。旧法庭综合区内还有一家沙捞越旅游局的游客信息中心，设有国家公园和野生动物办公室的订票柜台。为了方便且吸引更多游客，这里还建有几间商店和餐馆。

古晋市中心

沙捞越博物馆 ① 印度路 ⑤ 古晋江滨 ⑧
伊斯兰文化遗产博物馆 ② 旧法庭综合区 ⑥ 大伯公 ⑨
纺织博物馆 ③ 方塔 ⑦ 玛格丽特堡 ⑩
圆塔 ④

图标含义见封底勒口

历史悠久的方塔，布鲁克时代的纪念

🏛 方塔（Square Tower）

Jalan Main Bazaar. 电话：(082) 426–093 ⏱ 每天：10:00~16:00

1879 年，拉者查尔斯·布鲁克在法院的北边建起了方塔，替代原来在 1857 年华人采金者的暴乱中被烧毁的木质堡垒。不过，这座塔其实并没作为防御工事被使用，多年来主要作为监狱使用，后来甚至还做过宴会厅。这座塔也是少数从布鲁克时代保留至今的建筑之一。

🏛 古晋江滨（Kuching Waterfront）

位于方塔和希尔顿酒店之间。⏱ 🌙 夜间摊档**沙捞越蒸汽船大楼**Jalan Main Bazaar ⏱ 每天 **中华历史博物馆**Jalan Main Bazaar. 电话：(082) 231–520 ⏱ 周六至周四：9:00~18:00

沿着古晋江滨漫步，是游览这座城市的最大亮点之一。20 世纪 90 年代中期，河边几栋残破的仓库被拆除，经过一系列更新工程，标志性的花园、雕塑、咖啡馆、美食摊档、长椅使这片区域变成了可爱的散步区。沿着步道竖立的牌子，为游客标出一些重要的历史地点。同时，在这里散步，还能欣赏到沙捞越河北岸的艾斯坦那王宫和玛格丽特堡的美丽景致。也因此迅速成为古晋最受欢迎的慢跑、餐饮、散步和观赏河边壮观落日的理想场所。你可以乘坐舢板渡河，或进行距离更长一些的河上巡游。

位于江滨靠后一点的地方，是海唇街（Jalah Main Bazaar），古晋最古老的街道，整条街上商店林立，热闹非凡。这条街上有两幢建筑格外引人注目：**沙捞越蒸汽船大楼**（Sarawak Steamship Building）和**中华历史博物馆**（Chinese History Museum），均被保护得很好。前者建于 1930 年，现在是古晋江滨集市，设有一些纪念品和手工艺品摊档。中华历史博物馆则由查尔斯·布鲁克于 1911 年建造，一度作为华人商会馆。如今，博物馆通过照片和文件，例如早期的贸易线路地图和传统贸易活动的相关介绍，展示了华人族群在沙捞越的发展和演变。

🏛 大伯公（Tua Pek Kong）

Jalan Tuanku Abdul Rahman. ⏱ 6:00~22:00 🎉 农历春节（2月）

坐落在中华历史博物馆对面，俯瞰着缓缓而过的河流的大伯公是古晋最古老的道观，其历史可追溯至 1876 年。据说，大伯公庙是在一座 18 世纪晚期时矗立在此的中式寺庙基础上修建的。明艳夺目的色彩、复杂精美的装饰，这座道观供奉着商人的守护神大伯公，香火鼎盛，总是显得十分繁忙。在道观的选址上，严格遵循了中国传统风水的理论。缅怀和纪念逝者的亡灵庆典（Wang Kang festival）也在这里举行。

🏛 玛格丽特堡（Fort Margherita）

沙捞越河北岸。🚤 从方塔旁边的码头出发 🚫 不对公众开放

临近艾斯坦那王宫，沿着河岸一直向东，便能抵达玛格丽特堡，从远处便可望见其锯齿形雪白的外墙，以及成排的大炮。这是拉者查尔斯·布鲁克于 1879 年下令建造的，以他妻子的名字命名，是此地修建的第二座城堡。第一座由他的叔叔詹姆士·布鲁克建造，不幸于 1857 年在华人掘金工人的暴乱中被烧毁。由于可以俯瞰沙捞越河的全景，修建玛格丽特堡是为了保护古

古晋江滨清晨的景象

本地区住宿及餐饮信息，见282~283页和306页

晋，使其免受从水路进攻的海盗和其他敌人的威胁。不过，这座城堡事实上从来没有发挥过其初衷的防御功能，因为除了第二次世界大战期间日军占领全城之外，古晋再也没有遭受过任何袭击。

不幸的是，这座城堡由于长期未受到妥善维修而显得破旧不堪，如今已禁止公众穿越其主建筑。

沙捞越河北边富丽堂皇的艾斯坦那王宫

古晋玛格丽特堡庄严的瞭望塔

艾斯坦那王宫（Astana North bank of Sungai Sarawak）

沙捞越河北岸。从方塔附近的码头出发

在沙捞越河的北岸，坐落着古晋最重要的历史建筑，令人叹为观止的艾斯坦那王宫。这个名字源于马来语中的"istana"，意思是"宫殿"。艾斯坦那王宫由查尔斯·布鲁克兴建于1870年，作为赠予他的新娘玛格丽特的礼物。在她出版于1913年的回忆录里，玛格丽特对于其在这里的生活进行了追忆，书名为《我的沙捞越人生》。

这座宫殿由三座木板瓦屋顶的优雅建筑组成，坐落在精心修剪的草坪之中，可以欣赏到河南岸旧法庭的风景。据说布鲁克在园中种植了槟榔，这样在达雅克族长觐见时便可以赠予对方。目前，艾斯坦那王宫是沙捞越州长的官方宅邸，不对外开放。

猫雕像（Cat Statues）

古晋在马来语中的意思就是猫。尽管城市最初的名字已不可考，但市中心坐落的好几尊猫雕像成为一道独特的风景。雕像全都位于沙捞越河的南岸，中华历史博物馆东面江滨有一座小雕像，另一座大型雕像位于Hilton Kuching酒店（见283页）对面的Tun Abdul Rahman路上，还有一座位于Pandungan路东面一根梁柱的基座上。最大的一座是高达1.5米的古晋巨猫塑像，设在Padungan路和中央大街交会处。

猫博物馆（Cat Museum）

古晋市政厅北面。电话：(082)446-688 Petra Jaya公交车2C或2D 周二至周日：9:00-17:00 周一和公共假日 摄影3令吉，摄像5令吉

猫博物馆坐落在柏特拉再也的新城，位于河的北岸，这座媚俗的博物馆是世界上少数几个专为猫设立的博物馆之一。展示内容几乎涵盖了与猫有关的一切事情，包括艺术、邮票、图片、音乐、电影，甚至还有加菲猫漫画。

山都望河 ❷
Sungai Santubong

古晋北 20 千米。🚌 乘观光车到山都望码头 🚢 观光船 16:00~17:00 🚢 从古晋出发

蜿蜒流过古晋的平原，山都望河沿着沙捞越汇入中国的南海。在干燥季节里，3月~ 10 月间，人们有时可以见到成群的稀有的短吻海豚在河湾觅食嬉戏。这些体形小巧、扁平鼻子的可爱小家伙们是难以被发现的，因为它们不像它们远方海域的亲戚那样喜欢跃出水面觅食。即使这样，观察这些小海豚的美妙经验成了当地有名的乘船旅游胜景。

有些游船会一直沿着附近的萨拉卡河（Sungai Salak）抵达**古晋湿地公园**（Kuching Wetlands National Park）。那里的盐湖地区生长着大面积的红树林和沼泽，以及成片的灌木丛，而且湿地公园拥有自身细小的河道系统和潮汐期的小溪。有许多野生动物生活在这片沼泽地里，包括鳄鱼、长鼻猴、鹦鹉和其他颜色鲜艳的鸟类。在夜晚，成群的萤火虫将照亮河边的树林。而游船是探索这片湿地的唯一方法，在古晋有一些旅行社和旅游经营者能够提供这样的旅游项目。

🦎 古晋湿地国家公园
古晋北15千米。🏖️📷✏️

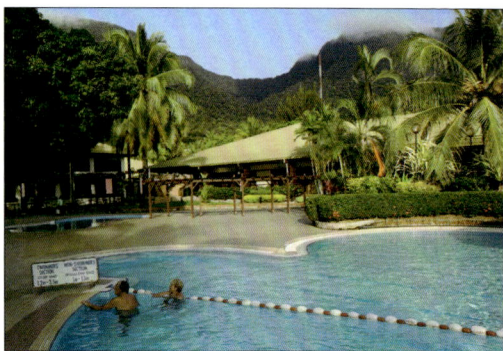
位于达迈海滩假日酒店的礁湖风格的水上乐园

山都望 ❸
Santubong

古晋北 32 千米。🏠 800 🚌 Petra Jaya 公交车 2B

倚靠着山都望河，这座小渔村坐落在 810 米高的山都望山脚下。在 8 ~ 12 世纪期间，山都望是一个重要的商业中心。如今，它只是一座宁静的小村庄，但那些色彩斑斓、建造在桩柱和渔船码头上的木质房屋，还是值得一看的，尤其适合拍照。清晨是山都望一天之中最热闹的时候，渔民们会在码头贩卖他们的捕捞收获。附近的咖啡馆很有名，可以品尝到鲜美的海味。

在去往山都望的路上，有一条不太起眼的小径通往**佳翁河**（Sungai Jaong），这是沙捞越地区最重要的考古遗址之一。出土文物中包括众多佛教和印度教石雕，经过鉴定制作于约 1000 年前。其中有一个

斜倚着的人物塑像依然栩栩如生，但大部分雕刻已经被岁月风化了。

达迈海滩 ❹
Damai Beach

古晋北 35 千米。🚌 Petra Jaya 公交车 2B 🍴 🏖️ 🅿️

达迈海滩位于山都望半岛的西侧，是沙捞越最美丽的海滩之一。从古晋前往十分方便。达迈海滩有一些十分漂亮的度假酒店，是一处热门度假地，周末常人满为患。这里提供丰富的水上运动项目，包括帆船、潜水、冲浪，以及山地自行车和高尔夫等。海滩的咖啡馆和餐馆也因为供应地道的鲜海味而赢得了极佳声誉。

风景如画的林间小路在山都望铺展开来，十分适宜进行徒步旅行。丛林步道沿路清晰标示着蓝色路标，是一条 1.6千米长、轻松的散步佳径，从Damai Beach Resort 酒 店（见282 页）启程。另外一条更有挑战性的线路，是山都望山顶步道，也从这里出发，蜿蜒通向山顶，沿途标有红色路标，需要 5 ~ 7 小时才能完成。选择这条路的人要有不错的身体状态，一双结实的登山鞋，还要携带大量饮用水。在达迈海滩度假村可以咨询和报名相关行程。

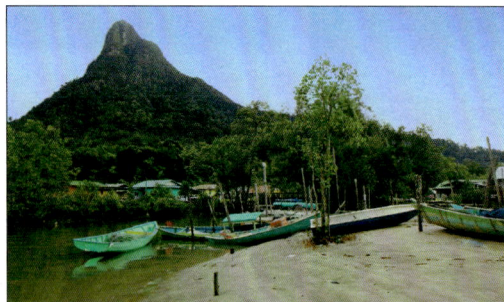
山都望山耸立于山都望河水面之上

本地区住宿及餐饮信息，见280~281页和304~305页

沙捞越文化村 ❺
Sarawak Cultural Village

古晋北 35 千米。**电话**：(082) 846-411 观光巴士和 Petra Jaya 公交车 2B、15 每天：9:00~17:15；文化演出为每天 11:30 和 16:00 丰收节（5 月）、热带雨林世界音乐节（7 月）www.scv.com.my

坐落于山都望山脚下的沙捞越文化村是了解当地传统文化的极佳途径。沙捞越发展建设公司在 20 世纪 90 年代建立了这样一片民俗风格的村落，由 7 座依湖而建的房屋组成，每一栋房屋都是传统民宅的典型代表，由当地原住民建成。伊班族、比达友族和乌鲁族的长屋并肩而立，还有一间马兰诺族（Melanau）高屋、一间本南族（Penan）棚屋、一座中式农舍和一幢马来风格的房舍。不同族群的人们展示着各自独特的艺术和传统手工技艺，例如木刻、纺织、编制篮筐、制作剑器和珠饰细工等。马兰诺族高屋外有传统西米压制的展示表演，在本南族棚屋里则可以观看烟筒的制作过程。游客不妨花上 3 ~ 4 天时间在这里学习一些传统手工艺，会是很有趣的体验。这里还会举办传统歌舞演出，每天舞者穿着精致的演出服装在村里的室内剧院表演。在当地的商店内可以买到各种传统手工艺品，非常适合当作旅游纪念品。

热带雨林世界音乐节

每年 7 月，沙捞越文化村举办这场世界性的音乐盛会，这一传统从 1998 年就开始了。音乐节会持续 3 天，参与表演的歌手来自世界各地，之前还有从马里、蒙古和马达斯加等地远道而来的音乐人。而这个音乐节现在也为人们提供了一次难得的机会，可以欣赏到马来西亚原住民的原生态音乐。在这 3 天里，音乐家们会组织起工作室和研讨会，而更多的是长屋里的即兴表演，以及每天晚上在露天舞台的狂欢。极具异域风情的舞台设置在湖畔，山都望山则是绝世的背景，平添了激动人心的气氛。可以在达迈海滩的度假村和酒店预订住宿，而喜欢住在古晋城内的游客，则可以乘坐多个班次的公交车前往参加音乐节。建议登录官方网站（www.rwmf.net）查阅相关信息。

杰里・卡米特是一位沙贝演奏艺术大师

库巴国家公园与马当野生动物中心 ❻
Kubah National Park and Matang Wildlife Center

古晋西 20 千米。**电话**：(082) 248-088 从古晋出发 每天：8:00~17:15 www.sarawakforestry.com

占地 22 平方千米的库巴国家公园是沙捞越面积最小也最易进入的公园之一。在这片砂岩高地上有三座山峰——911 米高的色拉必山（Gunung Serapi），相对较小的雪兰山（Gunnung Selang）和胜托克山（Gunung Sendok），构成了这片野生动植物天堂的背景。在硬木丛林与温柔的溪流瀑布之间，生长着超过 90 种棕榈树和各式各样的兰花。尽管这里生活着须猪、鼷鹿等多种野生动物，但它们并不经常被人们看到。人们更容易观赏到各种鸟类，例如褐红色的啄木鸟和漂亮的翠鸟。

多条林间步道十字交叉地穿过整个公园和山地，包括以美景著称的瀑布步道（Waterfall Trail），游客沿着瀑布溪流的落差，徒步跋涉 2~3 小时后可以到达云雾缭绕的色拉必山山顶。**马当野生动物中心**（Matang Wildlife Center）就位于附近，在这里人们可以看到众多珍稀的濒危动物，例如红毛猩猩、水鹿、犀鸟和长鼻猴等。沿着猪笼草步道（Pitcher Trail）前行，沿途会看到各种各样的肉食性猪笼草。关于公园景区内的住宿，建议游客提前在位于古晋的游客信息中心（见 155 页）进行咨询和预订。

马当野生动物中心
库巴北 13 千米。
电话：(082) 225-012 至库巴或马当理工学校，然后乘坐当地小巴

沙捞越文化村的一位比达友妇女在编织藤条篮筐

司马丹 ❼
Sematan

古晋西100千米。👥 2300 🚌 从古晋到伦乐，从伦乐乘坐STC17 🎪 司马丹嘉年华（8月）

司马丹的海边村庄是广受古晋人欢迎的周末度假地。长长的沙滩很安静，有棕榈树，还有五彩缤纷的渔船停泊在海湾。村庄本身很小，由几排商店和一个有着食物摊档的当地市场组成，那些摊档的鱼很美味，还有一处码头。涨潮时不能下海游泳。船只从司马丹开到梅拉诺湾（Teluk Melano），一座依偎在达都半岛（Datu Peninsula）美丽海湾里的马来渔村。村里设有家庭旅馆，由马来西亚渔业委员会组织管理，为游客提供体验当地家庭生活的机会。每年10月～次年3月的季风季节船不开航。

当地旅游业的最大亮点，就是每年8月的司马丹嘉年华。为期3天的活动包括音乐节、沙滩游戏和土特产展销。

丹绒达都国家公园里的鲜花

丹绒达都国家公园 ❽
Tanjung Datu National Park

距司马丹23千米。🚤 租船从司马丹或梅拉诺湾出发 📅 4月～9月 每天：8:00～17:15 💻 www.sarawakforestry.com

坐落于沙捞越州最西边的一角，丹绒达都是沙捞越国家公园中面积较小但风景最优美的一个。这里拥有两片迷人的沙滩：巴斯尔安度（Pasir Antu）和巴斯尔比如普（Pasir Berunpu），背后是高耸的山峰。公园真正的亮点是珊瑚礁，在清澈的海水中清晰可见，离海岸也足够近，四处走走就可以欣赏到！人造礁石离海岸线较远，坐船可抵。公园里遍布的热带雨林是野生动物的家园，游客有机会听到长臂猿的叫声，甚至可能在近海看到海豚和海龟。公园中有四条不同长度的步行线路，引导游客穿越未被破坏的原始森林和海岸线。尽管公园无法为游客提供丰富的旅游设备，却拥有无可替代的田园风光，因此公园的一日游行程堪称物超所值。

公园的许可证和门票需要在古晋的游客信息中心获取（见155页）。

沿着加丁山国家公园茂密的丛林小道徒步旅行

加丁山国家公园 ❾
Gunung Gading National Park

古晋西80千米。🚌 从伦乐乘坐STC17 ☎ 电话：(082) 735-714（公园总部）📅 每天：8:30～17:15 💻 www.sarawakforestry.com

1983年，作为世界上最大的花——大王花的保护区，加丁山国家公园正式建立。游客在步道上就能看见这种独特的花朵，这些步道的设计是为了防止人们踩踏那些抽芽不明显的脆弱嫩芽。带有白色斑点、臭烘烘的大红花，宽度可以达到1米。这种罕见的寄生植物开花时间不可预知，花期很短，仅能持续几天时间，因此提前打电话询问公园是否正值花期，绝对是明智之举。游客还可以看见魔芋，这是一种天南星科的巨大草本植物。

公园延伸跨越了四座被丛林覆盖的大山：加丁山（Gunung Gading）、柏里吉山（Gunung Perigi）、伦乐山（Gunung Lundu）、塞布洛山（Gunung Sebuloh）。穿越公园的步道线路以不同颜色进行了标注，分

停靠在司马丹码头的渔船

本地区住宿和餐饮信息，见282~283页和306页

别代表了路径的不同难度级别。其中最轻松易走的是瀑布步道（Waterfall Trail），沿途会经过7座大瀑布。具有挑战性的加丁山步道（Gunung Trail）通往高达910米的山顶。在公园总部附近，游客还能看到一片自然的池塘。

风洞与仙洞 ❿
Wind Cave and Fairy Cave

古晋西南方向50千米。 从古晋坐STC2到石隆门，然后乘出租车 电话：(082) 765-490 每天：8:00~17:15 从古晋安排 www.sarawakforestry.com

在一整片石灰岩峭壁中，形成了两座著名的洞穴，坐落在曾经的淘金小镇石隆门（Bau）附近，可从古晋前往进行一日游。风洞位于石隆门以西3千米，由汇入加央河之前流经洞穴的地下河流网络构成。洞内充满石笋和钟乳石柱，有木质小道通往另一端的河流，是广受欢迎的游泳和野餐地点。为了保护洞穴和其周边的石灰岩森林——众多珍稀植物，包括多种棕榈树的家园，风洞已被指定为自然保护区。

向南5千米的地方，坐落着规模更大一些的仙洞，需攀爬一段阶梯后到达。主要洞穴由一系列石笋构成，其中一块石笋被认为形态很像观音，这个洞因此变成了朝拜圣地。两个洞穴内部没有照明，进入内部空间，手电筒是必需的。

实蒙谷野生动物中心 ⓫
Semenggoh Nature Reserve

古晋西南方向24千米。 电话：(082) 618-325 从古晋乘坐STC 6 每天：8:00~12:45、14:00~16:00 www.sarawakforestry.com

这个野生动物中心是蜂蜜熊、猩猩、鳄鱼、猴、长臂猿、犀鸟和野猪等动物的栖息地，这些动物都因遭到猎杀而失去父母，或是从非法捕猎的笼子里救出来的。让猩猩能够重新适应大自然环境并返回天然栖息地，是这个中心的首要目的。这里的猩猩恢复计划格外成功，生活在周边森林里的半野生猩猩的数量逐渐增加。由于这里的森林中的灵长类动物已达到饱和容量，这个计划现已被转移到马当野生动物中心（见159页）。因为猩猩的生活习性自由漫游，因此不保证在参观时能一定看见它们。最好的时机是每天的喂食时间，在9:00~15:00。

中心周围设置有几条令人愉快的步行线路。这里的植物研究中心（Botanical Research Center）致力于对丛林中具有药用功能和疗效的植物进行分析研究。

实蒙谷野生动物中心的母猩猩和小猩猩

比达友族

比达友是居住在沙捞越的达雅克族原住民中最大的一支，传统上他们以农耕和狩猎为生，主要集中在古晋西部，他们居住的长屋点缀在安娜莱斯（Anna Rais）山的斜坡上。与沙捞越其他的达雅克人不同，他们的长屋坐落在山脚下而不是在河边。英国人说他们是"陆地达雅克族"，以区分"海上达雅克族"——如伊班族，他们去每个地方都要坐船。比达友人尤其擅长砍竹、编篮和制作珠饰品。可以看见女人们坐在路艾（ruai，即公共阳台）上，制作点缀满珠子的帽子，他们会在特殊场合用到这种帽子，其中一个就是6月初举行的嘉华节（Gawai Padi festival），比达友人以此感谢稻神赐予的丰收，庆祝方式包括唱歌、跳舞和喝酒等。

比达友族长屋的阳台

巴哥国家公园 ⑫ Bako National Park

建于 1957 年的巴哥，是沙捞越的第一座国家公园，占地面积 27 平方千米，生长于此的植物种类从雨林到沼泽植被，从红树森林到灌木丛林，陡峭的石崖间隔着深深的峡湾、白色的沙滩和火红的红树海岸线。巴哥是自然爱好者的天堂，也是马来西亚最好的观赏稀有动物的公园之一，如长鼻猴、须猪、黑鹿、猕猴等，使得这里成为备受野生动物爱好者青睐的旅游目的地。尽管公园可以在白天游览，但发现野生动物的概率还是在清晨和傍晚时更高一些，因此建议不妨安排在公园过夜的行程。

南海

地图所示区域

图例

□ 巴哥国家公园

★ 海蚀
这些塔状石头岩层是巴哥海岸线的典型特色。它们是海水冲击岩底部相对柔软的砂岩而形成的，经年累月的腐蚀之后，只剩下更加坚硬的石灰岩柱矗立在此。

South Ch Sea

Teluk Pandan Kecil

Teluk Batu Belah

Teluk Paku

TELUK PANDAN BESAR

巴哥村

Teluk Assam

Bako Park Headquarters

Bukit Tumbi

Tanjung Sapi

ULU ASSAM

Teluk Delima

SERAIT TRAIL

LINTANG TRAIL

★ 巴哥的野生动物
在巴哥，游客有机会看到多种多样的野生动物，包括飞狐猴、巨蜥和150种不同鸟类。不过，真正的公园之星是濒危动物长鼻猴，因其独特的长鼻子而得名，这是一种以红树属植物的叶子为食的群居动物。

达利马湾线是观赏长鼻猴的最佳步道线路之一。

林堂线是一条 5 千米长的环形线路，在下行至海岸线之前，会先爬上砂岩平原。

0 千米 ———————— 1

0 英里 ———————— 1

星级景点
★ 海蚀
★ 巴哥的野生动物
★ 大卓瀑布

本地区住宿及餐饮信息，见282~283页和306页

茅膏菜植物
由于巴哥的大部分土地相对贫瘠，食肉植物如大水罐、茅膏菜必须吸引和诱捕昆虫，从它们的身上得到养分。

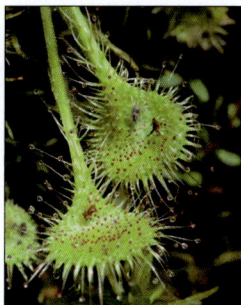

游客备忘

古晋向北40千米。
至巴哥村，然后坐船至公园
电话：(011)225-049（公园总部）
每天：8:00~16:15
宿营许可证须提前在古晋的游客信息中心（见155页）预订
www.sarawakforestry.com

探索公园

公园内共有16条步道线路，每一条都用颜色斑点在树上进行了标记，这样即使没有向导也很方便游客进行探索，沿路的各处景观都会让人眼前一亮。在公园总部附近有一些小旅舍和宿营地，但是建议提前进行预订。

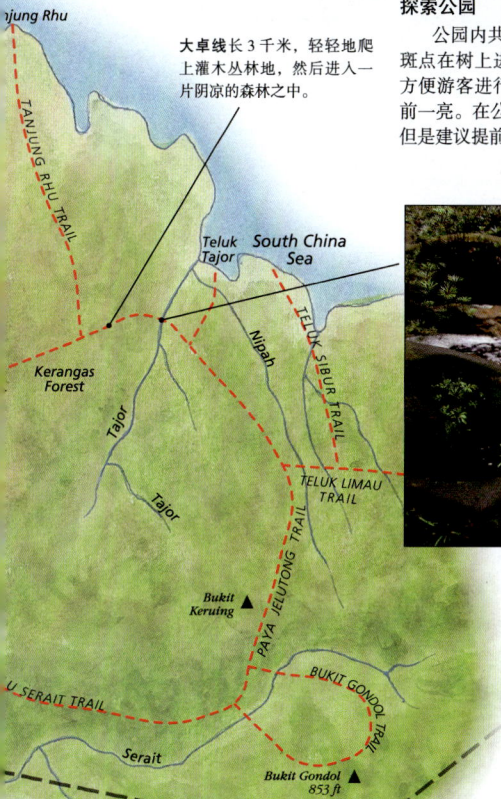

大卓线长3千米，轻轻地爬上灌木丛林地，然后进入一片阴凉的森林之中。

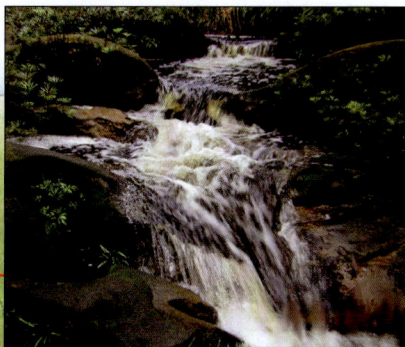

Tanjung Rhu

TANJUNG RHU TRAIL

Teluk Tajor　South China Sea

Kerangas Forest

Tajor

Nipah

Tajor

TELUK SIBUR TRAIL

TELUK LIMAU TRAIL

PAYA JELUTONG TRAIL

Bukit Keruing

BUKIT GONDOL TRAIL

U SERAIT TRAIL

Serait

Bukit Gondol ▲ 853 ft

★ **大卓瀑布**（Tajor Waterfall）
作为备受欢迎的野餐地点，大卓瀑布位于沿着大卓步道向下4千米的地方。瀑布很小，有一个可以泡澡的水塘，最好的游览时间是在下过一场大雨之后。从公园总部走到瀑布大概需要2小时。

图例

- – – 铁路
- – – 公园边界
- ‑ ‑ 渡船线路
- ⛴ 渡船码头
- ℹ 游客信息中心
- ⛺ 宿营地
- ▲ 山峰

巴哥的猴子恶作剧

由于对人类的出现已经相对适应，越来越容易看到在公园总部附近觅食的长尾猴。近距离观察猴子，尽管最初总是令人感到兴奋，但是猕猴很有可能会趁游客不注意的时候抢走其背包或随身物品，因此小心猴子的恶作剧还是非常必要的。正因如此，公园甚至将垃圾处理系统也都进行了防止猕猴捣乱的特别设计。

一只母猕猴带着猕猴宝宝

五彩缤纷的长船停泊在拉让河岸边

拉让河 ⑬
Batang Rajang

从古晋出发。🚢 Bintawa Wharf，每天：8:30 从古晋出发的渡轮至诗巫（用时 4 小时）🚌 每天 🎉 嘉华节（5 月~6 月）

蜿蜒 560 千米，宽阔的拉让河是沙捞越最长的河流，也是这个州中部和东南部城镇的贸易大动脉。因其上游是木材业的心脏地带，河水经常被泥土和各种伐木碎片以及废弃物弄得一片泥泞。

这个地区的主要居民是原住民，两岸遍布着长屋。下游主要居住的是伊班族，上游是加央族和肯雅族。古晋、诗巫和加帛等地的旅行社均可以为游客安排河上渡船观光和参观长屋。自助游旅行者也可以造访长屋，但在进入传统长屋之前，要先等待并得到屋主的邀请。

渡船是拉让河两岸城镇的主要交通工具。所有城镇的码头都挤满了快艇，还有小一些的机动长船。从古晋至布拉甲的全程都可以依靠渡船完成。这段旅程的第一段到诗巫，这里也是拉让河的主要交通枢纽。码头分成上游和下游交通，为到达卡诺维特和加帛提供了便利。

接下来的 6 小时是从加帛到布拉甲的这段行程，会途经柏拉固急流（Pelagus Rapids），这是一片 2.5 千米长的大瀑布，由于水位骤降至河床还会产生大量漩涡。在 5 月~8 月之间，如果这段大瀑布的水面过低，船只可能根本无法通行。过了布拉甲，拉让河就会分成布拉甲河和巴鲁伊河（Batang Balui）两条支流。

拉让河的最佳旅行时间在 5 月底~6 月初之间，也就是达雅克族在长屋内庆祝嘉华节（Gawai Padi，见 51 页）的时间。

商人的守护神，大伯公

诗巫 ⑭
Sibu

古晋东北方向 193 千米。✈ 26 万 🚌 Sungei Antu 🚌 Jalan Khoo Peng Loong 🚌 32 Jalan Cross，(084) 340–980 🎉 每天

作为沙捞越州最大区的首府，诗巫也是该州的主要港口和重要经济中心。这座城市最早的崛起与成长都要归功于橡胶业，大多由华人商人运营，他们受到拉者查尔斯·布鲁克的鼓励，纷纷来此经营生意。后来，这些华人商人还建立了庞大的木材贸易。在诗巫的众多景点中，有一座历史超过 100 年的寺庙，供奉着大伯公，此人是商人信奉的守护神。这座寺庙坐落在水岸边的最西端，拥有一座七层宝塔，景观宜人，令人心旷神怡。

市中心往北 2.5 千米，便是**诗巫市民中心遗产博物馆**（Sibu Civic Center Heritage Museum），通过展出的老照片和工艺品等器物，可以追溯这座城市的历史与发展。博物馆内还有很丰富的白瓷收藏，这些藏品的历史最早可追溯至 10 世纪。

周边地区

坐落在诗巫上游约 65 千米处的**卡诺维特**（Kanowit）是一个小地方，有几处非常有趣的景点。主要的亮点是爱玛城堡（Fort Emma），由拉者詹姆斯·布鲁克于1859年兴建，以他的妹妹的名字命名。城堡用竹子和木材建成，曾经用来防御伊班族对拉让河上的梅拉诺部落的袭击。最后，此地成为拉者统治成功的关键。城堡不对公众开放。

诗巫市民中心遗产博物馆
Jalan Tun Haji Openg
电话：(082) 240-620
周二至周日：10:30~17:30

加帛 ⑮
Kapit

诗巫东200千米。99840 从诗巫出发 (084) 796-445

　　加帛面积很小，却是个繁忙的河边城镇，沿岸遍植绿树植被，风光怡人。城里的主要地标就是具有历史意义的**西尔维亚堡**（Fort Sylvia），一座外墙刷白的铁木结构建筑，以第三任白人拉者瓦伊那·布鲁克的妻子的名字命名。城堡兴建于1880年，是为了控制和抵御这个地区的伊班族割头党。现在是博物馆和技工训练中心。市民中心还有一个有趣的博物馆，展示伊班族和乌鲁族长屋的早期照片。

　　加帛也是住在上游的原住民的贸易中心，在城镇中心附近每天都有充满活力的

加帛市场上每天销售的色彩斑斓的蔬菜

市场，挤满售卖丛林农产品的商贩，例如新鲜的蔬菜、热带水果和蜂蜡等。对于大多数游客来说，最大的吸引力便是能够沿着拉让河的上游地带探访那些遥远的长屋。

周边地区

　　距加帛只有10千米的**万隆长屋**（Rumah Bundong）是一座真正的伊班族长屋，里面生活着大约40个家庭。探访的最佳时间是在下午的晚些时候，因为大多数长屋居民白天都会去田间劳动。客人通常会被带着四处参观，还会品尝一杯椰花酒（tuak），这是一种当地产、酒力强劲的米酒。也可以安排在长屋中过夜留宿。

西尔维亚堡
Jalan Kubu
周二至周日：10:00~正午、14:00~17:00

万隆长屋
加帛的机场路，班次不规律

布拉甲 ⑯
Belaga

加帛东北方向150千米。25.3万 至民都鲁 从加帛出发 每天 **布拉甲酒店** 14 Belaga Bazaar 电话：(086) 461-244

　　作为拉让河上最后一片具有一定规模的聚居区，布拉甲比沙捞越其他城镇更加富有多元种族文化融合的魅力。伊班族、肯雅族和彭兰族人会把他们的丛林农产品带到布拉甲的市集上售卖，除了他们以外，还会有来自加里曼丹的商贩来此销售季节性的野生蜂蜜。深度探索沙捞越的外国游客数量并不太多，但只要是选择这么做的游客，就一定会来布拉甲。这里是参观肯雅族和加央族长屋的最佳目的地之一，这些长屋还有一大特色，便是纱笼（salong，即一种错综复杂雕刻的坟墓标记），在很远的地方便可一眼望见。参观长屋的探访行程可以在**布拉甲酒店**（Belaga Hotel）进行安排。

加帛滨水边坐落着明亮的外观涂白的西尔维亚堡

木胶 ⑰
Mukah

古晋东北方向 180 千米。🚗 5.5 万 ✈
仅从古晋出发 🚌 ⚓ 祭海节（4月的
第二周）

在诗巫（见 164 页）的北海岸，有一座静谧的小渔村木胶，主要生活着马兰诺族。马兰诺族的一些传统高屋民宅今天还可以看见，虽然他们现在更倾向于简单的马来式民居。小渔村主要的景观和房屋都围绕着木胶河南岸展开建造，包括市集和大伯公神庙，神庙的墙壁上绘有相当精美的佛教、道教神仙壁画。

木胶每年最热闹的庆典，便是 4 月中旬的祭海节（见 51 页），以祈求大海的庇护以及庆祝新的渔猎季节的开始。庆典内容之一是马兰诺族舞蹈，人们随着传统音乐的伴奏在沙滩上载歌载舞，还要在一种叫迪保（tibau）的高高的秋千上来回摇摆，以祈求丰收。

距木胶中心不远有另外一座小渔村甘榜蒂莲（Kampung Tellian），这里有颜色鲜艳的船只、蜿蜒曲折的小路以及狭窄修长的小桥。还坐落着一家**拉民达纳**（Lamin Dana）博物馆，保存了一系列有关马兰诺族文化的展品，包括纺织品、槟榔盒、藤条篮筐等。另外，马兰诺族传统的高屋可以为游客提供过夜住宿服务。

🏛 **拉民达纳**
甘榜蒂莲。☎ (082) 241~735
🕐 周一至周六：9:00~17:00

民都鲁 ⑱
Bintulu

古晋东北方向 600 千米。🚗 10 万 ✈
🚌 ⚓ www.bintulu.org

民都鲁在 20 世纪 70 年代经历了一段迅速发展的黄金期。当时马来西亚最大的天然气田被发现于附近的海岸，使

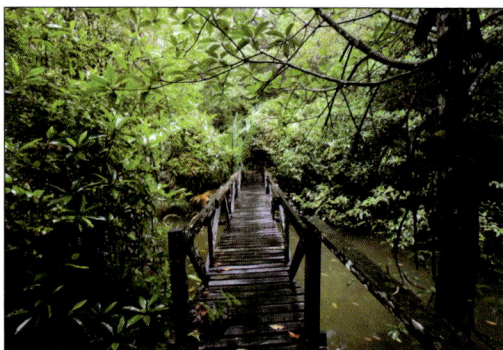
西米拉遥国家公园内一条跨越小溪的步道

得原油码头和民都鲁港口迅速建立，该港口是马来西亚第二大深海港口。

市中心最重要的建筑之一是**州议会纪念碑**（Council Negeri Monument.），矗立在城市的西河岸。另外值得一看的是摩尔式的**亚细亚吉林清真寺**（Masijid Assyakirin），有醒目的蓝色穹顶和宽阔漂亮的庭院。还有一座**观音堂寺庙**（Kuan Yin Tong Temple）。

河的对面是**甘榜惹巴**（Kampung Jepak）村，著名的马兰诺高脚民居十分抢眼，这里还以峇拉煎（belacan，即虾酱）著称，在许多马来风格的烹饪中都会放入这种有些辛辣的调料。在城镇北部不远处是环境幽静的休闲小公园**道比纳**（Taman Tumbina），其内还有一座动物园。

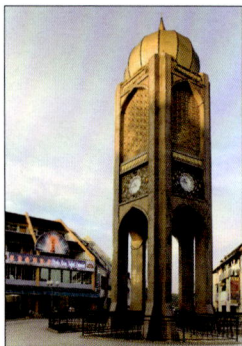
标志着沙捞越立法会成立的纪念碑

西米拉遥国家公园 ⑲
Similajau National Park

民都鲁东北方向 30 千米。**电话**：(086) 391-284 🚌 ⚓ 乘坐快艇从民都鲁出发 🕐 每天：8:00~12:30、13:30~17:15
🅿 ♿ 🏕 www.sarawakforestry.com

占地 70 平方千米的西米拉遥国家公园建立于 1976 年，旨在保护每年来此产卵的绿毛龟，并为它们创造一个安全而理想的栖息地。西米拉遥公园目前依然是沙捞越地区游客最少踏足的公园。

正因如此，31 千米长的公园海岸线更显天然与美丽，四处遍布着绿树，间或点缀着岩石海岬。公园里的主要步行线路都标示清晰，沿着海岸铺展开来。一些由大道分支出的小径也很有趣，包括**瞭望点**（Viewpoint）和**雪蓝索**（Selansur）。经典的黄金沙滩是游泳的好去处。沿途可以观赏到长臂猿、长尾猴以及狐蝠，这些动物在其他地区已濒临灭绝。这片公园也是 180 多种鸟类的家园，包括鹦鹉、夜莺、犀鸟等。咸水鳄则居住在稍大一些的河流中，在其出没地附近有警告标志，提醒游人不要下河游泳。

海豚和鼠海豚偶尔会在这里现身。最佳游览方式是租一艘船沿海岸线探索，详情可向公园管理中心咨询。

伊班族长屋

传统意义上，沙捞越地区的所有原住民都聚居在长屋里，这也反映出他们紧密团结的部落文化。作为达雅克族中最大的一支，伊班人在16～18世纪时从加里曼丹的卡布阿河流域（现属印度尼西亚）迁移到了沙捞越地区。大多数伊班族长屋，被称作 rumah panjang 或 rumah panjai，分布在实哥郎河（Skrang）、乐曼娜（Lemanak）、八塘涯

一位拥有传统文身的伊班族男性

湖（Batang Ai）以及拉让河一带，参观这些地方往往要坐较长时间的船。长屋一般建造在河边，由矗立在柱桩上的木结构支撑，茅草屋顶，墙体则使用当地的竹子或藤条编织，再用爬行动物身上的纤维绑定。在这样的长屋居住一阵，将是珍贵的旅游体验，而且伊班人都很好客，他们会拿出椰花酒和许多其他美味来招待远道而来的客人。

传统茅草屋顶现已逐渐被金属屋顶代替。

桩柱支撑着整体结构，通过树干搭成的台阶进入长屋。

私密卧室（bilek）沿着长长的、由屋顶遮盖的公共游廊（ruai）排列。

传统长屋

长屋室内的主要空间由建筑中心的一道墙所隔断。墙的一边是宽敞的公共走廊，另一边是一排私密卧室，每间卧室都可通过一道独立的门进入。厨房区域则位于私密卧室内部。

居住空间的下部饲养着鸡和猪等家禽家畜，废弃物和其他残羹剩饭通过竹板送到下方。

宽敞的公共游廊，一直往下通向长屋的中央，而所有带门的私密卧室都朝向这个公共空间。公共游廊是社交场所，同时也是人们制作手工艺品的工作地。

露天阳台（tanju）是条位于建筑室外的走廊，一般是在长屋的前方沿着建筑物的周围蔓延开来。阳台的地板由竹子铺成，常年裸露在外，经历风吹日晒。这片区域主要用来烘干大米、咖啡、可可豆、胡椒，或者晾晒衣服。

米里 ⑳
Miri

古晋东北方向 830 千米。■ 30 万 电话：(082) 764-231 ✈ 🚌 周六、周日 🎵 米里国际爵士音乐节（5 月）。丰收节（6 月）www.miricity.com.my

米里曾经是一处纯朴安静的小渔村，自 1910 年马来西亚的第一口油井在这里钻孔开始，逐渐发展为沙捞越的第二大城市。20 世纪 70 年代以后，随着海岸线上的油田被关闭，米里开始将发展重点转向旅游业。

亚塔夸清真寺（Al Taqwa Mosque）是一座拥有白色拱门的建筑，金色穹顶掩映在茂密的棕榈树间，十分美丽。位于加拿大山峰（Canada Hill）顶处的 1 号钻井又被称为"老妇人"，曾是马来西亚的第一个石油开采地，现已成为国家纪念碑的所在地。旁边还有一座**石油博物馆**（Petroleum Museum），记载了本地石油工业的成长史，感兴趣的游客也可以去看看。

在米里周围海域中环绕着数量众多的宏伟礁石，神仙鱼、魔鬼鱼自在游弋，堪称马来西亚最迷人且生态环境最佳的礁石群，并因此促进了当地旅游业的发展。

穆喜巴市场上出售的新鲜蔬菜

🇨 **亚塔夸清真寺**
Jalan Merpati. 电话：(085) 412-291 🚫 欢迎非穆斯林在祷告以外的时段进入参观。

🏛 **石油博物馆**
Canada Hill.
🕐 周二至周日：9:00～17:00 🚫

尼亚国家公园 ㉑
Niah Caves National Park

米里南 115 千米。ℹ️ 公园管理中心，Pengkalan Batu，米里。电话：(085) 737-450 🚌 从民都鲁或米里出发至 Batu Niah，然后乘坐出租车 🕐 每天：8:00～17:00 🚫💳🏪🚻🚫♿ 在米里游客信息中心提前预订 www.sarawakforestry.com

尼亚国家公园是东南亚最重要的考古挖掘地点之一，也是沙捞越最精彩、最壮观的景点。1958 年，时任古晋市沙捞越博物馆馆长的汤姆·哈里森在大岩洞的洞口处发现了古人类的头盖骨和一些工具——证明了早在 4 万年前此地就已有人类居住和活动。以这座庞大的主岩洞为核心，这里在 1975 年被确立为国家公园，覆盖了 32 平方千米的茂密雨林和石灰岩地貌。

从公园的管理中心出发，经过短短一段船程，便可横跨尼亚河，抵达通往岩洞的人行步道。首先看到的是商人洞（Traders' Cave），得名于之前在这里出售海鸟粪和鸟巢的商贩。继续向前走便是主岩洞（Great Cave），也是世界上最大的岩洞之一，250 米见方的体量非常惊人，洞口处净高达到 60 米。这些洞穴是金丝鱼和蝙蝠等野生动物的家，每逢收获季节，那些采集鸟巢和蝙蝠粪便的工人会在岩洞内部宿营。从主岩洞的内部出发，沿着一条小径便会到达彩绘洞（Painted Cave），洞内古老的壁画使用红色的赤铁矿石绘制。洞内还发现了一些小船一样的棺材，当地人称之为幽灵船，凭此推测，这些洞穴在古时可能被用作当地人的墓室。这些珍贵的壁画和棺材已经被围墙保护起来。目前，彩绘洞因为整修而暂时关闭，想参观的游客请提前与公园管理中心确认。

尼亚国家公园的彩绘岩洞内布满了岩石

本地区住宿及餐饮信息，见282~283页和306页

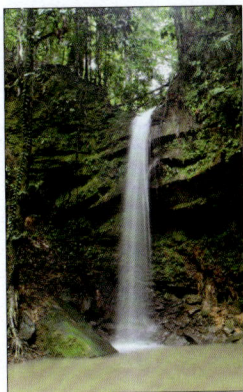

蓝比尔山国家公园的班都瀑布

蓝比尔山国家公园 ㉒
Lambir Hills National Park

米里南32千米。公园总部，(085) 471-609 从米里出发 每天：8:00~17:00 在古晋或米里的游客信息中心预订 www.sarawak-forestry.com

崎岖坚固的砂岩山脉、龙脑香科树雨林、低低覆盖的灌木丛林地，以及丰富多样的野生动物——这就是蓝比尔山国家公园，一处备受欢迎的周末度假天堂，也是当地人逃离米里都市生活的世外桃源。公园里的著名景点之一是一座呈阶梯状的瀑布，一直流淌至天然池塘中。这里还有多条非常棒的丛林野径，可以一直通往瀑布，既有15分钟即可完成的简单路程，也有一整天的跋涉线路。最长的一段需要花费4小时，可以攀登至蓝比尔山山顶，鸟瞰整个公园。离公园总部最近的拉达（Latak）瀑布拥有迷人的池塘和沙滩，走入丛林深处，游客们还能看到班都（Pantu）瀑布和班库（Pancur）瀑布。

尽管游客在园内发现野生动物的机会并不多，事实上这里生活着多种动物，包括鼯鼠、长臂猿、穿山甲、云豹、麂子和各种鸟类。园内坐落着传统的伊班族长屋，包括那卡长屋

（Rumah Nakat），还设有一家有趣的传统手工艺品中心。

布努国家公园 ㉓
Loagan Bunut National Park

米里东南120千米。电话：(085) 775-118 从米里到Lapok，然后乘坐出租车 每天：8:00~17:00 在古晋和米里的游客信息中心提前预订住宿 www.sarawakforestry.com

布努国家公园内坐落着沙捞越地区最大的淡水湖布努湖（Bunut Lake），被腐叶土沼泽地和龙脑香科树森林包围，是观鸟的天堂。大量鸟类栖息在这里，包括苍鹭、蛇鹈、翠鸟、白鹭、喜鹊、知更鸟以及犀鸟。园内湖泊的水位取决于布努和丁甲（Tinjar）两条河的潮汛期，而且常常会在每年的2月、5月和6月干旱几周的时间。游船往来于平静的湖面上，而这美丽的画面在清晨或黄昏时会显得更有诗意。想要一睹这道美景，可以在公园总部定制行程。公园内还有一些林间幽径，两旁是郁郁葱葱的达邦树和铁木，一直通往森林深处。由于出入不方便，这片公园过去一直与世隔绝，如今，已经逐渐修建了新的道路和旅游服务设施，将吸引更多的人来此探索。

布努国家公园里的翠鸟

可拉必高原 ㉔
Kelabit Highlands

米里东南190千米。 从米里至巴里奥 从米里出发 www.kelabit.net

可拉必高原是婆罗洲相对封闭、未受损害的地区之一，这片海拔1000米的高地是好客的可拉必人的故乡。能造访一次当地的民居，是前往这片神奇大陆最值得期待的行程。这片高地上最密集的居住区在巴里奥（Bario），那里有一座繁华的村镇，拥有一个小型飞机场，还有一些旅馆，方便游客探索这片地区。巴里奥最值得观看的景点之一是美丽的帕乌摩（Pa Umor）长屋。时间更长也更具挑战性的行程，则是为期5天的巴里奥环路（Bario Loop）远足，沿途有许多引人入胜的风景，游客还可以在拉姆杜（Ramudu）、帕达利（Pa Dalih）或隆达诺（Long Dano）的长屋留宿过夜。专业登山者可以攀登巴里奥以北20千米处的毛律山（Gunung Murud）。它是沙捞越最高的山峰，海拔2438米，被当地原住民视为圣洁神山。想征服这座高峰，需要良好的身体素质及老练的登山经验。上山有两条路，建议攀登者带好地图和旅行指南。所有的徒步远足行程都可以在巴里奥的旅馆进行安排。

可拉必高原巴里奥附近茂盛的稻田

姆鲁国家公园 ㉕ Mulu National Park

同时被授予世界文化遗产和雨林自然保护区的姆鲁国家公园是沙捞越顶级的旅游胜地之一。公园得名于这里的石砂岩主峰姆鲁山（Gunung Mulu），这是一片神奇而美丽的大地，拥有 500 平方千米以上的热带雨林、两座山脉，以及一些世界上能够见到的最大岩洞。公园内的地形地貌多变复杂，山谷相连又有地下暗渠，为野生动植物提供了理想的栖息地，生长着多种珍贵的兰科植物，还可看见犀鸟。沿着火焰山（Gunung Api）的石灰岩尖峰向上攀爬，探索清水洞和鹿洞等景点，徒步横跨雨林树冠天桥步道，都是不能错过的旅游亮点。

文莱

地图所示区域

马来西亚

图例

☐ 姆鲁国家公园

★ 清水洞（Clearwater Cave）
被认为是东南亚最长的岩洞景观，100千米长的清水洞展示了自然石枝的壮丽景象。

姆鲁线，是一条为期 4 天的向导指引远足线路，可以攀登至姆鲁山顶峰，尽管十分艰辛，但是非常令人振奋，可以欣赏到一些公园内最原始荒芜的风景。

公园总部位于公园的西南方，是展开姆鲁山探险之旅的出发点。

Lutut

Melinau

PINNACLES TRAIL

Kuala Birar

Melinau

Wind Cave

GUNUNG MULU TRAIL

Mulu Airport

Mulu Rainforest Resort

Lang's Cave

★ 鹿洞与蝙蝠大迁徙
鹿洞（Deer Cave）的洞口高达175米，是全世界最高的洞穴口。日落时，成千上万的蝙蝠从岩洞中翻涌着飞向高空，外出寻觅它们的晚餐。

本地区住宿及餐饮信息，见282~283页和306页

游客备忘

米里东150千米。

⊠ 至姆鲁 ✈ 从米里出发 ℹ️
Lot 452, Jalan Melayu, 米
里；(085) 434-181 🛄 🏛️ 风
洞与清水洞：9:30~10:30；鹿
洞与兰洞：15:30~16:30 🍴 🏕️
可在公园总部获得 🏕️
www.mulupark.com.
许可证需要在公园总部取得

★ **火焰山的尖峰**
公园里最令人难忘的景观之一，这些45米高、剃刀般锋利的岩石在火焰山区突起，它们陡峭的外形是由于长年侵蚀造成的，想成功攀爬上去必须凭借专业工具。

```
0 千米              3
0 英里              3
```

猎头者线路得名于当地原住民族群，这些猎人曾经沿着这条路径狩猎出征。

姆鲁山海拔2377米，是沙捞越第二高峰。

探索公园

　　姆鲁国家公园配备有非常出色的旅游服务设施，还有维护良好的木质步道和完善的路径网络。大多数游客会坐飞机抵达景区，这里有丰富的住宿设施供你选择，例如四星级酒店 Mulu Rainforest Resort、山间林舍小屋，以及公园内的简单宿舍。蝙蝠从岩洞中蜂拥而出的景象，还有在雨林树冠天桥步道上观赏到的胜景，都是令人终生难忘的震撼景观。公园里主要的岩洞都有正式旅行项目。

图例

══════	支路
─ ─ ─	铁路
── ──	公园边界
⊠	机场
🏕️	宿营地
ℹ️	游客信息
▲	山峰

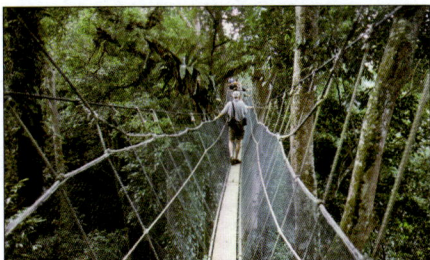

一名游客勇敢挑战雨林树冠天桥步道

雨林树冠天桥步道

　　姆鲁国家公园最受欢迎的旅游景观，是一座480米长的雨林树冠天桥步道，也是全世界最长的步道之一。步道在空中轻轻摆动，被一系列的钢索固定在高于地平面20米的树冠上，这样游客们可以近距离观察这些热带雨林，欣赏这里多种多样的鸟类，同时可以鸟瞰沼泽地带。这段2小时的带导游徒步游行程必须提前预订。

星级景点

★ **清水洞**

★ **鹿洞与蝙蝠大迁徙**

★ **尖峰**

周边国家游——文莱 ㉖ Brunei

在马来西亚西侧，西北海岸线上坐落着全世界面积最小的国家之一，由伊斯兰教君主统治的文莱达鲁萨兰国。这个国家在历史上一度控制了岛屿北部和西部的广大领土，如今领土面积只有 5765 平方千米，大部分是低缓的沿海岸线平原及雨林和山脉。西海岸地区拥有大规模油田，是文莱的经济命脉。文莱大体上分为四个区：首都斯里巴加湾市（Bandar Seri Begawan）所在的文莱穆阿拉区（Brunei Muara）、以农业为主的都东区（Tutong）、石油工业中心马来奕区（Belait），以及以优美的自然风景著称的淡布隆区（Temburong）。

首都斯里巴加湾市全景图

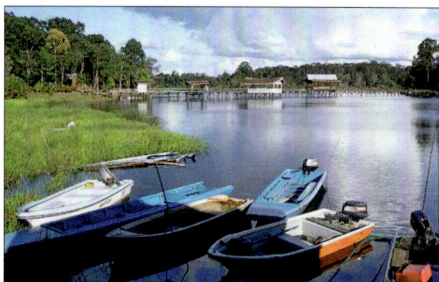

美林本湖
（Tasek Merimbun）
文莱地区最大的湖泊，水质清澈干净，是旅游野餐和观察鸟类活动的好去处。有一条木质小径通往这片郁郁葱葱的树林，老鹰和隼常常在这里出没。

斯里吉南甘海滩（Pant
Seri Kenangan）是一
美丽的带状沙滩，将
东 河（Tutong River）
南海分割开来。

拉必（Labi）
这个安静的、以农耕为主的小镇主要的农作物是各种水果，比如榴莲和红毛丹。在这条 50 千米长的拉必大路两旁点缀着传统的伊班族长屋。

文莱苏丹

作为全世界最古老的世袭君主制的继承人，苏丹哈吉·哈桑纳尔·博尔基亚是文莱现任至高权力苏丹，同时也是文莱的首相、军政和商务首脑。除了这些头衔，他最有名的恐怕是他天文数字般的个人财富和庞大的个人汽车收藏。而这位苏丹国王也试图与他的子民分享国家的燃油气资源，为人民提供免费的教育和医疗服务。

苏丹哈吉·哈桑纳尔·博尔基亚（Hassanal Bolkiah）

图例

✈	机场
▬	主要道路
▬	支路
▪▪	国界
▪▪	州界
🏊	海滩
▲	山峰

本地区住宿及餐饮信息，见282~283页和306页

★ 苏丹奥马尔·阿里·赛福鼎清真寺
（Sultan Omar Ali Saifuddien Mosque）
建于1958年，以文莱历史上第28位苏丹命名，这座清真寺堪称伊斯兰宗教建筑的典范。尖塔、52米高的穹顶倒映在清真寺周围的环礁湖中，确实是一幅令人印象深刻的风景画。

游客备忘

米里东北方向193千米。

39万　从米里、吉隆坡和拉瓦斯出发

Jalan Menteri Besar, 斯里巴加湾市；(673) 238-2822

苏丹诞辰(7月), 国庆节 (2月)

www.tourismbrunei.com

★ 水村（Kampung Ayer）
在文莱河沿岸建着一排排高脚屋，水村是28个村子的集合，大约有3万人住在这里。这片社区反映出这个国家传统的生活起居方式。

★ 努尔依曼王宫
（Istana Nur-ul-Iman）
全世界最大的寝殿，努尔依曼王宫是文莱苏丹的官方宅邸。这座宫殿大约有2000个房间，一间超级豪华的正殿，还有一座能容纳4000名食客的大宴会厅。

巴贡山（Bukit Pagon）海拔1850米，是文莱国内的最高峰，坐落于乌鲁淡布隆国家公园内。

乌鲁淡布隆国家公园（Ulu Temburong National Park）
占地面积大约达到文莱国土的1/10，这座国家公园是文莱全国最重要的自然保护区。雨林树冠天桥步道让游客能够观赏到飞蜥、犀鸟和长臂猿等栖息在公园内的动物。

星级景点

★ 苏丹奥马尔·阿里·赛福鼎清真寺

★ 水村

★ 努尔依曼王宫

沙巴

作为马来西亚第二大州，沙巴位于婆罗洲的东北端，拥有大约300万人口。沙巴州地处台风带南端，因此素有"风之乡"之称，拥有令人震撼的地理地貌，例如壮观的洞穴、珊瑚礁、森林以及山脉。同时，这里也是探险活动爱好者的理想乐园，可为你提供登山、激浪漂流和潜水等活动。

据考古发掘发现，在沙巴州东部存在着距今约4万年的史前人类居住的证据。这个偏远的省份拥有超过30个土著民族，以及来自中国、印度尼西亚、菲律宾的各地移民。沙巴州在名义上由文莱的苏丹王统治了几百年，直到19世纪后期，英国人通过谈判，获得了开发该地区橡胶、烟草和木材储备的权力。尽管英国对于沙巴州从未有过稳定的领导，却一直持续执掌着政权。这一地区一直被称为北婆罗洲，直到1963年加入了马来西亚联邦。

时至今日，由于州政府和联邦政府之间的财富分配不均，以及邻国移民的大量涌入，沙巴州的经济相对来说落后于马来西亚的其他州属。然而，随着生态旅游对沙巴经济日益带来积极的促进，以及当地盛产的丰富农产品，例如棕榈油等，沙巴的经济发展已经开始奋起直追。

在1883～1942年间，山打根一直是沙巴州的行政首府，而目前的州府所在地是哥打基纳巴卢。这两座城市在第二次世界大战期间几乎完全被毁，经过重建后，现在已经重新成为迷人的旅游目的地。从哥打基纳巴卢北上，经过简短的行程，便可抵达婆罗洲北端的"天涯海角"，或南下至巴厘斯河体验惊险的激浪漂流，还可以前往东北端的基纳巴卢山展开一场颇具挑战性的徒步远足。从山打根出发，可前往位于基纳巴卢东海岸的潜水胜地，以及位于苏高（Sukau）和丹侬谷的自然保护区。沙巴州还为游客提供了丰富的文化体验，例如每周举行的市集，是体验生机勃勃的当地文化的好去处。另外，迷人的长屋之旅同样不容错过。

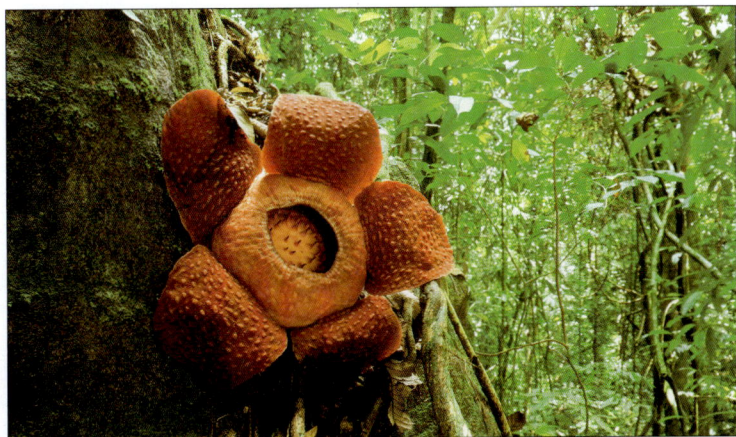

沙巴州最不寻常的植物，充满刺鼻气味的大王花

◁ 基纳巴卢山顶峰，深受徒步爱好者的青睐

探索沙巴

　　沙巴州山势陡峭，州内坐落着马来西亚三座最高的山峰，郁郁葱葱的山谷中生活着庞大的野生动物群落，这里的海洋生物种类也很丰富。探索沙巴的经典线路包括在基纳巴卢山徒步，在诗巴丹岛和兰卡央岛潜水，在巴打斯河激浪漂流，在丹侬谷观察野生动物，以及在古打毛律、贡比绍、巴旺卡绍和苏芒甲等村落与当地原住民进行难忘的互动交流活动。

图例

— 主要道路

⹀ 支路

⹀ 铁路

▮ 国界

▮ 州界

△ 山峰

旅游景点分布示意图

城市与村庄

巴旺卡绍 ⑩

斗湖 ㉔

哥打基纳巴卢 ①

贡比绍 ⑧

古打毛律 ⑦

古达 ⑪

山打根 ⑭

苏芒甲 ⑨

仙本那 ㉒

自然风景区

丹侬谷 ㉑

古曼东岩洞 ⑲

克里亚斯湿地 ④

天涯海角 ⑫

公园与自然保护区

担布南大王花森林
　自然保护区 ③

斗湖山州立公园 ㉕

东姑阿都拉曼国家公园 ②

海龟岛国家公园 ⑯

基纳巴卢国家公园
　（见184~187页）⑬

京那巴丹野生动物保护区 ⑱

踏缤野生动物保护区 ⑳

西必洛人猿保护中心 ⑮

河流

巴打斯河 ⑥

岛屿和海滩

纳闽岛 ⑤

兰卡央岛 ⑰

诗巴丹岛（见194~195页）㉓

基纳巴卢国家公园郁郁葱葱的热带雨林

鸟瞰诗巴丹岛，这里是马来西亚的顶级潜水地点之一

周边交通

前往沙巴周边最便捷的方式是乘坐马来西亚的国内航班。每日均有航班前往哥打基纳巴卢、山打根、拿笃（Lahad Datu）、斗湖和古达。沙巴州的主要道路向北可通往哥打基纳巴卢和古达，向东则可到达斗湖和山打根。支线道路由于失修等原因往往可能会导致延误。沙巴州唯一的铁路只有连接哥打基纳巴卢到丹南（Tenom）的一小段路程。由哥打基纳巴卢出发的定期渡轮可前往大部分沿海城镇，如从孟弄柏（Menumbok）到纳闽岛，从山打根到海龟岛国家公园。

另参见

· 住宿信息 见284～285页

· 餐饮信息 见307页

PULAU LANGKAYAN **17**

TURTLE ISLAND NATIONAL PARK **16**

SANDAKAN **14**

SEPILOK ORANGUTAN REHABILITATION CENTER **15**

GOMANTONG CAVES **19**

KINABATANGAN WILDLIFE SANCTUARY **18**

TABIN WILDLIFE RESERVE **20**

Lahad Datu

DANUM VALLEY **21**

TAWAU HILLS STATE PARK **25**

SEMPORNA **22**

TAWAU **24**

PULAU SIPADAN **23**

Pulau Banggi

Pulau Malawali

Inaruntong

Telaga

Sulu Sea

Pulau Jambongan

Semangat

Golong

Terusan

Simpangan

Sungai Sungai

Tangud

Klagan

Beluran

Telupid

A B A H

Lamag

Pintasan

Kinabatangan

Tangkulap

Kuamut

Abai

Kadang

Segama

Tomanggong

Sahabat

Tungku

Bakapit

Pulau Tabawan

Luasong

Kunak

Pulau Timbun Mata

Sapang

Kalabakan

Merutai

Mambalua

Serudong

Nunukan

Indarasabak

0 千米　　50

0 英里　　50

干栏式建筑村落和国家清真寺，位于迅猛发展的沙巴州府哥打基纳巴卢

哥打基纳巴卢 ❶
Kota Kinabalu

美里东北方向 300 千米。🚌🚏🚕ℹ️
沙巴旅游局，51 Jalan Gaya；(088) 212 –
121 周日 www.sabahtourism.com

　　沙巴州首府哥打基纳巴卢占据了西部海滨和森林山丘之间的狭长地带。哥打基纳巴卢旧名哲斯顿（Jesselton），二战后成为沙巴州府，并于 1967 年更名。战争期间，哥打基纳巴卢的大部分历史建筑被毁，因此战后整座城市必须重建。老城区只有三座建筑被保留下来，分别是土地与调查大厦（Land and Survey building）、邮政总局（General Post Office）和阿特金森时钟（Atkinson Clock）。这座时钟建于 1905 年，高 15 米，以这座城市的首位行政长官名命名。尽管哥打基纳巴卢缺乏历史古迹，但是凭借友好的居民，繁华的街道和舒适的酒店、餐馆、酒吧等设施，彰显着迷人魅力。哥打基纳巴卢市中心较小，步行即可游览全貌。城市的主要景点中，海滨的街道市集（tamus）热闹非凡，还有菲律宾市场，以及沙巴博物馆和国家清真寺等，都值得一游。规模较大的市立清真寺修建于 2000 年，坐落于里卡士海湾（Likas Bay）旁，又被称为水上清真寺。同样能够俯瞰海湾的，还有 31 层的玻璃建筑沙巴基金会（Sahah Foundation）。信号山（Signal Hill）上坐落着一座天文台，能够鸟瞰整座城市和近海岛屿。哥打基纳巴卢也是前往基纳巴卢国家公园（见 184 ～ 187 页）和东姑阿都拉曼国家公园等景点的最佳基地。

🏛 沙巴博物馆
（Sabah Museum）

Jalan Muzium. 电 话: (088) 253–199
每天: 9:00–17:00 🅿️📷♿🚻🛒
www.museum.sabah.gov.my

　　博物馆按照龙古斯族长屋（Rungus Longhouse）的建筑风格设计，拥有多楼层的展厅，分别展出民族志、自然科学、陶瓷、历史和考古学等丰富内容。其中，民族志展品是博物馆的最大亮点，包括乐器、剑、矛、吹管、民族服饰以及各种用途的竹制品等。考古艺廊内陈列的展品还有精雕细刻的棺材。"时光隧道"则展出了菲律宾和印度尼西亚移民时代、殖民时代、日本占领时期和 1963 年沙巴加入马来西亚联邦的各个重要历史时期的文献。博物馆门前是一个规模较小但颇具格调的老爷车收藏展。

　　博物馆的场地上还坐落着一座民族文化村，展示了沙巴不同原住民群体住宅的复制品。其中，毛律族（Murut）的住房拥有独特的弹跳平台，较为罕见，供集体舞蹈时使用。民族文化村内有不同民俗主题的讲解，游客可以事先预约安排。

沙巴国家清真寺的宏伟建筑

本地区住宿及餐馆信息，见284~285页和307页

C 沙巴州清真寺
（Sabah State Mosque）

Jalan Sembutan. 周一至周四：
8:00~11:00、14:00~16:30，周五：8:00~
10:30、14:30~16:30，周六、周日：8:00~
11:00、14:00~16:30

　　沙巴州清真寺建于20世纪70年代末，是马来西亚最大的清真寺之一；位于市中心的西南部，比邻博物馆是现代伊斯兰建筑的典范。虽然其所在位置远离喧嚣，但在城中许多地方，清真寺的金顶都清晰可见。寺内可同时容纳超过5000名信徒，并设有单独的妇女祈祷室。允许非穆斯林进入（祈祷时间除外），但必须衣着得体，符合规范，入寺前需要脱鞋，尽量避免在周五参观。

热闹的菲律宾市场明亮的外墙

D 菲律宾市场
（Filipino market）

Jalan Tun Fuad Stephens. 每天：
7:00~19:00 中央市场 Jalan Tun Fuad Stephens.

　　哥打基纳巴卢的市集多聚集在海滨沿线上，其中最有趣的要数菲律宾市场，因大多数摊位由菲律宾移民经营而得名。这里的商品琳琅满目，包括旅行纪念品、贝壳、花篮、手提包等，五花八门，供你选择，还能买到养殖珍珠和传统药材。不过逛市场时需要小心提防扒手。从菲律宾市场向北，便来到中央市场（Central Market），这里出售各类风味小吃，如烤鸡和印度煎饼（murtabak），这是一种备受当地人喜爱的夹馅辣煎饼。

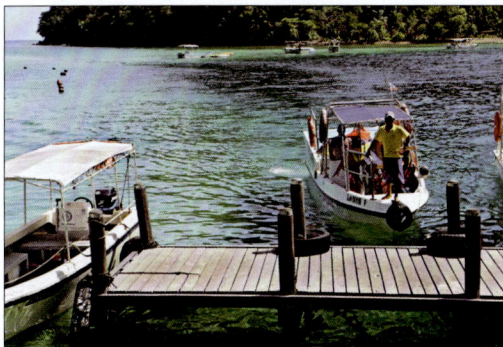

游客抵达东姑阿都拉曼国家公园的沙比岛

东姑阿都拉曼国家公园 ❷
Tunku Abdul Rahman National Park

哥打基纳巴卢西3千米。沙巴公园管理处，Block K, Sinsuran Complex, Kota Kinabalu; (088) 211-881 马奴干岛 马奴干岛 除马奴干岛和苏禄岛以外的其他岛屿均允许露营

　　这座国家公园占地50平方千米，坐落着5座美丽的岛屿。公园成立于1974年，以马来西亚第一任总理的名字命名，成立目的是保护嘉亚岛（Pulau Gaya）、沙比岛（Pulau Sapi）、马奴干岛（Pulau Manukan）、马穆迪岛（Pulau Mamutik）和苏禄岛（Pulau Sulug）周围脆弱的珊瑚礁。包括鹦鹉鱼、小丑鱼、蝙蝠鱼和狮子鱼等多种海洋生物在珊瑚礁间繁衍生息。群岛上的野生动物则有长尾猴、卷鬃野猪、穿山甲和斑犀鸟等。

　　作为五座岛屿中最大的一座，嘉亚岛被茂密的森林覆盖，岛上小路长约20千米，东北海岸拥有耀眼的白色沙滩，例如警察海滩（Police Beach）。尽管嘉亚岛附近的许多珊瑚因炸药捕鱼而损毁，但岛上其他地方的珊瑚礁周围仍然生活着丰富的海洋生物。

　　嘉亚岛西南端近海的不远处是沙比岛，与退潮的沙洲相连。岛屿不大，却是游泳和浮潜的理想水域。岛上还有一条较短的天然步道。其他三座岛屿都在南部，形成了岛屿群。公园管理处位于马奴干岛，这座岛也是5座岛中最受欢迎的，特别是一日游客。岛屿呈新月形，岛上的设施包括一个度假村和一家餐馆，还提供丰富多样的休闲活动，如浮潜、乘坐玻璃底游船出海、海上皮划艇和滑翔伞等。游客还可在岛上租用水肺装置和水下摩托车。马奴干岛东部海岸拥有极优质的沙滩，但由于游客和船只的活动过于频繁，有时会导致珊瑚礁海域变得混浊。

　　另外两座岛屿面积较小，游客不多，因此更为安宁静谧。马穆迪岛是5座岛中面积最小的，苏禄岛的位置则最远，但这两座岛都拥有令人震撼的美丽珊瑚礁，深受世界各地浮潜爱好者的青睐。

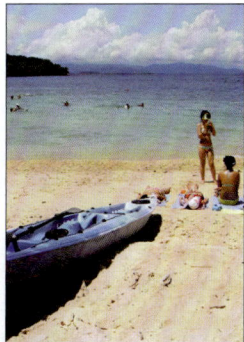

在东姑阿都拉曼国家公园的马奴干岛晒日光浴

担布南大王花森林自然保护区 ❸
Tambunan Rafflesia Forest Reserve

哥打基纳巴卢东 60 千米。电话：(088) 898-500 每天：8:00-15:00

保护区位于克罗克山脉（Crocker Mountain）海拔 1649 米的新苏容山口（Sinsuron Pass）最高峰旁，设立初衷旨在保护当地独一无二的大王花。这种硕大的红色花朵学名为莱佛士阿诺尔特花，得名于新加坡的创始人莱佛士爵士和自然学家约瑟夫·阿诺尔特博士，正是后者于 1818 年在苏门答腊岛首先发现了大王花。重达 7 千克的标本随即被运往伦敦的英国皇家学会。这种世界上最大的花生长在潮湿阴凉处，散发刺鼻的腐肉气味以吸引腐肉苍蝇为其授粉。它需要约 9 个月的生长期才会开放，且花期很短，几天内就会开始枯萎。

由于花期不可预知且一年之内仅有几天花期，感兴趣的游客需事先咨询，确认大王花是否处在开放期。自然保护区可以提供有关大王花及其栖息地的丰富信息。

游客信息中心提供专业导游服务，但保护区内路标清晰，且工作人员也会给予有效指引，因此基本没有聘请导游的必要。

世界上最大的花卉——大王花

长鼻猴，因其长而下垂的鼻子而得名

克里亚斯湿地 ❹
Klias Wetlands

哥打基纳巴卢西南方向 100 千米。至 Kota Klias 码头 从 Kota Klias 码头出发 自哥打基纳巴卢

克里亚斯湿地位于哥打基纳巴卢南部约 120 千米处的一座半岛上，生长着大片红树林，与克里亚斯河（Sungai Klias）有无数交错的通渠。这里的野生动物种类丰富，包括不同品种的猴子，以及种类数量惊人的鸟类。每当夜幕降临，成群的萤火虫开始发光，照亮河边的树林。黄昏时分，鳄鱼聚集在水边开始寻觅猎物。然而，湿地游览的真正亮点，是有机会看到独一无二的长鼻猴。长鼻猴是婆罗洲的本地物种，天性胆小，但可以在靠近水边的地方看到它们啃食嫩叶作为美餐。长鼻猴因其长而下垂的鼻子而得名，雄性腹部滚圆，个头较雌性更大，长鼻也更明显，这些特点为长鼻猴赢得了一个可爱的昵称——在婆罗洲的一些地区，人们称其为"荷兰人"（orang belanda）。大多数哥打基纳巴卢的旅行社均提供乘船前往克里亚斯湿地游览的项目，相比单独出行，建议参加旅行团。

纳闽岛 ❺
Pulau Labuan

Klias Peninsula 南 8 千米。8.6 万 (087) 423-445

纳闽岛位于沙巴的西南近海，面积虽小却拥有显赫的历史。1846 年，文莱苏丹将这座海岛割让给了英国。英国大量挖掘岛上的煤炭，为过往的蒸汽轮船提供燃料。海岛被英国作为殖民地统治了近 100 年，直到二战期间日本占领婆罗洲后被日本占领。几年后战争结束，日本人在此投降。1963 年，纳闽岛加入了马来西亚联邦。如今，这座安静、舒适的岛屿，不仅拥有漂亮的海滩，还是免税购物天堂。

纳闽镇是岛上主要的居民聚居区。北部的**安努尔·嘉美克清真寺**（An-Nur Jamek Mosque）是一座醒目的未来主义建筑。位于拉央拉央安海滩（Layang Layangan）的**和平公园**（Peace Park）地处纳闽镇以北 4 千米处，建有一座纪念日本投降的战争纪念馆。东海岸的盟军战争公墓里，长眠着将近 4000 名在婆罗洲牺牲

地区住宿及餐饮信息，见284~285页和307页。

的盟军士兵。

纳闽岛的清澈水域深受潜水爱好者欢迎，他们尤其对沉船潜水兴趣极大。纳闽近海水域中潜藏着几艘二战和其他时期的沉船。潜水经营者会组织潜水者前往沉船地点进行探索。**纳闽海洋公园**（Labuan Marine Park）位于库拉曼岛（Pulau Kuraman）周边的环岛地区（库拉曼岛是南部海岸附近的一座小岛，可以从纳闽码头乘船前往）。纳闽海洋公园提供一系列休闲活动，如潜水、出海航行、钓鱼和有组织的短途丛林穿越等。这里还散落着一些美丽的海滩，是进行野餐和日光浴的完美场所。

巴打斯河 ❺
Padas River

Pangi, 位于丹南附近。 🚌 从哥打基纳巴卢出发至保佛，然后乘坐火车 🚉 自哥打基纳巴卢

巴打斯河流经沙巴州的西南地区，将宁静的小镇丹南（Tenom）和保佛（Beaufort）连接在一起。巴打斯河是一条动荡不羁的河流，历史上它曾数次淹没保佛镇。因此，现在镇上的商铺都建在木桩之上。从早期的照片看来，美丽的保佛类似于著名的水城威尼斯。巴打斯河是令人兴奋的白浪漂流（见327页）目的地。这条布满巨石的河流穿过低地雨

在巴打斯河湍急的水流中进行激浪漂流

林，在4月～7月间，这条河的水位可达到第三级和第四级急流。巴打斯河激浪漂流行程的起点在丹南（Tenom）附近的班吉镇（Pangi），可乘坐火车从保佛前往丹南。从班吉出发，翻滚着向下游漂流而去，一路会遭遇数段具有挑战性的激流，这些激流被戏称为"旋转木马"、"洗衣机"、"猎头者"等。巴打斯河也有几处相对温柔的缓流，可以跳下漂流筏，随着水流一路顺流而下。

哥打基纳巴卢的一些旅游公司会组织安排漂流行程，在开始漂流前，旅游公司会将安全须知告知游客，以确保安全。除了漂流行程，也可乘坐婆罗洲唯一的铁路线从保佛前往丹南，沿着巴打斯河蜿蜒穿越丛林，前往沙巴州的西南地区一游。

纳闽镇盟军战争公墓的二战士兵墓碑

北婆罗洲铁路

19世纪后期，由英国人经营的北婆罗洲特许公司（North Borneo Chartered Company）开业，其总经理威廉·考伊（William Cowie）规划了跨婆罗洲的铁路线路。这条铁路线路穿越陡峭的山脉和未知的丛林，从纳闽岛近旁的文莱湾（Brunei Bay）直达婆罗洲东部的山打根。工程于1896年开始动工，1905年已建成从文莱湾的韦斯顿（Weston）到西南地区的保佛一线，并从那里分别前往节赛尔顿（Jesselton，即今天的哥打基纳巴卢），以及保佛东部的丹南。铁路从丹南延长了额外16千米至米拉拉（Melalap），至此，铁道建设中断，此后再没继续修建。铁路的建设成本很高，向当地人征收用来资助铁路建设的水稻税导致了针对英国统治的叛乱。北婆罗洲特许公司此后决定任由铁路自负盈亏，并不再建设连接丹南、保佛和哲斯顿的公路。如今，这条铁路线上提供乘火车游览的半天行程，乘坐老式蒸汽火车费用较昂贵，包括在餐车享用早餐和午餐的服务；便宜一些的选择是乘坐标准列车。列车每周三和周六10:00从哥打基纳巴卢的Tanjung Aru路出发。

游客享受火车旅行的沿线风光

古打毛津村每周街道市集上的花卉摊贩

古打毛津 ❼
Kota Belud

哥打基纳巴卢北 75 千米。7.3 万
周日 大斗磨（10 月 /11 月）

古打毛津村位于肥沃的冲积平原上，宁静而美丽。这里主要居住着巴曹人（Bajau），因其纯熟的马术技能而闻名。耸立在该地区东部的基纳巴卢山是这里主要的名胜景观。

古打毛津村落规模很小，只有每个周日早晨市集开张的时候，整个村庄才会显得生机勃勃。市集的举办地点位于离村中心不远处的 Hasbollah 路，作为当地的核心商业活动，同时也是古打毛津的一项重要社交活动。来自不同族群的当地人聚集在一起，包括华人、印度人和马来人等，出售各自的特色商品。游客则可以尽情体会充满活力的市场气氛，并在众多摊位中选择一家来享用一顿丰盛美味的早餐。

几乎人们能想象到的任何商品在市集上都有售卖，从畜牧产品、水果、蔬菜和肉类，到手工制作的刀具、乐器、树皮马甲和当地特色纺织品，还有诱人的小吃和饮料，应有尽有。这里的店家都非常友好，期待着有兴趣的买家与之讨价还价。每周的市集会从早上 6 点左右一直持续到下午。

大斗磨（Tamu Besar），或称大市场，是古打毛津一年一度的重要节日活动，同时举行的还有文化节庆和手工艺品展示。在大斗磨期间，最大的亮点是出售马匹的摊位。身着传统服装的巴曹骑手，在人群中摆出不同的姿势和造型进行展示。在大斗磨上，巴曹人会和他们盛装的马匹一起，为人们展示其无与伦比的马术技能。

贡比绍 ❽
Gombizau

哥打基纳巴卢北 90 千米。140
(013)549-1885（手机）每天：8:30-17:30
在哥打基纳巴卢进行安排

贡比绍村坐落在沙巴州北部古达半岛（Kudat Peninsu-la），古打毛津的上游，甘榜贡比绍（Kampung Gombizau），即贡比绍村，是当地政府推行的该地区"一村一产品"规划项目中的小村庄之一。该计划旨在鼓励当地人生产和销售由本地现有材料制成的独特手工艺品。在贡比绍村，大部分村民是龙古斯族（Rungus），主要以养蜂、销售蜂蜜和蜂蜡为生。蜂王浆，作为一种很好的膳食补充剂和一些美容产品的重要成分，同样在这里进行培育和出售。游客可以在村中参观被精心照料的蜂箱，也能够看到当地人如何利用烟将蜜蜂熏出蜂巢，从而摘除蜂窝的过程。

苏芒甲 ❾
Sumangkap

哥打基纳巴卢北 92 千米。431 人
(019) 535-9943 每天：8:00-18:00
在哥打基纳巴卢进行安排

苏芒甲村距贡比绍村不远，到处回荡着制作铜锣所发出的敲打金属的声音，因此也许可以说苏芒甲村是整个沙巴州分贝最高的地方。铜锣是沙巴音乐最重要的元素之一，几乎出现在所有的传统庆祝活动中。这些铜锣由当地工匠精心制作而成，分为各种尺寸，可在框架中水平放置或垂直挂

在苏芒甲村敲打大型铜锣

本地区住宿及餐饮信息，见284~285页和307页

起。最大的铜锣直径长达 2
米，通常在寺庙中使用；最小
的则作为纪念品出售。在此可
以参观铜锣的制作工序，观赏
工匠们如何敲打铝制凸起的中
心部位，从而形成这种乐器特
别的共鸣和音色。

巴旺卡绍 ⑩
Bavanggazo

哥打基纳巴卢北 98 千米。🚌 250 🚲
ⓘ (088) 614-088 🅿️✓📶📶

住在古达周边地区的龙
古斯族人，比其他原住民群
体更加好好地保持了他们的
文化传统。从古打毛律村前
往古达的路上，可以驶下公
路后到达巴旺卡绍村，参观
独具特色的龙古斯族长屋，
这将是一个欣赏龙古斯族的
文化遗产的绝佳机会。

长屋为东西朝向，寓意吉
祥，向外倾斜的墙壁使得室内
空气得以最大限度进行流通。
马腾岗（Matunggung）就是这
样一座代表性长屋，以传统竹
板条隔断和茅草屋顶为建筑特
色，室内的居住空间最多可同
时容纳大约 100 个家庭。

龙古斯族的珠饰很有名，
游客来长屋造访，通常都能够
看到当地妇女坐在公共阳台上，
使用五颜六色的彩珠制作珠饰，
配以龙古斯族的民俗图案，编
制成各具特色的肩带、项链和
手镯。较年长的龙古斯族妇女
会佩戴铜线圈作为首饰。她们
的纺织技术也很熟练，使用当
地种植并手工纺织的棉花，以
简单的纺织机来制作衣服。

游客可以在哥打基纳巴卢
预订游览项目，行程包括访问
贡比绍村和苏芒甲村，并在巴
旺卡绍村享用午餐——饭菜是
用临近的田野中生长的新鲜蔬
菜制作的。游客也可选择在此
过夜，欣赏身着传统服饰的
舞者表演舞蹈，以及铜锣音
乐表演。

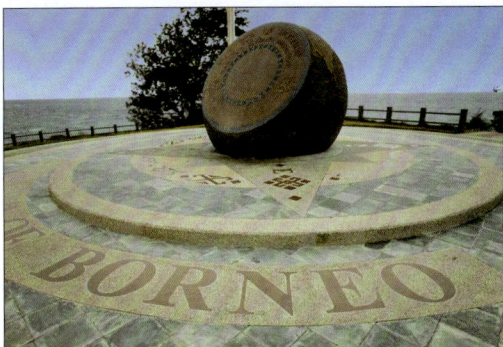
天涯海角的地球象征雕塑，是岛屿最北端的标志

古达 ⑪
Kodat

哥打基纳巴卢北 190 千米。🚌 7.5 万
✈️ 🚌 从哥打基纳巴卢出发乘坐快捷
小巴 📅 周日 📷 Pesta Kelapa

古达坐落在沙巴州北端，
是一座小型港口，居住着大量
的华人和菲律宾商人。古达半
岛被马鲁都湾（Marudu Bay)
环抱，于 1882 年被确立为莫
属北婆罗洲的州府。然而，由
于频繁受到海盗袭击骚扰，以
及淡水缺乏等问题，当地政府
于 1883 年将首府移至山打根
（见 190 页）。

古达并没有太多景点，不
过在海港周围散步，看渔船来
来往往，也是一种享受；沿着
海湾四周的 Sidek Esplanade 海
滨大道散步也很惬意。古达的
主要街道是 Lo Thien Chock，
坐落着许多醒目的店屋，还有
一座色彩鲜艳的中国寺庙。小

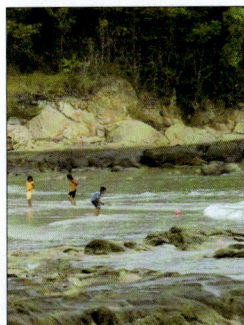
古达北部巴巴海滩的岩池

镇向北大约 7 千米处，**巴巴**
（Bak Bak）的海滩是一处广受
欢迎的野餐地点。

天涯海角 ⑫
Tip of Borneo

哥打基纳巴卢北 200 千米。🚌 从哥打
基纳巴卢乘坐快捷小巴 🅿️ ⓘ

天涯海角位于婆罗洲最
北端，被当地人称为 Tanjung
Simpang Mangayau，意为战斗交
界地，是从哥打基纳巴卢出发
一日游的理想地点。天涯海角
位于古达区，在"铜锣之村"
苏芒甲的辖区之内，可在参观
完贡比绍村的养蜂场后抵达此
地，并可沿路继续前往位于巴
旺卡绍村的龙古斯族长屋。

在抵达古达前的几千米
处，沿着左边的公路岔路前
行，穿过高耸的椰树林，便可
以直接来到这座可爱而美丽的
海岬，在此遥望，西临南海，
东面则是苏禄海。

在抵达天涯海角之前，
会经过一座遮蔽在木麻黄树
荫中的月牙形沙滩，通往名
南布尼安海滩（Kalampunian
Beach）。在那里，伊然努族
的商贩出售各式色彩斑斓的贝
壳。在天涯海角耸立着一根旗
杆，旁边是一个巨大的地球雕
塑，上面的题字为："麦哲伦在
1519 ~ 1522 年环游世界时在
此靠岸，停留 42 天维修船只。"

基纳巴卢国家公园 ⑬ Kinabalu National Park

　　作为联合国教科文组织的世界遗产之一，基纳巴卢国家公园占地 754 平方千米，旨在保护基纳巴卢山及其周边环境。公园内曲径通幽，野生动植物丰富，公园内生长着 4500 种植物，包括 1500 个兰花品种和 9 种猪笼草。这里还发现了大型哺乳动物，如猩猩、长臂猿、云豹等，珍稀鸟类包括基纳巴卢友好莺和婆罗洲山白颊凫。各种蝴蝶和昆虫更是令人眼花缭乱。国家公园的东南角坐落着波令温泉（Poring Hot Spring），这里是经历公园徒步的严峻考验后最理想的放松场所。

地图所示区域

Kiau
Kundasang
Lohan

图例

□　基纳巴卢国家公园

Low's Peak
13,455 ft

Laban Rata Rest House

Layang Layang

Kiau

Power Station

★ 基纳巴卢山
（Gunung Kinabalu）
海拔4101米，山顶的视野无与伦比。试图攀登顶峰的游客需具备良好的身体状况（见186页）。

武吉途湃步道，简单的 30 分钟步行即可抵达山脊，可遥望基纳巴卢山顶峰。

Park
Headquarters

Bundu Tuhan

Kundasang

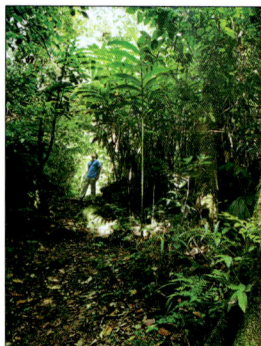

基纳巴卢植物园
（Kinabalu Botanical Garden）
植物园位于国家公园管理处后面，展出许多在山脉半山地区生长的植物品种。所有植物种类都有标签说明。在植物园中散步不仅惬意，而且可以学到很多植物知识。

0 千米　　　　3
0 英里　　　　3

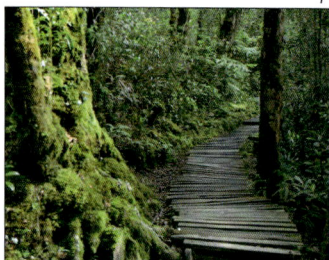

星级景点
★ 基纳巴卢山
★ 悉罗悉罗步道
★ 波令温泉

★ 悉罗悉罗步道
（Silau Silau Trail）
这条50分钟可走完的步道沿着悉罗悉罗小溪铺设，从溪流的源头到与利瓦贾小溪的汇合处，特别适合观察鸟类。

本地区住宿及餐饮信息，见284~285页和307页。

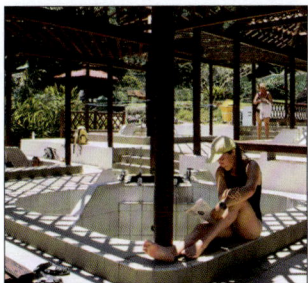

★ 波令温泉
（Poring Hot Springs）
水源为矿泉水，已修建公共和私人温泉浴室。温泉还设有一条简短但令人兴奋的树冠走廊、一座兰花农场和一座蝴蝶农场。

探索国家公园

国家公园内部有几条沿着山脊和溪流的步道，所有这些步道都会穿越令人愉悦的风光，安静且善于观察的人可能看到卷鬃野猪和鼷鹿等动物。最热门的步道包括利瓦贾步道（Liwagu Trail）、石柊步道（Mempening Trail）和武吉途湃步道（Bukit Tupai Trail）。徒步穿过这几条路径，在20分钟～3小时内可前往国家公园内的任何地方。

图例

══	主要道路
══	支路
--	顶峰步道
--	马西劳步道
--	利瓦贾步道
--	武吉途湃步道
--	石柊步道
--	悉罗悉罗步道
--	公园地界
🏕️	宿营地
ℹ️	游客信息
▲	顶峰

替代线路
前往基纳巴卢山顶峰，这条线路以马西劳的国家公园管理处以东17千米处为起点。

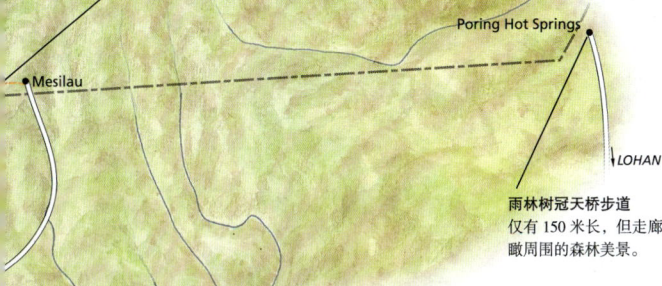

Poring Hot Springs

Mesilau

LOHAN

雨林树冠天桥步道
仅有150米长，但走廊上视野宽广，可鸟瞰周围的森林美景。

野生动植物

作为物种多样性最为丰富的地区之一，基纳巴卢国家公园内的野生动物包括眼镜猴、松鼠、树鼩等哺乳动物，以及犀鸟、鹧鸪、山画眉鸟等鸟类，还有各式各样五颜六色的蝴蝶和甲虫。该公园也是几种颇具异国情调的珍稀植物的栖息之所，例如极具特色的大王花（见180页）。

猪笼草，是基纳巴卢国家公园最具吸引力的亮点之一。这种食虫植物利用明亮的色彩和甜美的花蜜吸引和捕获昆虫。

眼镜猴
长有标志性的长腿和大眼睛。它们是夜行性的灵长类动物，以昆虫、鸟类和蛇类为食。

拖鞋兰
因其明亮的拖鞋形状花袋而得名，会吸引传粉昆虫。这种美丽的植物日益变得稀有。

攀登基纳巴卢山

　　攀登的出发点位于公园管理处上方的电站。另有一条替代线路，耗时较长，但不太陡峭，起点位于马西劳自然度假村（Mesilau Nature Resort）向东延伸 17 千米处。两条线路在拉央拉央会合，并延伸至拉班拉塔旅社（Laban Rata Rest House）。多数登山者会在这里停留一晚，但有些人会继续行进 1 小时，前往条件更简朴的萨亚特萨亚特旅社（Sayat Sayat），为第二天早上的攀登节省时间。攀登最后而且最艰苦的部分始于黎明之前，登山者可抵达洛氏峰顶峰观看日出。下山需要约 5 小时，所以最好在中午前返回，以便天黑前抵达大本营。

巍峨的基纳巴卢山高耸入云

顶峰步道（The Summit Trail）
这条步道从电站前往洛氏峰顶峰，需要至少两天才能完成。艰难的山路沿途设置了扶手以协助登山者。

南峰，顾名思义，是基纳巴卢南端的最高峰。近乎完美的巍峨顶峰得以一览周边地区的全貌。

拉央拉央（Layang Layang），海拔2621米，建有一座工作人员基地，是多数登山者的第一个休息站。

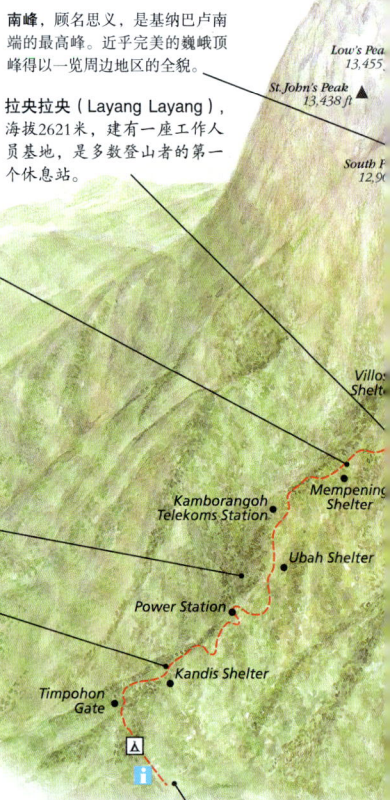

Low's Pea
13,455

St John's Peak
13,438 ft ▲

South F
12,90

Villos
Shelt

Mempening
Shelter

Kamborangoh
Telekoms Station

Ubah Shelter

热带山地雨林，通常由橡树、桦树和松树组成，海拔处于 900 ~ 1800 米之间，包括公园管理处的周边地区。

Power Station

杜鹃森林
（Rhododendron Forests）
这片森林位于海拔 1800 ~ 2600 米之间，这里生长着 26 个品种的杜鹃花，包括美丽的铜叶杜鹃。

Kandis Shelter

Timpohon
Gate

公园管理处
（Park Headquarters）
公园管理处是沿步道徒步登山的起点，提供住宿、餐饮服务，并设有向登山者出售登山装备的商店。

本地区住宿及餐饮信息，见284~285页和307页

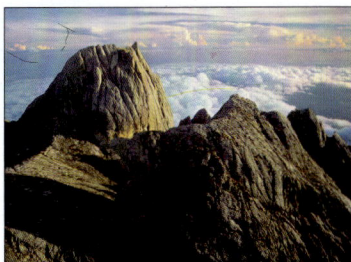

基纳巴卢山顶峰（Summit Peaks of Kinabalu）
除了最高峰基纳巴卢峰，基纳巴卢山的群峰还包括圣约翰峰（St. John's Peak）、驴耳峰（Donkey's Ears）和丑陋姐妹峰（Ugly Sisters）。

洛氏峰（Low's Peak）

洛氏峰是基纳巴卢山的最高峰，以休·洛爵士的姓氏命名。休·洛爵士是一位博物学家，也是英国驻纳闽岛的殖民大臣。具有讽刺意味的是，尽管在19世纪50年代三次尝试登顶，但他从来没有站上过基纳巴卢山的顶

休·洛爵士

峰。1858年在他第二次尝试登顶的过程中，他的陪同人员，英国驻文莱领事斯宾塞·圣约翰也仅仅登上了南峰的顶峰，只看到周围的其他山峰。直到1888年，动物学家约翰·怀特黑在收集鸟类和哺乳动物的同时，才首次登顶最高峰。这些鸟类和哺乳动物中的一些也以休·洛爵士的名字命名。

Ugly Sisters
13,228 ft

▲ Donkey's Ears
13,300 ft

● Sayat Sayat
Rest House

n Rata
House

ka Cave
elter/Helipad

谷汀拉嘎丹旅社（Gunting Lagadan Hut）
位于拉班拉塔的正上方，这个简单的旅社最多可容纳60人住宿。旅社以驴耳峰为背景，可俯瞰群峰全景。

攀登顶峰步道

轻装上阵登山会有更多乐趣，但一些物品是必不可少的，包括遮阳帽、防晒霜、太阳镜和手电筒。保暖的防水服装是必备的。拉班拉塔旅社和萨亚特萨亚特旅社无偿提供睡袋，公园管理处的商店出售基本食物。需提前一天预订拉班拉塔旅社的住宿，并安排登山许可证100林吉特（马来西亚货币）、向导（小团体85林吉特）、搬运工（每千克6林吉特）。

od
ter

● Chempaka
Shelter

● Mesilau Gate

● Nepenthes
Shelter

● Mesilau

0 千米　　　　　1
0 英里　　　　　1

图例

-- 顶峰步道
-- 马西劳步道
△ 宿营地
ⓘ 游客信息
▲ 山峰

马西劳步道（Mesilau Trail）
位于公园管理处以东17千米处，马西劳可作为一个安静的登山大本营。从这里出发的登山线路路程更长、更为幽静，比较特别的是，沿途可见多种美丽的猪笼草属植物。

玳瑁海龟在靠近西巴丹岛的马布岛的珊瑚礁处寻找食物 ▷

山打根 ⑭
Central Market

哥打基纳巴卢东 400 千米。🏘 12.5
万 ✈ 🚌 🛈 (089) 229-751

　　山打根坐落于山打根海湾
的北部边缘，夹在一座陡峭的
悬崖和苏禄海之间。18 世纪
后期，木材、珍珠、鸟巢、犀
鸟、象牙的出口使其成为一个
富裕的小镇。1884 ～ 1942 年
间，它成为北婆罗洲的行政首
都，但在二战末期，和哥打基
纳巴卢一样遭到轰炸，几乎不
复存在。目前现代化的城镇大
部分是在填海土地上兴建的，
但杂乱无章的混凝土建筑缺
乏哥打基纳巴卢所具有的空
间意识。如今，这里的贸易
以棕榈油和可可作物为主。

　　尽管海滨繁忙的驳船和轮
渡为城市添加了一份活泼，但
市中心没有特别吸引游客的景
点。这里的每日鲜鱼市场是沙
巴州最大的。在市中心背后的
山上矗立着一座眺望亭，可一
览全城和海港的壮丽景色。

　　从眺望亭俯瞰，可望见
一座保存完好的殖民建筑，
被称为**艾格尼丝・基思故居**
（Agnes Keith's House）。20 世
纪 30 年代，美国作家艾格尼
丝・基思曾居住在这里，他著
有几本关于沙巴及其文化的作
品。住宅内部有华丽的家具和
木地板，散发恬静的气氛。故
居隔壁是一座**英式茶馆**（Eng-

lish Tea House），是一处充满
怀旧气氛的美好所在，疲惫的
游客可在此小憩。

　　这座城市最吸引人的景
点是位于市中心以东约 12
千米处的**山打根纪念公园**
（Sandakan Memorial Park）。
1944 年，超过 2000 名日本战
俘的英国和澳大利亚盟军战
俘，行军至基纳巴卢山附近的
兰瑙（Ranau），最终仅有 6 名
澳大利亚人幸存。公园内的小
型博物馆由澳大利亚政府修
建，以纪念这场严酷的悲剧。

🏛 **艾格尼丝・基思故居**
Agnes Keith's House Jalan Istana.
⏰ 每天：9:00 ～ 17:00 📷

🏛 **山打根纪念公园**
Sandakan Memorial Park
山打根东 12 千米。电话：(089)
275-400 ⏰ 每天

西必洛人猿保护
中心 ⑮
Sepilok Orangutan
Rehabilitation Center

山打根东 23 千米。电话：(089) 531-180
📷 ⏰ 每天：9:00~12:30，14:00~16:30 📷
⛔ 🍴 🅰

　　作为世界上仅有的四个猩
猩保护区之一，西必洛人猿保
护中心成立于 1964 年，是沙
巴州最受欢迎的景点之一。保
护中心覆盖了 43 平方千米的
低地雨林，成立宗旨是为动物
遗孤和受伤的动物提供保护，

西必洛人猿保护中心的大猩猩

并教会它们独立生存所需的技
能。最终目的是使猩猩重新回
归自然栖息地。入口处是自然
教育中心，提供关于中心的全
面而深入的介绍，并定期展映
猩猩的近期短片视频。距这里
仅几步之遥是两个动物饲养中
心，为动物们每天提供 10:00
和 15:00 两次喂食。

　　在接待处登记后，游客可
沿几条步行小径进入森林，需
要格外注意的是，这里对于接
近或触摸动物有严格限制。

海龟岛国家公园 ⑯
Turtle Island National Park

山打根北 40 千米。🚤 从山打根
出发 🛈 Crystal Quest，12th Floor，
Wisma Khoo Siak Chiew，山打根，(089)
212-711 📷 🚤 🍴 ⛴ 西灵岸岛 🅰
www.sabahparks.org.my

　　这座海龟庇护所由西
灵岸（Selingan）、小巴古
岸（Bakungan Kecil）和古
利珊（Gulisan）三座小岛组
成，绿毛龟和玳瑁海龟会在
这里上岸筑巢。最佳参观季
节是 7 ～ 10 月，最有可能看
到海龟在沙滩上产卵的罕见
景象。提前预订（包括住宿）
是非常必要的。护林员会将
幼龟转移到养育所，然后定
期放回大海。令人遗憾的是，
幼龟的生存概率很低，大约

令人印象深刻的美国作家旧日居所艾格尼丝・基思故居

本地区住宿及餐饮信息，见284~285页和307页

100 枚海龟卵中只会存活一只幼龟，因为它们往往会落入偷猎者和天敌之手。

园内还培育了多种有趣的植物品种，例如红树林、马缨丹、黄色槐花和毛茸茸的阔叶紫草科植物等。

兰卡央岛 ⑰
Lankayan

山打根北 80 千米。从山打根出发 🛥 Pulau Sipadan Resorts，484 Bandar Sabindo，斗湖；(089) 765-200 🔲 🍴 🕙 www.lankayanisland.com

从山打根乘船仅需 90 分钟便可抵达兰卡央岛。这是一座水滴形岛屿，被耀眼的白色沙滩和迷人的珊瑚礁包围，吸引着世界各地的潜水爱好者，前来探索丰富多彩的海洋生物世界。因为岛上只有一家度假村，所以这里很少会显得拥挤。在岛屿附近散落着许多不错的潜水点，其中之一便是兰卡央岛沉船潜水点，可以看见玻璃鱼、彩色襞鱼和大理石虹鱼等。特别是在每年 4 月和 5 月，从码头凝望大海，经常能看到黑鳍鲨。兰卡央岛是苏格岛海洋环境保护区（Sugud Islands Marine Conservation）的一部分，生长着郁郁葱葱的热带植被。岛上覆盖着一种露兜树属植物，开花时花朵看起来与菠萝很像。

京那巴丹野生动物保护区 ⑱
Kinabatangan Wildlife Sanctuary

山打根南 135 千米。从山打根出发 🚌 京那巴丹河沿线 🛥 🍴 位于苏高 🅰

京那巴丹河（Sungai Kinabatangan）是沙巴州最长的河流，达 560 千米，下游与茂密的森林接壤，为野生动物提供了一座马来西亚境内最大的生存走廊。河流的特别之处在于其 U 形的湖泊从干流迂回而返，为丰富多样的动植物创造了充裕的栖息地。这一领域的大部分地区已被指定为京那巴丹野生动物保护区。从山打根参加一日游很容易到达此地，如在附近的小镇苏高停留一夜，游人可在清晨沿河乘船，这是发现野生动物的最佳时间。美侬加尔河（Sungai Menungal）是一条支流，在苏高镇上游与京那巴丹河汇流，是探寻野生动物踪迹的绝佳地点。婆罗洲常见的长鼻猴和猕猴，是野生动物之旅的亮点。游人还有机会看到多种爬行动物，例如鳄鱼，以及五彩缤纷的鸟类，包括犀鸟、黑腹蛇鹈和蓝耳翠鸟等。

古曼东岩洞 ⑲
Gomantong Caves

山打根南 110 千米。从山打根出发 🛈 (089) 230-189 🕙 8:00 至正午、14:00~16:30 🛥 🍴 🔳

位于古曼东岩洞的石灰岩溶洞，是沙巴州最大的，栖息着数量可观的燕子和蝙蝠。持有执照的当地人会攀上竹竿收获燕窝。

古曼东岩洞共有两个主要洞穴，分别是**西目希淡穴口**（Simud Hitam，黑色洞穴），和**西目普提穴口**（Simud Putih，白色洞穴）。直接进入这两个洞穴难度非常大。但是游客可通过木板通路进入西目希淡穴口，从而避免在洞穴地面上积聚的及踝深的蝙蝠粪便中跋涉。大多数古曼东岩洞的探游行程都包含京那巴丹河的沿河之旅。

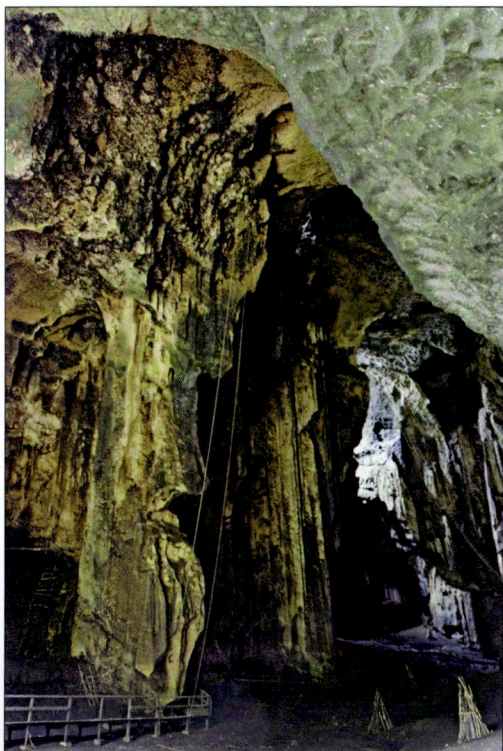

古曼东岩洞穴的西目希淡穴口

踏缤野生动物
保护区 ⑳
Tabin Wildlife Reserve

山打根东南方向 220 千米。🚐 从
拿笃出发 ℹ️ (088) 267-266 ⏰ 每天：
8:00~18:00 📅 ☑️ 由踏缤野生动物保
护区度假村组织，**电话**: (088)261-
558 🌐 www.tabinwildlife.com.my

　　保护区成立于 1984 年，
占地 1225 平方千米，是濒临
灭绝的苏门答腊犀牛的最后栖
息地之一。保护区主要覆盖着
次生雨林，同时也是其他野生
物种的庇护所，这里生活着濒
临灭绝的婆罗洲侏儒象、巨鼯
鼠、红毛猩猩，还有犀鸟等多
种鸟类。保护区会与踏缤野生
动物保护区度假村（Tabin
Wildlife Resort）合作，举办野
生动物观察活动，包括丛林散
步、夜晚狩猎和观鸟等行程。

　　保护区还为游客提供了一
系列颇具挑战性的步行线路，
其中一条可通往一座瀑布，瀑
布下的河流非常适合游泳。另
一条可以通向地势较低且多泥
的火山群地带。

丹侬谷 ㉑
Danum Valley

拿笃西 80 千米。🚐 从拿笃出发 ℹ️
(088) 881-092 ☑️ 必须 🛏️

　　丹侬谷覆盖面积 438 平方
千米，是一座以低地雨林为主
的自然保护区。低地雨林是地

丹侬谷中在土地中觅食的野生须猪

球上最复杂的生态系统之一，
因此这里成为大多数自然爱好
者规划沙巴之旅时必不可少的
一段行程。

　　周边的伐木区由沙巴基金
会运营，目前大部分已退土还
林，作为丰富多样的野生动物
保护区的缓冲区。游客在向导
的指引下可在保护区线路上徒
步，沿途有可能发现大象、赤
麂和懒猴。这一地区可见的鸟
类包括乌鳢野鸡、犀鸟和太阳
鸟。大多数游客会选择住在
Borneo Rainforest Lodge（见
284 页），这座雨林小屋坐落
于丹侬河畔，周边的保护区步
行线路为探索该地区提供了多
种选择。观察野生动物的理想
时间是清晨和傍晚，这段时
间，即使是最谨慎的卷鬃野猪
也会现身觅食，而红毛猩猩和
婆罗洲长臂猿常在小屋附近的
树上活动，把树梢弄得沙沙作

响。经过 3 千米陡峭的攀爬，
可抵达位于悬崖顶端洞穴的一
处古老墓地，这座墓地属于卡
达山杜顺族人，墓地内还保留
有一具旧棺材，站在这里可俯
瞰西加麦河谷（Segama River
Valley）风光。

仙本那 ㉒
Semporna

山打根东南方向 336 千米。👥 15 万
🚤 ⛵ 赛舟会（3 月 / 4 月）

　　仙本那坐落于陆地和海洋
之间，大部分房屋建在水面的
木桩之上。这如诗如画的小镇
布满了珊瑚礁，鱼类、软体珊
瑚、海绵、海葵、棘皮动物和
软体动物品种多样。

　　当地居民主要是巴曹人，
一个在西里伯斯海（Celebes
Sea）以捕鱼为生的民族，他
们精雕细凿的传统渔船名为利
帕利帕（lipa lipa），以明亮的
船帆和花彩装饰为特色。

　　许多游客会把仙本那作
为基地，前往近海的马布
岛（Mabul）和诗巴丹岛（见
194～195 页）进行潜水和浮
潜一日游。在仙本那周边的多
座岛屿中，火山岛保怡都兰
岛（Pulau Bohey Dulang）很受
欢迎，此岛亦是一处日本珍珠
养殖站。火山岛的周围布满悬
崖，探险爱好者可登上岛的顶
峰一览周边岛屿全貌。自从在

仙本那港口的传统干栏式建筑

本地区住宿及餐饮信息，见284~285页和307页

渡轮乘客在斗湖下船

仙本那附近的丁加渔（Ting-kayu）发现了石器以后，这一地区还陆续吸引了众多考古学家，石器的发现将本地区的历史提早了1万年。

诗巴丹岛 ㉓
Pulau Sipadan

见194～195页。

斗湖 ㉔
Tawau

山打根南360千米。17.8万 斗湖中央市场，每天 斗湖文化狂欢节（3月）www.sabahtourism.com

斗湖位于沙巴东南端的沿海地带，是一座重要交通枢纽，也是游客前往仙本那和诗巴丹岛等近海岛屿（见194～195页）的中转站。

这座繁华的港口最初是原住民巴曹人的聚居区，1878年，英国北婆罗洲公司被斗湖地区的天然良港和丰富的火山土壤吸引，选择在此落户。英国人还从缅甸运来大象，协助此地采伐森林。

尽管这里也生长着橡胶、椰子、可可和棕榈油，但木材一直是其主要产品。事实上，斗湖是婆罗洲可可的故乡，游客可前往附近的角山（Quoin Hill）可可种植园，参观制作巧克力的过程。斗湖的棕榈油

可可果实

生产更为普遍，沙巴州各地常见叶片像风扇的棕榈树。

斗湖与加里曼丹岛隔海相望，印尼和菲律宾居民比例很高。虽有些街区较脏乱，市中心整洁，混合了传统的木楼商铺和现代的混凝土建筑。街头市场售卖各种商品，包括草药、蔬菜、服装和流动商贩出售的玩具。斗湖的鲜鱼市场一天到晚非常繁忙，各种海鲜在全城的露天摊档随处可见。

斗湖是向西前往马廖盆地（Maliau Basin）的起点。由于位置偏远和动植物的多样性，马廖盆地被称为"沙巴失落的世界"。但这里能够向游客提供的设施非常简单。

斗湖山州立公园 ㉕
Tawau Hills State Park

斗湖北24千米。从斗湖出发 (089) 925-719 每天：7:00~18:00

斗湖山州立公园成立于1979年，是一片郁郁葱葱的低山和厚厚的苔藓雨林地区，旨在保护斗湖河、莫罗泰河（Merotai）、基那不丹河（Kinabutan）、曼绥河（Mantri）、布隆河（Balung）流域的生态环境。

公园占地约270平方千米，是观鸟者的天堂。在这里可以观赏到翠鸟、肉垂雉、八色鸟和婆罗洲鹩鹛等珍稀鸟类。猴子在这里也很常见。

马格达莱纳山（Gunung Magdalena）是公园内的最高山峰，海拔达1300米。较低的逢巴来山（Bombalai Hill）海拔仅530米，是一座死火山，从公园管理处出发，经过半小时的路程即可登顶。经过3小时的路程后，可前往几处温泉胜地和美丽的桌子瀑布（Table Water-fall），在这里清澈的水流中畅游一番，绝对是件赏心乐事。

斗湖山州立公园由于离城市很近，备受当地人欢迎，尤其是在周末人流量很大，通常会变得拥挤，因此建议游客选择平日前往游览。

斗湖山州立公园的阿逸他郡加拉瀑布

诗巴丹岛 ㉓ Pulau Sipadan

位列世界五大潜水点之一，诗巴丹岛是一座从海床上升约 600 米的石灰岩岛屿。岛屿的四周是美丽耀目的白色沙滩，环绕着迷人的珊瑚礁，这里的水域中栖息着超过 3000 种海洋生物，包括五颜六色的蝴蝶鱼、神仙鱼，以及明亮的橙色和湛蓝色的雀鲷。在珊瑚礁周围，鲨鱼、梭鱼、海龟和蝠鲼等也都很常见。

★ 海龟墓穴（Turtle Cavern）
海龟墓穴是一个水下洞穴，内部布满了绿毛龟和玳瑁龟的骨骼，这些海龟是因为逡巡游入洞穴却不得出路而葬身此地的。

→ 仙本那
马布岛
卡帕莱

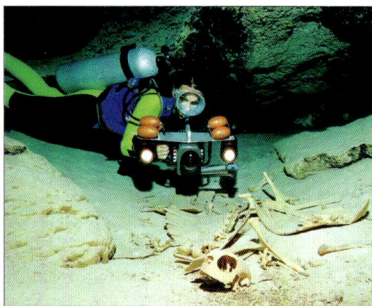

★ 潜水点
（The Drop Off）
这个潜水点坐落于诗巴丹岛码头的西边，似乎布满了无穷无尽的岩石，生长着各种各样的珊瑚和海绵动物。

潜水之旅（Diving Trips）
有多家旅行社组织白天和夜晚的潜水行程，但是每天仅允许120名潜水者下水。持证教练人员可陪同潜水者体验潜水之旅。

空中花园（Hanging Gardens）
随着珊瑚礁逐渐下降至70米深的海域，这里生活着低等腔肠动物和海扇珊瑚，多姿多彩，五光十色，犹如一座海中花园。

0 米 ———— 300
0 码 ———— 300

星级景点
★ 海龟墓穴
★ 潜水点
★ 白鳍鲨栖息地

龙虾巢穴
这里是观察蠕鲉、龙虾、鲉和尖嘴鱼的好地方。浅滩也是初学者的理想潜水地点。

梭鱼聚居区（Barracuda Point）
这一地区因螺旋形的黑尾梭鱼和雪佛龙梭鱼而得名，这些梭鱼喂养着栖息于此的海龟和鹦哥鱼。

游客备忘

仙本那南35千米。从仙本那出发 婆罗洲海洋探险8A，Karamunsing Warehouse，哥打基纳巴卢；(088) 230-000 仙本那、马布岛和卡帕莱岛。最佳出行时间：4月~8月，能见度高达30米

珊瑚花园
在这里可以看到几乎每种栖息于此的海洋生物，是水下摄影师的理想选址。

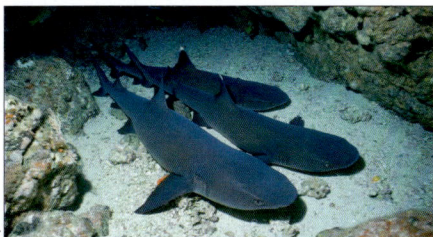

★ 白鳍鲨栖息地（White-Tip Avenue）
白鳍鲨栖息地位于珊瑚礁的间隙，白鳍鲨和灰礁鲨经常在此遨巡。潜水员在此可能遇到大眼睛的鲹鱼和隆头鹦哥鱼。

中礁

海龟栖息地（Turtle Patch）
诗巴丹岛很常见的槌头鲨、长尾鲨、引金鱼、隆头鹦哥鱼、绿毛龟和玳瑁龟均在这里频繁出没。

南部潜水点
是经验老到的潜水者的理想之地，经常可以看见槌头鲨和海龟。

图例

- - -	渡轮航线
🛳	渡轮码头
🏖	海滩
🤿	潜水点

鹿角山峰（Staghorn Crest）
这是一个神话般的花园，巨大的鹿角珊瑚周围生活着成群的虾虎鱼、石斑鱼、神仙鱼和引金鱼，是一个极佳的潜水地点。这里海浪较大，潜水须小心。

新加坡

新加坡概览

新加坡是个面积不大但熙熙攘攘的国际化城市国家，它时髦、现代，并在国际金融政治舞台上扮演着与其小小的面积似乎很不相称的重要角色。丰富多样的传统和古老与现代的魅力交融（主要体现在不同的种族和生活方式上）都使新加坡成为一个名副其实的多元文化城市。

据马来史籍记载，1324 年左右，苏门答腊的室利佛逝王国王子乘船到达此岛，在现今的新加坡河口无意中发现一只动物形若狮子，于是把这座小岛取名"Singapura"。"Singa"就是梵语狮子的意思，"Pura"则代表城市，因狮子具有勇猛、雄健的特征，故以此作为地名，这就是新加坡"狮城"的来历。过去华侨多称其为"息辣"，即马来语"海峡"的意思，也有因其面积小巧而将之称为星洲、星岛的。

新加坡地处马来半岛南端，面向马六甲海峡，由一个大岛及环绕在其周围的一些小岛组成。阳光下熠熠闪光的高楼大厦和种类极为丰富的植物挤满了这个面积只有 697 平方千米的小地方，这还算上了填海造陆得来的土地。这里的气候特点是潮湿，降水量丰富，11 月～次年 2 月为雨季，雨总是说来就来，因此伞是必不可少的。

1819 年，英国东印度公司的斯坦福·莱佛士（Stamford Raffles）爵士第一次踏上新加坡的时候，这里只不过是一个毫无特色的小渔村。然而，这里很快便沦为英国的殖民地，二战期间一度被日本占领。1963 年，新加坡摆脱英国获得了独立，加入马来西亚联邦。1965 年 8 月，新加坡脱离马来西亚联邦，

新加坡的国花
——卓锦万代兰

成立新加坡共和国；同年 9 月，新加坡成为联合国会员国。

政府与政治

新加坡是一个民主共和国，沿用了英国的议会制，现任总统为陈庆炎，总理为李显龙。长久以来，国家的政治事务都由新加坡人民行动党执掌，而人民行动党从成立之初到 20 世纪 90 年代一直由政治家李光耀领导。2011 年大选是新加坡政治的分水岭，尽管人民行动党在 87 个国会议员的选举中还是保住了 81 个席位，但新加坡工人党却史无前例地夺走了 6 个国会席位和 2 个非选区席位；更关键的是，执政党的总得票率创历史新低，只达到 60%。反对党的崛起标志着新加坡的政治生态进入新阶段。有批评认为一党独大是专制的体现，但人民行动党仍帮助新加坡发展成今天的现代化发达国家。新加坡人将这归功于

高耸入云的摩天大楼就是新加坡的城市布景

◁ 新加坡市商务区与新加坡河的迷人景色

李光耀的领导，他是这个国家广受爱戴的一位奠基人。

经济

新加坡的经济不仅十分发达，也高度透明。虽然新加坡政府被指责与市场的关系过于紧密，但新加坡经济仍然处于世界前列，这主要得益于高效率的政府、完备的基础设施、廉洁的官员，以及训练有素的劳动群体。新加坡经济的繁荣倚赖电子和化工行业；同时，依托批发与零售业、商务服务业、交通与通信业、金融服务业四大服务产业的支持，新加坡得以确定其亚洲金融中心、航运中心、贸易中心的地位。由于身处连接内陆与东南亚各岛的战略性位置，新加坡拥有这一地区最为繁忙的港口。另外，罐装食品、生物技术、橡胶加工以及新近兴起的旅游业也都逐渐成为新加坡的创收产业。

精心装扮的中国京剧演员

民族、语言和区域

新加坡是个多民族的移民国家，人口中大约77%为华人，14%为马来人，7.6%为印度人，还有少量的西方侨民。19世纪时普遍的民族聚居区已经被政府提供的公共住房所取代。旧的聚居地现在只被本民族用作购物或娱乐场所。而英国殖民者留下的文化遗产业，已深深印了新加坡人的生活方式之中。

马来语、华语、英语以及泰米尔语都是新加坡的官方语言，基于和马来西亚的渊源，《新加坡宪法》明定马来语为新加坡国语。另外，大多数新加坡人也都能听懂所谓的"新加坡英语"——一种将马来语、华语词汇融入英语的方言，不过游客们

马里安曼兴都庙中的参拜者

就很难明白这种语言了。

新加坡实行宗教自由，只有一些激进团体是被禁止的。在这里，大乘佛教最为普遍，其次是伊斯兰教、基督教以及印度教。自20世纪60年代的种族暴乱之后，新加坡的社会一直非常和谐，政府在这方面作出了很大的努力。

文化与艺术

艺术在这座多元化的城市里蓬勃发展。中国京剧和传统戏剧、西方古典音乐、印度古典式舞蹈以及英式戏剧都成为新加坡文化的一部分，而一些剧院和舞蹈团也使马来文化得以保留。然而，政府的审查是非常严格的，任何演出在面向公众之前都必须得到批准。与视觉艺术相互补充的还有大量的博物馆、各色节日和宗教场所。

饮食也是新加坡文化中不可或缺的部分，而外出进餐也被看作社交的最好方式。虽然中国、印度、马来风味的饮食最多，从非洲到东欧的世界各地美食也都能轻而易举地在这里找到。"美食天堂"的名号为新加坡这个东西交融的路口增添了魅力，即使在几百年后的今天，这魅力也丝毫没有减少。

新加坡的季节与节庆

新加坡的多元文化使得年历上缀满了各色节假日，有些是普通假日，有些则是宗教节日。由于许多宗教节日都是以农历日期庆祝的（见333页），所以每年这些节日的具体公历时间都不一样，可以向新加坡旅游局咨询。有一些节日，比如春节和开斋节，新加坡都会热闹地举国庆祝，另外一些则是相对安静的地方性节日，人们会逛逛市场，访访寺庙。游客们只要能够尊重当地习俗，都可以进入庙宇和清真寺探访。另外，像新加坡艺术节这样的文化节日在一年的节假日中也为数不少。

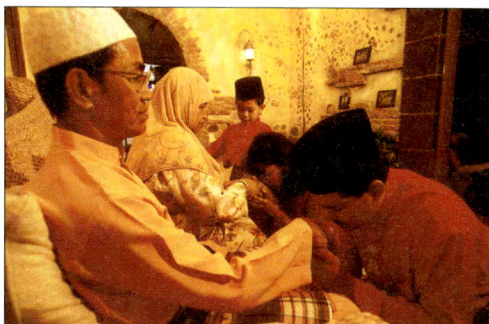
开斋节要更加尊重老人

1 月 ~ 3 月

丰收节（Ponggal，1 月 / 2 月）。泰米尔人（南印度族）的节日，在斯里尼瓦沙柏鲁马兴都庙（见 230 ~ 231 页）这样的寺庙中庆祝。当天会用新锅煮饭，煮至沸腾以象征繁荣兴旺。然后，斋食会用来敬献神灵，以示感恩之心。

大宝森节（Thaipusam，1 月 / 2 月）。印度教徒赎罪并赞美姆鲁卡神的节日。这一天，男性信徒会背着"卡瓦第"，一种有钩子挂在皮肤上的钢制弓形枷锁，汇成一条长长的彩色队伍从斯里尼瓦沙柏鲁马兴都庙一路走到雀替尔印度寺庙（见 217 页）。

春节（1 月 / 2 月）。欢庆活动会持续两周，活动高潮是元宵。节日期间，牛车水灯火通明，购物的人络绎不绝。

妆艺大游行（1 月 / 2 月）。春节庆祝的一部分，高跷、舞狮、彩车和其他带有不同文化气息的表演汇成一条巨大的彩色长龙，穿过乌节路。

清明节（3 月 / 4 月）。华人家庭会去庙里拜一拜，并给逝去的亲人扫墓。人们会在墓前点燃红色蜡烛和香，摆上米和酒，献上鲜花。

春节期间的舞狮表演

4 月 ~ 6 月

卫塞节（Vesak Day，5 月 / 6 月）。佛教徒纪念佛教创始人释迦牟尼佛祖诞生、成道、涅槃的节日，会有许多人来到佛寺里，僧人吟唱祷文并放飞笼子里的鸟儿。晚上，秉烛游行的队伍会从佛寺出发。想观看庆典活动，天福宫（见 222 ~ 223 页）是个不错的选择。

新加坡艺术节（5 月 / 6 月）。由国家艺术理事会举办，是一场汇集了国内、地区乃至国际的艺术、戏剧、舞蹈以及音乐种类的艺术盛宴。

端午节和龙舟赛（6 月）。端午节是为纪念中国战国时期的诗人屈原而设，他因为痛恨楚国的腐败而投江自尽。相传当年撑船在水中搜寻他的人一边撸鼓一边将粽子投入水中，希望以此分散鱼儿的注意力，不要吃屈原的尸体。如今，世界各国的龙舟队伍在水面上一决高下，以此纪念屈原。精彩的演出在勿洛蓄水池举行，乘出租车从市中心到那里需要20分钟。

7 月 ~ 9 月

新加坡热卖会（5 月 / 7 月）。在新加坡热卖期间，全国所有的商店都会举行热卖——折扣很有可能极为诱人（见 247 页）。

新加坡美食节（7 月）。顶级厨艺展示和特色美食市场每年都会吸引大量人潮。

国庆日（8 月 9 日）。在国庆日这天，政府大厦大草场会有盛大的演出。演出包括空军列队飞行阅兵、文艺表演，最后还会有激光和烟火表演。

中元节（8月/9月）。中国人相信在农历七月，阴魂会回到人间享受供养。人们会点燃蜡烛、焚香、烧纸钱，并奉上大餐、表演中华地方戏剧和皮影戏（见254页），以此安抚魂灵。

中秋节（8月/9月）。农历八月十五月圆之日是中秋节，这一天，人们会吃月饼、赏灯。中秋节是一个庆祝丰收的传统感恩节日。同时，这个节日也是为了纪念一位元末时期的爱国志士，据说他把字条藏在月饼里，和计划推翻元朝统治的同伴们联系。

F1新加坡大奖赛（9月）。新加坡大奖赛是一级方程式赛车比赛中的一个分站，2008年首次亮相F1舞台，是F1历史上第一场夜间街道赛。比赛在夜晚的滨海湾市街举行。

中秋节裕华园的灯谜比赛

10月~12月

开斋节（Hari Raya Puasa，9月/10月）。穆斯林庆祝斋月结束的节日。欢庆活动中，苏丹清真寺、阿拉伯街（见228页）等地都成为欢乐的海洋。

屠妖节期间居民家里神龛里的供品

屠妖节（Deepavali，10月/11月）。印度节日，人们点灯庆祝天神克里希纳打败恶王纳拉卡苏拉——正义战胜邪恶。家家户户和寺庙里都用油灯装扮，以吸引幸运女神拉克什米。整个小印度被彩灯和各种装饰点缀得亮丽夺目。屠妖节的具体日期是每年根据印度历书确定的。

蹈火节（Thimithi，10月/11月）。蹈火节这一天，庆典的队伍从斯里尼瓦沙柏鲁马兴都庙一直走到马里安曼兴都庙（见218页）。在马里安曼兴都庙，为了证明信仰的力量，信徒们会赤脚踏过燃着的火炭堆。

九皇爷诞（10月/11月）。九皇爷诞会庆祝9天，敬奉九位为人们带来好运和长寿的神明。庆典在实笼岗路上的九皇爷庙举行，届时会有祈福活动、酬神宴和京剧表演。之后，信徒高抬安置了九皇爷像及香炉的圣轿出巡，轿前有开路的道士，手持宝剑和拂尘。九

皇爷诞期间，许多信徒会到龟屿岛的大伯公庙朝拜。

Zoukou 海滩派对（12月）。每年在圣淘沙岛举行的户外舞蹈音乐节，会吸引3万人参加的大聚会。

圣诞节（12月25日）。从11月中旬开始，乌节路就被圣诞树上的彩灯和各种装饰装扮成了一条炫目的彩带。

哈芝节（Hari Raya Haji，公历日期不固定）。在哈芝节这一天，许多穆斯林会前往麦加朝圣。清真寺里会祭献牛羊，并有祈祷仪式。

公共假日

地方性节日以农历为准，公历日期每年不固定。

新年（1月1日）

开斋节（公历日期不固定）

春节（1月/2月）

哈芝节（公历日期不固定）

耶稣受难日（3月/4月）

劳动节（5月1日）

卫塞节（5月/6月）

国庆日（8月9日）

新加坡掠影

虽然新加坡的大多数游览景点都聚集在城市中心，也就是新加坡岛的南侧，但完备而高效的基础设施可以轻而易举地将游客送至其他地区参观游览。岛的北面、西面和东面不乏郊区景点、自然保护区和历史遗址。新加坡不仅是一个布满了摩天大楼、豪华购物中心、博物馆、各色娱乐场所的现代化大都市，在亮丽的外表下，传统的美好也得到了保留。这种传统的核心就是多元的文化，它们隐藏在时间静流中永葆魅力的殖民时期建筑、牛车水的临街小店，以及庙宇、清真寺、教堂的和谐共存之中。

新加坡十大景点

莱佛士酒店（见214～215页）

乌节路（见232～235页）

牛车水（见218～223页）

小印度（见224～231页）

新加坡植物园（见240～241页）

新加坡观景摩天轮（见211页）

圣淘沙（见244～245页）

赞美广场（见212页）

驳船码头（见221页）

滨海湾花园（见211页）

◁ 典型的殖民时期建筑，莱佛士酒店优雅的走廊

新加坡河

波特罗的雕塑作品——《鸟》

新加坡河蜿蜒流过城市中心，一直以来，它也是这座城市生活和商务的中心。河的南岸是金融区高耸入云的摩天大楼，北岸则是风格庄重的殖民时期建筑。沿着河，是交错的人行横道、各色商店和小吃店。游河的船只不断从沿岸各个码头出发。

大华银行大厦（UOB Plaza's） 的入口大厅摆放着波特罗和达利的雕塑作品作为装饰。

加文纳桥（Cavenagh Bridge）
只允许马车通行的限制在这座城市里唯一的吊桥上仍然适用。

浮尔顿酒店（The Fullerton Hotel）
殖民风格的酒店外貌把守着新加坡河的河口，而这个地方在1925年之前是浮尔顿炮台。

鱼尾狮（Merlion）
这座半鱼半狮的神话雕像是新加坡的象征，它矗立在滨海湾，守护着新加坡河。

亚洲文明博物馆二号馆（见210页）

莱佛士登岸遗址（Raffles' Landing Site）
莱佛士大理石塑像下的牌匾之处就是1819年他首次踏上新加坡的位置。

安德逊桥（Anderson Bridge）
这座桥建于1910年，是为了缓解文纳桥日益增加的交通压力而建。

国会大厦（Parliament Complex）
新国会大厦于1999年投入使用，与始建于1827年的维多利亚风格旧国会大厦（见211页）形成奇妙搭配。

驳船码头
（Boat Quay）
新加坡河南岸一排排岁月
悠久的商行店铺，因为一
间间酒吧和餐馆又焕发了
新的生机（见221页）。

埃尔金桥（Elgin Bridge）
今天的埃尔金桥建于1929年，是在
之前一座桥的原址上重建的。以当
时印度总督的名字命名。

克拉码头（Clarke Quay）
粉刷一新的仓库为这片热闹的购物餐饮区增添了
多彩的背景（见217页）。

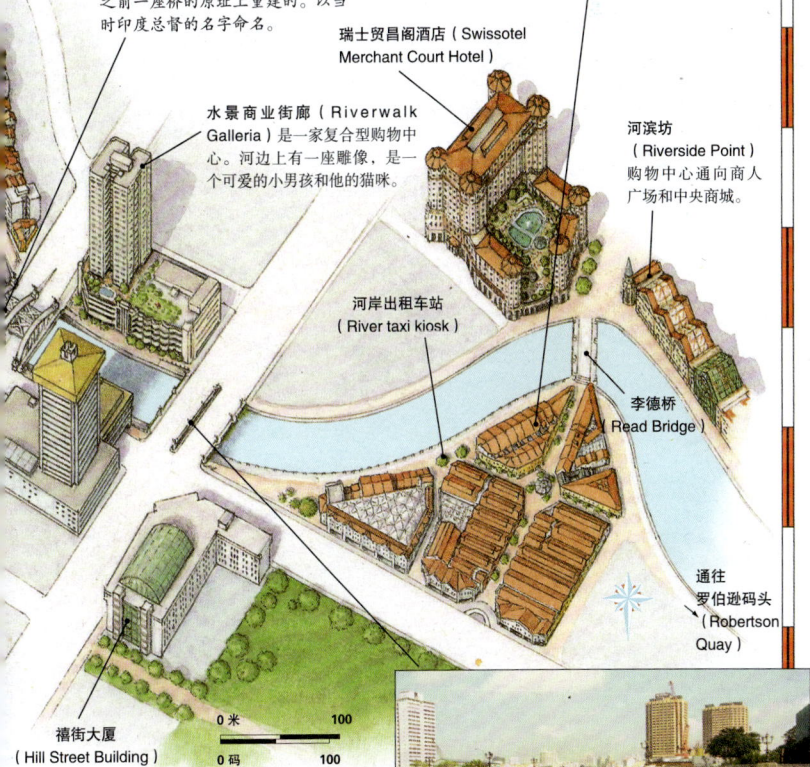

瑞士贸昌阁酒店（Swissotel
Merchant Court Hotel）

水景商业街廊（Riverwalk
Galleria）是一家复合型购物中
心。河边上有一座雕像，是一
个可爱的小男孩和他的猫咪。

河滨坊
（Riverside Point）
购物中心通向商人
广场和中央商城。

河岸出租车站
（River taxi kiosk）

李德桥
（Read Bridge）

禧街大厦
（Hill Street Building）

通往
罗伯逊码头
（Robertson
Quay）

0 米　　　　　100

0 码　　　　　100

哥里门桥（Coleman Bridge）
这座桥以设计师乔治·D.哥
里门命名，新加坡的城市景观
很多都是他设计的。

殖民区与牛车水

斯坦福·莱佛士爵士在1822年的城市规划中将新加坡河的南面划为商业区，北面划为行政。北面就是今天的殖民区。这里是新加坡的市中心，点缀着许多历史建筑。大草场和福康宁公园是这一区域的中心建筑，它们见证了许多新加坡历史上的重要时刻。新加坡河的南面是繁荣的

陈金声喷泉

商业区，也被称为"金鞋区"，因为从地图上看这一区的形状就像一只鞋。商业区旁边紧挨着的是牛车水（中国城）。在19世纪时，商行都是沿着南岸开设，华人劳工和商人便在这个地区扎下了根，于是莱佛士正式将这一地区划给了华人。这里的商店、寺庙和市场都散发着浓厚的中国特色。

旅游景点分布示意图

魅力景点
新加坡观景摩天轮 ⑧

历史街道、建筑和遗迹
安详山 ㉖
滨海湾金沙 ⑥
驳船码头 ㉛
丹戎巴葛保留区 ㉕
旧国会大厦 ⑤
克拉码头 ⑳
老巴刹 ㉘
莱佛士酒店（见214~215页）⑪
莱佛士登岸遗址 ①
莱佛士坊 ㉚
庙街 ㉓
牛车水原貌馆 ㉑
维多利亚剧院和音乐会堂 ④
赞美广场 ⑫
直落亚逸街 ㉗

博物馆和美术馆
土生华人博物馆 ⑯
新加坡国家博物院 ⑮
新加坡艺术博物馆 ⑬
亚洲文明博物馆 ②

公园与花园
滨海公园 ③
滨海湾花园 ⑦
福康宁公园 ⑰

购物
牛车水大厦 ㉔
莱佛士城 ⑩

教堂与寺庙
马里安曼兴都庙 ㉒
雀替尔印度寺庙 ⑲

善特主教座堂 ⑭
圣安德烈教堂 ⑨
天福宫（见222~223页）㉙
亚美尼亚教堂 ⑰

交通指南
乘坐地铁（MRT）就可以到达殖民区和牛车水。
乘坐7、14、16、106或111路公交车可以到达殖民区；乘坐124、143、174和190路可以到达牛车水。

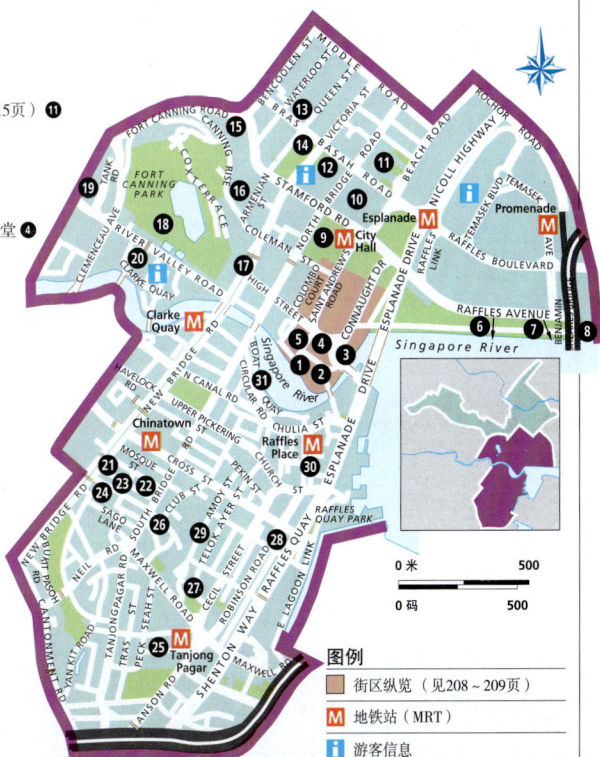

图例
街区纵览（见208~209页）
Ⓜ 地铁站（MRT）
ℹ 游客信息

◁ 在丹戎巴葛保留区中的达士敦路上，装修一新的店屋

街区纵览：大草场 The Padang

　　新加坡殖民区的中心便是大草场广场,19世纪,这里曾被殖民者用作举办大型体育运动和国庆游行的场地。从板球到曲棍球,从足球到橄榄球,今天这里每周仍会举行各种运动。广场周围有许多宏伟建筑,例如圆顶的最高法院、新古典主义的市政厅、国会大厦,以及高级的新加坡板球俱乐部。另外还有地处大草场东侧的滨海公园,是新加坡最古老的公园之一,里面有不少历史名胜。

★ **最高法院**
（Supreme Court）
最高法院是新加坡的最后一座古典风格建筑。

★ **维多利亚剧院和音乐会堂**（Victoria Theater and Concert Hall）
这一建筑建于1862年,最初是市政厅。1905年,维多利亚纪念堂在此建立,以纪念去世的维多利亚女王。之后,它的名字改为维多利亚音乐会堂。❹

PARLIAMENT PLACE

OLD PARLIAMENT LANE

亚洲文明博物馆

莱佛士登岸遗址

通往驳船码头

旧国会大厦（Old Parliament House）
旧国会大厦建于1827年,建立之初本是苏格兰商人约翰·阿盖尔·麦士威的私人住宅。❺

星级景点

★ **最高法院**

★ **维多利亚剧院和音乐会堂**

★ **市政厅**

时光胶囊（The Time Capsule）
时光胶囊坐落于皇后坊大厦（Empress Place）前方的一座金字塔内,是纪念新加坡独立25周年时密封的,将会在2015年打开。

本地区住宿餐饮信息,见286~288页和308~311页

★ 市政厅（City Hall）
市政厅建于 1929 年，采用了新古典主义建筑风格。建筑的一大特色是 18 根优雅的科林斯式柱。

定位图
见城市地图 5

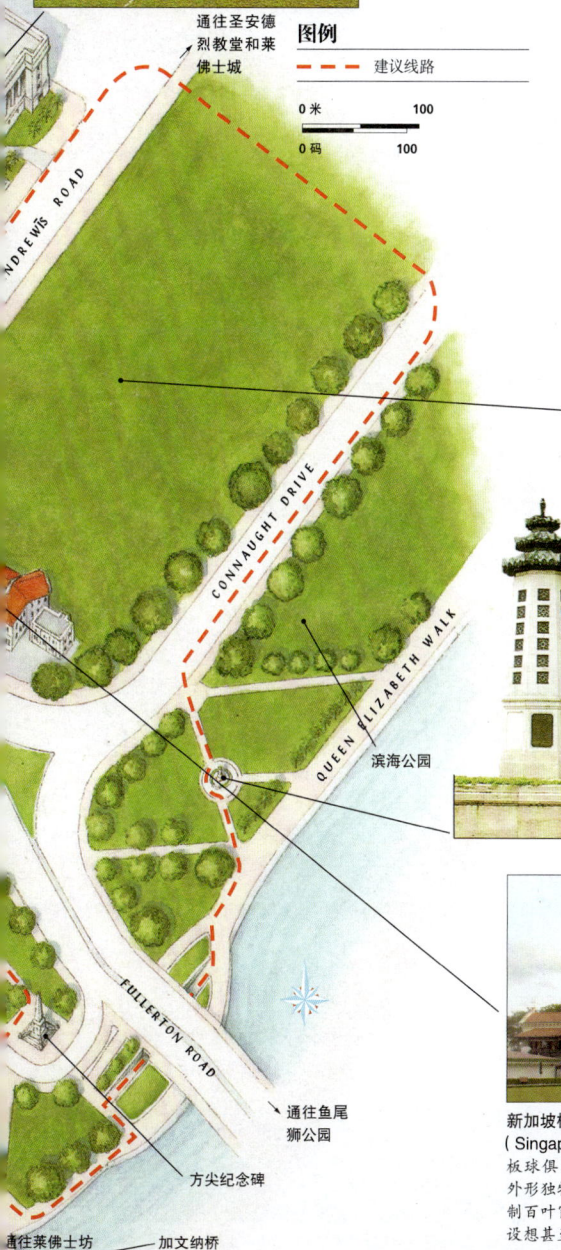

小印度与乌节路

殖民区与牛车水

通往圣安德烈教堂和莱佛士城

图例

建议线路

0 米　　　　100
0 码　　　　100

ANDREWS ROAD

CONNAUGHT DRIVE

QUEEN ELIZABETH WALK

滨海公园

FULLERTON ROAD

通往鱼尾狮公园

通往莱佛士坊　　加文纳桥

方尖纪念碑

大草场（The Padang）
自 19 世纪 30 年代起，大草场就一直是板球比赛的场地。如今，橄榄球等运动项目仍然在这里举办。

林谋盛纪念塔
（Lim Bo Seng Memorial）
林谋盛纪念塔是为纪念中国战争英雄林谋盛而建。林谋盛曾参加中英联合军团秘密进行抗日活动，1944 年被捕，遭受严刑拷打后牺牲。

新加坡板球俱乐部
（Singapore Cricket Club）
板球俱乐部建于 1884 年左右，是一座外形独特的低矮建筑，装有深绿色的竹制百叶窗。俱乐部只接待会员，而最初设想甚至只允许侨民参加。

登岸遗址处斯坦福·莱佛士爵士的雕像

莱佛士登岸遗址 ❶
Raffles' Landing Site

北驳船码头。城市地图：5 D3 M Raffles Place, City Hall 🚌 7、32、51、81、124、145、197、603、851

斯坦福·莱佛士爵士的雕像目光炯炯地注视着繁荣的商业区。雕像脚下的底座所在位置，就是1819年1月29日他第一次踏上新加坡土地的位置。这座现代大理石雕像其实是一个复制品，原作是由英国雕刻家、诗人托马斯·沃勒完成的青铜雕像。青铜雕像于1887年6月27日在大草场上揭开了面纱。这座青铜雕像在日本侵略时期幸运地避免了被熔掉的命运。如今，它矗立在维多利亚音乐会堂门口。

亚洲文明博物馆 ❷
Asian Civilizations Museum

1 Empress Place. 城市地图：5 D3 电话：6332-2982 M Raffles Place, City Hall 🚌 75、540、608 🕐 周一 13:00-19:00，周二至周日 9:00-19:00（周五除外），周五 9:00-21:00 💰 周五 19:00后半价 🕐 周一 14:00，周二至周日 11:00~14:00（周五 19:00），周六、周日 15:30 ♿ 🍴 www.acm.org.sg

博物馆拥有超过1600件藏品，记录了亚洲不同地区的文明和文化历史。博物馆建在翻修后的皇后坊大厦（Empress Place Building）内，皇后坊大厦

的命名是为了纪念维多利亚女王。大厦是在1867年由罪犯们建造的，是一座帕拉弟奥式建筑，最初被用作法院。

今天，这座新古典主义建筑内收藏有大量展品，分别展出于11个不同主题的展览馆，以及4个亚洲文明教育区：南亚、西亚/伊斯兰、东南亚及中国。另外，还有一个新加坡河历史展览厅，在这里，一张张的老照片为人们展示了世代移民在新加坡河两岸扎根、辛勤劳作的感人故事。

滨海公园 ❸
Esplanade Park

Connaught Drive. 城市地图：5 E3 M City Hall 🚌 10、70、75、82、97、100、130、131、167、196、608

沿着康乐通道（Connaught Drive）穿过地下走廊到达安德逊桥后，可一直走到Stamford路。在殖民时期，不论对西方人还是东方人来说，滨海公园都是一处绝佳的户外活动场所。公园里有一条风景优美的伊丽莎白女皇步行道（Queen Elizabeth Walk），还有为了纪念在二战中逝去的生命而建的战亡纪念碑（Cenotaph），以及著名的林谋盛纪念塔（Lim Bo Seng Memorial）和陈金声喷泉（Tan Kim Seng Fouhtain）。2002年，滨海艺术中心（Esplanade-Theaters

on the Bay）建成，因为其设计十分前卫，仿佛巨大的钉状贝壳形建筑卧于河边，还引来了一场争论。艺术中心内建有音乐厅、剧场、露天剧场、音乐室，还有美术馆、表演艺术图书馆和一个购物中心。

维多利亚剧院及音乐会堂 ❹
Victoria Theater and Concert Hall

9 Empress Place. 城市地图：5 E2 电话：6338-8283（剧院）、6338-6124、6339-6120（音乐会堂）M Raffles Place, City Hall 🚌 75、540、608 🕐 请登录网站查询开放时间 ♿ 🍴 www.vch.org.sg

剧院是殖民时期建筑的杰出范例，由英国人建于1862年，当时只是业余戏剧家吉尔伯特和沙利文合作的小歌剧的演出场所。1905年，为了向维多利亚女王致敬，维多利亚纪念堂也在此建成。1980年，随着新加坡交响乐团的进驻，纪念堂更名为维多利亚音乐会堂。

第二次世界大战期间，因局势问题这里成了一家战地医院。日本占领新加坡时期，钟楼的时间一度被调整为东京时间。日本投降后，它因作为审判战争罪犯的场所而被人铭记。

如今，许多音乐会、演出及各种不同文化的表演都在这两座建筑里举行（见252~255

在滨海公园地区，巨大雄伟的艺术中心矗立在河畔

新帕拉第奥式风格的旧国会大厦面貌

页）。演出的详细信息会在公告板上贴出，入场券可以在售票处购买，新加坡各大商业区也出售门票，为游客提供方便。

旧国会大厦 ❺
Old Parliament House

1 Old Parliament Lane. 城市地图：5 D3 电话：6332-6900 Ⓜ City Hall, Raffles Place ▣ 7、32、51、81、124、145、197、603、851 ◷ 周一至周五：10:00-21:00，周六：11:00-21:00；售票于活动开始前 90 分钟售票 ◷ 每天：11:00、15:00 Ⓜ ▣ www.theartshouse.com.sg

旧国会大厦是新加坡现存最古老的政府建筑，在 19 世纪 20 年代初建成时，是苏格兰商人约翰·阿盖尔·麦士威的私人宅邸。这座新帕拉弟奥式建筑由乔治·哥里门设计，新加坡大部分的城市景观都由他设计。麦士威后来将房子租给政府作为法庭使用。到了 20 世纪 50 年代，演变成殖民政府的会议室，后又在 1962 年成为独立国家的国会大厦。大楼外的铜质大象雕塑是泰国君主拉玛五世在 1871 年访问新加坡后送来的外交礼物。

1999 年，一座新的国会大厦在附近建成。2004 年，经过精心整修，旧国会大厦成为传播高雅艺术的神圣殿堂。艺术之家举办各类当代视觉艺术和表演艺术的演出，播放电影，举办即兴戏剧演出。

滨海湾金沙 ❻
Marina Bay Sands

10 Bayfront Avenue. 城市地图：5 F3 电话：6688-8868 Ⓜ Bayfront ▣ 97、106、133、502、518 Ⓜ ▣ www.marinabaysands.com

滨海湾金沙占据着滨海湾，是一处让人不可能错过的存在。这处综合度假胜地由拉斯维加斯金沙集团投资兴建，不但有可提供 2561 间客房的酒店、会议中心、名牌汇聚的滨海湾金沙购物中心、时尚精致的国际名厨主理餐馆，还有大型剧院、溜冰场、赌场、夜店等娱乐设施。浮在水面，4 层楼高的水晶阁内有众多设计师品牌店铺。位于 57 层顶楼的**金沙空中花园**（Sands SkyPark®）是世界最大的悬挑式钢平台结构，将三座酒店建筑连为一体。空中花园正如其名，仿佛一处空中绿洲，还有一座看起来惊险刺激的无边泳池——只对住客开放。

滨海湾花园 ❼
Gardens by the Bay

18 Marina Gardens Drive. 城市地图：5 F3 电话：6420-6848 Ⓜ Bayfront ▣ 400 ◷ 每天：5:00~次日 2:00；温室：9:00~21:00；最后售票：20:00，最后入园：20:30 温室 ◷ 每天：9:00、11:00、14:00、16:00 www.gardensbythebay.com.sg

这处获得无数好评的园艺景点位于海滨，面积广阔，共计 25 万种珍稀植物生长在精心设计的花园和温室中。露天花园分设在三个空间中：滨海南花园（Bay South）、滨海东花园（Bay East）和滨海中心花园（Bay Central）。文化遗产花园通过植物反映新加坡的主要种族和文化。另一大看点是超级树——16 层楼高的树形结构，仿佛垂直的热带花园，不仅可支持植物生长，还可吸收太阳能，供夜间照明；"树冠"则与植物温室系统相连，作为排气口。超级树之间有 OCBC 空中步道相连，方便游客从不同角度欣赏美景；每晚还有炫目的声光电表演。

新加坡观景摩天轮 ❽
Singapore Flyer

30 Raffles Avenue. 城市地图：5 F2 电话：6738-3338 Ⓜ Promenade ▣ 106、111、133 ◷ 每天：8:30~22:30 Ⓜ ▣ www.singaporeflyer.com.sg

建于滨海湾的新加坡观景摩天轮是当地最吸引人的景点之一。作为世界最大的观景摩天轮，当它开始缓缓旋转时，车厢里的游客会上升到离地面 165 米的高处，欣赏美妙的狮城景观。一次摩天轮之旅大概要花 30 分钟。一间小型博物馆以多媒体的形式向参观者展示了摩天轮的建造过程。

夜间灯光下的滨海湾金沙度假村

莱佛士城中矗立的银色摩天大楼

规模宏大的莱佛士城包括购物中心、写字楼，及两家著名酒店——莱佛士广场和斯坦福瑞士酒店（Swiss tel the Stamford），后者在1985年建成，当时是世界上最高的酒店。酒店的顶层是非常豪华的酒吧和餐厅，尤其是69层的法式餐厅Jaan par André，用餐者能够欣赏到令人目眩的风景。

因为其金属质感的外形，莱佛士城又被称为"马口铁罐"。它的设计者非常著名，是曾经打造巴黎卢浮宫前透明金字塔和香港中银大厦的美籍华人贝聿铭。莱佛士城的楼层内遍布着精品店和商铺，在这里你能找到任何想要的商品，从电子产品到顶尖品牌，以及销售泰国丝绸和中国手工艺品的特色产品柜台，可谓应有尽有。

圣安德烈教堂 ❾
St. Andrew's Cathedral

Coleman Street. 城市地图：5 E2 电话：6337-6104 Ⓜ City Hall 🚌 7、32、51、81、124、145、197、603 ⏱ 每天：10:30~14:30 ⛪♿🏛 周日 7:00、8:00、11:00、14:00、17:00、19:30 www.livingstreams.org.sg

虽是英国国教教堂，但因教堂是苏格兰商人出资建造，便以苏格兰圣徒的名字命名。这座恢宏的建筑其实是原地建造的第二座教堂。第一座教堂在1852年因为两次被雷击而不得不关闭。如今的教堂的历史可追溯至1862年，由麦波申上校设计，采用了早期哥特式风格，让人联想起英格兰的索尔兹伯里大教堂。

莱佛士城 ❿
Raffles City

252 North Bridge Road. 城市地图：3 D5, 5 E2 电话：6433-2238 Ⓜ City Hall 🚌 7、36、77、97、103、124、131、147、162、166、174、190、501、511、603 ⏱ 10:00~21:30 🍴♿ www.rafflescity.com.sg

莱佛士酒店 ⓫
Raffles Hotel

见 214~215 页。

赞美广场 ⓬
Chijmes

30 Victoria Street. 城市地图：3 D5, 5 E1 电话：6332-6273 Ⓜ City Hall 🚌 2、7、12、33、81、107、130、133、147、190、520、851、960 ⏱ 10:00~15:00 🍴♿🏛 www.chijmes.com.sg

这是一处环境幽雅的大型综合性商业休闲场所，拥有商店、餐馆、酒吧、展厅等设施。广场前身名为圣婴女子学校（Convent of the Holy Infant

新加坡美术馆，从前是一座天主教男校

Jesus），由一位法国耶稣会牧师于1854年创立，一直由修女们掌管。既是学校也是女性避难所，还曾收留被丢弃在学校门口的婴儿。1983年被重建为这处集购物和餐饮功能于一体的综合性建筑。

静静的庭院、鹅卵石小路、喷泉及意式风格的过道环绕着出售来自中国、菲律宾和印度的各色工艺品的商铺。不少特色餐馆也坐落于此，提供从日本寿司到西班牙小吃的丰富美食。另外，这里最令人惊叹的建筑莫过于从前留下的小教堂。这座新哥特式风格的小教堂由法国耶稣会牧师内恩设计，其中大部分已经被重修过，比如瑰丽的19世纪彩绘玻璃窗。

新加坡美术馆 ⓭
Singapore Art Museum

71 Bras Basah Road. 城市地图：3 D5 电话：6332-3222 Ⓜ Bras Basah 🚌 7、14、16、36、77、97、131、167、171、518、602、603、605、607、700 ⏱ 周一至周日：10:00~19:00，周五：10:00~21:00 6岁以下儿童免票；周五18:00后免费 🍴♿🏛 www.singaporeartmuseum.sg

在美术馆的门前矗立着一座迷人的青铜雕像：是两个学生模样的男孩和17世纪法国教士圣约翰·喇沙，仿佛在提

赞美礼堂的建筑景色，现在它已经成为艺术场所，也可以就餐

本地区住宿及餐饮信息，见286~288页和308~311页

醒人们，这里在 1987 年之前是一所名为圣约瑟书院的天主教男校。如今这里是展示亚洲当代艺术的神圣舞台。美术馆自开放以来，展品数量不断增加，如今已达到 7000 多件，是世界上收集现当代东南亚艺术品最多的公共场馆之一。藏品的核心包括雕塑、装置艺术、绘画等。平时还会有当地或国外的巡回展览，如 20 世纪的欧美艺术品展览等。另外，美术馆的展品有时也会被外借到其他地方，进行国际巡回展览，将东南亚的艺术和文化传播到世界各地。

有时，美术馆也会举办个人展览，除多位新加坡本国艺术家的个展曾引起热议外，也有周边邻国的艺术家在此设展。

这座古典风格的旧建筑在成为美术馆之前，曾经历过细致的重修和有计划的改造，曾经的小教堂现在被改造成了礼堂。小教堂的特点仍旧保留，不过中间的窗户被换成了菲律宾艺术家拉蒙奥科纳的彩绘玻璃作品。美术馆的两个庭院都可以做展览之用，分列于玻璃大厅两侧。玻璃大厅是一个以玻璃封闭的走廊，里面装饰着美国艺术家戴尔·奇胡利的棕色玻璃装置艺术作品。旧教室现在也都成为宽敞的展厅。高科技的电子多媒体展厅尽现东南亚当代艺术的历史与技艺。美术馆里还有一个图书馆和一家商店，在商店中可以买到知名艺术家作品的纪念品。

圆顶咖啡厅隐藏在美术馆的一个中殿里，提供三明治、蛋糕及咖啡饮品。还有一家名为 Trattoria Lafiandra 的意大利餐馆供应意式美食。时髦的户外酒吧为美术馆增添了气氛。

文艺复兴风格的善牧主教座堂外观

善牧主教座堂 ⑭
Cathedral of the Good Shepherd

Victoria Street. 城市地图：3 D5、5D1
电话：6337-2036 Ⓜ Brah Basah 🚌 7、14、16、36、77、97、131、167、171、501、700、957、960 🕐 每天 ✝ 周一至周五：7:00 及 13:15，周六：7:00 及 18:30，周日：8:00、10:00、18:00 ♿
www.veritas.org.sg

这座新加坡最古老的天主教堂始建于 1843～1847 年间。由法国传教士让·马利·布赫尔教父掌管，他也是圣婴女子学校以及圣约瑟书院的创立人。这座拉丁风格的十字式教堂由著名的殖民时期建筑家丹尼斯·莱斯利·麦克斯维尼设计并主持建设。教堂将文艺复兴风格与多立克柱、帕拉弟奥风格的前廊以及精工细作的木质天花板美妙地结合在一起。而教堂内的八边形

新加坡艺术馆中的艺术雕塑

尖塔是查尔斯·迪斯后来加上去的。教堂曾在二战新加坡被侵略时期临时被当作医院使用。1973 年被列为国家历史文物。

教堂的院子里有三座有趣的建筑：大主教之屋（Archbishop's House）是一座建于 19 世纪的二层小楼，突出的门廊、玻璃窗、封闭的走廊与教堂形成鲜明对比。留宿之屋（Resident's Quarters）是一座采用了多立克柱式的 U 形单层建筑。牧师之屋（Priest's House）则以灰泥精心装饰，十分华丽。

善牧主教座堂中的彩绘玻璃

莱佛士酒店 ⑪ Raffles Hotel

新加坡司
令鸡尾酒

　　始建于 1887 年的莱佛士酒店不仅是一家充满了传奇色彩的酒店，也是新加坡的旅游名胜。从外表上看，莱佛士酒店拥有封闭的走廊和殖民时期的建筑风格，其赤褐色的墙砖和倾斜的屋顶格外引人注目。该酒店曾举行过盛大的殖民舞会，诺埃尔·科沃德、毛姆、吉卜林、约瑟夫·康拉德、卓别林和迈克尔·杰克逊等都曾下榻于此。酒店的住客和访客都能享受到深深庭院、花园和封闭的走廊所带来的清凉与静谧。

★ 长廊酒吧（Long Bar）
著名的新加坡司令鸡尾酒就是由该酒吧的海南裔调酒师严崇文于 1915 年专为女性调制的粉红色鸡尾酒。

★ 装饰喷泉
（Ornamental Fountain）
6 米高的铸铁喷泉，19 世纪90 年代由苏格兰制造，1990年被捐赠给莱佛士酒店，现置于棕榈阁花园。

莱佛士酒店
纪念品商店

午餐室

酒吧及
台球室

★ 大厅
（Lobby）
大厅内设作家酒吧，张贴着曾经下榻莱佛士酒店的作家的照片。

作家酒吧

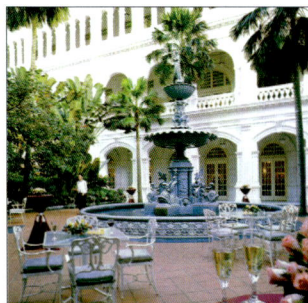

棕榈阁（Palm Court）
棕榈阁经过翻修之后更加美丽，种植着成排的棕榈树和赤素馨花。酒店的大小花园共种植着 80 个不同种类的 5 万株植物。

莱佛士烧烤屋（The Raffles Grill）新加坡最著名的餐馆之一，提供正宗的法式料理。从烧烤屋的正门可以俯瞰棕榈阁。

本地区住宿及餐饮信息，见286~288页和308~311页

帝国咖啡馆
（Empire Café）
在具有20世纪20年代风格的帝国咖啡馆，顾客既能享用到国际美食，也能品尝到当地的特色美味。

Ah Teng's 糕饼店

纪念馆

★ 莱佛士酒店博物馆
（Raffles Hotel Museum）
收藏了个人的纪念品、手工艺品和档案文献，传递了真正意义上的历史感。

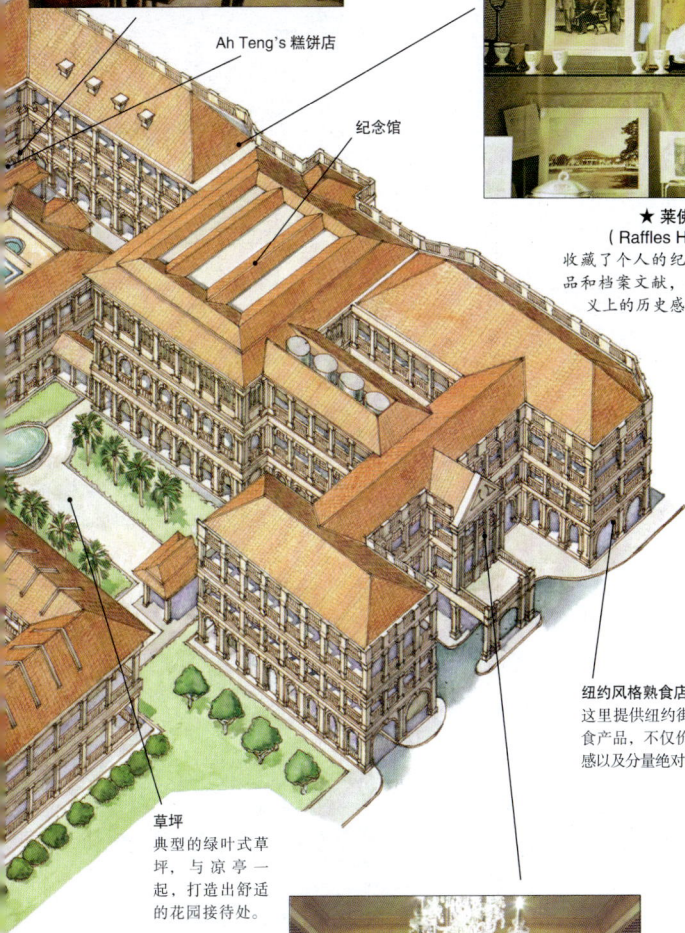

纽约风格熟食店
这里提供纽约街头风味的熟食产品，不仅价格实惠，口感以及分量绝对令人称赞。

草坪
典型的绿叶式草坪，与凉亭一起，打造出舒适的花园接待处。

星级景点

★ 长廊酒吧

★ 装饰喷泉

★ 大厅

★ 莱佛士酒店博物馆

舞厅
（The Ballroom）
酒店内的舞厅是正式优雅的象征，拥有挑高天花板，闪闪发亮的枝形吊灯，以及精美的墙绘。

新加坡国家博物馆具有新帕拉第奥建筑风格的雄伟外貌

新加坡国家博物馆 ⑮
National Museum of Singapore

93 Stamford Road. **城市地图**: 3 D5, 5 D1
电话: 6332–3659 M Bras Basah, Dhoby
Ghaut 🚌 7、14、16、36、77、97、
131、166 🕐 周二至周日: 9:00~19:00,
周天: 9:00~21:00 💳📷 每天: 11:00
及 14:00, 周六、周日: 15:30 加场
🖥 www.nationalmuseum.sg

拥有新帕拉第奥建筑风格外观的新加坡博物馆，漂亮的彩色玻璃圆屋顶十分醒目。新加坡国家博物馆是新加坡历史最悠久的博物馆，于1887年正式开放。博物馆曾经被叫作莱佛士博物馆和图书馆，因其恢宏的自然历史、民族学和考古学收藏而名扬四海。

在新加坡于1965年独立之后，该博物馆被重新命名为国家博物馆，以体现它的新视角，并且将展览展示的重点转移到介绍新加坡的历史和人民等内容。国家博物馆拥有一系列关于食物、时尚及当地历史的永久收藏和不同的展览区，展览主题既包括秘密社团组织也涉及植物学等方面的内容。然而，博物馆的亮点是被称为"国家博物馆珍宝"的11件工艺品。其中包括在福康宁公园发掘的14世纪东爪哇风格的黄金装饰品、20世纪的新赛木偶剧舞台、威廉·法夸尔

的477件自然历史绘画作品，等等。每年夏天，博物馆还会为各个年龄层的儿童举办内容丰富的"儿童季"活动。

土生华人博物馆 ⑯
Peranakan Museum

39 Armenian Street. **城市地图**: 2 C5, 5
D2 **电话**: 6332–7591 M City Hall, Bras
Basah 🚌 7、14、16、36、77、97、
131、166 🕐 周一: 13:00~19:00, 周二
至周日: 9:00~19:00, 周五: 9:00~21:00
💳📷 🍴 🖥 www.peranakanmuseum.sg

土生华人博物馆建于道南学校的旧址之上，道南学校则是在1910年由三位华裔慈善家为来自中国福建省的男孩创办的。1997年，这座新古典风格的建筑作为亚洲文明博物馆的一部分开始对外开放。在经历彻底翻修之后，成为土生华人主题博物馆，展示了环南亚地区以新加坡、马六甲和槟榔屿为中心的土生华人文化。

博物馆展品涵盖了环东南亚地区文化的历史和民族学，并展示了有趣的文化遗产，包括语言和宗教习俗等内容。特色展览品有银质工艺品、瓷器、珠宝、丝织品等。

亚美尼亚教堂 ⑰
Armenian Church

60 Hill Street. **城市地图**: 3 D5, 5 D2
电话: 6334–0141 M City Hall 🚌 2、
12、32、33、51、103、124、147、
174、190、197、851 🕐 周一至周五:
9:00~17:00, 周六: 9:00 至正午 🚫 周日

这是新加坡第一座基督教崇拜地，建于1835年，尖塔于1850年新建。教堂仅能容纳50人，表明当时亚美尼亚社区规模较小。

亚美尼亚教堂由乔治·哥里门设计建造，他还负责建造了其他新加坡早期标志建筑物，如圣安德烈教堂。教堂堪称热带地区新古典建筑的完美典范，内部张贴了1917年的亚美尼亚社区照片以及教堂主教的画像。新加坡国花卓锦·万代兰（见198页）的发现者·艾妮丝·卓锦女士的墓地坐落于教堂的庭院中。

亚美尼亚教堂内部

福康宁公园 ⑱
Fort Canning Park

51 Canning Rise, Singapore,179872. **城市地图**：2 C5、4 C2 **电话**：6332–1200 Ⓜ Dhoby Ghaut 🚌 14、32、54、77、124、139、195 ⬜ 每天：8:00 至正午、17:30~20:30

　　作为 14 世纪的马来王国——淡马锡（见 35 页）的所在地，福康宁公园现在已经成为位于新加坡城中心的一片生机盎然而又充满宁静气氛的迷人绿洲。需要解释一下的是，淡马锡就是新加坡的旧称，爪哇语"海城"之意。由于该地的风景秀丽别致，莱佛士爵士也将自己的住宅修筑于此。之后一直到 19 世纪中期，这里都是新加坡市长府邸所在地。

　　福康宁公园 1860 年建于此地，现在只有最初的大门屹立不倒。附近的福康宁中心（Fort Canning Center）之前曾是兵营，现在已成为表演中心和画廊。另一座历史标志建筑物是地下指挥部（The Battle Box），是第二次世界大战期间建造的地下碉堡，在其内部设有一个博物馆，利用电子动画技术重现了 1942 年新加坡海峡殖民地政府投降，日本占领新加坡的过程。附近另外一处值得一游的地方是由东南亚国家联盟（Association of Southeast Asian Nations，ASEAN）设立的雕刻公园。

福康宁公园的雕塑

福康宁中心的全貌，现在是一个举办演出的胜地

雀替尔印度寺庙 ⑲
Chettiar Temple

Crossing of Tank Road 与 River Valley Road. **城市地图**：4 C2 **电话**：6737-9393 Ⓜ Dhoby Ghaut 🚌 14、32、54、65、139、195 ⬜ 每天：8:00 至正午、17:30~20:30

　　这座建于 1984 年的印度教湿婆寺庙，取代了大部分早期由印度雀替尔兴建的庙宇，"雀替尔"为放债者之意。这座寺庙是献给苏布拉马尼亚木国王，亦被称为穆卢干王（Murugan）的，是新加坡最富有、最宏伟的寺庙。

　　从印度南部引进的工匠带来了独一无二的建筑风格，包括令人惊叹的五层山门（Gopuram）、图案宏伟的紫檀木大门，以及用印度教神雕像装饰的圆柱和祈祷大厅。天花板上镶嵌着 48 块蚀刻了印度教诸神的刻花玻璃板，刚好能反射日出和日落的阳光。作为一座印度教寺庙，其非常常见的就是"沉睡的大象"（thoonganai maadam）雕像，刻画了休息中大象的背面。寺庙的主神穆卢干王的形象随处可见。寺庙内是两个连通的房间，主殿（mandapam）和走廊（antarala），朝圣者都来此做礼拜。走廊可以通往最深处的圣所（garbbagraba），但只允许僧侣进入。

　　雀替尔印度寺庙在印度教湿婆派的生活中十分重要，每年的 1 ~ 2 月间的大宝森节，印度教信徒都会以斯里尼瓦沙柏鲁马兴都庙（见 230 ~ 231 页）为起点举行游行来纪念姆鲁卡王（见 200 页），活动的高潮部分就在雀替尔印度寺庙进行。

雀替尔印度寺庙的五层山门，颜色十分迷人

克拉码头 ⑳
Clarke Quay

3 River Valley Road, Singapore 179019. **城市地图**：4 C2 Ⓜ Clarke Quay 🚌 14、32、54、65、139、195，或从 Hill Street 步行 3 分钟 ⬜ 周六、周日跳蚤市场开架 www.clarkequay.com.sg

　　这座以新加坡第二任总督安德鲁·克拉爵士的名字命名的码头位于新加坡河河口地区，曾是 19 世纪末期的商业枢纽，还有一些中国商人经营的货栈。20 世纪 90 年代，该地区被重新开发，成为餐馆、酒吧、零售店、手工品货摊、街头艺术家和小卖艇（为港口船只提供补给和商品的船只）聚集之地，逐步发展起来。白天的克拉码头安详静谧，夜幕降临之后便展现出蓬勃生机。如今这里是新加坡河沿岸的新兴人气重地，聚集着 200 多家餐馆、酒吧、商店和娱乐场所。

马里安曼兴都庙的山门被各色神佛装饰

牛车水原貌馆 ㉑
Chinatown Heritage Centre

48 Pagoda Street. 城市地图：4 C3 电话：6221-9556 Ⓜ Chinatown 🚌 61、80、197 ▢ 每天：9:00~20:00 www. chinatownheritagecentre.sg

　　三栋翻新的骑楼组成了宏伟的牛车水博物馆，栩栩如生地向世人诉说着生活在新加坡的中国移民的历史和文化。三个不同层次的美术馆重现了中国移民的生存环境，来自之前住户第一手的描述和各种手工艺品展示，记录着早期移民的生活，讲述了不同时期的牛车水历史。

马里安曼兴都庙 ㉒
Sri Mariamman Temple

244 South Bridge Road. 城市地图：4 C4 电话：6223-4064 Ⓜ Chinatown 🚌 51、80、124、143、174、197 ▢ 每天：7:00~11:30, 17:30~20:30

　　桥南路（South Bridge Road）的南端被马里安曼兴都庙的山门（gopuram）占据，山门上装饰有栩栩如生的72位印度教诸神的雕像。马里安曼兴都庙四周都是围墙，圣牛塑像布满了围墙顶端。

　　马里安曼兴都庙是新加坡最古老的朝圣地，其历史可追溯到1827年，当时第一座庙十分简陋，由木头和茅草屋顶盖成。这块土地属于印度商人纳拉因·皮莱（Narain Pillai），他同托马斯·斯坦福·莱佛士爵士同乘一艘船来到新加坡。1843年，新结构的寺庙替代

了之前简陋的建筑，之后还经历了几番修葺。早年这座庙是新移民的庇护所，也是当地社区的社交中心。

　　尽管美轮美奂的带状装饰和雕像展现了印度教的梵天、毗湿奴、湿婆神以及其他诸神的形象，这座寺庙是为了献给以治愈疾病闻名的女神马里安曼（Sri Mariamman）而修建的，她是湿婆神的妻子帕娃蒂的化身。在每年秋季的蹈火节（见201页）期间，这座寺庙会引来众多信徒，在庆典仪式上，信徒会赤脚在炽热的煤炭上行走，以证明信仰的力量。

庙街 ㉓
Temple Street

城市地图：4 C4 Ⓜ Chinatown 🚌 51、80、124、145、174、197、608 🍴▢▢

　　这里是斯坦福·莱佛士爵士首次规划出的华人社区，除了庙街以外，还包括摩士街（Mosque Street）、宝塔街（Pagoda Street）、丁加奴街（Trengganu Street）和史密斯街（Smith Street）。如今，该区域已逐渐发展成华人生活和文化的中心，沿街都是寺庙、传统艺术商店、华人公司（kongsi）、店屋或餐馆和家庭商店。这里的店屋是指用百叶窗遮盖的楼房建筑，第一层是店铺，上面几层则供家庭居住。一些家庭商铺还经营鸦片

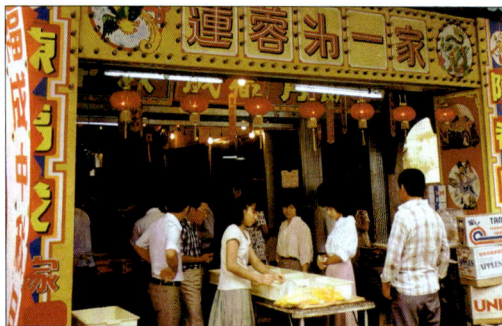

牛车水庙街的商店入口

烟管或是妓院的生意，给这个地区带来了"多彩"的名声。

细致的修复工作保留了许多家族式房屋原汁原味的特色。很多建筑都刷上了明亮且具有现代色彩的油漆。节节攀升的租金让一些传统行业经营者无力承受而关门，不过这个地区依然有很多贩卖纪念品、古董、瓷器和服装的商店，也不乏口碑甚好的餐馆和咖啡馆。周围的街区也为这一带增添了更多的华人街区风味。每逢春节，这些街区便热闹非凡，到处是庆祝活动、明亮的装饰、美食和礼物货摊。

牛车水大厦 ㉔
Chinatown Complex

New Bridge Road. **城市地图**：4 C4 **M** Outram Park, Chinatown 🚌 2、12、33、54、62、63、81、124、147、961 ⬜ 每天：10:00~22:00 🍴 ▯ 🔲

位于丁加奴街和硕莪街（Sago Street）转角处的牛车水大厦是新加坡城里最喧闹、最潮湿的市场，贩卖令人眼花缭乱的新鲜农产品，如水果、蔬菜和海鲜。令许多西方人瞠目结舌的肉类产品，如剥了皮的青蛙等都能在早市上买到。潮湿的市场上方则是丝绸布裙、玉器珠宝、DVD 和其他种类商品的聚集地方。

紧挨着牛车水大厦的是硕莪街，因为过去有众多生产西米的工厂而闻名。西米是一种从棕榈树中提取的淀粉状颗粒，在东南亚国家十分常见。这条街也曾拥有多家收容垂死之人的"死亡之家"。而今这里则成为凉席生产者和风筝小贩的聚居地。

丹戎巴葛保留区 ㉕
Tanjong Pagar Conservation Area

城市地图：4 B5 **M** Tanjong Pagar 🚌 80、145 🍴 ▯ 🔲

南桥路南端地区曾是肉豆

蔻种植园，如今分布着众多翻修过的店屋，尤其是丹戎巴葛路（Tanjong Pagar Road）和达士敦路（Duxton Road）沿途。丹戎巴葛是最早的一批翻新的老旧社区，而今已经拥有众多的餐馆、酒吧和酒店，如Berjaya Singapore 酒店（见 287 页）。内尔路和丹戎巴葛路的街角处曾经是黄包车站，建于 1903 年，黄包车于 19 世纪

达士敦路上装饰一新的双层店屋

80 年代从上海引进，1919 年，新加坡已有 9000 辆黄包车和 20000 名车夫。但在第二次世界大战之后，新加坡立法取缔了黄包车，黄包车从此消失在新加坡街头。

丹戎巴葛之旅的一大亮点就是内尔路（Neil Road）上的一家传统茶馆，在此游客可以体验到传统茶道。

店屋的风格

店屋是新加坡当地建筑的一个显著标志。按照时间顺序大概有五种样式：早期样式、第一次过渡样式、晚期样式、第二次过渡样式和艺术装饰样式。

早期样式（1840~1900年）的店屋一般为两层楼，窗户和正面的风格都比较普通。

第一次过渡样式（20世纪初期）的店屋一般三层楼高，如图中位于直落亚逸街的店屋。

晚期样式（1900~1940年）的店屋，开始有了比较中性风格的设计以及艳丽的装饰，如图中位于武吉巴梳路（Bukit Pasoh Road）的店屋（21号）。

第二次过渡样式（1930 年后期）的店屋，正如图中位于史坦利街（Stanley Street）的店屋（10号），风格简单，装饰也非常少。

艺术装饰样式（1930~1960 年）的店屋则以经典的几何学主题为代表，最具代表性的便是图中位于武吉巴梳路的这家店屋（30号）。

老巴刹美食市场风格独特的建筑

安详山 ㉖
Ann Siang Hill

城市地图：4 C4 Ⓜ Tanjong Pagar、Chi-natown 🚌 51、61、63、80、103、124、145、174、197、603、608、851 🍴🖥🛗

　　曾是丁香和肉豆蔻种植园的安详山，如今连同邻近的街道成为华人生活区，适合徒步游览。一些店屋受马来文化的影响设计成大门半开的样式；临近的俱乐部街则因餐馆和精品店而受欢迎。该地因寺庙造型的商铺及宗族协会和联盟闻名，这也是街道名字的由来。著名的 **维多利亚华人每周娱乐俱乐部**（Victorian Chinese Weekly Entertainment Club）依然保留在这里。墙上张贴着之前成员们的照片。由著名设计师弗兰克·布鲁尔设计建造的 33 号和 35 号屋，拥有技术娴熟且美轮美奂的墙壁造型，也值得一看。

一排排修葺一新的店屋坐落于安详山

直落亚逸街 ㉗
Telok Ayer Street

城市地图：5 D4 Ⓜ Tanjong Pagar、Raf-fles Place。🚌 10、70、75、82、97、100、107、130、167、186 🍴🖥🛗

　　直落亚逸街，又被当地华人称为"顺源街"，保留了 19 世纪的新加坡风情。街道上随处可见传统商铺，还有早期移民为感谢安全抵达新加坡而修筑的寺庙和清真寺。其中名气最大的要数新加坡最古老的中国寺庙 **天福宫**（见 222 ~ 223 页）。邻近的 **阿尔阿布拉清真寺**（Al Abrar Mosque）于 1850 ~ 1855 年由印度穆斯林建造，在 19 世纪 20 年代，他们还建造了位于附近的 **纳哥德卡殿**（Nagore Durgha），融合了印度伊斯兰建筑风格细节，如拱门和穿孔板。这三大建筑都是新加坡国家历史文物。街道尽头是 **福德祠博物馆**（Fuk Tak Ch'i Museum），坐落于福德祠附近，馆内的一个立体模型展现了 19 世纪 50 年代顺源街的风貌。位于厦门街（Amoy Street）的 **远东广场**（Far East Square）拥有众多设于翻修过的骑楼内的商店和餐馆。

老巴刹 ㉘
Lau Pa Sat

18 Raffles Quay. **城市地图：5 D4** Ⓜ Raffles Place 🚌 10、70、75、82、97、100、107、130、131、167、186 🕐 24 小时 🍴🖥🛗

　　新加坡的第一个市政市场为直落亚逸集市（Telok Ayer Market），现在改名为老巴刹。来到这里，独特的建筑风格首先会给人留下非常深刻的印象。此地还提供各式各样的亚洲菜肴，当地人也爱来这里享用午餐。1822 年，莱佛士下令，由詹姆斯·麦里芝设计建造了这座八角形的铸铁建筑，建造材料于 1894 年从格拉斯哥铸厂船运至新加坡。1973 年，这里正式成为国家历史文物。为修建地铁，市场被迫解散。但是随后，尽管历经艰辛，小贩们又再次聚集。毗邻的文达街（Boon Tat Street）每到傍晚便会封锁交通，目的是让传统的叫卖小贩搭建商铺。

本地区住宿及餐饮信息，见 286~288 页和 308~311 页

天福宫 ㉙
Thian Hock Keng Temple

见 222～223 页。

莱佛士坊 ㉚
Raffles Place

城市地图：5 D3 Ｍ Raffles Place 10、70、75、82、97、100、107、130、131、167、196

莱佛士坊是新加坡从殖民地传统向现代化发展的过渡之地，蓬勃的经济和耀眼的摩天大楼都在这里崛起。如今，这里已成为新加坡的金融中心，聚集着众多知名跨国公司和金融机构。新加坡的三大最高建筑聚集在此：大华银行大厦（UOB Plaza）、第壹莱佛士坊 1 号楼（One Raffles Place Tower 1）及共和大厦（Republic Plaza）。前两幢大厦都由著名的日本建筑师丹下健三设计。

该地区的另一看点是散布着许多知名的现代雕塑作品，比如达利的《向牛顿致敬》（1985 年）以及费尔南多·波特罗的《鸟》（1990 年）。新加坡的标志鱼尾狮雕塑也坐落在附近。康拉德的小说《吉姆老爷》中提到的**哥烈码头**（Clifford Pier），俗

莱佛士坊中达利的作品《向牛顿致敬》

称红灯码头，则是众多观光船游览新加坡河沿途美景的起点。

康拉德的《吉姆老爷》

特奥多·约瑟夫·康拉德·科尔泽尼奥夫斯基（Teodor Josef Konood Konrad Korzeniovoski）出生于乌克兰，父母是波兰人。他一生游览过许多地方，1874～1894 年间抵达马来西亚，1886 年成为一名水手并加入英国国籍。康拉德或许是 19 世纪末东南亚最出名的英语作家，他的作品以新加坡为背景，在《吉姆老爷》（Lord Jim）这部小说中体现最为明显。在新加坡，康拉德听说了英国商船军官奥斯丁·波德莫尔·威廉姆斯的故事——他由于 1880 年在红海抛弃了载有 953 名穆斯林朝圣者的吉达号汽船而背负骂名，开始了被驱逐的一生。于是，威廉姆斯便成为《吉姆老爷》中的原型。

作家约瑟夫·康拉德

驳船码头 ㉛
Boat Quay

城市地图：5 D3 Ｍ Raffles Place 2、12、33、51、54、61、81、103、145、147、166、174、190

如今的驳船码头同一个世纪以前已大为不同，修葺一新的店屋变成了一家家知名且舒适的餐馆、商店和酒吧。驳船码头是新加坡 19 世纪 60 年代的商业活动中心，当时，南岸布满了家庭商店，排成鲤鱼肚子的形状，代表着繁荣兴旺。河中停满了货船，用来给抛锚停靠在岸边的船装卸货物。20 世纪 60 年代开始，科技进步给造船业带来翻天覆地的变化。新式高科技集装箱港口在稍远的河流开设，取代了驳船码头的地位。各商行也相继搬迁，驳船码头逐渐衰落。接着，政府着手河流清理计划，清除了所有的货船和驳船，驳船码头逐渐变得荒凉。

作为政府主导的保存计划的一部分，该地区经历整修，翻修了老旧的家庭式店屋和仓库等建筑，并禁止车辆通行，以恢复临河地区的生机与活力。如今这里有大量的酒吧和餐馆，都能看到美丽的河流景观。驳船码头和克拉码头之间还开设了针对顾客的往返出租车服务。

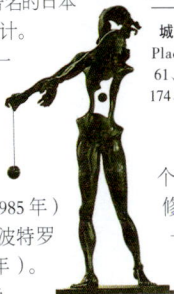

曾是繁忙交易中心的驳船码头，如今遍布一家家特色餐馆与酒吧

天福宫 ㉙ Thian Hock Keng Temple

寺庙房顶上
的镀金佛像雕塑

天福宫建于 1839 年，是新加坡地区最古老的中国寺庙。由来自福建的水手修建，是福建移民重要的朝圣中心。每一位顺利到达新加坡的福建船员，都会亲自到此来感谢神灵的保佑，寺庙因此香火旺盛。天福宫由私人捐助修建，其最主要的捐赠者是福建人陈笃生（1798 ～ 1850）。天福宫的设计为传统的南北朝向，内有不同的神殿，供奉不同的神明。如今，男女老少依然会来到天福宫，祭拜海神妈祖婆，以求保佑平安，祈福还愿。

★ 屋顶装饰
天福宫屋顶站立着两条龙，象征着阴阳。中间放置了一颗象征着太阳的玻璃球——"夜明珠"。

后殿（Rear Hall）
后殿供奉的是月神月宫娘娘，也就是护航之神。此外还有慈悲之神观音大士和太阳之神日宫太子。

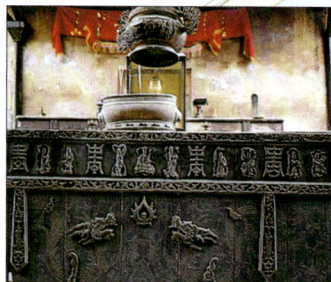

★ 二神社（Secondary Shrines）
在偏殿中有一个二神社，供奉着两位神明，一位是早期移民者开漳圣王（Kai Zhang Shen Wang），另一位则是保护本地的神明城隍。

宝塔，被称为崇文阁，也是 1849 年修建的第一所中国学校。

礼品店

星级景点

★ 屋顶装饰

★ 二神社

★ 主厅的天花板

本地区住宿及餐饮信息，见286~288页和308~311页

游客备忘

158 Telok Ayer Street. **城市地图：5 D4 电话：**6222–8212
Ⓜ Tanjong Pagar ⬜ **每天：**
7:30~17:30 ⊘ 寺庙内

祖先牌位
在中国人的传统思想中，祖先的灵魂居住在牌位中。

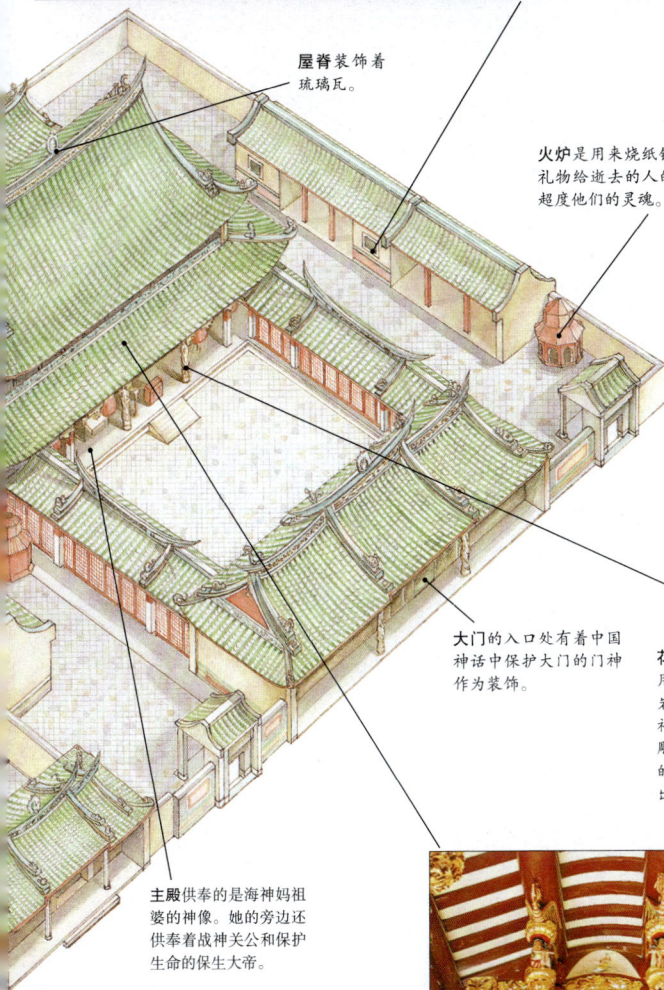

屋脊装饰着琉璃瓦。

火炉是用来烧纸钱或者礼物给逝去的人的，以超度他们的灵魂。

花岗岩柱
用产自中国的花岗岩制成，支撑着天福宫的屋顶，上面雕刻着纠缠在一起的龙，壮观中透露出中国文化意味。

大门的入口处有着中国神话中保护大门的门神作为装饰。

主殿供奉的是海神妈祖婆的神像。她的旁边还供奉着战神关公和保护生命的保生大帝。

★ **主殿的天花板**
天福宫天花板上镀金的雕刻描述了中国民间传说故事。这些雕刻由来自中国的匠人修复。制成天花板的灰色圆柱由产自中国的花岗岩制成。

小印度与乌节路

小印度原本是欧洲人和欧亚混血
人群的聚居地，自从 19 世
纪中后期印度人在此建造
砖窑厂和牲畜栏之后，逐渐成为
印度族群的聚居地。这里遍布着
餐馆、商店和装饰华美的寺庙，
在小印度行走，你会享受一场视
觉、嗅觉和听觉的盛宴。壮观的
殖民风格建筑，加之浓郁的中
东风情，使得甘榜格南为人们
提供了深入了解新加坡的马来
文化与马来族群生活的最佳途径。阿拉

守护义安城的
石狮子

伯商人是这里最早的移民，他们同布吉
士人（Buginese）、爪哇人（Javanese）
和博雅人（Boyanese）一道创建了
穆斯林社区。小印度民族聚居区是
当地印度人族群的精神和商业核
心。乌节路位于殖民地风格市中
心的西北方，19 世纪 40 年代这
条路脏乱不堪，布满了果园和肉
豆蔻种植园；现如今的乌节路已
成为新加坡历史最悠久的购物
中心，在这里能找到许多奢华
的酒店、咖啡馆、酒吧和商场。

旅游景点分布示意图

历史悠久的街道与建筑
阿拉伯街 ❸
多美歌 ❾
甘榜格南王宫 ❷
实龙岗路 ❼

清真寺与寺庙
良木园大酒店 ⓯
龙山寺 ❹
释迦牟尼菩提伽耶寺 ❺
斯里尼瓦沙柏鲁马兴都庙（见230～316页）❻
苏丹清真寺 ❶
土生华人坊和翡翠山 ❿
维拉玛卡里雅曼兴都庙 ❽

购物
东陵坊 ⓰
诗家董 ⓮
乌节弯购物商场 ⓬
先得坊 ⓫
义安城 ⓭

图例
▨ 街区纵览
　见226～227页与232～233页
Ⓜ 地铁站
🚌 公交车站

如何到达

可乘坐地铁到达小印度、武
吉士和乌节路。公交车 7 路、
107 路和111 路可到达小印度；
7 路、77 路、14 路、106 路、
111 路和143 路可以到达乌节路。

◁ 斯里尼瓦沙柏鲁马兴都庙内的神话雕刻

街区纵览：甘榜格南 Kampong Glam

甘榜格南是新加坡穆斯林生活的中心。"甘榜"取自马来语"kampuan"，是"乡村"的意思；而"格南"取自"gelam"，是曾经在这个地区随处可见的格南树。1819 年，莱佛苏丹侯赛因与斯坦福·莱佛士签订了将新加坡割让给英国的条约，甘榜格南被划给了苏丹侯赛因。苏丹侯赛因在此修建了他的行宫：甘榜格南王宫和令人赞叹的伟大建筑苏丹清真寺。于是，这里很快便聚集了不同民族的穆斯林。此地的街道名称、商店、建筑和餐馆都体现出别样的伊斯兰韵味。阿拉伯街上那些工艺复杂的纺织品、高档的皮制品和蔗黄陶器也一直吸引着世界各地的游客。另外，在坎大哈街（Kandahar Street）还能品尝到地道的马来食品。

阿尔萨革夫阿拉伯学校
（Alsagoff Arabic School）
建于 1912 年，是新加坡第一所女子学校，也是第一所穆斯林学校，以著名的阿拉伯商人慈善家的名字命名。

通往马拉巴
清真寺和旧
马来公墓

★ **甘榜格南王宫**
（Istana Kampong Glam）
糅合了马来风情和帕拉弟奥式建筑风格的王家宫殿，如今已经成为马来文化中心。❷

★ **苏丹清真寺**
（Masjid Sultan）
现存的苏丹清真寺由爱尔兰设计师丹尼斯·桑特里设计建造，金色圆顶和四角尖塔高耸入云。❶

NORTH BRIDGE ROAD

KANDAHAR STREET

MUSCAT STREET

ARAB STREET

黄楼
（Gedung Kuning）
这座黄色的官邸于20世纪20年代由苏丹阿里·伊斯坎德尔·侯赛因（Sultan Ali Iskandar Shah）建造，是帕拉弟奥式建筑的典范。

← 武吉士地铁站

本地区住宿及餐饮信息，见288~291页和311~312页

哈查花蒂玛清真寺（Hajjah Fatimah Mosque）
哈查花蒂玛清真寺以一位马六甲女商人的名字命名，建于 1846 年，融合了欧洲、中国和中东地区的建筑风格。

小印度与乌节路

殖民区与牛车水

定位图
见城市地图 2

苏丹皇宫

劳明达地铁站

苏丹中心

0 米　　　　100

0 码　　　　100

JALAN SULTAN

ALIWAL STREET

PAHANG STREET

SULTAN GATE

BEACH ROAD

BUSSORAH STREET

RAB STREET

爪哇小屋（Pondok Jawa） 曾是爪哇移民们欣赏表演和戏剧的剧场，如今已经年久失修。

巴梭拉街商店（Bussorah Mall）
这条名为巴梭拉的街可以直接通往苏丹清真寺，所以，每逢穆斯林斋戒月这里便十分热闹。游客们可在这里买到各式宗教物品和特色美食。

★ 阿拉伯街（Arab Street）
阿拉伯街的商店鳞次栉比，售卖精致的纺织品、藤制品和草制品。

图例

- - - 建议线路

星级景点
★ 甘榜格南王宫
★ 苏丹清真寺
★ 阿拉伯街

苏丹清真寺中的祈祷大厅

苏丹清真寺 ❶
Masjid Sultan

3 Muscat Street. **城市地图：3 E4 电话**：6293-4405 Ⓜ Bugis 🚌 7、32、124、145、166、174、195、197 📅 每天：9:00至正午、14:00~16:00，周五：14:30~16:00 💲自愿 注意：游客只能参观祈祷大厅 www.sultanmosque.org.sg

　　苏丹清真寺以柔佛苏丹侯赛因命名，根据苏丹和斯坦福·莱佛士签订的条约，由英国东印度公司于1824年出资修建。1928年，爱尔兰设计师丹尼斯·桑特里重新设计建造了这座清真寺，金色的圆顶、栏杆、拱门及每个角落的尖塔均体现了阿拉伯风格和摩尔人风格的融合。苏丹清真寺是新加坡最大的清真寺，主厅能容纳5000人一起做礼拜。游客可在熟练使用多种语言的讲解员的带领下参观。

甘榜格南王宫 ❷
Istana Kampong Glam

Istana Kampong Glam Sultan Gate. **城市地图：3 F4 电话**：6390-0450 Ⓜ Denis Santry 🚌 107、961、980 📅 每天：8:00~21:00 ♿

　　甘榜格南王宫是苏丹侯赛因的王室行宫，苏丹侯赛因同莱佛士签订条约将新加坡的主权割让给了英国，同时英国东印度公司依照条约内容协助苏丹于1820年修建了这座木质

王宫，并将其所在区域命名为哥打拉惹（Kota Raja），意为"国王的领土"。1840年新加坡王室最后的苏丹，苏丹侯赛因的儿子阿里·伊斯坎德尔（Ali Iskandar Shah）将王宫修建成为今天的模样。

　　甘榜格南王宫占地非常广阔，王宫高墙之内修建了几所马来乡村风格的房屋，居住着苏丹庞大的随行人员，包括数百名王亲国戚，以及为数众多的仆人等。苏丹后代创办的哥打拉惹体育俱乐部也位于这片区域，出身高贵的年轻男子可在此参加羽毛球等休闲活动。

　　根据1904年英国政府制定的《苏丹侯赛因条例》，苏丹的后代们有权一直在王宫居住，并且每年都能获得一笔政府的津贴。然而近年来，社会各界的争议和不断减少的王室财富使得王宫中的生活不同于人们的想象，已逐渐没落。

　　如今，甘榜格南王宫已经归新加坡政府所有，政府对苏

丹后代的迁移做出了一定的经济补偿。王宫现已改造成**马来传统文化馆**（Malay Heritage Center），展示马来民族的历史、文化和艺术等内容。

阿拉伯街 ❸
Arab Street

城市地图：3 E4 Ⓜ Bugis 🚌 2、7、12、32、33、51、61、62、63、125、130、145、197、520、851、960 🍴 🖥 🛍

　　阿拉伯街位于新加坡最小的民族聚居区内，得名于19世纪末此地定居的阿拉伯商人。走入这条街，缤纷鲜明的色彩令人眼前一亮。这里的商铺纵横交错，售卖各式中东和伊斯兰商品。商品种类繁多，让人眼花缭乱，既有跪垫、圣珠、《古兰经》等宗教物品，也有质地优良的藤制品、草制品和皮制品，还有珠宝和香水等。苏丹清真寺便在步行街和市场之间赫然耸立。

　　阿拉伯街的纺织品商店久负盛名。一捆捆色彩斑斓的棉布、薄纱和丝绸摆满了店铺，甚至堆到了人行道上。产自印度尼西亚和马来西亚，手工制作或机器制作的蜡染印花布，以马来西亚纱笼的长度2米为单位出售；还有成品蜡染印花布短裤、衬衫、长裙和领带。一些商店还销售鸵鸟羽毛、颜色深浅不同的金银锦缎和各色线轴。另外，传统马来婚礼服饰也可在此买到。

在阿拉伯街出售的编制篮子和皮革背包都非常受欢迎

本地区住宿及餐饮信息，见288-291页和311-312页

龙山寺 ❹
Leong San See Temple

371 Race Course Road. 城市地图: 3 E1
电话: 6298-9371 Ⓜ Farrer Park ▣
23、64、65、111、130、131、133、
139、147 ▣ 每天: 6:00~18:00

传统中式寺庙龙山寺与外表令人目眩的释迦牟尼菩提伽耶寺隔街相望,寺内供奉的是观世音菩萨、弥勒佛,以及佛祖释迦牟尼。龙山寺是在1917年由一位虔诚的僧人主持修建的,追溯其渊源,应始自中国福建省晋江市安海龙寺。今天,当地信奉佛教的民众都会来此参拜。精雕细琢的木梁和错综复杂的凤凰、龙、花朵等雕刻为龙山寺装饰得美轮美奂。寺内的一处庭院内放着许多祖先牌位。

龙山寺中巨大的镀金佛像

释迦牟尼菩提伽耶寺 ❺
Sakya Muni Buddha Gaya

366 Race Course Road. 城市地图: 3 E2
电 话: 6294-0714 Ⓜ Farrer Park ▣
23、64、65、106、111、125、130、
131、142、147、151、857 ▣ 每天:
7:30~17:00 ▤

又名千灯寺,由一位泰国和尚主持修建,以泰国佛寺为设计基础,装饰风格受到中国和印度文化的影响。入口左边是用乌木和珍珠母打造的释迦牟尼脚印的复制品,旁边端坐

着高达15米的释迦牟尼塑像,在彩灯的照耀下闪闪发亮,这也成为"千灯寺"之名的由来。另一个吸引信徒来此参拜的神圣遗物是菩提树,相传释迦牟尼就是在菩提树下获得顿悟的。释迦牟尼坐像后面的房间内供奉着一尊卧佛像,底座上刻画着与佛祖生活相关的25个场景。在正殿附近,游客可通过命运轮盘进行占卜,以测吉凶。

斯里尼瓦沙柏鲁马兴都庙 ❻
Sri Srinivasa Perumal Temple

见230~231页。

实龙岗路 ❼
Serangoon Road

城市地图: 3 F1 Ⓜ Little India ▣ 23、
64、65、106、111、125、130、131、
142、147 ▤▥▦

新加坡的早期印度移民主要定居在梧槽运河沿岸地区,最终这一地区成为贸易和养牛中心,这也影响了街道的名字,比如Kerbau路,"Kerbau"在马来语中意为水牛。随着时间推移,越来越多的印度人移居至此,实龙岗路便成为小印度的中心,小印度则是新加坡印度族群的宗教、文化和经济中心。

实龙岗路是新加坡最古老的街道之一,也是能近距离观察印度人真实生活的万花筒。精美绝伦的印度寺庙和装饰华美的店屋吸引着人们的目光。店铺主人在门上悬挂镜子来辟邪,店中摆放着珠宝、纺织品和宝莱坞电影原声唱片。该地区还有大量的餐馆,例如著名的素食

餐馆柯马拉别墅餐馆(Komala Villas Restaurant)。会算命的鹦鹉、街头小贩的喧闹声、香料和花朵的香味在空气中肆意弥漫。

维拉玛卡里雅曼兴都庙 ❽
Sri Veeramakali-amman Temple

141 Serangoon Road. 城市地图: 3 D3
电 话: 6295-4538 Ⓜ Dhoby Ghaut、
Bugis ▣ 23、64、65、103、106、111、
125、130、131、142、147、151、857
▣ 每 天: 6:00、13:00、16:00、19:30
▤▥

维拉玛卡里雅曼兴都庙由孟加拉劳工修建于1881年,供奉着印度教湿婆神的配偶卡利女神,她是与邪恶战斗的正义化身,庙宇的名字意为"勇敢的卡利"。主殿内供奉着一尊黑色的卡利女神雕像,手臂和腿上都放着武器。位于女神左右的是她的两个儿子,象头神伽内什和骑着孔雀的穆卢干。维拉玛卡里雅曼兴都庙每逢周二与周五便人山人海,因为这两天是印度教的圣日,教徒都会前来寺庙进行朝拜。

维拉玛卡里雅曼兴都庙供奉着印度佛教中的卡利女神

斯里尼瓦沙柏鲁马兴都庙 ❻

Sri Srinivasa Perumal Temple

屋顶上的莲花标志

斯里尼瓦沙柏鲁马兴都庙是新加坡最重要的宗教建筑之一，供奉着毗湿奴神——又名柏鲁马。这座始建于1854年的寺庙也是新加坡最古老的庙宇之一。不过当时的寺庙结构极为简单，只有一座主殿，周围环绕的是池塘和菜园。1966年，这里已被信徒奉为圣地，作为最早来到新加坡的印度移民中的一位，格温达萨米·比莱（P.Govindasamy Pillai）出资修建了高达六层的山门。另外值得一提的是，斯里尼瓦沙柏鲁马兴都庙是每年大宝森节游行的起点。

★ **主殿（Mandapam）**
主殿内部的天花板上刻着华丽的雕刻，由圆柱支撑。

隐秘圣殿内矗立了多座神像，但只有神职人员才可入内。

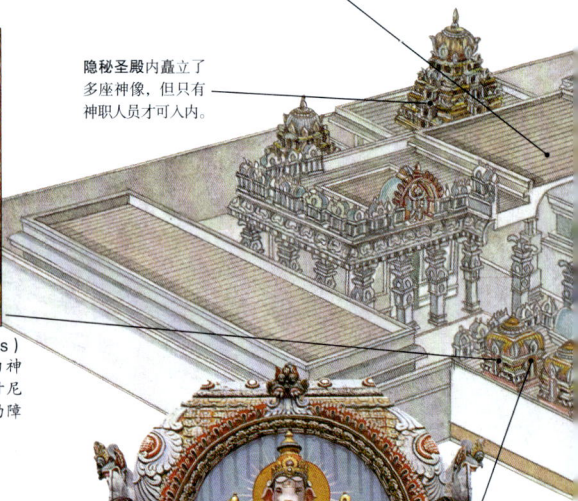

★ **辅神殿（Subsidiary Shrines）**
不同的辅神殿供奉着不同的神明。图中的辅神殿供奉的是甘尼许，甘尼许是象头神，能移动障碍物。

圆顶（Vimanams）
装饰颇具特色的圆顶，标志着庙内辅神殿的位置。

星级景点

★ 主殿
_____

★ 辅神殿
_____

★ 山门

大宝森节

大宝森节是印度教传统节日，斯里尼瓦沙柏鲁马兴都庙则是大宝森节游行的起点。男人们会身背钢制弧形枷锁，也就是赎罪架（kavadis），将赎罪架上的铁钩嵌入背部，并用银针刺穿舌头和双颊。信徒通过参加这样的仪式忏悔自己的罪过，向勇敢、力量和美丽之神穆卢干致敬。女性则头顶装满椰奶的铜罐，以此表示向神灵忏悔。参加游行的信徒唱着颂歌，前往3千米外，位于Tank路上的丹达乌他帕尼兴都庙（Sri Thendayuthapani Temple）。

虔诚的信徒身背精心装饰的赎罪架

主神殿（Main Shrine）
虔诚的信徒们伴随着音乐和圣歌在这里供奉印度酥油、鲜花和水果，往头上喷洒圣水。

毗湿奴神（Vishnu）
这座毗湿奴雕像持有四件神器：海螺壳、木棍、莲花和佩剑。

游客备忘
397 Serangoon Road. 城市地图：3 E2 电话：6298–5771
Ⓜ Little India 🚌 23、64、65、111、130、131、139、147、857 ⏰ 每天：6:30至正午、18:00~ 21:00 ♿ 🎥 需提出要求

★ 山门（Gopuram）
20 米高的山门上拥有6层美轮美奂的雕像。

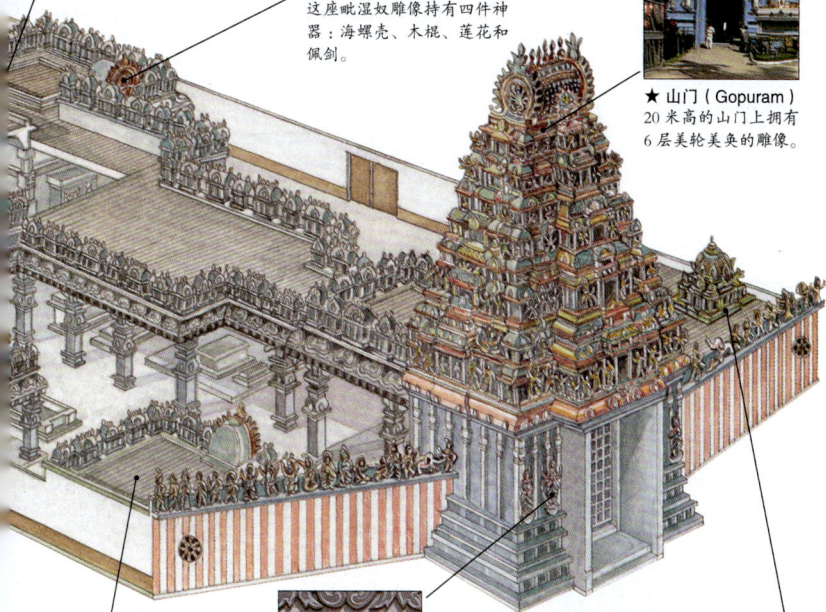

办公室为游客们提供寺庙活动信息。

主入口（Main Eentrance）
宽大的木门两边站立着雕像，守卫着寺庙。信徒进庙祈祷之前必须先摇铃，以获取神灵的许可。

猴神哈努曼（Hanuman）
图中的神殿供奉着猴神哈努曼，在印度教史诗《罗摩衍那》中，哈努曼从恶魔罗波那（Ravana）手中救下了公主悉多（Sita）。

街区纵览：乌节路 Orchard Road

从东陵坊延伸至狮城大厦，乌节路上店铺林立，无论规模还是商品种类，都能为消费者提供独一无二的购物体验。道路两旁绿树成荫，繁茂的树木点缀在各家商场和购物中心之间。新加坡历史最悠久的商店罗宾逊（Robinson's）便坐落在先得坊内，著名的诗家董也位于乌节路上。这些宏大炫目的建筑内点缀着许多小型的精品店、古董店、咖啡馆和美食广场。乌节路上总是热闹非凡，尤其到了周末更是挤满了来自世界各地的游客。

当地设计的
漂亮旗袍

义安城（Ngee Ann City）
义安城共七层，是东南亚地区最大的购物中心。这里有邮局、餐馆、银行、一间日本百货公司和 120 多家商铺（见 234～235 页）。**⑬**

伟乐坊（Wheelock Place）
伟乐坊的建筑造型犹如一棵用钢铁和玻璃制成的圣诞树，里面有一家购物中心和几家餐馆。

乌节达尔菲大厦（Delfi Orchard）

诗家董
（见 235 页）

百利宫（Paragon shopping centre）
是一个巨大的购物中心，不少商店坐落于中庭。一共分为五层，礼品店、时尚物品以及生活商店应有尽有。

广场百货中设有多家销售服装和儿童玩具的店铺。

列特大厦（Liat Towers）

★ 东陵坊（Tanglin Shopping Centre）
东陵坊是古董爱好者的天堂，这里就像是一座收藏了旧地图、古玩、书、家具、地毯和各式艺术品的宝库。**⑯**

★ 乌节弯购物商场（ION Orchard）
乌节弯购物商场规模庞大，商场地板光亮可鉴，蛇形扶梯设计新颖，商场内入驻了各种世界品牌。

★ 土生华人坊（Peranakan Place）
拥有巴洛克风格的中式店屋建筑外观，内部却充满了时尚的现代气息，商店内配备有空调，销售东西方不同地区的商品，同时还设有餐馆、咖啡馆和酒吧等（见234页）。

星级景点

★ 乌节弯购物商场

★ 东陵坊

★ 土生华人坊

定位图
见城市地图2

麒麟大厦（The Heeren）云集了时尚潮流的服装与饰品，并且拥有新加坡最大的音乐唱片店。

先得坊（The Centrepoint）
先得坊的商店风格多样，分布在六个楼层和地下层内。罗宾逊品牌在此开设了旗舰店，销售各种各样优质的家用产品。位于地下室的冷藏食品超市是新加坡商品种类最齐全的超市之一（见234页）。⑪

卡佩芝大厦（Cuppage Plaza）

0 米　　　　　200
0 码　　　　　200

狮城大厦（Plaza Singapura）
狮城大厦是乌节路上最早的购物中心，于20世纪90年代粉饰一新。作为一家著名的百货公司，大厦内入驻了许多专卖店。

通往柏利广场

柏利广场（Park Mall）
是一家销售家具和室内家居装饰品的主题商场。这里的产品来自欧洲和亚洲各地，既有经典传统样式也有当今最流行的款式。

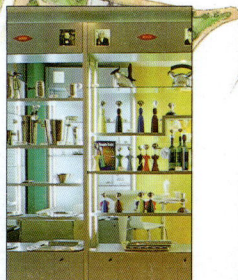

多美歌 ❾
Dhoby Ghaut

城市地图：2 C4, 4 C1 🚇 Dhoby Ghaut
🚌 7、14、16、36、64、65、77、85、
106、111、123、124、139、143、167、
171、174、190、502、518 🎫 📷

这个名字来源于印度语，"dhobies"是"洗衣工"，"ghaut"是"停泊码头"。在过去，洗衣工据说会挨家挨户收集衣服并记录在册，然后在附近沿着乌节路流淌的小溪洗衣服，最后将衣服晾晒在今天的基督教青年会（YMCA）所在地。二战期间，这里曾被日本人用作拘留和审讯犯人的地方。YMCA隔壁，是一座由苏格兰移民于1877年建造的白人长老教会教堂。

土生华人坊与翡翠山 ❿
Peranakan Place and Emerald Hill

Emerald Hill Road. **城市地图**：2 B4
🚇 Somerset 🚌 7、14、16、65、77、
106、111、123、124、143、167、
171、174、190 ♿ 🎫 📷 🌐 www.
peranakanplace.com

土生华人坊与翡翠山在1845年曾被授予英国人威廉·卡帕奇（William Cuppage），之后翡翠山被土生华人（见20页）占据。1900～1930年，30位不同的土地所有者在翡翠山路沿途修建了多个住宅单元，这些中式风格的建筑，成就了这片地区独特的娘惹风情。这里的建筑有些很有趣的特色，例如木质的护栏式矮门，以及五颜六色的瓷砖、门楣上用来辟邪的镜子、象征吉祥好运的动物浮雕等醒目的装饰。这些连栋的房屋朝向乌节路，因此陆续变成了店屋，第一层通常是商店或裁缝店。

土生华人坊的建筑曾进行了精心的翻修改造，如今这里成为乌节路上硕果仅存的传统老式店屋建筑群。现在的店屋内部已安装空调，新开了许多提供当地美食的餐馆和豪华精品店。

先得坊 ⓫
The Centrepoint

176 Orchard Road. **城市地图**：2 B4 **电话**：6737-9000 🚇 Somerset 🚌 7、14、16、65、77、106、111、123、124、143、167、171、174、190 🕐 每天：10:00～22:00 🎫 🌐 www.fraserscentrepointmalls.com

这家开业于1858年的大型购物中心是新加坡最古老的商场之一，每年的换季大减价也是新加坡优惠幅度最大的，每逢6月的打折季（见247页）与新加坡热卖会期间，人潮汹涌。此外，先得坊内还入驻了玛莎百货（Marks &Spencer）和Lacoste等品牌，以及新加坡和香港的时装店、珠宝店、家居装潢及家具店。

乌节路上的先得坊购物中心热闹非凡

乌节弯购物商场 ⓬
ION Orchard

2 Orchard Turn. **城市地图**：2 B4 **电话**：6238-8228 🚇 Orchard 🚌 14E、124、128、143、162 🕐 每天：10:00～22:00 🎫 🌐 www.ionorchard.com

巨大的乌节弯购物商场于2009年开始营业，入驻有超过300家知名品牌店铺，如LV、Prada和Cartie等，吸引了众多顾客。商场内的美食广场面积很大，为顾客提供了丰富多样的选择，既有当地正宗美食，又有世界各地的特色佳肴。位于商场4楼的艺术画廊与美术馆，是新加坡全国同类型艺廊中规模最大的一家。

义安城 ⓭
Ngee Ann City

391A Orchard Road. **城市地图**：2 A4 **电话**：6506-0461 🚇 Orchard 🚌 7、14、16、65、77、106、111、123、124、143、167、171、174、190 🕐 每天：10:00～21:30 🎫 🌐 www.ngeeanncity.com.sg

义安城又被许多人称为"Taka"，这里的大理石双子塔非常著名，入口处有两根银柱，大门两边放着两只从中国进口的手工雕刻福犬，象征好运与兴旺。建筑的中庭有五层楼高，有十字交叉的扶梯以及100家新加坡和国际品牌零售店。这里入驻了许多享誉世界的一线品牌，日本百货公司高

土生华人坊附近五颜六色的店屋

本地区住宿及餐饮信息，见288～291页和311～312页

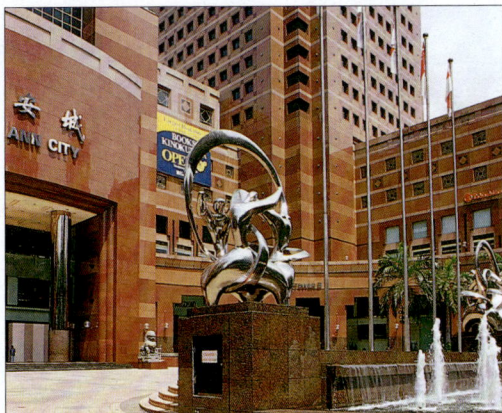
义安城门前的现代雕塑与喷泉

岛屋（Takashimaya）也坐落于此。

义安城中还配备了许多公共设施，如邮局、售票处、纪伊国屋书店（Kinokuniya）、银行、健身俱乐部、夜店等，还有一家能够欣赏到市民广场（Civic Plaza）迷人美景的咖啡馆。

诗家董 ⑭
Tangs

310 & 320 Orchard Road. 城市地图：2 A3 电话：6737-5500 M Orchard 🚌 7、14、16、36、64、65、77、106、111、123、124、132、139、143、167、171、174、190、502、518、700 🕐 周一至周四：10:30~21:30；周五、周六：10:30~23:00；周日：11:00~20:30 🍴 www.tangs.com.sg

作为新加坡最著名的华人百货公司，诗家董的发展史也见证了20世纪20年代一位中国年轻移民的卓识远见。诗家董的创始人董俊竞

诗家董百货公司的入口

（C.K.Tang）先生，从手推车卖货起家，一直勤勤恳恳小心经营，最终创立了乌节路上经营得最成功的商店。在诗家董百货公司的宝塔形屋檐下，无论化妆品还是电饭煲，形形色色的商品都能买到。

良木园大酒店内醒目优雅的塔形建筑

良木园大酒店 ⑮
Goodwood Park Hotel

22 Scotts Road. 城市地图：2 A3 电话：6737-7411 M Orchard 🚌 54、105、124、132、143、167、171、190、518、700 🍴 www.goodwoodparkhotel.com

酒店前身是德国侨民专属的日耳曼俱乐部，1929年，著名设计师比德韦尔把俱乐部改造成为酒店，他也是莱佛士酒店的设计者，而这两家酒店恰巧是彼此最大的竞争对手。

卓别林曾在莱佛士酒店下榻，温莎公爵则是良木园大酒店的老主顾。二战爆发之后，良木园落入了日本人手中。二战结束后，这里曾被作为审判战犯的军事法庭。

如今，作为新加坡的地标建筑，良木园大酒店是除莱佛士酒店以外唯一的一家殖民地建筑风格酒店，现在已恢复其本来面貌。雅致的走廊上陈列着美轮美奂的艺术品和古董家具。酒店的侧翼建筑很有特色，山形墙檐口有石膏作品装饰点缀，1989年被评为新加坡的国家级历史建筑。此外，良木园大酒店的规模也在不断扩大，已从最初的60个房间扩展到234个豪华房间，内部还设有多家高档餐馆。

东陵坊 ⑯
Tanglin Shopping Centre

19 Tanglin Road. 城市地图：1 E2 电话：6737-0849 M Orchard 🚌 7、36、105、111、123、132、502 🕐 周一至周六：正午至18:00 🍴 www.tanglinsc.com

地处乌节路尽头、远离喧嚣闹市的东陵坊，拥有其他商场无法媲美的收藏品、玉器和艺术品。一连串的店铺内，销售着众多稀有珍宝，例如波斯地毯、挂毯、玉器和铜器等，还有优秀的当代东南亚艺术品。

东陵坊是备受海外移民和外派人员青睐的淘宝地，开创了诸多新加坡"第一"和"最好"的购物体验。著名的**东方古董店**（Antiques of the Orient）以大量库存的古董地图和二手书籍闻名，顾客可以在此买到漂亮的印刷品、明信片和照片。**阿普萨拉**（Apsara）则出售上等的中国和缅甸古董收藏。**精选书店**（Select Books）主要出售东南亚各地出版的书籍。此外，东陵坊内还有定制男士西服的裁缝店，以及多家出色的餐馆。

城市郊外

新加坡不少有趣的景点分布在城市边缘地区。尽管新加坡西部地区主要被例如裕廊（Jurong）这样的工业城镇所占据，依然拥有一些备受欢迎的旅游景点，包括主题公园虎豹别墅、新加坡知新馆、新加坡科学馆和裕廊飞禽公园。中北部地区保留了新加坡壮丽的原始雨林和红树林沼泽，武吉知马自然保护区和新加坡动物园也位于该地区。同样坐落此区的新加坡植物园内有很多珍贵稀有的兰花

巴西立公园中的帐篷

品种，环境幽雅宁静。其他具有重大历史和宗教意义的景点还包括樟宜村和龟屿岛。龟屿岛因与乌龟有关的传说故事而闻名，并且备受道教徒和穆斯林的欢迎。位于南部郊外的圣淘沙，作为新加坡最热门的旅游胜地，是人们逃离喧嚣生活的世外桃源，目前这里还建造了名胜世界综合娱乐城。东海岸公园为游客提供了各种户内户外活动。别具乡村特色的乌敏岛则是宁静的度假天堂。

旅游景点分布示意图

公园、花园和自然保护区
东海岸公园 ❿
武吉知马自然保护区 ❷
新加坡植物园
（见240～241页）❻
新加坡动物园 ❶
裕廊飞禽公园 ❹

博物馆
樟宜博物馆 ⓫

主题景点
虎豹别墅 ❼
新加坡科学馆 ❺
新加坡知新馆 ❸

其他岛屿
龟屿 ❽
圣淘沙
（见244～245页）❾
乌敏岛 ⓬

图例

街道查询	港口	铁路
建筑用地	高速公路	
国际机场	主要公路	

◁ 在虎豹别墅可以见到许多神秘的雕塑

在新加坡动物园可以看到濒临灭绝的马来亚虎

新加坡动物园 ❶
Singapore Zoo

80 Mandai Lake Road. 电话：6269-3411
Ⓜ Ang Mo Kio. Choa Chu Kang.wood-
lands 🚌 138 从宏茂桥下车、927 路
从蔡厝港下车、926 路 从兀兰巴士转
换站下车（仅周日及公共假日），或
在 城市乘坐 171 路（在 Mandai 下
车，后穿过道路乘坐 138路）◻ 每天：
8:30~18:30 🅿️♿📷 可选择 🍽️ 🌐
www.zoo.com.sg 夜间动物园◻每天：
19:30 至午夜（最晚入园时间 23:00）
📷🚫

　　新加坡动物园是世界十大
动物园之一，也是为数不多的
开放式动物园，动物们可以在
模仿其野外生活环境的围墙范
围内自在生活，而在瀑布和植
物伪装下的壕沟，则是将动物
和游客阻隔开来的天然屏障。
除了像猎豹、美洲虎和美洲狮
等因为具有一定攻击性，必须
饲养在玻璃隔开的笼子里以
外，其他大部分动物均可以在
园中自由活动，与游客和平
共处。

　　动物园内有大约 290 种，
共计 3000 只动物。其中不乏
孟加拉虎和云豹这类稀有动
物，还有一些濒临灭绝的物
种，例如科摩多巨蜥和马来亚
虎等难得一见的动物。

　　动物园还会定期举办各
种主题的展览活动："野性非
洲"，主要介绍白犀牛和狮子；

"脆弱森林"，游客徒步穿过
热带雨林，观赏蝴蝶、蝙蝠和
各种鸟类；"灵长动物王国"，
可以了解狮尾猕猴、棕色卷尾
猴和金狮绢毛猴等灵长类动物
的生活习性。园内还有一个儿
童宠物动物园；水族馆则能让
游客近距离观察海狮和企鹅；
爬行动物园中生活着各种各样
的爬行生物。此外，新加坡动
物园的繁殖计划享誉世界，并
且成功繁育出了世界第一只在
热带出生的北极熊。在园内举
行的每日动物秀和游客喂食时
间，游客可以接触到海狮、大
象以及其他动物，甚至有机会
同红毛猩猩一起喝茶、吃早
餐，这些都是独特又生动的游
览体验。

　　夜间动物园（Night Sa-
fari）坐落于繁茂的次生林内，
占地 40 公顷。在这里，游客
可以观察到 110 个品种，约
2500 只动物奇妙的夜间活动。
45 分钟的电车之旅将带你穿
过喜马拉雅山脉、印度、尼泊
尔、非洲、印尼马来、东南
亚、南美和缅甸 8 个模仿生态
区。这里还有一条小袋鼠小
径（Walabg Trail），游客可欣
赏到一些澳大利亚本土夜行性
动物，如刷尾红鼠、鼠袋、鼯
鼠、小袋鼠等。

武吉知马自然保护区 ❷
Bukit Timah Nature Reserve

177 Hindhede Drive. 电话：6468–5736
Ⓜ Bulcie Batok 后乘坐出租车 🚌
67、75、171 ◻ 每天：8:30~18:00 🍽️
www.nparks.gov.sg

　　武吉知马在 1883 年被新
加坡政府确立为自然保护区，
旨在保护当地的生物多样性。
生长于其中的树木种类甚至远
超美洲大陆，为众多哺乳动
物、鸟类和爬行动物提供了理
想栖息地。记得游览废弃的采
石场湖。武吉知马有多条自行
车道和步行小道，其中一条可
以通向 164 米高的**武吉知马山**
（Bukit Timah Hill）的最高点。
这里是保护区的中心，也是
新加坡的至高点，沿途风光
迷人。游客可以在游客中心
领取免费的道路地图。

武吉知马自然保护区中的自行车道，
游人们可在此享受惬意的时光

新加坡知新馆 ❸
Singapore Discovery Center

510 Upper Jurong Road. 电 话：6792-
6188 Ⓜ Boon Lay 🚌 182、193 从
Boom Lay 下车 ◻ 周四至周日：
9:00~18:00 🅿️♿🍽️ 🌐 www.sdc.
com.sg

　　知新馆在最初修建完成
时，是作为展示新加坡武装部
队（Singapore Armed Forces,
SAF）历史的博物馆，现在的
知新馆则展示着新加坡人生活

新加坡动物园爬行馆中原生于中美洲和南美洲的鬣鳞蜥

丰富多彩的一面。通过各种互动形式的展览，游客在这里可以充分了解新加坡的过去、现在和未来。知新馆坐落于新加坡武装部队军训学院（Singapore Armed Forces Training Institute，SAFTI）附近，占地广达4500平方米，有5个主展览厅和8个不同主题馆。

门户展览厅（Gateway gallery）以音乐录像等多媒体形式展现了新加坡的变化发展，记述了新加坡历史上各个里程碑性事件；非常新加坡剧（So Singapore Theatre）则以妙趣横生的方式帮助游客了解新加坡不同民族之间是如何和谐共处的。新加坡作品展览厅（Singapore Works）则通过一些趣味游戏，让游客亲身体验到自然资源相对匮乏的岛国新加坡都面临着哪些巨大挑战。新加坡风格展览厅（Singapore Way）的主题是希望、梦想和愿望。在梦幻馆（Visionarium）画廊，游客更有机会为新加坡的未来发展出谋献策。

知新馆内还有一场奇妙非凡的灯光音响秀，展示了新加坡千变万化的魅力形象。为了获得更生动的感官体验，游客千万不能错过新加坡最大的平面屏幕剧院的2D、3D电影。另外，知新馆还为游客提供了可以参观陆海空军基地的公车旅游服务。

裕廊飞禽公园 ❹
Jurong Bird Park

2 Jurong Hill, 临近 Ayer Rajah 高速公路。电话：6265–0022 🅼 Boon Lay 🚌 194、251 从 Boon Lay 下车 ⏰ 每天：8:30~18:00 🎫 🚻 🍴 www.birdpark.com.sg

在裕廊飞禽公园内，游客可以观赏到600多种、8000多只飞禽，这些鸟类来自世界各地，一些已濒临灭绝。公园内有四大鸟舍，其中瀑布鸟舍是世界最大的步行鸟舍，游客可在其中自由漫步，观赏空中飞翔的飞禽和世界最大的人工瀑布。裕廊飞禽公园的其他亮点还包括东南亚飞禽屋，这是世界上规模最大的东南亚鸟类收藏之一，每天中午都会模拟一次热带暴雨来袭的场景。企鹅宫再造了南极地区的自然环境。这里每日还有飞禽表演，例如"鹰的世界"展示了鹰高超的捕食技巧。鸟类伙伴秀则由演员扮成鸟类，是一场极富娱乐性的表演。

新加坡科学馆 ❺
Science Centre Singapore

15 Science Centre Road, 临近 Jurong Town Hall Road. 电话：6425–2500 🅼 Jurong East 🚌 66、178、198、335 ⏰ 周二至周日及公共假日：10:00~18:00 ♿ 🍴 🚻 www.science.edu.sg 全方位立体电影院 ⏰ 周二至周日及公共假日：9:30~20:30，正常放映 🎫

新加坡科学馆是世界十大科学博物馆之一，8个展览厅的1000多个互动展览涉及航天空间科学、生态学、生物技术和信息技术等多个领域，旨在将复杂的原理变得通俗易懂，以富有创造性、娱乐性和互动性的方法来加强参观者对科技的理解和学习。

科学馆内的展览风格多样，其中一个展览能够让参观者犹如置身在鱼缸之内来体验周遭的世界。这里还有一家模拟电视台，孩子们可以过一天当记者的瘾。

位于隔壁的**全方位立体电影院**（Omnimax Theater）共有276个座位，主要放映科学技术、历史、冒险、体育、宇宙空间等方面具有教育意义的电影。这些电影在半球状的巨大屏幕上放映。

新加坡科学馆是一个探索科学、了解科技的绝佳去处

新加坡植物园 ❻ Singapore Botanic Gardens

索尼亚石斛兰花

新加坡植物园靠近喧闹的城市，1859 年开始对外开放，成为新加坡人逃离喧嚣的世外桃源。拥有优美田园风光的植物园占地 52 公顷，园内有诸多湖泊，生活着成群的天鹅、野鸭和乌龟。游客可以在美丽的瀑布、喷泉和位置绝佳的休息地点散步放松，还能不时听到户外音乐会传来的管弦乐。这里既有原生态的原始森林，也有经过细心修剪的人工草坪。植物园从 1928 年开始实施的兰花培育计划，已经培育出超过 2000 种杂交兰花，这一数字每年还在不断增长。植物园内还设有一个植物图书馆，收藏了从 1875 年以来珍贵的日记、书籍和植物插画等展品。

★ 国家胡姬花园
（ National Orchid Garden ）
秀丽的国家胡姬花园中有1000多种兰花，是世界上拥有热带兰花种类最多的兰花园。

贵宾兰花园
（ VIP Orchid Garden ）
1928年政府开始培育杂交兰花，1957年后开始以贵宾的名字为兰花命名。

伯基尔馆（ Burkill Hall ）是植物园多位历任总管的居住地，这其中也包括艾萨克·伯基尔和他的儿子。

演奏台
（ Bandstand ）
八角形的演奏台在19世纪60年代大受欢迎，伴着乐队演奏的美妙音乐在园中散步在当时是一项非常时髦的消遣活动。

天鹅湖是许多天鹅和水上植物的天堂。

雕像
《荡秋千的女孩》（1984年）是席尼·哈布莱（ Sydney Harpley ）创作的第一件作品。

本地区住宿及餐饮信息，见291页和312~313页。

★ 陆婉平凤梨馆（Yuen–Peng McNeice Bromeliad House）
2000多棵来自中美和南美地区的观赏凤梨由陆婉平女士捐赠，在此游客能观赏到700多种凤梨以及500多种杂交凤梨。

游客备忘

Cluny Road. 城市地图：1 D1 电话：6471–7361　Ⓜ Botanic Gardens 🚌 7、105、106、123　🛈 游客中心：Evans Road ⏰ 每天：17:00 至午夜 🌸 胡姬花园 ♿ 🍴 ☕ 周末不定期举办露天音乐会 www.sbg.org.sg

0 米　　　　　　　　　100
0 码　　　　　　　　　100

通往生态湖及雅各巴拉斯
儿童花园（Jacob Ballas
Children's Garden）

通往植物园花园市场

科纳小屋（EJH Corner House）
这座殖民地时期修建的住宅已经改建成为Au Jardin les Amis餐馆，这是新加坡的顶级餐馆之一。

陈温祥雾室（Tan Hoon Siang Mist House）中有许多稀有的兰花品种，在其旁边还有关于兰花的历史与文化的艺术展出。

游客中心（Visitors' Center）
游客中心内设信息咨询台、咖啡馆、商店、休息室和充足的停车空间。游客可以从Evans 路通过主入口进入中心。

交响湖（Symphony Lake）
交响湖中间的小岛就是氏基金交响乐台，经常举行演唱会和各种表演。

星级景点

★ 国家胡姬花园

★ 陆婉平凤梨馆

虎豹别墅中关于中国民间故事的展览

虎豹别墅 ❼
Haw Par Villa

262 Pasir Panjang Road. **电话**：6872-2780 **M** Harbourfront **🚌** 10、30、51、143、200 **◻** 每天：9:00~19:00 **11** 华颂馆 **◻** 每天：9:00~18:00 **◻**

　　虎豹别墅环境优美，里面点缀着鲤鱼池和讲述中国民间传说的雕塑。虎豹别墅由靠虎标万金油等成药发家致富的胡文虎、胡文豹两兄弟修建。这一主题公园主要以中国的神话故事为基础，以宣传传统的价值观念为目的。园内有1000多尊神话故事人物雕塑，讲述了中国民间传说中的动人故事。比如，十八层地狱就生动展现了赌博和偷盗等罪行会在地狱里受到的可怕惩罚。值得一提的还有华颂馆（Hua Song Museum），其内部展示着中国少数民族丰富多彩的生活方式和服装工艺品。

龟屿 ❽
Kusu Island

电话：6534-9339 查询摆渡运营时间 **🚌** 402 滨海南码头乘船 **◻** 包含摆渡船票 **www**.islandcruise.com.sg

　　在一个迷人的神话故事中，这座岛是由巨龟变化而来的。据说，为了拯救失事船只上的中国和马来西亚船员，巨龟变成了一座岛屿。

　　龟屿距新加坡5千米远，旅游旺季是农历的九月（也就是公历的10月或11月），其间，道教徒和穆斯林纷纷涌至小岛朝圣祈福。道教徒通常会参观供奉着商人守护神的大伯公宫（Tua Pek Kong Temple）上香、进献供品，祈祷兴旺、好运和财富。

　　虔诚的穆斯林还会爬上122级阶梯，登上龟屿的马来圣殿拿督公庙（Keramat Kusu）。求子的夫妇则会在去往圣殿的路上将许愿布条缠到树上。

　　岛上有着名的蓝色礁湖、原生沙滩和许愿池，这里也是野餐的好地方，不过岛上不允许游客过夜。

圣淘沙 ❾
Sentosa

见244~245页。

东海岸公园 ❿
East Coast Park

临近东海岸停车场（ECP）。**M** Bedok **🚌** 401 **11** **www**.nparks.gov.sg

　　东海岸公园的沙滩被公认为新加坡最好的沙滩之一。东海岸公园整体呈细长形，长达10千米，从樟宜机场一直延展到滨海湾。面海地区排列着棕榈树、阴凉的休息区和长椅，还有散步和慢跑的小道、自行车道、滑冰道，以及竞技标准的滑板运动场。园内设有自行车租赁店，可提供不同种类的自行车，如山地车和情侣喜爱的双人自行车。这里还有出租和维修滚轴溜冰鞋的商店。

　　游人们在东海岸公园里可谓自得其乐，垂钓爱好者在湖边悠闲地钓鱼，野餐的人们在沙滩上支起帐篷，运动爱好者尽情地在露天健身房锻炼身体，爱鸟者则可以选择在专门的鸟类庇护所散步。

　　怡人的海风和秀丽的景色使得东海岸公园周边成为新加坡非常时髦的居住地。附近布满了酒吧、别致的餐馆和众多娱乐设施。这里提供的美食种类繁多，不仅有快餐和熟食摊位，还有海鲜料理和西餐小吃。东海岸休闲中心为游客提供了诸如保龄球、台球、儿童游戏等各种室内活动。帕斯塔弗雷斯塔水上运动中心（The Pasta fresca sea sports center）则

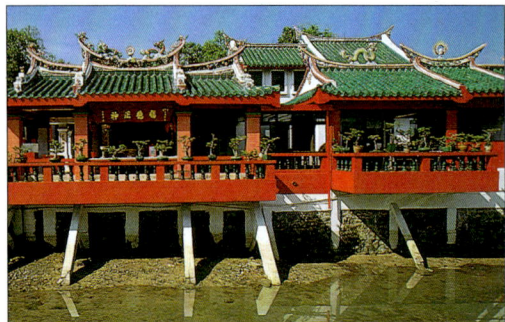
龟屿上的道教大伯公宫

可提供风帆冲浪和乘船游览等项目（见256页）。位于海滨地区的度假小屋可供游客短期租赁，配套设备齐全，拥有游泳池、水疗浴场和烧烤台等。东海岸公园深受新加坡人喜爱，尤其是周末家庭出游的好地方。

东海岸公园里适合全家骑车的自行车道

樟宜博物馆 ⑪
Changi Museum

1000 Upper Changi Road North. 电话：6214-2451 Ⓜ Tanah Merah、Tampines 🚌 2、29 ◯ 9:30~17:00（最后进场时间 16:30）🅿 周五：17:30 ✉ 🖥 🌐 www.changimuseum.com

　　第二次世界大战期间，盟军用来作为战犯营的樟宜监狱（Changi Prison）到今天依然在使用，离监狱不远处就是樟宜博物馆，这里曾经是旧樟宜监狱教堂（Old Changi Prison Chapel）。樟宜博物馆的建立是为了纪念所有在新加坡生活和死去的人，尤其是那些曾被关押在樟宜监狱，其间饱受日本人折磨的犯人。

　　多年来，博物馆收集了很多曾经关押在此的战俘和他们的家庭所捐献的珍贵照片、图片和私人物品等。展出的作品包括年轻的澳大利亚骑兵乔治·阿斯皮诺尔（George Aspinall）拍摄的系列照片。另外，在各种监狱艺术家的作品展中还有哈克斯沃斯（W.R.M Haxworth）的 400 多张素描。而著名的史坦利·沃

伦（Stanley Warren）壁画的复制品也曾在博物馆展出的作品中出现。

　　第二次世界大战时期由战俘修建的教堂的复制品，坐落在樟宜博物馆的露天庭院中，圣坛上方的铜十字架由使用过的大炮外壳制成。

　　需要注意的是，10 人或 10 人以上的旅游团体如果想参观樟宜博物馆，必须至少提前 3 天进行预约；详细信息请致电咨询。

乌敏岛 ⑫
Pulau Ubin

Ⓜ Tanah Merah, Tampines 🚌 2、29 🚢 从樟宜村出发 ◯ 每天 🍴 🅿 ♿ 🅿

　　作为新加坡的第二大近海岛屿，乌敏岛坐落于樟宜和柔佛河（Johor River）河口之间的柔佛海峡（Johor Strait），这里也许是新加坡最后一处可以体验到 20 世纪 60 年代乡土气息的地方了。岛上曾有马来人和华人从事农业、花岗石开采和渔业。如今岛上居民只有将近 200 人。长 8 千米、宽 1.5 千米的乌敏岛是一座传统的马来西亚渔村。这里如今依然保有乡村生活的痕迹：茅草屋顶和锌屋顶的木屋依然稳稳地站立在桩柱之上，沙滩上排

生长在乌敏岛上的木菠萝

列着打鱼的木船（sampans），渔民们将渔网铺开，在阳光下晾晒。

　　岛上的动植物种类繁多，其中一些物种曾经存在于大陆上，而现在只能在乌敏岛上找到。岛上生长着各种果树，如椰子、榴莲、红毛丹果、波罗蜜、野莓，还有野兰花和吞食昆虫的猪笼草，这里还能找到不少药用植物和草本植物，以及成片的红树林植物群。生活在岛上的动物不但有猴子、巨蜥、水鸡、松鼠、果蝠，还有巨蟒和眼镜蛇等蛇类。

　　乌敏岛附近的海域栖息着多种多样的鱼类、螃蟹和虾。这里还是鸟类观察者的天堂，能够观察到的猛禽有老鹰、鸢和隼等，北半球的冬天来临时，还能看到候鸟在这里筑巢。码头上可以租到自行车，附近的社区中心收藏了很多乌敏岛全盛时期的社会民生照片。岛上还有一些海鲜餐馆、旧式的咖啡屋以及为游客提供杀虫剂、防晒霜、帽子和饮料、食品等必需品的杂货店。碎石路上有往返的出租车穿梭行驶，游客还可以在岛上露营或者租住度假屋过夜。

乌敏岛上马来乡村风格的房子

圣淘沙 ❾ Sentosa

　　圣淘沙岛曾经被称为波拉康马蒂（Blakang Mati），在马来语中的意思是"背后潜伏着死亡的岛"。关于这一名称的由来有一种说法：一种神秘的疾病夺去了岛上几乎所有原住民的生命。在1967年之前，英国一直把这座岛作为军事基地使用。"圣淘沙"这个名字在马来语中的意思是"宁静"，如今，这个岛也变成了休闲娱乐胜地，设有博物馆、历史遗迹、主题公园、自然步道，还可以观赏体育比赛等活动。岛上四通八达的交通网络可以轻而易举地将游客送至各个景点。圣淘沙名胜世界拥有一座大型海洋水族馆，深受家庭游客欢迎，占据了岛上很大一部分面积。

圣淘沙海之颂
（Sentosa's Songs of the Sea）
在西乐索海滩举行的华丽现场表演，观众们坐在露天座位上欣赏巨大水幕演出及壮观烟火秀。

★ **圣淘沙海之颂**（Underwater World）
海之颂是西乐索海滩上的大型音乐表演，它以巨大的水幕和绚丽的烟火为特色。表演会进行实况转播，现场还有露天观赏台。

电缆车自花柏山驶来

老虎摩天塔可以瞭望新加坡的葱郁美景

龙迹小径的天然步道非常舒适

Shangri-La's Rasa
Sentosa酒店（见291页）

西乐索海滩（Siloso Beach）

★ **西乐索炮台**（Fort Siloso）
西乐索炮台建于19世纪80年代，构造精密，包括暗堡、大炮和地下通道几部分。它是英国在第二次世界大战中的最后堡垒。

★ **万象馆**（Images of Singapore）
在万象馆中，新加坡多样的文化和独特的历史事件，尽由栩栩如生的蜡像所展现。

本地区住宿及餐饮信息，见291页和313页

圣淘沙捷运（Sentosa Express）
圣淘沙捷运为单线环路运行，从内陆向海滩英比奥站一路经过滨海、怡丰和圣詹姆士发电站地铁站。同时，它也连接着岛内各游览景点。

圣淘沙名胜世界
（Resort World Sentosa）
这是一处可以让每个人都满意的景点，拥有世界最大的海洋水族馆、环球影城主题公园，及多家赌场、商店和餐馆。

英比奥站

鱼尾狮步道

圣淘沙海之颂　海滩站

圣淘沙高尔夫球俱乐部拥有迷人的18洞球场，以及非常完善的设施，除了尽情挥杆，更可享受完善的课程和购物娱乐。

0 米　　　　200
0 码　　　　200

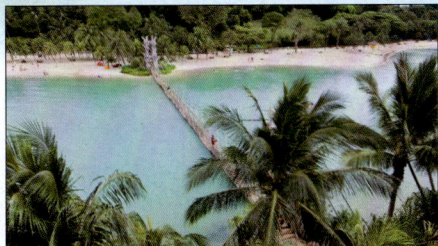

巴拉湾海滩（Palawan Beach）
一座浮桥连接着巴拉湾海滩和对面的小岛。这个小岛据说位于亚洲大陆的最南端。

星级景点

★ 海底世界

★ 西乐索炮台

★ 万象馆

新加坡的购物信息

新加坡是购物的天堂，随处可见的百货商场和购物中心为游客提供了无穷无尽的丰富选择。无论乌节路和莱佛士城的奢华购物体验，还是跳蚤市场，抑或是小巷里的民族风情摊位，新加坡总会满足不同品位和不同预算的购物需求。众所周知，新加坡销售的电子产品价格十分诱人，包括电脑、手机、相机等；但如果有意购买奢侈品、艺术品、古董、古玩和珠宝等，新加坡也绝对不会令人

传统的日本短褂

失望。除了百货商场和精品店，小印度、牛车水阿拉伯街和荷兰村等商业区同样提供了令人兴奋的购物体验。丰富的东南亚传统手工艺品，比如藤器制品、蜡染印花布、纺织品等，都可以在街边摊位或特产商店买到。新加坡也以销售特价商品和折扣商品而闻名，尤其是电子类产品，不过买东西的时候最好还是花点时间货比三家，而且要在比较可靠的商家购买。

乌节路上的高档购物中心东陵坊

百货商场与购物中心

乌节路（见232～233页）上耸立着**东陵坊**（Tanglin Shopping Centre）、**义安城**（Ngee Ann City）、**乌节弯购物商场**（ION Orchard）和**麒麟大厦**（The Heeren）等商场，你可以买到鞋、衣服、书籍、音乐唱片、珠宝、地毯、古玩……当然还有奢侈品。先得坊的**诗家董**（Tangs）（见235页）和**罗宾逊**（Robinsons）是乌节路上最老的两家百货商店；**柏利广场**（Park Mall）专门出售家具和室内家居装饰品。新加坡主要的购物中心都坐落于市中心，如**百乐和滨海湾**（Parco Marina Bay）、**莱佛士酒店购物廊**（Raffles Hotel Shopping Arcade）**荷兰路购物中心**（Holland Road Shopping Centre）、**滨海湾金沙**（Marina Bay Sands）和**莱**

佛士城购物中心（Raffles City Shopping Center）。想想购买电子产品，不妨到**森林广场**（Sim Lim Square）或**福南数码生活广场**（Funan Digitalife Mall）逛逛。位于小印度的**慕达发中心**（Mustafa Center）是新加坡的热门购物地，从电子产品到家居用品一应俱全。日本**伊势丹百货**（Isetan）、**高岛屋百货**（Takashimaya），英国**玛莎百货**（Marks & Spencer）都颇受欢迎。新加坡的百货商场和购物中心大都管理严谨，服务热情，通常都设有顾客咨询处。

购物时间

多数购物场所每天营业，营业时间一般为10:00～21:00，部分商场可能会营业到22:00甚至更晚。但慕达发中心每天24小时营业，是午

夜购物之旅的最佳去处。翻修后的克拉码头从17:00左右开始营业，持续到午夜。要注意的是，尽量不要周五前往小印度和阿拉伯街，这一天是穆斯林圣日，许多商铺都不开门。新加坡所有的7-11便利店都是24小时营业。

如何支付

大多数商铺都可以使用国际信用卡：万事达（Master Card）、VISA、美国运通（American Express）、花旗银行（Citibank），以及我国的银联卡等。但一些小商贩仍然只接受现金。

新加坡的许多商家允许议价。百货商场的商品价格通常是固定的，但是大部分其他商店，甚至在高端购物中心内，都有讨价还价的余

柏利广场里的阿勒西家居设计店

一家东南亚手工艺品商店

地。有些高端购物中心接受各种世界主要货币的旅行支票，但最好还是使用新加坡元。旅行支票在许多银行都可以兑换为现金，银行工作时间为平时 9:30 ~ 15:30，周六 9:30 ~ 11:30。所有银行都可以兑换货币，一些酒店内的"特许货币兑换处"（Licensed Money Changer）也可以提供这项服务。

打折信息

许多当地日报都会刊登促销信息，还有新加坡旅游局出版的免费月刊，如《玩转新加坡》（Where Singapore）、《新加坡购物指南》（Singapore Shopping Guide）等，也会为消费者提供详尽的购物指导。但如果真想体验淘便宜货的乐趣，不妨把购物行程安排在新加坡热卖会期间。新加坡热卖会由新加坡旅游局在每年的 5 ~ 7 月间举办，所有商品的折扣几乎都能低至 2 折，是"血拼"的好时机。

退货政策

大多数大型商店都会为顾客开具购物收据作为凭证，顾客在购买商品后 7 天内，可以原样退回未经使用的商品。也提供换货服务。在离开新加坡之前，最好将所有购物收据保存好。购买电子产品时，要特别注意确认商家提供的全球联保保修卡，填写购买日期并盖章。

消费者投诉

新加坡对顾客投诉，比如顾客被商家欺骗或商家没有按要求填写国际质保卡，有着非常贴心的赔偿政策。如果顾客要对商家或旅行社进行投诉，可拨打**新加坡消费者协会**（Consumers Association of Singapore）热线进行登记。**小额索赔法庭**（Small Claims Tribunal）还专门为游客开设了快速通道，受理费用最低为 10 新加坡元，最高收取所购商品价格的 1%。顾客也可求助于初级法庭的**电子非诉讼**

新加坡高级购物中心之一的义安城

解决方式中心（E@DR Centers），诉讼会通过邮件被中心受理，无论你身在旅途中还是已离开新加坡，都一样方便。

许可与法律

对于购买和运输武器、危险品、有毒物品的行为，新加坡的法律向来以严厉著称。即使是最轻微的违法情节也不会被忽略，有可能受到罚款、鞭刑或短期监禁等处罚。消费者要对自己购买的商品种类、购买地点等细节信息格外关注。

新加坡周日里繁忙的跳蚤市场

税收与退税

在新加坡，大部分商品或服务要征收 7% 的消费税（GST）。在有"免税店"标识的商店，购物金额超过 100 新加坡元便可申请退税。申请退税可以前往**樟宜国际机场**（Changi International Airport）的消费税柜台办理，或者你也可以使用电子旅游退款计划（eTRS）通过设在樟宜国际机场离港区的 eTRS 系统终端机办理退税申请。消费者务必将购物收据和所购商品保留好，退税之前需要接受海关人员的验证。每人申请退税的上限为 500 新加坡元，同时要提供信用卡作为身份凭证。更多细节可访问 eTRSR 的网络了解。

去哪里购物

在新加坡，百货公司和购物中心无疑是非常方便的购物场所，因为在一个地方就可以买到各式各样的商品。有些购物中心会因为出售某一种商品而打响名号，例如森林广场和福南数码生活广场都以销售电子商品而闻名。一些小商店和特产商店也是值得考虑的购物好去处。岛上有许多货仓和传统的临街小店，比如新加坡河两岸的店铺，都被改造成了全新的购物场所。小印度、牛车水以及阿拉伯街遍布着各类商铺和摊位，销售本民族及亚洲各国的手工艺品。

衣服与纺织品

在新加坡，你会发现 Gucci、Calvin Klein、Burberry、Emporio Armani、Hugo Boss、Giordano、Chanel 等国际知名品牌遍布各大主要购物区，还有一些设计师品牌，如 Vera Wang，将当代中式和西方潮流完美融合。印度顶尖时尚设计师的最新作品展示在高档时装与家居店**孟买东南方**（Mumbai Se）中。

想要购买纺织品，最合适的地方就是**阿拉伯街**（见 228 页）和小印度的**实龙岗路**（见 229 页）。在阿拉伯街可以买到来自印度尼西亚和马来西亚的蜡染丝绸（通常是以米为单位出售）。蜡染布也可以按照马来传统服装纱笼的长度（大约 2 米）出售，或裁制为成衣后出售。在小印度，可以买到印度纱丽（大约 5.5 米布料）。**牛车水**（见 218～221 页）的

中国丝绸和旗袍、衫裤等传统服饰也不容错过，中式丝绸服装可以到诗家董购买。

珠宝

想要购买铂金或 18K 黄金制品，可以到 Bulgari 或 Tiffany 等奢侈品店逛逛，这些店铺在莱佛士酒店购物廊、乌节路和莱佛士城购物中心都能找到。新加坡本土个人珠宝品牌如**俊文宝石**（Larry Jewelry）和**利华珠宝**（Lee Hwa），都以精工细作闻名。想要购买古玩或民族风格的金饰，前往牛车水和小印度就是最好的选择；价钱相对便宜的仿黄金珠宝也可以在这里买到。牛车水也是选购玉饰的好地方。在**克拉码头**（见 217 页）的街边摊位上还可以买到各式各样的时髦银饰。

鞋包

乌节路和其他高端购物场所的商店里都有众多国际一线品牌的鞋包商品。LV、Fendi、Ferragamo 等都颇受欢迎。Charles & Keith 和 Substance 则是最受欢迎的鞋类品牌。新加坡的鞋类商品公认种类多且价格公道，尤其是在诗家董和 On Pedder。想要买皮革制品，推荐到阿拉伯街逛逛。

古玩与手工艺品

新加坡的古玩和手工艺品绝大多数产自东南亚。东陵坊（见 235 页）是最热门购买地，东南亚的老地图、古董都可以在**东方古董店**（Antiques of the Orient）买到。克拉码头的许多商店也是寻宝的去处，如 Dempseny 路上由货仓翻修而成的商铺，以及**林氏艺术品店**（Lim's Arts & Crafts）等。想要购买上等的手织克什米尔、波斯、土耳其地毯，位于甘榜格南的**埃米尔父子店**（Amir & Sons）绝对值得一逛，这里是新加坡最老的地毯商店。阿拉伯街以销售东南亚手工艺品闻名。在牛车水则可以买到宗教、建筑方面的手工艺品。想要购买黄铜塑像或是灯具，小印度和牛车水都是不错的选择。

手工面具

颜色花样各异的传统东方纺织品

附　录

百货商场与购物中心

福南数码生活广场
地址：109 North Bridge Road.
城市地图：3 E4
电话：6336–8327
www.funan.com.sg

麒麟大厦
地址：260 Orchard Road.
城市地图：2 B4
电话：6738–4388
www.heeren.com.sg

荷兰路购物中心
地址：211 Holland Avenue.
电话：6465–0213
www.holland–village–
singapore.com

乌节弯购物商场
地址：2 Orchard Turn.
城市地图：2 A4
电话：6838–6520
www.ionorchard.com

伊势丹百货
地址：350 Orchard Road.
城市地图：1 F2
电话：6733–1111
www.isetan.com.sg

玛莎百货
地址：501 Orchard Road.
城市地图：1 F2
电话：6733–8122
www.marksandspencer.com

慕达发中心
地址：145 Syed Alwi Road.
城市地图：3 E2
电话：6295–5855
www.mustafa.com.sg

义安城
地址：391 Orchard Road.
城市地图：2 A4
电话：6506–0461
www.ngeeanncity.com.sg

百乐和滨海湾
地址：The Shoppes@Marina
Bay Sands, 2 Bayfront Avenue.
城市地图：5F3
电话：6595–9100
www. parco.com.sg

柏林广场
地址：9 Penang Road.
城市地图：2 C5
电话：6339–4031

莱佛士酒店购物中心
地址：252 North Bridge Road.
城市地图：5 E2
电话：6338–7766
www.rafflescity.com

莱佛士酒店购物廊
地址：328 North Bridge Road.
城市地图：5 E1

电话：6337–1886
www.raffleshotel.com/
arcade

滨海湾金沙
地址：2 Bayfront Avenue.
城市地图：5 F3
电话：6688– 8868
www.marinabaysands.com

森林广场
地址：1 Rochor Canal Road.
城市地图：3 E4
电话：6338–3859

新达城购物中心
地址：3 Temasek Boulevard.
城市地图：5 F1
电话：6825–2667
www.sunteccity.com.sg

高岛屋百货
地址：391 Orchard Road.
城市地图：2 A4
电话：6738–1111
www.takashimaya–sin.com

东陵坊
地址：163 Tanglin Road.
城市地图：1 E2
电话：6736–4922
www.tanglinsc.com.sg

诗家董
地址：310/320 Orchard Road.
城市地图：2 A3
电话：6737–5500
www.tangs.com.sg

消费者诉讼

新加坡消费者协会
地址：170 Ghim Moh Road.
电话：6100–0315
www.case.org.sg

电子非诉讼解决方式中心
www.e–adr.gov.sg

小额赔偿法庭
地址：1 Havelock Square.
城市地图：4 C3
电话：6435–5937
www.smallclaims.gov.sg

税收与退税

樟宜国际机场
地址：50 Airport Boulevard.
电话：6542–1122
www.changiairport.com.
Open 24 hours.

福南数码生活广场
地址：109 North Bridge Road.
城市地图：3 E4
电话：6336–8327
www.funan.com.sg. Open
11am–8pm daily.

电子旅游退款计划
www.customs.gov.sg

衣服与纺织品

Burberry
地址：01–28 Ngee Ann City.
城市地图：2 A4
电话：6735–1283
www.burberry.com

Calvin Klein
地址：01–32 Ngee Ann City.
城市地图：2 A4
电话：6887–5981
www.calvinklein.com

Chanel
地址：01–25 Ngee Ann City.
城市地图：2 A4
电话：6733–5120
www.chanel.com

Emporio Armani
地址：B1–29130 The
Shoppes @ Marina Bay
Sands,2 Bayfront Avenue.
城市地图：5F3
电话：6304–1458

Giordano
地址：B2–28 Ngee Ann City.
城市地图：2 A4
电话：6736–4302

Gucci
地址：01–40 Paragon, 290
Orchard Road.
城市地图：2 A4
电话：6734–2528

Hugo Boss
地址：01–03 Ngee Ann
City, 391 Orchard Road.
城市地图：2 A4
电话：6735–0233

孟东东南方
地址：02–03 Palais
Renaissance, 390 Orchard Road.
城市地图：1 F2
电话：6733–7188

Vera Wang
地址：390 Orchard Road.
城市地图：1 F2
电话：6235–4648
www.verawang.com

珠宝

Bulgari
地址：02–1/3 Ngee Ann City.
城市地图：2 A4
电话：6735–6689
www.bulgari.com

俊文宝石
地址：02–12 Ngee Ann City.
城市地图：2 A4
电话：6732–3322
www.larryjewelry.com

利华珠宝
地址：01–23, 200 Victoria Street.
城市地图：3 D5

电话：6334–2838
www.leehwajewellery.com

Tiffany
地址：01–05 Raffles Ho
Shopping Arcade, 328
North Bridge Road.
城市地图：3 E4
电话：6334–0168
www.tiffany.com/locations

鞋包

Charles & Keith
地址：01–05 Wisma Atria,
435 Orchard Road.
城市地图：2 A4
电话：6238–3312
www.charleskeith.com

Fendi
地址：01–32 Ngee Ann City.
城市地图：2 A4
电话：6733–0337
www.fendi.com

Ferragamo
地址：290 Orchard Road.
城市地图：1 F2
电话：6738–3206

LV
地址：01–20/24 Ngee Ann
City, 391 Orchard Road.
城市地图：2 A4
电话：6734–7760
www.louisvitton.com
one of several branches

On Pedder
地址：Takashimaya, 391
Orchard Road.
城市地图：2 A4
6 Scotts Road.
城市地图：2 A3
www.onpedder.com

Substance
地址：02–12 Wheelock
Place, 501 Orchard Road.
城市地图：1 F2
电话：6836–0111

古玩与手工艺品

埃米尔父子店
地址：Lucky Plaza, 304
Orchard Road.
城市地图：1 F2
电话：6734–9112

东方古董店
地址：02–40 Tanglin
Shopping Centre.
城市地图：1 D3
电话：6734 9351
www.aoto.com.sg

林氏艺术品店
地址：Holland Road
Shopping Center.
电话：6467–1300

高端音响设备

电子产品

因为没有进口税，新加坡成了最受消费者欢迎的电子产品购买地。在一些专卖店，如**索尼中心**（The Sony Center），可以找到时下最新款的电子产品。森林广场和**慕达发中心**则是购买音响、电视机、DVD机等的理想场所。**福南数码生活广场**也很适合购买音响和影音产品。购买电子产品时，商家需要提供全球联保的保修单。

相机与手表

在新加坡的大多数电子产品商店和相机专卖店都可以买到尼康、佳能和奥林巴斯品牌的相机。**国泰摄影用品社**（Cathay Photo Store）和**慕达发中心**出售各种畅销品牌的相机产品，这些商家也销售供专业摄影师使用的摄影摄像设备。大多数购物中心都有款式多样、价位各异的手表供消费者选择。一些手表品牌还拥有自己的专卖店，比如**劳力士**（Rolex）和**斯沃琪**（Swatch）。在**时计钟表**（The Hour Glass）可以买到许多高端品牌手表；**幸运商业中心**（Lucky Plaza）以销售照相机和手表而闻名。如果想买二手名牌手表，不妨前往**平魁**（Peng Kwee）二手名牌手表专卖店淘宝。位于半岛购物中心的**相机工作坊**（Camera Workshop）则是购买二手照相机与私人收藏相机模型的好去处。

电脑

福南数码生活广场是新加坡最主要的电脑销售场所，据说也是全亚洲最大的电脑卖场。广场共分6个楼层，密布着销售电脑、软件和各类电子设备的店铺。不但商品价格便宜，而且常有各种优惠套餐和特价活动，最受欢迎的两家电脑专卖店铺是普东威士马（Proton-Wisma）和苹果专卖店（The Mac Shop），其他选择还有新达城购物中心和森林广场（见249页）。许多商家还可以讲价。

书店与音乐店

HMV销售的唱片风格多样，种类齐全。店里每个楼层销售的唱片类型都不相同，包括古典、爵士、摇滚和流行音乐等。**MPH**不但拥有数量可观的唱片，还以出售优秀的儿童书籍闻名。想要购买东南亚主题的书籍，不妨前往**精选书屋**（Select Books）选购。在日本书店品牌**纪伊国屋**（Kinokuniya）可以买到各种语言的书籍。这些书店都能够买到中文书籍，还有部分书籍会在打折区销售。**时光书店**（Times the Bookstore）也是一个不错的选择。

旅游纪念品

在新加坡，鱼尾狮的形象随处可见，以鱼尾狮为主题的纪念品也十分丰富，包括咖啡杯、T恤衫、挂饰、毛绒玩具、音乐盒、瓷盘、钥匙环等。新加坡的各个公园和博物馆内都设有礼品店，可以买到各式有趣的纪念品。有些博物馆，例如**新加坡国家博物院**内的小商店，还会出售与正在展出的展览密切相关的特别纪念品。新加坡植物园内的**花园书店**（The Garden Shop）拥有海量的自然科学类书籍。莱佛士酒店内的**莱佛士酒店礼品店**（Raffles Hotel Gift Shop）也值得推荐。

兰花

兰花是新加坡的国花，**国家胡姬花园**（National Orchid Garden）和**万礼胡姬花园**（Mandi Orchid Garden）中共生长着超过3000种婀娜多姿的兰花。这两个兰花园内都有礼品店，消费者在此购买的兰花都会被精心包装好，并按照顾客的要求运输回国。精美的手工镀金兰花饰品也是新加坡特有的纪念品，可以在新达城购物中心里的**雷瑟斯店**（RISIS Store）或万礼胡姬花园礼品店购买。

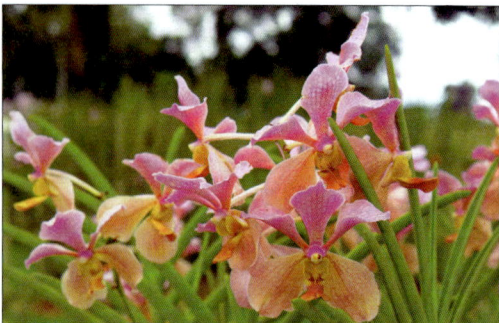
万礼胡姬花园

美食

新加坡美食素来享誉内外，许多特色食品或土特产都可以作为礼物或纪念品带回家。除了小印度的香辛料，新加坡还拥有众多本地特色佳肴，例如用来涂面包的咖椰酱（kaya），还有海南鸡饭香料油，以及其他一些现成即食的美味，都可以在**美珍香**（Bee Cheng Hiang）、**纪氏美食精品店**（Kee's gourmet boutique）、**牛车水原貌馆**（Chinatown Heritage Centre）（见218页）和**花柏山森林礼品店**（Faber Forest Gift Shop）买到。牛车水里的**茶堂**（The Tea Chapter）出售各式各样的茶壶、茶杯、茶具和上好的茶叶。**谷仓乐园**（Brown Rice Paradise）和**蒂尔尼美食**（Tierney's Gourmet）也值得逛逛。如果想品尝世界其他地区的特色美食，比如手工巧克力和上等鱼子酱，不妨前往**莱佛士美食专卖店**（Thos. S.B. Raffles）大饱口福。

附　录

电子产品

福南数码生活广场
地址：109 North Bridge Road.
城市地图：3 E4
电话：6336-8327
www.funan.com.sg

慕达发中心
地址：145 Syed Alwi Road.
城市地图：3 E3
电话：6295-5855
www.mustafa.com.sg

索尼中心
地址：04-01 Wisma Atria, 435 Orchard Road.
城市地图：2 A4
电话：6473-6500
www.sony.com.sg

相机与手表

相机工作坊
地址：Peninsula Shopping Center, 3 Coleman Street.
城市地图：5 D2
电话：6336-1956

国泰摄影用品社
地址：01-11-14 Peninsula Plaza, 111 North Bridge Road.
城市地图：3 E4
电话：6337-4274
www.cathayphoto.com.sg

时计钟表
地址：01-02 Takashimaya Shopping Center, 391 Orchard Road.
城市地图：2 A4
电话：6734-2420
www.thehourglass.com

幸运商业中心
地址：304 Orchard Road.
城市地图：1 F2
电话：6235-3294
www.luckyplaza.com.sg

平魁
地址：01-45A Peninsula Plaza, 111 North Bridge Street.
城市地图：3 E4
电话：6334-0155
www.pengkwee.com.sg

劳力士
地址：1-01 Tong Building, 302 Orchard Road.
城市地图：1 F2
电话：6737-9033
www.rolex.com

斯沃琪
地址：81-27 Plaza Singapura, 68 Orchard Road.
城市地图：1 F2
电话：6334-8042
www.swatch.com

电脑

苹果专卖店
地址：4-11 Funan Digitalife Center.
城市地图：5 D2
电话：6334-1633
www.apple.com.sg

普东威士马
地址：109 North Bridge Road.
城市地图：3 E4
电话：6338-3066

书店与音乐店

MPH
地址：Raffles City Shopping Centre, 252 North Bridge Road.
城市地图：5 E2
电话：6336-4232
www.mph.com.sg

HMV
地址：1-11 The Heeren, 260 Orchard Road.
城市地图：1 F2
电话：6733-1822
1 Raffles Link, B1-47 CityLink Mall.
城市地图：3 E2
电话：6238-7218
www.hmvgroup.com

纪伊国屋
地址：03-10 Ngee Ann City, 391 Orchard Road.
城市地图：2 A4
电话：6737-5021
www.kinokuniya.com.sg
One of several branches

精选书屋
地址：03-15 Tanglin Shopping Centre, 19 Tanglin Road.
城市地图：1 D3
电话：6732-1515
www.selectbooks.com.sg

时光书店
地址：04-08 The Centrepoint, 176 Orchard Road.
城市地图：1 F2
电话：6734-9022
One of several branches

新加坡纪念品

花园书店
地址：Singapore Botanic Gardens, 1 Cluny Road.
城市地图：1 D1
电话：6475-2319
www.naturesniche.com

新加坡国家博物馆
地址：93 Stamford Road.
城市地图：3 D5
电话：6336-3670
www.museumshop.com.sg

莱佛士酒店礼品店
地址：01-01 Raffles Hotel, 1 Beach Road.
城市地图：3 F4
电话：6412-1143
www.raffleshotelgifts.com

兰花

国家胡姬花园
地址：1 Cluny Road.
城市地图：1 D1
电话：6471-7361
www.sbg.org.sg

万礼胡姬花园
地址：200 Mandai Lake Road.
城市地图：
电话：6269-1036
www.mandai.com.sg

雷瑟斯
地址：01-084 Suntec City Mall, 3 Temasek Blvd.
城市地图：3 E5
电话：6338-8250
www.risis.com

美食

美珍香
地址：1359 Serangoon Road.
城市地图：3 E1
电话：6291-5753
www.bch.com.sg

谷仓乐园
地址：02-35 Tanglin Mall, 163 Tanglin Road.
城市地图：1 D3
电话：6738-1121
www.mybrp.com.sg

牛车水原貌馆
地址：48 Pagoda Street.
城市地图：4 C3
电话：6338-6877
www.chinatownheritagecentre.sg

花柏山森林礼品店
地址：109 Mount Faber Road.
电话：6377-9670

茶堂
地址：9-11 Neil Road, Tanjong Pagar.
城市地图：4 C4
电话：6226-3026
www.tea-chapter.com.sg

莱佛士美食专卖店
地址：01-30 Raffles Hotel Arcade, 1 Beach Road.
城市地图：3 F4
电话：6412-1148
www.raffleshotelgifts.com

蒂尔尼美食
地址：02-01/04 Serene Center, 10 Jalan Serene.
电话：6466-7451

新加坡的休闲娱乐

新加坡长期以来力求发展成为本地区艺术中心，通过从古典到现代的多样化休闲娱乐活动来点亮旅行者的新加坡之旅。众多专业或业余的剧团、舞蹈团和乐团，向观众淋漓尽致地展现着亚洲和西方文艺演出。新加坡每年会举办一系列的艺术盛事，许多国际艺术家

一位中国舞者在表演劈叉

的加入使得新加坡的艺术生活面貌得到大幅度提升。各式各样的演出场所遍布新加坡，其中首屈一指的几家分别是河畔艺术区、滨海艺术中心和福康宁公园。新加坡人热爱夜生活，爵士俱乐部、蓝调酒吧、夜店、卡拉OK厅以及传统的酒吧——这里多样化的休闲娱乐方式定能满足不同人的品位与需求。

信息

《**海峡时报**》会详细刊登正在举行和即将开始的演出、节庆、活动等。酒店里的宣传手册和免费出版物，比如《玩转新加坡》、《活力》（*Juice Magazine*）、《新加坡纵览》（*Inside Singapore*），都有各类演出活动的详细资讯。另外，"Singaporetheatre.Com"等网站也是搜寻最新资讯的绝佳渠道，还可帮你在出发前提前订票。

购票

至少需要在演出开始前两天就前往场馆订票，一些热门演出的票可能在开演前几个月就被订光了。目前，网上订票是更方便的选择，大多数演出活动的票务可以在 Gatecrash 和 SISTIC 两家网站订购。还可通过打电话的方式查询票务信息，或直接前往各个票务服务点咨询。一旦出票，通常都无法更换或退款。

残疾人专用通道

尽管新加坡大多数的休闲娱乐场所都位于历史古建筑或改造过的旧货仓内，不过其中许多都配备了残疾人专用通道。新建场馆中，残疾人专用通道是必不可少的保障设施。不过最好还是提前致电场馆咨询。

场馆

滨海艺术中心是新加坡举办文化艺术演出的最主要场地之一。此外还有**赞美礼堂**（Chijmes Hall）、**银禧礼堂**（Jubilee Hall）、**维多利亚剧院及音乐会堂**（Victoria Theater and Concert Hall），后者经过翻新后于 2014 年开放。福康宁公园的**高士台**（Cox Terrace）和坐落在新加坡植物园内湖边的**邵氏基金交响乐台**（Shaw Foundation Symphony Stage）都是颇受欢迎的露天表演场所。**新加坡室内体育馆**（Singapore Indoor Stadium）、**嘉龙剧院**（Kallang Theater）和**大学文化中心剧院**（University Cultural Center）则是举办大型音乐会的热门场所。另外，**星展银行艺术中心**（DBS Arts Center）、**楼上雅座**（The Room Upstairs）和**电力站**（The substation）等则更多举行一些相对小众的文艺表演。

节庆

新加坡全年节庆活动不断，每年 5、6 月举行的**新加坡艺术节**便是其中一大亮点；持续四天的露天庆典——**世界音乐艺术与舞蹈节**也同样引人注目。**街头游艺嘉年华**是专门为街头艺术表演家举办的年度盛事，每年 11 月在河岸地带举办。**新加坡国际电影节**在每年 4 月举办，其间会放映约 300 部电影。最近几年，**电力站**开始举办相对另类的新加坡电影短片艺术节。每年 6 月由**星光电影院线**在福康宁公园举办的露天电影节备受好评，据说这也是全亚洲规模最大的露天电影节。此外，**新加坡钢琴节**同样吸引了大批观众。

福康宁公园中举办的世界音乐艺术与舞蹈节

免费演出与露天表演

　　滨海艺术中心会定期举办一系列免费演出，时间和内容不固定，建议提前在艺术中心的官网（见附录）上查询详细信息。印度古典音乐和舞蹈演出，由印度非营利艺术组织**艺术之庙**（Temple of Fine Arts）举办，通常在不同场馆演出，可以在 Annalakshmi 餐馆 免费索取门票。由**新加坡舞剧院**（Singapore Dance Theater）领衔演出的舞剧《星光下的芭蕾》，在福康宁公园上演。热爱古典音乐的听众，可在新加坡植物园欣赏新加坡交响乐团带来的精彩演奏会，而一些街头音乐家常在新加坡河边进行演奏。每逢周日，**赞美广场绿意喷泉庭院**（Chijmes Lawn and Fountain Court）都会举办爵士和拉丁音乐演奏会。

新加坡交响乐团音乐会在植物园的表演

附　录

信息

《活力》
电话：6733–1111
www.juiceonline.com

《海峡时报》
电话：6319–5397
www.straitstimes.asia1.
com.sg

购票

Annalakshmi 餐馆
地址：133 New Bridge
Road, B1–02 Chinatown
Point.
电话：6339–9993
www. annalakshmi.com.sg

SISTIC
电话：6348–5555
www.sistic.com.sg
Several locations from
Raffles City; Victoria
Concert Hall Box Office.

Gatecrash
www.gatecrash.com.sg

残疾人专用通道

畅通新加坡
地址：150 Pandan
Gardens.
电话：6899–1220
www.dpa.org.sg/access

场馆

赞美礼堂
地址：30 Victoria Street.

城市地图：3 D5
电话：6334–3801
www.chijmes.com.sg

高士台
地址：Fort Canning Road.
城市地图：2 C5
电话：6332–1200
www.nparks.gov.sg

星展银行艺术中心
地址：20 Merbau Road.
城市地图：4 C2
电话：6733–8166
www.srt.com.sg

滨海艺术中心
地址：1 Esplanade
Drive,Marina Bay.
城市地图：5 E2
电话：6828–8222
www.esplanade.com

银禧礼堂
地址：Raffles Hotel.
城市地图：3 E5
电话：6412–1319
www.raffles.com

嘉龙剧院
地址：1 Stadium Walk
城市地图：5 D2
电话：6345–8488
www.nac.gov.sg

楼上雅座
地址：42 Waterloo Street.
城市地图：3 D4
电话：6837–0842

邵氏基金交响乐台
地址：Botanic Gardens,1
Cluny Road.
城市地图：1 D2
电话：6471–7361
www.sbg.org.sg

新加坡室内体育馆
地址：2 Stadium Walk.
电话：6344–2660

电力站
地址：45 Armenian Street.
城市地图：3 D5
电话：6337–7535
www.substation.org

大学文化中心
地址：50 Kent Ridge
Crescent.
电话：6516–2492
www.nus.edu.sg

维多利亚剧院及音乐会堂
地址：9 Empress Place.
城市地图：5 D3
电话：6338–8283
www.nac.gov.sg

节庆

街头游艺嘉年华
www.singapore–buskers.com

新加坡艺术节
城市地图：5 D2
电话：6345–8488
www.nac.gov.sg

新加坡国际电影节
www.filmfest.org.sg

新加坡钢琴节
www.pianofestival.com.sg

星光电影院线
www.starlightcinema.com

免费演出与露天表演

赞美广场绿意喷泉庭院
地址：30 Victoria Street.
城市地图：3 D5
电话：6336–1818
www.chijmes.com.sg

新加坡舞剧院
地址：2nd Story,Fort
Canning Center, Cox
Terrace.
城市地图：5 D1
电话：6338–0611
www.singaporedancetheatre.
com

新加坡交响乐团
地址：Victoria Concert
Hall,
11 Empress Place.
城市地图：5 D3
电话：6338–1230
www.sso.org.sg

艺术之庙
地址：133 New Bridge
Road,
B1–02 Chinatown Point.
电话：6535–0509
www.templeoffinearts.
org/sg

潮洲街的戏台上演着精彩的京剧表演

西方古典音乐与舞蹈

新加坡交响乐团成立于1979年，这支享誉世界的交响乐团定期在滨海艺术中心和维多利亚音乐会堂进行演出。乐团经常邀请客座指挥、作曲家和独唱家前来助阵。**新加坡舞剧院**是新加坡成立最早的舞蹈团体，以演出古典和当代西方芭蕾舞为主。**欧迪西舞蹈剧团和舞蹈多面体舞团**的舞台上则更多地上演现代舞及混合风格的舞蹈。

京剧、马来与印度音乐

中元节期间会有街头的传统京剧（当地人称哇扬）演出。**新加坡戏曲学院**（Chinese Opera Institute）**和敦煌剧坊**（Chinese Theater Circle）会在每周五和周六举行2小时的京剧表演。新加坡华乐团是新加坡唯一的专业中国民乐团，除了传统中国民乐，也会表演印度和马来音乐。

想要更加深入了解传统马来文化，不妨在周末造访**马来村**（Malay Village），这里会进行骑马舞（Kudu Kepang）等传统文艺演出。其他亮点还包括马来管弦乐团的演出，以及基于民间传说故事改编的马来剧《八加萨万》（Bangasawan）。印度古典舞蹈与音乐拥有极其

丰厚的文化底蕴，在新加坡，这类印度文艺表演主要由艺术之庙和**印度文化协会**组织开展。

剧院与音乐剧

新加坡的剧院从来不会冷清，从国际巡回表演，到本地剧团带来的作品，剧目丰富，水准一流。主要表演团体和场馆包括**行动剧院**（Action Theater）、**新加坡专业剧院**（Singapore Repertory Theater）、**创造剧院**（Theater Works）、**玩具工坊**（Toy Factory）及**新加坡实践剧院**（The Necessary Stage）。新加坡戏剧演出充分体现了这个国家的民族多元融合特质，绝大多数剧目都为英文版，演职人员基本上都是亚洲人，操着本地华人方言，并且在马来和泰米尔剧院上演。成立于1945年的**新加坡舞台俱乐部**（The Singapore Stage Club）拥有来自世界各地的优秀演员，专门表演哑剧，特别是在圣诞节期间演出。

电影院

新加坡上映的电影大部分为英文电影配以中文字幕，其他语言的电影则配以中英文两种字幕。在新加坡，好莱坞大片和印度电影尤其受欢迎。热门电影院有**金村影院**（Golden

Village）和**邵氏海滩路剧院**（Shaw Beach Road Cineplex）等。**新加坡电影协会**会放映欧洲语种的艺术影片，放映地点通常设在**法语联盟**（Alliance Français）和**歌德学院**（Goethe Institute）。**英国文化协会**会定期组织放映广受好评的英国佳片。近些年，新加坡本土电影开始焕发活力，一些年轻新加坡导演创作了备受关注的电影作品。特别夜场电影播映活动也会经常在新加坡举行。

夜生活

如果你喜爱夜生活，想寻找有趣的酒吧或夜店，新加坡绝对不会令你失望。新加坡拥有三处最热门的夜生活目的地，分别为克拉码头、驳船码头和登布希山。在克拉码头的Crazy Elephant和驳船码头的Harry's Bar，可以随着音乐尽情舞动身体。新加坡的第一家爱尔兰酒吧Molly Malone's依河岸而建，播放着动人的爱尔兰音乐。位

在疯狂大象酒吧里演奏的本土摇滚乐队

于乌节路的 Sanctuary Bar、牛车水的 Bar Sa Vanh 以及圣淘沙的 Tanjong Beach Club 等，都是新加坡的热门酒吧。

葡萄酒吧通常提供和善愉悦的服务，环境和气氛也十分浪漫。大部分葡萄酒吧都设在翻修改建过的店屋中，生意普遍很好，不过最爆满的还要数 No.5，这里是新加坡第一家乡村风格的葡萄酒吧。Bar-celona 和热闹的 Bisous 也颇受人们青睐。在新加坡，卡拉 OK 是相当受欢迎的娱乐方式，即使再小的酒吧也配有卡拉 OK 设施。舞厅和夜店常常人满为患，播放的音乐和其他地方相比也很另类，通常以迷幻电子舞曲、前卫舞曲、车库舞曲为主。Home 是一个音乐风格偏向"地下"的俱乐部。如果想体验午夜的纵情狂舞，Attica 是个绝佳选择。Zouk 是引领新加坡夜生活潮流的圣地，这里坐落着两家著名的酒吧：Velvet Underground 和 Phuture。Zirca 是一家音乐风格多样的超级俱乐部，由本地或国际著名 DJ 坐镇。登录网站可了解更多信息。

新加坡的酒吧和夜店，大部分都要收取 20 ～ 30 新加坡元的入场费。

附　录

音乐与舞蹈

新加坡戏剧学院
地址：111 Middle Road.
城市地图：3 D4
电话：6339-1292

舞蹈多面体
地址：04-05 182 Cecil Street.
城市地图：5 D4
电话：6226-6772
www.ecnad.org

马来村
地址：39 Geylang Road.
电话：6748-4700

印度文化协会
地址：Stamford Arts Center,
155 Waterloo Street.
城市地图：3 D4
电话：6336-6537
www.nas.org.sg

欧迪西舞蹈剧团
地址：04-04, 182 Cecil Street.
城市地图：5 D4
电话：6221-5516
www.odysseydancetheatre.com

新加坡华乐团
地址：7 Shenton Way,
Singapore Conference Hall.
城市地图：5 D5
电话：6440-3839
www.sco.org.sg

剧院与音乐剧

行动剧院
地址：42 Waterloo Street.
城市地图：3 D4
电话：6837-0842
www.action.org.sg

敦煌剧坊
地址：5 Smith Street.
城市地图：4 C4
电话：6323-4862
www.ctcopera.com.sg

新加坡实践剧院
地址：278 Marine Parade Road. 电话：6440-8115
www.necessary.org

新加坡专业剧院
地址：DBS Arts Center,20 Merbau Road.
城市地图：4 C2
电话：6733-8166
www.srt.com.sg

新加坡舞台俱乐部
地址：24 Whitchurch Road.
电话：6251-1350
www.stageclub.com

创造剧院
地址：72-13 Mohamed Sultan Road.
城市地图：2 B5
电话：6737-7213
www.theatreworks.org.sg

玩具工坊
地址：15 A Smith Street.
城市地图：4 C4
电话：6222-1526
www.toyfactory.org.sg

电影院

法语联盟
地址：1 Sarkies Road.
城市地图：2 A2
电话：6737-8422
www.alliance francais.org.sg

英国文化协会
地址：30 Napier Road.
城市地图：1 D2
电话：6473-1111
www.britishcouncil.org/sg

歌德学院
地址：05-01,163 Penang Road, Winsland House II.
城市地图：2 B4
电话：6735-4555
www.goethe.de/ins/sg

金村影院
地址：Marina Leisureplex,

Raffles Avenue.
城市地图：5 F2
电话：1900 912-1234
www.gv.com.sg
One of several branches.

邵氏海滩路剧院
地址：Shaw Tower, 100 Beach Road.
城市地图：3 F4
电话：6738-0555
www.shaw.com.sg
One of several branches.

新加坡电影协会
地址：03-01 Marina Leisureplex, 5A Raffles Avenue.
城市地图：5 F2
电话：90-170-160
www.sfs.org.sg

夜生活

Attica
地址：01-03 Clarke Quay, 3A River Valley Road.
城市地图：1 E4
电话：6333-9973
www.attica.com.sg

Barcelona
地址：01-30 Robertson Walk,
11 Unity Street.
城市地图：4 C2
电话：6235-3456

Bar Sa Vanh
地址：49 Club Street.
城市地图：4 C4
电话：6323-0145

Bisous
地址：25 Church Street.
城市地图：5 D3
电话：6226-5505
www.bisous.com.sg

Crazy Elephant
地址：Clarke Quay, 3E River Valley Road.
城市地图：1 E4

电话：6337-7859
www.crazyelephant.com

Harry's Bar
地址：28 Boat Quay.
城市地图：5 D3
电话：6538-3029
www.harrys.com.sg

Home
地址：B1-01/06 The Riverwalk, 20 Upper Circular Road.
城市地图：5 D3
电话：9877-6055
www.homeclub.com.sg

Molly Malone's
地址：56 Circular Road.
城市地图：5 D3
电话：6536-2029
www.molly-malone.com

No. 5
地址：5 Emerald Hill.
电话：6732-0818
www.no5.emerald-hill.com

Tanjong Beach Club
地址：120 Tanjong Beach Walk, Sentosa Island.
电话：6270-1355
www.tanjongbeachclub.com

Zirca
地址：Block 3C, Clarke Quay, River Valley Road.
城市地图：4 C2
电话：6305-6768
www.zirca.sg

Zouk, Velvet Underground,Phuture
地址：17 Jiak Kim Street.
电话：6738-2988
www.zoukclub.com

新加坡的户外活动

新加坡不仅是购物和美食天堂,还拥有各式各样的户外活动。由于地处热带,所有受欢迎的水上活动,如潜水、帆船驾驶、滑水、极限水上滑板等水上活动全年都可以进行。位于城东的加冷河、东海岸公园和圣淘沙岛,是开展这些户外活动的最热门场地。新加坡整个岛的外围,以及众多风光秀丽的自然保护区内,都修建有宽敞的自行车道。高尔夫球等在新加坡广受欢迎;网球也是一项非常不错的户外运动,不过由于相当耗费体力,最好能够安排在早上进行。新加坡地处热带,太阳异常火辣,因此适当的防护措施是必不可少的。

东海岸公园的高尔夫球场

高尔夫球

新加坡有许多景色优美、维护良好的高尔夫球场。大多数都向游客开放,但仅限平日只有**实里达乡村俱乐部**(Seletar Country Club)允许非会员在周末进场打球。其他热门俱乐部还包括位于市中心的**滨海湾高尔夫球场**(Marina Bay Golf Course)和**圣淘沙高尔夫俱乐部**(Sentosa Golf Club),还有**莱佛士乡村俱乐部**(Raffles Country Club)——在这里能欣赏到南海美景。

潜水

新加坡是世界上学习潜水课程价格最划算的地方之一。由国际专业潜水教练协会(PADI)开办的初学者课程和高级潜水员培训课程在新加坡都能找到。同时,这里还有许多著名潜水学校供不同级别的潜水者选择,包括Big Bubble Center、Waikiki Dive Center、Scuba Corner、Gill Divers、Friendly Waters Seasports Services、Sentosa Water Sports Center 以及 Marsden Brothers。Marsden Brothers 是新加坡唯一一家为顾客定制潜水船的潜水学校。大部分潜水学校也出租潜水装备和器具,并组织安排花一天时间探索新加坡的水下世界,或是时间更久的潜水旅行(可以居住在船上游历各个潜水胜地)等潜水行程。

滑水与花式滑水

许多个体经营商都开展滑水装备的出租服务,并会为滑水者提供专业指导。Cowabunga Ski Center 的设施和工具在新加坡首屈一指。William Water Sports Center 每天都可以进行滑水运动,每周二和周四,还会举办全天的花式滑水课程。

航海与帆板冲浪

在新加坡,航海与帆板冲浪运动的大多数配套设施都设在东海岸地区。Pasta Fresca Seasports Center、National Sailing Center、Keppel Marina、Raffles Marina、Republic of Singapore Yacht Club、SAFRA Seasports Center 以及 Changi Sailing Club 等都能为游客安排各种水上运动,并提供相应的设备,例如包船出海(可能需要提供许可执照)、出租帆板冲浪装备以及帆船停泊码头等。有些俱乐部或运动中心还会组织大型赛舟会,并且举办培训课程。有兴趣的话可致电或登录其网站了解详情。

探险运动俱乐部

Singapore Adventurers' Club 组织各种探险户外活

潜水是新加坡的热门运动

动，如远足、自行车短途旅行、划独木舟及驾驶帆船等，大部分活动都向所有人开放。位于乌敏岛和东海岸公园的 Outward Bound Singapore 全年都会安排密集的独木舟、攀岩和缘绳速降等探险运动训练。

野外观察

新加坡自然学会（Nature Society）每个月都会在全国不同地点举办两次观鸟活动。在自然保护区里观察各种动物、鸟类和植物，是令人难忘的经历。

自行车

想要欣赏新加坡的郊外美景，骑自行车游览再合适不过了。在圣淘沙，如果不想搭乘单线捷运，租自行车就是理想选择。在 Sunsport Center 租一辆自行车，就可以享受东海岸公园骑行之旅。位于东北海岸的乌敏岛（见 243 页）也是骑行的好地方，可以去北干采石场附近的 Comfort Bicycle Rental 租车。

网球

新加坡的大多数网球中心都接受每天 7:00 ～ 22:00 的

新加坡网球中心正在举办一场比赛

网球场地预订，如加冷壁球及网球中心（Kallang Squash and Tennis Center）、花拉公园网球场（Farrer Park Tennis Court）和新加坡网球中心（Singapore Tennis Center）针对初学者的速成网球课程价格也非常合理。

附 录

高尔夫

滨海湾高尔夫球场
地址：80 Rhu Cross.
电话：6342-5730
www.mbgc.com.sg

莱佛士乡村俱乐部
地址：450 Jalan Ahmad Ibrahim.
电话：6861-6888
www.rcc.org.sg

实里达乡村俱乐部
地址：101 Seletar Club Road,
Seletar Airbase.
电话：6481-4812
www.seletarclub.com.sg

圣淘沙高尔夫俱乐部
地址：27 Bukit Manis Road.
电话：6275-0022
www.sentosagolf.com

潜水

Big Bubble Center
地址：57 Cantonment Road.
城市地图：4 B4
电话：6222-6862
www.bigbubble.com

Friendly Waters Seasports Services
地址：01-36 The Riverwalk,
20 Upper Circular Road.
电话：6557-0016
www.friendlywaters.com.sg

Gill Divers
地址：37B Hong Kong Street.
城市地图：5 D3
电话：6734-9373
www.gilldivers.com

Marsden Brothers
地址：113 Holland Road.
电话：6475-0050
www.marsbros.com

Scuba Corner
地址：Blk 809 French Road.
城市地图：3 F3
电话：6338-6563
www.scubacorner.com.sg

Sentosa Water Sports Center
地址：1 Garden Avenue, Sentosa.

Waikiki Dive Center
地址：298 Beach Road.
城市地图：3 F4
电话：6291-1290
www.waikikidive.com

滑水与花式滑水

Cowabunga Ski Center
地址：10 Stadium Lane.
电话：6344-8813
www.extreme.com.sg

William Water Sports Center
地址：60 Jalan Mempurong.
电话：6257-5859

航海与帆板冲浪

Changi Sailing Club
地址：32 Netheravon Road.

电话：6545-2876
www.csc.org.sg

Keppel Marina
地址：Lot 1016 and 2003,
Bukit Chermin Road.
电话：6270-6665
www.keppelmarina.com

National Sailing Center
地址：1500 East Coast Parkway. 城市地图：5 F4
电话：6444-4555
www.sailing.org.sg

Pasta Fresca Seasports Center
地址：1212 East Coast Parkway. 城市地图：5 F4
电话：6449-5118

Raffles Marina
地址：10 Tuas West Drive.
电话：6861-8000
www.rafflesmarina.com.sg

Republic of Singapore Yacht Club
地址：52 West Coast Ferry Road.
电话：6768-9288
www.rsyc.org.sg

SAFRA Seasports Center
地址：10 Changi Coast Walk.
电话：6546-5880

探险运动俱乐部

Outward Bound Singapore
地址：9 Stadium Link,
Pulau Ubin.

电话：6545-9008
www.obs.pa.gov.sg

Singapore Adventurers' Club
地址：74B Lorong 27,
Geylang.
电话：6749-0557
www.sac.org

野外观察

新加坡自然学会
地址：02-05 The Sunflower, 510 Geylang Road.
电话：6741-2036
www.nss.org.sg

自行车

Comfort Bicycle Rental
地址：18 Palau Ubin.
电话：6545-3232

Sunsport Center
地址：East Coast Parkway.
城市地图：5 F4
电话：6440-9827

网球

花拉公园网球场
地址：Rutland Road.
电话：6299-4166

加冷壁球及网球中心
地址：Stadium Road.
电话：6348-1291

新加坡网球中心
地址：1020 East Coast Parkway.
城市地图：5 F4
电话：6442-5966

新加坡城市地图

下图展示了新加坡城市地图涉及的所有地区。在随后几页的相关地图中，也将本书中提到并介绍过的新加坡的景点、商店和娱乐场所都做了详细标注。还特地介绍了新加坡的酒店（见 286～291 页）和餐馆（见 308～313 页）。另外，主要景点全都在地图上进行了特别标注。在

264～267 页列出了所有地图中的街名和地区索引，方便查询。下图中地图分幅数字与后面地图所标注的分幅号相对应。城市地图索引里每个名称的后面，第一个数字代表了对应地图分幅号，通过其后的字母和数字则可以锁定该名称所处的网格。图例标出了地图的比例，同时列出了各种图标含义。

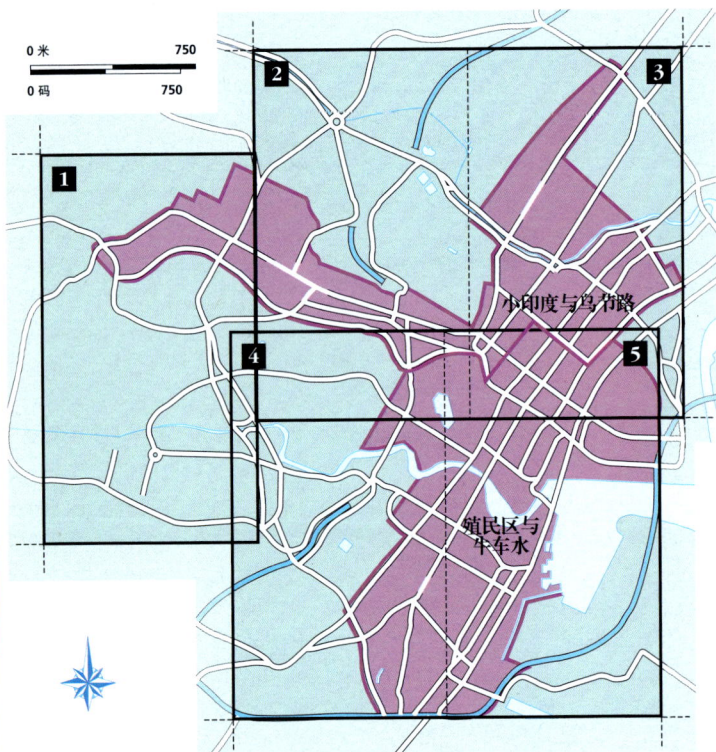

0 米　　　750

0 码　　　750

小印度与乌节路

殖民区与牛车水

图例

主要景点	P 停车场	铁路
名胜古迹	警察局	高速公路
其他建筑	i 游客信息	人行天桥
M 地铁	印度庙宇	
火车站	教堂	地图页比例尺
公共汽车站	佛教寺庙	0 米　　　250
邮局	清真寺	0 码　　　250
医院	犹太教教堂	

D   E   F   1

CLUNY ROAD
NASSIM ROAD
LERMIT ROAD
史蒂芬路 STEVENS ROAD
FERNHILL CLOSE
FERNHILL CRESCENT
ORANGE GROVE ROAD
FERNHILL ROAD
Shangri-La Hotel, Singapore
ANDERSON ROAD
ARDMORE ROAD
DRAYCOTT PARK
1

新加坡植物园
SINGAPORE BOTANIC GARDENS
LADY HILL ROAD
ORANGE GROVE ROAD
ARDMORE PARK DRIVE
DRAYCOTT DRIVE

CLUNY ROAD
OFFICE
RING ROAD
TAMAN SERASI
NASSIM ROAD
NASSIM HILL
Hotel Premier
东陵坊
Tanglin Shopping Center
Orchard Parade Hotel
CLAYMORE ROAD
CLAYMORE DRIVE
Royal Plaza on Scotts
2

Gleneagles Hospital
纳比雅路
Gleneagles Medical Center
ANA Hotel Singapore
Forum Galleria
Hilton Singapore
ORCHARD ROAD
CLAYMORE
SCOTTS ROAD
2

TANGLIN GOLF COURSE
NAPIER ROAD
ST. MARTINS DR.
TANGLIN ROAD
Boulevard Hotel
Far East Shopping Center
Marriott Hotel
US Embassy
Australian High Commission
SHERWOOD ROAD
Four Seasons
Wheelock Place
ION Orchard
Orchard
ORCHARD BOULEVARD

ST. MARTINS DR.
TANGLIN ROAD
TOMLINSON ROAD
CUSCADEN ROAD
British High Commission
Tourism Court
FOUR SEASONS PARK
CUSCADEN WALK
ANGULLIA PARK
PATERSON ROAD
ORCHARD BOULEVARD

TANGLIN ROAD
TANGLIN RISE
ROCHALIE DRIVE
ORCHARD ROAD
JALAN TUPAI
LENGKOK MERAK
ONE TREE HILL
JALAN KELAWAR
ARNAP
PATERSON ROAD
LENGKOK ANGSA
3

CHATSWORTH AVENUE
CHATSWORTH ROAD
Egyptian Embassy
JALAN
JALAN KELAWAR
GRANGE ROAD
IRWELL BANK ROAD
LEONIE HILL
ROAD

High Commission of Brunei Darussalam
Wisma Indonesia
CHATSWORTH PARK
BISHOPSGATE ROAD
Ministry of Education Teachers' Network
HOOTKAI ROAD

MOUNT ECHO PARK
MT. ECHO PARK
JALAN
Times House
LEONIE HILL

JERVOIS ROAD
NATHAN ROAD
CABLE ROAD
Malaysian High Commission
MUTIARA ROAD
KAY POH ROAD
KELLOCK
SHANGHAI ROAD
ZION ROAD
KIM SENG WALK
KIM SENG ROAD
4

JERVOIS LANE
CHARLES SQUARE
Singapore School for the Deaf
JERVOIS ROAD
HOLT ROAD
RIVER VALLEY ROAD
ZION CL.

PRINCE CHARLES CRESCENT
Alexandra Canal
Alexandra Canal
DELTA ROAD
P
2

PRINCE PHILIP AVENUE
亚历山大路
ALEXANDRA ROAD
DELTA ESTATE
GANGES AVENUE
NILE ROAD
INDUS ROAD
HAVELOCK ROAD

Redhill
VIKING ROAD
HENDERSON ROAD
HAVELOCK ROAD
P
P
5

HILL ROAD
REDHILL CLOSE
TIONG BAHRU ROAD
CRESCENT
C
TIONG BAHRU ROAD
LOWER DELTA ROAD
JALAN BUKIT HO SWEE
JALAN BUKIT HO SWEE
P
BOOTONG ROAD

HILL CLOSE
BUKIT MERAH VIEW
Tiong Bahru Plaza
Tiong Bahru
M
TIONG BAHRU ROAD

D   E   F

ORCHARD ROAD

2

Grid references (top): A | B | C
Grid references (left): 1 | 2 | 3 | 4 | 5

CHANCERY LANE
NOVENA TER
Novena M
Tan Tock Seng Hospital
JLN TAN
MOUNT ROSIE RD
BUKIT TUNGGAL ROAD
MOULMEIN RISE
MOULMEIN ROAD
SHREWSB
GOLDHILL AVE
ASHMONT LANE
BARKER ROAD
BAKER ROAD
CHANCERY LANE
GENTLE ROAD
GENTLE ROAD
NEWTON ROAD
Goldhill Plaza
Goldhill Center
THOMSON ROAD
JLN. JATI
ESSEX ROAD
GOLDHILL RISE
GILSTEAD ROAD
BUCKLEY ROAD
KHIANG GUAN AV
United Square
JLN. KORMA
JLN. DERBYSHIRE ROAD
BARKER ROAD
CHANCERY LANE
Hotel Royal
SURREY ROAD
EVELYN ROAD
LINCOLN ROAD
WEE NAM ROAD
SUFFOLK ROAD
CENTRAL EXPRESSWAY
NORFOLK ROAD
CARLISLE ROAD
CAMBRIDGE

1

D U N E A R N
武吉知马路
BUKIT TIMAH ROAD
Rochor Canal
BALMORAL ROAD
CRESCENT
BALMORAL
SARKIES ROAD
GOODWOOD HILL
GOODWOOD HILL
NEWTON ROAD
KENG LEE ROAD
甘榜爪哇路 KAMPONG JAVA ROAD
KENG LEE ROAD
KAMPONG JAVA ROAD
CHERTON

2

Sheraton Towers Singapore
Hotel Asia
SCOTTS ROAD
Newton M
Environment Building
ANTHONY ROAD
Newton Circus Hawker Center
MONK'S HILL TERRACE
CLEMENCEAU AVENUE
MONK'S HILL ROAD
WINSTEDT ROAD
TIMAH ROAD
HOOPER ROAD
HALIFAX ROAD
P
KAMPONG JAVA PARK
K.K. Women's & Children's Hospital

良木园大酒店
Goodwood Park Hotel
DRAYCOTT DRIVE
CAIRNHILL ROAD
PECK HAY ROAD
Elizabeth Hotel
CAIRNHILL CIRCLE
CAIRNHILL RISE
CAVENAGH ROAD
Boon Siew Building
EDINBURGH ROAD
Kandang Ke
Hos
Far East Plaza
Grand Hyatt Regency Singapore
Scotts Shopping Center
秋家苑 Tangs
Lucky Plaza
JLN. JINTAN
JLN. LADA PUTEH
JLN. KAYU MANIS
Mt. Elizabeth Hospital
JLN. ELIZABETH LINK
MOUNT ELIZABETH ROAD
CAIRNHILL CIRCLE
Istana (President's Residence)
Boon Siew Building
MOUNT EMILY PARK
UPPER WILKIE ROAD
St. Margaret's School
WILKIE ROAD
SOPHIA ROAD

3

Wisma Atria
ORCHARD ROAD
ORCHARD TURN
乌节大道 ORCHARD BOULEVARD
NUTMEG
Tbe Paragon
Tong Building
Tbe Promenade
Crown Prince Hotel
BIDEFORD ROAD
CAIRNHILL ROAD
SAUNDERS ROAD
HULLET ROAD
HILL ROAD
Sri Temasek
CAVENAGH ROAD
Plaza Singapura
MOUNT SOPHIA
Catby Buildin
EDINBURGH ROAD
义安城 Ngee Ann City
ORCHARD LINK
Meritus Mandarin
Heeren Building
Orchard Shopping Centre
土生华人坊 Peranakan Place
先得坊 Tbe Centrepoint
EMERALD HILL ROAD
CUPPAGE ROAD
Cuppage Plaza
KRAMAT LANE
Orchard Point
Orchard Plaza
Concorde Hotel
OLDHAM LANE
HANDY ROAD
MacDonald House
多美歌 Dhoby Ghaut M
Park Mall
ISTANA PARK
CLEMENCEAU AVENUE
PENANG ROAD
CANNING

4

313@ Somerset
Hotel Phoenix
Orchard Central
Somerset M
乌节路 ORCHARD ROAD
Indian High Commission
Comcenter
House of Tan Yeok Nee
EXETER ROAD
DEVONSHIRE ROAD
DUBLIN ROAD
OXLEY ROAD
PENANG ROAD
PENANG LANE
CLEMENCEAU AVENUE
Singapore Council of Social Services
FORT CANNING ROAD
P
福康宁公园 FORT CANNING PARK
COX TERRACE

1

GRANGE ROAD
LEONIE HILL
LEONIE HILL ROAD
RIVER VALLEY GROVE
SAINT THOMAS WALK
KILLINEY ROAD
LLOYD ROAD
GARDENS ROAD
OXLEY RISE
OXLEY GARDEN
JLN. RUMBIA
Haw Par Glass Tower
Park Mall
河
RIVER VALLEY ROAD
JLN. KULA
A.A. Center
RIVER VALLEY ROAD
KIM YAM ROAD
MOHAMED SULTAN ROAD
TONG WATT ROAD
TANK ROAD
Chettiar Temple
福康宁公园
Singa Philatelic Mus

5

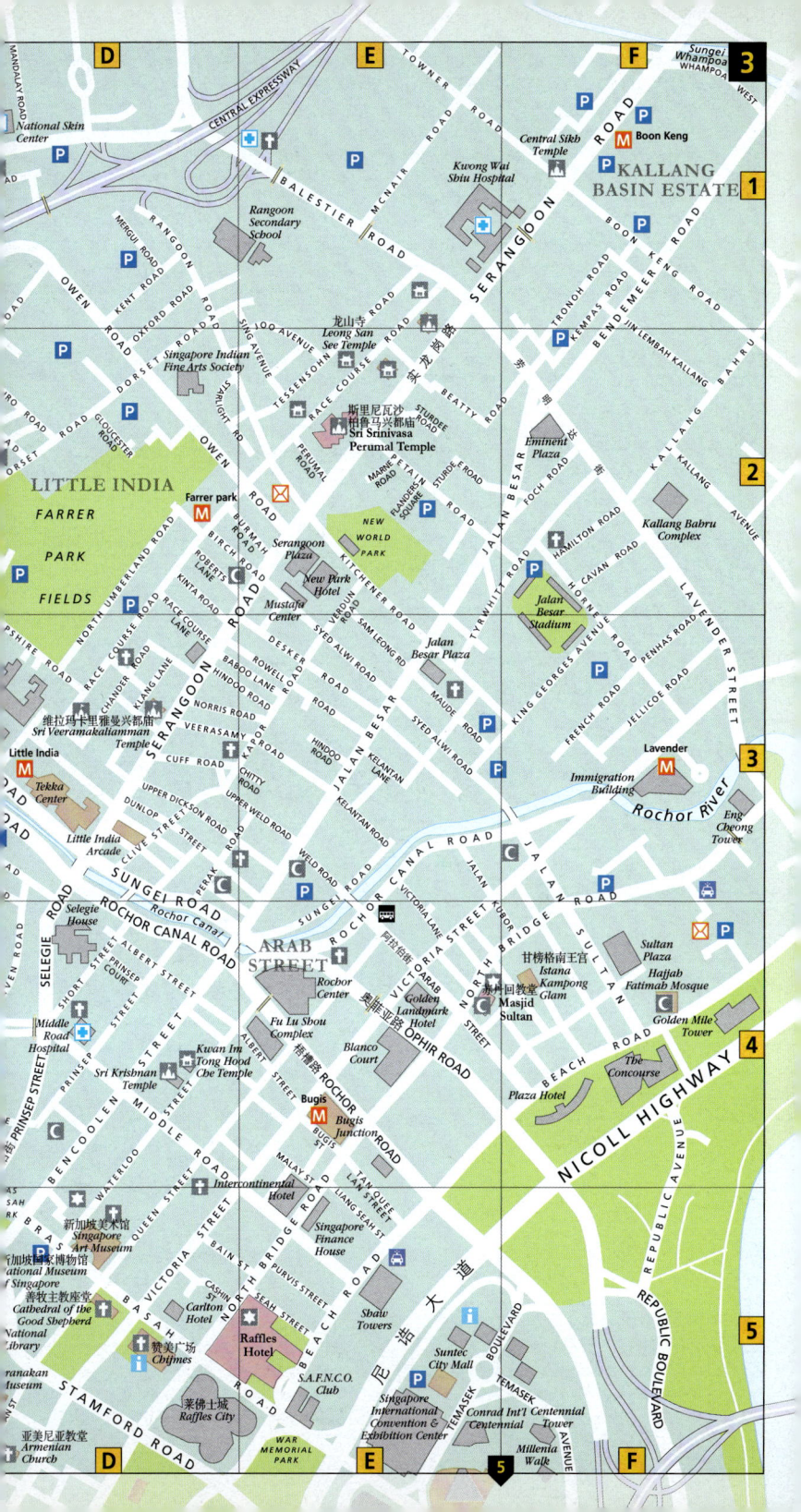

Sungei Whampoa WHAMPOA WEST

CENTRAL EXPRESSWAY

MANDALAY ROAD

National Skin Center

P

Central Sikh Temple

M Boon Keng

P KALLANG BASIN ESTATE 1

Kwong Wai Shiu Hospital

BALESTIER ROAD

TOWNER ROAD

McNAIR ROAD

RANGOON ROAD

Rangoon Secondary School

SERANGOON ROAD

BOON KENG ROAD

BENDEMEER ROAD

JIN LEMBAH KALLANG

TRONOH ROAD

KEMPAS ROAD

MERGUI ROAD

KENT ROAD

OWEN ROAD

OXFORD ROAD

SING AVENUE

JOO AVENUE

P

龙山寺 Leong San See Temple

Singapore Indian Fine Arts Society

DORSET ROAD

GLOUCESTER ROAD

WRIGHT RD

RACE COURSE ROAD

TESSENSOHN ROAD

BEATTY ROAD

斯里尼瓦沙柏鲁马都庙 Sri Srinivasa Perumal Temple

STURDEE ROAD

MARIE TAL ROAD

PERUMAL ROAD

FLANDERS SQUARE

Eminent Plaza

JALAN BESAR

KALLANG

KALLANG AVENUE

LITTLE INDIA

FARRER PARK FIELDS

OWEN ROAD

P

BIRCH ROAD

Farrer park M

Serangoon Plaza

NEW WORLD PARK

Kallang Babru Complex

FOCH ROAD

HAMILTON ROAD

CAVAN ROAD

New Park Hotel

KITCHENER ROAD

Mustafa Center

ROBERTS LANE

KINTA ROAD

RACE COURSE LANE

DESKER ROAD

VERDUN ROAD

SAM LEONG RD

SYED ALWI ROAD

Jalan Besar Plaza

TYRWHITT ROAD

Jalan Besar Stadium

P

HORNE ROAD

KING GEORGES AVENUE

FRENCH ROAD

JELLICOE ROAD

PENHAS ROAD

LAVENDER STREET

NORTH UMBERLAND ROAD

RACE COURSE ROAD

HAMPSHIRE ROAD

DORSET ROAD

维拉玛卡里雅曼兴都庙 Sri Veeramakaliamman Temple

KLANG LANE

BABOO LANE

HINDOO ROAD

ROWELL ROAD

NORRIS ROAD

VEERASAMY ROAD

CUFF ROAD

MAUDE ROAD

KELANTAN LANE

KELANTAN ROAD

Little India M Tekka Center

DUNLOP STREET

CHITTY ROAD

UPPER DICKSON ROAD

UPPER WELD ROAD

HINDOO ROAD

SYED ALWI ROAD

Immigration Building

Lavender M 3

Rochor River

Eng Cheong Tower

Little India Arcade

CLIVE STREET

PERAK ROAD

WELD ROAD

ROCHOR CANAL ROAD

JALAN BESAR

VICTORIA LANE

JALAN KUBOR

JALAN BESAR

P

SUNGEI ROAD

Rochor Canal

Selegie House

SELEGIE ROAD

ROCHOR CANAL ROAD

SHORT STREET

PRINSEP STREET

ALBERT STREET

Rochor Canal

SUNGEI ROAD

ROCHOR ROAD

ARAB STREET

Rochor Center

阿拉伯街 VICTORIA STREET

甘榜格南王宫 Istana Kampong Glam

苏丹回教堂 Masjid Sultan

Sultan Plaza

Hajjah Fatimah Mosque

NORTH BRIDGE ROAD

SULTAN GATE

Golden Mile Tower

Middle Road Hospital

Sri Krishnan Temple

Kwan Im Tong Hood Che Temple

Fu Lu Shou Complex

Golden Landmark Hotel

Blanco Court

Bugis M

Bugis Junction

BEACH ROAD

The Concourse

Plaza Hotel

NICOLL HIGHWAY 4

PRINSEP STREET

BENCOOLEN STREET

MIDDLE ROAD

BAIN STREET

MALAY STREET

TAN QUEE LIANG ST

OPHIR ROAD

ROCHOR ROAD

Intercontinental Hotel

Singapore Finance House

REPUBLIC AVENUE

REPUBLIC BOULEVARD

BRAS BASAH

新加坡美术馆 Singapore Art Museum

国家博物馆 National Museum of Singapore

QUEEN STREET

VICTORIA STREET

WATERLOO STREET

善牧主教座堂 Cathedral of the Good Shepherd

National Library

Peranakan Museum

PURVIS STREET

Shaw Towers

i

Suntec City Mall

TEMASEK BOULEVARD

巴耶利峇大道

STAMFORD ROAD

CASHIN ST

Carlton Hotel

Chijmes

i

Raffles Hotel

S.A.F.N.C.O. Club

SEAH STREET

BEACH ROAD

NORTH BRIDGE ROAD

亚美尼亚教堂 Armenian Church

Raffles City

WAR MEMORIAL PARK

Singapore International Convention & Exhibition Center

Conrad Int'l Centennial Tower

Centennial

Millenia Walk

TEMASEK AVENUE

D C E Bugis 3 F 5

Plaza Hotel

MOUNT SOPHIA
Cathy Building
McDonald

KIRK TERRACE
PRINSEP STREET
BENCOOLEN STREET
WATERLOO STREET
MIDDLE ROAD
QUEEN STREET
VICTORIA STREET
MALAY ST
LIANG SEAH ST
TAN QUEE LAN ST
BUGIS ST
BEACH ROAD
OPHIR ROAD
ROCHOR ROAD
NICOLL HIGHWAY 尼诺大道

M Bugis Junction

BRAS BASAH PARK
新加坡国家博物馆
National Museum of Singapore
Singapore Art Museum
Intercontinental Hotel

Singapore Finance House

1

CANNING ROAD
CANNING RISE
ROYAL ROAD
BRAS BASAH ROAD
NORTH BRIDGE ROAD
BAIN ST
SEAH STREET
PURVIS STREET
CASHIN ST
Shaw Towers

M Bras Basah
善牧主教座堂
Cathedral of the Good Shepherd
National Library
Carlton Hotel
莱佛士酒店 Raffles Hotel
赞美广场 Chijmes
S.A.F.N.C.O. Club

i Suntec City
Conrad Int'l Centennial
M Promenade
Centennial Tower

Peranakan Museum
亚美尼亚教堂
Armenian Church
Singapore Philatelic Museum

STAMFORD ROAD
ARMENIAN STREET
COLEMAN STREET
莱佛士城 Raffles City
i
Esplanade M
WAR MEMORIAL PARK
One Raffles Link
Singapore International Convention & Exhibition Center
Pan Pacific
Millenia Walk

TEMASEK BOULEVARD
ESPLANADE DRIVE
RAFFLES LINK
TEMASEK AVENUE
RAFFLES BOULEVARD
莱佛士大道

QUARTER

Hill Street Building

HIGH STREET
NORTH BRIDGE ROAD
SAINT ANDREW'S ROAD
COLOMBO COURT
City Hall 圣安德列教堂
St. Andrew's Cathedral
City Hall M
Supreme Court
PADANG
Victoria Theater & Concert Hall
Marina Mandarin
Marina Square
Mandarin Oriental
Ritz-Carlton Millenia Hotel
Singapore Flyer 125 m

2

UPPER CIRCULAR RD
CARPENTER STREET
HONGKONG STREET
NORTH CANAL ROAD
CIRCULAR ROAD
BOAT QUAY
HILL STREET
PARLIAMENT LANE
QUEEN ELIZABETH WALK
COLEMAN STREET
CONNAUGHT DRIVE
ESPLANADE DRIVE
滨海大道

旧国会大厦
Old Parliament House
莱佛士登岸遗址
Raffles Landing Site
滨海公园
ESPLANADE PARK
Lim Bo Seng Memorial
亚洲文明博物馆
Asian Civilizations Museum
The Fullerton Singapore

Esplanade Theaters on the Bay
莱佛士大街 RAFFLES AVENUE
Singapore River 新加坡河

3

GEORGE STREET
NORTH CANAL ROAD
SOUTH CANAL RD
CHULIA ST
HOKIEN ST
CHINA STREET
MARKET STREET
PHILLIP STREET
CHURCH STREET
PEKIN STREET
BATTERY ROAD
MALACCA STREET

UOB Plaza
Wak Hai Cheng Bio Temple
莱佛士坊 Raffles Place M
Ocean Building
One Fullerton

Marina Bay Sands
Gardens By The Bay

Marina Bay
滨海湾

BENJAMIN SHEARES BRIDGE
EAST COAST PARKWAY

Nagore Durgha
天福宫
C
Thian Hock Keng Temple
Hong Leong Building
RAFFLES QUAY
RAFFLES QUAY PARK
Bayfront M

MARKET STREET
CECIL STREET
TELOK AYER STREET
BOON TAT STREET
STANLEY STREET
CROSS STREET
CHINA STREET
老巴刹 Lau Pa Sat

MARINA BLVD

4

CECIL STREET
ROBINSON ROAD
SHENTON WAY
莱佛士通道
EAST LAGOON LINK
MAXWELL ROAD
MARINA STATION ROAD
CENTRAL BLVD 中央大道
MARINA PLACE
MARINA BOULEVARD
EAST COAST PARKWAY

Robina House
Shenton House
MARINA SOUTH

5

ALLEY
MAXWELL LINK
PRINCE EDWARD ROAD
VALMER ROAD
SHENTON WAY 盛大道
MARINA STATION ROAD
MARINA AVENUE
TERMINAL AVENUE

Hock Teck See Temple
mosque
Marina Bay M
Finger Pier
Finger Pier Building

D E F

街道索引

游客指南

住宿信息

无论在马来西亚还是新加坡，从豪华酒店到温馨的家庭式旅馆，应有尽有。尽管在东马来西亚和新加坡等地，住宿的价格会比西马来西亚稍贵一些，但整体消费相对合理。不少高端酒店品牌都在此设有极具代表性的酒店，而在风景如画的地区，众多度假村也非常受欢迎。在中档消费选择方面，精品酒店和本地连锁酒店都颇有特色。而

莱佛士酒店
的门童

对于一些预算有限的游客来说，各类青年旅舍会提供价钱合理的床位，在一些地区还有家庭旅馆可供选择——比如在达雅克文化生活区中的长屋度过浪漫的一晚，必定让你终生难忘；马来西亚国家公园内还提供露营地和小木屋，让游客可以在热带雨林的中心位置享受特别的住宿体验。更多酒店和住宿信息，详见 272 ~ 291 页。

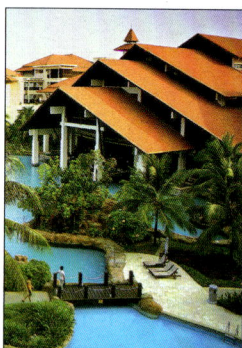

沙巴设施完备的 Sutera Harbour 度假村（见 284 页）

酒店评级

马来西亚和新加坡的酒店均执行星级评级系统，按照设施、服务及豪华水平进行评定。不过，一些青年旅舍或家庭旅馆并不执行此分级。对于游客来说，最明智的方法是提前查询酒店官网了解详情。

国际连锁酒店与度假村

这两个国家都有不少国际知名连锁酒店，提供豪华舒适的住宿环境和高水准服务。一些酒店的设计还完美结合了当地特色，更好地融入当地环境之中。坐落在优美的自然环境中的度假村，为居住者提供丰富的放松休闲服务，如 SPA、水上运动、健身中心、高尔夫课程等，还有商店、餐厅和酒吧等设施，客人无须踏出度假

村，即可享受美妙的度假体验。

中档酒店

事实上，相当数量中等酒店的设施都可以和顶级酒店媲美。因为国际连锁酒店的侵入，不少酒店为了保持竞争力，被迫降价，并提供更具性价比的服务。在这个价位级别中存在着不少精品酒店，致力于营造舒适且富于异国风情的环境和氛围。让人感觉更亲切，并能为客人提供个性化服务。另外，在马六甲、槟城以及新加坡，由"店屋"改造而成的酒店价格适中，对于游客来说，也是体验当地传统文化的绝佳选择。

经济型酒店与家庭寄宿

在马来西亚，几乎所有城镇的旅游地区都设有各类经济型酒店和家庭旅馆。不仅经济

实惠，游客们还可在此获得丰富翔实的旅行信息。家庭旅馆中基本生活必需品齐全，有些还提供免费早餐及上网服务。而家庭寄宿近年来已成为一种流行趋势，为游客们提供了近距离了解马来西亚家庭生活的难得机会。当地的游客信息咨询处会提供家庭寄宿旅馆的介绍。

长屋

在东马来西亚，尤其是在沙捞越旅行时，如果有机会入住马来西亚的传统建筑长屋，和当地原住民一起生活，绝对是难得的体验。这里的原住民群体包括比达友族和伊班族。大部分来长屋居住的游客都需要通过旅行社安排行程，可以联系 **Bormeo Adventures**（见329 页）和**沙巴旅游局**（见 335页）等机构进行预订。长屋中会提供非常基础的生活设施，

吉隆坡 Crowne Plaza 酒店的自助餐厅（见 274 页）

◁ 丁加奴州白沙碧水的小伦泊岛

沙捞越 Royal Mulu 度假村内的套房（见 282 页）

包括床垫、蚊帐等。另外，为了让居住者更加舒适，现在的长屋中都配备了西式马桶。此外，不少国际大型高端酒店也会将酒店建筑设计成长屋风格，并融入一系列现代奢华和舒适元素，深受游客喜爱。

国家公园与露营

马来西亚众多的国家公园和自然保护区内，都为游客提供了舒适的住所，如木屋及帐篷风格的小屋，通常都坐落于公园中心地带。国家公园中还配有专门的露营区，游客可以在此安营扎寨，自带或租赁帐篷均可。马来西亚和新加坡都有一些露营区允许游客将帐篷驻扎在海边，不过这些帐篷内的生活设施都很基础。想了解更多相关信息，建议直接联系下列机构：**野生动物和国家公园局**（Department of Wildlife and National Parks），**沙捞越雨林管理局**（Sarawak Forestry Corporation）和**沙巴国家公园**（Sabah National Parks）。

价格与预订

在马来西亚和新加坡，酒店价格全年都比较稳定。但在开斋节、春节、圣诞节等特殊节假日时，酒店入住率会达到高峰，建议提前预订。在旅游淡季，尤其是每年的 11 月～次年 2 月，季风雨季期间，酒店的价格会低很多，在半岛东部沿海地区，折扣幅度很大，选择丰富。但对于一些高端酒店，提前预订非常重要，可因此获得更多优惠。

隐性花费

大多数经济型酒店及中档酒店，在网站上的报价都包含税费。马来西亚的顶级星级酒店都会用"++"来表示报价后的价格总数。这个符号表示，报价之后，游客还需要额外承担 10% 的服务费以及 6% 的政府税。而在新加坡，这个符号是"+++"，表示需要额外支付 10% 的服务费、17% 的产品和服务税及 1% 的政府税。在一些豪华酒店及餐馆，购买食品和饮料也需要额外支付税费及服务费。

儿童设施与服务

在马来西亚和新加坡，所有酒店员工都乐意为孩子提供服务，一些酒店还会为带孩子旅行的游客提供特殊服务。即使在一些普通酒店，12 岁以下儿童也可以免费和父母同住。不是所有酒店都配有游乐场或一些为孩子准备的游乐设施，但大多数酒店都为孩子提供了如加床、安排特殊的儿童食物等服务；很多地方还免费提供婴儿床和婴儿高座椅等设施。一些度假村和酒店还会提供儿童照管等服务。

残疾人设施

在马来西亚和新加坡的很多酒店中都配备了供残障人士使用的特殊设施（见 334 页），包括坡型滑道、轮椅以及畅通无阻的电梯。在不少五星级酒店，房间中还配备了更宽阔的门、更低的门把手，以及专有的轮椅通道。经济型酒店和旅馆中的这些设施较少，有特殊需求的游客在选择酒店时要特别注意。

山打根 Sepilok Nature 度假村内的木屋度假屋（见 285 页）

酒店信息

以下酒店，入选原因均是环境、设施以及地理位置的优越性。价格均列在酒店名称之后。当然入住时享有一些折扣也是有可能的。新加坡地区的价格列表在287页、289页和291页均有列出。吉隆坡的城市地图在78～85页，新加坡城市地图则在258～267页。

价格列表

此价格显示为旺季的标准双人间的价位，并包含早餐以及服务费（10%）和政府税（6%）。

低于 100 林吉特
100～200 林吉特
200～300 林吉特
300～400 林吉特
超过 400 林吉特

吉隆坡

安邦：The Nomad SuCasa

地址：222 Jalan Ampang, Kuala Lumpur, 50450　电话：(03) 4251-3833　传真：(03)4252-1096　房间数：180

可以远离城市的喧嚣，这个酒店非常适合游客们长时间居住。酒店提供了安静、舒适且非常幽雅的居住环境。值得一提的是，如果长期居住还可以享受打折优惠。酒店的房间设施齐全，装修合理，非常值得推荐。www.thenomad-sucasa.com

武吉免登：Alpha Genesis Hotel

地址：45 Tengkat Tong Shin, Kuala Lumpur, 50200　电话：(03) 2141-2000　传真：(03) 2141-1000　房间数：133　城市地图：5 B2

此酒店位于吉隆坡的金三角地区，完美的地理位置优势，使其赢得了良好的口碑。酒店的工作人员热情好客，提供了极其优质的服务，性价比非常高。尽管房间的装潢和设计十分传统，略显过时，但房间整洁干净。户外的游泳池也非常受欢迎。www.alphagenesishotel.com

武吉免登：Bintang Warisan Hotel

地址：68 Jalan Bintang, Kuala Lumpur, 55100　电话：(03) 2148-8111　传真：(03) 2148-2333　房间数：97　城市地图：5 C3

这是一家性价比极高的酒店，位于武吉免登购物及娱乐的中心区域。房间干净舒适，并配用双层玻璃，将街边的喧嚣隔绝开来。酒店的员工礼貌热情，非常友好的同时，也善于帮助客人解决各种问题。酒店还有一家面朝街边的咖啡店，环境宜人，适合游客们休息放松。www.bintangwarisan.com

武吉免登：Hotel Capitol

地址：Jalan Bulan, Kuala Lumpur, 55100　电话：(03) 2143-7000　传真：(03) 2143-0000　房间数：235　城市地图：5 C3

在吉隆坡最繁忙的商业区，这家酒店非常显眼。现代的装潢以及通风良好的房间使之拥有极其高端的国际水准，价格也非常合理。鉴于其出色的服务，此家酒店的性价比十分突出。www.fhihotels.com

武吉免登：Hotel Nova Kuala Lumpur

地址：16-22 Jalan Alor, Kuala Lumpur, 50200　电话：(03) 2143-1818　传真：(03) 2142-9985　房间数：154　城市地图：5 C2

这家酒店的房间设施基础简单，但是价钱也十分合理。对于喜欢享受当地生活与地方美食的游客来说，这家酒店更是非常好的选择。酒店的自助餐厅提供美味的早餐及夜宵。在每天 17:30～21:30，酒店还提供当地最便宜的啤酒。免费 WiFi。www.novahtl.com

武吉免登：The Federal Kuala Lumpur

地址：35 Jalan Bukit Bintang, Kuala Lumpur, 55100　电话：(03) 2148-9166　传真：(03) 2148-2877　房间数：450　城市地图：5 C3

酒店的位置极其优越，并且它是吉隆坡最古老的酒店之一。对酒店建筑和历史感兴趣的游客，一定会喜欢这里。酒店的文华宫中餐厅装修古朴典雅，还提供美味的粤式点心。酒店的游泳池区域则被热带植物紧紧包围。www.federalkualalumpur.com

武吉免登：The Royale Bintang Kuala Lumpur

地址：17-21 Jalan Bukit Bintang, Kuala Lumpur, 55100　电话：(03)2143-9898　传真：(03) 2142-1807　房间数：162　城市地图：5 C3

虽然身处吉隆坡最繁华的闹市区，但是此家酒店却算得上闹中取静。房间的装潢非常大方，设施十分齐全，比如双层的隔音玻璃窗和上网设施。酒店的自助早餐很丰富。酒店内还有客人专属的俱乐部，提供优质的私享服务。www.royale-bintang-hotel.com.my

武吉免登：Swiss-Garden Hotel Kuala Lumpur

地址：117 Jalan Pudu, Kuala Lumpur, 55100　电话：(03) 2141-3333　传真：(03) 2141-5555　房间数：310　城市地图：5 B3

这家酒店坐落于唐人街、时代广场以及武吉免登之间，地理位置极其优越。房间干净整洁，设施齐全。宽带上网需要额外付费。Samsara SPA 则为客人们提供了安静的休息空间。而酒店中的 Blue Chip Lounge 也令这里的夜浪漫多姿，无限精彩。www.swissgarden.com

武吉免登：Prince Hotel & Residence

地址：4 Jalan Conlay, Kuala Lumpur, 50450　电话：(03) 2170-8888　传真：(03) 2170-8999　房间数：608　城市地图：6 D1

酒店坐落于吉隆坡市中心，靠近众多商场、餐馆以及酒吧。这家豪华的酒店拥有448个房间和160个公寓，每个房间都装潢一新，十分有品位。酒店的餐厅值得一试，环境幽雅，菜品方面也非常出众。酒店公寓的服务非常好，适合家庭旅行者，性价比较高。www.princehotelkl.com

图标含义见封底勒口

武吉免登：Sarang Galloway

地址：6 Jalan Galloway, Bukit Bintang, Kuala Lumpur, 50150   电话：(012) 333-5666   房间数：4   城市地图：5 B3

这家酒店由一对夫妇经营，从殖民时期便开始了营业。对于希望远离喧嚣或是入住无名酒店的游客来说，这家友好的私人酒店是一个很好的选择。虽然地处闹市，环境却非常安静，因为它远离大路。价格包含两间房间以及早餐和洗衣服务。这对夫妇还经营着其他 4 家 B&B 旅馆。www.sarangvacationhomes.com

武吉免登：JW Marriott Hotel Kuala Lumpur

地址：183 Jalan Bukit Bintang, Kuala Lumpur, 55100   电话：(03) 2715-9000   传真：(03) 2715-7000   房间数：561 城市地图：5 C3

这家酒店的位置极其优越，坐落于难以置信的繁华大街之中。经典风格的客房提供舒适的住宿环境和方便的服务。酒店中的 Third Floor 餐厅（见第 298 页）是一个美食天堂，提供包括亚洲风味在内的一系列国际美食。住客可享受往返于酒店与一些景点之间的免费穿梭巴士服务。www.marriott.com

武吉免登：The Ritz-Carlton

地址：168 Jalan Imbi, Kuala Lumpur, 55100   电话：(03) 2142-8000   传真：(03) 2143-8080   房间数：248   城市地图：5 C3

这也许可以算是吉隆坡市区首屈一指的商务酒店，强调谨慎的个性化服务，包括 24 小时的管家服务。房间的枕套上会绣出客人名字的首字母，供客人留做纪念。酒店安全设施良好，并提供 SPA 服务。酒店的中餐厅水准更是堪称一绝。www.ritzcarlton.com

武吉免登：The Westin Kuala Lumpur

地址：199 Jalan Bukit Bintang, Kuala Lumpur, 55100   电话：(03) 2731-8333   传真：(03) 2773-8406   房间数：443 城市地图：5 C3

这家著名的时尚酒店位于吉隆坡的繁华地段，交通方便。酒店的装饰非常时尚新颖，纯白柔软的优质大床，让客人有个好梦。而别致的餐厅，包括 Eest（见 298 页）和几间酒吧，提供世界风格的各种美食。礼宾服务更是堪称一流。www.westin.com/kualalumpur

中国城：Hotel Malaya Kuala Lumpur

地址：Jalan Hang Lekir, Kuala Lumpur, 50000   电话：(03) 2072-7722   传真：(03) 2070-0980   房间数：238   城市地图：4 F3

酒店位于吉隆坡中国城内，性价比非常高，因此受到了国际游客的欢迎。酒店在餐饮和购物方面提供的服务可以说是物有所值。重新装修后的客房设备齐全，干净整洁。酒店周边方便的城市公共交通，更增加了它的吸引力。

中国城：Swiss-Inn Kuala Lumpur

地址：62 Jalan Sultan, Kuala Lumpur, 50000   电话：(03) 2072-3333   传真：(03) 2031-7799   房间数：110   城市地图：4 F3

该酒店提供非常舒适的住宿环境，并且可以享受中国城中所有的便利。酒店虽小，却设计精良，可谓物有所值。不过，并非所有的房间都有窗户，而且会让人感到有点狭小。酒店中的露台咖啡馆可以让客人尽览中国城的美丽街景。www.swissgarden.com

中国城：Ancasa Hotel

地址：Jalan Cheng Lock, Kuala Lumpur, 50768   电话 & 传真：(03) 2026-8322   房间数：300   城市地图：4 F3

这座酒店曾是吉隆坡酒店行业的骄傲，从酒店步行即可到达巴士总站，是旅行者的理想住所。酒店的周边还有各种特色商店和餐馆，绝对让人们流连忘返。酒店内的 BabeReeba! 酒吧也是一处特别适合放松的地方，推荐住在酒店的人前去一试。www.ancasa-hotel.com

邱奇市场：Cititel Express

地址：449 Jalan Tuanku Abdul Rahman, Kuala Lumpur, 50100   电话：(03) 2691-9833   传真：(03) 2691-3103   房间数：168   城市地图：1 B3

对那些着迷于当地生活的游客来说，坐落于邱奇市场的酒店可谓非常理想的选择。酒店的房间舒适干净，设施齐全，价格合理，虽然中间没有窗户。阳台上的咖啡店提供各种美食。附近的交通非常方便，可以乘坐公交系统到达城市的其他地区。www.cititelexpress.com

邱奇市场：Hotel Grand Continental

地址：Jalan Raja Laut, Kuala Lumpur, 50350   电话：(03) 2693-9333   传真：(03) 2693-9732   房间数：309   城市地图：1 A3

虽然离市中心有些距离，这家酒店位于太子世界贸易中心以及单轨铁路和轻轨站的旁边，十分便利，可以轻松享受到达城市其他地点的便捷交通。酒店有一个游泳池和小型健身房供宾客使用。www.ghihotels.com.my

邱奇市场：Quality Hotel City Center

地址：Jalan Raja Laut, Kuala Lumpur, 50750   电话：(03) 2693-9233   传真：(03) 2693-9634   房间数：250   城市地图：1 A5

酒店靠近中央市场和小印度的中心，曾经是吉隆坡最好的酒店。房间干净、舒适，充满温暖色调，高级的俱乐部地板也被翻新过。穿梭巴士可以让客人很快到达吉隆坡的著名景点国油双峰塔。www.quality.com.my

邱奇市场：Best Western Premier Seri Pacific Kuala Lumpur

地址：Jalan Putra, Kuala Lumpur, 50746   电话：(03) 4042-5555   传真：(03) 4041-7236   房间数：560   城市地图：1 A2

邻近吉隆坡太子世界贸易中心，这座豪华的大酒店曾是不少高端游客的首选。酒店的餐厅拥有时髦的家具装饰。其他设施，比如游泳池和健身房也一应俱全。酒店附近还有各种交通枢纽和大型商场及商务中心。www.seripacific.com

邱奇市场：Sheraton Imperial Kuala Lumpur

地址：Jalan Sultan Ismail, Kuala Lumpur, 50250   电话：(03) 2717-9900   传真：(03) 2717-9999   房间数：398 城市地图：1 B4

这家酒店是喜来登品牌豪华精选中的一员。房间装修精美豪华，并配备了很现代化的设施。酒店的 SPA 更是一处放松和补充体力的天堂。酒店中的 Celestial Court 餐厅（见 299 页）提供精美的中餐。www.starwoodhotels.com

金三角：Concorde Hotel Kuala Lumpur

地址：2 Jalan Sultan Ismail, Kuala Lumpur, 50250　电话：(03) 2144-2200　传真：(03) 2144-1628　房间数：581　城市地图：2 D5

这是一座现代化的摩登酒店，坐落在金三角地区，从酒店出发，可以步行到达城市的各大主要景点。酒店拥有一个24小时营业的咖啡厅，很受派对爱好者的欢迎。而且著名的硬摇滚咖啡馆就在隔壁。www.concordehotelresorts.com

金三角：Furama Bukit Bintang

地址：136 Jalan Changkat Thambi Dollah, Kuala Lumpur, 55100　电话：(03) 2788-8888　房间数：433　城市地图：6 D4

这是一家时尚的商务酒店，因为位于金三角的便利位置，只需步行即可到达城市的各大主要景点，也备受游客们青睐。房间时尚、宽敞，大部分都拥有很好的视野。尽管酒店地处繁华，却拥有宁静的氛围。www.furama.com

金三角：Hotel Istana

地址：73 Jalan Raja Chulan, Kuala Lumpur, 50200　电话：(03) 2141-9988　传真：(03) 2141-0111　房间数：505　城市地图：5 C1

这家现代风格的酒店位于著名金三角的核心地带，让游客们可以非常方便地访问武吉免登等地区。酒店拥有豪华大堂和景色优美的舒适客房。酒店中还有一家小酒馆，提供品质优良的澳大利亚食品及葡萄酒。免费 WiFi。www.hotelistana.com.my

金三角：Novotel Kuala Lumpur City Center

地址：2 Jalan Kia Peng, Kuala Lumpur, 50450　电话：(03) 2147-0888　传真：(03) 2147-0889　房间数：295　城市地图：6 D1

从这家酒店很容易到达吉隆坡会议中心以及吉隆坡的单轨车站。酒店拥有非常完善的设施，比如宽带上网等。房间不大，但干净整洁。酒店拥有两个餐厅，其中一个提供中式清真食品。www.novotel-asia.com

金三角：Pacific Regency Hotel Apartments

地址：Jalan Punchak, Kuala Lumpur, 50250　电话：(03) 2332-7777　传真：(03) 2381-2085　房间数：153　城市地图：5 B1

这是一家位于商业区附近的酒店式公寓。酒店的房间非常宽敞，还包括完整的厨房、餐厅和休息区，提供家庭娱乐系统和互联网接入服务。酒店配有一个非常好的泰国餐厅和一个别致的屋顶酒吧，游客们可以在此欣赏壮观的城市景观。www.pacific-regency.com

金三角：Parkroyal Kuala Lumpur

地址：Jalan Sultan Ismail, Kuala Lumpur, 50250　电话：(03) 2147-0088　传真：(03) 2141-5524　房间数：348　城市地图：5 C1

这家远离繁忙地段的酒店是一个安静的理想居所，散发着温暖舒适的味道。独特的装修给酒店带来了十足的现代感。入住的客人如果可以升级到行政楼层，更是物有所值。酒店的餐厅很受欢迎，提供各类美食。毗邻酒店的是一个爱尔兰酒吧。免费 WiFi。www.parkroyalhotels.com

金三角：Renaissance Kuala Lumpur Hotel

地址：Jalan Sultan Ismail 和 Jalan Ampang 交会处, Kuala Lumpur, 50450　电话：(03) 2162-2233　房间数：921　城市地图：2 D5

酒店的大楼拥有两翼，西翼有高雅的家具与现代化设施，并且价格相对便宜，性价比很高。东翼则富丽堂皇，非常奢华。酒店配备了一个奥运会规格的游泳池、24小时健身房、SPA，以及一个欧式俱乐部。餐饮方面，Dynasty 餐厅（见299页）和 med@marche 餐厅（见300页）都非常出名。www.marriott.com

金三角：Crowne Plaza Kuala Lumpur

地址：Jalan Sultan Ismail, Kuala Lumpur, 50250　电话：(03) 2148-2322　传真：(03) 2144-2157　房间数：559　城市地图：5 C1

该酒店以前是吉隆坡希尔顿酒店，如今已经正式更名，并重新装修。房间非常时尚且充满了现代气息。酒店内有 4 间出色的餐厅，包括大受欢迎的 Ishq（见299页）也位于酒店之内。酒店内还有购物场所。www.crowneplazakl.com

国油双峰塔：Corus Hotels

地址：Jalan Ampang, Kuala Lumpur, 50450　电话：(03) 2161-8888　传真：(03) 2161-2393　房间数：388　城市地图：2 E4

该酒店是吉隆坡市内最古老的酒店之一，很有历史感。酒店的房间设备齐全，装饰也非常现代化。酒店内设有餐厅，提供中国菜和日本菜。酒店咖啡馆内的海南鸡饭更是一绝。www.corushotelkl.com

国油双峰塔：Ascott Kuala Lumpur

地址：9 Jalan Pinang, Kuala Lumpur, 50450　电话：(03) 2142-6868　传真：(03) 2142-9888　房间数：225　城市地图：2 E5

该酒店提供了一些列酒店式公寓的房间，最多可以有三居室，适合长期居住的客人。从第 22 楼泳池，客人们可以欣赏到无可比拟的景色。酒店的房间同时配备了豪华的家具装修、设施齐备的厨房和家庭娱乐系统，也让人十分难忘。www.the-ascott.com

国油双峰塔：Hotel Maya Kuala Lumpur

地址：138 Jalan Ampang, Kuala Lumpur, 50450　电话：(03) 2711-8866　传真：(03) 2711-9966　房间数：207　城市地图：2 E4

这是一家非常时尚的度假酒店，设施完备。酒店还提供惬意的 SPA 服务，帮助入住的客人放松身心。酒店房间采用了波希米亚式的装饰风格。酒店的 Still Waters 餐厅（见300页）专门提供带有欧洲风味的日本料理，此外酒店内还有一个马来风味餐厅。www.hotelmaya.com.my

国油双峰塔：Hotel Nikko Kuala Lumpur

地址：165 Jalan Ampang, Kuala Lumpur, 50450　电话：(03) 2161-1111　传真：(03) 2161-1122　房间数：470　城市地图：2 F4

这是一家为高端商务人士提供服务的高端酒店。商务人士在 26 层的行政俱乐部可享受到宾至如归的感觉。而度假的游客们则可以在游泳池旁放松或享受 SPA。酒店的酒吧和日本餐馆，也吸引了不少客人在酒店内就餐。www.hotel-nikko.com.my

价格列表见272页；图标含义见封底勒口

国油双峰塔：MiCasa All Suite Hotel

地址：368B Jalan Tun Razak, Kuala Lumpur, 50400　电话：(03) 2179-8000　传真：(03) 2161-1186　房间数：242　城市地图：2F3

　　该酒店是市内最好的酒店式公寓之一，大约步行 10 分钟就可以到达国油双峰塔。酒店十分适合长期旅客或家庭游客居住，因为房间内设有可以准备简餐的设施。客人还可以在海水游泳池中放松，或享受一系列的巴厘岛式 SPA 水疗。www.micasahotel.com

国油双峰塔：Mandarin Oriental

地址：Kuala Lumpur City Center, Kuala Lumpur, 50088　电话：(03) 2380-8888　传真：(03) 2380-8833　房间数：643　城市地图：2F5

　　酒店位于国油双峰塔附近，拥有一个宽敞的俱乐部楼层。这间别致的酒店深受商务人士青睐，而游客同样可以在此享受到宾至如归的感觉。酒店有一个泳池，它的水会流入国油双峰塔公园。酒店的 Lai Po Heen 餐厅（见 300 页）专门提供中国美食。www.mandarinoriental.com

国油双峰塔：Traders Hotel

地址：Kuala Lumpur City Center, Kuala Lumpur, 50088　电话：(03) 2332-9888　传真：(03) 2332-2666　房间数：571　城市地图：2F5

　　精巧地构建在双子塔内部的 Traders 酒店是高贵优雅的代表。它属于新一代高科技舒适酒店，提供最新的酒店设施。天空酒吧位于酒店的 33 层，可以观赏到美妙的城市景观。酒店门口的双子塔公园内设有慢跑跑道。www.tradershotels.com

谷中城：Cititel Mid Valley

地址：Mid Valley City, Kuala Lumpur, 59200　电话：(03) 2296-1188　传真：(03) 2283-5551　房间数：646

　　该酒店坐落在谷中城购物中心内，因此深受购物爱好者们青睐。酒店的房间简单、紧凑，设备齐全。虽然酒店位置离城市中心有点远，但酒店拥有自己的商店、餐厅、健身中心以及酒吧，服务设施齐备。www.cititelmidvalley.com

八打灵再也：Eastin Hotel

地址：13 Jalan 16/11, Selangor, 46350　电话：(03) 7665-1111　传真：(03) 7665-9999　房间数：388

　　该酒店曾荣获多项大奖，被称为马来西亚最好的四星级商务酒店。位于吉隆坡市郊的商业中心内部的优越地理位置更给酒店增加了竞争优势。有些客房可以俯瞰美丽的高尔夫球场。内部餐厅提供精致的粤菜。www.eastin.com

八打灵再也：The Royale Bintang Damansara

地址：6 Jalan PJU 7/3, Petaling Jaya, Selangor, 47800　电话：(03) 7843-1111　传真：(03) 7843-1122　房间数：145

　　这是一家坐落在购物中心附近的酒店，在享受郊区购物乐趣的同时，也有一些家具商店供游客们随意闲逛，比如宜家家居和知名的书店。另外，游客可以在酒店内充满喜剧色彩而又神秘的酒吧中享用饮料，或到游泳池中放松。www.royalebintang.com.my

八打灵再也：Pyramid Suites and Studios

地址：Persiaran Lagoon, Bandar Sunway, Selangor, 46150　电话：(03) 7492-8000　传真：(03) 7492-8001　房间数：764

　　这家酒店是一处绝美设计综合体的一部分，这个设计包括主题公园、餐馆、溜冰场、购物商场等各类设施。酒店很适合家庭游客入住，因为此处可以为每一个人提供服务。房间风格简约大方，配有现代化的配套设施。www.sunwayhotels.com

中央车站：YMCA Kuala Lumpur

地址：95 Jalan Padang Belia, Kuala Lumpur, 50470　电话：(03) 2274-1439　传真：(03) 2274-0559　房间数：57　城市地图：4 D5

　　该青年旅舍提供简单基本但干净舒适的房间，房间内附带独立卫生间，或是公共浴室。适合个人、家庭，或团体游客。房费包含早餐，旅舍内还有很多体育设施。从这里出发，只需要步行 1 分钟便可抵达交通枢纽，非常方便。www.ymcakl.com

中央车站：Hilton Kuala Lumpur

地址：3 Jalan Stesen Sentral, Kuala Lumpur, 50470　电话&传真：(03) 2264-2266　房间数：510　城市地图：3 C5

　　这家耀眼的高级酒店，不但吸引着游客的注意，也备受当地人青睐。房间拥有配有独立迷你电视的现代化卫浴设备。酒店内部的餐厅也是吉隆坡最受欢迎的聚会地点之一。而该市的交通枢纽也在酒店的旁边。www.kuala-lumpur.hilton.com

梳邦再也：Grand Dorsett Subang Hotel

地址：Jalan SS12/1, Subang Jaya, Selangor, 47500　电话：(03) 5033-7370　传真：(03) 5031-9339　房间数：502

　　这是一家坐落在安静区域的郊区酒店，设施完备，还提供非常出色的餐饮选择。酒店内的 The Emperor 餐厅（见 301 页）是这个城市最好的粤菜餐馆之一，推荐尝试。酒店还有免费的穿梭巴士服务，可以运送客人前往商场、交通枢纽车站与双威水上乐园（见 321 页）。www.granddorsett.com

湖滨公园：Carcosa Seri Negara

地址：Jalan Mahameru, Kuala Lumpur, 50480　电话：(03) 2295-0888　传真：(03) 2282-7888　房间数：13　城市地图：3 B3

　　这家独具特色的精品酒店（见 67 页）深受喜欢奢华氛围的人与社会各流的青睐，英国女王伊丽莎白也曾于 1989 年下榻于此。精致典雅是描述酒店房间的最好词汇。The Drawing Room 餐厅（见 301 页）曾赢得了很多大奖，这里的下午茶也很受欢迎。www.shr.my

湖滨公园：Villa Samadhi

地址：8 Jalan Madge, Kuala Lumpur, 55000　电话：(03) 2143-2300　传真：(03) 2166-0604　房间数：21

　　酒店的 21 间客房以独特时尚的亚洲风格为特色，获得了"房间中的别墅"的赞誉。酒店环境静谧，拥有一处被休闲躺椅环绕的海景泳池，带给游客远离城市喧嚣的轻松感觉。到达时请留意酒店高耸的茅草屋顶。www.villasamadhi.com.my

半岛西北部

亚罗士打：Holiday Villa

地址：Jalan Tunku Ibrahim, 05000　电话：(04) 734-9999　传真：(04) 734-1199　房间数：160

这是一家装饰美丽的度假别墅，更是一个优美的商务酒店。它的面积很大，内部设施包括健身房、极可意按摩池、桑拿、水疗中心、商务中心和两个餐厅。酒店还设有保龄球馆和卡拉 OK 厅。房间整洁，提供有线电视和迷你吧。www.holidayvillaalorstar.com

金马伦高原：The Bala's Holiday Chalet

地址：Lot 55, Tanah Ratah , 03900　电话：(05) 491-1660　传真：(05) 491-4500　房间数：30

这座酒店位于金马伦高地一个古老的建筑之内，建筑本身保留了殖民地时期的独特风格，房间整洁舒适。酒店内的英属印度式餐厅提供咖喱类菜品和英印式下午奶茶，并配有草莓酱和松饼。这里也是当地居民的图书馆。www.balaschalet.com

金马伦高原：Cameron Highlands Resort

地址：By the golf course, Tanah Ratah, 39000　电话：(05) 491-1100　传真：(05) 491-1800　房间数：56

这个优雅的度假酒店也许可以算高原上最豪华的酒店。它以其英国殖民风格的魅力获得了许多好评。房间内有四柱床和一个大客厅，以及开放式的壁炉。酒店前繁忙的道路灯光可能会打扰睡眠较轻的客人，但游客可以在 SPA 馆享受足够的放松。www.cameronhighlandsresort.com

福隆港：The Pines Resort

地址：Jalan Pecah Batu, 49000　电话：(09) 362-2122　传真：(09) 362-2288　房间数：255

这座庞大而且设备齐全的酒店公寓，坐落在郁郁葱葱的松树林中，提供了一系列设施：卫星电视、迷你酒吧、医疗护理、干洗服务、洗衣房、货币兑换和育婴服务。这里还有宴会厅及商务客房，餐厅和咖啡吧也非常不错。www.thepines.com.my

云顶高原：Resort Hotel

地址：Pahang Darul Makmur, 69000　电话：(03) 2070-8667　传真：(03) 2031-9698　房间数：838

这座豪华大气的酒店坐落在凉爽舒适的自然环境之中。它为游客们提供了人们能想到的各种设施，从内部电影频道到无烟客房。另外酒店也有互联网接入服务和餐厅。入住前最好能够提前预订。www.rwgenting.com

怡保：Ritz Garden

地址：86 Jalan Yang Kalsom, 30250　电话：(05) 242-7777　传真：(05) 242-1166　房间数：100

这家经营良好且价格实惠的酒店坐落在市中心，对于游客来说是一个经济型的选择。游泳池和内部按摩诊所都是酒店非常有吸引力的地方。花很少的费用，客人便可以升级房间并使用行政酒廊。酒店周边有很多餐厅，因为酒店就坐落在怡保美食中心的旁边。www.ritzgardenhotel.com

怡保：Indulgence Living

地址：14 Jalan Raja Dihilir, 30350　电话：(05) 255-7051　房间数：6

酒店坐落在一个非常安静的位置，步行 5 分钟可到达老城区。这家酒店由一对夫妇创办，从殖民地时代便提供了精心设计的 6 个单独的房间，因此这里经常客满，酒店还提供优秀的餐饮服务，供应现代欧洲美食（周三～周日）。www.indulgencerestaurant.com

瓜拉江沙：Rumah Rehat Kuala Kangsar

地址：Bukit Chandan, 33000　电话：(05) 776-3872　房间数：17

这是一家令人愉悦的马来风格旅社，当地人称 rumah rehat，地理位置非常优越，坐落于霹雳河边。旅社房间非常宽敞，设备齐全，套房中还有淋浴设施，非常方便。旅社内还有一间品质极佳的马来餐厅，位于河畔平台上。

瓜拉雪兰莪：De Palma Inn

地址：Jalan Tanjung Keramat, 45000　电话：(03) 3289-7070　传真：(03) 3289-7080　房间数：48

这家酒店坐落在一片郁郁葱葱的环境之中，提供了现代化的设施和舒适的住宿环境。所有房间都有空调、彩色电视、咖啡 / 茶设备和一个迷你酒吧。酒店还配备有一个游泳池和网球场。另外，酒店可以安排游客进行划船、野营、钓鱼等旅行活动。www.depalmahotel.com

太平山：Bukit Larut Guesthouse

地址：Bukit Larut Guesthouse, 34000　电话：(05) 807-7241　房间数：21

在学校假期或是公众假期期间，这里往往会满员。因为这间舒适的旅馆拥有宜人的花园可以野餐。而且旅馆还配备了烹饪设施，住客可以自己做一些简单的饭菜，因此深受当地人喜爱。来此入住的客人，一定要提前预订。

槟城：Bayview Hotel Georgetown

地址：25A Lebuh Farquhar, Georgetown, 10200　电话：(04) 263-3161　传真：(04) 263-4124　房间数：333

这家高层酒店（见 105 页）拥有典雅的设施，价格也非常合理。酒店还拥有一个可旋转的顶层餐厅，游客们可在此欣赏到美丽的风景。另外，酒店的服务设施包括健身房、SPA、发廊、商场、药店、商务中心和无线宽带上网等。www.bayviewhotels.com

价格列表见272页；图标含义见封底勒口

槟城：Fatt Tze Mansion

地址：14 Lebuh Leith, Georgetown, 10200　电话：(04) 262-0006　传真：(04) 262-5289　房间数：16

　　这家著名的酒店其实是张弼士故居（见 105 页），它是一个家庭式的文化遗产酒店，周边还有不少历史景点。酒店内摆放有不少古董家具，单独设计的套房中还有非常漂亮的通风庭院。酒店提供私人管家服务。**免费 WiFi。www.cheongfatttzemansion.com**

槟城：Clove Hall

地址：11 Clove Hall Road, Georgetown, 10050　电话：(04) 229-0818　传真：(04) 229-4818　房间数：6

　　酒店由一位在当地非常著名的酒店业者经营，他希望能够在家乡开启亲切的家庭式旅馆。该酒店时尚豪华，在个人风格的套房中，摆设有不少美丽的艺术品，令人难忘。酒店附设热带花园和游泳池。游人还可以在阳台上享用美味的早餐。www.clovehall.com

槟城：Eastern and Oriental Hotel

地址：10 Lebuh Farquhar, Georgetown, 10200　电话：(04) 222-2000　传真：(04) 261-6333　房间数：101

　　这家酒店中文名为东方大酒店，是马来西亚槟城最大的酒店，属于乔治市历史遗迹（见 105 页）的一部分。酒店内装饰华丽，客房还提供 24 小时私人管家服务。酒店拥有 6 个独立的酒吧和餐馆，提供马来西亚、中国、印度和西方美食，服务非常周到。www.eohotels.com

槟城：Shangri–La's Rasa Sayang Resort and SPA

地址：Batu Ferringhi Beach, 11100　电话：(04) 888-8888　传真：(04) 881-1800　房间数：304

　　这是一个豪华的度假胜地，位于风景宜人的翡翠山附近。客房分布在酒店大楼的两翼之间。酒店的餐厅和酒吧提供东南亚美食以及国际化佳肴。酒店内还有一个豪华的 SPA 和大酒窖，不容错过。www.shangri-la.com/penang/rasasayang/en

槟城：Straits Collection

地址：85–90 Armenian Street, 10200　电话：(04) 263-7299　传真：(04) 955-4791　房间数：14

　　酒店由两排店屋改建而成，距离乔治市的景点非常近。酒店的标准间中有单人间也有双人间。豪华房内配有古董家具和一个巨大的木质浴缸；其他房间则可以享受到户外庭院。所有的服务都只需一个电话，服务周到。www.straitscollection.com.my

兰卡威：Bon Ton Resort

地址：Pantai Cenang, 07000　电话：(04) 955-1688　传真：(04) 955-4791　房间数：8

　　这座安静舒适的海岛度假村，由 8 间马来甘榜的传统房屋改造而成。所有房间内都设有舒适的四柱床和豪华的卫浴设施，附设热带花园和游泳池。从机场到达这里只需要 10 分钟的车程，僻静的地段和完美的设施是浪漫之旅的保证。酒店餐厅也非常优质。www.bontonresort.com

兰卡威：The Datai

地址：Jalan Teluk Datai, Kedah Darul Aman, 07000　电话：(04) 959-2500　传真：(04) 959-2600　房间数：106

　　这也许可以算是马来西亚的最佳酒店之一，提供豪华但价格不菲的舒适环境。宽敞的房间干净迷人，仿古装饰彰显品位，窗外是照片般迷人的风景。客人还可以在私人沙滩漫步，在泳池中享受水疗。酒店还有 4 间餐厅和一个 18 洞高尔夫球场。www.dataihotels.com

兰卡威：The Frangipani Resort and Spa

地址：Jalan Teluk Baru, Pantai Tengah, 07100　电话：(04) 952-0000　传真：(04) 952-0001　房间数：117

　　这里的前身为兰卡威度假村，如今翻修一新，坐落在登加海滩的海滨附近，提供良好的服务，非常适合家庭度假。房间都设在热带花园中的独立平房之中，设施齐全且水准一流。www.frangipanilangkawi.com

兰卡威：Meritus Pelangi Beach Resort and Spa

地址：Pantai Cenang, 07000　电话：(04) 952-8888　传真：(04) 952-8899　房间数：350

　　酒店的设计风格以马来村庄为原型，为客人提供了梦幻般的海滨入住体验。酒店有设备齐全的客房，设施精良。酒店的餐厅服务周到，提供马来西亚、泰国、中国和西方美食。酒店还有专为儿童设置的俱乐部 Kiki club，并提供特殊照顾的服务。www.pelangibeachresort.com

邦咯岛：Nipah Bay Villa

地址：Teluk Nipah, 32300　电话：(05) 685-2198　传真：(05) 685-2386　房间数：16

　　这家酒店可为住客提供轻松温馨的木屋住宿体验，服务优质，会令你的假期轻松又愉悦。餐厅提供马来西亚和西式美食。酒店还有自助午餐和烧烤服务。另外这里也提供了一些不同的旅游方式，比如带领游客到邦咯岛以及丛林徒步旅行。www.hipahbay.com

邦各岛：Pangkor Laut

地址：Pangkor Laut Island, Lumut, 32220　电话：(03) 2783-1000　房间数：142

　　坐落在邦各岛附近一处私人小岛的这家酒店，给人以独享的感受，非常适合蜜月旅行。客房简单时尚，却处处有惊喜，还设有豪华浴室设备。酒店提供特色餐饮服务，范围广泛，令人难忘。www.pangkorlautresort.com

太平：Panorama Hotel

地址：61–79 Jalan Kota, 34000　电话：(05) 808-4111　传真：(05) 808-4129　房间数：80

　　位于太平的中心地段的这家酒店是一家非常优秀的商务酒店。所有的房间都有浴室、有线电视、迷你酒吧和咖啡设施。酒店的会议中心面积宽敞，还有一间非常优秀的餐厅提供马来西亚和西式美食。酒店有一个内部超市，十分方便。www.panoramataiping.com

半岛南部

迪沙鲁：Golden Beach Hotel

地址：Desaru, 81907　　电话：(07) 822-1101　　传真：(07) 822-1480　　房间数：220

这个占地宽广的海滩度假村非常受欢迎，十分适合家庭型的度假旅行。酒店提供多种住宿选择，包括标准间、花园别墅和套房。酒店提供的娱乐项目包括一个设施齐备的游泳池，还有鸡尾酒吧。酒店附属于临近的度假村 Desaru Golf & Country Resort。

迪沙鲁：The Pulai Desaru Beach

地址：Desaru, 81900　　电话：(07) 822-2222　　传真：(07) 822-2223　　房间数：193

这家屡获殊荣的酒店坐落在一片空旷且质朴的海滨之中。酒店房间全部宽敞明亮，配有私人阳台，景色宜人。酒店内还有一个水疗中心和儿童俱乐部。另外酒店提供了非常广泛的水上运动选择。游客们可以在此度过一段非常充实的周末时光。www.pulaidesaru.com

新山：Grand Blue Wave Hotel

地址：9R Jalan Bukit Meldrum, 80300　　电话：(07) 221-6666　　传真：(07) 222-9473　　房间数：184

这家酒店非常适合游客在此长期居住，酒店提供工作室套房以及两居室的公寓，每一间都配有厨房、电冰箱、电视。酒店2楼为女士专属楼层。酒店设施包括餐厅和一个游泳池。www.bluewavehotels.com

新山：Hotel Selesa

地址：Jalan Tebrau 和 Jalan Dato交会处, 80300　　电话：(07) 332-3999　　传真：(07) 332-1999　　房间数：285

这是一家一切从简，不提供任何不必要服务的商务酒店，位于新山的最高点，可以看到令人惊喜的城市景色。酒店的房间宽敞，装潢雅致。酒店设施包括游泳池、健身房和鸡尾酒休息室。从酒店出发，可以步行到达机场，也非常适合作为游玩附近的乐高乐园的基地。www.johorhotels.com

新山：New York Hotel

地址：22 Jalan Dato Abdullah Tahir, 80300　　电话：(07) 331-1588　　传真：(07) 331-8588　　房间数：413

酒店的对面便是一家繁忙的广场花园商场，酒店的外观则以玻璃为主，客人们可以尽情观赏外面的风景。客房还设有咖啡设施和迷你酒吧。酒店提供优质的餐厅、夜总会和小酒馆以及一个小型室内游泳池现场。www.newyorkhotel.com.my

新山：Mutiara Johor Bahru Hotel

地址：Jalan Dato Sulaiman, Taman Century KB No. 77, 80990　　电话：(07) 322-3800　　传真：(07) 331-8884　　房间数：336

这家高档酒店提供宽敞的客房，性价比非常高。因为酒店的地理位置优越，深受商务旅行者的青睐。酒店也提供适合家庭居住的套房，可以加床。并有少年俱乐部，提供各类益智类游戏。酒店还有班车服务，接送客人到受欢迎地区购物。www.mutiarahotels.com

马六甲：Heeren Inn

地址：23 Jalan Tun Tan Cheng Lock, 75200　　电话&传真：(06) 288-3600　　房间数：6

在这处历史性的建筑中，游客们可以俯瞰河岸，并且十分方便地探索唐人街。这幢可追溯到18世纪的麒麟大厦，如今已非常现代化。酒店提供小而整洁的房间，窗外风景极佳。酒店还有一个咖啡馆和庭院花园。不定时有优惠及折扣。www.heerenhouse.com

马六甲：The Baba House

地址：125-127 Jalan Tun Tan Cheng Lock, 75200　　电话：(06) 281-1216　　传真：(06) 281-1217　　房间数：82

坐落在唐人街一幢修葺一新的优雅大厦之中的这家精品酒店可谓物美价廉，性价比很高。酒店的内部有一些美丽的原始木屏风和独特的装潢，令人难忘。酒店房间设计简约，并配有私人浴室。www.thebabahouse.com.my

马六甲：Hotel Puri

地址：118 Jalan Tun Tan Cheng Lock, 75200　　电话&传真：(06) 282-5588　　房间数：50

建于19世纪70年代的这座传统的房屋已被精心修复，不仅保留了其原有的特点，经过重新粉刷的外观和马赛克地板，令人印象深刻。房间舒适宜人，套房更是设计时尚。这家酒店非常受欢迎，所以建议提前预订。www.hotelpuri.com

马六甲：Renaissance Melaka Hotel

地址：Jalan Bendahara, 75100　　电话：(06) 284-8888　　传真：(06) 284-9269　　房间数：294

这座高耸的24层酒店，可以说天衣无缝地融合了古典的魅力与现代的特色。从宽敞的客房可以欣赏到马六甲海峡的美景。酒店内的几家餐厅十分出色，酒店还提供优质的礼宾服务。加入酒店的会员俱乐部还可享受高级房及免费的夜间鸡尾酒等客人特权。www.melaka.net/renaissance

马六甲：The Majestic Malacca

地址：188 Jalan Bunga Raya, 75100　　电话：(06) 289-8000　　传真：(06) 289-8080　　房间数：54

这家精品酒店由一个华人大亨修建于1920年左右，原本是私人住宅。优越的位置和令人惊叹的装潢，在马六甲可不是用钱就能得到的。如今，这所房子已经过现代化的改良，提供豪华的客房、舒适的水疗中心、室外游泳池和高级餐厅。www.majesticmalacca.com

---

价格列表见272页；图标含义见封底勒口

丰盛港: Hotel Timotel

地址: 839 Jalan Endau, 86800　电话: (07) 799-5888　传真: (07) 799-5333　房间数: 44

　　这座酒店位于丰盛港的中央位置,是性价比极高的中档酒店,提供设施简单但数量充足的房间。酒店的环境非常安静,坐落在河流的旁边。从酒店出发,步行 10 分钟可以到达镇中心。酒店还可以安排前往渡轮的穿梭巴士。酒店内有一个不错的咖啡馆和酒吧。www.timotel.com.my

麻坡: Hotel Sri Pelangi

地址: 79 Jalan Sisi, 84000　电话: (06) 951-8088　传真: (06) 952-2786　房间数: 82

　　酒店以合理的价格提供了基本且性价比很高的设施,可与一些大酒店媲美。12 岁以下的儿童可以免费住在父母的房间。这里还拥有麻坡非常热门的休闲场所,定期的现场乐队表演非常精彩。www.sripelangi.com

波德申: Avillion Port Dickson

地址: 3rd Mile, Jalan Pantai, 71000　电话: (06) 647-6688　传真: (06) 647-7688　房间数: 240

　　该酒店是坐落在水上的豪华度假小屋,配备了户外淋浴系统。客人可以在美妙的星空下进行淋浴。酒店提供照看儿童服务,设有单独的游泳池和专门的儿童俱乐部。成年人则可以享受 SPA 设施。两天的入住优惠套餐非常受欢迎。www.avillionportdickson.com

五屿岛: Aseania Resort

地址: Pulau Besar, Johor　电话: (07) 797-0059　传真: (07) 799-1413　房间数: 49

　　度假村位于岛屿西海岸,所有房间全都是木质小屋,环境非常出色。所有木屋都有双人床、热水淋浴以及阳台,客人可以选择不同视野的房间,但价格也因此而不同。酒店还有室外游泳池、按摩浴缸,以及高雅的餐厅。www.pulaubesar.net

拉哇岛: Rawa Safaris Island Resort

地址: Pulau Rawa, 86800　电话: (07) 799-1204　传真: (07) 799-3848　房间数: 72

　　这家度假村是在拉哇岛过夜的两处选择之一,它提供了一系列的小屋,不同小屋有不同的价格。沙滩屋更受欢迎,所有的房间都有浴室和阳台。价格包括过夜费以及回程的渡轮费用。www.rawasfr.com

诗巫岛: Sea Gypsy Village Resort

地址: Pulau Sibu, 86800　电话: (07) 222-8642　传真: (07) 221-0048　房间数: 28

　　在丛林空地与耀眼的沙滩之中,这座宁静且环保的度假村拥有 22 间传统的木质小屋、6 个提供基础设施的背包客小屋。酒店内设一个基本的潜水中心、一处儿童俱乐部和一系列水上运动设施,也很适合家庭入住。价格包括膳食和返回的渡轮费用。www.siburesort.com

雕门岛: Puteri Salang Inn

地址: Salang　电话: (13) 746-0115　房间数: 12

　　这家酒店提供各种选择,比如入住安静的小木屋中,可以从孤立的丛林简短步行到海滩。小屋内配有风扇或空调,还有蚊帐和私人淋浴。酒店还提供露天住宿,可以完美地观赏野生动物。11 月~次年 2 月不营业。

雕门岛: Panuba Inn

地址: Kampung Panuba, 86800　电话: (09) 777-9865　传真: (09) 419-1092　房间数: 30

　　该家酒店位于岛屿的西北海岸,是一个安静且非常独立的地方。深受潜水者的欢迎。游客们来此只能乘坐小船。客人可以从不同类型的小木屋中选择喜欢的房型,包括风扇房到有空调、热水淋浴和冰箱的房间。所有客房都有面临大海的阳台。11 月~次年 2 月不营业。www.panubainn.com

雕门岛: Berjaya Tioman Beach, Golf and Spa Resort

地址: Tekek, 86807　电话: (09) 419-1000　传真: (09) 419-1718　房间数: 96

　　这是雕门岛唯一的豪华度假村,提供了一系列特色套房,并包括厨房。这个度假村拥有自己的 SPA 中心、18 洞高尔夫球场、潜水中心、网球场。这些全都建在附近的海滩,并被精心打理。酒店还提供折扣和特价套票。www.berjayahotel.com

芙蓉: Hotel Seri Malaysia

地址: Jalan Sungai Ujong, 70200　电话: (06) 764-4181　传真: (06) 764-4179　房间数: 49

　　这家酒店是全国性连锁,非常可靠,也深受欢迎,值得推荐。酒店提供标准且舒适的环境,价格实惠。酒店还有一个有趣的特色屋顶,客房干净舒适。酒店位置稍微远离城市中心,但交通方便。www.serimalaysia.com.my

芙蓉: Royale Bintang Seremban

地址: Jalan Dato AS Dawood, 70100　电话: (06) 766-6666　传真: (06) 766-6000　房间数: 345

　　这家四星级酒店坐落在田园诗般的湖滨花园房,服务周到,非常受欢迎。酒店的房间宽敞,布置精美。酒店设施包括游泳池、网球场和深受好评的 Han Pi Yuen 餐厅 (见 304 页)。酒店位于城市中心位置,因此也深受商务旅行者的青睐。www.royalebintang-seremban.com

芙蓉: Klana Resort

地址: Jalan Penghulu Cantik, 70100　电话: (06) 762-7888　传真: (06) 767-7788　房间数: 228

　　这家酒店是一个宁静的庇护所,藏在湖滨花园旁。提供包括两居室和三居室的公寓,都带有私人阳台。酒店内还有篮球场、网球场和一个巨大的潟湖式游泳池。酒店的日本餐厅 Yuri (见 304 页) 非常别致。www.klanaresort.com.my

半岛东部与中部

尖不叻：Hillview Hotel

地址：41 Teluk Chempadak, 25050　电话：(09) 567-0600　房间数：45

酒店的设施十分基础，但几乎是尖不叻唯一的选择。内有一家小型咖啡厅，提供早餐和点心等服务。距离酒店不远便可找到一些海滨酒吧和餐馆，提供美味的海鲜、中国菜和马来小吃等。

尖不叻：Hyatt Regency Kuantan Resort

地址：Teluk Chempadak, 25050　电话：(09) 518-1234　传真：(09) 567-7577　房间数：330

被称为马来高脚屋，这个别致的度假胜地位于马来西亚东海岸，拥有惊人的景观，也颇受欢迎。它提供了多种奢侈设施，比如2个游泳池、网球场、壁球场，还有一家时尚风格的马来和中国菜餐馆。http://kuantan.regency.hyatt.com

珍拉丁：Ranting Resort

地址：Kampung Budaya Cherating, 26080　电话：(09) 581-9068　传真：(09) 581-9208　房间数：15

这家酒店接近南海，是一个轻松的马来风格度假村。酒店房间为乡村小屋，小屋外环绕着荷花池，季节合适可欣赏荷花盛开的美景。酒店餐厅每晚提供不同的地方特产。友好的服务使其成为度假休闲的好选择。

珍拉丁：The Legend Resort

地址：Mukim Sungai Karang, 26080　电话：(09) 581-9818　传真：(09) 581-9400　房间数：235

这家酒店建在热带花园之中，将南海美景尽收眼底。酒店提供了一个高档餐厅和一系列娱乐活动，包括网球、壁球、滑浪风帆、帆船、划船、浮潜、钓鱼，以及丛林徒步旅行。酒店内还有2个时髦的游泳池。www.legendcherating.com

哥打巴鲁：Crystal Lodge

地址：124 Jalan Che Su, 15000　电话：(09) 747-0888　传真：(09) 747-0088　房间数：50

这家酒店位于哥打巴鲁中部，提供了良好的服务，并在当地的酒店业内颇有名气。除了室内电视、宽带上网、免费报纸，它有一个卡拉OK微型酒吧和丰富的娱乐设施。www.crystallodge.com.my

哥打巴鲁：Renaissance Kota Bharu Hotel

地址：Jalan Sultan Yahya Petra, 15150　电话：(09) 746-2233　传真：(09) 746-1122　房间数：298

这是这座城市中唯一一家五星级国际酒店。所有房间都很宽敞，设计优雅且很时尚，提供了舒适的环境。客房设有国际直拨电话、高速互联网接入、语音邮件、茶和咖啡设施，还有设备齐全的迷你酒吧。www.marriott.com

瓜拉丁加奴：Tanjong Jara Resort

地址：Jalan Dunggun, 23000　电话：(09) 845-1100　传真：(09) 845-1200　房间数：100

这家度假村的小屋陈设雅致，住宿环境均是马来风格。奢华的酒店坐落于郁郁葱葱的热带花园之中，可以欣赏到南海的全景，是马来西亚最好的酒店之一。三个餐厅服务周到，提供正宗的马来西亚、中国和国际美食。www.tanjong–jararesort.com

瓜拉丁加奴：Ping Anchorage Travelers Inn

地址：Jalan Sultan Sulaiman, 20000　电话：(09) 626-2020　传真：(09) 626-2022　房间数：28

作为瓜拉丁加奴最古老的酒店，其房间和大堂的设施简单干净。酒店1楼有一家餐厅，还有一个屋顶啤酒花园。酒店可以提供制订和组织旅游的计划，并可帮助游客们预订下一步的行程。www.pinganchorage.com.my/backpacker.htm

瓜拉丁加奴：Primula Beach Resort

地址：Jalan Persinggahan, 20400　电话：(09) 622-2100　传真：(09) 623-3360　房间数：249

这座宽敞舒适、设备齐全的海滨度假村，位于瓜拉丁加奴的东侧。酒店拥有舒适的客房、一个大型商业中心和高档的餐厅和咖啡厅，提供精心设计的国际自助餐，酒店内还有一座露天花园。www.primulaparkroyal.com

关丹：Citiview Hotel Kuantan

地址：Jalan Haji Abdul Aziz, 25000　电话：(09) 555-3888　传真：(09) 555-2999　房间数：90

这家位于关丹的酒店，宽敞、干净，价格合理，是非常不错的住宿选择。酒店还有专为残疾人设计的设施，十分贴心。所有房间均有浴室、有线电视、迷你吧。酒店设施还包括一个商务中心、健康中心、旅行社、汽车租赁，以及餐厅和咖啡馆。www.citiviewhotel.com

关丹：Garden Hotel Kuantan

地址：Lorong Gambut, 25300　电话：(09) 517-7899　传真：(09) 517-7558　房间数：251

这家酒店舒适方便，在门厅还有不少中式装饰，比如复制的兵马俑。酒店与一座大型购物商场连通。酒店内的中餐馆提供粤菜和点心。在酒店最大的无柱式宴会厅，可以欣赏马来西亚东海岸的风景。www.msgarden.com.my

价格列表见272页；图标含义见封底勒口

马朗：Hotel Seri Malaysia

地址：Jalan Kampung Paya, 21600　电话：(09) 618-2889　传真：(09) 618-1285　房间数：47

这家酒店提供了最优质的房间和热情好客的服务。酒店内设有餐厅，其他设施还包括商场、传统按摩和一个商务中心。酒店还组织附近一日游，包含籽棉观光，以及到墨浪和丁加奴河进行垂钓和巡航等活动。www.serimalaysia.com.my

墨浪：Kembara Resort

地址：Pantai Peranginan Merang, 21010　电话：(09) 653-1770　传真：(09) 653-1900　房间数：19

这家度假村性价比很高，拥有多种房间和含有空调的小屋可供选择。酒店设施包含沙滩排球、足球等，还提供自行车出租。酒店也可以安排游船、钓鱼、徒步旅行、露宿等丰富多彩的活动。http://kembararesort.tripod.com

棉花岛：Kapas Island Resort

地址：Pulau Kapas　电话：(09) 618-1976　传真：(09) 614-4386　房间数：50

度假村提供各种房型以及宿老床，房间内均设有空调或风扇。酒店内的餐厅提供各类本地菜品以及西式佳肴，海鲜产品更是其招牌。酒店提供的活动包括各种水上运动，如水肺潜水、浮潜、独木舟、钓鱼和帆船等。www.kapas-island-resort.com

棉花岛：Gem Island Resort & Spa

地址：Pulau Gemia　电话：(09) 669-5910　传真：(09) 772-79661　房间数：45

这是一家坐落于私人岛屿上的豪华海洋度假村，提供全套服务的优惠套餐，客人还可以在此享受水疗。酒店内的餐厅供应美味且混合多样的国际美食。周边的景点包括海龟保育中心等。www.gem-travel.com.my/gemisland/

大停泊岛：Coral View Island Resort

地址：Daerah Besut, 22300　电话：(09) 697-4943　传真：(09) 690-2600　房间数：67

这座低调的度假村酒店位于两座海滩之间，酒店的小木屋与环绕周边的热带植物完美融合。房间都为双人间，配有冰箱和空调，有些房间可以欣赏到海滩风光。酒店工作人员很热心。每年11月～次年2月关闭。www.coralviewislandresort.com

大停泊岛：Paradise Island Resort

地址：Perhentian Besar西北海岸, 22300　电话：(09) 697-4095　传真：(09) 697-8679　房间数：25

这家度假村提供良好的住宿环境、干净的房间和基础设施，可谓物有所值。唯一的电视设在酒店的酒吧中，那里还可为你提供国际化的美食。度假村中有一个潜水中心，提供潜水课程。www.watercoloursword.com

大停泊岛：Tuna Bay Resort

地址：Perhentian Besar西海岸, 22300　电话：(09) 697-7779　传真：(09) 697-8769　房间数：44

从这个度假村可以俯瞰岛屿之间狭窄的通道。度假村内的Tuna Bay Café（见305页）供应的是本地和西方美食。度假村还有激动人心的各类活动，包括独木舟、潜水、钓鱼、徒步旅行，以及在这个美丽的地方学习潜水等。11月～次年2月不营业。www.tunabay.com.my

小停泊岛：Bubu Long Beach

地址：Pasir Panjang, 22300　电话：(09) 690-3080　传真：(09) 697-5080　房间数：14

这是一处品质极佳的中档酒店，通常入住这里的客人可以享受免费膳食的优惠礼包。酒店提供许多活动，如潜水、浮潜、海上独木舟。另外还可以一起出海打鱼。酒店餐厅提供马来西亚、中国和西方美食，海鲜也是这里的招牌。11月～次年2月不营业。www.buburesort.com

小停泊岛：Senja Bay Resort

地址：Pasir Panjang　电话：(09) 697-7960　传真：(09) 7806-4753　房间数：50

该酒店是一个迷人的度假村，提供多种类型的住宿设施，包括有空调的小木屋到有风扇、可以俯瞰湛蓝大海的海滩小屋。针对年轻客人，酒店还推出了探险等活动，以及独木舟、潜水和跳跃式作战等，非常有趣。11月～次年2月不营业。www.senjabay.com

利浪岛：Redang Kalong Resort

地址：Teluk Kalong Beach, 20100　电话：(09) 626-2020　传真：(09) 626-2022　房间数：39

这家度假村坐落于海滩之上，保证了度假的完美感受。住宿是在简单的平房之中，房间内有浴室。酒店附近没有餐馆或酒吧，但食品和非酒精饮料已经包含在房价中，由酒店提供。这里拥有自己的潜水中心。11月～次年2月不营业。www.redangisland.com

利浪岛：Coral Redang Island Resort

地址：Pantai Pasir Panjang, 20100　电话：(09) 630-7110　传真：(09) 630-7112　房间数：40

建立在迷人的海滩之上的这个度假村可以俯瞰大海。度假村还提供选择范围广泛的潜水和浮潜套餐。度假村内有两家餐厅，其中的Matahari（见305页）提供全天的自助餐，以及三道菜的零点套餐。Chicack则为池畔酒吧。11月～次年2月不营业。www.coralredang.com.my

登载岛：Tenggol Island Resort

地址：Jalan Yayha Ahmad, 23000　电话：(09) 848-4862　传真：(09) 845-7302　房间数：21

这个私人的海上度假岛侧重于潜水活动，在该地区有超过20处的潜水地点。度假村提供了独特的服务，包括一日三餐和潜水的所有设备，另外还提供经验丰富的潜水教练。11月～次年2月不营业。www.pulautenggol.com

沙捞越

民都鲁：Regency Plaza

地址：116 Taman Sri Dagang, Jalan Abang Galau, 97000　电话：(086) 335-111　传真：(086) 332-742　房间数：161

该酒店位于镇中心附近，可能是民都鲁最舒适且方便的选择。酒店拥有一个令人印象深刻的宽敞大厅，客房典雅舒适，并提供大型床。酒店的顶楼还有游泳池和酒吧。www.theregency.com.my

文莱：Brunei Hotel

地址：Jalan Pemancha, Bandar Seri Begawan, 8670　电话：(0673) 224-2828　传真：(0673) 222-6196　房间数：65

这家酒店位于核心商务区。房间内配有地毯和干净的浴室，还有卫星电视与迷你酒吧。酒店还拥有一个宽敞的会议室，餐饮方面则提供了亚洲和西方的美食，服务也很周到。免费 WiFi。www.bruneihotel.com.bn

文莱：Sheraton Utama

地址：Jalan Tasek Lama, Bandar Seri Begawan, 8674　电话：(0673) 224-4272　传真：(0673) 222-1579　房间数：155

位于城市中心的北部，喜来登（Sheraton）是该地区的第一个国际连锁酒店。酒店内的设施齐全，包括商务中心和高档餐厅。酒店客房提供互联网接入、迷你酒吧，以及茶和咖啡设备。www.starwoodhotels.com/sheraton

达迈海滩：Damai Beach Resort

地址：Teluk Badung, Santubong, Kuching, 93756　电话：(082) 846-999　传真：(082) 846-777　房间数：252

该度假村可谓是入住达迈海滩地区的首选。周围舒适的海滩与椰子树为其增添了不少吸引力。度假村配有一个游泳池和一个室外按摩中心。客人可以从山上的小屋和池畔客房与套房中进行选择。www.damaibeachresort.com

达迈海滩：Damai Puri Resort & Spa

地址：Teluk Penyuk, Santubong, Kuching, 93762　电话：(082) 846-900　传真：(082) 846-901　房间数：207

度假村的位置令人难忘，坐落于海滩之中，非常适合希望放松的游客。现代豪华的客房分布在主楼的两翼，舒适且优雅。度假村拥有一个游泳池，并提供大量的娱乐活动，包括水上运动和网球。在这里度假的感觉会非常充实，却从不感到忙碌。www.damaipuriresort.com

达迈海滩：Permai Rainforest Resort

地址：Jalan Sultan Tengah, Pantai Damai Santubong, 93050　电话：(082) 846-490　传真：(082) 846-486　房间数：34

这家生态度假村坐落于原始雨林之中，提供了大树房屋以及被雨林包围的木质小屋。在树屋居住，可以看到壮观的海景。冒险活动还包括爬山和绳索垂降。酒店配有游泳池、餐厅和露营地。www.permairainforest.com

乌鲁山：Royal Mulu Resort

地址：CDT 62, Sungai Melinau, Baram, 98000　电话：(085) 790-100　传真：(085) 790-101　房间数：188

度假村坐落于河畔，靠近著名的姆鲁国家公园。因此是探索这座国家公园最为理想的入住地。度假村的房间虽然是老式的长屋，但非常干净宽敞。度假村的活动包括全地形车（ATV）进行的丛林之旅。www.royalmuluresort.com

加帛：Meligai

地址：Jalan Airport Kapit, PO Box 212, Kapit, 96807　电话：(084) 799-304　传真：(084) 798-103　房间数：45

尽管这家酒店无法与大城市中的高级酒店媲美，但是这是偏远的加帛小镇上非常受欢迎的一家酒店。坐落在镇中心，特别受商务旅行者的欢迎。酒店客房宽敞舒适，且设备齐全。还有一家非常不错的餐厅。www.hotelmeligai.com

古晋：Singgahsana Lodge

地址：1 Temple Street, 93000　电话：(08) 242-9277　传真：(082) 242-9267　房间数：18

这家旅馆地理位置优越，只需几步便可到达古晋海滨，是预算有限的游客的理想选择。完美的客房和友好的工作人员也为它加分不少。旅馆有一个舒适的公共区域可以免费上网。宿舍的定价也非常合理。www.singgahsana.com

古晋：Harbor View Hotel

地址：Lorong Temple, 93100　电话：(082) 274-666　传真：(082) 274-777　房间数：245

这家海景酒店非常可靠，尤其适合商务旅客，因此非常受欢迎。酒店位于古晋的商业中心，位置方便，具有很强的竞争力。另外，酒店房间干净、舒适，窗外古晋海滨的景色也非常宜人。自助早餐的费用包含在房费之内。www.harbourview.com.my

古晋：Kingwood Inn

地址：Lot 618, Section 62, Jalan Padungan, 93100　电话：(082) 330-888　传真：(082) 332-888　房间数：315

这家酒店位于镇中心不远，提供优质的服务。酒店房间大小合理，非常体面，房内有电视等设施。酒店的最大好处在于可以延迟退房的时间。酒店内配备一个游泳池、咖啡馆和一个酒吧。www.kuchinghotels.net

价格列表见272页；图标含义见封底勒口

古晋：The Limetree Hotel

地址：Lot 317, Abell Road, Kuching, 93100　电话：(082) 414-600　传真：(082) 424-600　房间数：50

作为一家精品酒店，该酒店以其时尚的设计和友好服务赢得了不少喝彩。现代化的客房价格合理。房间装饰简单舒适，每天的免费报纸在细节中彰显独特服务。酒店的工作人员也乐意帮助游客预订这一地区的任何景点。www.limetreehotel.com.my

古晋：Merdeka Palace Hotel

地址：Jalan Tun Abang Haji Openg, 93804　电话：(082) 258-000　传真：(082) 250-003　房间数：213

相比酒店内的各种设施，酒店的价格还是值回票价的。在宽敞的客房内，设有迷你酒吧、卫星电视、茶和咖啡的设备。酒店还有游泳池、商务中心、健身俱乐部。客人可以在酒店内部的六个餐厅和酒吧选择美味。www.merdekapalace.com

古晋：Telang Usan

地址：Lot 340-345, Jalan Ban Hock, 93124　电话：(082) 415-588　传真：(082) 425-316　房间数：66

这家酒店位于肯雅族社区之内，酒店的内部装饰不少是肯雅族的艺术品。除了酒店方便且安静的位置，它还具有良好的设施。而酒店内部的酒吧和咖啡馆氛围极好，非常适合游客们来此感受一下。www.telangusan.com/kuchinguk.htm

古晋：Riverside Majestic Hotel

地址：Jalan Tunku Abdul Rahman, 93756　电话：(082) 247-777　传真：(082) 425-858　房间数：253

这家酒店可以说是古晋最好的酒店，它具有优质的客房，而且全部配备了现代化的设施，并可以欣赏完美的河景。酒店内有几个酒吧和餐厅，以及一个健身俱乐部，还有商务中心。酒店与购物中心毗邻，非常方便。www.riversidemajestic.com

古晋：Hilton Kuching

地址：Jalan Tunku Abdul Rahman, 93756　电话：(082) 248-200　传真：(082) 428-984　房间数：315

尽管竞争激烈，但家酒店仍然是古晋最好的酒店。酒店的房间装修舒适，并可以欣赏到古晋海滨的无限美景。酒店内还有优质餐厅可供选择，比如 The Steakhouse（见 306 页）。值得一提的是，酒店内还有家传统工艺品店。www.kuching.hilton.com

米里：Brooke Inn

地址：14 Jalan Brooke, 98007　电话：(085) 412-881　传真：(085) 420-899　房间数：15

这家酒店为预算有限的游客提供了绝佳的选择，酒店干净可靠，并与镇中心的名胜古迹相邻。酒店房间的设备也非常齐全，如热水浴室、空调、电视、电话等。而且酒店乐于助人且友好的工作人员会为客人留下一段愉快的回忆。brookeinn@hotmail.com

米里：Dynasty

地址：Lot 683, Block 9, 98009　电话：(085) 421-111　传真：(085) 422-222　房间数：130

在这家三星级酒店中，客房布置高雅，提供了必要的舒适设施。优雅的酒店还有会议设施、游泳池、健身中心和几个酒吧。酒店的位置非常好，坐落于商场附近，且可以达米里的多个景点。www.dynastyhotelmiri.com.my

米里：Mega Hotel

地址：Lot 907, Jalan Merbau, 98000　电话：(085) 432-432　传真：(085) 433-433　房间数：228

顾名思义，这家酒店是米里最大的一家酒店，并且位于城市中心的商业区。酒店的设施包括游泳池、极可意按摩池、健身中心和一个商务中心。从酒店出发，步行即可到达银行、餐馆、公园和购物中心等地。www.megahotel.com.my

米里：Park City Everly

地址：279 Block 11, Jalan Temenggong, 98008　电话：(085) 440-288　传真：(085) 419-999　房间数：167

这家酒店位于米里的布莱顿区，远离镇中心，却与美妙的海滨相连。酒店提供了步行小道。房间内的设备齐全，有迷你酒吧、免费报纸、茶和咖啡设备。酒店还设有餐厅、咖啡馆和池畔酒吧。www.vhhotels.com

米里：Miri Marriott Resort and Spa

地址：Jalan Temenggong Datuk Oyong Lawai, 98000　电话：(085) 421-121　传真：(085) 421-099　房间数：220

酒店坐落于繁茂的热带花园内，并提供舒适的 SPA 水疗和一系列豪华客房与套房。虽然坐落在郊外，却拥有五星级豪华水准，配有餐厅和各类娱乐设施。www.marriotthotels.com

诗巫：Kingwood

地址：12 Lorong Lanang 4, 96000　电话：(084) 335-888　传真：(084) 846-777　房间数：168

这是诗巫唯一的四星级酒店，也是当地最大的酒店。在这里，游客们可以享受到田园风光。酒店的房间内有大床或双床，所有房间都有浴室和浴缸。酒店拥有一个宽敞的会议大厅，还有健身中心。另外，还有一家时尚餐厅可供游客选择。免费 WiFi。www.marimari.com

诗巫：Premier

地址：Jalan Kampong Nyabor, 96008　电话：(084) 323-222　传真：(084) 323-399　房间数：189

这家酒店是在诗巫非常不错的选择，而且深受旅游团的欢迎。所有房间都非常宽敞，装饰高雅，还包括一个迷你酒吧和卫星电视等设施。房间费用包含自助早餐。晚上，酒吧还有菲律宾乐队精彩的表演。www.premierh.com.my

沙巴

丹侬谷：Borneo Rainforest Lodge

地址：Lot 20, Block 3, MDLD 3285, Fajar Center, 91120　电话：(089) 880-207　传真：(089) 885-051　房间数：28

这里的收费标准是每人都要支付一个标准间的房费。客房环境舒适，还可以欣赏到丹侬谷自然雨林的全景。酒店价套餐中包含全部食品和饮料，还包括丛林旅行、观鸟以及天棚走道和自然指南等活动。www.borneorainforestlodge.com

基纳巴卢山：Mesilau Nature Resort

地址：G15, Wisma Sabah, 88000　电话：(088) 303-917　传真：(088) 317-540　房间数：34

这家度假村坐落于神山公园，环境优美，其他公园也在附近。度假村中的农舍式房间散落在基纳巴卢山之中。住宿从基本的宿舍房间到豪华套房，应有尽有。建议游客们通过网站进行咨询预订。www.mesilaunatureresort.com

哥打基纳巴卢：Backpacker Lodge

地址：Lot 25, Lorong Dewan, Australia Place, 88000　电话：(088) 253-385　房间数：10

这家旅馆也被称为 Lucy's Homestay，是一个适合背包客的便宜住所。旅馆提供的设施非常基础，入住宿舍的客人需使用公共浴室。旅馆内有一个公共区域，可以聊天和看电视。旅馆还可以帮助住客安排登山旅行。www.kinabalu-backpackers.com

哥打基纳巴卢：Trekker's Lodge

地址：30 Jalan Haji Saman, 88803　电话：(088) 252-263　传真：(088) 258-263　房间数：12

旅馆坐落在哥打基纳巴卢最为方便的地区，对于预算有限的游客，此处也是不错的选择。旅馆提供整洁的房间、公共浴室，还有一间有风扇的宿舍。旅馆还有免费的早餐、全天咖啡和茶供应。服务人员还可为住客提供旅行安排。www.trekkerslodge.com

哥打基纳巴卢：Beverly Hotel

地址：Lorong Kemajuan, 88000　电话：(088) 258-998　传真：(088) 258-778　房间数：200

这家酒店提供了舒适优雅的客房，并配备迷你酒吧、免费内播电影观赏和互联网接入等服务。酒店内还有商务中心、健身中心、游泳池和一个屋顶游泳池，以及一间 Bamboo 餐厅和一家咖啡厅。www.vhhotels.com

哥打基纳巴卢：Kinabalu Pine Resort

地址：Kundasang Ranau Highway, 89300　电话：(088) 243-629　传真：(088) 259-552　房间数：64

这家度假村位于外神山公园，为游客们提供了壮观的景色。酒店的房间拥有木质的大阳台，宽敞舒适，客人可以沉浸在松树的香气之中。酒店还有一个儿童游乐场及户外烧烤场地，因此深受家庭游客的欢迎。www.kinabalupineresort.com

哥打基纳巴卢：Jesselton Hotel

地址：69 Jalan Gaya, 88000　电话：(088) 223-333　传真：(088) 240-401　房间数：32

这家始建于 20 世纪 50 年代的酒店，是哥打基纳巴卢最古老的酒店。如今的精品酒店翻新于 20 世纪 90 年代。酒店的客房舒适大方，拥有卫星电视、迷你酒吧、茶和咖啡设备等设施。酒店内部的 Gardenia Grill Room 餐厅提供优质的餐饮服务。www.jesseltonhotel.com

哥打基纳巴卢：Le Hotel

地址：Jalan Tun Fuad Stephens, Sinsuran, 88000　电话：(088) 319-696　传真：(088) 317-697　房间数：306

酒店前身为时尚且价格合理的 Le Meridien Kota Kinabalu 酒店，如今变身为哥打基纳巴卢的新一代精品酒店，这里为客人提供了非常优质的服务。酒店的每个房间都可以欣赏到离岸岛屿的美景，房间内还有特大号的床和豪华的浴室。提供免费 WiFi。www.lehotel.com.my

哥打基纳巴卢：Nexus Resort Karambunai

地址：Kampung Karambunai, 88450　电话：(088) 411-222　传真：(088) 411-020　房间数：490

坐落于哥打基纳巴卢东北的一片原始海滩之上的这家五星级酒店拥有数量众多的舒适且美妙的房间。酒店还提供一系列水上活动，如高尔夫、独木舟、风帆船等。酒店的房间费用包括机场接送，以及免费早餐和晚餐。免费 WiFi。www.nexusresort.com

哥打基纳巴卢：Hyatt Regency Kinabalu

地址：Jalan Datuk Salleh Sulong, 88991　电话：(088) 221-234　传真：(088) 218-909　房间数：288

这家潮流酒店是一家国际连锁酒店，位于海滨的城市中心，提供了非常舒适的住宿体验。酒店内部有中餐馆和日本餐厅。酒店设施包括一处 SPA 和露天泳池。www.kinabalu.regency.hyatt.com

哥打基纳巴卢：Sutera Harbour Resort

地址：1 Sutera Harbour Boulevard, 88100　电话：(088) 318-888　传真：(088) 317-777　房间数：956

酒店位于南部的城市中心，规模庞大，包括两个部分，以及一个大型码头和 27 洞高尔夫球场。每个房间都可欣赏到梦幻般的海景。酒店的水疗中心可向客人提供非常受欢迎的芳香疗法。www.suteraharbour.com

价格列表见272页；图标含义见封底勒口

哥打基纳巴卢：Shangri La Tanjung Aru

地址：Tanjung Aru, Locked Bag 174, 88995　电话：(088) 225-800　传真：(088) 217-155　房间数：495

位于丹戎阿鲁，接近哥打基纳巴卢机场，这是一家令人愉快的豪华五星级度假酒店。它拥有设备完善的客房，并且为客人提供了一系列活动，比如骑马、观鸟等。酒店内还有一个游泳池，以及 8 间餐厅和酒吧。这是一家非常适合家庭入住的酒店。www.shangri-la.com

拿笃：The Executive Hotel

地址：Jalan Teratai, MDLD No. 0852, Lahad Datu, 91121　电话：(089) 881-333　传真：(089) 881-777　房间数：50

这间酒店为客人提供了非常好的住宿体验，设备齐全的客房和周到的服务令人难忘。酒店还提供接机服务。酒店内部餐厅如 Spring Palace 餐厅（见 307 页）和咖啡馆，服务优良，提供的食品十分可口，且每晚都有现场演出的娱乐活动。

纳闽岛：Grand Dorsett Labuan Hotel

地址：Lot 462, Jalan Merdeka, Labuan, 87029　电话：(087) 422-000　传真：(087) 425-176　房间数：178

这家酒店是典型的国际连锁，提供舒适的住宿，酒店房间铺有地毯，还有宽敞的阳台、迷你酒吧和卫星电视。酒店内部的 Victoria's Brasserie 及 Fun Pub 两家餐馆都是很好的就餐选择。植物园也位于酒店附近。www.granddorsett.com/labuan

纳闽岛：Tiara Labuan Hotel

地址：Jalan Tanjung Batu, Labuan, 87015　电话：(087) 414-300　传真：(087) 410-195　房间数：71

该酒店位于市中心，距离机场不远，周边还有一个高尔夫俱乐部。酒店拥有完善的设备，酒店套房则被热带植被环绕，环境宜人。酒店餐厅提供中西菜肴，还可以烧烤。酒店还有一个大堂吧和酒吧，值得一去。www.tiaralabuan.com

山打根：Hotel Sabah

地址：Jalan Utara, 90703　电话：(089) 213-299　传真：(089) 271-271　房间数：120

这家酒店被热带植物环绕，远离市中心，为游客们提供了一个绝佳的住宿选择。每一间客房都非常舒适干净。酒店设施包括一个大型游泳池、SPA 和按摩服务。从酒店前往西必洛人猿保护中心（见 190 页）也非常方便。www.sabah-hotel.com.my

山打根：Hotel Sandakan

地址：Block 83, Town Center, Lebuh 4, 90007　电话：(089) 221-122　传真：(089) 221-100　房间数：105

这家酒店可以说是留宿山打根最方便的选择，因为它的位置在市中心，距离所有值得一游的景点都很近。酒店的客房装饰高雅，设备齐全。餐厅服务周到，且提供国际美食。宴会设施也算得上一流。www.hotelsandakan.com.my

山打根：Sepilok Nature Resort

地址：Labuk Road　电话：(089) 228-081　传真：(089) 271-777　房间数：17

度假村坐落在茂密的森林之中，周围还有一个漂亮的湖，客人在此可以尽情地享受田园风光。酒店基础的小屋客房配有高架风扇或空调、电视，还有迷你酒吧。酒店旁边就是西必洛人猿保护中心，所以幸运的话你会在附近看见猩猩的身影。www.sepilok.com

山打根：The Last Frontier Boutique Resort

地址：PPM 309, Elopura, Sandakan, 90000　电话：(016) 676-5922　房间数：20

酒店坐落于原始森林保护区的深处，为入住的客人提供食品，还有各项丰富多彩的活动，比如远足、乘船游览等。自然爱好者可以参加丛林徒步旅行，享受观鸟的快乐。而夜间散步还有可能看到野生动物，如猴子和大象。www.the-lastfrontierresort.com

仙本那：Seafest Hotel

地址：Jalan Kastam, 91308　电话：(089) 782-333　传真：(089) 782-555　房间数：63

这是仙本那最高级的酒店，从机场到此大概需要 1 小时的车程。酒店的房间内有电视、咖啡和茶具设施。酒店内的健身中心和商务中心环境还不错，餐厅可以提供当地和国际的美食。www.seafesthotel.com

仙本那：Sipadan Water Village Resort

地址：TB226, Lot 3 Wisma MAA, Tawau, 91000　电话：(089) 797-006　传真：(089) 784-228　房间数：45

度假村坐落在位于一个架空的原始水圈中的麻布岛上，房费价格还包括潜水、所有膳食和跳水活动的费用。度假村中的每个小屋都有自己的私人甲板，可以全景欣赏珊瑚礁，房间内则有抛光木地板和藤制的家具，非常典雅。www.swvresort.com

诗巴丹：Sipadan Kapalai Dive Resort

地址：484 Bandar Sabindo, Tawau, 91021　电话：(089) 765-200　传真：(089) 763-575　房间数：15

这家位于岛上的度假村提供了愉快的住宿体验，客房包括住宿和公寓。提供的套餐包括住宿、膳食和一天的三个活动。从山打根乘船到此需要 90 分钟，酒店环境非常宁静，是昂贵且奢侈的享受。www.sipadan-kapalai.com

斗湖：Belmont Marco Polo

地址：3 Jalan Clinic, Tawau, 91008　电话：(089) 777-988　传真：(089) 763-739　房间数：146

这是斗湖最好的住宿地点。酒店的房间宽敞且提供了良好的设施，但你仍可看出酒店悠久的历史。酒店内配备一个商务中心、咖啡店和一个中餐厅。酒店还设有机场大巴，使它成为一个游客前往西巴丹岛潜水停留的方便地点。www.marimari.com

新加坡

殖民区：Grand Copthorne Waterfront
地址：392 Havelock Road, 169663　电话：6733-0880　传真：6737-8880　房间数：550　　城市地图：4 A2

这家酒店房间装潢非常温馨且具有特色，拼花地板和周围的绿藤植物令人清难忘。游客们在房间内便可欣赏到新加坡河及这座城市的美景。酒店 6 楼还有网球场，其健身房和游泳池也值得推荐。附近的克拉码头有很多酒吧和餐馆可供选择。另外，这家酒店还是一家非常受欢迎的大型旅游集团。www.millenniumhotels.com.sg

殖民区：Grand Park City Hall
地址：10 Coleman Street, 179809　电话：6336-3456　传真：6339-9311　房间数：326　　城市地图：5 D2

该酒店坐落于翻新的店屋之中，并在设计上保留了店屋的许多建筑细节。酒店拥有一个巨大的大堂，客房的落地玻璃窗可以让客人俯瞰游泳池。时髦且著名的 St. Gregory 水疗就位于这家酒店内。这家水疗的特色在于拥有温泉，并提供中式和泰式的按摩服务。www.parkhotelsgroup.com

殖民区：Naumi
41 Seah Street, 188396　电话：6403-6000　传真：6403-6010　房间数：79　　城市地图：3 E5

这个时尚的精品酒店位于新加坡市中心的商业区，风格独特，吸引了不少游客。所有客房内都拥有一个咖啡机，以及开放式的厨房。天台的泳池更是酒店的一个亮点。酒店配备了专门的服务人员，作为游客们每天 24 小时的助手，帮助游客合理安排旅行。酒店还拥有一个女性专用楼层。www.naumihotel.com

殖民区：Novotel Clarke Quay Hotel
地址：177A River Valley Road, 179031　电话：6338-3333　传真：6339-2854　房间数：398　　城市地图：5 D2

酒店位于河滨，优越的地理环境为住客提供了非常完美的住宿体验。在克拉码头及周边地区，入住这种小客房可以享受到周边的便捷设施。这里的短途船运可以带领客人到达许多岸边酒吧和餐馆。也可在酒店的户外用餐区享受愉快的美食时刻，泳池条件也很好。www.novotel.com

殖民区：Peninsula Excelsior Hotel
地址：5 Coleman Street, 179805　电话：6337-2200　传真：6339-3847　房间数：600　　城市地图：5 D2

该酒店处于非常受游客欢迎的良好位置，性价比也非常高。酒店包括两个塔楼和一个美食广场。这里的环境十分安静，塔楼的房间可以全景欣赏新加坡河，房价却相对较低。在毗邻大堂的地方，还有一个环境幽雅的泳池。www.ytchotels.com.sg

殖民区：Carlton Hotel
地址：76 Bras Basah Road, 189558　电话：6388-8333　传真：6399-6866　房间数：914　　城市地图：5 D1

酒店坐落在殖民区，入住此处可在步行距离之内到达许多主要景点，位置优越。酒店还提供了智能且现代化的住宿设施。酒店建筑分为三部分，分别是主楼、高级套房和商务酒店。所有房间都十分宽敞且设施齐全。酒店的早餐包含在房费之内。www.carlton.com.sg

殖民区：Conrad International Centennial
地址：2 Temasek Boulevard, 038982　电话：6334-8888　传真：6333-9166　房间数：507　　城市地图：5 F2

这家酒店靠近中央商务区，是一家豪华商务酒店，提供了无可挑剔的服务和特殊的客房体验。比如客房中的泰迪熊和浴缸里的橡胶鸭子等。还有精美的巧克力和水果拼盘，房间中甚至有一个枕头菜单，让客人可以选择自己喜爱的枕头。www.conradhotels.com

殖民区：The Fairmont Singapore
地址：80 Bras Basah Road, 189560　电话：6339-7777　传真：6337-1554　房间数：769　　城市地图：5 D2

这家酒店曾被评为"世界最佳酒店"，位于新加坡的商业和文化区之中。富丽堂皇、装饰一新，拥有精美的客房、无可挑剔的酒店服务，令不少宾客流连忘返，并成为这里的常客。而酒店中的 16 家著名餐厅和精湛的温泉设施，更为其增添了无限的魅力。www.fairmont.com

殖民区：Marina Bay Sands
地址：10 Bayfront Avenue, 018956　电话：6688-8868　房间数：2561　　城市地图：5 F3

滨海湾金沙酒店牢牢占据滨海湾的醒目位置，很难被错过，事实上，这家繁忙的五星级酒店已经成为城市地标之一。酒店房间十分宽敞，装饰有品位，从房间窗户向外看，可欣赏到完美风景。入住顾客一定不要错过位于顶层空中花园的无边泳池。www.marinabaysands.com

殖民区：Pan Pacific Singapore
地址：7 Raffles Boulevard, Marina Square, 039595　电话：6336-8111　传真：6339-1861　房间数：775　　城市地图：5 F2

这家酒店拥有一个 35 层的中庭，另外引人注目的还有大堂中展示新加坡国花卓锦·万代兰的意大利玻璃壁画。酒店可谓融合了一家豪华酒店的全部：舒适的客房、一流的商业设施，套房提供高端的管家式服务，酒店内还有 6 家获奖餐馆的连锁店。免费 WiFi。www.panpacific.com

殖民区：The Fullerton Singapore
地址：1 Fullerton Square, 49178　电话：6733-8388　传真：6735-8388　房间数：400　　城市地图：5 E3

酒店坐落于国会大厦的前身，其建筑颇有历史感，结构完整，拥有廊柱与拱形天花板以及惊人的阳光中庭大堂，装修精美，曾经赢得许多褒奖。另外，该酒店地理位置极其优越，靠近新加坡河与滨海湾的交界处，更为其增添了无限的吸引力。免费 WiFi。www.fullertonhotel.com

价格列表见287页；图标含义见封底勒口

殖民区：Mandarin Oriental Singapore

地址：5 Raffles Avenue, Marina Square, 039797　电话：6338-0066　传真：6339-9537　房间数：527　　城市地图：5 F2

黑色大理石、真皮座椅，以及手工编织地毯，可让你与这些豪华设施亲密接触的酒店，便是此家。毫不夸张地说，作为新加坡最好的酒店之一，充满活力的绘画和新加坡的老照片已经融入了该酒店的设施之中。从一些房间中可以看到港口，而行政级别房间的奢华程度是值得赞叹的。酒店的自助早餐也非常丰富。www.mandarinoriental.com

殖民区：Marina Mandarin

地址：6 Raffles Boulevard, Marina Square, 039594　电话：6845-1000　传真：6845-1001　房间数：575　　城市地图：5 F2

这家酒店的最大特色在于其个性化的装饰以及独特的大堂装潢。酒店将不同的房间各自命名。比如其中一间被命名为"金星"，完全满足了独立自主的女性旅行者的喜好。酒店距游船码头很近。www.mertushotel.com

殖民区：Raffles Hotel

地址：1 Beach Road, 189673　电话：6337-1886　传真：6339-7650　房间数：103　　城市地图：5 E1

作为世界上最高级的酒店之一，莱佛士酒店（见 214～215 页）完美地散发出优雅的气质和殖民地时期的著名特色。酒店内精湛的设施和完美的服务更为其增加了独特的风采。酒店房间非常时尚，并拥有 9 家一流的餐厅、5 个酒吧、1 个烹饪学院和 1 个豪华水疗中心，还有著名的新加坡莱佛士酒店商场。www.raffleshotel.com

殖民区：Ritz–Carlton Millenia

地址：7 Raffles Avenue, 39799　电话：6337-8888　传真：6338-0001　房间数：608　　城市地图：5 F2

这家酒店拥有全新加坡最好的宴会厅，以及非常杰出的当代艺术收藏。这家规模惊人且著名的酒店坐落于广阔的热带花园里，并可以看到风景优美的港口和城市的天际线。另外值得一提的是，在酒店宜人的风景区内，还有一个冷热兼具的按摩池，堪称完美。www.ritzcarlton.com

牛车水：Amara Singapore

地址：165 Tanjong Pagar Road, 88539　电话：6879-2555　传真：6224-3910　房间数：380　　城市地图：4 C5

酒店坐落于地铁站旁，交通便利。而且这个时尚的酒店拥有宽敞的客房，并配有雅致素净的装饰。房间的浴室内配有浴缸和大理石台面水槽。商务旅客也会对这里的设施印象深刻。酒店拥有几家不错的餐厅、一座网球场和一个室外游泳池。www.amarahotels.com

牛车水：Furama Riverfront

地址：405 Havelock Road, 169633　电话：6333-8898　传真：6733-1588　房间数：605　　城市地图：4 A2

这家以时尚和现代风格为定义的酒店，在客房内设有厨房。客人们可以享用酒店内各项方便舒适的设施，比如商务中心、健身中心、室外游泳池、按摩池、网球场以及餐厅。另外，酒店提供免费穿梭巴士，接送游客至牛车水和乌节路。www.riverfront.furama.com

牛车水：Hotel Miramar

地址：401 Havelock Road, 169631　电话：6733-0222　传真：6733-4027　房间数：342　　城市地图：4 A2

酒店坐落于克拉码头和罗伯森码头之间，可以说它完全位于这座城市最好的夜生活聚点。另外，酒店距离购物天堂乌节路也非常近。除了宜人的客房和高效的服务，酒店还提供了餐饮、商务中心、室外游泳池、SPA 中心、健身房等设施。www.miramar.sg

牛车水：Hotel Re!

地址：175A Chin Swee Road, 169879　电话：6827-8288　传真：6827-8289　房间数：140　　城市地图：4 B3

这家酒店独具特色，个性十足，可谓新加坡精品酒店中的佼佼者，而且酒店的价格非常合理，因此吸引了不少游客。酒店客房的面积不大，但时尚与复古家具完美结合。酒店的每一层都有自己的主题颜色。大堂内有免费的上网厅（Internet Kiosk），SPA 中心则是一个放松的好地方。从酒店步行便可到达地铁站。www.hotelre.com.sg

牛车水：Berjaya Singapore

地址：83 Duxton Road, 089540　电话：6227-7678　传真：6227-1232　房间数：48　　城市地图：4 C4

作为新加坡最古老的精品酒店，这家酒店提供了非常优良的住宿环境，酒店的外观相对传统，但室内却融合了现代装饰与旧世界特征，比如螺旋木楼梯等，给游客们留下了非常深刻的印象。酒店拥有一系列豪华客房，还设有私人庭院和花园。而其优越的地理位置，也成为不少人选择它的原因。www.berjayaresorts.com

牛车水：Copthorne King's Hotel

地址：403 Havelock Road, 169632　电话：6733-0011　传真：6732-5764　房间数：310　　城市地图：4 A2

这家商务酒店位置优越，可以步行到达新加坡的夜生活聚点——Mohammad Sultan 路，前往中央商务区和乌节路也非常方便。酒店的豪华客房配备有私人阳台。酒店内的设施非常齐全，拥有桑拿、蒸汽房、按摩浴缸以及户外活动区域。www.millenniumhotels.com.sg

牛车水：Furama City Centre

地址：60 Eu Tong Sen Street, 059804　电话：6533-3888　传真：6534-1489　房间数：445　　城市地图：4 B4

酒店坐落于新加坡的中心位置——中国城之内，建筑外观非常独特。而酒店的内部整体设计则采用了现代、简约的风格。另外，这家酒店也非常适合商务旅客，拥有优良的设施，包括一间非常个性化的文具店。从酒店到达中央商务区也非常方便。www.citycenter.furama.com

牛车水：Holiday Inn Atrium

地址：317 Outram Road, 169075　电话：6733-0188　传真：6733-0989　房间数：508

酒店非常难得地坐落在城市的安静地段，可谓其一大特色。而酒店壮观的 27 层玻璃中庭更吸引了不少游客的目光。酒店舒适的客房非常宽敞，且性价比非常高。酒店的工作人员都善于多种语言，且很有礼貌。非常热门的俱乐部 Zouk（见 255 页）也在附近。酒店提供前往克拉码头的免费穿梭巴士。www.holiday-inn/atrium-sin

---

Ⓢ 低于 100 新元　ⓈⓈ 100～200 新元　ⓈⓈⓈ 200～300 新元　ⓈⓈⓈⓈ 300～400 新元　ⓈⓈⓈⓈⓈ 超过 400 新元

牛车水: Hotel 1929

地址: 50 Kong Saik Road, 089154   电话: 6347-1929   传真: 6327-1929   房间数: 32   城市地图: 4 C4

这家独特且富有个性的酒店, 因其坐落于一间 1929 年修建的店屋中而得名。如今这里的一切已经装饰一新, 虽然房间较小, 但是设施齐全。这里有一把漂亮的老式椅子, 是业主的私人收藏。酒店的套房中还有可爱的户外浴缸, 深受客人的喜爱。www.hotel1929.com

牛车水: New Majestic Hotel

地址: 31–37 Bukit Pasoh Road, 089845   电话: 6511-4700   传真: 6227-3301   房间数: 30   城市地图: 4 B4

酒店坐落于一座传统建筑之内, 位置便利, 靠近地铁站, 也在牛车水之内。这是一家设施现代且非常时尚的精品酒店。房间内特别选用了白色的装饰, 独特的灯光十分温馨, 并使用了 Kiehl's 化妆品和 Bose 音响。餐厅供应现代的中国食品。www.newmajestichotel.com

牛车水: The Scarlet Hotel

地址: 33 Erskine Road, 069333   电话: 6511-3333   传真: 6511-3303   房间数: 80   城市地图: 4 C4

酒店坐落在风景秀丽的历史区内, 拥有非常宽敞的大堂、独具特色的酒吧和餐厅。作为非常奢侈的精品酒店, 客房中的设备十分齐全, 装饰也很大气, 将青铜等元素完美融入。而吊灯和镀金的镜子也令人印象深刻。天台有一个时尚的酒吧和按摩池, 推荐游客们前去尝试。www.thescarlethotel.com

牛车水: Swissotel Merchant Court

地址: 20 Merchant Road, 058281   电话: 6337-2288   传真: 6334-0606   房间数: 476   城市地图: 4 C3

酒店良好的位置为其吸引了不少客人, 它不仅接近金融中心, 且与购物和娱乐场所相邻。酒店提供了舒适的客房、现代化的商务会议服务设施。可爱的屋顶游泳池深受欢迎。住客还可以在独立的浴缸内一边泡澡一边欣赏新加坡河的独特美景。www.swissotel-merchantcourt.swissotel.com

小印度: Checkers Inn Backpackers Hostel

地址: 50 Campbell Lane, 209922   电话: 6392-0693   房间数: 10   城市地图: 3 D3

这家外表色彩鲜艳, 热情友好的旅馆提供了便宜但舒适的住宿环境, 从旅馆前往 MRT 车站也很方便。旅馆最多可入住 75 人, 分为男性房、女性房和混合住房三种房型, 每间房 6~10 张床。1 楼房间只对女性开放。每层都有洗漱间, 住有 24 小时洗衣房。免费 WiFi。

小印度: The Inncrowd Hostel

地址: 73 Dunlop Street, 209401   电话: 6396-6694   传真: 6296-9169   房间数: 35   城市地图: 3 D3

该酒店提供非常干净且舒适的房间, 服务也特别到位。除此之外, 酒店还配备了非常出色的设施, 包括图书馆、厨房和洗衣机。酒店不仅提供多人合住的宿舍, 也有私人客房。浴室是公用的, 宽敞且通风。另外, 酒店靠近公交车站和地铁站, 交通便利。www.the-inncrowd.com

小印度: Hangout @ Mt Emily

地址: 10A Upper Wilkie Road, 228119   电话: 6438-5588   传真: 6339-6008   房间数: 51   城市地图: 2 C4

这是一家颇有感觉的精品酒店, 设有 24 小时的娱乐区, 并提供免费的茶和咖啡以及互联网服务。酒店房价中包括一顿免费的早餐, 性价比极高, 深受游客喜爱。酒店提供的是价格公道的小房间和宿舍, 房间内的装饰色调明快。游客们可以步行到达地铁小印度站, 非常方便。www.hangouthotels.com

小印度: Parkroyal Beach Road

地址: 7500A Beach Road, 199591   电话: 6298-0011   传真: 6296-3600   房间数: 341   城市地图: 3 F4

这家酒店坐落在阿拉伯区, 拥有宽敞的客房和公寓。酒店的泳池设施良好, 还有瀑布和日光浴, 深受游人的喜爱。酒店内还有个特色的水疗中心, 提供传统印尼香薰治疗。酒店的中国餐馆供应丰富的川菜。免费 WiFi。www.parkroyalhotels.com

小印度: Parkroyal on Kitchener Road

地址: 181 Kitchener Road, 208533   电话: 6428-3000   传真: 6297-2827   房间数: 534   城市地图: 3 E2

酒店的最大特色是高效且方便的旅游服务台, 提供订票服务并可安排当地旅游, 为游客们带来了极大的方便。酒店客房舒适, 配备了不少现代化的设施, 并设有一个温泉。酒店的位置也非常优越, 与不少著名购物中心相邻。www.parkroyalhotels.com

小印度: Perak Hotel

地址: 12 Perak Road, 208133   电话: 6299-7733   传真: 6392-0919   房间数: 35   城市地图: 3 D3

这间酒店非常现代化, 装修方面也十分精致, 建于土生华人特色的建筑当中, 颇有特色。对于喜欢探索小印度的街头来说, 且希望省钱的游客们来说, 这家酒店可谓最佳的选择。酒店的房间towards较小, 但非常干净, 服务也很个性化。周边公共交通便捷, 可以轻松达到。www.peraklodge.net

小印度: Summerview Hotel

地址: 173 Bencoolen Street, 189642   电话: 6338-1122   传真: 6336-6346   房间数: 100   城市地图: 3 D4

这家酒店的性价比非常高, 特别适合那些预算有限的游客。酒店的房间虽然不大, 但通风良好且非常干净。早餐也包括在房价之内。森林广场(见 250 页)是当地最受欢迎的电子卖场之一, 就在酒店的房边。www.summerviewhotel.com.sg

小印度: Albert Court Village Hotel

地址: 180 Albert Street, 189971   电话: 6339-3939   传真: 6339-3253   房间数: 210   城市地图: 3 D4

酒店具有非常明亮的当地华人色彩, 传统的柚木家具、仿古瓷器和老式黄铜配件与浴室设施, 完美地融合在了这个大气、舒适的酒店之中。酒店的庭院房间是一个特别令人愉快且满意的选择。在这里, 你会发现小印度五颜六色的商店和众多的餐馆都在酒店的对面。www.albertcourt.com.sg

价格列表见287页; 图标含义见封底勒口

小印度：Copthorne Orchid Hotel Singapore 　　　　　$$$

地址：214 Dunearn Road, 299526　电话：6415-6000　房间数：440　　　城市地图：2 A1

　　这家酒店的位置远离城市邻近新加坡植物园。酒店拥有非常宽敞舒适的客房，房间内的大窗户和阳台，以及颇有特点的装潢，令不少游客难忘。酒店的设施包括酒吧餐厅、卡拉 OK 酒廊、健身设施、商务中心，以及一个室外游泳池。酒店还提供免费的穿梭巴士，接送游客们到达乌节路。www.millenniumhotels.com

小印度：InterContinental 　　　　　$$$$

地址：80 Middle Road, Bugis Junction, 188966　电话：6338-7600　传真：6338-7366　房间数：403　　　城市地图：3 E5

　　酒店提供了无可挑剔的服务，酒店内部还有海峡华人的文物装饰，颇有历史感，会为游客们留下非常深刻的印象。另外，丰盛的自助早餐设在橄榄树餐厅内，提供特色西餐、中国菜和日本菜供客人们选择。www.intercontinental.com

小印度：The Sultan 　　　　　$$$$

地址：101 Jalan Sultan, 199002　电话：6723-7101　传真：6723-7110　房间数：64　　　城市地图：3 F4

　　位于甘榜格南中心地带的这家精品酒店由长屋改建而成，散发迷人的复古气息，提供舒适现代住宿环境。酒店房型分标准间和套房两种，酒店内的餐厅及酒吧充满时尚气质。酒店工作人员热情友好，提供优质的礼宾服务，商务设施完善。免费 WiFi。www.thesultan.com.sg

乌节路：YMCA International House 　　　　　$

地址：1 Orchard Road, 238834　电话：6336-6000　传真 6336-8003　房间数：111　　　城市地图：2 A4

　　该酒店之所以非常受欢迎，不只是因为其性价比在乌节路地区的众多酒店中显得十分突出，对于预算有限的游客来说非常划算，还因为其清洁的客房和最新的现代化设施，以及非常友好的工作人员。另外，客房和宿舍的价格都包括免费的早餐。私人房间费用更高些。www.ymcaih.com.sg

乌节路：The Elizabeth 　　　　　$$

地址：24 Mount Elizabeth Road, 228518　电话：6496-7699　传真：6732-3866　房间数：256　　　城市地图：2 A3

　　酒店坐落在乌节路上，环境宁静且接近绿色住宅区。这家老旧的酒店具有新古典主义的建筑外形和当代欧洲设计风格的装饰。通过落地的玻璃窗大堂，游客可以欣赏到园林水景，以及点缀在假山上的瀑布，非常惬意。www.theelizabeth.com.sg

乌节路：Orchard Parade 　　　　　$$$

地址：1 Tanglin Road, 247905　电话：6737-1133　传真：6733-0242　房间数：388　　　城市地图：1 D3

　　这家酒店坐落在安静的乌节路上，地中海主题充斥着整个酒店空间。酒店的装饰极具特色，泥土的色调，以及兵马俑文物、铁艺栏杆和独特的吊灯，令人印象深刻。酒店拥有宽敞的客房，并可为带孩子旅行的家庭提供额外的床。www.orchardparade.com.sg

乌节路：YWCA Fort Canning Lodge 　　　　　$$

地址：6 Fort Canning Road,179494　电话 & 传真：6338-4222　房间数：175　　　城市地图：5 D1

　　作为国际连锁旅馆的一部分，这家旅馆占据了一个十分优越的地理位置，靠近城市中心的福康宁公园。旅馆的房间内部设施非常基本，但很舒适，因可以欣赏到一些别致的公园景色。酒店提供简单的早餐自助。对于背包客和预算有限的游客来说，这家旅馆是一个非常好的选择。www.ywcafclodgeorg.sg

乌节路：Goodwood Park Hotel 　　　　　$$$

地址：22 Scotts Road, 228221　电话：6737-7411　传真：6732-8558　房间数：233　　　城市地图：2 A3

　　这家建于 1900 年的酒店，颇有历史感。现在这里是一处指定的国家历史遗迹，经常接待国际政要和名人。酒店的周围环绕着一个漂亮的花园。所有的客房均装饰典雅，无论殖民地风格还是现代特色的，全部面临风景优美的泳池区。www.goodwoodparkhotel.com

乌节路：Grard Park Orchard 　　　　　$$$

地址：270 Orchard Road, 238857　电话：6732-1111　传真：6732-7018　房间数：308　　　城市地图：2 A4

　　这家酒店坐落在乌节路的黄金地段，靠近多处购物中心、商业以及娱乐场所。酒店提供各种各样的客房，全部面积很大，并且通风良好。此外，酒店其他的标准设施也很出色，完美的商务中心、餐厅，以及一个游泳池，都会给游客们留下深刻的印象。空中酒吧在当地人中也很受欢迎。www.parkhotelgroup.com

乌节路：Hotel Rendezvous 　　　　　$$$

地址：9 Bras Basah Road, 189559　电话：6336-0220　传真：6337-3773　房间数：298　　　城市地图：5 D1

　　混合旧殖民地时代的优雅与现代装饰的大气，让这家酒店的设计独具特色。而酒店高效的服务和各类设施更是令人难忘。酒店提供贵重物品保管箱和行李房，还可为住客们延长住宿的时间。在酒店还有一个放松的好去处，便是位于 3 楼的游泳池，那里被完整的热带植物包围，很有情调。www.rendezvoushotels.com/singapore

乌节路：Le Grove Serviced Apartments 　　　　　$$$

地址：32 Orange Grove Road, 258354　电话：6732-2212　传真：6738-9281　房间数：97 个单元　　　城市地图：1 E1

　　这家酒店被绿树环抱，环境幽雅。酒店提供公寓式的服务，不仅允许住客延长停留的时间，也为带孩子出游的家庭旅游提供了很大的方便。游客们可以选择一居室、两居室或三居室，每种户型都有一个设备齐全的厨房，会每天提供相关的客房服务。www.legrove.com.sg

乌节路：Orchard Hotel Singapore 　　　　　$$$

地址：442 Orchard Road, 238879　电话：6734-7766　传真：6733-5482　房间数：656　　　城市地图：2 A4

　　酒店坐落在乌节路的安静地段，却接近所有的商场，非常方便。酒店的客房装饰反映了一种西方和东方的混合搭配，红木床头柜和丝绸灯罩会给人留下非常深刻的印象。酒店有一个非常豪华的舞厅，并拥有购物商场。另外，附近还有店大使馆。www.millenniumhotels.com.sg

$ 低于 100 新元　　$$ 100~200 新元　　$$$ 200~300 新元　　$$$$ 300~400 新元　　$$$$$ 超过 400 新元

乌节路：Pan Pacific Orchard

地址：10 Claymore Road, 229540　电话：6737-0811　传真：6737-9075　房间数：200　　　城市地图：1 F2

整间酒店的风格可谓低调简约，其设计融合了意大利和东方装饰的双重风味。而酒店的房间也都非常舒适且一尘不染。大多数房间内配备了巨大的浴室，还备有咖啡机。酒店中齐全的办公设施，也会为商务旅客留下非常美好的印象。酒店的游泳池非常干净，使用的是含有矿物质的水。免费 WiFi。www.panpacific.com

乌节路：Somerset Orchard Singapore

地址：160 Orchard Road, 238842　电话：6735-0500　传真：6831-1811　房间数：88　　　城市地图：2 B4

此家酒店的地理位置非常优越，可以步行到达附近的购物和娱乐区，另外到达地铁站也非常方便。这家时尚的酒店提供的是舒适、宽敞的公寓式房间。特色套房内有 3 间卧室，所有厨房设施一应俱全，因此这家酒店是家庭旅行非常好的一个选择。有时候酒店会要求住客的最短停留时间为 7 天。www.somerset.com

乌节路：Traders Hotel

地址：1A Cuscaden Road, 249716　电话：6738-2222　传真：6831-4314　房间数：546　　　城市地图：1 E2

这家酒店的最大特点便是商务设施齐全，提供设备先进的休息室，客人们在退房之前都可以免费使用。另外，所有客房都是公寓，干净舒适，值得推荐。酒店还有特别的优惠礼包，延长住宿以及在附近的东陵坊购物中心（见 249 页）购物均可享受折扣。www.shangri-la.com/singapore/traders

乌节路：York Hotel Singapore

地址：21 Mount Elizabeth Road, 228516　电话：6737-0511　传真：6732-1217　房间数：407　　　城市地图：2 A3

尽管邻近繁忙的购物区，这家酒店的环境却非常安静宜人。酒店的工作人员可为客人提供家庭式的服务，如果需要，可提供相邻的房间或者安排额外的空间。酒店拥有一个巨大的游泳池，沿着酒店的房间而建，一个长满棕榈树的日光浴与花园相搭配，深受客人们的喜爱和欢迎。www.yorkhotel.com.sg

乌节路：Concorde Hotel Singapore

地址：100 Orchard Road, 238840　电话：6733-8855　传真：6732-7886　房间数：407　　　城市地图：2 A4

酒店的客房简单且时尚，温暖的色调搭配着最先进的家居设施，令人印象深刻。酒店的大部分客房均配有阳台，客人们可以在这里享用美味的茶点。酒店工作人员服务热情，全程为客人提供优质的服务。免费 WiFi。www.singapore.concordehotelsresorts.com

乌节路：Hilton Singapore

地址：581 Orchard Road, 238883　电话：6737-2233　传真：6732-2917　房间数：422　　　城市地图：2 A4

这家酒店内的购物商场非常有特色，不少为人熟知的国际大牌云集于此，比如 Mulberry、Missoni 等。酒店的房间非常舒适，还拥有极其出色的屋顶游泳池，可以俯瞰城市风光。此外，酒店内还有一家不错的港湾烧烤和牡蛎酒吧。www.singapore-hilton.com

乌节路：Holiday Inn Singapore Orchard City Centre

地址：11 Cavenagh Road, 229616　电话：6733-8333　传真：6734-4593　房间数：315　　　城市地图：2 B4

对于经常来新加坡旅行的人来说，这家酒店非常有名。酒店拥有设备齐全的客房以及舒适的大床，酒店员工的周到服务也让人增色不少。屋顶的游泳池可以看到美丽的夜景，而窗外的花园式餐厅，也让住客感到此店如其名。www.holidayinn.com

乌节路：Mandarin Orchard Singapore

地址：333 Orchard Road, 238867　电话：6737-4411　传真：6732-2361　房间数：1051　　　城市地图：2 A4

酒店位于乌节路的中间位置，酒店因其时尚且舒适的客房而广受好评，而酒店内令人赞叹的餐馆和酒吧，堪称新加坡美食界的中流砥柱。从位于高层的酒店房间，还可以欣赏到马六甲海峡和马来西亚碧蓝的天空。www.meritushotels.com

乌节路：The Quincy Hotel

地址：22 Mount Elizabeth, 228517　电话：6738-5888　传真：6510-1938　房间数：108　　　城市地图：2 A3

这家开业于 2009 年的精品酒店位于乌节路附近，深受各类游客的欢迎。酒店提供包罗万象的服务，从机场接送客人到自助早餐、午餐，以及特色酒店晚餐和夜生活的鸡尾酒。酒店房间的装饰则非常大胆有趣。在简约风格的大堂内还设有供客人免费上网的电脑。整家酒店都有免费 WiFi。www.quincy.com.sg

乌节路：Royal Plaza on Scotts

地址：25 Scotts Road, 228220　电话：6737-7966　传真：6737-6646　房间数：511　　　城市地图：2 A3

酒店拥有气势恢宏的大厅，配有两个宏伟的楼梯以及壮观的玻璃圆顶，仿佛随时迎接着客人们的到来。酒店的服务非常周到，房间内有免费 WiFi、咖啡机，免费的酒吧里还摆放着各种水、软饮料及啤酒。一些房间内还配有一个单独的更衣室，非常方便。www.royalplaza.com.sg

乌节路：Sheraton Towers

地址：39 Scotts Road, 228230　电话：6737-6888　传真：6737-1072　房间数：420　　　城市地图：2 A3

这家酒店是全球十大商务酒店之一，而喜来登的酒店品牌也素以奢侈高雅的风格著称。酒店内各种设施齐全，玻璃装潢的大堂有着宽敞的楼梯。酒店客房提供非常柔软且豪华的床，绝对是其一大特色。每天晚上，大堂钢琴酒吧都会有现场音乐表演。www.sheratonsingapore.com

乌节路：Singapore Marriott

地址：320 Orchard Road, 238865　电话：6735-5800　传真：6735-9800　房间数：393　　　城市地图：2 A4

这家酒店的特别屋顶设计可以说是新加坡的标志性建筑。酒店内的豪华客房全部以时髦的现代风格做装饰，因此非常受欢迎。酒店还有一家露天咖啡馆，游客们不要错过。屋顶游泳池的装潢豪华大气，还有服务员随时招呼客人，递上兰花和毛巾，其装潢也豪华大气。www.singaporemarriott.com

价格列表见289页；图标含义见封底勒口

乌节路：Four Seasons

地址：190 Orchard Boulevard, 248646   电话：6734-1110   传真：6733-0682   房间数：254   城市地图：2 A4

作为世界上最豪华的连锁酒店之一，这家酒店提供了幽雅的住宿环境和设施，而其无可挑剔的服务更是众所周知。酒店内有优质的健身器材、高品质的音响系统。而婴儿用品（收费）以及各类设施细节，无不给客人带来惊喜。www.fourseasons.com

乌节路：Grand Hyatt

地址：10 Scotts Road, 228211   电话：6738-1234   传真：6732-1696   房间数：662   城市地图：2 A3

酒店拥有一个漂亮的游泳池，非常吸引人。泳池周围环绕着郁郁葱葱的花园，层叠的瀑布壮观美丽，令人心醉。酒店的房间内部采用深色木材和皮革装饰，从房间的阳台还可以俯瞰花园。酒店还拥有一个受欢迎的酒吧和餐厅 Mezza9（见 312 页），值得尝试。www.singapore.grand.hyatt.com

乌节路：Shangri-La Singapore

地址：22 Orange Grove Road, 258350   电话：6737-3644   传真：6737-3257   房间数：760   城市地图：1 E1

作为新加坡最流行的酒店之一，这家美丽的大酒店位于城市绿洲之中，可以享受到繁华与宁静的双重魅力。酒店的玻璃墙设计，使得客人们可以俯瞰茂密的热带花园以及户外步行道和一个地下游泳池。酒店的工作人员都非常细心，令人印象深刻。www.shangri-la.com

城市郊外：Fern Loft East Coase

地址：693 A East Coast Road, 459058   电话：6449-9066   传真：6449-9066   房间数：22张床，4个宿舍

距离樟宜机场只有 10 分钟路程的这家舒适的旅馆提供多种类型的客房，包括私人房间和多人宿舍。入住此处，也仿佛是入住了一个大家庭。酒店提供免费的早餐，还有一个阅览室、一个餐厅和酒吧及其他设施。从酒店可以步行到达海滩，那里有新加坡最好的海鲜餐厅。免费 WiFi。www.fernloft.com

城市郊外：One Florence Close

地址：1 Florence Close, Upper Serangoon Road, 549588   电话：6289-9005   房间数：26张床，10个房间

这家旅馆的装潢简约舒适，远离城市中心，住宿的环境非常安静怡人，非常适合预算有限的游客。旅馆的房间内都配备了旅馆基本设施，且非常干净。公共浴室虽然不大，但非常现代化。不过，6 岁以下的儿童不允许在此入住。只收现金。www.oneflorenceclose.com

城市郊外：Changi Village

地址：1 Netheravon Road, Changi Village, 508502   电话：6379-7111   传真：6545-0112   房间数：380

酒店虽然远离城市中心，但因其位于机场附近，且提供免费穿梭巴士，交通非常方便。酒店附近有不少景点和活动设施，吸引了很多客人，比如沿景区的步道、皮划艇、海滩、高尔夫球场设施，而且樟宜监狱博物馆等著名景点也都在这一区域内。www.changivillagehotel.com.sg

城市郊外：Grand Mercure Roxy

地址：50 East Coast Road, Roxy Square, 428769   电话：6344-8000   传真：6344-8010   房间数：539

这家酒店虽然不大，对于那些想寻找安静地段或是带孩子旅行的游客来说，这里是很好的选择。酒店的位置远离城市的喧嚣，并接近东海岸公园。酒店附近有海滩、餐厅、商店，还可以进行不少娱乐活动，比如自行车和徒步旅行等。提供免费机场班车服务。www.mercure.com

城市郊外：Hotel Royal

地址：36 Newton Road, 307964   电话：6253-4411   传真：6253-8668   房间数：331   城市地图：2 B2

酒店提供宽敞的客房和高效的服务，酒店内还有餐厅、酒吧、商店、自助洗衣房等设施。这家酒店特别受大型旅游团体的喜爱。热衷于品尝地方风味食品的游客也非常适合入住于此，因为周围就有一处非常著名的小贩摊档市场。www.hotelroyal.com.sg

城市郊外：The Sentosa Resort & Spa

地址：2 Bukit Manis, Sentosa, 099891   电话：6275-0331   传真：6275-0228   房间数：215

这家度假村酒店拥有一个面临马六甲海峡的游泳池，深受客人们的欢迎。酒店还有一家著名的户外餐厅，坐落在美丽的热带花园之中。花园中配有人行道，游客们可以与孔雀邂逅。酒店的豪华客房拥有大阳台。一个 130 级楼梯的沙滩步道直接与宁静的海滩相连。www.thesentosa.com

城市郊外：Shangri-La's Rasa Sentosa Resort

地址：101 Siloso Road, Sentosa, 098870   电话：6275-0100   传真：6275-1055   房间数：459

这家价格不菲的度假村位于圣淘沙岛屿的西段，拥有安静的大海，以及棕榈成行的白色沙滩。入住这里的客人可以选择海景房，房间内有一个大阳台，景色壮观。酒店为儿童提供的设施中包括一个游戏中心。此外，还提供各种服务，比如可以散步和骑自行车，并可帮助客人安排旅程。www.shangri-la.com

城市郊外：Capella Singapore

地址：1 The Knolls, Sentosa, 098297   电话：6377-8888   传真：6337-3455   房间数：112

这家世界级的酒店坐落于圣淘沙占上 12 公顷的茂密热带雨林之中，不仅豪华且私密性极佳。酒店的客人可以享受到独特的私人助理服务。酒店的外形非常现代化，漂亮的无边泳池和美丽的花园相邻，堪称完美。www.capellasingapore.com

城市郊外：Singapore Sentosa Cove

地址：21 Ocean Way Sentosa, 098374   电话：6808-7288   传真：6808-7289   房间数：240

当游客踏上圣淘沙岛，看见这座酒店，无一例外都会发出"wow"的赞叹声。也许接待处的欢迎舞蹈并不是每个人都喜欢的，但酒店内的人都非常亲切，尤其是价格稍高一些的"奇趣房"（fabulous rooms），提供了可以让所有人满意的完美入住体验。酒店服务堪称完美。www.whotels.com

$ 低于 100 新元 $$ 100~200 新元 $$$ 200~300 新元 $$$$ 300~400 新元 $$$$$ 超过 400 新元

餐饮信息

于对各种食材和风味调料进行了巧妙组合，马来西亚和新加坡的烹饪呈现出独特的魅力，为游客们提供了令人兴奋的全新体验。属于马来人、华人和印度人等不同族群的招牌菜，在马来西亚和新加坡的各个地区都能找到，也从一定程度说明了这三大种族是马新两国人口的主要组成。餐馆类型多样，品质普遍不错——无论奢华酒店内的豪华餐厅，还是本地市场的简易路边摊。在一些大城市和核心地区，例如吉隆坡、新加坡、哥打巴鲁、乔治市和马六甲，通常有丰富多样的餐饮选择，你会发现意、法、墨、越、日等国风味的餐馆。即使在相对较小的城市，也能找到不少物美价廉的餐饮好选择。

餐馆种类

在马来西亚和新加坡，餐饮选择从根本上可以分为三大类：街边摊位、传统茶室（kedai kopi）或咖啡室，以及由俭至奢各价位的餐馆。

在街边摊位吃饭，并不仅仅因为低廉的价格，其实这里的食物口味丝毫不亚于高级餐馆，而且在路边摊用餐是体验当地文化的好方法，大多数当地人都喜欢在这里享用美味。茶室是朴实无华的街坊饭馆，菜肴种类有限，价格很便宜，虽然在服务和环境方面稍逊色，烹饪水准还是相当高的。

餐馆种类丰富，从街边店到高档餐厅，能够满足各类食客的不同需求。价格最贵的餐馆，绝大多数位于吉隆坡和新加坡。在一些海滩度假村和大城市，还有不少极佳的海鲜餐馆，提供当地正宗的鲜美海味。

在相对较大的游客聚集地，例如新加坡、吉隆坡、沙捞越和槟城，游客有机会在欣赏文艺演出的同时享用美味。这类文艺演出由传统音乐家和舞蹈家领衔，他们会在晚餐高峰时段进行表演。尽管并非所有人都喜欢在用餐时观看演出，不过这类演出为短期游客提供了初步了解当地文化的机会。但是，与常规的经济型餐馆相比，这样的用餐场所价格偏高。

沙爹是最受欢迎的马来特色美食之一

阅读菜单

事实上，几乎所有的餐馆和咖啡馆，以及众多街边摊位，商家都以英文对其所销售的食物进行了标示。如果商家无法提供英文菜单，不妨直接用手指出想要选择的菜肴。不过，并不是所有的菜品都能够被看到，因此可能无法做出全面的选择。通常来说，菜单会

顾客在传统茶室放松休闲

以不同的主要食材进行分类，例如鸡肉、牛肉、猪肉（所有穆斯林餐馆一律不供应猪肉菜肴）、海鲜和蔬菜等。菜量相对较大，两个人用餐的话，通常三道菜就已经足够吃饱。

餐桌礼仪

马来西亚和新加坡的用餐风俗适应起来并不困难。通常，叉子和勺子是首选用餐工具，尽管在吃面条等食物时用筷子更加方便。用餐时，各道菜肴会搭配一盘或一大碗米饭呈上餐桌，供大家依据自己的食量分而取之。敬老尊贤的概念在亚洲文化里很重要，因此和当地人同桌用餐时，最好等全部人里年龄最长者先取用食物后再开餐，以示礼貌。

预订

通常来说，前往餐馆用餐并不需要提前预订，除非是那些最受欢迎的热门餐馆，或是价格较贵的高档餐厅。周末餐馆总是非常繁忙，因为当地的

吉隆坡中国城一家食肆内享用午餐的顾客

大多数家庭都会外出聚餐。值得注意的是，拥有特别饮食需求的客人，需要在点餐之前向餐厅经理进行说明。

酒水饮料

随着马来西亚和新加坡旅游业的迅速发展，许多餐馆都向客人供应酒精饮料，但是价格总体偏高。不过，所有穆斯林餐馆一律不销售酒类饮品。在街边摊位，通常很容易喝到啤酒和鲜榨果汁。丰富多样的热带水果令人难以抗拒，许多餐馆和食肆都会使用水果混合制作奶昔和冰沙。

椰花酒（Tuak），或者称米酒，在沙巴和沙捞越的长屋中酿造，但是这种酒的后劲很大，谨防饮用过量。

付款与小费

并非所有餐馆都接受信用卡支付，除了一些中档或高档酒店内的餐厅。因此最好随身携带充足的现金。在马来西亚和新加坡，当地人普遍没有支付小费的习惯，因为账单里通常已经包含服务税和政府税，在旅游区餐馆工作的职员大多也已经习以为常。

街头美味

品尝各种街头美味，是来

古晋的希尔顿酒店内的牛排馆供应的精致美食

马来西亚和新加坡旅游的一大亮点，当地特色美味对游客来说极具诱惑力。在街边摊位用餐的另外一大优势，便是可以一次性品尝到马来、中式和印度等不同风味的美食佳肴。绝大多数摊位的食物价格都很便宜，通常只制作一种菜肴，包括米饭、面条或沙爹烤串。煮炒（cze char），在马来西亚和新加坡的大街小巷都能够找到，客人从众多食材中挑选出自己想吃的，然后告诉店家如何烹饪以及喜好哪些酱料，煮炒摊位上总会提供一系列时令新鲜的菜品选择，包括肉丸、春卷、豆腐和填满内馅的辣椒等。

香槟与葡萄酒

素食者

在马来西亚和新加坡，除了本地市场里随处可见的丰富的新鲜水果蔬菜以外，素食主义者通常很难在餐馆找到不包含肉类和海鲜的纯素食菜单。不过，一些信誉可靠的南印度餐馆会提供素食肴，同时，所有中餐馆的菜单上都会至少有一道什锦蔬菜。分别位于新加坡和吉隆坡的小印度，都为素食主义者提供了一系列广泛的用餐选择。另外，几乎所有的街边摊位都是现场烹饪食物，素食者可根据自己的意愿要求店家避免使用肉类。

儿童就餐事宜

在马来西亚和新加坡，没有限制儿童前往餐馆就餐的相关规定；事实上，在绝大多数餐馆，儿童就餐受到了普遍的欢迎。有些餐馆还会供应特别的儿童餐食。对于不习惯辛辣食物的人来说，温和的中式汤羹和米饭堪称最佳选择。当地政府对食物烹饪和质量的控制很严格，不过，家长依然应该多加小心，因为儿童很容易在旅途中感染上与食物和饮水相关的疾病。

吸烟

根据当地相关法律规定，在密闭空间和空调环境里，吸烟是绝对禁止的，因此马来西亚和新加坡2/3的餐馆为禁烟场所。与此同时，大约1/3的用餐场所拥有露天阳台，或设有户外吸烟区。

沙捞越诗巫的煮炒摊位上展示着各式各样的美味

马来美食风味

　　马新两国人都对美食抱有极大的热情，因此在这里的市场总能找到丰富优质的食材：像山一样的卷心菜、茄子、芒果和菠萝，堆放在干虾米、肉蟹、牛肉排、卤水鸭的旁边。一些摊位专营各个品种的稻米，因为米饭是马来西亚饮食中最常见的主食；还有一些摊位专门销售调味品和酱料，例如马来菜中必不可少的隆巴和峇拉煎，还有沙爹绝对是世界闻名的特色美味。

高良姜、柠檬草和鸟眼椒

中会加入椰奶（santan）。

　　制作面条的原料很多，包括小麦、鸡蛋、稻米或绿豆，可煎可炒，或加入蔬菜和肉类煮成汤面。典型的马来粉面是叻沙（laksa）和马来捞面（mee rebus），通常会佐以美味的辣味酱汁。

隆巴与参巴酱

　　精心调配的风味香料与酱料是马来菜诱人的秘密所在，最广泛使用的是隆巴（rempah），将蒜、柠檬草、青葱、高良姜和生姜在杵臼中混合研磨而成。用肉桂、胡荽籽、丁香、干胡椒

吉隆坡邱奇渔获市场上的摊位

米饭与面条

　　米饭（nasi）和面条（mee）是马来人日常餐饮的基础，烹饪方式会根据调味酱汁、肉汤和咖喱的不同而变化。米饭的形式多样，炒饭、蒸饭、糯米饭或粥（bubur），有时还会作为开胃的汤羹。通常米饭会蒸熟后搭配不同的浇头食用。椰浆饭（nasi lemak）

莲雾

榴莲　　木瓜

芒果　　菠萝　　柚子　　火龙果

杨桃

本地区的热带水果

马来菜肴与特产

沙爹鸡肉

　　在马来西亚和新加坡，几乎任何食物都可以被当作早餐，不过最受当地人欢迎的要数叻沙（辣汤面）和椰浆饭。当地人午饭通常只吃一道菜，一般会选择什锦饭或炒面。晚餐时，人们经常呼朋唤友或全家聚餐，分享各种经典马来菜肴，例如沙爹（satay，辣味肉串搭配花生酱）、仁当和烤鸡（用蒜和青柠腌渍鸡肉后烤熟并搭配辣参巴酱）。一般来说，一顿美餐会以红豆刨冰或一盘新鲜水果收尾。由于对美食抱有持久且强烈的热情，当地人是绝不会错过夜宵的，从一碗热气腾腾的米汤到一盘烧烤鸡翅，都是相当诱人的美味之选。

炒面（Mee goreng）是一种与蔬菜、肉、鱼或豆腐一起热炒的黄色面条，最后以柠檬作为装饰配菜。

古打毛律市场上一位妇女在贩卖水果和其他农产品

甜辣味肉汁的米粉。东马来西亚的特色美食包括沙捞越的立努特（linut）和沙巴的鱼汤西米糕（ambuyat），这两种半透明酱料都由西米、巴菇（paku，丛林蕨类）和拉鲁（jaruk，将野猪肉混合盐和稻米后在竹筒内烹煮）制成。

等香料调味的咖喱口感更浓厚，也可将这些香料用油炝炒后加入肉类和蔬菜中。参巴酱（sambal）是一种辣椒酱，由辣椒、盐和醋混合而成，通常作为配菜使用。备受欢迎的参巴峇拉煎（sambal belacan）是将辣椒、盐、糖和发酵的虾酱捣碎混合，之后再挤入青柠汁。

娘惹与婆罗洲美食

马来美食深受中、印、泰、印尼等文化的影响，不过也存在不少地区差异，尤以婆罗洲、娘惹或土生华人的食物最为与众不同。

与当地女性通婚的华人商人将辛辣的马来调味料与马来菜肴中常用的猪肉、鸭肉等材料结合，使用中式烹饪技巧制作，还加入了葡萄牙、印度和泰式料理的元素，创造出独特的娘惹美食。

最典型的娘惹菜是炒米粉（mee siam），一种佐以酸

槟城关仔角小贩中心里的沙爹烧烤

各地区的叻沙

叻沙这道全民大爱的汤面美食，在马来西亚各地的做法都不相同，主要包括如下几种：

亚参叻沙（Assam Laksa）：来自槟城地区，用来增添酸爽的口感，同时还会加入熟鱼片、野生姜芽和峇拉煎。切碎的菠萝为整道菜增添了甜蜜的色彩和味道。

柔佛叻沙（Laksa Johor）：是一种口感很浓厚的鱼肉叻沙，以椰奶、小茴香、胡荽籽和姜黄等调味。还会用黄瓜、豆芽和越南薄荷作为配菜。

沙捞越叻沙（Sarawak Laksa）：以柠檬味道浓烈的卡拉曼西汁烹制鸡肉和大虾，是沙捞越叻沙的亮点和特色。烤制过的米饭和椰肉，使得这道菜呈淡褐色。

新加坡叻沙（Singapore Laksa）：烹制这道口感浓厚、略带酸爽的叻沙需要使用油炸的凤尾鱼、峇拉煎和椰奶等食材，顶端覆盖美味的鱼饼。

仁当（Rendang），受印度尼西亚菜的影响，这是一种热辣的咖喱炒菜，通常以鸡肉、羊肉和牛肉作为主料。

椰浆叻沙（Laksa lemak），在吉隆坡各处都能够找到，又被称为咖喱叻沙，以大虾、豆腐和鸡蛋入菜。

红豆刨冰（Ais kacang），将刨冰和糖浆、果冻、玉米、红豆等材料进行混合，最后再浇上美味的炼乳。

马来中国菜

　　几个世纪以来，华人一直在这个地区从事经商贸易活动，但是直到19世纪，受到锡矿和金矿开采业以及种植园农业的吸引，大量华人移民开始陆续涌入并定居下来。华人移民最集中的地区便是在新加坡，如今，这里的饮食习惯依然以中餐为主导。同时，中餐对马来西亚的影响也很明显，在传统马来美食中，米饭和面条基本是当地人每一餐的主食。

干香菇

吉隆坡中国城里的街头油炸小吃

区域影响

　　在马来西亚和新加坡能够找到的中餐，多是粤菜，以温和的口味和丰富的小吃著称，例如点心（dim sum）。客家菜，发源于中国广东省和福建省，擅长混合新鲜和腌渍食材入菜。猪肉（尤其是猪腩肉）是首选的肉类食材。海南菜的主要特色是使用新鲜食材，尽量避免不必要的香料和调味品。海南菜为马来西亚和新加坡饮食带来的最大影响，便是这个地区最受欢迎的日常菜肴之一——海南鸡饭。福建菜，有时也被称为农家美食，除了精巧诱人的春卷，面条也是福建菜中极为常见的，例如福建炒面（Hokkien mee）。潮州菜以潮州粥（muay）闻名——这种粥以白米浓汤为底料，加入小龙虾、咸蛋和新鲜蔬菜等配菜，文火煮制而成。

小笼包
香菜饺
叉烧包
虾饺
韭菜饺
烧卖
三鲜元宝饺

各种蒸饺是典型的中式点心

中餐菜单

香浓的猪排香菇汤

肉骨茶（Bak kut the）福建菜，排骨汤。

炒饭（Cao fan）粤菜，什锦炒饭。

炒粿条（Char kway teow）福建菜，辣味米面条，搭配蛤蜊、香肠和鸡蛋，用酱油调味。

叉烧面（Cha siew mee）粤菜，清汤鸡蛋面，搭配叉烧肉馅云吞。

猪肠粉（Chee cheong fun）福建菜，填满虾仁或猪肉馅的米粉卷。

虾面（Hay mee）福建菜，虾仁和排骨汤面。

卤鸭（Lou ark）潮州菜，红烧鸭肉。

擂茶饭（Lui char fan）客家菜，米粥搭配花生碎、红薯叶、干胡椒和薄荷。

豆豉排骨（Pai quat）粤菜，以豆豉调味的蒸猪排骨肉。

豆豉五花肉（Sek bak）福建菜，以辣味豆豉酱烹制的猪腩肉。

煲仔饭（Sha bou fan）粤菜，用砂锅烹制米饭，加入鸡肉、火腿、咸鱼和酱油。

烧卖（shao mai）粤菜，包裹碎肉馅，类似饺子的面食。

马来印度菜

印度移民浪潮集中在19世纪，大批劳工跨海越洋来到英国人经营的橡胶种植园工作，并定居下来。大部分移民都是来自南印度的印度教教徒，他们也给马来饮食习俗带来了重大影响。尽管米饭是印度菜中常见的主食，豆类及各种各样的面饼也是其典型的烹饪特色，例如抛饼、烤饼和薄饼。印度菜中最普遍使用的调味料是辣椒、小茴香、麻辣咖喱、胡荽、芥末籽、姜黄、酸奶、椰肉和酥油等。

烤饼

印度名菜。在北印度，面饼比米饭更受欢迎。与北印度地区主打面饼和肉类的饮食习惯不同，南印度菜以米饭和多种蔬菜为主，倾向于辛辣口味，以大量使用椰奶、扁豆和咖喱叶为特色。塔利（thali）是南印度最常见的食物，通常盛在一个大托盘上，摆满了各种小份的菜肴和调味料。

马来西亚兰卡威市场中的一筐筐辣椒

北部与南部风格

北印度菜以大量使用乳制品为特色，酱汁浓郁厚重。许多菜都在一种名叫坦都（tandoor）的圆柱形黏土烤炉内烹制完成，例如烤饼（naan）以及著名的坦都里烤鸡（Tandoori chicken），都是享誉世界的

穆斯林美食

马来西亚能够找到的第三种印度菜，便是穆斯林美食。通常在街边摊位上售卖，特色菜包括炒面（mee goreng，辣味炒面）、啰喏（rojak，油炸蔬菜和海鲜佐以甜辣酱汁）和捞面（mee rebus，黄面条和绿豆芽相混合，搭配甘薯浇汁，顶端摆放一枚煮鸡蛋）。

椰奶罗望子酱汁鱼　　绿豆达尔　　马沙拉鹰嘴豆　　香蕉酸辣酱
咖喱虾　　　　肉饭　　　椰肉酸　　黄瓜酸辣酱
　　　　印度抛饼　　辣酱　　柠檬酱

塔利，摆在芭蕉叶上

马来西亚的印度菜

红扁豆

从清晨开始，在马来西亚各地的抛饼（roti）摊位上，厨师们就开始不停地揉压面团，使其变成一块圆形薄饼，再对折，然后在平底锅上煎炸。这种抛饼可以蘸着咖喱酱吃。不想吃辣的人也可以加上砂糖当作早餐。午餐时段，在印度穆斯林的街边摊位上，最受欢迎的菜是蔬菜捞面（mee rebus）。晚餐的选择十分多样，其中最具代表性的有印度香饭（biryani）和塔利。印度香饭以调味过的米饭为基础，加入藏红花、坚果和蔬菜等，搭配肉类、海鲜或蔬菜一起食用。塔利则是一种以托盘或香蕉叶作为容器的菜肴，上面摆满了蔬菜、鱼类或肉类咖喱，还有豆类（dal）、咸菜和酸奶（raita），以及米饭、面饼或炸圆面包。

羊肉印度香饭，以藏红花和其他香料调味

餐馆信息

　　以下精选出的这些餐馆，入选原因均是其食品、设施以及地理位置的优越性。价格也在后面列出。新加坡地区的餐馆及价格提示在 309 页、311 页和 313 页均有列出。吉隆坡城市地图在 78 ~ 85 页，新加坡城市地图则在 258 ~ 267 页。

价格目录
此价格为每人 3 个菜以及 1 杯无酒精饮料的价位，并包含餐馆服务费（10%）和政府税（6%）
⑩ 低于 25 林吉特
⑩⑩ 25 ~ 50 林吉特
⑩⑩⑩ 50 ~ 100 林吉特
⑩⑩⑩⑩ 100 ~ 150 林吉特
⑩⑩⑩⑩⑩ 超过 150 林吉特

吉隆坡

安邦：Tamarind Springs

地址：Jalan 1, Taman Tun Abdul Razak, Ampang, Selangor, 68000　电话：(03) 4256-9300

　　通往这家餐馆的小径两旁点着馨香的蜡烛，因为地处雨林的边缘地带，餐馆位置比较难找。在幽雅的环境里，游客可以尽享老挝、越南和柬埔寨的风味美食。餐馆在安邦的罗望子山还有一家分店。

孟沙：La Bodega

地址：16 Jalan Telawi 2, Bangsar Baru, Kuala Lumpur, 59100　电话：(03) 2287-8318

　　这家餐馆开设之初是西班牙小食吧，现在已经发展成为融小酒馆、熟食店和雪茄吧为一体的餐馆。这家店的西班牙菜十分出色，有西班牙小食（tapas）、海鲜饭（Paellas）和加泰罗尼亚菜系的各种美食。除了佳肴之外，店里还有各种美酒，比如桑格丽亚（Sangrias）等。另外，这家餐馆在吉隆坡有多家分店。

孟沙：Opus Bistro

地址：67 Jalan Bangkung, Bukit Bandaraya, Near Bangsar, Kuala Lumpur, 59100　电话：(03) 2092-4288

　　该餐馆位于环境安静的市郊，靠近孟沙的娱乐中心，提供了各式健康的意大利和泛欧美食。可以搭配不同酱汁的烤银鳕鱼（griled cod）是该店的特色菜。甜点主要是意大利蛋糕和酥饼（Pastry），还有各种精选的葡萄酒，其中一些品种按杯卖。

孟沙：Sage Restaurant & Wine Bar

地址：The Gardens Level 6, Mid Valley City, Kuala Lumpur, 59200　电话：(03) 2268-1328

　　这家高档日本餐馆被认为是吉隆坡最好的餐馆之一，菜单定期更换，推荐尝尝生牛肉配李子口味昆布酱。午餐套餐以及正餐单都很划算，按菜单点价格高一些。建议提前预订。

武吉免登：Sao Nam

地址：25 Tengkat Tong Shin, Kuala Lumpur, 50200　电话：(03) 2144-1225　　　　　城市地图：5 B2

　　可以说这家餐馆是吉隆坡最好的越南菜餐馆。而且，此处还是都市潮人的大爱，他们不仅会提前预订座位，甚至会提前预订像对虾山竹沙拉（prawn and mangosteen salad）这样的特色菜。分店设在 Subang Jaya 街的帝国购物中心（Empire Shopping Gallerg）。

武吉免登：Five Sen5es

地址：The Westin Kuala Lumpur, Jalan Bukit Bintang, Kuala Lumpur, 55100　电话：(03) 2773-8338　　城市地图：5 C3

　　这家时髦的非清真中餐馆位于 Westin 酒店（见 273 页）内，提供的是点心以及海鲜类菜品，所有菜肴都在一个开放式厨房中制作。每周一至周五供应的"吃到饱"（all you can eat）点心午餐是一个实惠的选择。周五及周六晚间还有海鲜自助餐。推荐菜品为蜜汁排骨。

武吉免登：Shook!

地址：1st Floor, Starhill Gallery, 181 Jalan Bukit Bintang, Kuala Lumpur, 55100　电话：(03) 2719-8535　城市地图：5 C3

　　入驻 Strarhill 购物中心的 shook！营造了一种简约而时尚的氛围，这里不仅有美味食物，还有现场爵士表演。四种不同的菜系在独立的四间开放式厨房中烹饪，可为顾客提供种类繁多的日本、中国、意大利和西式的烤类食物，酒的选择也比较多样。

武吉免登：Prego

地址：The Westin Kuala Lumpur, 199 Jalan Bukit Bintang, Kuala Lumpur, 55100　电话：(03) 2731-8333　城市地图：5 C3

　　位于 Westin 酒店（见 273 页）内、备受赞誉的 Prego 餐馆将意大利美食诠释得淋漓尽致。该餐馆共两层，底层有一个烧木头的比萨烤炉，街道区也有几张户外桌子。酒的种类比较平衡。该餐馆周日的香槟早午餐堪称吉隆坡一绝。

武吉免登：Third Floor

地址：3rd Floor, JW Marriott Hotel, 183 Jalan Bukit Bintang, Kuala Lumpur, 55100　电话：(03) 2141-3363　城市地图：5 C3

　　这家低调奢华的餐馆位于 JW Marriott 酒店（见 273 页）内，是环太平洋地区美食爱好者的必去之地。餐馆细心准备了各色精致美食，如塞入了虾慕斯的鹌鹑、糕点包裹的雪蟹以及枣蓉核桃派，提供的美酒搭配更是让佳肴锦上添法。

中国城：Old China Café

地址：11 Jalan Balai Polis, Kuala Lumpur, 50000　电话：(03) 2072-5915　　　　　　　　城市地图：4 F4

远离茨厂街（Jalan petaling, 唐人街）主要功能区的这家餐馆曾经是洗衣工协会的总部。餐馆内悬挂的黑白老照片和古色古香的装饰品让餐馆充满复古气息。这里供应美味的娘惹菜，如用发酵黄豆酱做的鸡肉土豆，名叫娘惹鸡（ayam pong teh）。

邱奇市场：Celestial Court

地址：Sheraton Imperial Kuala Lumpur, Jalan Sultan Ismail, Kuala Lumpur, 50250　电话：(03) 2717-9900　　城市地图：1 A4

这家位于 Sheraton Imperial 酒店（见 273 页）中的时髦中国餐馆非常受欢迎。它拥有宝塔风格的外观，为顾客提供美味的粤菜。菜式以海鲜为主，点心不仅是吉隆坡最好的，也是最有创意的。这是一家清真餐馆，不提供任何猪肉类的菜品。

邱奇市场：Mezza Notte

地址：Asian Heritage Row, Jalan Doraisamy, Kuala Lumpur, 50300　电话：(03) 2691-5667　　　　城市地图：1 B4

Mezza Notte 餐馆位于这座城市最传统的地区之一，风格却十分时尚现代，供应的是意大利菜和日本料理。菜单会定期更新。周六午餐时段及周日不营业。

邱奇市场：Villa Danieli

地址：Sheraton Imperial Kuala Lumpur, Level 5, Jalan Sultan Ismail, Kuala Lumpur, 50250　电话：(03) 2717-9922　　城市地图：1 A4

优雅的 Villa Danieli 位于 Sheraton Imperial 酒店（见 273 页）之中，是一家传统意大利餐馆，该店的特色在于所有的菜都用烧木炭的烤炉制作，以保持食物的原汁原味。餐馆位于泳池旁边，因此露天就餐座位十分吸引人。餐馆对酒的品质特别重视，甚至在开放式酒窖内设了一张桌子。

白沙罗：SOULed Out

地址：20 Jalan 30/70A, Desa Sri Hartamas, Kuala Lumpur, 50480　电话：(03) 2300-1955

融洽的气氛、美味的佳肴和上等的饮品，SouLed Out 将餐馆和酒吧成功结合，餐馆面积很大，吸引了许多老顾客，气动白色天幕下的桌子是店内的最佳位置。

金三角：Hakka

地址：6 Jalan Kia Peng, Kuala Lumpur, 50450　电话：(03) 2143-1907　　　　　　　　城市地图：6 D1

这是一家经验丰富的老店，主要供应来自中国广东和福建省的菜品，以家常菜为主，简单而美味，乡村鸡和客家酿豆腐（yong tau foo）都是推荐必点的美味。

金三角：Le Bouchon

地址：14 and 16 Changkat Bukit Bintang, Kuala Lumpur, 50200　电话：(03) 2142-7633　　　　城市地图：5 B2

这家餐馆的独特之处在于地道传统的法国菜以及高水平的服务，环境幽雅舒适，能让客人回忆起淳朴的法国乡村风情。这里的酒类品种多样，有玛尔戈红葡萄酒（Margaux）也有玛格丽特河（Margare River）。餐馆不提供猪肉类菜品。

金三角：Soo Kee

地址：14 Medan Imbi, Kuala Lumpur, 55100　电话：(03) 2148-1324

距离武吉免登轻轨仅 5 分钟路程的 Soo Kee 是一家露天餐馆，为顾客提供简单快速的服务。吉隆坡人也爱来这里品尝用鸡蛋沙司拌制的大虾炒面（Sang haryee lnee）；牛肉面和铁板豆腐也值得一试。周一不营业。

金三角：Dynasty

地址：Renaissance Kuala Lumpur Hotel, Jalan Ampang, Kuala Lumpur, 50450　电话：(03) 2162-2233　　城市地图：1 C5

这家中国餐馆位于 Renaissance 大酒店（见 274 页）内，主营粤菜，招牌菜是乳猪，还有其他珍馐如鲍鱼、鱼翅、燕窝，不过价格比较昂贵。白天和周末可以吃午茶（Dim sum lunch），一般不需要排队。

金三角：Ishq

地址：Main Lobby, Crowne Plaza Kuala Lumpur, Jalan Sultan Ismail, Kuala Lumpur, 50250　电话：(03) 2144-3440　　城市地图：1 A4

位于 Crowne Plaza 酒店（见 274 页）内的这间餐厅主营亚洲菜，包括泰国菜、柬埔寨菜、老挝菜和克什米尔菜。客人可以在室内就餐，也可以在封闭的露天园林区就餐。Ishq 还开设了一家酒吧，装修舒服，融合了法国殖民风格和印度—中国建筑风格。

金三角：Neroteca

地址：Ground Floor, The Somerset, 8 Lorong Ceylon, Kuala Lumpur, 50250　电话：(03) 2070-0530　　城市地图：1 B2

在这家时髦的意大利餐馆，游客会觉得自己恍如置身罗马。虽然这里地方不大，大家都开心地挤在一起享用意大利进口的肉和分量十足的意面。游客一定要品尝用野猪肉制作的 pappardelle neroteca。肉类和奶酪可外卖。建议提前预订。

金三角：NiroVivo

地址：3A Jalan Ceylon, Kuala Lumpur, 50200　电话：(03) 2070-3120　　　　　　　　城市地图：5 A2

这家餐馆以时尚流行的意大利菜为主，将传统意大利菜加以改良，不仅造型美观而且富有创意。沙拉、意大利面，以及传统肉类和鱼类菜肴都非常出色。另外，可以选择看得到吉隆坡塔（见 74 页）的户外位置用餐。NiroVivo 的葡萄酒品种也十分丰富，价格实惠，以意大利酒为主，性价比可算非常高。建议提前预订。

金三角：Pinchos Tapas Bar

地址：18 Changkat Bukit Bintang, Kuala Lumpur, 50200　电话：(03) 2145-8482　　　　城市地图：5 B2

　　这家很受欢迎的非清真西班牙小食吧供应的是 tapas（西班牙餐前小吃）和 pinchos（酒吧小吃）。推荐橄榄油浸大蒜虾（gambas al ajillo）和伊比利亚火腿（Iberian ham）。为搭配这些小吃，你还可以从酒单中选择西班牙红酒或者桑格里厄尼汽酒（sangria）。餐馆也提供啤酒和鸡尾酒。建议提前预订。开放时间是 17:00～次日 2:30，周一不营业。

金三角：Tarbush

地址：138 Jalan Bukit Bintang, Kuala Lumpur, 55100　电话：(03) 2142-8558

　　这家吉隆坡最受欢迎的餐馆之一最引以为傲的是它用最新鲜原料制作的中东风味美食以及优质贴心的服务。特色菜包括盘烤肉（platters of barbecued meats）和炸羊羔肉丸（lamb kibbeh）。无酵饼和精选拼盘是十分美味的开胃菜。Tarbush 在吉隆坡还有三家分店。

金三角：Enak KL

地址：LG2, Feast Floor, Starhill Gallery, 188 Jalan Bukit Bintang, Kuala Lumpur, 55100　电话：(03) 2141-8973　　　城市地图：6 D2

　　Enak KL 位于 Starhill Gallery 购物中心内，内部光线柔和，环境舒适，蜡染的桌布更是烘托出一种别样的气氛。Enak KL 为客人提供地道的马来西亚美食，餐馆服务水平高，热情的服务员会很乐意向客人介绍菜单上的美食，如望子辣炸虾（tumis udang）和椰汁牛肉（rendang padang）。

金三角：Lafite

地址：Shangri-La Hotel Kuala Lumpur, 11 Jalan Sultan Ismail, Kuala Lumpur, 50250　电话：(03) 2074-3900

　　可以说，Lafite 是吉隆坡最好的法国餐馆，一流的室内环境、贴心的服务和自创的食物相得益彰。Lafite 还为顾客提供了套餐选择。葡萄酒种类丰富，既有当年葡萄酒也有年份葡萄酒，世界各地的雪茄也都能在这里买到。

国油双峰塔：Little Penang Café

地址：Unit 409-411, Suria KLCC, Kuala Lumpur City Center, Kuala Lumpur, 50088　电话：(03) 2163-0215　　　城市地图：2 F5

　　一到午餐时间，当地的上班族就会一位于吉隆坡最热闹的商场里的这家小餐馆外面大排长龙，品尝槟城的特色美食，如鱼汤煮面（cassam laska）、虾炒面（char kway teow），再搭配上酸橙汁，能让人整个下午精神焕发。为了避免拥挤，游客可以选择晚上前去就餐。

国油双峰塔：Madam Kwan's

地址：Lot 420-21, Suria KLCC, Kuala Lumpur City Center, Kuala Lumpur, 50088　电话：(03) 2026-2297　　　城市地图：2 F5

　　Madam Kwan's 是连锁的小型餐馆，专卖马来西亚的街头小吃。位于国油双峰塔的这家店同马来西亚馆跟孟沙的店一样，为顾客提供品种丰富而且实惠的当地特色美食，如海南鸡饭、椰浆饭（nasi lemak）和辣牛肉仁当（rendang）。

国油双峰塔：Top Hat

地址：3 Jalan Kia Peng, Kuala Lumpur, 50450　电话：(03) 2142-8611　　　城市地图：6 D1

　　在公园深处的这座建于 20 世纪 30 年代的平房内，客人可以观赏到国油双峰塔，尤其在晚上视野更好。这里既可以按菜单点菜，也有娘惹菜、马来菜、泰国菜和西餐的套餐可选择，此外还有不同的素食选择。酒的品种不错，美味的甜点也是必点之物。

国油双峰塔：Still Waters

地址：Hotel Maya Kuala Lumpur, 138 Jalan Ampang, Kuala Lumpur, 50450　电话：(03) 2711-8866　　　城市地图：1 C5

　　位于 Hotel Maya 酒店（见 274 页）内的这家餐馆对日本菜进行了重新演绎，融入其他亚洲菜甚至是欧洲菜系的风格。搭配松露味噌的烤羊排体现了这家店的特色。酒的种类也很多，还有一个相邻的马提尼酒吧（martini bar）。

国油双峰塔：Cilantro

地址：MiCasa All Suite Hotel, Jalan Tun Razak, Kuala Lumpur, 50400　电话：(03) 2179-8000　　　城市地图：1 A1

　　Cilantro 或许可以算是吉隆坡最好的餐馆之一，位于 MiCasa 酒店（见 275 页）内，宁静的就餐环境特别适合享用日本菜或者法国菜。Cilantro 的招牌菜是奶油龙虾蒸鲈鱼和烤鳗鱼配鹅肝酱。周五的套餐需要提前预订。

国油双峰塔：Lai Po Heen

地址：Mandarin Oriental Kuala Lumpur, Kuala Lumpur City Center, Kuala Lumpur, 50088　电话：(03) 2179-8883　　　城市地图：2 E5

　　入驻 Mandarin Oriental 酒店（见 275 页）的 Lai Po Heen 同酒店的装潢风格相得益彰，主营经典粤菜。厨房的正面是玻璃，厨师在里面为客人准备伊面（e-fu）、蒸米纸鸡肉卷（steamed rice-paper chicken）和榴莲煎饼（durian pancake）。这里的清真点心也很出名。

国油双峰塔：Med@Marche

地址：Renaissance Hotel Kuala Lumpur, Jalan Ampang, Kuala Lumpur, 50450　电话：(03) 2162-2233　　　城市地图：1 C5

　　位于 Renaissance Kuala Lumpur 酒店（见 274 页）内的 Med@Marche 餐馆主营具有现代特色的地中海菜。创新的菜式有八角干胡椒鹅肝酱以及啤酒烧鹿肉。店内的小酒吧演奏的音乐十分美妙动听，步入式酒窖内珍藏着来自欧洲、美国和澳大利亚的美酒。

八打灵再也：Restoran Murni SS2

地址：53 Jalan SS2/75, Taman Sea, Petaling Jaya, Selangor, 47300

　　这家价格便宜且充满愉悦气氛的餐馆供应的是本地风味的马来西亚美食，户外四散的桌椅占据了几间商铺前的位置，适合赶时间的人。菜单上包括 25 种不同的烧烤，还有米饭和面条类菜肴。搭配饭菜，推荐尝尝新鲜的西瓜、猕猴桃或者杜果汁。周二至周日，24 小时营业。

价格列表见298页；图标含义见封底勒口

八打灵再也：Out of Africa

地址：1 Lorong Sultan (Kelab Syabas内), Petaling Jaya, Selangor, 46200　电话：(03) 7955-3432

客人在这里可以享用地道的南非家常菜。持续不断的创新也让这家店的声誉不断提高，店中菜品最有名的是地道的篝火烤肉。店内的酒都产自南非，还有一个自带的酒吧，名为 Kudu bar，是一处广受欢迎的观看体育比赛转播地点。

八打灵再也：Suchan

地址：1 Jalan Dato Mahmud (11/4), off Jalan University, Petaling Jaya, Selangor, 46200　电话：(03) 7957-9908

尽管这家店的位置比较难找，但这抵挡不住美食的诱惑。在菜品方面，这家店融合了中西风味，还有套餐提供。下午茶、咖啡和蛋糕都很美味。店内不提供酒水，不过顾客可以自带。

八打灵再也：Genji

地址：Hilton Petaling Jaya, 2 Jalan Barat, Petaling Jaya, Selangor, 46200　电话：(03) 7955-9122

Genji 是有名的日本餐馆，既有传统的日本菜也有店家自创的菜式。游客可选择在套房或榻榻米雅间就餐。寿司吧台提供了快速且美味的牛肉薄烧、面条类和黑鳕鱼，此外还有很多大阪特色菜。这里还有品种丰富的日本清酒、啤酒和葡萄酒。

中央车站：Vishal Chettinad Mess

地址：15 Jalan Scott, off Jalan Tun Sambanthan, Brickfields, 50470　电话：(03) 2274-0504　城市地图：4 D5

Vishal Chettinad Mess 就餐环境比较简朴，位于后街小巷，属于食堂风格的餐馆，可是就餐者总是络绎不绝，就为了品尝这里辛辣的 Chettinad 印度菜。所有的菜，不管咖喱羊肉还是烤面包片，都用芭蕉叶装盘。下午还供应美味可口的扁豆"甜甜圈"。

中央车站：Siu Siu

地址：5–11 Lorong Syed Putra Kiri, Taman Seputeh, near Sentral, Kuala Lumpur, 50450　电话：(06) 6370-8555

距中央车站仅 5 分钟车程的露天餐馆 Siu Siu 四周绿意盎然，可让顾客远离城市的喧嚣。Siu Siu 主营中国海鲜，没有菜单，因此需要询问推荐菜式，也可以直接点最受欢迎的辣椒蟹和烧烤猪肉。数量有限，所以最好早点去。周一不营业。

中央车站：Prime

地址：Le Meridien Kuala Lumpur, Level 5, 2 Jalan Stesen Sentral, Kuala Lumpur, 50470　电话：(03) 2263-7555　城市地图：3 C5

Prime 是吉隆坡最好的国际牛排餐馆，尽管这是一家传统牛排店，顾客在店内还是能发现一些现代气息，比如皮质的扶手转椅。店里的酒水品种丰富，从阿根廷、澳大利亚和美国运来的成熟牛肉是该店的特色。推荐试一试神户牛肉，能带你踏上真正的美食之旅。

中央车站：Senses

地址：Hilton Kuala Lumpur, 3 Jalan Stesen Sentral, Kuala Lumpur, 50470　电话：(03) 2264-2264　城市地图：3 C5

Senses 为喜欢创新的顾客提供了现代风格的澳大利亚菜，这些菜都是在该店有名的顾问主厨刘畅（音译）的指导下完成的。招牌菜是刘畅的创新传奇，一道名为"海洋的四种舞蹈"的菜肴。葡萄酒种类丰富。目前该店的发展方向是研究分子美食。

史里肯邦安：Kim Ma

地址：Palace of the Golden Horses, Mines Resort City, Jalan Kuda Emas, Selangor, 43300　电话：(03) 8943-4888

该餐馆装饰为中国唐朝风格，点缀着象征繁荣的红色。这里有美味的粤菜，菜单上主要是传统菜式，不过也有像椰汁奶酪炒虎虾这样的创新菜。

梳邦再也：The Emperor

地址：Grand Dorsett Subang Hotel and Towers, Jalan SS12/1, Subang Jaya, Selangor, 47500　电话：(03) 5031-6060

位于 Grand Dorsett Subang 酒店（见 275 页）内的 The Emperor，环境漂亮宽敞、食物美味，值得一去。该餐馆菜品以粤菜为主，也有部分川菜，还有鸵鸟肉和鹿肉等清真菜式。

湖滨公园：Ka Soh

地址：136 Jalan Kaah, Medan Damansara, Kuala Lumpur, 50490　电话：(03) 2093-0905

这家装修简单的中国餐馆气氛热烈，价廉物美。非清真菜单上（non-halal menu）为顾客们（这家餐馆尤受当地名流青睐）提供了超过 100 种菜式，包括不容错过的黄油龙虾和蜂蜜猪肉。Ka Soh 还有两家分店，分别位于武吉免登和 Mid valley Megamall 广场。

湖滨公园：Klimt's

地址：6–5 Jalan Batai, Damansara Heights, Kuala Lumpur, 50490　电话：(03) 2092-1978

Klimt's 是白沙罗的一家奥地利小餐馆，由家庭经营，为顾客提供个性化的服务和可口的食物。菜单上列出了家常的欧式西餐，如蘑菇汤、炸肉排、彩虹鳟鱼和果馅卷等。餐馆的墙壁上装饰着古斯塔夫·克里姆特（Gustav Klimt's）的画。

湖滨公园：The Drawing Room

地址：Carcosa Seri Negara, Lake Gardens, Kuala Lumpur, 50480　电话：(03) 2295-0888　城市地图：3 B3

The Drawing Room 位于历史悠久的 Carcosa Seri Negara 酒店（见 275 页）内，在这里顾客可以体验到殖民时期就餐的幽静气氛。酒店的下午茶深受吉隆坡上流社会喜爱，既有传统英式下午茶，也有马来风格的下午茶，还可欣赏到优雅的竖琴演奏。

半岛西北部

金马伦高原：Bunga Suria　　　　　🍽 Ⓥ　　　　　⒭⒨
地址：Jalan Camellia 3, Tanah Rata, 39000　电话：(05) 491-4666

　　Bunga Suri 南印度风味。餐馆干净整洁，而且让人感到十分亲切。这里有素食和非素食菜品。印度咖喱土豆卷饼（masala dosa）、咖喱羊肉（rava dosa）和鸡肉饺美味可口，包含几种精选菜的大浅盘（Thalis）物超所值。黑绿豆米饼（idlis）和香料茶就能组成一顿丰盛的早餐。

金马伦高原：Smokehouse Hotel　　　　♿🍴🛏🍷　　⒭⒨⒨⒨
地址：Tanah Rata, 39007　电话：(05) 491-1215

　　位于 Smokehouse 酒店内的这家餐馆主要供应昂贵的传统英国食物，如烤牛肉、约克郡布丁、牛排、肾馅饼和康沃尔郡馅饼。苹果派、布丁再搭配上奶蛋饼和其他甜点就是完美的一餐。下午茶包括司康饼配鲜奶油和草莓酱。

云顶高原：Kampung　　　　　🍴 Ⓥ　　　　⒭⒨⒨
地址：Genting Hotel, Pahang, 69000　电话：(03) 2718-1118

　　Kampung 虽然地处马来西亚最贵的避暑别墅之内，这里的食品和服务却物有所值。顾客可以根据菜单点菜，不过这里最吸引人的特色是价格合理的自助午餐和晚餐，可以品尝到多种多样的传统美食。

怡保：FMS Restaurant　　　　　🍷 Ⓥ　　　　⒭⒨⒨
地址：Jalan Sultan Idris Shah, 30000　电话：(05) 253 7678

　　FMS Restaurant 是怡保市最著名的中国餐馆之一，地处有名的老商场。特色菜是海鲜，种类有龙虾、软壳蟹、岩虾和乌贼等，还提供豆腐类的菜品。餐馆内有小酒吧，不过酒类品种较少。

槟城：Restoran Kapitan　　　　　🍽 Ⓥ　　　　⒭⒨⒨
地址：49 Lebuh Chulia, Georgetown, 10200　电话：(04) 264-1191

　　这家繁忙的印度餐馆服务高效，被一些人认为是槟城最好的印度餐馆，很受当地人欢迎。特色菜有北印度比尔亚尼菜、印式烧烤和印度面包。推荐菜式有咖喱鸡（Restoran Kapitan）和印度酸奶（lassi）。

槟城：Secret Garden　　　　　🍽🍷 Ⓥ　　　⒭⒨⒨
地址：414 Lebuh Chulia, Georgetown, 10200　电话：(04) 262-9996

　　Secret Garden 提供了价格非常低廉的健康国际美食。所有菜品均采用最天然的原料。菜单上所有的菜都是餐馆自己制作的，包括全麦面包和蛋糕。全天供应西式早餐。就餐者可以免费上网，晚上还能看一部免费电影。

槟城：Ferringhi Garden　　　　🌳🍴🍷 Ⓥ　　⒭⒨⒨⒨
地址：Jalan Batu Ferringhi, Batu Ferringhi, 11100　电话：(04) 881-1193

　　Ferringhi Garden 是巴都丁宜（见 108 页）最高档的餐馆之一，供应西餐和亚洲菜。主厨最拿手的菜是海鲜和牛排，也有马来菜，如槟城咖喱鸡和香辣马来虾。餐馆有品种丰富的酒和让人胃口大开的国际化甜点。

槟城：Hong Kong Restaurant　　　　　🍷　　　⒭⒨⒨
地址：29 Lebuh Cintra, Georgetown, 10100　电话：(04) 261-9796

　　顾名思义，Hong Kong Restaurant 的特色是港式海鲜和各种点心。顾客可以直接从鱼缸里挑选海鲜，大部分品种都比较常见，也有较少见的，如鲍鱼和龙虾。酒水包括健力士啤酒和冰啤酒，值得一试。

槟城：Nyonya Baba Cuisine　　　　　🍽　　　⒭⒨⒨⒨
地址：44 Jalan Nagore Road, Georgetown, 10050　电话：(04) 227-8035

　　Nyonya Baba Cuisine 餐馆因地道的娘惹菜而出名，餐馆位于一户传统槟城人家的前屋。菜肴主要由餐馆老板准备，那户人家则帮忙招呼客人。推荐菜有甲必丹咖喱（kapitan curry），里面的炸葱松脆可口，还有包在芭蕉叶里蒸的鲤鱼包（otak otak）。

兰卡威：FatCUPID　　　　　♿🍴 Ⓥ　　　⒭⒨⒨
地址：2273 Jalan Teluk Bahru, Kampung Tasek, 07000　电话：(017) 552-4223

　　兰卡威深受欢迎的餐馆，供应的菜品是由店主的娘惹祖母那一辈流传下来的。叻沙（laksa）和辣炒虾配米饭（nasi sambal udang）都十分美味，餐馆同时也供应西式餐点。每天营业，是一处热门早餐地。周二至周日供应早午餐、午餐和晚餐。

兰卡威：Malay House　　　　　♿🍴🍷 Ⓥ　　⒭⒨⒨
地址：Pantai Tengah, 07000　电话：(04) 995-6200

　　优雅正宗的马来餐馆 Malay House 供应各种当地的特色食品，据说这里由生活在当地村庄里的本地居民担任主厨。就餐者可以像当地人一样盘腿坐在手工编织的垫子上用餐。这里还供应西餐和海鲜。只在晚上营业。

价格列表见298页；图标含义见封底勒口

兰卡威：Nam Restaurant

地址：Pantai Cenang, 07000　　电话：(04) 955-6787

这家超级别致的餐馆位于 Bon Ton 度假村内，供应"当西餐遇上香料"的创新菜式。娘惹大浅盘非常值得一试。时髦的鸡尾酒、设计师独家设计、各种酒水和时髦的菜品都让来这家餐馆用餐成为马来西亚旅游最愉快的体验之一。

邦各岛：Daddy's Café

地址：Coral Bay, 32300　　电话：(013) 208-0404

坐落于一处美丽海滩边的 Daddy's Café 拥有可欣赏珊瑚湾风景的好视角，餐馆供应的是马来西亚海鲜类菜肴，使用的材料都是刚从海中捕获的，保证新鲜。也提供少量西式菜品。酒水单包括鲜榨果汁、鸡尾酒和啤酒。这家餐馆也是一处欣赏日落的好地方。

邦各岛：Uncle Lim's

地址：Pangkor Laut, 32200　　电话：(05) 699-1100

这家餐馆位于一块露出地面的岩石的顶部，能俯瞰马六甲海峡，风景十分优美。从开店起，与餐馆同名的主厨 Uncle Lim（林叔叔）就创作了多道美味可口的娘惹菜和福州菜。这里的海产品也十分新鲜，不要错过。

太平：Tops Thai

地址：Jalan Boo Bee, 34000　　电话：(05) 808-6296

这家餐馆主要供应泰国菜和中国菜。泰国菜以泰国中部风味为主，特色菜是美味的冬荫功汤（tom yam gung）和腰果鸡（gai pat met mamuang）。跟大多数非马来西亚餐馆一样，这里也供应以啤酒为主的酒精饮料。

半岛南部

新山：IT Roo Café

地址：17 Jalan Dhoby, 80000　　电话：(07) 222-7780

IT Roo Café 内部装饰风格简单、舒适明亮，是一家现代化的咖啡馆，供应美味且实惠的中餐和西餐。据说，这里提供的鸡肉类菜品是城里最好的，也提供一些方便可口的餐点，如汤、三明治、糖醋鸡和各种米饭及面食。

新山：Restoran Alif Laila

地址：57 Jalan Meldrum, 80000　　电话：(07) 226-0445

这家 24 小时营业的印度穆斯林餐馆价廉物美，每天都挤满了前来就餐的当地人，有些时候甚至很难找到座位，特别是在午餐时间。开设空间的就餐大厅走复古线路，摆满了木质的桌子和柳藤家具。印度烤鸡（Tandoori chicken）、烤饼（naan）和印度香饭（biryani）都是菜单上的热门。

新山：House of Sundanese Food

地址：3rd Floor，City Square Shopping Mall, Jalan Wong Ah Fook, 80000　　电话：(07) 226-6788

精美木质的屏风，以及爪哇艺术品装点着这家优雅的餐馆。餐馆供应的是西爪哇菜，该菜系以烧烤和海鲜为特色，著名的巽他（印尼）美食包括甜乌贼（cumi cumi bakar）以及炸鸡。餐馆供应猪肉类食品。

新山：Sizzling Stonegrill

地址：City Square, Jalan Wong Ah Fook, 8000　　电话：(07) 335-1133

Sizzling Stonegrill 距市中心较远，但在附近酒店住宿的游客到那里还是比较方便的。餐馆的特色在于用加热的天然火山石烹饪菜肴，牛排、混合肉类大浅盘、龙虾和蔬菜，放在刺刺作响的石头上端上桌，等肉类炖熟了就可以开动。

新山：Grand Straits Garden Restaurant

地址：3 Jalan Persiaran Danga, Kawasan Danga Bay, 81200　　电话：(07) 238-8118

尽管 Grand Straits Garden 餐馆地处市区西部，交通不便，却依然是柔佛最大、最繁忙的海鲜餐馆之一。这里的特色美食有龙虾、皇帝蟹、咖喱鱼头，甚至供应更稀有的鱼翅汤、鲍鱼、香辣鸭舌。游客们需要注意的是，该餐馆需要提前预订。

马六甲：A Discovery Café

地址：3 Jalan Bunga Raya, 75100　　电话：(06) 292-5606

A Discovery Café 为顾客提供简单的菜式，如咖喱、鱼、薯条和牛排，长久以来深受背包客的喜爱。该咖啡馆位于市中心河岸处，有视野极好的阳台，还设有图书馆、台球桌、飞镖靶，提供宽带网络。偶尔这里会举办现场音乐会。

马六甲：Harper's Restaurant

地址：2 Lorong Hang Jebat, 75200　　电话：(06) 282-8800

Harper's 是唐人街比较时尚的餐馆之一，由旧建筑改造而成，屋顶很高，有一条可以俯瞰河流的室外走廊。餐馆供应清淡的马来菜、海峡中国菜和西餐，如炸鸡、沙拉和意面。不过，这里的缺点是上菜比较慢。

马六甲：Nancy's Kitchen

地址：7 Jalan Hang Lekir, 75200　电话：(06) 283-6099

　　若想找一个好地方品尝地道的土生华人菜，位于唐人街街边的这家袖珍的家族经营餐馆是非常不错的选择。这里的特色菜有传统的鲤鱼包（otak otak）、香辣乌贼（sotong sambhol）和娘惹香料腌制的鸭子。值得注意的是，餐馆周二不营业。

马六甲：Nya Nya Restoran

地址：Jalan PM3, Plaza Mahkota, 75000　电话：(06) 283-6327

　　位于城市南部的 Nya Nya Restoran 离主要的旅游区较远，面积也不大，主营娘惹菜。精致的主食搭配可口菜肴，如椰汁菠萝饭（lemak nanas）、炸龙虾（udang goreng assam）和咖喱鸡，令不少游客难忘。餐馆周二不营业。

马六甲：Restoran De Lisbon

地址：18 Medan Portugis, 75050　电话：(06) 284-8067

　　在 Restoran De Lisbon，顾客可以品尝到最正宗的马六甲—葡萄牙菜，这里也是葡萄牙广场上唯一一家供应午餐和晚餐的餐馆。最有名的菜式是香辣蟹、龙虾和魔鬼咖喱。露天餐桌数量充足，但周末晚上总会高朋满座，十分热闹。

马六甲：Star Kitchen

地址：128 Jalan Tun Tan Cheng Lock, 75200　电话：(06) 282-9128

　　Star Kitchen 用镶贴瓷砖的地面和木头房梁营造出了非常舒适的氛围。顾客可以选择经典的葡萄酒搭配当地风味美食，比如玛格丽特葡萄酒搭配沙爹鸡肉比萨。店内还供应意大利面。每天营业至深夜。周二不营业。

马六甲：The Mansion

地址：The Majestic Malacca, 188 Jalan Bunga, 75100　电话：(06) 289-8000

　　The Mansion 位于 Majestic Malacca 酒店（见 278 页）内，在这里用餐可以欣赏到河岸风光。The Mansion 主营西餐和当地娘惹菜。在马六甲最好的餐馆就餐你丝毫不会感到沉闷，服务员会向你解释每一道陌生的菜肴。阿萨姆鲷鱼（Assam Snapper）不容错过。

丰盛港：Mersing Seafood Restaurant

地址：56 Jalan Ismail, 86800　电话：(07) 799-2550

　　繁忙的 Mersing Seafood 餐馆是品尝各种当地海产品最好的地方之一。炸鱿鱼、椰子虾和蒸鱼是最受欢迎的菜肴。另外，也推荐游客们尝试一些独特的私房菜，如用米酒烹制的醉虾和鸡蛋鱿鱼圈。

芙蓉：Han Pi Yuen Restaurant

地址：Mezzanine Level, Royale Bintang Hotel, Jalan Dato AS Dawood, 70100　电话：(06) 766-6666

　　这家位于 Royale Bintang 酒店（见 279 页）中的高档餐馆为客人提供了各种各样的中国菜，包括川菜、粤菜和上海菜。在幽雅的环境中，体贴周到的服务会为你呈上美味的蒸鱼、龙虾、点心和豆腐等菜肴。

芙蓉：Yuri Restaurant

地址：Klana Resort, Jalan Penghulu Cantik, 70100　电话：(06) 762-9600

　　Yuri 位于豪华的 Klana Resort 酒店（见 279 页）内，不入住该酒店的人也可以光临。这家高档的日本餐厅供应各种日本料理。寿司吧为顾客准备了各种鱼类寿司，铁板烧柜台则可提供各种刺刺作响的铁板烧，如鸡肉、龙虾、牛肉和蔬菜。

半岛东部与中部

尖不叻：Restoran Pattaya

地址：Teluk Chempedak, 25050　电话：(09) 568-6481

　　位于尖不叻的这家餐馆主要供应中国菜和国际化的海鲜菜品，招牌菜有烧烤虎虾以及当地产的龙虾。值得推荐的是，店内冰啤酒供应充足，与海鲜搭配十分适合。此处，大多数晚上都有现场音乐演奏，气氛很好。

珍拉丁：Payung Café

地址：Main Road West, 26080　电话：(09) 581-9658

　　Payung Café 的主要顾客群是外国人和马来西亚当地的年轻人。菜单涵盖了多种意面和海鲜、比萨、牛排、沙拉及意大利甜点。每天都供应丰盛的早餐。餐馆提供冰啤酒，这在穆斯林聚居的东部海岸地区十分罕见。

珍拉丁：Duyong Restaurant

地址：Main Road East, 26080

　　该餐馆位于珍拉丁湾海滩最东边，在该餐馆用餐，可以欣赏到美丽的海边景色。此处的招牌菜是泰国中部的辣味海鲜。另外，冬荫功汤、绿咖喱鸡也非常有名。该店每天晚上都有现场音乐演奏，浪漫温馨。

价格列表见298页；图标含义见封底勒口

丁加奴：Di Atas Sungei

地址：Tanjong Jara Resort, Batu 8 (off Jalan Dungun), 23000　电话：(09) 845-1100

　　该店的环境非常优美，位于一条流向南海的河流上游。餐馆四周绿树环绕，点燃的灯笼和蜡烛为其增添了无限的浪漫气氛，就餐环境舒适宜人。餐馆不提供菜单，主厨 Ann 是当地名人，她和她的助手会询问顾客的喜好并推荐最适合的当天美食。

哥打巴鲁：Muhibah

地址：3803 Jalan Hamzah, 15050　电话：(09) 793-3298

　　哥打巴鲁的居民都非常喜欢吃肉食，因此素食餐馆很少见。这家素食餐馆及面包店供应马来西亚式和中式素菜。这里的中式素菜都做成了肉菜的样子，不过是严格的素食。饮料包括新鲜果汁和不含酒精的软饮料。

哥打巴鲁：Four Seasons

地址：Jalan Dusan Raja, 15300　电话：(09) 743-6666

　　这家哥打巴鲁的餐馆主要供应中国菜，尤以粤菜出名。其中一道海鲜船备受推崇，深受游客们的喜爱。而各种新鲜出炉的点心也值得一试。这家由中国人开办的餐馆是吉兰丹州穆斯林区为数不多提供酒精饮料的地方。建议提前预订。

瓜拉丁加奴：MD Curry House

地址：Jalan Kampung Dalam, 20100　电话：(013)902-6331

　　MD Curry House 是一家印度南部风味的餐馆，因蕉叶饭、咖喱角（samosas）、扁豆汤（dals）、羊肉和鸡肉香饭（brsyani）、调味饭和其他南亚菜而出名。还有各式的印度面点如印度甩饼（roti canai）以及酸奶（lassis）。一杯调味茶能让人精神焕发。

瓜拉丁加奴：Restoran Ocean

地址：Sultan Zainal Abidin, 20000　电话：(09) 623-9156

　　这家餐馆可算是瓜拉丁加奴州地区最好的中国餐馆之一。尽管这里属于穆斯林州，猪肉类的菜很少，但在斋戒节之外的日子都有肉类和冰啤等美味佳肴供应。招牌菜有咖喱面、酸梅酱蒸鲳鱼和麻酱牡蛎甘蓝。

关丹：Restoran Sri Patani

地址：79 Jalan Tun Ismail, 25000　电话：(09) 917-2021

　　这家餐馆总是十分拥挤，是一间价格便宜且气氛轻松的马来西亚餐馆。餐馆不仅为顾客们提供了各种精心准备的传统马来西亚菜，如印尼炒饭（nasi goreng）、印度甩饼和辣牛肉仁当（beef rendang），最具吸引力的还要数美味的新鲜烤牛肉和沙爹鸡。

关丹：Tjantek Art Bistro

地址：Jalan Besar, 25000　电话：(09) 917-2021

　　这家餐馆坐落在一栋翻新的 1928 年修建的骑楼里，主营美味的意大利菜，比如意大利面、比萨、牛排、海鲜以及特色沙拉等。一些菜尤其是比萨的配料，都极具马来风味。墙上还挂着供出售的当地艺术家的绘画作品。周一不营业。

大停泊岛：Tuna Café

地址：Perhentian Besar　电话：(09) 697-7779

　　Tuna Café 位于 Tuna Bay Resort 酒店（见 281 页）内，供应国际美食，包括中国菜、马来西亚菜和泰国菜。值得一提的是，这家餐馆的海鲜特别出色，几乎每天晚上都有海鲜烧烤，使用的是新鲜捕捞上来的渔获。饮料有啤酒、鸡尾酒和品种不多的葡萄酒。

大停泊岛：Watercolours

地址：Paradise Beach　电话：(019) 981-1852

　　该餐馆全天营业，菜品方面则结合了国际美食和当地风味，比萨也是其特色之一。但跟其他停泊岛上的餐馆一样，海鲜才是这里的最大亮点。这里每天晚上都有赤热烧烤可以享用，另外也有素食供应，为游客们提供了方便。

小停泊岛：Ewan Café

地址：Coral Bay, 22300　电话：(014) 817-8303

　　餐馆提供的是将亚洲风味与西方经典菜肴相融合的餐点，菜单物有所值，是在岛上停留的背包客们的首选。早餐很受欢迎，鲜榨果汁十分美味。服务生的服务热情且高效。店主 Ewan 对这座岛十分了解，而且很乐意将自己的心得经验与食客们分享。

小停泊岛：Tussy Café

地址：Pasir Panjang, 22300

　　该餐馆的装潢简单温馨，在此用餐的客人们能够欣赏到美丽的海景。薄饼和水果奶昔搭配的早餐尤其受节俭型游客的欢迎。另外，这里的马来菜也不错，重点推荐姜蒜炒牛肉。晚上偶尔也会有烤海鲜供应。

利浪岛：Matahari

地址：Coral Redang Island Resort　电话：(09) 630-7110

　　这家餐馆的环境十分舒适，既有丰盛西式早餐和牛排，也有简单的海鲜和沙拉午餐，还有烧烤龙虾、螃蟹和其他海鲜。冷饮有进口啤酒和烈酒。一些位于附近的度假村酒店（见 281 页）在游客的住宿费中也通常包含该店的餐费。

沙捞越

民都鲁：Riverfront Inn

地址：256 Jalan Masjid, 97000　电话：(086) 334-539

　　餐馆环境优美，位于格盟纳河（Sungai Kemena）河岸，是一家非常优雅的中国餐馆，也是民都鲁最高级的餐馆之一。特色菜包括深受当地人欢迎的鱼翅汤配炒鸡蛋等。另外，这里也供应泰国菜、马来西亚菜和西餐，选择非常丰富，为游客提供了很大的方便。

文莱：Tasek Brasserie

地址：Sheraton Utama Hotel, Jalan Tasek Lama, Bandar Seri Begawan, BS8674　电话：(0673) 224-4272

　　该餐馆环境舒适，优雅的柚木地板和全景玻璃窗为顾客打造出一个享用亚洲菜和西餐等美味佳肴的好地方。重点推荐的是这里的午餐和晚餐的自助餐。要注意的是，这里所有的食品都是清真食品。另外，游客们来此用餐的衣着休闲即可，并无特别要求。

古晋：Hornbill's Corner Cafe

地址：85 Jalan Ban Hock　电话：(082) 252-670

　　此店最大的特色佳肴是海鲜船，特别受古晋当地人和游客们的欢迎。用餐者可以从店内的陈列柜中选择海鲜和肉制品，然后在桌上同蔬菜和酱汁一齐在锅内煮。店内还有特色生啤供应。另外，餐馆中的电视常常播放正在直播的体育赛事，氛围十分舒适。

古晋：Khatulistiwa Café

地址：Jalan Tunku Abdul Rahman, 93100　电话：(082) 248-896

　　该餐馆是古晋最有氛围的餐馆之一，地理位置十分优越——餐馆位于河边，是观看当地渡轮的理想之地。在菜品方面，餐馆供应各种当地以及国际美食。24 小时营业，而且晚上还会有 DJ 音乐表演。

古晋：Jambu

地址：32 Jalan Crookshank, 93100　电话：(082) 235-292

　　该餐馆位于宽阔的殖民建筑内，以欧洲和当地的古董为主要装饰品。菜品方面，这里有用当地原料制作的地中海美食，也有现代的婆罗洲菜。酒的品种也可谓多种多样。而且庭院的露台里还有一个西班牙小吃吧，每周五晚上都会有爵士表演，十分吸引人。

古晋：See Good Food Center

地址：53 Jalan Ban Hock, 93100　电话：(082) 251-397

　　餐馆的外观看起来非常朴素简洁，但这里或许是当地吃海鲜最好的地方了。另外，亲切的老板也会为客人们提供建议。尽管这是一家中国餐馆，菜单上也有很多当地美食，如胡椒粉龙虾和爽脆的米丁（midin 音译，一种生长在丛林内的蕨类植物）。另外，葡萄酒种类也比较丰富。每月 4 日、18 日不营业。

古晋：The Junk

地址：80 Jalan Wayang, 93000　电话：(082) 259-450

　　此餐馆可谓享用浪漫午餐的理想地点，它位于一栋古味十足的古代中式建筑里，用餐区装饰着吸引人的各类艺术品。这里的招牌菜是羊小腿配土豆泥，分量十足，所以建议游客们在去之前一定要把胃空出来。

古晋：The Steakhouse

地址：Hilton Kuching, Jalan Tunku Abdul Rahman, 93100　电话：(082) 248-200

　　这家餐馆位于 Hilton 酒店之中，是古晋最高品位的餐馆之一，绝对不会让人失望。这里的菜不仅分量足，而且色香味俱全，十分诱人。中午有自助餐，晚餐可以选择三四道菜的套餐，绝对能让游客们享用到满意的菜品佳肴。

米里：Wheels Pub & Bistro

地址：Lot 1271, Ground Floor, Block 9, MCLD, Miri Waterfront, 98000　电话：(085) 419-859

　　这家友善、热闹且价格便宜的西式酒吧位于米里滨水区的开发区之中，主要供应西餐，虽然品种有限，但美味可口。饮料方面有生啤、红酒和鸡尾酒。台球以及每个周末的音乐表演让这里成为游客最喜欢聚集的地方。免费 WiFi。

米里：Maxim Delicious Food

地址：1063 Jalan Miri Pujut, 98000　电话：(085) 413-329

　　该餐馆位于市中心的东南方，是米里最受欢迎的海鲜餐馆之一，所以想去的话需要提前预订。烤鱼配虾酱是这里的特色菜，当然，除此之外还有更多的美味选择。从餐馆和市中心的距离来看，搭出租车是到达这里的最好交通方式。

诗巫：Peppers Café

地址：Tanahmas Hotel, Lot 277, Block 5, Jalan Kampung Nyabor, 96000　电话：(084) 333-188

　　该餐馆供应高标准的国际美食和马来西亚菜，值得一提的是，这里的商务餐也特别有名。还供应各种果汁、啤酒以及特色烈酒。需要提醒游客注意的是，周末前来此就餐的人比较多，所以最好提前预订。

价格列表见298页；图标含义见封底勒口

沙巴

基纳巴卢山：Fairy Garden Resort

地址：1 Jalan Ranau-Tuaran, Kundasang, 88100　电话：(088) 889-688

这家餐馆位于该地区的主路之上，从基纳巴卢国家公园（见184~185页）入口向东步行一段距离即可到达。这里不仅有美味且价格合理的马来菜和中国菜套餐，还能将整座郁郁葱葱的山峰尽收眼底，推荐游客们不要错过。

基纳巴卢山：Liwagu

地址：Park Headquarters, Gunung Kinabalu National Park, 88100　电话：(088) 889-077

京那巴鲁国家公园附近的餐馆非常少，这家餐馆虽然价格偏高，却是这一带较好的餐馆之一。这里有精心准备的东西方各类美食，游客们除了可以根据菜单点餐以外，还可以选择品种丰富的自助餐。

哥打基纳巴卢：Sri Melaka

地址：9 Jalan Laiman Diki, Kampung Air, 88000　电话：(088) 224-777

尽管该餐馆的室内装修和用餐环境并不算出色，但这里却有着沙巴首府最好吃的马来菜。分量十足的咖喱鱼头和其他搭配应季蔬菜的鱼是这家店最大的特色，推荐游客们不要错过。不提供酒精类饮料。

哥打基纳巴卢：Sinario Café

地址：25 Bandaran Berjaya, 88000　电话：(088) 246-286

该店的环境非常简单干净，游客们可以享用到价格实惠的印度菜和马来菜。餐馆的地理位置居中，交通十分方便。游客们在散步之后，可以来这里尝一尝美味的咖喱。不过这里总是客满，特别是午饭时间，有很多当地的上班族会前来就餐。

哥打基纳巴卢：Welcome Seafood Restaurant

地址：24 Jalan Asia City, 88000　电话：(088) 447-866

这家露天的中式小餐馆到了晚上总是熙熙攘攘，会有很多当地人来这里用餐，因为这里的海鲜和鱼类都十分新鲜。最受欢迎的是螃蟹、奶油虾和各类生猛海鲜。服务很高效。餐馆每天15:00~23:00营业，但是建议你提早前往，因为海鲜总是很快就卖光了。

哥打基纳巴卢：Chilli Vanilla

地址：Jalan Haji Saman, opposite KK Emporium, 88000　电话：(088) 238-098

如果你吃了太多马来西亚菜想换换口味，推荐试试这家远离主街的匈牙利餐馆。热门菜包括丰盛的菜炖肉（goulash，蔬菜炖肉中加入了辣椒粉和其他香料）和炖羔羊肉，配玉米粥。店内的气氛总是十分喧闹，服务生热情友好。

哥打基纳巴卢：Luna Rossa

地址：Lot 6, Tanjung Lipat, Jalan Gaya, 88000　电话：(088) 266-882

这家餐馆的老板是位意大利人，创意丰富的他将位于城市东北边缘处的仓库改建成了这家独具特色的餐馆。菜单上包含种类多样的意大利菜和葡萄酒，还有每日特惠菜品，非常适合游客们选择。薄底比萨风味极佳。周末午餐时间不营业。

哥打基纳巴卢：Port View Seafood Village

地址：Jalan Haji Saman, 88000　电话：(088) 252-813

坐落于滨海区，右侧就是市场。这家洞穴式的餐馆提供美味又平价的海鲜类菜肴，深受当地人以及游客的欢迎。餐馆内每晚还有文化表演，由当地的各类团体向用餐客人展示传统舞蹈。

拿笃：Spring Palace

地址：The Executive Hotel, Jalan Teratai, 91121　电话：(089) 881-333

拿笃虽然位置偏僻，却能发现这家设计独具品位、服务周到、服务员穿着得体的餐馆，实在让人大吃一惊。该餐馆提供各种中国美食和国际美食。午餐时间供应美味的点心，还有甜点和啤酒、红酒以及烈酒供爱酒人士选择。

山打根：English Tea House and Restaurant

地址：2002 Jalan Istana, 90716　电话：(089) 222-544

这家漂亮、时尚的清真餐馆位于山上，能够俯瞰整个山打根，就餐环境非常优美。身着传统服装的服务生会为顾客们端上经典可口的马来菜和印度菜。客人们还可以在茶室或者草坪上品尝英式茶，并观看槌球比赛。

山打根：Ocean King

地址：Jalan Batu Sapi, 90000　电话：(089) 618-111

这家海鲜餐馆用柱子支撑，建在海湾的水面之上，虽然不豪华，但饭菜十分美味，因此总是坐满了当地人。食客们在鱼缸前选择自己要吃的食材，烹饪方式只有清蒸或用黄油煎两种选择。龙虾面是餐馆的招牌菜。在走廊中用餐可以享受和煦的微风。

新加坡

牛车水：Ci Yan Organic Vegetarian Restaurant

地址：8 Smith Street, 058971　　电话：6225-9026　　　　　　　　　　城市地图：4 C4

　　这家佛教素食餐馆位于佛牙寺（Tooth Relic Temple）旁，是一处宁静的所在，提供健康的饮食和生活方式。菜品不多，每天都不相同，用粉笔写在一块黑板上，以营养菜肴为其特色，例如红烧豆腐、微辣咖喱角，以及各种美味的草药类汤品。允许外带。

牛车水：81 Duxton

地址：Berjaya Duxton Hotel, 83 Duxton Road, 089540　　电话：6227-7678　　　　　城市地图：4 C4

　　在唯美的氛围中享用一顿上等的菜肴，是这家位于别致的酒店 Berjaya Duxon 内的餐厅的一大特色。店中可提供种类繁多的奶酪及红酒，加上日本特色的法式菜肴，实属独一无二。酱鹅肝（foie gras），无论配着酱汁还是肉汤，都十分可口。店内菜单也会因季节而做调整。

牛车水：Blue Ginger

地址：97 Tanjong Pagar Road, 088518　　电话：6222-3928　　　　　　　　　城市地图：4 C5

　　想要试试传统的娘惹手艺——马来菜和中餐的独特结合，就一定要来这家餐馆尝一尝。推荐游客们不要错过独特的黑果焖鸡（ayam buah keluak）——用罗望子果酱涂抹的鸡肉加上巧克力色的黑果，还有各种各样用榴莲做的甜点。

牛车水：Da Paolo

地址：80 Club Street, 069410　　电话：6225-8306　　　　　　　　　　　城市地图：4 C4

　　位于改装过的商店中，这家安静的意大利餐馆占据着美食小王国的一角，周边不乏糕点店、比萨店和酒吧。它供应美味实惠的香肠意面、自制冰激凌以及纯正的意大利浓缩咖啡。加上友好的服务，一定会让游客们在此度过一个流连忘返的夜晚。周日不营业。

牛车水：Senso Ristorante and Bar

地址：21 Club Street, 069410　　电话：6224-3534　　　　　　　　　　　城市地图：4 C4

　　位于曾经的女修道院里，这家精致的餐馆供应精美绝伦的意大利菜。所有食材都从意大利空运而来。坚果咖啡冰激凌是必点的美味。顾客可以选择坐在改建过的庭院里进餐，与特色的石柱和雕塑相伴。周日还有早午餐供应。午餐套餐物超所值。

牛车水：Xi Yan Private Dining

地址：38A Craig Road, 089676　　电话：6220-3546　　　　　　　　　　　城市地图：4 C4

　　这家由长屋改建的餐馆由备受好评的主厨 Jacky Yu 经营，想要来此就餐必须提前预订。餐馆主营中国菜，但是加入了一些国际化的口味调整，具体菜色取决于当天市场上的海鲜种类。餐馆内只有 6 张桌子，提供多元化的午餐和晚餐的品味菜单。每天营业。

殖民区：Annalakshmi

地址：# B1-2 Chinatown Point, 133 New Bridge Road, 059413　　电话：6339-9993 传真：6337-0861 城市地图：4 B4

　　由印度教食物之神的名字命名的这家餐馆在很多地方都很独特。印度素食被盛在银器中或芭蕉叶上，游客们可以自由取食，并支付认为合理的价钱。而且所得款均被用于慈善活动。

殖民区：Thai Smile Café

地址：8 Lorong Telok, off Circular Road, 049021　　电话：6536-7576　　　　　城市地图：5 D3

　　装饰简洁却十分温馨，这家简单的中泰餐馆提供的食物非常美味。服务友好且快速。推荐游客们来此尝一尝辣味罗勒虾、大豆姜汁蒸鱼，还有糯米芒果，而且填饱肚子后，游客还能前往周边的酒吧和夜店度过愉快的晚间时光。

殖民区：Empire Café

地址：Raffles Hotel Arcade, 1 Beach Road, 189673　　电话：6412-1101　　　　城市地图：5 E1

　　仿照 19 世纪 20 年代新加坡随处可见的古老街边咖啡店的风格设计，位于莱佛士酒店商场内的这家餐馆供应从国外到新加坡国内的各色菜肴，有飞饼、印度抛饼、叻沙、海南鸡饭等。这家小店是游客们小憩的理想选择。

殖民区：Octapas

地址：1-8, Block 3D, Shophouse Row, Clarke Quay, River Valley Road, 179023　　电话：6837-2938　　城市地图：5 D2

　　这家餐馆占据着景色优美的河岸，提供包括汤、沙拉、甜点等 70 多种冷热西班牙餐前小吃（tapas）和 6 种西班牙肉菜饭（paella）。特色饮品有桑格里厄汽酒（sangria）和红酒。晚上还有三人吉他乐队，或其他驻演艺术家的现场音乐表演，增加了欢快的气氛。

殖民区：Chijmes Lei Garden Restaurant

地址：Chijmes, 30 Victoria Street, 187996　　电话：6339-3822　　　　　　　城市地图：3 D5

　　人们来到这家位于赞美广场内，装饰得十分精美的中餐馆用餐，为的是品尝这里品质极佳的点心。小笼包、烤乳猪都值得推荐，各类炖汤味道也很不错。服务生很友好，可以在你点餐时给予建议。因为餐馆的人气极旺，建议提前预订。

图标含义见封底勒口

殖民区：Din Tai Fung

地址：Raffles City, 252 North Bridge Road, 179103　电话：6336-6369　城市地图：5 E2　$$$

Din Tai Fung (鼎泰丰) 在新加坡有 12 家分店，是一家菜品风味极佳且价格合理的中餐馆，一定不要错过。招牌菜包括小笼包和虾仁蛋炒饭。不接受预订，所以在高峰时段前去就餐的人需要做好等位的心理准备。

殖民区：Flutes at the Fort

地址：23B Coleman Street, 179290　电话：6338-8770　城市地图：2 C5　$$$

坐落于山顶的这家餐馆是浪漫温馨的晚餐理想地。游客们可以坐在门外的木质走廊上，欣赏闪耀的城市夜景。在供应的众多澳洲季节性美食中，尤其推荐自制面包奶酪大拼盘加甜温柏酱 (quince paste)。

殖民区：Golden Peony

地址：3rd Floor, Conrad International Centennial Hotel, 2 Temasek Boulevard, 038982　电话：6332-7488　城市地图：3 E5　$$$

这家颇具特色的中餐馆位于 Conrad International Centennial 酒店 (见 286 页) 之内，很受商务人士的青睐。该餐馆供应港粤美食，所有时令食材全部从中国空运而来。各色点心和香草冰激凌糯米球最值得推荐。

殖民区：Imperial Herbal

地址：Lobby G, 3–8 Vivocity, 188396　电话：6337-0491　城市地图：3 E5　$$$

点餐之前，驻店中医会为顾客检查身体，并作出相应的菜品推荐。因为这家餐馆的菜单上有 100 多道菜肴，每道都含有不同的草药，针对不同的身体情况。红烧鳕鱼和宫廷鸡是这家坐落于 metropole 酒店内的餐馆的招牌菜。

殖民区：Indochine Empress Place

地址：Asian Civilisations Museum, 1 Empress Place, 179555　电话：6339-1720　城市地图：5 D3　$$$

由古董和捷克水晶枝形吊灯装饰的这家餐馆，远眺新加坡河，供应老挝、越南、柬埔寨美食，有炖煮牛肉、蕉叶包鱼和浓郁越南咖啡。提前预订很关键。该餐馆周末不设午餐。

殖民区：Japanese Dining Sun

地址：2–1 Chijmes, 30 Victoria Street, 187996　电话：6336-3166　城市地图：3 D5　$$$

这是一家现代风格的日本餐馆，拥有开放式的料理厨房。招牌是传统的石锅或砂锅拌饭，加上薄荷黑芝麻布丁和绿茶冰激凌做甜点。其他特色菜品还有半烤寿司和维他命鸡尾酒。午餐可以尝试由八道菜品组成的自助餐。

殖民区：Keyaki

地址：4th Floor, Pan Pacific Singapore, 7 Raffles Boulevard, Marina Square, 039595　电话：6826-8335　城市地图：5 F2　$$$

这家餐馆坐落在 Pan Pacific 酒店 (见 286 页) 屋顶的日式花园中，并且拥有鲤鱼池和凉亭。餐馆的名字来源于建造餐馆的主要材料——榉木。以炉端烧的形式让顾客自己选择新鲜食材，可以自己烧烤。

殖民区：Tiffin Room

地址：Raffles Hotel, 1 Beach Road, 189673　电话：6412-1816　城市地图：5 E1　$$$

该餐馆是 Raffles 酒店 (见 287 页) 的主餐厅，餐馆的名字以印度人的方式命名，延续了殖民者的习惯。餐馆提供中餐和晚餐自助，供应像咖喱鸡这样的印度菜肴，其环境装饰也将游客们带回到了 20 世纪初的殖民时代。建议提前预订。

殖民区：True Blue Cuisine

地址：49 Armenian Street, 179937　电话：6440-0449　$$$

这是该地区品尝娘惹美食的最佳去处。餐馆的主人兼大厨用的都是自家菜谱，特色菜推荐黑果焖鸡 (ayam baah kelaak)。和普通娘惹美食不同的是，这里所有的菜肴都不使用猪肉。环境方面，餐馆在艺术品的装饰下显得非常漂亮。

殖民区：Viet Lang

地址：1–3 Annex Building, Old Parliament House,　电话：6337-3379　城市地图：5 D3　$$$

喜欢地道越南菜的人可以来这里试试，不仅环境舒适，更是新加坡最好的越南菜餐馆之一。特色菜有姜叶卷碎牛肉、椰汁炖猪肉、烤乳猪、米粉。

殖民区：Rang Mahal

地址：Pan Pacific Hotel, 7 Raffles Boulevard, 039595　电话：6333-1788　城市地图：5 F2　$$$$

这家印度餐馆坐落于 Pan Pacific 酒店 (见 286 页) 内，是当地最古老、最受欢迎的餐馆之一。该餐馆有特色的是其风格独特的内部装修和上好的印度北部美味。菜品均用小火慢炖，味道浓郁。推荐游客们尝尝印式咖喱羊肉 (rogan josh) 加上烤饼或者印度香饭，甜点还有印度米布丁 (Kheer)，不可错过。

殖民区：Tatsu Sushi

地址：1–16 Chijmes, 30 Victoria Street, 187996　电话：6332-5868　城市地图：4 C2　$$$$

人性化服务在这家餐馆中被赋予了新的意义。餐馆的主人和厨师可以根据顾客的要求量身定做菜肴。寿司吧是这里最吸引人的地方，还有舒适的榻榻米房间，可为顾客提供私密的进餐空间。顾客可以从菜单中选择各种烧烤、焖蒸和煎炸菜式。隔壁就是铁板烧餐厅。

$ 低于 20 新元　$$ 20~30 新元　$$$ 30~50 新元　$$$$ 50~70 新元　$$$$$ 高于 70 新元

殖民区：The Moomba　🟡Ⅴ　$$$$

地址：52 Circular Road, Boat Quay, 049407　电话：6438-0141　　　城市地图：5 D3

　　这家餐馆拥有活力四射的土著人艺术装饰，供应当代澳大利亚美食，像烧烤袋鼠腰、鱿鱼饼和传统黏枣布丁。餐馆还供应经典的烤牛排和素食。上等的澳洲红酒在这里也是应有尽有。周日和公共假期不营业。

殖民区：The Pelican　🟡🟡🟡　$$$$

地址：One Fullerton, 1 Fullerton Road, 049214　电话：6438-0400　　　城市地图：5 E3

　　这家餐馆坐落在新加坡河和河滨海湾交汇之处，面朝大海，景色宜人。菜单上美味的海鲜包括泛烤扇贝王和冰镇鲜牡蛎。吧台更是因各种古典葡萄酒而出名。餐馆还有露天茶座，周末提供早午餐。

殖民区：Au Jardin les Amis　🟡🟡　$$$$$

地址：EJH Corner House, Singapore Botanic Gardens, 1 Cluny Road, 259569　电话：6466-8812　　城市地图：1 D1

　　在葱翠的植物园中有一间种植园式的房子，便是这家著名的法式餐馆了。不同于套餐点菜，这里的菜单提供详尽的单点菜式。但最值得推荐的要数由七道菜肴组成的大餐，再配以绝佳的红酒。顾客可以选择在私人餐厅或者室外舒适的露台进餐。周五的午餐最为实惠，推荐游客们尝试。

殖民区：Clifford　🟡🟡🟡Ⅴ　$$$$$

地址：Fullerton Bay Hotel, 80 Collyer Quay, 049326　电话：6333-8388　　　城市地图：5 E4

　　这是一家法式小酒馆，位于充满活力的 Fullerton Bay 酒店内，透过巨大的窗户可以欣赏到加冷河（Kallang River）的绝佳风景。菜单卜包括许多经典菜品，如油封鸭以及炖煮7小时的羊羔肉。还可提供 800 种酒水供你选择搭配。周末的早午餐值得体验。

殖民区：Hai Tien Lo　🟡🟡　$$$$$

地址：37th Floor Pan Pacific Hotel, 7 Raffles Boulevard, 039595　电话：6826-8338　　　城市地图：5 F2

　　这里供应上等的粤菜，穿着传统中式旗袍的服务生和令人惊叹的城市及滨海湾景色同样让人难忘。在位于 Pan Pacific 酒店（见 286 页）内的这家餐馆用餐，绝对会是一次难忘的享受之旅。香槟酱烤鳕鱼、大闸蟹和炒虾都是这里的特色菜品。

殖民区：Jaan　🟡🟡Ⅴ　$$$$$

地址：70th Floor Swissôtel the Stamford, Raffles City, 2 Stamford Road, 178882　电话：9199-9008　城市地图：3 D5

　　位于 Swissôtel 酒店顶层的这间餐馆小而精致，游客们在此用餐可以看到迷人的城市景色，同时享用着绝伦的法式美食。菜单十分丰富，包括一份五道菜的品味菜单搭配多种酒类。Jaan 只有 40 张桌子，所以最好提前预订。周日不营业。

殖民区：Jade　🟡🟡Ⅴ　$$$$$

地址：The Fullerton Hotel, 1 Fullerton, 049178　电话：6733-8388　　　城市地图：5 E3

　　高耸的屋顶和朴实的房间隔断造就了这家餐馆的幽雅环境。餐馆位于 The Fullerton 酒店（见 286 页）的大堂，给人以呼吸畅快的空间感。这里供应现代风格的中餐及上等葡萄酒和香槟。可可排骨（巧克力味的猪肉排骨淋上蔓越梅酱汁）是这里的招牌菜品。

殖民区：Mikuni　🟡🟡　$$$$$

地址：3rd Floor Fairmont Singapore, 80 Bras Basah Road, 189560　电话：6431-6156　　　城市地图：3 D5

　　这家高档的日式餐馆拥有充满禅意，令人放松的氛围，供应新加坡最好的寿司、天妇罗和生鱼片，还有上等葡萄酒。餐馆还有榻榻米房间，或是私人进餐区域，大厨会在顾客面前准备食物。单点价格会比较高，所以更推荐套餐。

殖民区：Min Jiang at One–North　🟡　$$$$$

地址：5 Rochestor Park, Buona Vista, 139216　电话：6774-0122

　　距离 Buona Vista 地铁站不远处，有一间漂亮的单层小屋，便是这家值得推荐的四川菜馆了。这里的龙虾和烟熏鸭最受欢迎。与传统北京烤鸭稍有不同，这里的鸭子都是在中式木质烤炉里烤出来的，口感上乘（午餐时段想去用餐的话，建议提前预订）。

殖民区：Morton's of Chicago　🟡🟡🟡　$$$$$

地址：4th Floor, The Oriental, 5 Raffles Avenue, 039797　电话：6339-3740　　　城市地图：5 F2

　　深色木板、昏暗的灯光，一看便知道这是位于 Mandarin Oriental Singapore 酒店（见 287 页）内知名的美国牛排餐馆了，虽然价格不菲，但物有所值。上等的牛排全部从芝加哥空运而来，算得上餐馆的招牌。这里还提供优质的纳帕谷葡萄酒。

殖民区：Raffles Grill　🟡🟡　$$$$$

地址：Raffles Hotel, 1 Beach Road, 189673　电话：6412-1816　　　城市地图：5 E1

　　该餐馆是 Raffles 酒店（见 287 页）的正餐厅，到处散发着高贵且精致的气息。这里的服务周到，菜品涵盖经典以及现代法式美食，有烤牛肉和烤乳鸽。但要选自地下酒窖的葡萄酒和精致的黑巧克力蛋挞与之相搭配，能使这一餐更加完整。周日休息。

殖民区：Shinki by Kanesaka　🟡🟡🟡Ⅴ　$$$$$

地址：Raffles Hotel Arcade, 1 Beach Road, 189673　电话：6338-6131　　　城市地图：5 E1

　　这家餐馆位于 Raffles 酒店（见 287 页）内，环境幽雅古典，提供精美的日本料理。在寿司台前，技术娴熟的师傅们会在客人面前制作鱼类或者海鲜类寿司。这里没有菜单，但是食客们都很乐意听从店内的主厨——米林星级厨师 Oshino 突发奇想的创意。

图标含义见封底勒口

殖民区：Sky on 57　　　🖼🅿🆅　　$$$$$

地址：Marina Bay Sands Hotel, 10 Bayfront Avenue, 018956　电话：6688-8857　　城市地图：5 F3

　　Sky on 57位于滨海湾金沙酒店（Marina Bay Sands，见286页）的顶层，为食客们提供了壮美的风景。在当地广受赞誉的主厨Justin Quek创造了时尚法式—亚洲融合菜，品味菜单评价也很高。非酒店住客用餐有每个人100新元的最低消费。

小印度：Banana Leaf Apolo　　　🔶🆅　　　$

地址：56 Race Course Road, 218564　电话：6293-8682　　城市地图：3 D3

　　这家餐馆是一家传统的印度南部风味餐馆，很受当地人欢迎。标准餐是蕉叶包米、印度炸圆面包片、咖喱、蔬菜和酸奶。客人还可以试着像当地人一样用手抓着吃饭，十分有趣。另一家分店也位于小印度。

小印度：Delhi　　　🆅　　　$

地址：60 Race Course Road, 218567　电话：6296-4585　　城市地图：3 D3

　　该餐馆曾经获过多个奖项，是游客在小印度品尝地道印度北部菜的最佳去处之一。特色菜包括美味的咖喱羊肉（rogan josh）和黄油鸡。最好的素菜有茅屋乳酪菠菜和香辣蘑菇。

小印度：Komala Vilas　　　🍽🆅　　　$

地址：76 Serangoon Road, 217981　电话：6293-6980　　城市地图：3 E1

　　这家餐馆开业于1947年，是小印度历史最悠久也最有名的餐馆之一，主营菜式简单但美味的北印度和南印度素食，人气极旺。特色菜有脆饼（dosa）各种豆类、咖喱及不同的调味品。

小印度：Muthu's Curry　　　🔶🆅　　　$

地址：138 Race Course Road, 218591　电话：6392-1722　　城市地图：3 D3

　　这家餐馆的名字就是传奇的咖喱鱼头的代名词。咖喱鱼头是用香辣肉汁炖煮的鱼头，再配上一碗白米饭，堪称人间美味。除了咖喱鱼头，该店的其他印度特色菜还有咖喱鸡、印度香饭（biryani）和鱼肉饼。

小印度：Andhra Curry House　　　🔶🆅　　$$

地址：41 Kerbau Road, 219170　电话：6293-3935　　城市地图：3 D3

　　这家餐馆非常低调，主营印度南部安得拉邦州的特色菜，该州因印度最辣的食物而出名。香味扑鼻的海德拉巴印度炒饭和干羊肉十分美味。因为这些菜都非常辣，一定要记得点些酸奶。

小印度：Yhingthai Palace　　　🔶🆅　　$$$

地址：36 Purvis Street, 198897　电话：6337-1161　　城市地图：3 E5

　　这是一家低调的泰国—中国菜餐馆，特色菜是各种风味的米饭，如橄榄油饭、芒果饭和菠萝饭，此外还有洋葱蘑菇鸡翅。香辣芒果沙拉和鲤鱼包（otak otak）也都值得推荐，值得一试的甜点是芒果糯米饭。

乌节路：Mumtaz Mahal　　　🖼🅿🆅　　$$

地址：5–22 Far East Plaza, 14 Scotts Road, 228213　电话：6732-2754　　城市地图：2 A3

　　这家餐馆的店面不大，但不太拥挤，热情友好的服务让其脱颖而出。大蒜、水果、洋葱制成的烤饼（naan）和香辣羊肉咖喱（raan aileshan）均十分受欢迎。点菜时一定要说清楚口味爱好，记得不要错过的还有芒果冰激凌。

乌节路：Chatterbox Coffeehouse　　　🔶　　$$$

地址：Meritus Mandarin Hotel, 333 Orchard Road, 238867　电话：6831-6291　　城市地图：2 A4

　　这家舒适的餐馆位于Meritus Mandarin酒店内，24小时营业，是乌节路的购物者最喜欢光顾的地方。餐馆拥有新加坡最好吃的海南鸡饭，据说一天能卖出1000多份，海南鸡饭所用的鸡经过特别饲养，口味极佳。椰浆饭和胡萝卜蛋糕也很受欢迎。

乌节路：Esmirada　　　🔶🅿🆅　　$$$

地址：Orchard Hotel, 442 Orchard Road, 238879　电话：6735-3476　　城市地图：1 F2

　　餐馆位于Orchard酒店（见289页）内，是一家小型的地中海连锁餐馆，主营反映出地中海多样性的各种风味的自创菜。特色菜有沙拉、粗燕麦粉、海鲜饭和热蒜蓉面包，这些菜都用希腊风格的陶器装盘，十分别致。旁边的酒吧提供酒水。

乌节路：Hard Rock Café　　　🔶🖼🍴🅿　　$$$

地址：2–1 HPL House, 50 Cuscaden Road, 249724　电话：6235-5232　　城市地图：1 E2

　　该餐馆服务速度迅速，是一家国际连锁的咖啡店，入口上方悬挂着一辆1961年产的凯迪拉克。餐馆的最大特色在于店内展示的摇滚纪念品。餐馆主营汉堡、牛排、布朗尼和啤酒，适合家庭游客就餐。塞西尔肉桂丁香冰红茶是其一大特色。店内还有菲律宾乐队演奏音乐。

乌节路：Stuart Anderson's Black Angus　　　🔶🖼🅿　　$$$

地址：1–8 Orchard Parade Hotel, 1 Tanglin Road, 247905　电话：6734-1181　　城市地图：1 F2

　　该餐馆位于Orchard Parade酒店（见289页）内，是一家美式餐厅连锁店。特色菜有嫩牛排、慢烤牛肋排、沙拉和土豆泥。肉类和蔬菜秋葵汤也不错。另外，餐馆使用的肉都从美国进口，经过了美国农业部认证。

$ 低于20新元　　$$ 20~30新元　　$$$ 30~50新元　　$$$$ 50~70新元　　$$$$$ 高于70新元

乌节路：The Rice Table

地址：2–9 International Building, 360 Orchard Road, 238869　电话：6835-3783　　　　　城市地图：1 F2

　　该餐馆是为数不多提供印尼—荷兰米饭的餐馆之一。这里的菜分量十足，包括米饭和20多种肉类（猪肉除外）、禽类、海鲜和蔬菜配菜。中午和晚上的套餐也物超所值。此外，餐馆还提供自助餐。

乌节路：Pizzeria Mozza

地址：Shoppes at Marina Bay, 10 Bayfront Avenue, 018956　电话：6688-8522　　　　　城市地图：5 F3

　　这家充满活力的比萨店是备受好评的中美混血主厨 Mario Batali 经营的连锁店的一部分，很受欢迎，所以最好提前预订。独特的开胃菜非常美味，但是记得留下肚子给超级好吃的比萨。还有创造性口味的冰激凌，一定要尝尝。

乌节路：Aoki

地址：2–17 Shaw Center, 1 Scotts Road, 228208　电话：6333-8015　　　　　城市地图：1 F2

　　禅房似的内部风格，面带微笑、身穿和服的服务员，清酒、冰沙以及从日本空运过来的新鲜鱼肉，是这家小型日本餐馆的特色。喜欢日本料理的人可以尝尝该店的鳕鱼子和海参肠。此外，还有优雅正式的怀石料理。周日不供应午餐。

乌节路：Basilico

地址：Regent Hotel, 1 Cuscaden Road, 249715　电话：6725-3232　　　　　城市地图：2 B4

　　Basilico 专营季节性意大利菜，午餐和晚餐都提供自助餐，也有单点菜肴。不要错过的美食包括生牛肉片配黑松露和小羊排配红菊苣。周日的早午餐是可以大快朵颐的放纵时间，有新鲜的龙虾和肥美的鹅肝酱。建议提前预订。周日晚餐时间不营业。

乌节路：Iggy's

地址：Level 3, The Regent Singapore, 1 Cuscaden Road, 249715　电话：6732-2234　　　　　城市地图：1 E2

　　Iggy's 广泛获得全球大厨及美食家的认可，因此在预算充裕的前提下可以在此处奢侈一次。厨师会在开放的厨房内烹制欧洲与澳大利亚风格相结合的美食，由热情贴心的服务员端上桌。客人需要提前预订晚上的品味菜单（晚餐没有传统的菜单）。

乌节路：Les Amis

地址：2–16 Shaw Center, 1 Scotts Road, 228208　电话：6733-2225　　　　　城市地图：2 A3

　　这家餐馆被评为新加坡最好的法国餐厅，是新加坡富豪名流的最爱。精致的餐点可以搭配限量版的加拿大冰酒等精选红酒。客人还可以选择技术熟练的服务生在客人桌旁准备食物的特别服务。在此处就餐需要提前预订。

乌节路：The Line

地址：Shangri-La Hotel, 22 Orange Grove Road, 258350　电话：6213-4275　　　　　城市地图：1 E1

　　这家干净、现代的餐厅位于 Shangri-La 酒店（见 291 页）内，拥有 16 张餐台，可能是新加坡最大的自助餐厅了。所有当地民族风味菜肴都摆放在国际美食的旁边，海鲜台布置得十分豪华。一定记得最后要给迷人的甜点留点肚子。

乌节路：Mezza9

地址：Grand Hyatt, 10 Scotts Road, 228211　电话：6732-1234　　　　　城市地图：2 A3

　　Mezza9 设有 450 个座位，供应中国菜、泰国菜、日本菜、欧洲菜和意大利菜，各种菜分别在 9 个不同的厨房中制作。因为菜品太多，客人很可能会眼花缭乱，不知该点什么。此外，这里还有一个极好的酒窖和有 30 位调酒师的马提尼酒吧。招牌菜是 9 道甜点的拼盘，还有 9 道菜的大餐。

乌节路：Chilli Padi

地址：11 Joo Chiat Place, East Coast, 486350　电话：6275-1002

　　做娘惹菜时会用到大量的草药和香料，尤其是辣椒酱，所以该餐馆的菜特别辣。推荐美味有罗望子菠萝虾（udang mesak nanas）配青豆萨姆巴尔（sambhol，一种辣酱）。特色甜点有椰糖西米。

城市郊外：Lemongrass

地址：899 East Coast Road, Bedok, 459102　电话：6443-1995

　　泰式雕塑、艺术品以及一处小型喷泉装饰着这家清真餐馆的内部空间。餐馆以正宗泰国菜而出名，大部分菜式主要由三种材料组成：椰姜、柠檬草和米饭。客人在点餐时可以对自己所点菜品的辣度提出要求。

城市郊外：Samy's Curry

地址：Block 25, Dempsey Road, 249670　电话：6472-2080

　　这家南印度餐馆位于一家私密会所内，非会员在此用餐额外支付 2 新元。店内没有空调，只有吊顶的老式风扇和敞开的窗户。热米饭、咖喱和蔬菜都由排着长队的移动服务员用芭蕉叶呈上。

城市郊外：Crystal Jade Kitchen

地址：2 Lorong Mambong, Holland Village, 277671　电话：6469-0300

　　这家餐馆将粤菜和潮州菜相结合还提供各式开胃的点心。在这里还能吃到传统的中式粥和著名的澳门猪扒包。餐馆环境比较吵闹，但也是比较有趣的就餐体验。该餐馆在新加坡还有几家分店。

图标含义见封底勒口

城市郊外：Jumbo Seafood　　　　　　　　　　　　　　　　$$

地址：1206 East Coast Parkway, 449883　电话：6442-3435

　　该餐馆提供丰盛可口的爱尔兰和英国菜肴，比如好吃的炖菜、家庭式做法的派和馅饼。在传统风格的酒吧中，顾客还可以享用各类美酒，推荐尝试这里自酿的各类啤酒。餐馆内一直播放着爱尔兰广播，作为用餐的音乐背景，增加了不少气氛。也因此该餐馆特别受外籍人士欢迎。

城市郊外：Mango Tree　　　　　　　　　　　　　　　　$$

地址：1000 East Coast Parkway, 449876　电话：6604-9661

　　这家海滨餐馆提供各类印度式的海洋食品，种类涵盖印度各地，可谓应有尽有。这里的特色菜包括海鲜拼盘、烤龙虾，还有来自喀拉拉邦的咖喱鱼。如果想坐在户外餐桌用餐，一边欣赏壮观的海边日落一边伴着海洋享用晚餐的话，就一定要提前预订。

城市郊外：Original Sin　　　　　　　　　　　　　　　　$$

地址：01-62 Chip Bee Gardens, 43 Jalan Merah Saga, 278115　电话：6475-5605

　　这是一家以地中海和中东风味为主的素食餐馆，供应各类新鲜美味的素食，包括沙拉、主菜、面食、比萨。鸡蛋和新鲜的奶制品也是不错的选择。而且这里还有广受好评的各类甜点以及不少获过大奖的葡萄酒可供选择。不要错过这里的玉米粥塔（polenta tower）和茄盒（moussaka）。餐馆还提供露天座位。

城市郊外：Trapizza　　　　　　　　　　　　　　　　$$

地址：Shargri-La Rasa Sentosa Resort, Siloso Beach, Sentosa Island, 099891　电话：6376-2662

　　位于一所学校旁的 Trapizza 是一家比萨店，但除了比萨之外，这里的意大利面、沙拉和咖啡也非常不错。在圣淘沙，不少餐馆都非常适合私人用餐，而这家餐馆则更适合家庭出游的游客享用美食。餐馆还有漂亮的凉亭，可一边用餐一边欣赏美景。

城市郊外：Tung Lok Seafood　　　　　　　　　　　　　　　　$$

地址：1000 East Coast Parkway, 449876　电话：6246-0555

　　与周围的餐馆相比，这家以海鲜为主的餐馆却并不嘈杂。餐馆的特色便是所有食材全部进口，并且每天更新。所以游客们可以在此享用来自澳大利亚的鱼、阿拉斯加的螃蟹王或是从美国缅因州运来的龙虾。外表涂有芥末的油炸虾是其招牌菜。午餐时段供应点心（Dim Sum）。

城市郊外：Vansh　　　　　　　　　　　　　　　　$$

地址：1-4 Singapore Indoor Stadium, 2 Stadium Walk, 397691　电话：6345-4466

　　在这家坐落于河边的印度餐馆，游客们可以一边欣赏河景一边享用美食。印度厨师在不锈钢的开放式美食厨房内为人们提供菜拌饭、烤饼、豆类等各种印度美食。当然这里也有不少吸取了其他国家文化的改良美食，比如脆面包（kulchas），与风干番茄和蜂蜜相搭配，颇有特点。

城市郊外：Bistro Petit Salut　　　　　　　　　　　　　　$$$

地址：01-54 Chip Bee Gardens, 44 Jalan Merah Saga, 278115　电话：6475-1976

　　在这家餐馆中，游客们可以享用到法国南部的乡村式佳肴。餐馆内还有一个宁静的花园，令人难忘。菜品方面，可以先从煎鹅肝配腌制杏干开始，主菜则推荐鸭豆焖肉或者火鸡。此外，餐馆的酒单也非常丰富。

城市郊外：Eco Gourmet Café　　　　　　　　　　　　　　$$$

地址：Labrador Park, Labrador Villa Road, 119187　电话：6479-8885

　　这家餐馆位于一幢修葺一新的殖民风格大楼内，可以欣赏到惊人的海景与附近的岛屿风光。餐馆主要的吸引力在于其时尚且富有原始风情的户外用餐环境。餐馆提供的是亚洲风味的欧停菜，推荐菜为黑啤意大利调味饭（risotto）搭配焰烤虎虾。

城市郊外：Long Beach Seafood　　　　　　　　　　　　　　$$$

地址：1018 East Coast Parkway, 449877　电话：6445-8833

　　在这家深受欢迎的餐馆中，可以找到任何你想得到的海鲜美食。这家餐馆也是连锁店，品质可以得到保障。餐馆最著名的菜是辣椒螃蟹，此道佳肴的特点在于餐馆独创的渗着酱油的多汁黑胡椒螃蟹。这里的海鲜全部按重量出售。

城市郊外：The Cliff　　　　　　　　　　　　　　$$$$$

地址：No.2, Bukit Manis Road, Sentosa Resort & Spa, Sentosa, 099891　电话：6371-1425

　　餐馆坐落于一个悬崖的边上，非常神奇。菜品方面，主要提供来自南海的美食，比如海鲜烧烤拼盘等。餐馆还提供丰富的葡萄酒。在此用餐的客人可以听到孔雀的鸣叫声，感受弥漫在空气中的香味，非常惬意。

城市郊外：Michelangelo's　　　　　　　　　　　　　　$$$$$

地址：01-60 Chip Bee Gardens, 44 Jalan Merah Saga, Holland Village, 278115　电话：6475-9069

　　该餐馆是新加坡最好的餐馆之一，曾经获得无数食品以及葡萄酒的大奖。餐馆提供优秀的意大利创意菜、美味的葡萄酒和无可挑剔的服务。店中的一道非常独特的佳肴便是用澳大利亚内陆的鸵鸟肉与厚厚的黑胡椒酱相搭配。餐馆的环境也很幽雅，装饰一新的天花板流露出复古情怀。

城市郊外：Sky Dining at the Jewel Box, Mount Faber　　　　　　　　$$$$$

地址：109 Mount Faber Road, Cable Car Station, Mount Faber Hill, 099203　电话：6377-9688

　　在搭乘缆车的同时享用美食，是新加坡旅行的一大特色。在海平面以上 70 米高空的缆车中，从花柏山到圣淘沙岛，一边欣赏壮丽的景色一边用餐，可谓浪漫至极。所有食物均来自获奖的高级餐厅，因此价格不菲。但是如果能够在此欣赏到华丽的日落，你所体验到的浪漫会让你终生难忘。建议提前预订。

$ 低于 20 新元　　$$ 20~30 新元　　$$$ 30~50 新元　　$$$$ 50~70 新元　　$$$$$ 高于 70 新元

马来西亚的购物信息

马来西亚是一个经济快速发展的富裕国家，这里拥有足以令人惊叹的多样化购物选择，从当下最新款的数码产品、电子配件，到五花八门的传统艺术品与手工艺品。不同地区的商品，在种类、质量和价格等方面都不尽相同，存在一定差异。位于西马来西亚西海岸的一些大城市，特别是吉隆坡、槟城和新山，拥有

市场上销售的竹编制品

许多大型综合百货商场和购物中心；而东海岸的小城市，例如哥打巴鲁和瓜拉丁加奴，则扮演着马来艺术与手工艺储备库的重要角色，特别是蜡染印花布、五颜六色的风筝和皮影戏等。沙捞越和沙巴等位于东马来西亚的地区，以大量无与伦比的民族工艺制品著称，由当地原住民创作，技术娴熟，令人赞叹。

百货公司与购物中心

无论低调朴素的商业设施，还是配有冷气、多楼层的豪华现代建筑，在马来西亚的大小城镇均普遍存在。既有销售名牌时尚精品的百货公司，也有提供本地和进口食品的超级市场，还有琳琅满目的小商铺，出售的商品种类丰富，从数码产品、电子配件、英文和马来文书籍，到旅游纪念品、服装、鞋履、箱包和手表等，应有尽有。

几乎所有购物中心内都可见快餐店，一些相对奢华的购物中心里还会有高档餐馆。许多购物中心内都有电影院、美食街、网吧和咖啡馆，以及配有货币兑换处和自助取款机的银行机构。位于西海岸城市的购物中心，特别是吉隆坡的大型商场，堪称各大国际奢侈品牌的一流荟萃地。除了购物中心外，还有许多独立的百货公司，例如吉隆坡的日本伊势丹百货。

本地市场与路边摊

马来西亚各地都可见大大小小的本地市场（tamus）。几乎每座城镇都拥有至少一家中心市场，里面挤满了各色摊位，销售种类丰富的货品，从当地手工艺品到服装及日用百货。通常还会有菜市场，贩卖生鲜肉类、水果和蔬菜。数不胜数的排档摊位上，会聚着色香味俱全的地方风味小吃。价格公道，质量普遍也不错，而且卫生安全标准极高，即使在一直湿淋淋的鱼鲜市场也不例外。

另外一个备受游客欢迎的特色，也是马来西亚旅行的一大亮点，便是生机勃勃的夜市（pasar malams），主要分布在吉隆坡（见 56 ~ 77 页）、新山（见 128 页）、槟城（见 100 ~ 109 页）、古晋（见 154 ~ 157 页）和哥打基纳巴卢（见 178 页）。在马来西亚和新加坡，大多数城市中通常都分布有不同的民族聚居区，例如中国城和小印度，是购买特色商品的理想场所。

购物时间

不同商家的营业时间有所不同，大部分为周一至周六 9:00 ~ 18:30。购物中心和一些主要商业场所会延长营业时间，通常 10:00 或 10:30 开始营业，21:30 或 22:00 才

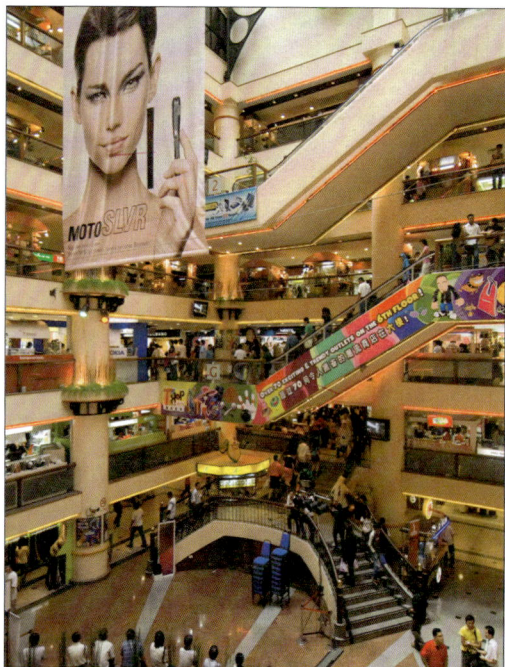

位于吉隆坡金三角商圈的金河广场（见 318 页）

会关门。大部分主要商场一周七天营业。在穆斯林聚居的东海岸州属，例如吉兰丹和丁加奴，所有商店周五，即穆斯林安息日不营业。

付款方式

现金是普遍接受的方式，一些主要城市的少数商家也接受美元或欧元。货币兑换服务几乎随处可见。信用卡可广泛使用，除了一些极小的商铺。推荐使用 VISA、MasterCard 和 JCB，一些大型购物场所还可以使用 American Express 和 Diners Club。个别商家会收取一定的手续费。我国的银联卡也已在马来西亚各地逐步推广开来，尤其大型城镇的大型商场，付款时可提前向商家确认。

营业税

自 2011 年年底开始，马来西亚引进了针对商品与服务的消费税制度。在餐饮和住宿方面，除了 6% 的政府税外，在一些奢侈酒店和高档餐馆，消费者还需要向商家支付 10% 的服务费。马来西亚拥有一部分指定免税区，包括西部的兰卡威岛和东部的纳闽岛，旨在吸引更多人来此消费。其他免税区还有吉兰丹州的兰斗班让

沙巴斗湖的市场上贩卖的新鲜鱼类

（Rantau Panjang）和彭加兰古堡（Pengkalan Kubur），以及吉打州的巴东勿刹（Padang Besar）和黑木山（Bukit Kayu Hitam）。

讨价还价

在马来西亚，购买商品时讨价还价是一种惯例，但也取决于购物者身处什么类型的市场。高端百货公司、购物中心和政府商业场所的商品价格均为固定，不接受议价——后者提供的商品物美价廉。而在绝大多数的本地市场和路边摊，讨价还价是被接受的，且一般都能实现；在讲价时，谨记保持礼貌温和的态度。另外，货比三家，在与商家讲价前了解一件商品最合理的价格，是聪明的做法。

吉隆坡一条夜间依然繁华的商业街

售后保障

消费者在购买商品时，需要谨慎挑选，仔细关注商品质量，避免之后出现不必要的麻烦。绝大多数政府商场和大型百货公司均接受瑕疵商品的退换，但是对在街边商铺购买的商品来说，退换货并不太容易，尤其是在那些未被政府推荐或保障的古董商店。

摄影相关产品

与新加坡类似，马来西亚处在摄影技术的先锋地位。这里的相关商品性价比很高，因为汇率的原因，甚至比新加坡更加划算。摄影相关产品的种类极为丰富，尽管数码科技对传统胶片的冲击极大，胶卷以及相片冲印设施在马来西亚各地都能够轻易找到，既快捷又便宜。

仿冒商品

尽管销售仿冒商品和走私货品在马来西亚是违法行为，政府对违法商品交易的打击和取缔力度也在不断增大，但依然能够看到这类商品在市场上出售，特别是在一些小商店和路边摊。这些商品往往价格便宜、质量低劣，而且该交易行为严重侵犯了知识产权，消费者应尽量避免购买。

在马来西亚买什么

　　五光十色的购物中心、熙熙攘攘的本地市场、生机勃勃的夜市、工艺品小店……遍布马来西亚各地的大小商业场所，为人们提供了形形色色的选择。传统风格的马来、中式和印度手工艺品在许多地方都能够找到；然而有些种类的工艺品仅限在一些特定区域销售。马来西亚商品种类的丰富程度足以令人惊叹，包括古董家具、扎染织物、蜡染花布、木刻及皮影戏等，还有许多由少数民族创作的特色手工艺品。

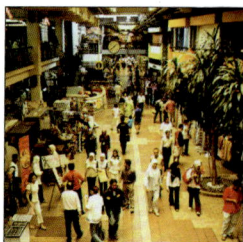

吉隆坡一家时尚的购物中心内人头攒动

马来工艺品

　　随着人们对马来民族工艺品的需求不断高涨，受益于日益繁荣的旅游业，以及大型银行和石油公司的资助，马来西亚艺术获得了前所未有的蓬勃发展。马来民族工艺品在全国各地几乎都能够买到，特别是在吉隆坡、新山、吉兰丹和丁加奴等地。

哇扬戏

皮影戏，又被称为哇扬戏，是一种口口相传的传统马来民间艺术形式。这些五颜六色的皮影人偶在吉兰丹和吉隆坡能够找到。

银器

最好的马来银器，以金银掐丝工艺进行装饰，主要产自丁加奴和吉兰丹两个州属。这些地区的工艺尤以制作皮带搭扣和烟盒见长。

蜡染花布

马来蜡染依靠上蜡和着色工艺将图案印在纺织面料上。蜡染布料的衬衫、裙子和纱笼最好从马来西亚的东海岸购买。

织锦缎

作为锦缎纺织物大家庭的一员，织锦是在织布机上通过手工编织而成，以金银丝纬线构成的精美图案为最大特色。

风筝

传统马来风筝的主要设计原则和理念、灵感均源自大自然，不过每一位工匠都会对风筝进行独一无二的装饰。在西马来西亚东海岸沿线的各个村落里都能够找到卖风筝的店铺。

陶器

由人手塑形的陶器主要产自雪兰莪州与霹雳州。亚依淡（Ayer Itam）是一座位于西马来西亚的小镇，以出产陶器和瓷器工艺品著称。金马伦高原也是购买陶瓷工艺品的好地方。

面具

传统意义上说，马来西亚及东南亚地区的面具主要描绘了人类、恶魔和神灵等形象。这些文化图腾有助于对传统、宗教及历史的保护和传承。传统马来祭祀仪式上使用的面具通常在马六甲能够买到。

东马来西亚工艺品

沙巴和沙捞越出产的手工艺品达到了无与伦比的艺术水平，主要由原住民及马来基督徒所创作，包括精美的扎染布料、萨满教法器行头以及木雕艺术品。

扎染设计

通常作为一种身份和权力的象征，扎染在马来语中意思为"打结"，是一种通过扎结和染色方法创作的织物风格。沙捞越出产马来西亚最优质的扎染布料。

竹制品

由竹子、棕榈叶和藤条制成的手工艺品，例如精美的编织篮子和帽子等，在沙捞越和沙巴各处的市集上都能够买到。

木雕

以刻画人类、神明和动物形象为主的萨满式传统木雕工艺品，广泛分布在古晋和哥打基纳巴卢等地，在雪兰莪的原住民博物馆内也能够找到。

中式工艺品

马来西亚本地制造的娘惹或土生华人工艺品格外受人欢迎，包括古董家具和瓷器等。

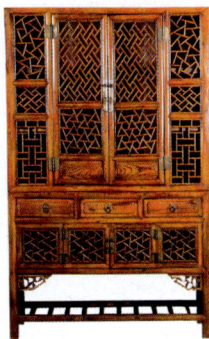

幸运护身符

这种护身符与我们在国内常见的相似，是一种价格低廉但趣味十足的商品。在马来西亚各地几乎都能够轻易买到。

中式古董家具

荅荅娘惹传统风格的古董家具，多由硬木打造，装饰以精美细致的雕刻，马六甲是购买中式古董家具的理想之地，尤其是鸡场街（见124页），堪称古董爱好者的藏宝阁。

中式瓷器

荅荅娘惹风格的花瓶是马来西亚独有的，进口的陶瓷器则可以在位于西马来西亚西海岸马六甲的大型零售店内买到。

印度工艺品

槟城、吉隆坡和新山等地的印度人聚居区，散发着各种香料混合而成的浓烈香味，还有许多真丝品商店，营造出与印度南部地区极为相似的氛围。

黄铜器

精美的黄铜器，是一种将泰米尔传统工艺移植到马来西亚的手工艺品，包括各种家庭日用品、装饰品和宗教器具。

印度丝绸纱丽

传统的南印度坎奇普南（kan-chipuram）丝绸纱丽，在位于乔治市小印度的布料店内能够买到，同时，马来西亚各地的购物中心内也有售。

印度香料

包括胡椒、小豆蔻、藏红花、丁香、肉豆蔻和肉桂在内的各类香料，在马来西亚各地都能够买到。

在哪里购物

马来西亚各地都有非常不错的购物场所，无论主要集中在西马来西亚的大城市，还是位于东马来西亚的小城镇。在时尚大都市，尤其是吉隆坡、槟城、新山和古晋等地，五光十色的高档购物中心内荟萃了世界各地的名优精品。一些相对较小的东海岸城市，如哥打巴鲁和瓜拉丁加奴，是马来传统艺术与手工艺品的中心，沙捞越和沙巴则以精湛民族工艺品著称。

马六甲一间古董店内陈列着娘惹手工艺品

吉隆坡

吉隆坡的购物区集中在Bukit Bintang路和Su Ltan Is-mail路周边，金三角商圈的核心地带，拥有**武吉免登购物广场**（Bukit Bintang Plaza）、**乐天广场**（Lot 10）、**升禧广场**（Starhill Gallery）、**柏威年广场**（Pavilion KL）及**成功时代广场**（Berjaya Times Square）。**金河广场**（Sungei Wang Plaza）和**刘蝶广场**（Low Yat Plaza）也在这一带，专门经营电子产品。国油双峰塔内的阳光广场是马来西亚高端购物中心的代表，**谷中城美佳广场**（Mid Valley Megamall）同样值得一逛。在**中央市场**（Central Market）能买到各种各样的当地纪念品；在手工艺品中心（见75页）能买到丰富的蜡染布料和手工艺品。位于东姑阿都拉曼路（见70页）的市场和茨厂街都是物美价廉的好去处，后者的**环球丝绸店**（Globe Silk Store）因为量体裁衣的定制服装而备受欢迎；这条路到了夜晚会变成热闹的夜市。

槟城

槟城是马来西亚仅次于吉隆坡的购物城市，不但有销售本地工艺品和古董的折扣店，电子产品的价格更是极富竞争力。Penang路是乔治市最好的购物街，**光大广场**（Komtar）是一家高档购物中心，销售香料的**吉灵万山市场**（Chowrasta Bazaar）也坐落在这条街上。

皇后湾购物中心（Queensbay Mall）是马来西亚北部最大的商场。小印度（见103页）里到处可见印度南部商品。此外，巴都丁宜（见108页）有一座生机盎然的夜市。

兰卡威

免税购物区的独特身份是兰卡威最大的吸引力之一。瓜埠是兰卡威岛的商业中心，同时是绝大多数免税店的所在地，最受欢迎的折扣商店是**兰卡威购物中心**（Langkawi Fair Shopping Mall）和**码头免税城**（Jetty Point Duty-Free Complex）。珍南海滩的**扎永免税购物天堂**（Zon DutyFree Shopping Para-dise）及登加海滩的**太阳购物中心**（Sunmall）则以销售化妆品、香烟和酒为主。

马六甲

华人街区是搜寻古董的好去处，但真假并存；还有各种娘惹商品。鸡场街（见124页）可以买到美丽的瓷器、硬币、老邮票、织锦缎和古董家具等。独立公园里有一系列售卖手工艺品和纪念品的商店，Paramesawara路上有一座夜市。位于Merdeka路的**皇冠广场**（Mahkota Parade）是当地最大的购物场所。

唐人街是吉隆坡中国城的商业中心

新山

新山的购物场所是**佳世客购物中心**（Jusco Tebrau Shopping Mall）、**柏兰宜娱乐广场**（Pelangi Leisure Mall）、**柏岭购物广场**（Perling Mall）和**柏兰宜广场**（Plaza Pelangi），而位于Iskandar Malaysia 区的**柔佛名牌商品城**（Johor Premium Outles）是最受欢迎工厂折扣店。

哥打巴鲁与瓜拉丁加奴

西马来西亚的东海岸遍布许多售卖传统马来工艺品的商店，如蜡染布料、织锦缎、银器、木雕和风筝。**布鲁古布大巴扎**（Kompleks Bazaar Buluh Kubu）也值得一逛。

在瓜拉丁加奴，临近中央市场的班达街上有很多小商店，出售当地手工艺品和蜡染布料，除了周五，每天营业。**努尔阿法手工艺品中心**（Noor Arfa Craft Complex）销售本地手工艺品，尤其是蜡染布和织锦缎。

沙捞越的古晋

古晋是马来西亚最好的购物地之一，城里到处可见销售旅游纪念品、扎染布和亚洲古董的商店，还有由原住民创作的手工艺品。位于 Satok 街的周日市场贩卖各种手工艺品和生鲜制品。**沙捞越手工艺品中心**（Sarawak Handicraft Center）内陈列着众多手工艺精品，每天开放。

沙巴的哥打基纳巴卢

哥打基纳巴卢有许多销售本地手工艺品的商店，价格便宜。推荐位于海边的菲律宾市场（见 179 页），这里的商品仿佛在告诉人们，这里离菲律宾有多近。

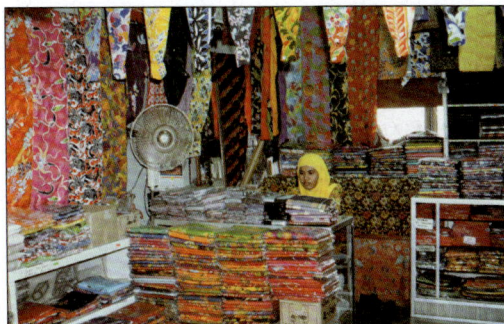
一名妇女在哥打巴鲁的新中央市场上售卖蜡染布

附　录

吉隆坡

成功时代广场
地址：1 Jalan Imbi.
城市地图：5 C3
电话：(03) 2144–9988
www.timessquarekl.com

武吉免登购物广场
地址：Jalan Bukit Bintang.
城市地图：5 C3
电话：(03) 4252–1781
www.allmalaysia.info

中央市场
地址：Jalan Hang Kasturi.
城市地图：4 E2
电话：(03) 2274–6542
www.central market.
com.my

环球丝绸店
地址：159 Jalan Tuanku Abdul Rahman.
城市地图：5 C3
电话：(03) 2692–2888
www.allmalaysia.info

乐天广场
城市地图：5 C3
www.ytlcommunity.com

刘蝶广场
地址：Lot 7, Jalan 1/77.
电话：(03) 2148–3651

www.plazalowyat.com

谷中城美佳广场
www.midvalley.com.my

柏威华广场
地址：168 Jalan Bukit Bintang.
www.pavilion–kl.com

升禧广场
www.starhillgallery.com

金河广场
地址：99 Bukit Bintang.
城市地图：6 D3
电话：(03) 2144–9988
www.sungeiwang.com

槟城

吉灵万山市场
地址：Jalan Penang, Penang.

光大广场
地址：Jalan Penang.
www.allmalaysia.info

皇后湾购物中心
www.queensbaymallmalaysia.com

兰卡威

码头免税城
www.jettypointlangkawi.

com/dutyfree_shops.htm

兰卡威购物中心
地址：Persian Putra, Kuah.
电话：(04) 969–8100

太阳购物中心
地址：Jalan Teluk Baru.
电话：(07) 955–8300
www.sun grouplangkawi.com

扎永免税购物天堂
地址：Pantai Cenang.
电话：(04) 955–6100

马六甲

皇冠广场
地址：1 Jalan Merdeka.
电话：(06) 282–6151
www.allmalaysia.info

新山

柔佛名牌商品城
www.premiumoutlets.com.my

佳世客购物中心
电话：(07) 354–2131
www.justco.com.my

柏兰宜娱乐广场
地址：Jalan Serampang Teman Pelangi.
www.allmalaysia.info

柏岭购物广场
地址：Jalan Persisiran Perling.
www.pelangi–bhd.com

柏兰宜广场
地址：Jalan Kuning.
www.allmalaysia.info

哥打巴鲁与瓜拉丁加奴

布鲁古布大巴扎
地址：Central Market, Kota Bharu.
www.allmalaysia.info

努尔阿法手工艺品中心
地址：Chendering Terengganu.
www.virtualmalaysia.com

古晋

沙捞越手工艺品中心
电话：(082) 245–652
www.sarawakhandicraft.com

马来西亚的休闲娱乐

在马来西亚，休闲娱乐方式丰富多彩，从伊班族原住民的传统舞蹈表演，到吉隆坡的时尚夜店，每个人都能找到适合自己的玩法。作为马来西亚的首都，吉隆坡会聚了丰富的娱乐活动，包括演出、音乐会及艺术展览等。另外，新山、古晋和哥打基纳巴卢同样提供了

伊班族男性舞者

异彩纷呈的夜生活，夜店、KTV 和酒吧，供人们彻夜狂欢。马来西亚全年大小节日接连不断（见 50～53 页），节庆活动中往往都会有精彩的传统文艺表演。主题公园世界也是备受欢迎的娱乐场所，是一家人带孩子全天远足度假的好去处，电影爱好者们则可以在现代化的电影院中欣赏最新的好莱坞大片。

吉隆坡国家艺术馆（见 71 页）内展出的当代艺术品

娱乐信息

想了解吉隆坡的节庆、娱乐信息，例如有哪些艺术展览、戏剧表演和音乐会正在进行或即将开始，可查询 *The Star* 和 *New Straits Times* 等英文日报。其他可参考的出版物还有艺术评论刊物 *KLUE*，会聚最新潮夜店资讯的杂志 *Juice*，均为月刊。所有最新鲜的事件及活动资讯，在这些出版物的官网上都能找到。"Kakiseni" 和 "**本月吉隆坡**" 两家网站上也有大量实用信息，包括住宿、餐饮、户外活动和街道地图等。

吉隆坡并没有集中的订票组织，需要直接联系每家机构，或通过酒店工作人员订票。并不是所有早期娱乐场所都配备有残疾人设施；不过几乎所有现代化场馆建筑内配套设施都很完善。

艺术展览

吉隆坡拥有多家艺术场馆，众多精彩的艺术展览在此轮番上演。国家艺术馆（见 71 页）内展示了超过 2500 位画家和艺术家的作品，特别是当代马来西亚艺术家的作品，此外，还常年举办不同风格的特展。另一家令人印象深刻的出色画廊，便是位于国油双峰塔阳光广场（见 73 页）内的国油画廊（Galeri Petronas），拥有三个达到国际水准的独立展厅，还展出马来西亚最大规模的私人艺术收藏。对相关展览感兴趣想了解更多有关吉隆坡艺术画廊的信息，请登录 Kakiseni 网站浏览查询。

主题公园

西马来西亚拥有多家主题公园，新鲜刺激的娱乐设施适合全家人同游，尤其深受孩子们喜爱。最受欢迎的云顶主题公园（见 90 页），是马来西亚规模最大且营业时间最久的主题公园，室内和室外均有游乐设备和娱乐活动，大型游乐设备包括翻滚过山车、电子游戏厅、32 个球道的保龄球场、阿娃娜马术牧场和多影厅影院等设施，还有音乐和戏剧演出。另一个备受欢迎的主题

云顶主题公园（见 90 页）里新颖刺激的游乐设施

营业多年的竞技场电影院

公园是**绿野仙踪乐园**（Mines Wonderland），园内有一座冰雪世界，设有众多冰雕、滑冰场和刺激的游乐项目；美妙的水上灯光奇幻秀（Light Fantasy on Water）同样十分精彩，值得一看。在湿世界水上主题公园（见76页）和**双威水上乐园**（Sunway Lagoon）两大水上主题公园里，滑水道和造浪泳池是最受游客们欢迎的游乐设施。

剧院

吉隆坡一年当中会有大量风格各异的戏剧表演轮番上演，除了深受游客喜爱的百老汇经典剧目，传统和实验性音乐剧，以及由马来西亚国内外剧作家创作的喜剧和悲剧作品，也都会在吉隆坡的舞台上演出。边缘性和实验性戏剧的氛围也格外活跃，例如速溶咖啡馆（Instant Café）这样的表演团体，总会为观众带来发人深省的精彩演出。

与剧目的丰富程度不相上下，演出场馆的类型也同样充满了变化，从国际顶尖水准的**吉隆坡表演艺术中心**（Kuala Lumpur Performing Arts Center）到简单质朴

的老中国咖啡馆（Old China Café），演出地点的环境和风格都有很大不同。

传统马来西亚民族戏剧是皮影戏，又被称为哇扬戏，由一种传统的印度尼西亚打击和管弦乐团演奏的甘美兰（gamelan）音乐进行伴奏。想欣赏高水准的正宗哇扬戏表演，可以前往哥打巴鲁的艺术馆（见146～147页），一部标准传统剧目通常会持续8小时左右。每当农历春节等节庆来临时，还会有异彩纷呈的京剧演出在街头上演。

电影院

马来西亚的各大城市拥有众多电影院，上映着国际最新影片，不但有好莱坞制作，来自中国、印度和其他亚洲国家的影片也会放映；通常为外语原声搭配马来语和中文字幕。大多数影院内都有冷气。最大型的连锁影院包括**金屏影院**（Golden Screen Cinemas）、**丹绒金村影院**（Tanjong Golden Village）和**国泰电影院**（Cathay Cineplexes）。吉隆坡历史最悠久的竞技场电

音乐家在演奏一种传统马来乐器

影院（见70页）目前仍在营业。影院名称表、放映时间和订票信息等都可以在**电影院在线**（Cinema Online）网站上查询。

传统音乐与古典乐

在吉隆坡，马来西亚旅游咨询中心（见74页）和国家剧院（见71页）经常举行传统音乐演出。国家剧院还会不定期举办由国家交响乐团演奏的古典音乐会。吉隆坡主要的古典音乐演奏场所是**国油交响乐厅**（Dewan Filharmonik Petronas），这里是马来西亚历史上第一座交响音乐厅，而且是马来西亚爱乐乐团的常驻音乐厅。国油交响乐厅在举办古典音乐会的同时，还会不定期有本土和国际的文艺演出在此上演。

国油交响乐厅内宏大的演奏厅

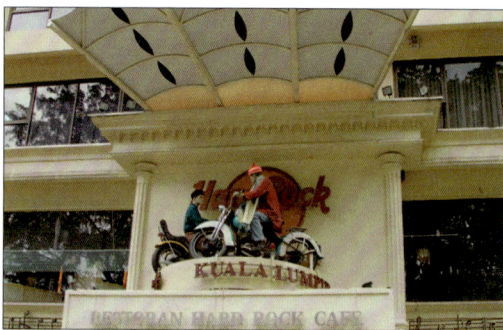
Hard Pock Café 是在吉隆坡听现场乐队演奏的最佳场所

当代音乐

当代西方流行音乐在马来西亚年轻人中极受欢迎，也为本地音乐人提供了创作灵感，他们以马来语创作的歌曲包括流行、摇滚、嘻哈或地下舞曲等各种曲风。

不定期会有国际大牌歌星来吉隆坡巡回演出，位于云顶高原（见 90 页）的星云剧场（Arena of the Stars stadium）是最常举办这类大型演唱会的热门场地。欣赏现场乐队音乐演出的热门场所有 Hard Rock Café、No Black Tie 和 Alexis Bistro。许多欧洲著名 DJ 会拜访吉隆坡，在最时髦新潮的夜店进行表演。

传统舞蹈

与传统音乐的情况类似，马来西亚的传统舞蹈受到伊斯兰、印度和中国等多种文化的影响，但最后都发展出了各自独特的风格。马来社交舞（joget）也许是最受欢迎的传统舞蹈，这种舞蹈起源于葡萄牙民间舞蹈，人们成对起舞，动作快速优美，显得幽默又轻松。玛蓉舞（Mak yong）结合了浪漫的

表演沙捞越土风舞的舞者

戏剧、舞蹈和歌剧演唱元素，最初仅在吉兰丹的王族宫廷演出，现在则是所有人都能欣赏的艺术。马来拳（Silat）是一种优雅的舞蹈表演，从武术演变发展而来，通常在婚礼庆典或节日场合时表演。沙捞越土风舞（datun julud）又被称为犀鸟舞，是沙捞越地区最受欢迎的舞蹈之一，由毕雅族原住民创造。想在沙捞越欣赏传统音乐和舞蹈演出，沙捞越文化村（见 159 页）是一个非常理想的选择。在吉隆坡，马来西亚旅游咨询中心和国家剧院都是观看舞蹈表演的好去处。

酒馆、酒吧和 KTV

吉隆坡的夜生活十分精彩，令人眼花缭乱的各种酒吧夜场，绝对能满足每个人的口味。吉隆坡的金三角（见 74 页）是酒吧和酒馆分布最为密集的区域。Cloth & Clef 将现场乐队表演、精品店和画廊等融为一体，其内还有一家名为 Beach Club Café 的咖啡馆，总是播放经典怀旧老歌，挤满了来自全世界的旅行者。孟沙区是吉隆坡另一个十分活跃的夜生活区域，拥有时尚的国际化氛围，如提供 Kilkenny 啤酒的 Finnegan's 酒吧和具有浓郁西班牙风情的 La Bodega 都值得推荐；如果你喜爱节奏布鲁斯音乐，不要错过 Modesto's。

马来西亚还拥有许多家时髦、奢华且人气极高的 KTV 娱乐城，如 Cherry Blossom、Deluxe Nite Club 和 Club De Vegas。

在马来西亚的其他一些主要城市，例如古晋、新山、哥打基纳巴卢和槟城，也有一些相当不错的酒吧可以选择。由于酒的价格在马来西亚很昂贵，所以选择一家在欢乐时光时段提供价格优惠的酒吧是非常明智的，只需花费一杯的价格便可以喝到两杯酒。通常来说，欢乐时光为 17:00～20:00。另外，许多酒吧有现场乐队音乐演奏，尤其是周末，一般会额外收取 20 林吉特作为附加费。

一群吉兰丹男人在表演传统武术舞蹈马来拳

夜店与迪斯科舞厅

在马来西亚所有的大城市都可以找到夜店和迪斯科舞厅，但吉隆坡是选择最多的地方。大多数夜店要从22:00以后才会逐渐热闹，直到凌晨时分渐渐变得冷清。许多夜店都会举办"女士之夜"，当天所有女性都可以免费入场。每家夜店的人气和流行热度都会有所浮动，不过最受欢迎的热门夜店基本都集中在 P. Ramlee 路和 Sultan Ismail 路的交汇处，还会邀请国际著名的 DJ 来驻场。最时髦新潮的夜店包括 Zouk、The Loft、Maison、Luna Bar，以及位于 Traders 酒店内的 Sky Bar。Luna 和 Sky 都拥有得天独厚的绝佳视野，能够欣赏到国油双峰塔的夜景。迪斯科舞厅往往坐落于高档购物中心和酒店之内，最受欢迎的两家是 Liquid 和 Sugar Club。

马来西亚一家夜店里人声鼎沸的舞池

附 录

娱乐信息

Juice
www.juiceonline.com

Kakiseni
www.kakiseni.com

本月吉隆坡
www.klthismonth.com

KLUE
www.klue.com.my

New Straits Times
www.nst.com.my

The Star
www.thestar.com.my

主题公园

绿野仙踪乐团
地址：Seri Kembangan, Selangor.
电话：(03) 8943–6688
www.mineswonderland.com.my

双威水上乐园
地址：11/11 Bandar Sunway, Petaling Jaya, Selangor.
电话：(03) 5635–8000

剧院

吉隆坡表演艺术中心
地址：Jalan Strachan, Kuala Lumpur.
电话：(03) 4047–7000
www.klpac.com

老中国咖啡馆
地址：11, Jalan Balai Polis, Kuala Lumpur.
电话：(03) 2072–5915

电影院

国泰电影院
地址：2 Selangor Darul Ehsan.
电话：(03) 7727–8051

电影院在线网站
www.cinemaonline.com.my

金屏影院
地址：Mid Valley egamall, Bangsar.
电话：(03) 2938–3366

丹绒金村影院
地址：Level 3 Suria LCC.
城市地图：2 F5
电话：(03) 7492–2929

传统音乐与古典乐

国油交响音乐厅
地址：Petronas Towers.
城市地图：2 F4
电话：(03) 2051–7007
www.malaysian filharmonik.com

当代音乐

Alexis Bistro
地址：Great Eastern Mall, Jalan Ampang, Kuala Lumpur.
电话：(03) 4260–2288

Hard Rock Café
地址：Jalan Sultan Ismail, Kuala Lumpur.
城市地图：2 D5
电话：(03) 2715–5555

No Black Tie
地址：17 Lorong Mesui, Kuala Lumpur.
电话：(03) 2142–3737

酒馆、酒吧和KTV

Beach Club Café
地址：97 Jalan P. Ramlee, Kuala Lumpur.
城市地图：2 D5
电话：(03) 2166–9919

Cherry Blossom
地址：Sun Kompleks, Off Jalan Bukit Bintang, Kuala Lumpur.
城市地图：5 C5
电话：(03) 2144–4895

Cloth & Clef
地址：30 Jalan Changkat, Bukit Bintang.
城市地图：5 C2
电话：(03) 2143–3034

Club De Vegas
地址：3 Jalan Imbi, Kuala Lumpur.
城市地图：5 C3
电话：(03) 2141–3888

Deluxe Nite Club
地址：Ampang Park Shopping Center, Jalan Ampang, Kuala Lumpur.
电话：(03) 2162–1399

Finnegan's
地址：51 Jalan Sultan Ismail, Kuala Lumpur.
电话：(03) 2145–1930

La Bodega
地址：31 Tengkat Tong Shin, Kuala Lumpur.
电话：(03) 2142–6368

Modesto's
地址：Sri Hartamas, Kuala Lumpur.
城市地图：2 E5
电话：(03) 6201–7898

夜店与迪斯科舞厅

Liquid
地址：Jalan Hang Kasturi.

The Loft
地址：Jalan Doraisamy, Kuala Lumpur.
城市地图：1 B4
电话：(03) 2691–5668

Luna Bar
地址：Menara Panglobal, Jalan Punchak.
城市地图：5 B1
电话：(03) 2332–7777

Maison
地址：8 Jalan Yap Ah Shak, Kuala Lumpur.
城市地图：1 B5
电话：(03) 2694–3341

Sky Bar
地址：Traders Hotel, KLCC.
城市地图：2 F5
电话：(03) 2332–9888

Sugar Club
地址：Jalan Sultan Ismail, Kuala Lumpur.
电话：(03) 2143–0020

Zouk
地址：Jalan Ampang, Kuala Lumpur.
城市地图：2 E4
电话：(03) 2171–1997

马来西亚的户外活动

从基纳巴卢山山巅,一直到南海深处,马来西亚提供了各种机会让人们充分领略这个国家神奇美丽的自然景观。原始淳朴的近海岛屿,如停泊岛、雕门岛和诗巴丹岛,凭借美丽的珊瑚礁与丰富的海洋生物,吸引了来自世界各地的潜水爱好者。大多数海滩度假村都提供帆板冲浪、划水和浮潜等活动。马来西亚拥有世界上最古老的热带雨林,密布着参天

一名攀登基纳巴卢山的徒步者

的大树、纠缠的藤蔓和众多石灰岩洞,这些奇妙美景值得旅行者前往一探究竟。为了迎合特定人群的兴趣与需求,旅行社提供特别的旅游产品,如为登山爱好者和观鸟者设计的行程;另外,河上巡游是一种非常舒适的旅行方式,可以乘船游览东马来西亚沿海的红树林沼泽。同时,马来西亚的气候四季宜人,使得这里成为高尔夫爱好者的理想旅游地。

沙捞越巴哥国家公园(见 162~163 页)的快艇巡游

导览观光

马来西亚的旅游业十分发达,拥有多家专业旅行社,如 CPH Travel Agency 和 Asian Overland Services 等,根据不同的时间安排和经济预算,从半日市区观光到马来西亚全境十日游,各种价位和行程安排的产品应有尽有。自助游客也可以选择如 S.I. Tours 和 Exotic Adventure 等旅行社组织的观光活动,价格比个人出游便宜许多,尤其是进入沙捞越的姆鲁国家公园(见 170～171 页)游览、在沙巴的基纳巴卢山(见 186～187 页)徒步远足,或是顺着巴打斯河(见 181 页)展开一场白浪漂流探险等活动。当地导游的专业知识可以令旅行体验更丰富,尤其是一些一生仅会游

览一次的地方。

预订国家公园的门票与通行证

在绝大多数马来西亚的公园和自然保护区,游客可以进入保护区后在公园总部或入口处支付门票。然而,如丹绒达都国家公园(见 160 页)和实蒙谷野生动物中心(见 161 页)等国家公园,建议提前预订门票。通行证和门票可以在古晋(见 154～155 页)的国家公园售票处(National Parks Booking Office),或其位于米里的分支机构取得。从柔佛前往兴楼云冰国家公园(见 137 页)

的游客,还可以选择在柔佛州经济部(Johor State Economic Unit)购买通行证。在一些公园,需要取得官方许可证才能进行专业摄影和摄像,徒步远足和垂钓等活动也不例外。许可证可以在公园里办理,如果在沙捞越州,也可以从国家公园售票处取得。许多公园里还配备有住宿设施,并不是所有旅馆都强制要求预订,但大部分自然保护区和公园都很受欢迎,尤其是周末和假期时。另外,一些公园要求露营的游客提前取得许可证。国家公园售票处还同时提供住宿预订服务。

健行

马来西亚的国家公园是极其理想的健行目的地,徒步穿越风景如画的自然景观,沿途

姆鲁国家公园内勇敢的攀岩者

半岛南部阿沙瀑布（见130页）附近的天然步道

观察丰富多样的野生动植物。海拔达4095米，位于沙巴州的基纳巴卢山是世界上最高的山峰之一，不需要特别专业的装备即可进行攀登，但公园管理局强烈反对游客单独攀登基纳巴卢山，建议聘请一位专业导游随行。登山许可证可以在抵达时前往公园总部购买。通常来说，绝大多数登山者需花费两天时间才能登顶，中途要在山中木屋过夜休整一晚，例如位于海拔3273米处的拉班拉塔（Laban Rata）休整站。务必提前预订，尤其是在旅游旺季（4月）。建议穿着便于走路的靴子和保暖防水的服装，携带睡袋、饮水和高能量食物。手电筒也十分重要，因为需要在凌晨出发开始登山，才赶得上登顶看日出。

如果不喜欢太过费力的登山活动，还有许多轻松的选择，包括位于大汉山国家公园的大汉山（见138～139页）、位于沙捞越的姆鲁山（见171页）及火焰山（见171页）的尖峰。马来西亚的地形富于挑战性，因此选择一家当地的旅游公司，如Utan Bara Adventure Team很有必要。

位于沙捞越**森林管理署**（Sarawak Forestry Corporation）保护区范围内的公园，如姆鲁国家公园，在徒步健行时聘请导游是强制性规定。大汉山国家公园最适合初学者，有不同难易程度的天然步道。巴哥国家公园（见162～163页）内设有多条轻松的步道，同时，姆鲁山和基纳巴卢山对于行走者的适应性是一种考验。

马来西亚大多数热带雨林都处于生态濒危状态，得到了**野生动物与国家公园部**（Department of Wildlife and National Parks）的大力保护。有许多游客选择以色彩符号标记的步道自助健行，然而有组织的健行活动同样值得推荐，由野生动物与国家公园部组织，或是由**Borneo Adventures**或**Utan Bara Adventure Team**等旅行社运营。

健行要做好防晒，大量饮水以免脱水。防水蛭的袜子很重要，雨季时更加必不可少。

洞穴探险

马来西亚拥有许多地球上最大的石灰岩洞，吸引着来自世界各地的洞穴探勘爱好者。许多洞穴（guas），如姆鲁山的兰洞，被美丽的钟乳石和石笋覆盖；与其临近的鹿洞人迹罕至，适合探险。

沙捞越的尼亚国家公园（见168页）和姆鲁国家公园潮湿阴暗的洞穴内栖息着数百万只蝙蝠和鸟类。沙巴的古曼东岩洞（见191页）因为珍稀的金丝燕燕窝而闻名。最佳观测时间是黄昏时分，成群结队的蝙蝠从洞穴内疾飞而出寻觅夜食，同时金丝燕会返回它们的巢穴。

尽管与婆罗洲的洞穴相比要小很多，雪兰莪州的椰壳洞和黑风洞（见90页）的印度神殿这些灯光映照下的洞穴依然非比寻常。Malaysian Nature Society Caving Group提供快速课程并会组织洞穴探险活动。

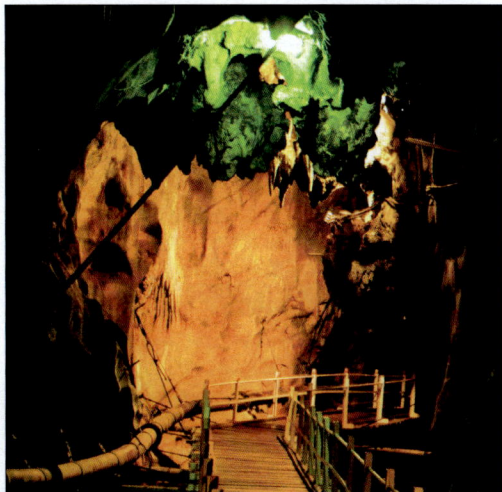

位于瓜拉玻璃的哥兰山洞又称为黑暗之洞

在马来西亚潜水

马来西亚的海岸线上散落着众多充满田园风情的小岛，为游客前往各个引人入胜的潜水点提供了极大便利。马来西亚不但吸引着经验丰富的潜水高手，也是适合业余爱好者的训练场地，在雕门岛、利浪岛和停泊岛的周边水域能够找到众多潜水授课点（见329页）。潜水者有希望观赏到的常见海洋生物包括鲸鲨、魔鬼鱼、海星和各种各样的海龟。季风季节海水的能见度会降低，不太利于进行潜水。造访西马来西亚西海岸的最佳时间是每年的11月~次年5月，而3月~10月则是前往半岛东海岸及沙巴和沙捞越周边的理想月份。临近沙巴西南海岸的岛屿，全年各时段都非常适合潜水。

潜水种类

马来西亚的海岸线提供了各种潜水运动的可能性，包括沉船潜水、浮潜和珊瑚礁潜水等。沉船潜水能够让经验丰富的潜水高手见识到马来西亚的海底宝藏，珊瑚礁潜水适合浮潜者和水肺潜水者。

沉船潜水使得潜水者可以潜入海底的海难遇难船一探究竟，最容易进行潜水活动的沉船是位于纳闽岛沿岸，沉没了1980年的水泥船残骸。

马来西亚最佳潜水点

- 米里 见 168 页
- 停泊岛 见 142 页
- 棉花岛 见 140 页
- 纳闽岛 180 页
- 兰卡央岛 见 191 页
- 利浪岛 见 142 页
- 诗巴丹岛 见 194~195 页
- 苏禄岛 见 179 页
- 登嘉岛 见 140 页
- 雕门岛 见 130~131 页

水肺潜水有机会领略到马来西亚五光十色的珊瑚礁生态环境，支撑维护着超过200种的水生生物。

浮潜仅需一副面镜和一根呼吸管，是近距离观察水下生物的好方法。

海洋生物

马来西亚周边水域堪称海洋生物的藏宝库。东海岸岛屿，例如雕门岛，是立翅旗鱼和黄鳍金枪鱼的家园，同时还生活着大量梭鱼和珊瑚礁鲨鱼。

海星颜色鲜艳明亮，充满活力，这种无骨生物常在大洋海底滑行而过。

鲸鲨是一种温柔缓慢，以浮游生物为食的鲨鱼，是目前世界上体积最大的鱼类，可以长到12米长。

绿毛龟是一种濒临灭绝的海洋生物。成年海龟以海藻为生的饮食习惯造就了其绿色身体的特征。

在马来西亚的一条河上进行白浪漂流

潜水与浮潜

近些年来，潜水在马来西亚越来越流行，是一项深受马来西亚本国人以及各国游客青睐的水上运动。众多潜水俱乐部和海滩度假村都可提供租借潜水装备的服务。大多数潜水经营者都开设了为期五天的国际专业潜水教练协会（PADI）课程，课程结束可以获得潜水专业执照，同时还会组织不同潜水点的潜水行程。推荐 Borneo Divers and Sea Sports、Pulau Sipadan Resort and Tours 和 Borneo Dive。

注意，在潜水时千万不要碰触珊瑚，或在距离珊瑚太近的浅水域活动，以免珊瑚受到损坏。诗巴丹岛（见194～195页）在任何时候都对潜水者的数量严格控制，必须提前预约。

水上运动

滑翔伞、帆板冲浪、滑水、水上滑板、飞艇冲浪……马来西亚各家海滩度假村提供的水上运动丰富多彩。Sea Quest Tours and Travel 组织的玻璃底船巡游，可让搭乘者沿着海岸线欣赏船底风光；这家公司还可安排日落巡游和游艇出海等行程。

白浪漂流

马来西亚的河流多浪，那些急滩和湍流一度成为探险家无法逾越的天然屏障；如今却是白浪漂流探险的完美场所。根据险峻程度，急流一共被分为五级，任何超过三级的漂流活动都必须有一位专业向导跟随。作为马来西亚最热门的漂流点之一，沙巴州的巴打斯峡谷（见181页）拥有第三、第四级难度的急流，足以令所有涉水漂流者兴奋不已。位于霹雳州的宋溪河（Sungai Sungkei）和坎培尔河（Sungai Kampar）则以温柔和缓的水流著称。白浪漂流不要求参与者有运动经验，Nomad Adventure 和 Exotic Adventure 等旅行社

会在出发前对参与者进行安全规程和相关注意事项的培训。漂流者必须佩戴安全帽、穿着救生衣，而且需擅长游泳。年龄超过12岁的儿童才有可能获准参与漂流探险，需擅长游泳，且必须有父母或法定监护人陪同。

河上巡游

穿越热带雨林和红树林沼泽的巡游之旅是近年来马来西亚生态旅游的一大热点。通常在清晨或临近傍晚时出发，还有知识渊博的向导沿途进行讲解，帮助旅行者观赏和识别各种珍稀动物。

这样的河上巡游之旅，可以在兰卡威岛（见112～115页）和大汉山国家公园（见138～139页）参加，克里亚斯湿地（见180）和位于沙巴的京那巴丹野生动物保护区（见191页）也会组织类似活动。在沙巴山都望河河口的浅滩处，偶尔还会看到短吻海豚跃出水面。游船登岸后，S.I.Tours 和 Borneo Eco Tours 组织的旅游团通常会安排客人享用自助晚餐后再乘船返回酒店休息。

树林沼泽中的独木舟之旅

高尔夫球选手在迷人的景致之中尽情挥杆

高尔夫球

　　凭借实惠的球童费、低廉的果岭费和价格合理的设备租赁服务，马来西亚精心规划的高尔夫球场吸引着来自全世界的高尔夫球爱好者。日间顾客只需交付合理价格便可尽情挥杆一场。马来西亚现有约200座营业的高尔夫球场，分布在全国各地，从凉爽的福隆港（见91页）到婆罗洲的海岸沿线，都设有水准一流的高尔夫球场。西马来西亚最受欢迎的高尔夫球场有**皇家雪兰莪高尔夫球俱乐部**（Royal Selangor Golf Club）和**金马伦高原高尔夫球俱乐部**（Cameron Highlands Golf Club）。吉隆坡拥有著名的**吉隆坡高尔夫球俱乐部**（Kuala Lumpur Golf and Country Club），位于市郊的设计师球场**绿野高尔夫球乡村俱乐部**（Mines Resort Golf and Country Club）也是不错的选择。North Borneo Tours and Travels Sdn Bhd 可以提供达迈高尔夫球俱乐部（Damai Golf Club）和婆罗洲高尔夫球及乡村俱乐部（Borneo Golf and Country Club）的相关信息。

野生动物观测

　　马来西亚拥有超过200种哺乳动物、数千种开花植物和种类丰富的蝴蝶，吸引着来自世界各地的游客。马来西亚的特有野生动物包括红毛猩猩、婆罗洲长臂猿、长鼻猴和犀鸟等。推荐健行穿越丛林或是攀登高山去观测更加珍稀罕见的物种。福隆港和大汉山国家公园（见138～139页）都是很容易进入的野生动物观测区。还可以跟随旅游团进入红毛猩猩的自然栖息地——沙捞越的实蒙谷野生动物中心（见161页），或是西必洛人猿保护中心（见190页）。在由古利洲岛、小巴古岸岛和西灵岛组成的海龟岛国家公园（见190页）可以看见海龟筑巢。

　　世界自然基金会（WWF）规划实施了一系列活动和项目，对马来西亚的地貌与环境进行保护，以免其遭受非法狩猎和森林砍伐等的侵害。

观鸟

　　拥有超过600种确认已知鸟类的马来西亚，堪称观鸟爱好者的天堂。马来西亚丰富多样的森林生态环境为各种鸟类提供了良好的生态条件。经常可以看到犀鸟、大冠鹫、红树八色鸫、翠鸟、咬鹃等的身影。

　　沙捞越又被称为犀鸟王国。在沙巴的基纳巴卢国家公园（见184～185页）中可以看到各种各样的捕蝇草和喜鹊。瓜拉雪兰莪自然公园和福隆港都是西马来西亚地区的最佳鸟类观测点，以金丝燕和布谷鸟为主。每年6月福隆港还会举办国际观鸟日大赛（见91页）。

　　马来西亚众多的旅行社中，Borneo Mainland Travel and Tours、Birdtour Asia、Malaysian Nature Society Birding Group 和 Wild Asia 均可为游客安排观鸟行程。记得带上双筒望远镜和遮阳帽。

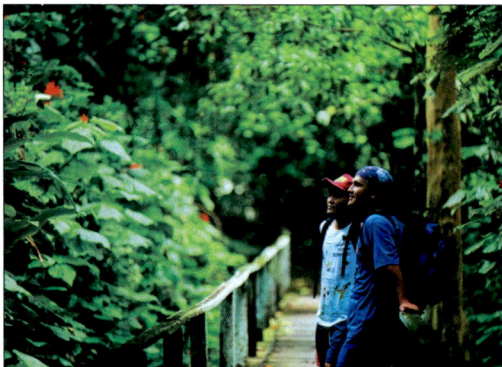

狂热的观鸟爱好者穿行在热带丛林之中

附 录

导览观光

Asian overland WWF（Worldwide）
地址：Ampang Point, Kuala Lumpur.
电话：(03) 4252-9100
www.asianoverland.com.my

CPH travel Agency
地址：Kuching, Sarawak.
电话：(082) 414-921
www.cphtravel.com.my

exotic Adventure
地址：Segama Complex, Kota Kinabalu, Sabah.
电话：(088) 486-886
www.exotic-adventure.com

s.i. tours
地址：Wisma Khoo, Siak Chiew, Sandakan, Sabah.
电话：(089) 673-502
www.sitoursborneo.com

预订国家公园的门票与通行证

柔佛州经济部
地址：Bangunan Sultan Ibrahim Johor Bahru,Johor.
电话：(07) 223-7471

国家公园售票处
地址：Sarawak Tourism Complex, Kuching, arawak.
电话：(082) 410-944/42
www.sarawaktourism.com
地址：Lot 452, Jalan Melayu, Miri, Sarawak.
电话：(085) 434-181
www.sarawaktourism.com

健行

Borneo Adventure
地址：Gaya Center, Jalan Tun Fuad Stephens, Kota Kinabalu, Sabah.
电话：(088) 486-800
www.borneoadventure.com

野生动物与国家公园部
地址：Jalan Charas,Kuala Lumpur.
电话：(03) 9075-2872
www.wildlife.gov.my

沙捞越森林管理署

地址：Hock Lee Center, Jalan Datuk Abang Abdul Rahim, Kuching, Sarawak.
电话：(082) 348-001
www.sarawakforestry.com

utan Bara Adventure team
地址：The Heritage Unit, Kuala Lumpur.
电话：(03) 4022-5142
www.ubat.com.my

洞穴探险

malaysian nature society Caving Group
地址：641 JKR Jalan Kelantan, Bukit Persekutuan, Kuala Lumpur.
城市地图：3 A4
电话：(03) 2287-9422
www.mns.org.my

潜水与浮潜

Borneo dive
电话：(018) 529-8033
www.diveborneo.com

Borneo divers and sea sports
电话：(088) 222-226
www.borneodivers.info

Pulau sipadan resort and tours
1st floor, No. 484, Block P, Bandar Sabindo, Tawau, Sabah.
电话：(089) 765-200
www.sipadan-resort.com

水上运动

sea Quest tours and travel
地址：1 Sutera Harbour Boulevard, Kota Kinabalu, Sabah.
电话：(088) 248-006
www.seaquesttours.net

白浪漂流

exotic Adventure
地址：Lot 1, 1st Floor, Block D, Segama Complex, Kota Kinabalu, Sabah.
电话：(088) 253-493

---

www.exotic-adventure.com

nomad Adventure
地址：4.06B, 4th Floor, The Summit Subang USJ, Persiaran Kewajipan, USJ 1, Subang Jaya, Selangor.
电话：(603) 8024-5152
www.nomadadventure.com

河上巡游

婆罗洲生态观光
地址：Pusat Perindustrian Kolonbong Jaya,Kota Kinabalu.
电话：(088) 438-300
www.borneoecotours.com

S.I. Tours
地址：Lot 1002-1003, Wisma Khoo Siak Chiew, Sandakan, Sabah.
电话：(089) 673-502
www.sitoursborneo.com

高尔夫球

金马伦高原高尔夫球俱乐部
地址：P.O. Box 66, 39007 Tanah Rata, Cameron Highlands, Pahang.
电话：(05) 491-1126
www.pahangtourism.com.my

吉隆坡高尔夫球俱乐部
地址：10 Jalan 1/70D, off Jalan Bukit Kiara, Kuala Lumpur.
电话：(03) 2093-1111
www.klgcc.com

绿野高尔夫球乡村俱乐部
地址：The Mines Resort City, Selangor Darul Ehsan.
电话：(03) 943-2288
www.mines.com.my

north Borneo tour and travel sdn Bhd
地址：Lot E 3-1, lock E, 3rd Floor, Plaza Tanjung Aru, Jalan Mat Salleh, Kota Kinabalu.
电话：(088) 268-339
www.golfbookingcentre.com

皇家雪兰莪高尔夫球俱乐部
地址：Jalan Kelab Golf,Off Jalan Tun Razak,Kuala Lumpur.
城市地图：6 F4
电话：(603) 9206-3333
www.rsgc.com.my

野生动物观测

世界自然基金会
地址：49 Jalan SS23/15 Taman Sea, Petaling Jaya, Selangor.
电话：(03) 7803-3772
地址：Suite 1-6 W11 6th Floor, CPS Tower, Center Point Complex No. 1, Jalan Center Point, Kota Kinabalu, Sabah.
电话：(088) 262-420
www.wwf.org.my

观鸟

Birdtour Asia
www.birdtourasia.com

Borneo Mainland Travel and Tour
地址：1081, 1st Floor, Jalan Merpati, Miri, Sarawak.
电话：(085) 433-511
www.borneomainland.com

Malaysian Nature Society Birding Group
地址：641 JKR Jalan Kelantan, Bukit Persekutuan,Kuala Lumpur.
城市地图：3 A4
电话：(03) 2287-9422
www.mns.org.my

Wild Asia
地址：Upper Penthouse, No. 2 Jalan Raja Abdullah, Kuala Lumpur.
城市地图：1 C5
www.wildasia.net

游客须知

实用信息

马来西亚旅游局官方标志

马来西亚是亚洲旅游的首选目的地之一，吸引着众多背包客和自助游游客。马来西亚政府也深知其成为热带旅游天堂的潜力，几十年来一直鼓励本国旅游业发展，致力于展示本国与现代化因素的融合，为游客提供"宾至如归"的舒适与便捷。

新加坡是一个很安全的国家，犯罪率低，城市整洁，热带疾病也少，被誉为"花园国度"。

到马来西亚、新加坡和文莱三国旅行，游客会发现这些地方的旅行社均极其高效，酒店干净整洁、管理井然，旅途通常很顺利，当地居民待人也十分友好。

热带雨林世界音乐节上的打击乐演奏者

最佳旅游时间

马来西亚、新加坡均地处热带，全年炎热潮湿，气温在30℃左右，很少低于20℃。雨季期间游客应避免在海滩休憩和参与冒险运动。5～9月的雨季会影响半岛的西海岸。而11月～次年2月，雨季均影响东海岸及马来西亚的婆罗洲。如果旅游期间正好赶上当地的主要节日，比如国庆前夕庆典（见52页）或热带雨林世界音乐盛会（见159页）将更不虚此行。新加坡1月和2月会庆祝中国和印度的节日。

签证与护照

马来西亚和新加坡均向中国游客发放30天有效期的个人旅游签证，要求护照有效期在6个月以上。

办理马来西亚旅游签证，游客须持护照及二寸个人近期白底彩色证件照2张，前往**马来西亚驻华大使馆**或驻广州、上海、昆明的领事馆签证处办理，在签证处柜台领取签证申请表及申请登记表各一张，现场填写并粘贴照片（详情可咨询签证处官员）。签证费用为人民币80元。

办理新加坡旅游签证，需事先在新加坡驻华大使馆网站下载 form 14A 签证申请表格，携带填写好的表格以及相关证件、证明（具体要求可在新加坡驻华大使馆网站上了解），

前往新加坡驻华使领馆办理。签证费用为人民币153元。

旅游过程中想延长签证时间，也可登录**马来西亚外交部**网站查询相关信息。

海关信息

马来西亚对外籍访客携带以下数量物品入境免纳关税：1升酒类、200支香烟、化妆品、香皂、牙膏、3件新衣物、1双新鞋、1件用于保健或清洁使用的便携式电动商品、价值不超过400林吉特的礼品、私用便携式商品和设备。游客每次出入马来西亚携带的马币金额不得超过1000林吉特；携带的旅游支票或外币金额不受限制，但超过1万美元的需向海关申报。

在新加坡，酒类和烟草

位于新加坡桑泰克城市购物中心内的游客中心

◁ 新加坡地铁（MRT）的一个车站

游客在西必洛人猿保护中心参观

产品均为须缴税物品。游客入境时最多可携带19支免税香烟，携外币的最高限额为3万新加坡元。新加坡海关的规定十分严苛，口香糖、药品、光盘、动物及相关产品等均为管制或禁运物品，游客如果触犯新加坡法律，会受到极其严重的处罚。

游客信息

任何想到这一地区旅行的游客，都可以分别在**马来西亚旅游局、新加坡旅游局和文莱观光局**的官方网站查询各种各样的旅游信息，马来西亚和新加坡旅游局网站均设有中文页面，十分方便。而当地的旅游局，依靠国内外的高速信息，并进行相关的整合，也为游客们提供了关于各种旅游胜地的宣传手册。有关东马来西亚的具体信息可在**沙巴州旅游局和沙捞越旅游局**官方网站查询（均提供中文网页）。绝大多数酒店也可为游客提供旅游服务，或者安排相关准备，而背包族聚集的青年旅舍是获得当地信息的不二之选。

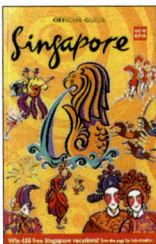

新加坡旅游局出版的旅游指南

工作时间

马来西亚政府机关工作时间为每周一至周五8:30～17:30。博物馆开放时间也大致相同，但是具体到一些景点仍有必要提前了解详细信息。而在马来西亚的一些穆斯林聚居州，比如吉打、丁加奴和吉兰丹，周五也是休息日。邮局工作时间一般为每周一至周六的8:00～18:00。

新加坡政府机关工作时间为周一至周五8:30～17:00。银行营业时间的具体信息见338～339页，商店营业时间见314～315页。

票价信息

马来西亚和新加坡的绝大部分博物馆均收取参观费用。大部分国家公园门票价格为10林吉特，基纳巴卢国家公园票价为15林吉特。而一些更具参观价值的景点会收取更高的费用，包括西必洛人猿保护中心（30林吉特）、沙捞越文化村（60林吉特）。夜间狩猎也价格不菲。在马来西亚和新加坡，儿童参观均有折扣。

当地时间

马来西亚和新加坡时间均比格林尼治时间早8小时，因此，这两个国家与中国是没有时差的。

农历

马来西亚和新加坡的官方日历均采用格里高利历（我们惯称的阳历日历）。但是许多节日，尤其是伊斯兰教和中国的一些传统节日，是按照中国或伊斯兰教的农历日期来安排庆祝的；也就是说，这些节日每年的庆祝时间都会有所不同。中国农历和伊斯兰教农历的主要区别在于中国农历有闰月，因而节日每一年差不多都在同一个时间段内，而伊斯兰教节日每年差不多会比上一年提前10天，大部分节日都希望和月圆之日吻合。每年节日的具体时间，可以登录该国旅游局网站查询。

电力

马来西亚的电压为220V，新加坡的电压为230V。两个国家的电源插头均为英式标准的三芯垂直插头，转换插头可以在出发前在国内超市提前购买。

全家泛舟在山都望河

带孩子旅行

带孩子来马来西亚和新加坡旅行，家长们会很惊喜地发现孩子处处都能得到很好的照顾。其中一个例子就是在餐馆里，工作人员在家长用餐时还会帮忙照看小孩。马来西亚更是儿童天堂，丰富多样的景点选择吸引了各个年龄段的人前来游玩。儿童用品在全境都可以买到，除了农村和一些偏远地区。旅途中孩子的健康更需要加倍保护，尤其要防止烈日暴晒，避免食物和饮用水带来的疾病。

女性旅行者

马来西亚和新加坡对于独自前来的女性游客而言非常安全。但是仍然要谨记，鉴于马来西亚文化的保守性，无伴同行的女性容易引起注意，尤其是在一些农村地区和穆斯林聚集区。女性游客若能遵守当地习俗，衣着保守，并避免搭车旅行和夜间独行这样的危险活动，就不会受到骚扰。

残障人士旅游

新加坡有完善的残疾人设施，但是马来西亚的相关设施很少。新加坡许多酒店、银行、电影院和购物中心均为需要的旅客提供了斜坡或其他设施，但是在马来西亚却很少见：在一些高级酒店，类似基础设施仍在完善，公共交通没有轮椅通行设备，城镇路边石

台较高，地面不太平整。《走进新加坡》（*Access Singapore*）这本免费指南上列有便利设施的清单。残疾人旅行网站，比如**世界新闻通观**（Global Access News）也提供了相关信息。

同性恋者旅游

官方意义上而言，马来西亚和新加坡不欢迎同性恋游客，而且对同性恋行为有着严格的惩罚措施。但是在新加坡和吉隆坡的一些酒吧和俱乐部，仍能看到许多同性恋的身影。更多关于亚洲境内同性恋的信息，可咨询**乌托邦**（Utopia）网站。

穿衣提示

轻薄、休闲的棉质衣服，或是其他天然材质的衣服在马来西亚和新加坡这样四季炎热潮湿的热带地区，是再适宜不过的了。遮阳帽和太阳镜也值得推荐，可以在炎炎烈日下提供对皮肤的有效保护。去山区游览的游客们，还推荐带上一

件毛衣和防风夹克，以防山区天气转凉。鉴于马来西亚全年雨季的特点，雨衣也是非常有必要的选择。穿着长袖衬衫及长裤或者其他同身长的衣物可以避免烈日暴晒，去保守的农村地区、宗教场所和一些雅致的餐馆酒店也很方便。惯例是，旅游过程中最好始终保持保守的着装，尤其是到马来西亚各地旅游时。

另外，旅行时可以尽量轻装出行，因为绝大多数酒店都提供洗衣服务，T恤和蜡染印花质地的衬衫等衣服在当地的价格都非常便宜，质量也不错，可以随时购买。

摄影

自然景色美不胜收、野生动物种类繁多、建筑风格令人叹为观止，这些特色使得马来西亚和新加坡的大部分地区很适宜拍照。一般来说，当地居民喜欢被拍进照片，但是为避免产生不愉快，最好还是事先征得他们的同意，尤其是当地的土著居民。同样地，在庙宇和清真寺，最好也先询问僧人或者伊玛目是否可以拍照。

马来西亚的大城市和新加坡的照相馆价格适宜，可以买到各种设备、存储卡和印刷用胶片——专业的幻灯胶片只在大城市有售；即使如此，也最好自备各种设备，因为当地店

唐人街的衣服摊和货摊

游客和当地居民正在进行掰手腕的游戏

中的各类商品一般来说保存得不是很好。在回去之前，最好对照片进行处理，比如将存储卡内的照片刻录成 DVD 盘，在当地冲洗数码照片也很方便，且价格便宜。

社会风俗

大部分马来西亚人很保守，但游客仍会感到这里绝大多数风俗很灵活，容易适应。大声喧哗被认为是举止粗鲁的表现。不要用食指指人或物，而是用拇指或者整只手。虽然人们也握手，但是要等别人先伸手。需要注意的是，在穆斯林中，用左手碰别人或者摸头都是不礼貌的。像拥抱、接吻这样展示友好的行为也是不欢迎的。赤身日光浴和在沙滩上裸露身体都是禁忌。

到马来西亚家庭做客，游客要先换下自己的鞋子。得到允许后方可吃主人提供的食物，而且进食时不能用左手。

虽然大城市外观上时尚现代，穆斯林妇女仍然衣着保守。拜访农村地区、庙宇、清真寺及其他宗教场所或者穆斯林聚集区时，穿衣要含蓄保守，衣服应遮住手臂和腿部。一些清真寺禁止非穆斯林女性进入。

语言

巴哈苏马拉语（Bahasa Malayu）即马来语，是马来西亚的官方语言。在新加坡，英语和汉语都很普遍，游客也有可能听到泰米尔语、粤语、印度语，甚至少数民族的土著语言。游客即使只学寥寥几句马来语，也可以增进与主人之间的感情。

换算表

马来西亚、新加坡称重和测量均采用公制。

英美制换算为公制
1 英寸 = 2.5 厘米
1 英尺 = 30 厘米
1 英里 = 1.6 公里
1 盎司 = 28 克
1 磅 = 454 克
1 品脱 = 0.473 升
1 夸脱 = 0.947 升
1 加仑 = 3.6 升

公制换算为英美制
1 厘米 = 0.4 英寸
1 米 = 3 英尺 3 英寸
1 公里 = 0.6 英里
1 克 = 0.04 盎司
1 升 = 2.1 品脱

附 录

使馆信息

马来西亚驻华大使馆
地址：北京市朝阳区三里屯亮马桥北街2号。
电话：(8610) 6532–2532
传真：(8610) 6532–5032

中国驻马来西亚大使馆
地址：229 Jalan Ampang, Kuala Lumpur, Malaysia.
电话：(03) 2164–5272（办理证件）/ (012) 3429–829（领事保护）
传真：(03) 2163–6809
my.china-embassy.org

新加坡驻华大使馆
地址：北京市朝阳区建国门外，秀水北街1号。
电话：(8610) 6532–1115
传真：(8610) 6532–9405
www.mfa.gov.sg

中国驻新加坡大使馆
地址：150 Tanglin Road, Singapore.
电话：6471–2117（办理证件）/ 9297–1517（领事保护）
传真：6479–5345
www.chinaembassy.org.sg/chn

护照与签证

马来西亚外交部
www.kln.gov.my

游客信息

马来西亚旅游局官网
www.tourismmalaysia.cn

新加坡旅游局官网
www.yoursingapore.com

文莱观光局官网
www.tourismbrunei.com

沙巴旅游官网
www.sabahtourism.com

沙捞越旅游官网
www.sarawaktourism.com

残障人士旅游

世界新闻通观
www.globalaccessnews.com

同行恋者旅游

乌拉邦
www.utopia-asia.com

个人安全与健康

旅游警察标志

马来西亚和新加坡的犯罪率都很低，旅行相对安全。但是适用于其他任何地方的安全常识同样适合这里。游客要谨防大城市中的扒手和偷包贼，避免佩戴贵重首饰。这两个国家的卫生健康指数在亚洲国家中名列前茅，没有什么健康隐患。但是，虽然大城市中医疗设备齐全，但在农村地区，医药设施仍十分有限。

新加坡警察及巡逻车

警察

游客一般只在物品被窃或丢失时才会向警察求助。在马来西亚，游客云集的地区也配有大量的旅游警察，向游客提供安全保护。

新加坡法律严禁公众场所吸烟、乱扔杂物，甚至不允许嚼口香糖，违者将被处以 50 ~ 1000 美元的罚款。这里的警察警惕性特别高，执法较严格。虽然有时候游客在触犯法律时会被提醒后放行，但是最好还是遵守当地的法律法规，别抱侥幸心理。

温馨提示

在这些地区旅行是相对安全的，但是仍有需要注意的事项。数额巨大的现金和贵重物品应放置于酒店房间的保险箱中，避免随身携带。将钱和护照放于贴身的钱包里，以免被偷。贵重物品比如相机和手机，应该放在别人看不到的地方。要警惕自己的钱包，避免夜间独自在光线昏暗的街道行走。旅行保险、护照及重要文件应该备份，以免被窃或丢失。

物品失窃

如果被窃，应立即向当地警局报案，因为日后办理保险理赔需要警局的报告。信用卡和支票被窃，应立即向发行银行挂失，以免被他人取现；信用卡则需取消原卡并办理补卡手续。如果是护照丢失或被窃，应及时与中国驻该国大使馆（见335 页）联系，以便更换护照。

马来西亚旅游警察

毒品

马来西亚和新加坡对持有和走私毒品都会处以严厉惩罚。即使是外国人，携带毒品出入境被抓会面临牢狱之灾，甚至有可能被判处死刑。

健康提示

马来西亚和新加坡的健康和卫生标准都很高，城市清洁，环境良好，因而前往这两个国家旅游并不需要注射疫苗。但是如果游客近来访问过黄热病高发地区，则需在入境时出示疫苗注射证据。

到马来西亚旅游，在大部分地区都不会感染疟疾，但是到偏远地区旅行，最好在出发前至少两周服用抵抗疟疾的药物。单纯服用这些药物只能起到部分效果，最好睡觉的地方备有纱窗，并使用驱虫剂，或者使用蚊帐。蚊虫叮咬还可传播登革热，症状为高烧不退、浑身疼痛并伴有头痛，持续时间为 7 ~ 10 天。目前没有相应疫苗，如不幸感染此病，为避免引发其他并发症，最好做个体检。

饮食、环境变换最有可能出现痢疾、肠胃不适等症状。为避免腹泻，旅途中应饮用瓶装水或开水，不吃冷水中的冰块和生的东西，只在干净的地方就餐。

到热带地区旅行，最大的敌人是高温热浪，极易引起脱水和皮肤灼伤。应该大量饮水、多行走在阴凉地区，戴帽子避免阳光直晒，并使用防晒霜和太阳镜等。割伤或灼伤处应该立即采取措施，因为热带气候不利于伤口愈合。随身携带迷你药箱可以及时对小的伤口进行处理。如果伤口恶化，应该立即就医。

一所拥有顶级卫生保健水准的新加坡私立医院

医院与治疗

在马来西亚的所有大城市和较大型城镇都设有地区医院和私人诊所，设施齐全且卫生干净，非常方便。医生一般也会说英文。医院一般都设有急诊科。也有专门向外派人员和旅游者开放的诊所，但收费相对于当地普通医院要高些。主要城市的就医环境都非常舒适，其中，坐落在吉隆坡的**鹰阁药物医院**（Gleneagles Medical Center）和**潘泰药物医院**（Pantai Medical Center）条件非常好，快捷且方便；但是这样的就医环境在农村地区较难找到。新加坡拥有世界顶级的医疗队伍，医院主要有**莱佛士医**院（Raffles Hospital）和**新加坡国大医院**（Singapore General）等。

药店

即使是马来西亚最小的城镇，也有品牌齐全的连锁药店。比如**佳宁药店**（Guardian Pharmacy）在马来西亚就有很多经销店，非常方便。在新加坡，最有名的药店有**樟宜综合医院药店**（Changi General Hospital Pharmacy）和佳宁药店。不过，在新加坡买药必须要有医生的处方，而在马来西亚没有处方也可以买药。所以，有此需要的游客们最好在出行前将自己在旅途中需要的各种药品准备充足，以免发生意外。

旅行和健康保险

旅行前办理旅游保险是非常有必要的，内容包括受伤、疾病、事故、医院急诊、遣返回国和医疗救助。如果参与类似潜水和爬山等高危活动，还需要投保其他项目。

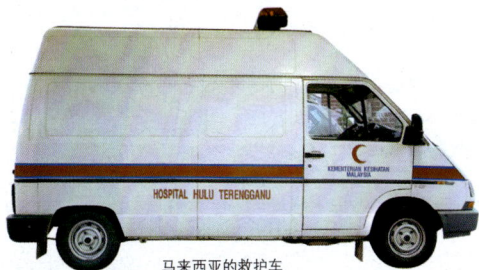
马来西亚的救护车

马来西亚的消防车

附 录

紧急电话

马来西亚
急救：999
火警：994
报警：999
旅游投诉：(03)2615-8188
旅游专线：1-300-88-5050（马来西亚境内）

新加坡
急救：995
火警：995
报警：999
旅游热线：1800-736-2000（新加坡境内）/ (65) 6736-2000（新加坡境外）

健康提示

世界卫生组织
www.who.int/ith

马来西亚医学协会
www.mma.org.my

医院与治疗

鹰阁药物医院
282 Jalan Ampang, Kuala Lumpur.
电话：(03) 4257-1300

潘泰药物医院
Jalan Bukit Pantai, Kuala Lumpur.
电话：(03) 2282-5077

莱佛士医院
585 North Bridge Road, Singapore.
城市地图：3 E4
电话：6311-1555

新加坡国大医院
4 Outram Road.
城市地图：4 A3
电话：6222-3322

药店

樟宜综合医院药店
2 Simei Street 3, Singapore.
电话：6788-8833
www.mypharmacy.com.sg

佳宁药店
（马来西亚）
地址：Lot 89 & 91, Jalan Bukit Bintang, Kuala Lumpur.
城市地图：6 D2
电话：(03) 2145-7553
www.guardian.com.my
新加坡
地址：313 Orchard Road, Singapore.
城市地图：1 F2
电话：6338-0813
www.guardian.com.sg

银行与货币

　　在马来西亚和新加坡，银行网点众多，十分方便。商业银行允许非本地居民免费开通外币账户，而且没有冗繁的转账数额限制。游客必须要在海关申明，申明后便可向马来西亚和新加坡带入及带出任意数额的外币。然而马来西亚对带入和带出的马来西亚林吉特有严格数额限制，最高不得超过 1000 林吉特。

新加坡的花旗银行是知名国际银行之一

银行

　　马来亚银行（May bank）是马来西亚最大的银行。许多著名的国际银行，比如**花旗银行**（Citibank）和**汇丰银行**（HSBC），在这两个国家也设有分支机构。马来西亚银行的营业时间为周一至周五 9:30 ～ 16:00，周六 9:00 ～ 11:30。而在马来西亚一些穆斯林信徒聚居的州，比如吉打、丁加奴和吉兰丹，银行工作时间为周六至周三 9:30 ～ 16:00，周四 9:00 ～ 11:00，周五不营业。新加坡银行营业时间为周一至周五 9:30 ～ 15:00，周六 9:30 ～ 11:30。

货币兑换

　　所有大型银行的分支机构均提供现金和支票兑换业务，但会收取少量服务费。如美元、欧元及人民币等主流货币很容易兑换。顶级酒店虽也提供美元和其他通用币种的兑换服务，但是相对银行而言费用较贵。持有许可证的钱币兑换机构一般营业到 18:00，并且汇率合理。货币兑换机构在偏远地区很难找到，比如沙捞越和沙巴州，因此应携带足量现金。

自动柜员机

　　除了一些特别的偏远地区，在马来西亚自动柜员机（ATM）遍布各地，新加坡更是随处可见。不过，只可提取当地货币，日取款上限约为 800 美元，且外卡要收取每笔约 3 美元的手续费。马来西亚九成以上的 ATM 可使用我国发行的银联卡提取当地货币；但银联卡不能进行柜台转账和提现。

信用卡及旅行支票

　　在大城市和旅游景区一般均可使用主流信用卡，其中 VISA 和**万事达**（Master-Card）认可度最高；凡贴有银联卡标志的商户均可使用银联卡消费，可事先询问。旅行支票可在主流银行兑现，许多酒店和商家也将其作为付款的方式。比较常用的**美国运通**（American Express）旅行支票可在我国的农行、工行、中行、建行、光大、中信、交行等银行购买，建化购买前先电话咨询。

货币

　　马来西亚货币单位为林吉特，表示为"RM"。令人困惑的是，当地人常称其为"dollars"。1 林吉特可兑换为 100 仙，但游客一般用不到这么小面额的辅币，除非在当地商场购物。新加坡的货币单位为新加坡元，写作 S$，1 新加坡元等于 100 分。

马来西亚林吉特

　　银行发行面值1、2、5、10、20、50和100林吉特的纸币。所有纸币都印有第一任马来西亚首相东姑阿都拉曼的画像。1林吉特硬币很罕见。1林吉特等于100仙，硬币有1、5、10、20和50仙几种。

1 林吉特

5 林吉特

10 林吉特

20 林吉特

5 仙

10 仙

20 仙

50 仙

新加坡元

　　新加坡硬币分1分（属于流通货币但正逐步停止使用）、5分、10分、20分、50分几种。纸币分1、2、5、10、20、50、100、500、1000新加坡元。也有1万新加坡元的纸币，但很少见。

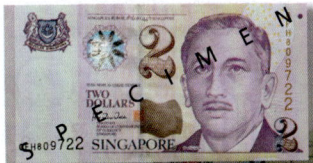

2 新加坡元

5 新加坡元

10 新加坡元

50 新加坡元

100 新加坡元

1 分

5 分

10 分

20 分

50 分

1 元新加坡元硬币

通信与媒体服务

在马来西亚和新加坡，互联网高速便捷，选择多样，十分方便。本地通话和国际长途服务除一些小的岛屿外，都能提供。便捷的移动设备和网络使人印象深刻，网络覆盖率堪比西方国家。邮政系统管理到位、值得信赖。在大城市还可觅到国际刊物和当地出版的英文报纸的身影。

马来西亚便利的公用电话亭

国际长途及本地通话

马来西亚、新加坡全境都有公用电话设施，一般都使用电话卡或硬币，绝大部分还可使用信用卡。**马来西亚电讯公司**（Telekom Malaysia）是马来西亚的国家级电信通讯公司。**新加坡电信有限公司**（SingTel）则是该国最主要的电信企业。马来西亚本地通话不限时收费10仙，而新加坡本地通话的计费标准为3分钟10分。马来西亚和新加坡的公用电话均可拨打国际直拨电话（IDD），拨打此类电话最好使用电话卡，价格较便宜。电话卡可以在加油站和便利店购买，比如7-1。在马来西亚分为5林吉特和50林吉特两种面额，在新加坡分为2新加坡元和50新加坡元。在马来西亚，只有马来西亚电讯公司提供对方付费的电话服务，包括长途电话；当地的大部分酒店都设有国际直拨电话设施，但是价格不菲。

马来西亚的电话号码一般为6位数字，但是吉隆坡的为8位；前面两位或三位数字为地区区号。新加坡的电话号码均为8位，而且不用拨区号。

移动通信

总体而言，马来西亚全国的手机网络覆盖均可算良好，但在一些偏远地区，比如沙捞越和沙巴州，网络信号更些。新加坡手机网络覆盖全境。中国的手机号码提前开通国际漫游服务可自动连接马来西亚和新加坡当地网络，但是漫游费很高，如忘记关闭GPRS更可能被收取高额流量费。建议购买当地预付费SIM卡，比如马来西亚的**Maxis**、**Digi**或**Celcom**，新加坡的新加坡电信有限公司和**M1**公司；短信也很便宜，许多当地通信公司还会赠送一定数量的免费短信作为其促销手段。

网络设施

全境覆盖互联网，即使是在偏远地区，上网费用也很便宜。马来西亚的网吧一般按小时收费，而且大部分地区都提供宽带网络。新加坡的网吧相对而言更有价格优势，且宽带覆盖范围更广。规模较大的酒店在客房内或商务中心也有网络连接，但是价格一般高于网吧。许多背包客旅舍向顾客提供免费的网络服务。对于携带笔记本电脑出行的游客，新加坡和马来西亚的WiFi设备极其发达、覆盖范围较广，使用方便。请注意，墙上插座为三脚扁形，电源适配器在各大城镇均有售。

邮政服务

新加坡和马来西亚到处都有邮局，而且一般工作效率也很高。马来西亚每个城镇都有邮政总局（GPO），和新加坡一样设有留局待取处。马来西亚邮局的营业时间为周一至周五8:00～17:00，有时周六也上班。但是吉打、丁加奴和吉兰丹周五休息、周日上班。新加坡邮局的营业时间为周一至周五8:00～18:00，周六8:00～14:00。

在马来西亚，从一般城镇寄信或者包裹到国外大约需要一周时间；从偏远的沙捞越和沙巴州则要数周时间。在马来西亚，寄明信片或者发航空邮件需花50分，而同样的服

设备齐全的马来西亚网吧

务在新加坡需要 50 分。这些地方大的大部分邮局还设有传真设备。一些知名国际快递公司，例如 DHL、**联邦快递**（FedEx）和 UPS 在马来西亚和新加坡均设有分支机构，本土快递公司则有**全国捷运公司**（Nationwide Express）。

广播电视

在马来西亚和新加坡，你可以收看到种类繁多的国际卫视频道。政府为避免无线电视台播放反政府的负面信息而对其进行严格监控。马来西亚国家电视频道 RTM1 和 RTM2 是官办电视台，用马来语播放着不会引起争议的节目。商业电视台例如 NTV7 的特色为英语新闻以及国际肥皂剧和电影。

马来西亚广播电台属官办电台，拥有 6 个广播网，用包括英语在内的多个语种播报。新加坡的电视和广播频道则会提供英语、泰米尔语、汉语和马来语等语言的内容。

报纸和杂志

在新加坡绝大多数大型酒店、书店或者报刊亭都可以买到种类繁多的国际出版物。在马来西亚的大城市，比如吉隆坡，你也可以拥有十分丰富的阅读选择，包括《新闻周刊》（Newsweek）、《时代周刊》（Time）等知名杂志，还有诸如《国际先驱论坛报》（International Herald Tribune）等国际知名报纸。新加坡和马来西亚均有本国发行的英文报纸，但是内容受到政府的严格控制，持异议观点的文章很少看到。马来西亚比较有特色的英文报纸是《The Star》、《The New Straits Times》和《The Malay Mail》；作为华人数量众多的国家，马来西亚还有十分丰富的中文报纸选择，其中发行

彩印版《真实的马来西亚》，内含各种实用信息

量最大的是《星洲日报》，此外还有《东方日报》、《南洋商报》、《中国报》、《光明日报》等，这些报纸都是游客了解当地时政新闻的最佳途径。马来西亚也出版一些英文杂志，例如《Virtual Malaysia》等，可向游客提供丰富的实用资讯等；自然，你在马来西亚也会发现许多中文刊物，涵盖时事娱乐生活等多方面，感兴趣的话不妨来一本看看。

新加坡的主流英文报纸为《Straits Times》和《New Paper》；发行量较大的中文报纸为《联合早报》、《联合晚报》和《新明日报》。在新加坡，你同样可以发现丰富的中文刊物供选择。

有用的号码

· 马来西亚的国家代码为 60；新加坡的国家代码为 65。

· 从中国向以上国家拨打电话，先拨本国的国际接入码、国家代码，再拨区号（减去第一个 0，新加坡除外），最后是电话号码。

· 在马来西亚拨打国际长途先拨 00，新加坡先拨 001；然后拨国家代码，去掉第一个 0，然后再拨电话号码。

· 中国的国家代码：86。

· 马来西亚和新加坡两国之间的通话被认为是长途电话而非国际电话。

· 马来西亚各州间通话在电话号码后加拨区号。同州通话不需加区号。

· 马来西亚和新加坡的查号台号码为 103。

· 马来西亚国际话务员：拨打 108；新加坡国际话务员：拨打 104。

交通信息

许多外国游客选择乘飞机至吉隆坡国际机场或樟宜机场抵达马来西亚或新加坡；也有人选择先前往泰国游玩，可以从泰国的首都曼谷搭乘火车或者客车抵达马来西亚的吉隆坡、马特沃思和新加坡；甚至你可以选择搭乘游轮。尽管马来西亚大部分地区交通方便，城镇之间有便利的国内航班和客车线路，可是沙捞越和沙巴等偏远地区路况一般。现在，更多的游客出行倾向于选择廉价航空公司，如新加坡老虎航空和马来西亚的亚洲航空公司的航班，它们也开设了东南亚地区各国之间的短途航班，价格比一般航空公司便宜很多。乘火车旅行十分有趣，舒适安逸的卧铺能缓解长途旅行的疲劳，不过火车花费在路上的时间较长，且可选择的线路较少。新加坡和吉隆坡的公共交通比较发达，地铁和轻轨让游客在这些城市的出行更加便捷。

新加坡地铁标志

廉价航空公司亚洲航空的班机停靠在吉隆坡的廉价周转机场

乘飞机抵达

全球运营往返于马来西亚、新加坡与其他国家之间航线的航空公司有70多家，因此，乘飞机抵达这两个国家十分方便。目前，我国的北京、上海、广州、昆明、成都等城市均有直飞吉隆坡和新加坡的航线。除**马来西亚航空**（Malaysia Airlines，MAS）和**新加坡航空**（Singapore Airlines，SQ）两家本土航空公司外，游客还可选择我国的**中国国际航空**（Air China）、**东方航空**（China Eastern）、**南方航空**（China Southern）、**国泰航空**（Cathay Pacific Airways）、**港龙航空**（Dragon Airlines）以及韩国的**大韩航空**（Korean Air）等多家航空公司的航班。

机场到达大厅的提示标志

此外，**亚洲航空**（Air Asia）、**胜安航空**（Silk Air）、**老虎航空**（Tiger Airways）、**捷星航空**（Jetstar）和**飞萤航空**（Firefly）等当地廉价航空公司为游客提供了更为丰富且实惠的选择。亚航网络覆盖整个东南亚地区，胜安航空开设了新加坡飞往兰卡威岛的航班。

马来西亚航空和新加坡航空都开设了往返于吉隆坡和新加坡的定期航班，高峰时期甚至可以保证半小时一班。是游客往返这两国的最佳选择。

位于吉隆坡的**吉隆坡国际机场**（Kuala Lumpur International Airport）和位于新加坡的**樟宜机场**（Changi Airport）是进入这两个国家的关口。均极具现代化气息，机场内有商店、餐馆，还提供互联网接入服务。计划于2013年下半年完工的吉隆坡第二国际机场（KLIA2）主要为廉价航空服务。乘客到达距离新加坡中心16千米的樟宜机场之后，可以自由选择地铁、出租车和机场大巴等交通方式前往新加坡市中心。

机票价格

去往马来西亚和新加坡的机票在不同季节价格会有所变化。1月、8月、9月、12月等旅游旺季涨幅较大。

因为航班众多，竞争十分激烈，订票之前比较不同航空公司的票价也是明智之举。已经到达东南亚的游客可以考虑选择虎航和亚航等廉价航空公司，这些公司提供的机票价格和客车、火车的价格差不多。票价通常不包括国际离境税。游客最好能提前订票，并且通过网上订票服务确认机票。

观光列车东方快车内的豪华装饰

从陆路抵达

从泰国进入马来西亚的游客大多会选择搭乘火车，在巴丹勿刹过境。乘客可以在吉特沃思换车去槟城，或者继续坐车至吉隆坡**中央车站**（KL Sentral）或**新加坡火车站**（Singapore Train Station）。豪华观光列车**东方快车**（Eastern & Oriental Express）覆盖了曼谷到新加坡的线路，途经吉隆坡中央车站。

从泰国出发的客车和出租车运行的主要线路要经过马来西亚边境的黑木山。马来西亚最南端的新山市和新加坡之间由堤道相连。从加里曼丹（Kalimantan，印尼婆罗洲岛南部属地）的坤甸（Pontianak）可以进入东马来西亚的沙捞越。吉隆坡的主要公交枢纽是**中央车站巴士站**（KL Sentral Bus Station），新加坡则有多个公交枢纽。

从海路抵达

游客可以乘船前往马来西亚和新加坡的众多城市。**丽星邮轮**（Star Cruises）等游轮定期往返于新加坡、巴生港、槟城、兰卡威岛甚至是泰国普吉岛。槟城和马六甲经由一条渡轮航线同苏门答腊岛（印度尼西亚）的棉兰（Medan）和杜迈（Dumai）相连。兰卡威岛和泰国南部的沙墩（Satun）有定期的大艇往返。游客可以乘渡轮或者小船从新加坡到马来西亚柔佛州的丹戎彭利哥。

兰卡威的水上观光船

乘飞机旅行

马来西亚国内的航空网络四通八达，航空旅行舒适方便。而新加坡国土面积狭小，不需要开设国内航班。廉价航空公司如已做得比较成功的亚航、规模较小的成功航空、飞萤航空和马来西亚之翼航空出现之后，机票价格大幅度下降。马来西亚大部分城市都建设了飞机场，不论通过当地旅行社还是在网上订票都十分方便。航空飞行通常高效准时、价格实惠，尤其是对时间有限但希望能够观赏到更多风景的游客而言，更有价值。

国外旅客们在机场准备登机

国内航空公司

过去，马来西亚的国家航空公司马来西亚航空（见342页）垄断了马来西亚国内所有航班，提供飞往国内各个著名景点的航线；这种情况直到最近才有所改变。亚洲航空（见342页）和**马来西亚之翼航空**（MAS Wings）均开设了成本低廉、只提供基本服务的航班，飞机座位空间较小，且机上饮食需另外付钱，但因票价便宜而大受旅客欢迎。亚洲航空开设了国际航班，而马来西亚之翼航空则从马来西亚航空接管了东马来西亚地区的涡轮螺旋桨式飞机航班。

成功航空（Berjaya Air）开设了从吉隆坡和新加坡到一些近海岛屿，如雕门岛、邦咯岛的航班，不过价格比较昂贵。游客可在网上查询机票价格、航班时间以及订票。

成功航空的标志

国内机场

马来西亚国内所有航空公司的国内航班都从吉隆坡国际机场（见342页）起飞，该机场是马来西亚最大、航线最多，最繁忙的国际机场。计划于2013年下半年完工的吉隆坡第二国际机场通过高速铁路（ERL）与吉隆坡中央车站相连。

西马来西亚的怡保市、槟城、吉隆坡、亚罗士打、兰卡威、哥打巴鲁、关丹、瓜拉丁加奴、新山等城市都设有机场。沙捞越在古晋、诗巫、穆卡、米里、民都鲁、布拉甲、拉瓦斯、巴克拉兰、龙塞力丹、巴里奥、林梦均设有机场；沙巴州的哥打基纳巴卢、纳闽、古达、山打根、拿笃、斗湖和仙本那等地也设有机场。马来西亚航空和业务不断拓展的亚洲航空开设有飞往这些州的大型机场的航班，而马来西亚之翼航空则开设了飞往小城镇的航班。

航空网络

马来西亚的主要城镇都有直航的航班，小型城镇也有相连的网络。在西马来西亚，大部分航班都从吉隆坡起飞，到达雕门岛、利浪岛、邦咯岛。此外新加坡也有从实里达机场飞往雕门岛的航班。新山市开设了到达槟城、怡保、吉隆坡、哥打巴鲁、古晋、诗巫、米里、哥打基纳巴卢、山打根和斗湖的航班。

在东马来西亚，大部分航班从哥打巴鲁和古晋等首府起飞，不过游客也可以乘坐乡村航班做短途旅行，而不需要返回起飞点。数辆19座和50座的飞机保证了边远地区同外界的联系。因此在沙捞越旅游的游客可经诗巫和米里去往古晋和姆鲁，或从哥打巴鲁经沙巴的山打根飞往仙本那。沙捞越的米里和姆鲁与沙巴的哥打巴鲁间也开设了直航的固定航班。

机票与预订

上述航空公司的机票在旅行社都能买到，不过使用信用卡在网上订票更加方便。所有航空公司都允许乘客在其官网购买机票，电子机票也越来越普遍。马来西亚航空和新加坡航空等大型航空

福特涡50轮机螺旋桨式飞机用于短途国内航线，停靠在姆鲁

公司在订票之后允许乘客更改日期，但廉价航空公司则不允许调整日期，预订了廉价航空公司的机票之后更改登机日期需要交纳违约金。

机票价格与折扣

东南亚地区引进了廉价航空公司之后，游客的出行有了更多方便快捷且安全实惠的选择。但行李托运、食品和娱乐需要额外付费。加上税费和燃油附加费之后，机票会比最初的价格高一点。游客可以在出行之前，对比不同航空公司服务的优缺点和价格，选择最适合自己的出行方式。订票之前，也最好查一查马来西亚航空和新加坡航空的打折活动。国际航班的乘客还能获赠马来西亚航空发放的"发现马来西亚"（Discover Malaysia）通行证，乘客可以199美元的优惠

价格乘坐五趟国内航班。3～4名的游客团体乘坐马来西亚航空可享受西马来西亚到东马来西亚以及沙巴到沙捞越机票价格五折优惠。马来西亚其他线路则可获得25%的折扣。新加坡航空推出的"新加坡过境随意行"则包括免费客车、部分景点门票、酒店折扣以及商场购物优惠。

旅行社

参加旅行团是在马来西亚和新加坡旅游最经济实惠的方式，且会省心许多。这两个国家都有数量众多的旅行社可为游客提供制订精彩的旅游计划、预订酒店、导游等服务。推荐 Asian Overland Services、Crest travel and tours、Discovery Tours and Travel、East West Executive Travellers、Excellence Holidays、Ezz Travel、J3 travel、Honeyworld Holidays、Planet Travel、Jetliner Travel、Kennex Travel、Malaysia Tourism、STA Travel、Skyzone Tours and Travel、Transtar Travel、Pedati Saujana Holiday、Star Holiday Mart、TDK Travel and Tours 和 TVI Holidays 等。

在小印度，沿街挂满了各种旅行社的招牌

国内航空公司

马来西亚成功航空
电话：(03) 7846–8228
www.berjaya-air.com

马来西亚之翼航空
电话：(03) 7843–3000
www.maswings.com.my

旅行社

Asian Overland Services（马来西亚）
地址：39–40 Jalan Mamanda 9, Ampang, Kuala Lumpur.
电话：(03) 4252–9100
www.asianoverland.com.my

Crest Travel and Tours（新加坡）
地址：111 North Bridge Rd, 05–08 Peninsula Plaza, Singapore.
电话：6337–9189
www.cresttravel.sg

Discovery Tours and Travel（新加坡）
电话：6733–4333
www.discoverytours.om.sg

East West Executive Travellers（新加坡）
地址：Suntec Tower 5, Singapore.
电话：6238–8488
www.ewet.com

Excellence Holidays（马来西亚）
地址：Wisma Excellence, Kuala Lumpur.
电话：(03) 2117–2929
www.excellence holidays.com

Ezz Travel（马来西亚）
地址：62E Ground Floor, Jalan Genuang, Segamat, Johor.
电话：(07) 931–6601

Honeyworld Holidays（新加坡）
地址：24 Raffles Place, Singapore.
电话：6532–2232

J3 Travel（新加坡）
地址：3 Pickering Street, Central Singapore.
电话：6327–4238
www.j3travel.com

Jetliner Travel（马来西亚）
地址：Lot 14 Level 2, Kota Kinabala International Airport, Sabah.
电话：(089) 222–737

Kennex Travel（马来西亚）
地址：Menara Pan Global, Lorong P. Ramlee, Kuala Lumpur.
电话：(03) 2031–8810
www.kennextravel.com

Malaysia Tourism（马来西亚）
地址：17th Floor, Putra World Trade Center, Jalan Tun Ismail, Kuala Lumpur.
电话：(03) 2163–0162
www.tourism.gov.my

Pedati Saujana Holidays（马来西亚）
地址：2A Bangunan MPSP, Kedah Darul Aman.
电话：(04) 425–2052

Planet Travel（新加坡）
地址：Block 925 Yishun Central 1, Singapore.
电话：6286–9009
www.planettravel.com.sg

Skyzone Tours and Travel（马来西亚）
地址：Lot 3.05–08 Shaw Parade, Kuala Lumpur.
电话：(03) 2141–8588
www.skyzonetours.com

Star Holiday Mart（新加坡）
地址：29/30 Duxton Road, Singapore.
电话：6735–9009
www.starmart.com.sg

STA Travel（新加坡）
地址：400 Orchard Road, Singapore.
电话：6737–7188
www.statravel.com.sg

TDK Travel and Tours（马来西亚）
地址：B6 Sri Dagangan 2, Kuantan, Pahang Darul.
电话：(09) 513–4466

Transtar Travel（新加坡）
地址：01–15 Golden Mile Complex, Singapore.
电话：6299–9009
www.transtar.com.sg

TVI Holidays（新加坡）
地址：1 Raffles Place OUB Center, Singapore.
电话：6533–2533
www.tviholidays.com

乘火车和船旅行

对旅行时间有限的游客来说，乘坐飞机尤其是廉价航班便宜又方便，能为乘客节省时间和金钱。而乘船和火车则能让游客更多地感受到马来西亚和新加坡丰富多样的地貌特征。铁路将马来半岛主要的城镇连接起来，去沙巴的游客可以乘坐哥打基纳巴卢至丹南的火车。乘船的游客既可以搭乘独木舟也可以搭乘豪华游轮。马来西亚有很多像沙捞越的特快船一样风格独特的船。乘船和火车需要的时间比飞机要长，适合假期较长的游客。

停靠在站内的国家铁路电动火车

铁路网

马来西亚铁路系统**国家铁路（KTM）**为游客们提供了现代、经济快捷且舒适方便的旅行方式。西马来西亚公路系统建立之前，国内的主要交通方式便是铁路，值得一提的是，大部分火车站依然保留着原本的殖民建筑风格。

马来西亚铁路网包括两条主线和延展到西海岸的几条支线：西海岸线从新加坡出发，北上经过吉隆坡，然后到怡保市和北海，最后在边境城市巴东勿刹与泰国铁路相连。第二条东海岸线（见149页）有着"丛林铁路"的美誉，在马六甲东北方向60千米处的金马士从西海岸线分支，北上穿过瓜拉立卑到达东北海岸同泰国接壤的道北。大部分前往泰国的游客都会选择西海岸线路，其实也可以选择从东海岸线乘火车至巴西马（Pasir Mas），换乘客车或者出租车穿越边境至泰国最南边的哥乐河（Sungei Golok）火车站。

在婆罗洲，唯一的一条铁道线位于沙巴，游客可以乘坐从哥打巴鲁至丹南的火车，沿途能观赏到巴打斯河（见181页）美丽悠长的峡谷的壮观景色。

国家铁路还拥有电动火车，这是一种短途火车，往返于吉隆坡和周围的郊区地区。

火车

马来西亚境内运营的火车一共有两种：只停靠大站的特快列车和在小站也会停车且车速较慢、价格便宜的本地列车。特快列车只在西海岸线运行而本地列车两条线路都运行。特快列车通常只设头等舱和二等舱，而本地列车主要是三等舱。夜车上的头等舱和二等舱都设有卧铺。所有舱位都设有空调，温度通常较低，游客需自备夹克或毯子。三等舱通常安装了风扇。免费的列车时刻表可以在网上查询或者在国家铁路的火车站拿取。

旅客们还可以选择乘坐著名的东方列车，从新加坡到达泰国需要3天，列车会在泰国北碧府、吉隆坡和巴特沃思短暂停车，方便游客观光。

车票与预订

游客可以在铁路主线上的火车站购买车票，也可在国家铁路的网站或者通过旅行社购买。不同火车、不同席位的票价会有所不同，其舒适程度也有所差异。头等舱的价格是二等舱的两倍，二等舱的价格是三等舱的两倍。在基本票价外支付一定金额就可以换卧铺。

游客还可以购买游客铁路通行证，可以在规定时间内无限次乘坐火车，5天35美元、10天55美元、15天50美元；持有通行证的儿童还可以享受半价优惠。乘坐豪华东方列车从新加坡到曼谷的价格为2210美元。

如果想乘坐特快列车的卧铺车厢，建议提前预订。

船只设施、服务和价格

轮船和渡船提供往返于著名景点的定期航行服务，是去

吉隆坡的火车车票台

游客们在拉让河等待渡轮靠岸

往河滨城市和近海岛屿最受欢迎的交通方式。大部分传统的小帆船已经被更快捷且时髦的特快船（ekpres）替代，另外，特快船上的设施齐全，所有座位都装有雨棚，能够在恶劣的天气下保护游客的安全。因为行程较短，船上通常不设洗手间，也没有可以购买点心的设施。

尽管如今运营的大部分船只都比较现代化，安全措施依然有所欠缺，存在超载或者忽视救生衣使用的问题。如果碰上季风季节恶劣的天气，出于安全方面的考虑，船只往返会暂停营业。

船票价格因旅途长短和船只的情况而有所差异，一般1小时长的旅途花费15林吉特。游客不需要提前订票，可以在码头或者船上买票。

船只航线与渡轮服务

马来西亚大部分城市都位于海边或者河边，游客们可以乘坐轮渡或者特快船进行观光或周转。尽管大陆和海岛之间修建了公路桥梁，西马来西亚西海岸的北海和槟城之间的轮渡依然比较盛行，也非常适合游客们选择。从槟城到兰卡威岛一天有两班船，从吉打港口和玻璃市港口到兰卡威岛每小时一班船，卢穆特和邦咯岛之间也有固定班次。

在东海岸地区，从墨浪岛到利浪岛、从瓜拉勿述码头到停泊岛每天都有船只往返。前往雕门岛的游客可以选择从西马来西亚乘轮渡或者从新加坡乘双体船。西马来西亚和婆罗洲间没有船只运行。

在沙捞越，大艇和特快船是主要交通方式，连接了拉让河沿岸的古晋、诗巫、加帛和布拉甲。在沙捞越北部，峇兰河（Sungai Baram）沿岸地区的主要交通方式也是大艇和特快船。沙巴没有内河船，美路普（Menumbok）和纳闽岛（Pulau labuan）之间有固定的轮渡运行。

去新加坡的游客可以乘坐传统的小贩船游览新加坡河或者南部岛屿，欣赏沿途景色。River Boat、River cruises、Watertours、Cruise Ferries、Penguin Ferry Services 和 Eastwind Organization 等公司可为游客提供此类服务。

游客们在渡口购买乘船船票

公路旅行

马来西亚和新加坡的公路路况良好，公路网的覆盖范围也非常广，游客们的出行十分便利。客车线路覆盖全国，价格也相对便宜合理。既有国营也有私营的客车公司，连接了东马来西亚的主要城市和西马来西亚的大部分城市，与新加坡的联系也十分紧密。长途出租车适合团体游客；租车服务价格合理，适合喜欢自由行的游客。

跨国客车公司经营的长途豪华大巴车，往返于马来西亚与新加坡之间

公路系统

西马来西亚的公路系统十分发达，因此乘车旅行是探索和了解马来西亚的最好旅游方式之一。环半岛最主要的公路是南北高速，南北高速是六车道收费公路，位于南部的新山市和泰国边境地区之间。8号公路沿东海岸北上，沿途经过吉隆坡附近的文东和北部的哥打巴鲁。4号公路和145号公路则贯通马来半岛东西海岸。内陆城镇也由其他公路紧密连接了起来。

东马来西亚的公路网覆盖范围受到了地势不平的限制。尽管沙捞越的古晋周围路况良好的公路很多，连接古晋和米里的沿海长途公路却只有一条。沙巴的公路网络比较薄弱，尤其是内陆地区，而从哥打基纳巴卢沿着海岸线北上和南下的公路路况良好。

马来西亚同新加坡之间有两架大陆桥梁连接，一条堤道连接新山市和新加坡，另一条连接新加坡的图阿斯（Tuas）和马来西亚的芽笼帕达（Geylang Patah）。

长途客车

乘坐长途客车畅游马来西亚快捷、舒适且便宜。包括 Plusliner 和 Transnational 在内的几家私营公司在主要城市之间运营空调豪华客车。连接小城镇的客车停靠次数较多，部分客车没有安装空调。在农村地区，固定班次的客车被小型客车和皮卡取代。其他主要的客车运营商有 Sri Maju、Transtar、Aeroline、Hasry Express、BiaramasTung Ma Express 和 Tuaran United Transport。

马来西亚的部分城市也开通了去往新加坡的客车线路，如吉隆坡、马六甲、怡保和槟城。需要注意的是，长途客车

出租车停靠站的标志

站通常设在郊区，前去车站，需要乘坐公交车或出租车，而且一般长途车都是早上或晚上发车，请提前做好安排。

车票与费用

在新加坡和马来西亚乘坐汽车旅行，最好提前一天订好车票，尤其是在圣诞节或者春节这样的公共假期期间，不仅游客数量会增加，当地人通常也会选择这段时间出门旅行。发车时间会公布在办公室前的公告栏上。客车票价比较合理，而车上的服务越好，票价也就越高。

长途出租车

游客也可以考虑选择长途出租车或者几人拼车游玩，尤其是三四人共同出游时，乘坐这种长途出租车更加合适、方便。出租车司机可以通过增加载客人数来降低成本，因此独身旅行的游客必须等到四人满之后才能出发。不过等待时间通常不会太长，清晨等待的时间往往会更短。当然，一个游客也可以支付四人的费用将出租车包租下来，享受自在私密的旅行。通常每个城市的长途客车站旁边都会有长途出租车的站台，到不同目的地的费用会写在板上，简单明了。出租车价一般是客车的两倍，但比客车相对快捷。另外，晚上坐车需要支付一定的附加费。

长途出租车

汽车与摩托车租赁

乘坐自己租来的汽车自驾游，绝对是一种非常吸引人的旅行方式，因为游客可以自由改变行程安排，且非常有私密感。租车公司规定，只有年满23周岁，驾照持有时间超过一年且无违章记录的游客才可以租车。另外，外国游客需要提供驾照的英文件。

东马来西亚的租车费用比西马来西亚要高一些。租车费用中虽然已经包含保险费用，但游客最好购买一些额外的撞车车损，而放弃索赔协议，这样便可以覆盖交通事故的全部费用了。新加坡租车的费用要比马来西亚高很多，租金和油费几乎是马来西亚的两倍。

而在摩托车租赁方面相对比较随意，商家几乎不需要看游客的驾照。摩托车的

摩托车租赁公司外面的一排排等待出租的摩托车

租金也比较低廉，如果想游览槟城和兰卡威这些岛屿，或者是去城市周边的景点，其实租摩托车是一种更方便且性价比高的选择。

所有大型出租车公司，比如Budget、Hertz、Avis、Thrifty在马来西亚都有分支机构，而Mayflower、Orix、Hornbill、Pronto、Extra、Kinabalu、Popular等公司的价格相对便宜一些。本地

租车公司的价格往往很诱人，但如果车辆在离租车公司较远的地方出故障而公司又没有当地的后备支持，问题就比较麻烦，因此签订协议之前最好询问一下该公司的服务覆盖情况。租车公司的四驱车较少，要去山区的游客需要寻找能够提供合适车辆与司机的可靠旅行社。

道路规则

在新加坡和马来西亚，车辆都靠左边行驶，而且司机必须系上安全带。城市中的车辆限速是50千米/小时。马来西亚的大部分路标都很好懂，除了马来语的"awas"标志略显独特，是"小心"的意思。在马来西亚，Jalan表示道路，Lebuh表示街道。马来西亚对酒驾的惩罚非常严厉，务必注意。

附 录

玩转吉隆坡与新加坡

　　在吉隆坡和新加坡旅行，游客的出行都会比较方便，因为有多种交通方式可供选择。轻轨列车系统和城市捷运系统方便且快捷。城市公交系统也可谓四通八达，在街道上出租车随处可见。另外，街头还有人力三轮车为游客服务，不过价格也会相对高一些。畅游城市最有趣的方法还有步行旅游。在新加坡，步行旅游会比较容易，但吉隆坡的城市布局不太适合步行。旅游时间有限的游客可以考虑参团旅游。

在高速铁路上飞驰的列车，车内设有全程空调，安全快捷

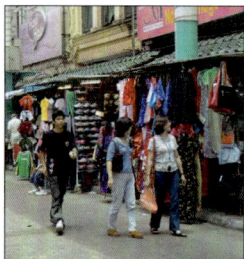
在吉隆坡的中国城里，步行者正在逛街、购物

步行

　　吉隆坡几乎所有的重要景区，比如殖民地风格的老城区、唐人街和小印度都相距不远，步行就能够轻松到达。然而，六车道公路和立交桥却将这座城市分割成片，而且相互之间没有人行道相连，因此在这些地方以外进行步行旅游是不大可能的。而且，街上的车辆非常多，速度也很快，游客必须要时刻小心。

　　不过，步行旅行在新加坡相对较便利，市中心尤其是牛车水特别适合步行。两座城市

吉隆坡的人们在等待公交车

的气候都非常湿热，出行前必须要擦防晒霜，准备足够的饮用水。还有一定要适度休息，以免劳累过度。

地铁

　　在吉隆坡，LRT 轻轨系统是快捷经济的出行方式，也适合游客选择。每天 6:00 ~ 24:00，5 ~ 15 分钟一班车。购买巴士一卡通使用方便，该卡属于通用储值票，城市穿梭巴士也可以用。

　　新加坡的 MRT 地铁系统被誉为世界上最好的捷运系统，车厢干净，服务周到，价格低廉。最方便的支付方式是使用价值 12 新元的易通卡（EZ-link），含有 5 元押金，在地铁和公交车上都可以使用。卡内余额可在离开新加坡的时候退回。游客还可在新加坡游客中心购买价值

LRT 车票，吉隆坡

10 新加坡元的"一日券"，可在一天中搭乘 12 趟公交车或地铁，旅程长短不限，此卡可在 MTR 车站、游客中心或通过网络购买。地铁上严禁抽烟和饮食。

公交车

　　在旅行的过程中，虽然路标和线路信息的问题偶尔会让游客们感到困惑，但吉隆坡公交车十分便利，每天 6:00 ~ 23:00 运行，发车间隔很短。对游客最有用的线路之一就是城市穿梭巴士，可以经过多个城镇。这种穿梭巴士由**快捷通公司**（Rapid KL）运营，该公司同时是 LRT 的运营商。公交车推出的一日票称为快易通（Rapidpass Flexi），一张 10 林吉特。101 路 ~ 105 路穿梭巴士的风挡玻璃上有一个红色圆板，方便乘客们识别。

　　新加坡有两大公共交通公司，分别为**新捷运公司**（SBS）和**新加坡地铁有限公司**（SMRT），这两个公司同时运营火车和出租车。坐公交车最简单的支付方式是易通卡，上下车刷卡即可。如果现金支付，则需提前准备零钱投入钱箱内，车上不设找零。新加坡还专门为游客开设了**仿古电车**（Singapore Torlley），往返于

新加坡植物园和新达城之间，票价23新加坡元。

出租车

在陌生的城市旅游，其实乘坐出租车是最方便快捷的选择，不过价格也比较高。在吉隆坡，白色和红色出租车起步价约1.6千米2林吉特，之后每200米10分钱。有时出租司机会拒绝打表，而是和乘客提前定好价钱，通常比打表价格要高；有的时候计价器也会被做手脚。所以游客在出发前在酒店确认具体路程的价格不失为明智之举。通常打车的价格会在15林吉特左右，不过午夜之后，司机会按照惯例多收一半的价钱。

在新加坡街头打车很容易，出租车的起步价是1千米3新加坡元，之后每千米增加0.7元；不过，出租车附加费种类较多，所以总价不仅是路费而已。新加坡的出租车公司很多，有**新捷运**（SBS Transit）、**康福**（Comfort Cabs）、**日光出租车**（Sunlight Taxi）、**广播德士**（Radio Teksi）、**城市出租公司**（City Cab）和**聪明出租车公司**（Smart）。

参团旅游

吉隆坡和新加坡有很多旅

白色出租车，吉隆坡

黄色出租车，新加坡

吉隆坡的国油双峰塔是城市旅行的重点

行社可提供丰富的旅游活动。例如吉隆坡有全天游览和三小时精华游览项目，游客可以参观双子塔、皇家宫殿、唐人街、湖滨公园和国家博物馆。**Tour East**、**Reliance Travel**、**Angel Tours** 和 **Tours by Locals** 等公司为游客提供了多种多样的旅游选择。

新加坡的主要景点有乌节路、小印度、水牛车等，还有以第二次世界大战、亚洲美食和新加坡夜生活为主题的特殊游览项目。**新加坡注册导游协会**（Registered Tourist Guides Assocaition 以 及 Holiday Tours、RMG Tours、SH Tours 等旅行社能为游客定制出游计划。

附 录

公交车

快捷通公司
No.1 Jalan PJU 1A/46, Petaling Jaya, Selangor, Malaysia.
电话：1–800 388–228
www.rapidkl.com.my

仿古电车
电话：6339–6833
www.singaporetrolley.com

新捷运公司
205 Braddell Road, Singapore.
电话：1–800 287–2727
www.sbstransit.com.sg

新加坡地铁有限公司
电话：1–800 336–8900
www.smrt.com.sg

出租车

城市出租车公司
（新加坡）
电话：6552–111

康福
（马来西亚）
电话：(03) 6253–1313

广播德士（马来西亚）
电话：(03) 9131–8080

新捷运（新加坡）
电话：6555–8888

聪明出租车公司（新加坡）
电话：6485–7777

日光出租车公司
（马来西亚）
电话：(03) 9057–5757

参团旅游

Angel Tours
（马来西亚）
电话：(03) 2141–7018

Holiday Tours
（新加坡）
电话：6738–2622

新加坡注册导游协会
电话：6339–2114

Reliance Travel
（马来西亚）
电话：(03) 2148–6022
www.reliancetravel.com

RMG Tours
（新加坡）电话：6220–1661

SH Tours
电话：6734–9923

Tour Eas
（马来西亚）
电话：(04) 227–4522
www.toureast.net

Tours by Locals
www.toursbylocals.com

致谢

DK出版社向下列人士致以诚挚的谢意。
正是他们的热心支持与帮助，才促成了此
书的出版。

Contributors

David Bowden is an Australian expatriate who has worked in Asia for over a decade. He now calls Malaysia home and writes and photographs for some of the leading national and regional newspapers and magazines.

Ron Emmons is a British writer and photographer who has lived in Thailand since the 1990s. He is author of the DK *Top 10 Travel Guide to Bangkok*.

Andrew Forbes has lived in Chiang Mai, Thailand for the past 20 years, where he is editor of CPA Media. He has visited Malaysia regularly over three decades and has contributed to the DK *Eyewitness Travel Guide to Vietnam and Angkor Wat.*

Naiya Sivaraj has been a traveler and writer for as long as she can remember, and has recently started to make a living by combining the two. She is currently pursuing a journalism program at UCLA.

Richard Watkins was born in Wales and is a freelance travel writer. He has written for a number of publications including various newspapers and magazines in UK, USA, and Australia.

History Consultant

Nicholas White is Reader in Imperial and Commonwealth History at Liverpool John Moores University, UK. He has written a number of books and articles on Malaysian history including (with J.M. Barwise) *A Traveller's History of South East Asia*, published by Windrush/Cassell, 2002.

Phrasebook Writer
E. Ulrich Kratz

Fact Checkers
Erik Fearn, Angelia Teo

Proofreaders
Shonali Yadav, Stewart J. Wild

Indexer
Jyoti Dhar

Design and Editorial
Publisher Douglas Amrine
List Manager Lucinda Smith
Managing Art Editor Jane Ewart,
Managing Editor Kathryn Lane
Project Editor Ros Walford
Senior Art Editor Paul Jackson
Project Art Editor Sonal Bhatt
Jacket Designer Tessa Bindloss
Senior Cartographic Editor Casper Morris
DTP Designers Jenn Hadley, Natasha Lu
Production Controller Inderjit Bhullar

Revisions Team
Shruti Bahl, Alexandra Farrell, Rhiannon Furbear, Amy Harrison, Helena Iveson, Jacky Jackson, Sumita Khatwani, Maite Lantaron, Jude Ledger, Hayley Maher, Chris Orr, Catherine Palmi, Lucy Richards, Helen Townsend

Additional Picture Research
Rachel Barber, Ellen Root

Additional Cartography
Base mapping for Kuala Lumpur derived from Netmaps.

Additional Photography
Irv Beckman, Simon Bracken, Gerard Brown, Andy Crawford, Peter Chen, Frank Greenaway, Benu Joshi, Barnabas Kindersley, Dave King, Colin Koh, Lawrence Lim, Ian O'Leary, Lloyd Park, Brian Pitkin, Tony Souter.

Special Assistance
Many thanks for the invaluable help of the following individuals:
Jo Chua, Baba-Nyonya Heritage Museum; Asma Adnan and Mohamad Redza, Islamic Arts Museum; Rohaya Juli, Money Museum; Noredah Othman, Sabah Tourism Board; Letitia Samuel, Sarawak Tourism Board; Serene Lim Si Si, Singapore Tourism Board; S. T. Ramish, Tourism Malaysia.

Photography Permissions
Dorling Kindersley would like to thank the following for their assistance and permission to photograph at their establishments:

Islamic Art Museum; Kompleks Budaya Kraf; National Art Gallery; National History Museum; Penang Museum and Art Gallery; Royal Museum.

Picture Credits

Key: a=above; b=below/bottom; c=center; f=far; l=left; r=right; t=top.

The Merlion symbol has been used with the kind permission of the Singapore Tourism Board (Reference Number STB/J6/07) 204clb.

The publishers would like to thank the following individuals, companies, and picture libraries for their kind permission to reproduce their photographs:

ALAMY: 1Apix 326br; 2d Alan King 47c; AndyLim. com 186cl; Banana Pancake 187tl; Robert E. Barber 18bl; Bare Essence Photography 77tr; Beaconstox 322tl; Brandon Cole Marine Photography 326bl; Bruce Coleman Inc. 17bl; Comstock Images 18-19c, 195bl; David Noton Photography 72tr, 294cla; Dbimages 10bl; Reinhard Dirscherl 19tr, 326cr; Elvele Images 12cl; Espixx 292bl; David Fleetham 18clb; Simon Grosset 214cl; Kim Haughton 86; Hemis 21clb; Henry Westheim Photography 5tr, 112clb; Jack Hobhouse 54tr; David Hosking 16bc; Iconotec 141t; Images&Stories 153br; Jon Arnold Images 147cr; Jo Kearney 26cl; Paul Kennedy 209cr; Jenny Matthews 218br; Neil McAllister 60tr, 345cr; Chris McLennan 297cla; Michele Molinari 186tr; David Moore 113cra; Roger Munns 18tl; Nic Cleave Photography 113crb; North Wind Picture Archives 34bc; Picture Contact 9tr, 11bc; Sergio Pitamitz 17cr; Wolfgang Pölzer 326cla; Robert Harding Picture Library Ltd 21tr, 61tl, 105bc, 178t; Scenics & Science 61cra; Neil Setchfield 62t, 125bl; Nandana de Silva 139t; Slick Shoots 234tr; Nick Simon 28tr; Stephen Frink Collection 18tr, 19tl, 19crb; Steve Allen Travel Photography 226clb; Laurie Strachan 295c, 296cla; Terry Fincher.Photo Int 173cb; Ozil Thierry 10tr, 51b; Tribaleye Images/ J Marshall 317tr; Carlos Villoch 326bc; Rob Walls 20crb, 36bc; Maximilian Weinzierl 245bl; Terry Whittaker 17tr; David Wootton 21cra; Tengku Mohd Yusof 316cr; ANDYLIM CREATIVE: 131br; THE ASEAN SECRETARIAT: 44clb; ASIAEXPLORERS. COM: 95br, 339tc, 339cra, 339c, 339fcra; Timothy Tye 33c, 33bl, 339ftr, 339cr; TIMOTHY AUGER: 217c.

BABA-NYONYA HERITAGE MUSEUM: Jo Chua 126clb, 126br, 127ca, 127bl; BERJAYA CORPORATION BERHAD: 344c; BES STOCK: Alain Evrard 330-1; THE BRIDGEMAN ART LIBRARY: Drum, Dong Son style, 2nd-1st century BC (bronze) (see also 232894), Vietnamese School/Musee Guimet, Paris, France, Lauros/Giraudon 33br, Sloane 197, ff.381v-382r: Plan of the city of Malacca, c.1511 (pen & ink with w/c), Barretti de Resende, Pedro (16th Century)/British Library, London, UK, © British Library Board. All Rights Reserved 35tr, The port and town of Malacca, Malaysia, illustration from 'Le Costume Ancien et Moderne' by Giulio Ferrario, published c.1820s-30s (coloured engraving), Zancon, Gaetano (1771-1816)/Private Collection, The Stapleton Collection 37crb, Sir

Thomas Stamford Raffles (1781-1826), Lonsdale, James (1777-1839)/London Zoological Society, UK 38bl, Borneo: Signing of the Treaty for cession of Labuan, 1846/British Library, London, UK, © British Library Board. All Rights Reserved 40bc; BRUNEI TOURISM: 55tr, 152tr, 172cla, 172cl, 172bc, 173tl, 173br.

THE CENTREPOINT, Singapore: 233c; ADRIAN CHEAH: 317cb; CORBIS: 18cla, 331c; Atlantide Phototravel 105cr; Bettmann 44t; Tom Brakefield 151b; EPA/ Ahmad Yusni 28bl,/Pool/Saeed Khan 45bl; Macduff Everton 9b, 202; Eye Ubiquitous 112cla; Free Agents Limited 199tr; Michael Freeman 31c, 35bl; Farrell Grehan 4br, 135cr; Peter Guttman 21br; Hamish Park 50cr; Chris Hellier 22br, 162bl, 163br; Dave G. Houser 318tr; Rob Howard 21cla, 327tl; Hulton-Deutsch Collection 20cra, 42bl, 43bc; Image Source 138bc; So Hing-Keung 28-29c; Earl & Nazima Kowall 20br, 113bc, 316bl; Bob Krist 59br; Frans Lanting 180bl; Charles & Josette Lenars 30cl, 295tl; Yang Liu 317c; Viviane Moos 20cl; Christine Osborne 316clb; Neil Rabinowitz 54cla, 87b; Robert Harding World Imagery/Louise Murray 170bl; Joel W. Rogers 162cl; Schlegelmilch 50bl; Shamshahrin Shamsudin 73b; Paul Souders 45tr; Stapleton Collection 32; Luca I. Tettoni 34bl; Nik Wheeler 17cl, 21c, 318bl; Lawson Wood 177tr, 194clb; Michael S. Yamashita 55tl; Zefa/Herbert Kehrer 169c,/Hugh Sitton 144-5,/Photex/Beverly Factor 18br; CPA MEDIA: 34tr, 34c, 36crb, 38tr, 38cla, 38-9c, 38br, 39tl, 39crb, 39bl, 39br, 40t, 40c, 41tr, 41bl, 41bc, 42tl, 42c, 42br, 43t, 65bl; David Henley 22tr, 111br; COURTESY OF THE THAI SILK COMPANY 92bl.

DEWAN FILHARMONIK PETRONAS, KUALA LUMPUR CITY CENTRE, MALAYSIA: 321br; DK IMAGES: FSTOP Pte. Ltd., Singapore 203cl, 242br, 243cla, 243cb, 338ca, 342tc, 346br, 350tr, 351bc; DREAMSTIME.COM: Eddietay2001 233bl; Joyfull 75t; Ravijohnsmith 64tl.

EASTERN AND ORIENTAL HOTEL: 105cr.
FLPA: Minden Pictures/Frans Lanting 46-7,185br; FOREST RESEARCH INSTITUTE MALAYSIA: 76cb.

GARDENS BY THE BAY: 203br; GENTING THEME PARK: 320br; GETTY IMAGES: Photodisc/Simon Russell 107br; Photographer's Choice/Guy Vanderelst 196-7; Robert Harding World Imagery/John Miller 8bl; Stone/Paul Chesley 20bl; The Image Bank 2-3; GHM HOTELS: 67tc; THE GRANGER COLLECTION, NEW YORK: 7c, 36tc, 37tl, 37bl, 37bc, 39cra, 40br, 157cb, 197c, 221tr, 269c.

HILTON KUCHING HOTEL: 293tr; ERIC HUNT: 185bl.

INTERCONTINENTAL HOTELS GROUP: 270br; ION ORCHARD: 232br; ISLAMIC ARTS MUSEUM MALAYSIA: 4tr, 68tl, 68cla, 68clb, 69tl, 69cra, 69cb, 69bc.

JUDITH MILLER: Sloan 317cl.

Lonely Planet Images: Mark Daffey 170cl, 185tl; Richard L'Anson 227bc; Phil Weymouth 227tl.

MARINA BAY SANDS PTE LTD: 211br; MARY EVANS PICTURE LIBRARY: 41crb; MASTERFILE: Mark Downey 154cl, 324cl; John Foster 163tc; R. Ian Lloyd 8cr, 29tr, 44br, 49br, 54bl, 134bl, 172tr, 200bc; Brad Wrobleski 174; MONEY MUSEUM & ART Centre of Bank Negara Malaysia: 35bc, 39tc, 39ca.

NATIONAL AERONAUTICS AND SPACE ADMINISTRATION: 14cl; NATIONAL ARCHIVES OF MALAYSIA: 187tr; NATIONAL GEOGRAPHIC IMAGE COLLECTION: Tim Laman 49t, 194cla; NATURAL VISIONS: Brian Rogers 186clb; naturepl.com: Doug Perrine 17crb; NEGERI SEMBILAN TOURISM ACTION COUNCIL: Zainal Abidin Abu Samah 121crb, 121bl, 121br.

ORIENT-EXPRESS HOTELS TRAINS & CRUISES: 342br.

PHOTOBANK: 206; PHOTOGRAPHERS DIRECT: 42 Degrees South 35clb; Bare Essence Photography/Chan Tze Leong 54br; Graham Simmons 226tr; Tengku Mohd Yusof Photography 23br; PHOTOLIBRARY: Corbis Corporation 195cra; Digital Vision 132, 268-269; Earth Scenes/Animals Animals/James J Stachecki 20tr; David B Fleetham 188-189; Staub Frank 133b; Index Stock Imagery/Clineff Kindra 28cla,/Walter Bibikow 30tr; Jon Arnold Images/Walter Bibikow 27cra; Jtb Photo Communications Inc 27bl, 112tr, 227cr, 244cl, 315bl, 316tr; David Kirkland 175b; Pacific Stock/Perrine Doug 195tl; Photodisc/Emma Lee/Life File 98-99; Photononstop/Maurice Smith 171br, Robert Harding Picture Library Ltd/ Richard Ashworth 30clb; PHOTOSHOT: NHPA/Gerald Cubitt 16cb,/John Shaw 17tc;/World Pictures/Eur 76tl.

RABANI: 182b; RAFFLES HOTEL: 214bl, 215bc, 215tl; RESORTS WORLD SENTOSA: 244tr, 245tl, 245cr; REUTERS: Zainal Abd Halim 1c, 21cb; Jason Lee 28br; Bazuki Muhammad 23crb, 53cr; Stringer Malaysia 23bc;

ROBERT HARDING PICTURE LIBRARY: Reinhard D 194tr, 195crb; Robert Francis 184cl; Gavin Hellier 5cl, 25c; John Miller 88bl, 89cr; Louise Murray 194bc.

SABAH TOURISM BOARD: 181br, 184bl, 270cl; RADIN MOHD NOH SALEH: 26crb, 30bl, 30br, 143tc, 143cla, 143clb, 143cr, 143crb, 176bl; SARAWAK FORESTRY: 163cr; SARAWAK TOURISM BOARD: 51c, 55br, 157tr, 160c, 167c, 167bl, 190tr, 271tl, 292c, 322c, 324br, 326cl, 327br, 328br, 334tl, 335tl; SEPILOK RESORT: 271bc; SINGAPORE ART MUSEUM: 213bc; SINGAPORE TOURISM BOARD: 26tr, 199bc, 200cl, 201tr, 201bl; SUPERSTOCK: age fotostock 48bl; Murat Ayranci 56.

TOURISM MALAYSIA: 17bc, 19bl, 19br, 29c, 29bl, 29br, 30-1c, 31tl, 31tc, 31cr, 31bl, 31br, 45br, 48c, 50tc, 51tr, 52c, 53bl, 60br, 73tc, 77br, 91tl, 96c, 143bl, 150, 159cra, 171tl, 314tc, 316cl, 316cra, 317tl, 317cra, 319cr, 320tc, 321tr, 322br, 325br, 332tc, 332cl.

VIRTUAL MALAYSIA: 341tc.

WIKIPEDIA, THE FREE ENCYCLOPEDIA: 225tc; JOEY CE WONG: 138cla.

Front Endpaper: ALAMY: Kim Haughton fcla; CORBIS: Macduff Everton cr; MASTERFILE: Brad Wrobleski ftr; PHOTOLIBRARY: Digital Vision tc; SUPERSTOCK: Murat Ayranci cl; TOURISM MALAYSIA: cra.

Back Endpaper: KL MONORAIL SYSTEM SDN BHD.

Jacket images: Front: CORBIS: Atlantide Phototravel/ Massimo Borchi; Back: DORLING KINDERSLEY: Nigel Hicks cla; Tony Souter Courtesy of Jurong Bird Park tl; Linda Whitwam bl; SUPERSTOCK: Robert Harding Picture Library clb; Spine: CORBIS:

Atlantide Phototravel/Massimo Borchi t.

SPECIAL EDITIONS OF DK TRAVEL GUIDES

DK Travel Guides can be purchased in bulk quantities at discounted prices for use in promotions or as premiums. We are also able to offer special editions and personalized jackets, corporate imprints, and excerpts from all of our books, tailored specifically to meet your own needs.

To find out more, please contact: (in the United States) SpecialSales@dk.com (in the UK) TravelSpecialSales@uk.dk.com (in Canada) DK Special Sales at general@ tourmaline.ca (in Australia) business.development@pearson.com.au

常用语手册

马来语起源于南岛语系，属于马来—波里尼西亚语族。这种语言经过上百种方式的演变逐渐覆盖了印度洋和太平洋等地区的岛屿。如今马来语已经成为马来西亚、文莱和新加坡的官方语言，并成为这一地区传授知识、外交、商务流通等方面交流的重要语言。这种语言最早的记录，来自爪宜文，它也是伊斯兰教被传播的重要语言。如今，爪宜文在文莱被广泛使用。但在其他地区，爪宜文被拉丁字母拼写的语言Rumi所代替。后来，马来西亚、印度尼西亚和文莱还正式推行了这种拉丁字母书写的现代马来语。在19世纪之前，在这一地区进行贸易流通或者各方面的交流，很难想象如果不能使用马来语将是多么困难。但是1800年之后，大量的中国和印度移民来此生活，中国普通话和泰米尔语在马来西亚流行起来。如今，英语则被广泛地使用。但是对于游客来说，如果能用马来语交流的话，在当地会非常方便，尤其是在一些相对偏远的地带。马来语的英文表述是Bahasa Melayu。有人误认为是Bahasa，其实Bahasa是指印尼语。

马来语发音指南

在马来语中，并不存在重音，并且大部分字母的发音都与英语相同。按照通常的规则，建议初学者重读单词中倒数第二个音节。但是，如果这个音节包含不发音的字母e，则重音便放在最后一个音节上。

a 发音同father中的a
或发音同the中的e
或发音同but中的u

e 当其重读时，
发音像machine中的a
当不重读时，发音同bell中的e

i 发音同taxi中的i
或发音同April中的i

o 发音同morning中的o
或发音同Stop中的o

u 发音同boot中的oo
或发音同good中的oo

ai 发音同ice中的i
或发出两个音节，
发音同Hawaii中的i

au 发音同out中的ou
或发出两个音节，
发音同baut中的au

c 发音介于tube中的tu和choose中的ch
j 发音介于due中的du和June中的Ju
k 发音同英语中的k，
但如果它是单词的最后一个字母，
便成为一个声门停止（短暂停顿）

ng 发音同singer中的ng
ngg 发音同longer中的ng
ny 发音同innuendo中的nuu

紧急事件

中文	马来语
救命！	Tolong!
停！	Berhentilah!
快叫医生！	Panggil doktor!
叫救护车！	Panggil ambulans!
警察！	Polis!
着火了！	Api!
最近的电话在哪儿？	Di mana telefon yang terdekat?
最近的医院在哪儿？	Di mana hospital yang terdekat?
我迷路了！	Saya sesat!
你需要帮助吗？	Awak perlukan pertolongan?
我被抢劫了！	Saya dirompak!
离我远点！	Pergi!
我遇到了一起事故。	Saya terlibat dalam kemalangan.

交际用语

中文	马来语
是的	Ya
不是	Bukan/Tidak
你好	Helo
再见	Selamat jalan
劳驾/抱歉	Minta maaf
请	Tolong/silahkan
谢谢	Terima kasih
不客气	Kembali.
早上好	Selamat pagi
下午好	Selamat petang
晚上好	Selamat malam
晚安	Selamat hari
你好吗？	Apa khabar?
女士	Puan
先生	Encik (Ci')
今天	hari Ini
明天	Esok
昨天	Kelmarin
一会儿后	Esok/Nanti
现在	Sekarang/Segera
什么？	Apa?
什么时候？	Bila?
哪一个？	Yang mana?
谁？	Siapa?
为什么？	Mengapa?

常用语句

中文	马来语
你说英语吗？	Apakah berbahasa Inggeris?
我不会说马来语。	Saya belum berbahasa Melayu.
我不明白	Saya kurang faham.
我/我们想要……	Saya/kami mahu...
你叫什么名字？	Siapakah nama?
我的名字是……	Nama saya...
……在哪儿？	Di mana...?
距离这里近吗？	Sudah dekat?

距离这里远吗?	Masih jauh?	这个多少钱?	Berapa harganya?	发烧	panas (badan)
你可以说慢/开车/走得慢一点吗?	Minta perlahan sedikit?	你们接受信用卡吗?	Credit card boleh?	高	tinggi
		这个太贵了。	Ini terlalu mahal.	低	rendah
我该如何到达……	Untuk ke... sebaiknya saya naik apa?	买	beli	药品	ubat
		便宜的	murah	护士	perawat
儿童允许进入吗?	Adakah kanak-kanak dibenerkan masuk?	服装	pakaian	疼痛/小病	sakit
		昂贵的	mahal	止痛片	ubat penghilang kesakitan
我喜欢……	Saya suka...	市场	pasar/tamu	怀孕	hamil
我不喜欢……	Saya tidak suka...	价格	harga	卫生	
		减价	jualan (murah)	餐巾纸	tuala wanita

常用词汇

		出售	jual	**交通**
地址	alamat	鞋	kasut	
注意!	Awas!	商店	kedai	我想要预订一个座位。	Saya mahu tempahkan tempat duduk.
不好的	buruk	超市	pasar raya	
大的	besar			你能告诉我什么时候下车吗?	Tolong beritahukan, bila sudah sampai?
干净的	bersih			
靠近的	tutup	## 自然观光		要到达……需要多长时间?	Berapa lama untuk ke...?
寒冷的	sejuk			
肮脏的	kotor	海湾	teluk	我想去……要乘坐几路车?	Bas mana yang ke...?
门	pintu	沙滩	pantai	
空的	kosong	海角/城镇	tanjung	我应该在哪儿付钱?	Di mana tempat membayar?
足够的	cukup	岬口/城镇	kuala	
入口	masuk	山脉	bukit	我需要一位修理师。	Kami memerlukan mekanik.
出口	keluar	信息	penerangan	
满的	penuh	海岛	pulau	我的轮胎漏气了。	Tayarnya kempis.
好的	baik	湖	tasik	飞机	kapal terbang
热的	panas	清真寺	masjid	船舶	perahu
更少	kurang	水稻田	gunung	公车	bas
更多	lebih	宫殿	sawah istana/astana	公车站	stesen bas
拉	dorong	公园	taman	汽车	kereta
推	tolak	河流	sungai/batang	汽车的婴儿专座	tempat duduk
开门的	buka	广场	padang	乘客	cukai
快速的	cepat	海峡	selat	自行车	naik baisikal
缓慢的	perlahan	寺庙/圣陵	kuil	汽油	minyak/petrol
小的	kecil	旅行者	pejabat	返程(旅行)	(perjalanan) pergi balik
楼梯	tangga	旅行社	agensi pelancongan	座位	bayi
		村庄	kampung	单程票	tiket sehala pergi balik

银行

这里有ATM(自动取款机)吗?	Ada ATM?	## 颜色		出租车	teksi
				时刻表	jadual waktu
我想将这些美元/英镑……	Saya mau tukar dollars/pounds...	黑的	hitam	火车	kereta api
		蓝的	biru		
换成马来西亚林吉特	menjadi ringgit Malaysia.	绿的	hijau	## 方向	
		红的	merah		
钱	wang/duit	白的	putih	这里	di sini
兑换	wang kecil	黄的	kuning	那里	di sana
兑换货币	tukar wang			里面	(di) dalam
兑换汇率	kadar pertukaran	## 健康		(某地的)外面	dari (mana)
旅客的	cek			左边	kiri
支票	kembara	防腐剂	antiseptik	右边	kanan
		血压	tekanan darah	直走	jalan terus
## 购物		避孕套	kondom	在……前面	di hadapan
		避孕药	kontraseptif/pencegah hamil	在……后面	di belakang
你们有……卖吗?	Apakah ada...?	牙医	dokter gigi		
我可以买……吗?	Minta...?	腹泻	diarea/cirit-birit		
		医生	dokter		
		头晕	pingsan		

角落	di simpang
接近	dekat
较远	juah
去	ke
北边	utara
南边	selatan
东边	timur
西边	barat
东北边	timur laut
西北边	barat laut
东南边	tenggara
西南边	barat daya

酒店住宿

我预订了房间。	Ada tempahan.
还有房间吗?	Ada bilik?
每晚的住宿价格是多少?	Berapa semalam?
我想要一间双人/单人房。	Saya mau bilik kelamin/bujang.
我/我们今天离开。	Saya/kami nak mendaftar kelaur hari ini.
双人间	kelamin
单人间	bujang
床	katil/tempat tidur
钥匙	kunci
灯具	lampu
浴室	bilik mandi
洗手间	tandas
香皂	sabun
毛巾	tuala
营业	Buka
休息	Tutup
紧急出口	Pintu kesemasan

外出就餐

请帮我找一张桌子。	Minta meja untuk.
我能看下菜单吗?	Minta daftar makan?
我想要现在点餐。	Saya mau pesan sekarang.
我是素食者。	Saya vegetarian.
我不吃……	Saya tidak makan...
请给我账单。	Minta bil.
早餐	makan pagi
儿童菜单	menu kanak-kanak
晚餐	makan malam
叉子	garpu
玻璃杯	kaca mata
孩子用的高脚椅子	kerusi tinggi
餐刀	pisau
午餐	makan tengah hari

肉类	daging
餐厅	restoran
海鲜	makanan laut
小吃	makanan kecil
勺子	senduk
蔬菜	sayur

菜单

酸的	asam
鸡肉	ayam
热水	ayer panas
冰水	ayer sejuk
茶	ayer teh
水果	buah-buahan
小羊肉	domba
盐	garam
糖	gula
鱼肉	ikan
果汁	jus
椰子	kelapa
咖啡	kopi
甜的	manis
面	mee
胡椒	merica
饮料	minuman
蒸米饭	nasi
辣的	pedas
苦的	pedih
牛肉	sapi
牛奶	susu
鸡蛋	telur
明虾/小虾	udang

时间和日期

闹钟	jam
分钟	menit
一刻钟	suku
秒	detik
手表	jam tangan
小时	pukul
天	hari
星期	minggu
月	bulan
年	tahun
早晨	pagi hari
正午	tengah hari
中午	siang hari
下午	sore hari
晚上/夜间	malam hari
请问现在几点了?	Sudah pukul berapa?
早晨11点19分	pukul sebelas lewat sembilan belas menit pagi
1点钟	pukul satu
下午1点15分（午后）	pukul satu lewat suku siang
下午3点45分	pukul empat kurang suku sore
傍晚6点30分	pukul enam

	setengah sore
晚上/晚间	pukul sepuluh
9点31分	kurang dua puluh menit malam
周一	hari Isnin
周二	hari Selasa
周三	hari Arba
周四	hari Khamis
周五	hari Jumaat
周六	hari Sabtu
周日	hari Ahad/Minggu

数字

1	satu
2	dua
3	tiga
4	empat
5	lima
6	enam
7	tujuh
8	delapan
9	sembilan
10	sepuluh
11	sebelas
12	dua belas
13	tiga belas
20	dua puluh
21	dua puluh satu
22	dua puluh dua
30	tiga puluh
40	empat puluh
50	lima puluh
60	enam puluh
70	tujuh puluh
80	delapan puluh
90	sembilan puluh
100	seratus
1,000	seribu
2,000	dua ribu
10,000	sepuluh ribu
20,000	dua puluh ribu
100,000	seratus ribu
200,000	dua ratus ribu

顺序数字

第一	pertama
第二	kedua
第三	ketiga
第四	keempat
第五	kelima
第六	keenam
第七	ketujuh
第八	kedelapan
第九	kesembilan
第十	kesepuluh
第十一	kesebelas
第十二	kedua belas
第二十	kedua puluh
第一百	keseratus
第一千	keseribu

吉隆坡综合交通网络

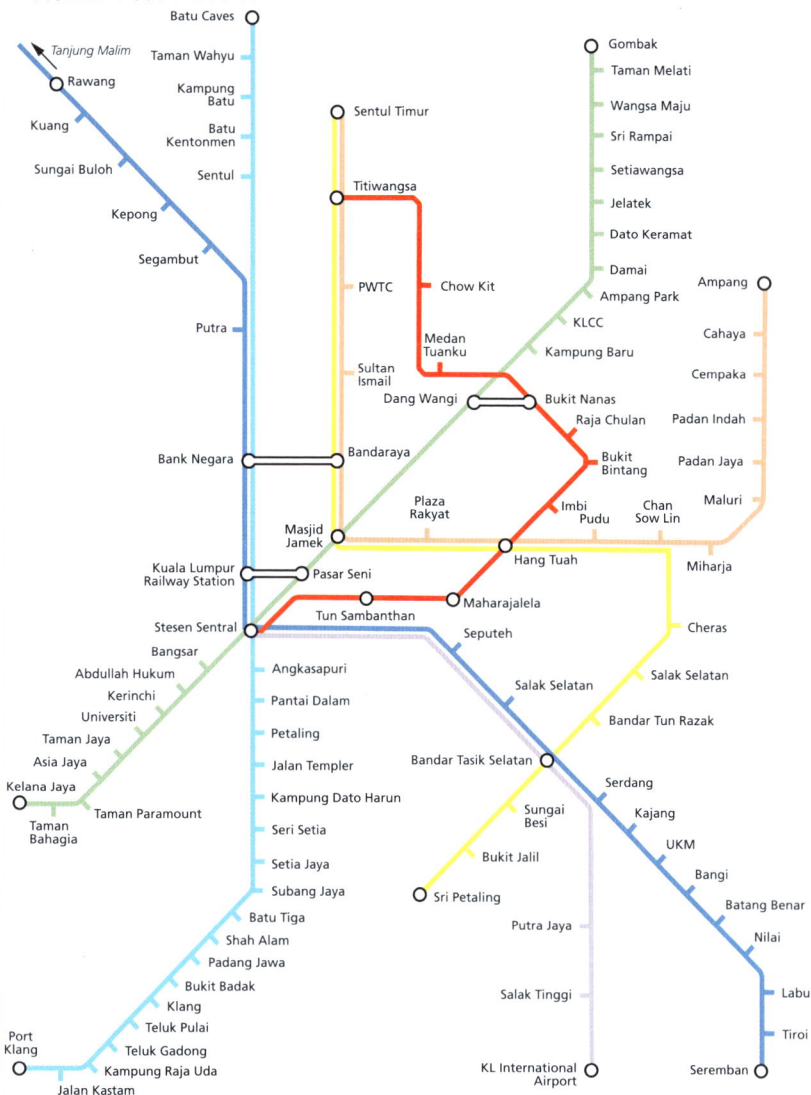

Batu Caves

Tanjung Malim
Rawang
Kuang
Sungai Buloh
Kepong
Segambut
Putra

Taman Wahyu
Kampung Batu
Batu Kentonmen
Sentul

Sentul Timur

Titiwangsa

PWTC — Chow Kit

Medan Tuanku
Sultan Ismail
Dang Wangi — Bukit Nanas
Raja Chulan
Bukit Bintang

Gombak
Taman Melati
Wangsa Maju
Sri Rampai
Setiawangsa
Jelatek
Dato Keramat
Damai
Ampang Park
KLCC
Kampung Baru

Ampang
Cahaya
Cempaka
Padan Indah
Padan Jaya
Maluri

Bank Negara — Bandaraya

Plaza Rakyat
Masjid Jamek

Kuala Lumpur Railway Station — Pasar Seni
Stesen Sentral
Bangsar
Abdullah Hukum
Kerinchi
Universiti
Taman Jaya
Asia Jaya
Kelana Jaya
Taman Bahagia
Taman Paramount

Imbi
Pudu
Hang Tuah

Chan Sow Lin
Miharja

Tun Sambanthan — Maharajalela

Seputeh
Salak Selatan

Cheras
Salak Selatan
Bandar Tun Razak

Angkasapuri
Pantai Dalam
Petaling
Jalan Templer
Kampung Dato Harun
Seri Setia
Setia Jaya
Subang Jaya
Batu Tiga
Shah Alam
Padang Jawa
Bukit Badak
Klang
Teluk Pulai
Teluk Gadong
Kampung Raja Uda
Jalan Kastam

Port Klang

Bandar Tasik Selatan
Sungai Besi
Bukit Jalil
Sri Petaling

Serdang
Kajang
UKM
Bangi
Batang Benar
Nilai

Labu
Tiroi

Putra Jaya

Salak Tinggi

KL International Airport

Seremban

图例

- 吉隆坡电动火车（KTM）万饶—芙蓉
- 吉隆坡电动火车（KTM）洗都—巴生港
- Putra LRT轻轨 格兰那再也（Kelana Jaya）线
- Star LRT轻轨 安邦（Ampang）线
- Star LRT轻轨 斯里八打灵（Sri Petaling）线
- 高速铁路 机场电车／机场轻轨
- 高架单轨火车
- ○ 换乘车站

城市公共系统介绍

　　吉隆坡拥有非常有效的轻轨系统（LRT）和单轨线路，对于游客来说，最有用的要数LRT的安邦线和斯里八打灵线，将人民广场、富都车站、嘉美克清真寺、独立广场，以及市政局、小印度等景点串联起来。著名的国油双峰塔（KLCC）则可乘坐格兰那再也线到达。轻轨运营商快捷通公司（Rapid KL）同时提供公交车服务。游客们可以购买当天无限搭乘捷运和公交车的车票。而高架单轨火车KL Monorail则可以方便地到达中国城和金三角。但是换乘车站并不多，而且在换乘时常常需要另购车票。火车每天从6:00运营至深夜，周末列车的服务班次会有所减少。

© KL Monorail